中国社会科学院创新工程学术出版资助项目

国际服务贸易
理论前沿与政策变化

赵 瑾 等 ◎ 著

中国社会科学出版社

图书在版编目（CIP）数据

国际服务贸易理论前沿与政策变化/赵瑾等著.—北京：中国社会科学出版社，2018.10
ISBN 978-7-5203-3415-0

Ⅰ.①国… Ⅱ.①赵… Ⅲ.①国际贸易—服务贸易—研究 Ⅳ.①F740.47

中国版本图书馆CIP数据核字(2018)第246054号

出 版 人	赵剑英
责任编辑	王 曦
责任校对	王洪强
责任印制	戴 宽
出　　版	中国社会科学出版社
社　　址	北京鼓楼西大街甲158号
邮　　编	100720
网　　址	http://www.csspw.cn
发 行 部	010-84083685
门 市 部	010-84029450
经　　销	新华书店及其他书店
印刷装订	北京君升印刷有限公司
版　　次	2018年10月第1版
印　　次	2018年10月第1次印刷
开　　本	710×1000 1/16
印　　张	41.25
插　　页	2
字　　数	635千字
定　　价	168.00元

凡购买中国社会科学出版社图书，如有质量问题请与本社营销中心联系调换
电话：010-84083683
版权所有　侵权必究

前　言

　　随着信息技术的发展和国际分工的深化，服务可贸易性增强以及 GATS 后服务贸易自由化，国际贸易出现了大量以服务为核心的新现象：（1）全球经济服务化的趋势明显。2016 年，世界服务业在 GDP 增加值中的占比达到 65.08%，全球就业与就业增长的一半以上来自服务业。（2）生产国际化主体趋向服务全球化。目前服务业投资占全球投资的 2/3，占发达国家对外投资的 3/4，服务业超越制造业成为跨国公司推动生产国际化的主体。（3）贸易全球化的主体开始由货物转向服务。近 20 年来，服务贸易增速快于货物贸易，按照传统的贸易总值统计，2017 年，货物贸易占总贸易的 77.6%，商品与服务国际化的主体是货物，但按增加值统计，服务贸易在总贸易中的占比超过 40%。特别是出口，全球贸易总出口中服务业增加值的占比（46%）已超过制造业（43%），美国出口中约 55% 的增加值来自服务业。（4）国际贸易交易主体由以中间产品贸易为主转向以数字贸易为主，2016 年数字贸易在全球贸易中的占比达到 60%，数字技术正在改变商业以及国际贸易方式。（5）未来国际贸易规则的重塑重在服务。近年来，影响未来国际贸易投资规则的 TiSA、TTIP、TPP（CPTPP）三大谈判显示，与服务贸易相关的金融服务、信息服务、电子商务、监管一致性、自然人移动、数字贸易等已成为谈判的重点。这种现象促使人们重新思考和认识国际经贸重大理论和现实问题，如高收入国家服务业增加值在 GDP 中占比达 70%，发达国家重提制造业回归，是人类的进步还是落后？服务业与制造业两者之间是矛盾还是统一？服务曾被视为非生产性劳动、生产效率低的停滞部门、不可贸易部门，在全球价值链生产的国际背景下，如何认识和评估服务对经济增长和就业的贡献？跨国公司将非核心业务跨境外包是否导致失业增加？在全球价值链生产和产业融合发展的国际大势中，如何认识制造业与服务业、货物贸易与服务贸易之间的关系，两者协同发展的机理是什么？国际服务贸易的四种模式（跨境贸易、境外消费、商业存在、自然人移动）如何影响服务贸易规模与结构变化？服务贸易监管与自由化基于什么样的发展理念，在全球经济深度一体化中其未来走势如何？在国际服务贸易实践与理论的互动中，国际服务贸易与投资规则将发生哪些重大调整？……对上述问题的研究和探讨不仅关乎一国财富创造和经济增长的着力点，更涉及人类对未来社会发展的准确判断，以及政府施政方略。

实践创新催生理论创新和政策变化。近20年来在国际贸易重大实践变化中，国际服务贸易理论有了很多新的突破，同时，为顺应技术变革对当代国际贸易的影响，国际服务贸易规则与政策也适时进行了重大调整。本书以实践—理论—政策变化为主线，从国际服务贸易新的实践出发，通过跟踪国内外学术研究的最新成果，旨在回答当代国际服务贸易发展的重大理论与现实问题，并跟踪其政策的走势与变化。

一 后工业化社会与制造业回归

从服务经济思想发展史看，人类经历了三个世纪漫长的争论。对服务的认识经历了服务—服务经济—服务型社会的演变；对服务与经济增长的认识经历了非生产性—成本病—增长的变化；对服务业与其他产业关系的认识经历了融合—分离—再融合的进化。

在这种演进与变化中，随着科技的发展、生产力水平的提高、财富的增长和人们需求的扩大，人类对服务的认知也发生了根本性变化：由将服务视为不创造任何财富的非生产劳动，发展到将服务视为创造价值的服务部门或产业，并随着服务成为价值创造和就业的主体，将其视为等同于由农业经济向工业经济过渡的革命，或者说人类经济和社会形态的重大变化——服务经济与服务型社会的来临。人类对服务的认识从单纯的一个产业、一个部门、一种分工，进入一种社会形态，预示着今天人们热议的"再工业化""工业4.0"等，或者说第四次工业革命并没有也不会改变人类社会发展进步的总趋势——服务型社会的未来。同时，各国经济发展的现实也表明，制造业回归不是对服务业的否定，也不是回到过去工业化的形态，而是通过服务业与制造业的融合与协同发展，提升全要素生产率，创造人类生活的新福祉。

二 服务贸易对宏观经济的影响：就业与增长视角

贸易对就业的影响很大程度上取决于一国拥有的最丰裕特殊要素。贸易既能创造就业，也会导致失业增加，就业的净效应取决于国家的差异。从短期、局部看，因存在就业调整成本，服务贸易对不同国家、地区和个人会产生一定影响，但从长期、整体看，服务贸易对一国产业结构优化、高技能就业增加、工资提高和妇女就业会产生积极影响。与贸易对就业水平的影响相比，贸易对就业结构的影响更大。与贸易对就业的影响相比，技术对就业的影响更大。贸易能否发挥对劳动力市场水平和结构的积极作用，取决于政府的决策。为此，在政策制定方面，既要加强国际宏观经济政策协调，也应从财政政策、金融政策、贸易政策、教育政策、区域政策和劳动力政策等方面综合施策，并确保贸易政策与劳动力政策的一致性。

服务贸易从总供给和总需求两个层面促进一国经济增长。从总供给看，服务贸易有利于就业创造、人力资本积累、促进技术进步和制度创新；从总需求看，服务贸易有利于提升优质产品消费、扩大投资，以及通过中间产品投入扩大货物贸易出口。为充分发挥服务贸易对经济增长的直接和间接促进效应，应有序渐进地开放服务市场；重点发展知识技术密集型的新兴服务业和服务贸易；加强国内教育投资、完善人才流动机制；加大研发投资力度；建立有利于服务贸易和货物贸易协调发展的体制机制和政策措施；等等。通过大力发展服务贸易，促进产业结构的优化升级和全要素生产率的提高。

三 全球价值链下生产性服务与制造业、货物贸易与服务贸易的关系

产业是贸易的基础。如何认识服务在全球价值链中的作用，促进货物贸易与服务贸易的协调发展？本书从产业间、产业与贸易间、贸易间三个不同角度研究了服务业与制造业，服务贸易与制造业、货物贸易与

服务贸易的关系。

从生产性服务与制造业的关系看，生产性服务具有中间投入性、知识密集性、产业关联性、规模报酬递增性、可贸易性等特点。在全球价值链生产中，生产性服务通过产业分离、产业集聚、产业融合和人力资本投入四大路径，促进制造业核心竞争力形成、规模收益递增、附加值提高、创新能力提升，推动制造业产业升级。为此，为促进服务业与制造业的融合发展，应扩大服务业对外开放，通过提供完善的基础设施、有利的贸易投资环境、良好的创新保障制度等，吸引更多更高附加值的知识密集型服务业流入本国；重点发展本国生产性服务业，尤其是知识密集型服务业。

从生产性服务贸易与制造业的关系看，生产性服务进口对制造业的影响体现为：通过技术、知识、高素质人力资本的溢出效应，提高制造业产出水平和生产率、扩大制造业出口规模、改善出口产品质量和结构。同时，制造业发展对知识、信息、技术的需求会降低生产交易成本，提高管理运营水平等。制造业服务化对生产性服务出口的影响体现为：有利于生产性服务出口规模扩张、结构优化和竞争力提升。生产性服务贸易与制造业发展彼此互动，促进产业结构升级、创造就业，带动经济增长。发挥贸易对产业的积极作用，政府应提高生产性服务贸易自由化水平、提升制造业服务化水平、加强生产性服务业与制造业融合，促进生产性服务贸易与制造业彼此互动。

从生产性服务贸易自由化对货物贸易出口的影响看，主要通过两条路径：一是生产性服务贸易自由化—促进服务进口—提升下游制造业生产率—促进货物贸易出口；二是生产性服务贸易自由化—降低服务成本—进口中间服务多样化—推动产出多样化—促进货物贸易出口。要有效发挥前者对后者的生产率效应和出口效应，服务业对外开放应基于投入产出关系，立足下游产业的实际需求，形成服务业开放与市场需求的有效匹配；优化服务业营商环境，促进上下游产业互动；深化贸易体制改革，扩大技术密集型服务进口；等等。

从货物贸易与服务贸易的关系看，货物贸易与服务贸易的不平衡无论从全球、还是国别层面看问题都较突出。两者存在四种关系：替代关系、互补关系、协调发展关系、非相关关系。受服务贸易统计的局限，无法真实考量两者关系。促进货物贸易与服务贸易协调发展，应从总量相互促进、结构彼此优化入手。

四　服务贸易的四种模式与服务贸易发展

国际服务贸易通过跨境贸易、境外消费、商业存在，自然人移动四种方式提供服务。本书从国际服务外包、金融开放、国际直接投资、自然人移动四个方面研究了其对服务贸易发展的影响。

目前全球服务外包市场的规模不断扩大，离岸服务外包已成为未来发展的主要形式。外包有利于降低成本、提高企业生产效率与核心竞争力，在促进国际产业结构调整与贸易结构升级中发挥重要作用。完备的基础设施、丰富的人力资源储备和良好的营商环境是保障国际服务外包业务顺利承接的三大关键要素。未来外包政策变化走向，从主要承接国发展中国家看，倾向于将外包提升为国家战略，加大电信、能源、交通等基础设施投入，注重国际服务外包人才培养与引进，营造良好的国际营商环境，如加强知识产权保护等法律体系建设，促进市场化改革，在简化审批程序、财税激励、信贷优惠等方面给予更多的政策支持等。从主要发包方发达国家来看，因银行、金融、证券、保险等涉及经济稳定与国家经济安全，其政策走向更注重服务外包的市场规范与监管。

从金融开放对服务贸易的支持和促进看，金融开放可通过国际结算、汇兑及融资等为商品和资本跨境流动提供必要的辅助；以要素禀赋结构和贸易结构变化改变出口结构和专业化程度；在分散贸易风险及消除信息不对称性方面促进国际贸易发展；通过竞争和技术溢出效应改善发展中国家金融市场环境和提升竞争力。金融开放取得理想效果的关键不在于金融开放本身，而在于深层次的经济和金融业配套改革，包括推动金融业市场化进程、消除市场扭曲、提升金融体系自身效率和技术水平等。

在全球服务贸易方式中，商业存在占比达50%。国际直接投资对服务贸易的影响，既遵循一般意义上的贸易与投资关系——替代与互补效应，也将体现服务贸易的本质特征——不可分性、不可储存性等。目前服务贸易发展已经出现高交易成本和零交易成本两种极端情形。对于交易成本极高的不可贸易品而言，国际直接投资有利于服务贸易的实现；对于交易成本极低的新兴服务而言，产业关联与集聚带来的区位特征将影响资本流动与贸易格局。目前国际投资规则正在从第二代投资规则向第三代投资规则演变：以准入前国民待遇加负面清单的模式实现市场开放。在欧美等国主导的新一轮贸易与投资谈判中，开放已由一般意义上的关税减免和市场准入，扩展到包括统一境内企业国民待遇、统一安全标准和技术标准、知识产权保护、劳工待遇和环境保护等一系列新的条款与规定。

劳动力全球化是当代经济全球化发展的新趋势，自然人移动成为服务贸易谈判的新议题。在GATS下，自然人移动自由化具有以水平承诺为主、承诺水平低、主要集中在白领阶层等特点。影响自然人移动自由化的壁垒主要是：市场准入和国民待遇。技术性和专业性劳动力从发达国家进入发展中国家，有利于技术溢出。目前自然人移动谈判争议最大的是发展中国家半技术性、非技术性劳动力向发达国家的流动问题。从未来发展趋势看，因发达国家面临出生率低、人口老龄化程度高等社会问题，为解决国内劳动力短缺，发达国家开始逐步放松对一些领域的低技术劳动力准入限制，并根据国内劳动力需求变化，精准施策，放松部分管制和壁垒。

五 服务贸易监管与服务贸易自由化

服务部门监管旨在弥补市场失灵，如垄断、信息不对称、外部性、公共政策目标实现等。GATS第6条（国内法规）规定了多边框架下的国内监管问题。近20年来，因监管规则滞后于服务贸易发展，国内监管过多造成的制度壁垒、准入壁垒、竞争壁垒等已影响了服务贸易自由化进程。为消除壁垒，推动服务贸易自由化，近年来，发达国家通过TiSA谈判、TTIP谈判、TPP（CPTPP）谈判，致力于监管改革与国际监管合作，如统一监管标准、互相承认、改善监管程序等。适应服务的多样性和复杂性，实行异质性监管，并在去监管的过程中，如何实行适度监管，特别是在全球经济深度一体化过程中如何开展监管国际合作成为国际服务贸易监管的未来走势。

服务贸易自由化思想基于传统的国际分工理论，同时受区域经济一体化理论、新自由主义思想、管理贸易思想的影响。在推动全球服务贸易自由化过程中，发达国家是主导者和推动者。对内，开放电讯、金融、运输等本国优势行业，限制建筑、劳务等领域市场开放。对外，一方面，通过诸边服务贸易谈判及双边贸易谈判，促进发达国家内部互相开放服务市场；另一方面，通过"以商品换服务""以技术换服务"等方式，诱使发展中国家开放服务市场。因发展中国家服务业不具竞争优势，对服务市场开放较为谨慎，为了确保本国的利益，往往采取混合型、逐步自由化的服务贸易政策。

本书是中国社会科学院创新工程项目研究成果（2014—2016 年）。由首席研究员赵瑾负责课题总体设计、组织讨论和研究。写作历时 3 年多，研究写作分工如下：赵瑾（中国社会科学院财经战略研究院），第一章、第二章；陈昭（中国社会科学院财经战略研究院），第三章、第八章；白清（中北大学经济与管理学院），第四章；张昕（中国社会科学院研究生院），第五章；孟翡（浙江理工大学经济与管理学院），第六章；赵若锦（中国科协创新战略研究院博士后），第七章；张宇（南开大学国际经济研究所），第九章、第十章；汤婧（中国社会科学院财经战略研究院），第十一章、第十二章；江皎（首都经济贸易大学经济学院），第十三章；冯远、陈干（中国社会科学院财经战略研究院，中国社会科学院研究生院），第十四章。中国社会科学出版社责任编辑王曦对本书如期出版倾注了大量心血，在此深表谢意！

《国际服务贸易政策研究》《国际服务贸易理论前沿与政策变化》的出版为我们正在开展的中国服务贸易研究，探索中国实现服务贸易跨越式发展的路径奠定了坚实的基础。2018 年是改革开放 40 周年，站在未来中国服务业扩大开放的新起点，抓住第四次工业革命和全球价值链生产的重大机遇，以服务业扩大开放和服务贸易的跨越式发展为突破口，实现贸易强国的战略目标，还有很长的路要走……但中国的发展必将影响世界、改变世界！

赵　瑾
2018 年 10 月

目　　录

第一章　服务、服务业与服务贸易 …………………………………… 1

　　第一节　服务：思想的演变与进化 …………………………… 1

　　第二节　服务业：产业分类与全球布局 ……………………… 22

　　第三节　服务贸易：不可贸易、可贸易与贸易模式 ………… 28

　　第四节　全球服务贸易发展未来走势 ………………………… 33

第二章　国际服务贸易与就业 ………………………………………… 45

　　第一节　全球就业的现状与特点 ……………………………… 45

　　第二节　国际贸易与就业：理论探讨 ………………………… 56

　　第三节　国际服务贸易、外包与就业 ………………………… 68

　　第四节　服务贸易自由化与就业政策 ………………………… 77

　　第五节　结论与评析 …………………………………………… 83

第三章　国际服务贸易与经济增长 …………………………………… 93

　　第一节　国际服务贸易发展与世界经济增长现状 …………… 93

　　第二节　服务贸易与经济增长：理论探讨 …………………… 96

　　第三节　以服务贸易发展促进经济增长的政策取向 ………… 121

　　第四节　结论与评析 …………………………………………… 124

第四章　生产性服务贸易与全球价值链 ……………………………… 137

　　第一节　全球价值链下生产性服务贸易发展现状 …………… 137

第二节　全球价值链与生产性服务贸易：理论探讨……………… 140
　　第三节　生产性服务贸易促进制造业升级的政策机制………… 176
　　第四节　结论与评析……………………………………………… 186

第五章　生产性服务贸易与制造业……………………………………… 196
　　第一节　生产性服务贸易与制造业发展现状及特点…………… 196
　　第二节　生产性服务贸易与制造业：理论探讨………………… 210
　　第三节　促进生产性服务贸易与制造业发展的政策走向……… 241
　　第四节　结论与评析……………………………………………… 244

第六章　生产性服务贸易自由化货物贸易出口效应…………………… 254
　　第一节　生产性服务贸易自由化的货物贸易出口效应：
　　　　　　理论探讨………………………………………………… 254
　　第二节　生产性服务贸易自由化促进货物贸易出口的
　　　　　　政策走向………………………………………………… 284
　　第三节　结论与评析……………………………………………… 286

第七章　服务贸易与货物贸易…………………………………………… 299
　　第一节　货物贸易和服务贸易发展不平衡的现状……………… 299
　　第二节　货物贸易和服务贸易的关系：理论探讨……………… 314
　　第三节　促进货物贸易与服务贸易协调发展的政策探讨……… 330
　　第四节　结论与评析……………………………………………… 335

第八章　国际服务外包与服务贸易……………………………………… 343
　　第一节　国际服务外包发展现状………………………………… 343
　　第二节　国际服务外包与服务贸易发展：理论探讨…………… 345
　　第三节　国际服务外包的效应及影响…………………………… 358
　　第四节　促进国际服务外包发展的政策走向…………………… 367
　　第五节　结论与评析……………………………………………… 369

第九章　金融开放与服务贸易 382

第一节　服务贸易规则下的金融开放要求 382
第二节　金融开放、金融稳定与服务贸易发展：理论探讨 390
第三节　金融开放的政策与次序选择 426
第四节　结论与评析 429

第十章　国际直接投资与服务贸易 445

第一节　服务业国际投资发展现状 445
第二节　国际直接投资与服务贸易发展：理论探讨 449
第三节　国际投资规则与服务贸易政策 478
第四节　结论与评析 489

第十一章　自然人移动与服务贸易 503

第一节　自然人移动自由化的现状 503
第二节　自然人移动自由化程度评估 514
第三节　自然人移动的经济影响效应：理论探讨 519
第四节　自然人移动自由化壁垒与各国规制的新发展 523
第五节　结论与评析 530

第十二章　国际服务贸易竞争力 537

第一节　国际服务贸易竞争力现状 537
第二节　服务贸易竞争力：理论探讨 549
第三节　服务贸易竞争力评价方法 555
第四节　各国提升服务贸易竞争力的政策：以美国、印度为例 559
第五节　结论与评析 561

第十三章　服务业国内监管和服务贸易自由化 568

第一节　国内监管和服务贸易自由化现状和问题 568
第二节　国内监管和服务贸易自由化：理论探讨 578

第三节　国内监管和服务贸易自由化政策走向⋯⋯⋯⋯⋯⋯ 594
　　第四节　结论与评析⋯⋯⋯⋯⋯⋯⋯⋯⋯⋯⋯⋯⋯⋯⋯⋯ 603

第十四章　国际服务贸易自由化的实践及理论渊源⋯⋯⋯⋯⋯⋯ 614

　　第一节　服务贸易自由化的发展与演变⋯⋯⋯⋯⋯⋯⋯⋯⋯ 614
　　第二节　服务贸易自由化：理论探讨⋯⋯⋯⋯⋯⋯⋯⋯⋯⋯ 623
　　第三节　服务贸易自由化政策⋯⋯⋯⋯⋯⋯⋯⋯⋯⋯⋯⋯ 631
　　第四节　结论与评析⋯⋯⋯⋯⋯⋯⋯⋯⋯⋯⋯⋯⋯⋯⋯⋯ 639

第一章 服务、服务业与服务贸易

21世纪，全球经济的产业基础和就业均出现了以服务业为核心的新变化，同时在国际贸易、国际投资方面也出现了以服务为核心的新现象。金融危机后，发达国家重提制造业回归，世界经济论坛共议第四次工业革命来临，对人类发展的未来意味着什么？本章从服务、服务业、服务贸易三个层面跟踪国内外研究的最新成果，旨在重新定位服务在国家经济、全球价值链发展中的地位与作用，探索全球服务贸易发展的未来走势。

第一节 服务：思想的演变与进化

从20世纪60年代起，以美国为代表的西方发达国家陆续进入了服务经济时代。根据世界银行统计，2016年，高收入国家服务业增值占GDP的69.56%，服务业就业在就业人口中的占比超过74.24%。但2008年国际金融危机后，发达国家内部一方面美国提出再工业化政策、德国提出工业4.0，另一方面日本学者则认为，制造业毁灭了日本，要摆脱经济长期萧条，日本应该改变产业结构，即实现脱工业化，发展以生产率高的服务业为核心的产业模式。[①] 与此同时，中国作为全球第二大经济体，在"十三五"规划中，我国一方面提出了要大力发展服务业，实现产业结构转型升级，另一方面出台了《中国制造2025》，提出用十年时间，迈入制造强国的行列。中华人民共和国成立一百年时，综

---

① ［日］野口悠纪雄：《日本的反省：制造业毁灭日本》，杨雅虹译，东方出版社2014年版，第123页。

合实力进入世界制造强国前列。那么，如何看待服务业、服务经济在一国经济与社会发展中的地位和作用？

对于服务、服务业、服务经济的认识，从服务经济思想发展史看，人类经历了三个世纪争论的漫长过程。法国经济学者让—克洛德·德劳内和让·盖雷将服务经济思想发展划分为四个阶段：古典时期（18世纪晚期到19世纪中期）、泛服务化时期（19世纪50年代到20世纪30年代中期）、第三产业和后工业化时期（20世纪30年代中期到70年代早期）、服务型社会和新工业主义时期（20世纪70年代至今）。[①] 三个世纪以来，人类社会所处的发展阶段不同，生产力发展水平不同，经济发展面临的首要问题和人类的需求不同，对服务、服务业、服务经济的认识也有明显的差异。

一 对服务认识的演变：服务—服务经济—服务型社会

在古典时期，以亚当·斯密为代表的经济学家将服务视为非生产劳动。认为固定在物质上可以出卖的商品上的劳动是生产劳动，不固定在商品上的劳动是非生产劳动。即"工人的劳动固定和物化在一个特定的对象或可以出卖的商品中，这个对象或商品在劳动结束后，至少还存在若干时候。……相反，家仆的劳动则不固定或物化在一个特定的对象或可以出卖的商品中"。在他看来，劳动是国家财富的源泉，生产劳动者在国民中占比越大，国家越富裕；非生产劳动者在国民中占比越大越贫穷。即"工业工人的劳动，通常把自己生活费的价值和他的雇主的利润，加到他所加工的材料价值上。相反，家仆的劳动不能使价值有任何增加。……要是雇佣很多工业工人，就会变富；要是维持许多家仆，就会变穷"。[②]

20世纪60年代，维克多·富克斯依据美国超过一半的就业人口不从事食品、服装、房屋、汽车以及其他有形商品生产，首次提出服务经济，认为美国是世界第一个进入"服务经济"的国家。并指出：人类

[①] ［法］让—克洛德·德劳内、［法］让·盖雷：《服务经济译丛·服务经济思想史：三个世纪的争论》，格致出版社、上海人民出版社2011年版，第1页。

[②] 于俊文、陈惠如：《生产劳动与非生产劳动理论从亚当·斯密到马克思的发展》，《经济研究》1981年第7期。

第一次从农业经济过渡到工业经济的现象首先发生在英国，然后在西方大多数国家相继出现，发生"革命"性的过渡。美国由工业经济国家向"服务经济"国家的转变虽然是平静进行的，但同样具有"革命性"。并预言，这种"革命性"的变化会对劳动力、妇女作用、工会、教育和行业组织有很大影响。不仅影响人们的生产、生活方式，而且影响人们的健康甚至信仰。即各行业就业情况的变化足以影响人们生活的地点和方式以及他们所需的教育，甚至关系到他们的健康是否面临危害。事实上，有人曾写到："人们在改变他们的工具和技术以及他们生产和分配生活用品的方式时，也改变了他们的信仰。"[①] 在此，虽然他谈到了服务经济的来临对社会的影响，但其分析的重点是服务经济，没有提出服务型社会。首次提出服务型社会，或者后工业化社会的是社会学家丹尼尔·贝尔。

20世纪70年代，丹尼尔·贝尔在其代表作《后工业社会的来临》（1973）中将经济发展划分为三个阶段：前工业社会、工业社会、后工业社会，首次提出了"后工业社会"的概念。认为后工业社会由三个要素构成：在经济上，从制造业转向服务业；在技术上，它是基于科学的新型工业核心；在社会学上，它意味着新的技术精英的兴起以及阶层竞争新原则的到来。[②] 具体来说，（1）从经济基础看，后工业社会是以第三产业或服务业为主导的社会，这是形成社会和文化价值结构的重要因素。就业人口集中于第三产业的主要原因是，随着收入水平的不断提高，需求结构由初级产品向高档品（通常是服务）转移。"在后工业化社会扮演主角的是另一类型的服务……医疗、教育、研发和政府。""如果工业社会是由标志着生活水平的商品数量来界定，那么后工业社会就是由服务和舒适度计量的生活质量来界定，如健康、教育、娱乐和艺术。"[③] 贝尔认为，未来的服务业将更具有群体（公共）性质。这一变化也会带来社会秩序的变化。（2）从技术来看，知识、科学与技术在后工业社会居主导地位。他认为，后工业社会的中心问题不是资本或

[①] [美] 维克托·R. 富克斯：《服务经济学》，商务印书馆1987年版，第200页。
[②] [美] 丹尼尔·贝尔：《后工业社会的来临》，江西人民出版社2018年版，第459页。
[③] [法] 让—克洛德·德劳内、[法] 让·盖雷：《服务经济译丛·服务经济思想史：三个世纪的争论》，格致出版社、上海人民出版社2011年版，第61页。

劳动组织向某一领域集中的问题，而是科学、技术和基于信息和理论知识的智力资源问题。后工业社会的根本在于知识，因而大学和研究机构将成为社会的"中轴结构"。(3)从阶级结构看，技术和专业服务阶级的地位不断提高。技术和专业服务阶级包括：教育工作者、医疗和健康服务人员、科学家和工程师、技师，以及其他管理、法律、文化和信息等领域的专业人员。贝尔认为，这些阶级构成了"后工业社会的核心"，其中，科学家和工程师是这一层级结构的核心，这一阶层的"精英"的思想能够主导新社会秩序的形成。(4)从价值体系和社会控制形式看，从经济模式转向社会化模式。在后工业社会主要是人与人之间的对话，而不是与机器互动。在后工业社会，消费模式将经历经济模式下大规模消费工业品向社会模式下共同消费服务的转变。表1-1显示了不同社会的特点。

表1-1 不同社会特点的比较

社会	游戏	主导活动	人力的使用	社会单元	生活水准指标	结构	技术
前工业社会	和自然抗争	农业和采矿业	原始的体力劳动	家庭劳动	维持生存	传统权威	简单手工工具
工业社会	和环境抗争	物质产品生产	机器驱动	个人	大量商品	官僚等级	机器
后工业社会	人与人之间的游戏	服务	艺术的个人创造力	集体	健康、教育和娱乐	全球化	信息

资料来源：[美]詹姆斯·A. 菲茨西蒙斯（James A. Fitzsimmons）、[美]莫娜·J. 菲茨西蒙斯（Mona J. Fitzsimmons）：《管理教材译丛·服务管理：运作、战略与信息技术（原书第7版）》，机械工业出版社2014年版，第7页。

在人们普遍关注后工业社会来临的同时，20世纪末至21世纪初，国际上又出现了新工业主义和再工业化的浪潮。2008年国际金融危机后，美国提出再工业化国家战略，建设国家制造业创新网络促进制造业回归；德国构筑了工业4.0战略框架，提出了四大主题：智能生产、智能工厂、智能物流、智能服务。中国制定《中国制造2025》，提出重点发展新一代信息技术、高档数控机床和机器人等十大重点领域。2016年世界经济论坛执行主席施瓦布在其新作《第四次工业革命：转型的力量》中明确提出"第四次工业革命来了"。他认为第四次工业革命建立在数字革命的基础上，结合了各种各样的技术，在发展速度上，它与以往的三次工业革命不同，呈现出指数级而非线性的发展；在广度和深度上，技术正给我们的经济、商业、社会和个人带来前所未有的改变；在其影响上，第四次工业革命是一场深刻的系统性变革，将使国家、公司、行业之间（和内部）以及整个社会所有体系发生变革。[1] 对于美国制造业回归，也有反对意见，国际竞争力研究权威迈克尔·波特（Michael Porter）认为：服务业才是高附加价值产业，而不是制造业。产品制造本身的附加值低，这正是产品制造在中国和泰国完成的原因。如今制造业的服务功能才是高附加值所在，从而也是使美国能在劳动力和环境方面保持优势的原因，我们必须放弃那种认为"制造业必不可少"的观念。这种观念确实有问题，因为它扭曲了我们的思维。[2]

那么，第四次工业革命的来临是否意味着未来人类将偏离服务型社会的发展趋势？研究显示，传统的工业生产是"大规模生产、生产型制造、要素驱动"，而当代的工业4.0是以消费者为核心的"个性化定制、服务型制造、创新驱动"[3]。制造型企业围绕产品全生命周期的各个环节融入增值服务，服务型制造是工业4.0未来重要的发展方向。对美国制定"再工业化"政策具有影响的哈佛大学教授加里·皮萨诺和威利·史[4]也认为：服务业与制造业之间的实际界限是模糊的。如果美国真想靠知识型工作和创新来带动未来的经济增长，那么服务业与制造业同等重要。[5] 德国工业—科学研究联盟交流促进组织成员 Johannes

---

[1] ［德］克劳斯·施瓦布：《第四次工业革命：转型的力量》，中信出版社2016年版，第11页。

[2] ［美］加里·皮萨诺、威利·史：《制造繁荣：美国为什么需要制造业复兴》，机械工业出版社2014年版，第68页。

[3] 夏妍娜、赵胜：《中国制造2025：产业互联网开启新工业革命》，机械工业出版社2016年版，第87页。

[4] 其提出的只有振兴产业工地才能实现美国制造业的复兴被美国政府采纳，美国国家科技委员会在《先进制造业国家战略计划》（*National Strategic Plan for Advanced Manufacturing*）报告中将产业工地建筑作为其三大战略任务之一。［美］加里·皮萨诺、威利·史：《制造繁荣：美国为什么需要制造业复兴》，机械工业出版社2014年版。

[5] ［美］加里·皮萨诺、威利·史：《制造繁荣：美国为什么需要制造业复兴》，机械工业出版社2014年版，第70页。

Helbig 认为，物联网和服务网在制造业中拥有巨大的创新潜力，如果我们成功地把基于网络的服务整合进工业 4.0，将极大地扩展这种潜力。

由此可见，随着科技的发展、生产力水平的提高、财富的增长和人们需求的扩大，人类对服务的认知也发生了根本性的变化：由将服务视为不创造任何财富的非生产劳动，发展到将服务视为创造价值的服务部门或产业，并随着服务成为一国价值创造和就业的主体，将其视为等同于由农业经济向工业经济过渡的革命，或者说人类经济和社会形态的重大变化——服务经济与服务社会的来临。这预示着今天人们热议的"再工业化""工业 4.0"等，或者说由互联网开启的新工业革命适应了当代产业协同发展趋势，促进了生产与服务的深度融合，其并没有也不会改变人类社会发展进步的总体趋势——后工业社会和服务型社会的未来。

二 服务对经济增长影响认识的进化：非生产性—成本病—增长

从服务经济思想史看，虽然服务在当代经济特别是发达国家经济中占主体，但长期以来，对于服务业在经济发展中的地位与作用一直成为人们研究关注的焦点，并贯穿于不同发展时代的始终。其核心问题是：服务能否带来财富的增长？与有形的商品相比，无形的服务处于停滞状态或根本没有增长，还是会推动经济增长？随着服务在 GDP 中占比的提高，服务能否带来资本积累，实现持续性增长？在全球价值链生产的国际背景下，服务业对经济增长的影响有什么新的变化？对上述问题的研究和探讨不仅关乎一国财富创造和经济增长的着力点，更涉及人类对未来社会发展的准确判断，政府经济决策与政策导向。

从目前来看，人类对该问题的认识经历了三个阶段：非生产性—成本病—增长。形成了两大主流思想：一种观点以鲍莫尔"成本病"为代表，认为服务业生产率低；另一种观点以乔根森为代表，认为服务业特别是 IT 产业能推动经济高速增长。

1. 服务业生产率低：非生产性—鲍莫尔成本病

在古典时期，以亚当·斯密为代表，将服务视为非生产性，不创造价值。马克思虽然认为服务是生产劳动，但由于在资本家企业的雇佣劳动中只占很小的比例，在考察生产劳动时可以忽略不计，因而生产劳主要表现为物质生产领域的劳动。20世纪60年代，富克斯在研究美国经济时发现，虽然服务在产出中的占比已超过50%，或者说服务占据了生产的主体，但与工业部门相比，服务业生产率增长比较缓慢。① 他认为导致这种现象的原因十分复杂，主要是：工业部门每个人的人力资本增长较快，即工业部门有利于从最好年龄的男性中吸收人员，而服务部门则变得愈加依靠妇女、很年轻和年纪很大的人。此外，有迹象表明，工业部门的劳动力文化水平比服务部门提高得更快，工业部门的技术变革可能比服务部门更快，工业部门从日益发展的规模经济中受益更多等。但同时他也指出："虽然两个部门在生产率变化方面有差异这个假设得到了数据的证实，但是服务部门的人均产值不是固定不变的。除了某些服务行业的产值被认为是经常等于劳动投入外，其余服务行业的生产率通常都在绝对地增长。"②

虽然斯密、马克思、富克斯都从不同的视角探讨过此问题，但真正引起学界研究和关注的是20世纪60年代威廉·J. 鲍莫尔提出的"成本病"。鲍莫尔根据生产率增速的差异将经济活动划分为两个部门：生产率"进步部门"和生产率"停滞部门"。前者指资本和技术能带来生产率大幅度提高的制造业，后者指资本和技术没有发挥作用空间的最终产品——服务业。一般来说，价格与需求之间是负相关关系，即需求扩大，价格下降。但他发现，美国经济一方面服务业产值与就业在GDP中占比不断提高，服务需求持续扩大，另一方面服务成本（价格）以高于商品价格的速度激增，服务业生产率增长日趋缓慢，服务部门患上了不同程度的"成本病"。随着服务部门在国民经济中的比重上升，生产率增长和整体经济增长将越来越慢。假设停滞部门（服务业）的产品需求对价格无弹性，随着整体生活水平的提高需求增长，结果会导致从业人员不断从进步部门向停滞部门转移，从而导致整体经济增长率的进一步下降。后期鲍莫尔将其研究拓展到了卫生健康、教育、餐饮服务、图书馆与法律服务、治安、汽车修理及许多其他服务。担忧服务业增长的停滞会给政府带来财政困难，影响政府提供公共产品的能力。从

---

① [美] 维克托·R. 富克斯：《服务经济学》，商务印书馆1987年版，第2、9页。
② 同上书，第13页。

大多数文献看，鲍莫尔是首先提出服务业成本病的，学术界称为"鲍莫尔成本病"。但鲍莫尔本人认为，成本病的原创者是 Jean Fourastie，他的贡献在于对"成本病"社会含义的强调与拓展，这些含义包括从艺术的财务困难到一般公众获得卫生保健服务的难度。①

"鲍莫尔成本病"提出后，引发了经济学界的高度关注，也受到了经济学家的质疑。有人认为，由于计算的错误，服务业并不存在真正的"成本病"。皮埃尔·莫南（Pierre Mohnen）和腾·拉加（Thijs ten Raa）认为：由于服务难以测算，而且当存在技术进步时，服务的质量改善与服务价格也难以正确测算，因而服务业的劳动生产率或全要素生产率的数据可能存在严重的测算错误。服务价格上涨比官方统计的要少，而全要素生产率比官方统计的更高，因此，服务业很可能并不存在"成本病"。② 有人认为，许多服务业的生产率高于制造业，不能简单地将服务业定义为停滞部门。如信息技术对服务业生产率增长的影响。也有人指出，"成本病"建立在孤立研究服务业生产率增长的基础上，忽视了服务业作为中间投入对农业、工业生产率的影响等。

还有一些学者致力于探索解决"成本病"的路径和方法。一是改变投入方向，由投入最终产品转向投入中间产品。尼克·奥尔顿（Nick Oulton）认为，在成本病模型中，如果停滞部门仅提供最终产品，那么，经济的投入由生产率快速增长的"进步部门"转向增长较慢的"停滞部门"将降低经济的平均生产率。但如果诸如劳动力和原材料之类的基础投入从进步部门转向一部分生产中间产品而非最终产品的停滞部门，则将促进经济的生产率增长。③ 二是强调通过技术解决，如提高服务最终产品的技术水平，确保停滞服务部门至少保持正增长，甚至提

---

① ［美］威廉·J. 鲍莫尔：《服务业之谜：激增的成本，持续的需求》，载［荷］腾·拉加、［德］罗纳德·谢科特主编《服务业的增长：成本激增与持久需求之间的悖论》，格致出版社2012年版，第19页。
② 皮埃尔·莫南（Pierre Mohnen）、腾·拉加（Thijs ten Raa）：《加拿大各行业的生产率趋势与就业》，载［荷］腾·拉加、［德］罗纳德·谢科特主编《服务业的增长：成本激增与持久需求之间的悖论》，格致出版社2012年版，第87页。
③ ［美］威廉·J. 鲍莫尔：《服务业之谜：激增的成本，持续的需求》，载［荷］腾·拉加、［德］罗纳德·谢科特主编《服务业的增长：成本激增与持久需求之间的悖论》，格致出版社2012年版，第87页。

高其增长率。乔·P. 迈蒂（Joe P. Mattey）认为，新信息经济将使社会能够处理好制造业与服务业的非平衡增长。技术快速变化的全社会收入水平增加本身就包含了治愈"成本病"的良药。① 三是提高其他部门的劳动生产率，用其他部门的增长弥补服务业增长不足。四是将服务业产业化，即把制造业规模化的生产模式运用到服务业中，通过将服务生产、市场推广、客户服务标准化提高服务业的生产率。

那么，服务业出现的"成本病"能否导致人们无法承担教育和医疗等领域费用的增长？对此，鲍莫尔很乐观，他认为，一是停滞部门的生产率虽然低且不稳定，但毕竟有增长，且生产率增长率为正。二是整个经济的生产率增长能使我们负担得起。② 由于生产率的持续增长会同时提高社会整体购买力，尽管成本不断增加，社会仍然能够承担"停滞部门"服务。因而社会作为一个整体，一定可以承担教育和医疗等领域的名义费用上涨。但同时他也指出：要客观看待"鲍莫尔成本病"。由于不同的社会群体购买力的差别，需要政府兼顾效率和社会公平。③

2. 服务对经济增长具有显著影响

为了检验服务业的"成本病"，人们开始着手从服务业内部结构、服务业与其他产业的关系、服务业产业集聚，以及产业结构的变动中分析。结果发现，生产性服务、信息通信技术（ICT）服务对经济增长具有显著影响，同时，服务业与其他产业的融合发展，以及产业结构向服务经济转变也有利于经济增长。

生产性服务对经济增长的影响。赫伯特·G. 格鲁贝尔（Herbert G. Grubel）将服务业分为三大类：消费性服务、生产性服务和政府服务。通过对加拿大服务业规模、结构和生产率的分析发现：1961—1991

---

① 乔·P. 迈蒂（Joe P. Mattey）：《新兴信息经济能否解决美国的成本病问题？》，载［荷］腾·拉加、［德］罗纳德·谢科特主编《服务业的增长：成本激增与持久需求之间的悖论》，格致出版社2012年版，第75页。
② ［美］威廉·J. 鲍莫尔：《服务业之谜：激增的成本，持续的需求》，载［荷］腾·拉加、［德］罗纳德·谢科特主编《服务业的增长：成本激增与持久需求之间的悖论》，格致出版社2012年版，第18页。
③ ［美］威廉·J. 鲍莫尔：《客观看待"鲍莫尔成本病"》，《人民日报》2013年6月19日。

年，相对于消费性服务和政府服务的实际产出变化，生产性服务实际产出的变化与 GDP 的实际变化之间相关度最高、弹性最大、生产性服务业的实际增速最高。同时他也指出，并非所有的生产性服务都会促进经济增长，在生产性服务中，零售、餐饮、批发、安全等因技术变化率相对较低，且产出相对不变，作为中间投入，其对制造业和服务业的生产率增长几乎没有贡献；但通信、计算机和交通服务业，因其产出在技术上越来越复杂，成本越来越低，并广泛运用于通信和计算机行业，金融、会计、法律、广告、信息开发和加工、航运、快递等生产性服务业提高了生产率，降低了价格。随着制造业和其他服务业更多地购买这类服务，其服务业的生产率得到显著提高。同时他也认为，生产性服务业使用了大量的人力和知识资本，随着人力和知识资本在决定劳动力和物质资本生产率方面发挥越来越重要的作用，人们对有关服务业产出增长的担心是错误的；生产性服务业的增长并不要求政府干预，对经济增长、国际贸易和社会福利并没有造成任何其他所谓负面影响；政府应该鼓励生产性服务业和制造业。①

服务外包对经济增长的影响。随着国际分工的深化、外包业务的发展，国际学术界开始研究外包对一国经济增长的影响。玛丽和魏尚进（Mary Amiti 和 Shang – Jin Wei，2010）研究制造业与服务业外包对美国劳动生产率的影响发现，1992—2005 年，在美国劳动生产率增长中，服务离岸外包的贡献率为 10%，制造业外包的贡献率为 5%。② Tillmann Schworer（2013）在准确区分离岸外包、国内外包和国外供应商对国内替代的基础上，利用世界投入产出数据库（WIOD）的数据，通过研究 1999—2008 年 9 个欧洲国家离岸外包、国内外包对生产率的影响发现：服务的离岸外包和非核心制造活动促进了生产率的提高，而核心活动的离岸外包和国内外包则没有这样的效果。这表明离岸外包可以

---

① 赫伯特·G. 格鲁贝尔（Herbert G. Grubel）：《生产性服务业：在持续增长的经济体中的主要作用》，载［意］埃内斯托·费利、福里奥·C. 罗萨蒂、乔瓦尼·特里亚编《服务业：生产率与增长》，格致出版社 2012 年版。

② Mary Amiti and Shang – Jin Wei，"Service Offshoring and Productivity: Evidence from the US"，*The World Economy*，Vol. 32，No. 2，2010，pp. 203 – 220.

让企业进一步专注于其核心活动,从而提高生产率。[1] Sourafel Girma 和 Holger Görg(2004)利用英国制造业企业数据,研究 1980—1992 年英国制造业(化工、机械、仪器工程、电子行业)外包发现:节约成本是企业开展外包的主要动机,高工资与外包呈正相关;外资企业的外包水平高于国内企业;企业的外包强度与其劳动生产率和全要素生产率增长呈正相关,而对外国企业而言,这一效应更为明显。[2]

ICT 对经济增长的影响。在研究生产性服务对经济增长影响的同时,随着研究的深入,人们开始转向对决定生产性服务业对经济增长的关键部门 ICT 的研究。大量文献研究显示,ICT 有利于促进经济增长与提高生产率。根据 OECD(2003)研究,ICT 对经济增长的影响主要有三大路径:一是通过资本深化提高劳动生产率。1995—2001 年,ICT 投资在人均 GDP 增长中占 0.3%—0.8%。其中美国、加拿大、荷兰、澳大利亚占比较高,日本、英国居中,德国、法国、意大利最小。二是通过技术进步和强劲需求提高全要素生产率。1995—2001 年,由于 ICT 生产,芬兰、爱尔兰和韩国劳动生产率提高了近 1%。在美国、日本、瑞典,ICT 生产在提高劳动生产率中发挥了重要作用。三是企业在价值链创造中运用 ICT,通过 ICT 网络效应,降低交易成本,促进创新,提高全要素生产率;帮助效率高的公司获得市场份额,提高整体生产率;帮助企业扩大产品范围,为更好地应对需求实行创新;有助于减少库存或帮助企业整合整个价值链的活动。对美国、澳大利亚的实证研究也显示,批发和零售服务部门运用 ICT 促进了生产率的显著提高。[3]

大量实证研究显示,无论是发达国家还是发展中国家,虽然不同国家对 ICT 投资、人员配置,以及使用的统计指标等不同,但 ICT 都促进了经济增长。哈佛大学戴尔·乔根森(Dale Jorgensen,1999,2005)研究美国长期劳动生产率变化发现,IT 产业对美国经济的影响最大,

---

[1] Tillmann Schworer, "Offshoring, Domestic Outsourcing and Productivity: Evidence for a Number of European Countries", *Review of World Economy*, Vol. 149, No. 1, 2013, pp. 131–149.

[2] Sourafel Girma and Holger Görg, "Outsoureing, Foreign Ownership and Productivity: Evidence from UK Establishment Level Data", *Review of International Economics*, Vol. 12, No. 5, 2004, pp. 817–832.

[3] OECD, ICT and Economic Growth: Evidence from OECD Countries, Industries and Firms, 2003, pp. 1–100.

其人均产出位居七国之首。根据他的研究，20世纪70年代至90年代中期，美国生产率增速明显放缓，经济状况不好，但从90年代中期开始，美国生产率增速明显加快，同期美国经济不仅创历史较好水平，也好于同期所有主要发达国家。在这种变化中，信息技术是生产率再次提高的主要驱动力。即1995—2000年，美国生产率提高主要来自信息技术（如计算机、半导体、软件和电信设备）和制造部门。2000—2006年，生产率增长的主要驱动因素转移到了信息技术的应用部门，如金融服务业、零售业和制造业。这些部门在加大信息系统投资力度（如在线客户服务和销售系统、企业资源规划系统）提高自身生产率的同时，带动了经济总体效率的提升。1995—2000年，仅占GDP总量3%的部门拉动了美国一半以上的生产率。① 乔根森和本桥（Jorgenson 和 Motohashi，2005）合作研究比较1975—2003年ICT在日本和美国经济增长中的作用，研究发现：日本的国内生产总值增长率从20世纪80年代的4%左右下降到90年代的不到2%。1995年后日本国内生产总值中用于计算机、电信设备和软件投资的份额急剧上升，日本ICT部门全要素生产率增长的贡献也有所增加，1995年后日本ICT对产出增长的贡献率为0.5%，与美国相当，1995年至2003年日本约2/3的产出增长可归因于ICT生产。② Colecchia 和 Schreyer（2002）对澳大利亚、加拿大、芬兰、法国、德国、意大利、日本、英国和美国九国的研究也证实，在过去的20年，并非只有美国经济增长受益于ICT，虽然各国国情不同，但ICT对经济增长的贡献率基本介于0.2%—0.5%。20世纪90年代后期，其贡献率为0.3%—0.9%。③

此外，有学者从产业融合的角度，分析制造业与服务业之间的共生、互动、协同关系。Dilek 和 Carlaaon（1999）分析了美国制造业和生产性服务业发展情况。研究认为，将某些活动（如法律、会计和数

---

① ［美］加里·皮萨诺、威利·史：《制造繁荣：美国为什么需要制造业复兴》，机械工业出版社2014年版，第63—65页。

② Dale W. Jorgenson and Kazu Motohashi, Information Technology and the Japanese Economy, NBER Working Paper No. 11801, November 2005, http://www.nber.org/papers/w11801.

③ Colecchia, A. and P. Schreyer, "ICT Investment and Economic Growth in the 1990s: Is the United States a Unique Case? A Comparative Study of Nine OECD Countries", *Review of Economic Dynamics*, Vol. 5, No. 2, 2002, pp. 408–442.

据处理）从制造业转向生产性服务业是导致生产性服务业增长的重要原因。生产性服务业与制造业之间存在双向互动关系，生产性服务业是对制造业的补充和支持。[1] 也有学者从产业结构向服务经济转变的角度分析对经济增长的影响。Sanchez 和 Roura（2009）运用 37 个 OECD 国家 1980—2005 年的数据，重点研究了产业结构向服务经济转变对一国经济增长率的影响，研究结果部分驳斥了关于服务生产率的传统知识。与传统理论相反，研究认为：从整体上看，产业结构变化对劳动生产率有积极影响，经济增长的原因主要在于行业内部生产率的增长，而非资源在各个部门间的重新配置；从数量和战略角度来看，服务业在发达经济体中发挥着核心作用；一些第三产业活动显示出动态的生产率增长率，而它们对总体生产力增长的贡献比历史所认为的更为重要。[2]

综上所述，人们对服务业对经济增长的研究由关注劳动单一要素投入的分析扩展到全要素分析，由对服务业的整体分析扩展到内部结构分析，以及与其他产业特别是制造业之间共生、协同的分析，有助于全面理解和认识服务业对经济增长的影响，但也应看到，受数据、研究方法所限，无论是 20 世纪 60 年代维克多·富克斯的研究，还是今天学术界对该问题研究的深化，都无法准确衡量和透视服务对经济增长的真实影响。

三 服务业与其他产业的关系：融合—分离—再融合

在发达国家和高收入经济体中，服务业在 GDP 和就业中的占比已经高达 70% 以上，同时全球服务业在 GDP 中占比也超过了 50%。在人类社会迈向服务经济的同时，2008 年国际金融危机后，第四次工业革命浪潮开始席卷全球。如何看待服务业与其他产业的关系，学术界也一直处于论争和探讨中，并随着科技的发展而不断深化。从服务经济思想发展史看，对其认识经历了融合—分离—再融合三个阶段。

---

[1] Dilek, Cetindament K., Bo Carlaaon, "Manufacturing in Decline? A Matter of Definition", *Economics of Innovation & New Technology*, Vol. 8, No. 3, 1999, pp. 175–196.

[2] Andres Maroto-sanchez and Juan R. Cuadrado-Roura, "Is Growth of Services an Obstacle to Productivity Growth? A Comparative Analysis", *Structural Change & Economic Dynamics*, Vol. 20, No. 4, 2009, pp. 254–265.

1. 融合阶段:"一切皆生产,一切皆服务"

在古典时期,无论是经济关系还是社会关系都被视为服务关系,"一切皆生产,一切皆服务",在某种意义上,可以说是一个产业间融合、经济与社会大融合的阶段。1885—1930 年,很多经济学家,如弗雷德里克·巴斯夏(Frederic Bastiat)、阿尔弗雷德·马歇尔、里昂·瓦尔拉等将资本社会中的经济关系描述为服务关系。社会是一个"服务交换的社会"。巴斯夏在 1851 年再版的《和谐经济论》(*Harmonie Economique*)中将资本主义经济条件下的经济关系视为交换服务关系。他认为:处于生产者与消费者之间的中间人如零售店主、贸易商等虽然不创造物质,但是创造价值。况且,由于我们每个人都只能相互提供劳务,而不能创造物质,所以,正确地说,就相互关系而言,包括农夫和制造工人在内,我们都只是中介人而已。[①] 科尔松也认为服务具有生产性。"生产和形成物质实体没有什么关系,但是不论生产过程最终显示为服务还是某种物质实体,由于都满足了我们的需要,在经济上的重要性是一样的。为他人提供健康服务的医生和一个农夫一样,都是生产性的……"[②] 所有的生产都需要服务:劳动、自然资源和资本的服务,人类的每一项活动都是服务。

2. 分离阶段:三次产业的划分

1935—1965 年,经济学界出现了将经济活动划分为三大产业部门的思想,服务与其他部门出现了分离状态。如表 1-2 所示,三次产业划分的代表性人物分别是艾伦·G. B. 费希尔(Allan G. B. Fisher)、科林·克拉克(Colin Clark)和让·福拉斯蒂。1935 年费希尔在其代表性著作《安全与进步的冲突》(*The Clash of Progress and Security*)中将经济活动分为第一产业、第二产业和第三产业。第一产业包括农业和矿业。第二产业是将原材料加工转化的产业。第三产业是提供"服务"的种类众多的产业,包括运输、贸易、休闲活动、教育、艺术创作和哲学。并认为虽然没有第一产业,人类无法维持基本的生存,但劳动力就

[①] [法] 弗雷德里克·巴斯夏:《和谐经济论》,中国社会科学出版社 2013 年版,第 99 页。

[②] [法] 让—克洛德·德劳内、[法] 让·盖雷:《服务经济译丛·服务经济思想史:三个世纪的争论》,格致出版社、上海人民出版社 2011 年版,第 45 页。

表1-2　　　　　　　　　　　不同学者的行业分类

行业	费希尔（1935）	克拉克（1941）	克拉克（1957）	福拉斯蒂（1959）	库兹涅茨（1957）	库兹涅茨（1966）	索韦（1949）
制造业	第二	第二	工业	第二	工业	工业	根据职业分类
建筑业	第二	第二	服务业	第二	工业	工业	
公用设施	第二	第二	服务业	第二	工业	工业	
运输	第三	第三	服务业	第三	服务业	工业	
通信	第三	第三	服务业	第三	服务业	工业	
贸易	第三	第三	服务业	第三	服务业	服务业	
服务	第三	第三	服务业	第三	服务业	服务业	
政府	第三	第三	服务业	第三	服务业	服务业	

资料来源：[法]让—克洛德·德劳内、[法]让·盖雷：《服务经济译丛·服务经济思想史：三个世纪的争论》，格致出版社、上海人民出版社2011年版，第58页。

业会逐渐从第一产业转移出来，进入第二产业，并更多地进入第三产业。克拉克的著作《经济进步的条件》（*The Conditions of Economic Progress*）延续了对经济部门三次产业的划分，虽然划分的标准与对服务业的界定与费希尔不同，但他指出就业向服务业转移的主要原因是消费需求总量和需求结构的变化。让·福拉斯蒂在1949年出版的《××世纪的伟大希望》（*The Great White Hope of the ×× Century*）中首次确立了三次产业划分的明确标准：以产业的生产率为基准。即第一产业的生产率增长只是平均水平，第二产业生产率增长快于平均水平，第三产业增长缓慢，甚至呈现零增长。并指出：技术进步使服务业的增长成为可能。同时也承认，服务业最终成为经济主体可能是大势所趋，但只有在经过长期的调整后才可能成为现实，且这一调整有其自身的动态均衡条件。[①]

3. 再融合阶段：跨界融合与"互联网+"

从20世纪70开始，随着通信技术（光缆、无线通信、宇宙卫星等）的利用和普及与信息处理技术的发展，发达国家在信息、金融、

[①] [法]让—克洛德·德劳内、[法]让·盖雷：《服务经济译丛·服务经济思想史：三个世纪的争论》，格致出版社、上海人民出版社2011年版，第55—56页。

物流、能源等领域出现了产业融合的新现象，传统的三次产业之间的界限模糊，引发了美国、欧洲、日本等国学界和政界的高度关注。其中，学界重点研究了产业融合的概念、引发融合的原因、进程及其影响。政界更多地关注由产业融合引发的政府管制等一系列问题，如欧委会在1997年的绿皮书中讨论了适应产业融合趋势制定政府管制的公共利益目标、原则，确立有利于其融合发展的新的政府规制等问题。

融合指的是不同物体或思想的互补性结合，从而形成新的环境。融合的革命带来了巨大的机会，继而催生了新的产品、服务、价值和商业模式。融合经济指的是融合革命所创造的新的商务环境。[①] 对于产业融合，20世纪70—80年代，日本学者针对产业融合的新现象提出了中间产业的概念，如1.5次产业为农业与制造业融合的产业，2.5次产业为第二产业与第三产业融合的产业（或者说介于第二产业和第三产业之间的中间产业）。日本著名经济学家植草益在《产业组织理论》（1987）中提出了产业融合现象。如表1-3所示，Sang M. Lee 和 David L. Olson（2010）将融合分为六个方面：部件/产品融合、功能融合、组织融合、技术融合、产业融合、生物/人工系统，并提供了不同层面组织创新的目的，以及典型案例。其中，将产业融合划分为三种类型：一是功能融合，即不同产业的产品具有相同的功能，消费者将两个产业的产品重叠使用。如个人电脑和电视行业部分功能重合，可以相互替代。二是互补融合，即一站式达到数个价值目标。如在一个地点同时获得旅行、住宿服务和接送服务。三是机构融合，即一个企业同时提供两个产业的产品。如银行业合并了许多业务，既能提供储蓄服务，又能提供抵押贷款。[②]

那么，产业融合是一国特有现象，还是具有世界普遍意义？是经济发展过程中出现的短期现象，还是将对人类社会产生长期影响？日本学者植草益认为，产业融合不是日本特有的经济现象，而是主要发达国家共有的现象。信息技术引发的技术革新以及随之产生的产业融合对信息

---

① ［美］李相文、戴维·L. 奥尔森：《融合经济——融合时代的战略创新》，中国金融出版社2013年版，第7页。
② 同上书，第83、148页。

表1-3　　　　　　　　融合：组织创新的演进、案例

	融合层面	目的	制造业	服务业
第一层	部件/产品融合	产品创新	手机（电话、获取信息、摄影、游戏）	爵士乐健身操
第二层	功能融合	流程创新	精益制造企业资源计划系统	麦当劳汉堡包（快速、质量统一、儿童娱乐）
第三层	组织融合	价值链创新	钢铁（从大规模生产转向小工厂）	银行（从支票账户拓展到储蓄、抵押贷款、结算和许多其他服务）
第四层	技术融合	技术、产品创新	混合动力汽车	手机（通信、音乐、电子邮件、照片等）
第五层	产业融合	新产业、顾客价值创新	星巴克、政治广告（从政治演说和海报到电视业的转型）	e-Bay（通过改造招聘广告和处理多余物品的跳蚤市场，发展到一场电子商务革命）
第六层	生物/人工系统	泛在创新（Ubiquitous Innovation）	医疗检验（X光透视、核磁共振成像）	中医

资料来源：[美] 李相文、戴维·L. 奥尔森：《融合经济——融合时代的战略创新》，中国金融出版社2013年版，第41、151页。

通信业以外的所有产业，如第一产业（农林业、水产业、渔业）、第二产业（采矿业、建筑业、制造业）、第三产业（金融业、教育、研究、图书馆、医疗、保险、福利）都有影响，并引起了产业结构的变化。并预测在21世纪相当长的时间内，"新经济"将对全球产业带来重大影响。[①] 30年后的今天发达国家提出的数字革命，以及我国提出的"互联网+"进一步印证了信息技术革命对人类生产、生活，以及社会带来的革命性变化。

在这个由信息技术革命引发的产业融合阶段，服务业居于经济发展的什么地位？对其他产业和经济增长产生什么作用和影响？大多数学者研究显示，服务业对产业和经济增长具有其独特作用。道罗斯·瑞德尔

---

① [日] 植草益：《信息通讯业的产业融合》，《中国工业经济》2001年第2期。

(Riddle，1985）将服务业视为经济的"黏合剂"，认为服务业不是"边缘化的或奢侈的经济活动"，而是位于经济的核心地带，是促进其他部门增长的过程性产业，便于一切经济交易的产业。[①] Shelp（1984）将服务业视为"灰泥"（Mortar），认为：农业、采掘业和制造业是经济发展的砖块（Bricks），服务业则是把它们黏合起来的灰泥。[②] 格鲁伯和沃克（Grubel & Walker，1989）将生产性服务视为把人力资本和知识资本引进商品生产部门的"飞轮"，认为：人们早就认识到人力资本与知识资本在经济增长中所起的重要作用。在生产过程中，人力资本和知识资本作为主要投入被物化在为最终消费与出口而提供的产品与服务中，它们为劳动与物质资本带来更高的生产率并改进了商品与其他服务的质量，有利于提高生产率。[③] Hutton（2004）将生产性服务视为"推进器"，认为：在后工业化社会，生产性服务业作为新技术和创新的主要提供者和传播者，全面参与生产制造和经济发展的各个层面，发挥着"推进器"的作用。[④] 富克斯（Fuchs，1968）通过研究美国1947—1958年的投入产出表，发现服务业作为农业和制造业的中间投入在全部产值中的占比明显提高，其中金融服务、商务服务占比提高最快。

在产业大融合阶段，引发人们最大关注的是传统意义上的第二产业与第三产业之间的关系，或者说是服务业与制造业之间的融合问题。目前制造业与服务业的融合出现了两种趋势。

一是制造业服务化（The Servitization of Manufacturing）。即制造企业为了获得竞争优势，价值链由以制造为中心向以服务为中心转移，越来越多的生产企业从提供"产品"到提供"产品和服务"再向提供

[①] Dorothy I. Riddle, "Service – Led Growth: The Role of the Service Sector in World Development", *Journal of Marketing*, Vol. 52, No. 2, 1987, p. 135.
[②] 转引自程大中《论服务业在国民经济中的"黏合剂"作用》，《财贸经济》2004年第2期。
[③] ［加］赫伯特·G. 格鲁伯、迈克尔·A. 沃克：《服务业的增长：原因与影响》（中译本序），上海三联书店1993年版，第1—2页。
[④] Hutton, T. A., "Service Industries, Globalization and urban Restructuring Within the Asia – pacific: New Development Trajectories and Planning Responses", *Progress in Planning*, Vol. 61, No. 1, 2004, pp. 1 – 74.

"服务解决方案"转变,制造产业呈现出"服务为主导"的发展趋势。[①] 如提出制造业服务化的 Sandra Vandermerwe 和 Juan Rada(1988)认为,越来越多的公司在全球范围内通过服务增加核心企业产品的价值,这一趋势几乎遍及所有行业。制造企业以客户为中心,由仅仅提供"商品"或"商品+附加服务"向"商品服务包"转变。服务包包括商品、服务、支持、自助服务和知识等。[②] 根据 Andy Neely(2007)对全球 23 国 10078 家制造业上市公司提供的服务研究,29.52% 的公司提供制造业和服务业融合服务,1.78% 的公司似乎是纯服务公司。提供的服务包括设计和研发服务(占企业总数的 21.92%)、系统解决方案(占企业总数的 15.7%)、零售和分销(占企业总数的 12.18%)、维修和支持服务(占企业总数的 11.94%)。发达国家制造业服务化水平明显高于处于工业化进程中的国家。其中,美国、芬兰制造业与服务融合型企业占制造业企业总数的比例均超过 50%(美国 58%、芬兰 51%),美国最多。其次是马来西亚(45%)、荷兰(40%)、比利时(37%)。中国最少,97.8% 是制造业。BP 和 Shell 虽然生产石油,但两家公司都在扩大其服务零售。[③] Andy Neely 等(2011)的最新研究显示:到 2011 年,30.10% 的制造业企业被归类为服务企业,这一数字与 2007 年几乎没有变化;美国的服务化水平虽略有下降(从 2007 年的 57.68% 下降到 2011 年的 55.14%),但仍然是服务水平最高的国家;2007—2011 年,许多国家的服务化水平没有发生重大变化,但中国的变化最大:由 2007 年不到 1% 的中国制造企业提供服务,提升到 2011 年 19.33% 的中国制造企业提供服务。与此同时,提供服务的顺序也发生了新的变化:首先是系统和解决方案,其次是设计和研发、维护和支持、零售和

[①] 《2016 中国企业 500 强榜单出炉 制造业服务化成为发展方向》,《经济日报》2016 年 8 月 28 日。

[②] S. Vandermerwe, J. Rada, "Servitization of Business: Adding Value by Adding Services", *European Management Journal*, Vol. 6, No. 4, 1988, pp. 314–324.

[③] Andy Neely, "The Servitisation of Manufacturing: An analysis of Global Trends", *European Operations Management Association*, 2007.

分销。[1]

制造业服务化趋势主要体现在两个方面：(1) 投入服务化。即在生产要素投入中，由实物要素为主转向服务要素为主。服务要素贯穿于价值链的各个环节，既包括上游的研发、设计，中游的管理、法律、保险、金融、会计、租赁、维修，也包括下游的广告、运输与分销。[2] 从发达国家制造企业投入服务化的主体看，《日本通商白皮书 2002》显示，日本制造业的中间投入中服务所占的比重由 1980 年的 19.6% 提高到了 2004 年的 29.8%。(2) 产出服务化。即服务创造的价值在企业销售额和利润中所占的比重越来越大。如 20 世纪 80 年代，GE 制造产值占公司总产值的 85%，目前"技术 + 管理 + 服务"业务占 GE 收入的 70%（GE 作为全球最主要的飞机引擎制造商，其商业模式已由销售产品转为销售服务。在 GE 飞机引擎整个产品生命周期的价值创造中，物理产品的销售只占 30%，而引擎的保养、维修等服务则占总收入的 70%，其主要利润点是服务，而不是产品）。[3] IBM 由单纯的制造商转为"解决方案提供商"后，50% 以上的收入来自服务业务。根据德勤公司对 80 家制造企业的调查，在从事制造业的跨国公司中，服务收入占销售收入的平均值超过 25%，19% 的制造业公司的服务收入超过总收入的 50%。[4] 根据 Andy Neely（2007）的研究，制造企业提供的服务类型有 12 种，包括咨询服务、设计和研发服务、金融服务、安装和运行服务、租赁服务、维护和支持服务、外包和运营服务、采购服务、知识产权和房地产、零售和分销服务、系统和解决方案、运输和货运服务。其中，主要是设计和开发服务、系统解决方案、零售和分销服务。[5]

---

[1] Andy Neely, Ornella Benedetinni and Ivanka Visnjic, The Servitization of Manufacturing: Further Evidence, 2011, https://www.researchgate.net/publication/265006912_The_Servitization_of_Manufacturing_Further_Evidence.

[2] 刘继国：《制造业：服务化发展趋势研究》，经济科学出版社 2009 年版，第 41—42 页。

[3] 夏妍娜、赵胜：《中国制造 2025：产业互联网开启新工业革命》，机械工业出版社 2016 年版，第 56 页。

[4] 安筱鹏：《制造业服务化路线图：机理、模式与选择》，商务印书馆 2012 年版，第 247 页。

[5] Andy Neely, The Servitisation of Manufacturing: An Analysis of Global Trends, *European Operations Management Association*, 2007.

二是服务工业化（Industrialization of Services）。① 即服务型企业为了提高服务效率，将许多"工业化"的方法运用到提供无形产品的服务中。从"手工作坊式"变为"工业流水线式"，从一对一的服务供应变为一对多的服务供应。② 例如，规模经济以往是指物质产品的大规模生产，服务与服务生产不受规模优势的影响，但服务企业发展的实践表明，规模经济用于服务同样会产生规模经济效益。如运输业需要大量的设备和基础设施建筑；金融保险业建立在大量客户的基础上；麦当劳等快餐、住宿等传统服务业通过提供"工业化"、标准化的服务方式，突破了服务业差异化的方式，在全球提供服务。③

目前，信息密集型服务已成为许多发达经济体的主体。随着信息服务"产业化"的技术驱动，它与制造业工业化有相似之处，如生产率提高、标准化和巨大的市场，对产业结构、部门规模和增长、就业、管理实践有显著影响。但也有明显差异，如交易成本降低、垂直一体化下降、水平一体化趋势增强。④ Schroth（2007）研究显示，通过减少各种浪费，服务互联网络成为精益服务管理的推动者，并作为信息服务产业化的技术推动者发挥重要作用。⑤

近年来，IT服务工业化步伐逐步加快，软件与信息服务背后所表现出的制造业特征越来越明显。以往IT服务被视为管理的艺术，而今天IT服务看重的是服务质量、服务成本、服务的满意度。很多从事IT服务的企业正在使用制造业企业所采取的手段提升自己的核心竞争力。⑥

---

① 理查德·诺曼：《服务管理：服务企业的战略与领导》，中国人民大学出版社2006年版，第10—15页。
② Angel Dobardziev、Tom Kucharvy、Phil Codling 等：《IT 2008年服务趋势：专业化、全球化、工业化》，《通信世界》2008年3月3日。
③ 理查德·诺曼：《服务管理：服务企业的战略与领导》，中国人民大学出版社2006年版，第11页。
④ U. Karmarkar, "The Industrialization of Services", in *Managing Consumer Services*, Springer International Publishing, 2014.
⑤ C. Schroth, The Internet of Services: Global Industrialization of Information Intensive Services, *International Conference on Digital Information*, No. 2, 2007, pp. 635–642.
⑥ 刘积仁：《IT服务进入工业化时代中国外包企业面临巨大挑战》，《IT时代周刊》2007年第13期。

由此可见，本次由信息技术发展引发的产业融合现象，不同于古典时期三大产业融合限于一国内部的一般现象，而是跨越时空，在世界范围引发的革命性、颠覆性的新变化，从人类对产业融合的认识来看，可以说是进入了再融合阶段。

综上所述，从服务思想发展史可以看到，人们对服务的认识已经从单纯的一个产业、一个部门、一种分工，转变为一种社会形态。同时，各国经济发展的现实也表明，制造业回归不是对服务业的否定，也不是回到过去工业化的形态，而是通过服务业和制造业的融合与协同发展，服务被物化在产品与生产中，提升全要素生产率。

第二节　服务业：产业分类与全球布局

一　服务业分类

从服务经济思想史看，随着科技的发展，对服务需求的增多，人类对服务的分类经历了一大类、三大类、四大类的过程。理解服务业分类的性质与规模对于研究服务业增长的经济意义与服务效应具有重要意义。

在古典时期，亚当·斯密将劳动划分为生产性与非生产性两个类别，将服务业视为非生产劳动的一大类。20世纪60年代，威廉·J. 鲍莫尔依据生产率的高低将经济部门分为"停滞部门"和"进步部门"两大类，将服务业归为"停滞部门"一类。

对服务业的三大分类始于19世纪，研究的视角不同，分类的方法也各异。马克思将服务业分为三大类：个人服务业，社会再生产所需要的服务业，私人企业和资本循环所需要的服务业。1970年，M. A. Katouzian 根据罗斯托的经济发展阶段理论，将服务业划分为三类：新兴服务业、补充性服务业和传统服务业。新兴服务是指由消费提高引发的增长较快的服务，如教育、医疗、娱乐、文化和公共服务等。补充性服务是指物化于生产的中间投入服务，如金融、交通、通信、商务、法律服务等。传统服务大多指最终需求服务，如传统的家庭和个人服务等。根据服务的主体分为三大类：个人服务、企业服务、政府服务。格鲁伯和沃尔克（1993）根据服务的需求，将服务分为三大类：生产性服务、消费性服务和政府服务。①

对服务业的四大分类最具代表性的是辛格曼的分类，根据服务的功能，他将服务业分为四大类：分销服务（Distributive Service，运输、通信、贸易）、生产者服务（Producer Services，银行、商务服务、房地产）、社会服务（Social Services，医疗护理、教育、邮政服务、公共和非营利服务）和个人服务（Personal Services，家务料理、旅店、饭店、旅游、修理等）。该分类便于进行宏观经济分析与国际比较，成为人们研究服务业分类的重要参考。也有人根据服务企业的创新行为，将服务企业分为知识密集型服务企业（大学、研究机构）、以网络为基础的服务企业（银行、保险公司、电信企业）、规模密集型服务企业（标准化服务在营业额中占比达100%的企业）、供应商主导型服务企业（创新源于外部，特别是供应商的企业）四类。② 丹尼尔·贝尔将服务业分为：私人服务（零售商店、洗衣店、汽车修理、美容店），企业服务（银行业和金融业、房地产、保险业），运输、通信和公用事业，健康保健、教育和政治治理。并认为最后类别的增长对后工业社会具有决定性意义。只有这个类别才能代表一个新的知识界——大学、研究机构、各种专业以及管理部门的扩张。③

目前在国际上对服务业的分类影响最大的是联合国统计署（UNSD）的分类。根据联合国统计署推出的《全部经济活动的国际标准产业分类》（ISIC）第四版（ISIC Rev. 4），服务业至少涵盖从G到U的15大类。如表1-4所示，分别是：G. 批发与零售贸易、机动车和摩托车的修理；H. 运输与仓储；I. 住宿与餐饮业；J. 信息与通信业；K. 金融和保险业；L. 房地产和租赁业；M. 科学研究与技术服务；N. 行政管理及相关支持服务；O. 公共管理与国防、社会保障；P. 教育；Q. 卫生和社会服务业；R. 艺术与娱乐；S. 其他服务业；T. 为付

---

① H. 格鲁伯、M. 沃尔克：《服务业的增长：原因与影响》（中译本序），上海三联书店1993年版，第1—2页。

② Christiane Hipp and Hariolf Grupp, "Innovation in the Service Sector: The Demand for Service-specific Innovation Measurement Concepts and Typologies", *Research Policy*, Vol. 34, No. 4, 2005, pp. 517–535.

③ ［美］丹尼尔·贝尔：《后工业社会的来临》，江西人民出版社2018年版，第12页。

表1-4　　　　　　　　服务业分类：国际与中国

联合国（ISIC Rev.4）		中国（GB/T 4754—2017）	
门类	产业	门类	产业
G	批发与零售贸易、机动车和摩托车的修理	A	农、林、牧、渔专业及辅助性活动
H	运输与仓储	B	开采专业及辅助性活动
I	住宿与餐饮业	C	制造业中的金属制品、机械和设备修理业
J	信息和通信业	F	批发和零售业
K	金融和保险业	G	交通运输、仓储和邮政业
L	房地产和租赁业	H	住宿和餐饮业
M	科学研究与技术服务	I	信息传输、软件和信息技术服务业
N	行政管理及相关支持服务	J	金融业
O	公共管理与国防、社会保障	K	房地产业
P	教育	L	租赁和商务服务业
Q	卫生和社会服务业	M	科学研究和技术服务业
R	艺术与娱乐	N	水利、环境和公共设施管理业
S	其他服务业	O	居民服务、修理和其他服务业
T	为付酬家庭提供的家庭或个人服务	P	教育
U	国际组织和机构	Q	卫生和社会工作
		R	文化、体育和娱乐业
		S	公共管理、社会保障和社会组织
		T	国际组织

资料来源：联合国；中华人民共和国国家质量监督检验检疫总局、中国国家标准化管理委员会：《国民经济行业分类》（GB/T 4754—2017）。

酬家庭提供的家庭或个人服务；U. 国际组织和机构。

　　1984年我国首次发布《国民经济行业分类》，并于1994年、2002年、2011年、2017年进行了四次修订。根据《国民经济行业分类》（GB/T 4754—2017）的最新调整，我国明确将第三产业确定为服务业，并界定为它是指除第一产业、第二产业以外的其他行业，共有3个大类（A—G；H—N；O—T）。如表1-4所示，内容包括：F. 批发和零售业；G. 交通运输、仓储和邮政业；H. 住宿和餐饮业；I. 信息传输、软件和信息技术服务业；J. 金融业；K. 房地产业；L. 租赁和商务服务业；M. 科学研究和技术服务业；N. 水利、环境和公共设施管理业；O. 居民服务、修理和其他服务业；P. 教育；Q. 卫生和社会工作；R. 文化、体育和娱乐业；S. 公共管理、社会保障和社会组织；T. 国际组织，以及农、林、牧、渔业中的农、林、牧、渔专业及辅助性活动（A），开采专业及辅助性活动（B），制造业中的金属制品、机械和设备修理业（C）。

2015 年，为了加快发展生产性服务业，促进产业结构升级，我国又确定了生产性服务的分类，如表 1-5 所示，内容包括为生产活动提供的研发设计与其他技术服务、货物运输仓储和邮政快递服务、信息服务、金融服务、节能与环保服务、生产性租赁服务、商务服务、人力资源管理与培训服务、批发经纪代理服务、生产性支持服务。同时也界定了科技服务的统计范围，如表 1-5 所示，包括科学研究与试验发展服务、专业化技术服务、科技推广及相关服务、科技信息服务、科技金融服务、科技普及和宣传教育服务、综合科技服务七大类。

表 1-5　　　　　　　　中国生产性服务、科技服务

生产性服务	科技服务
1. 为生产活动提供的研发设计与其他技术服务	1. 科学研究与试验发展服务
2. 货物运输仓储和邮政快递服务	2. 专业化技术服务
3. 信息服务	3. 科技推广及相关服务
4. 金融服务	4. 科技信息服务
5. 节能与环保服务	5. 科技金融服务
6. 生产性租赁服务	6. 科技普及和宣传教育服务
7. 商务服务	7. 综合科技服务
8. 人力资源管理与培训服务	
9. 批发经纪代理服务	
10. 生产性支持服务	

资料来源：国家统计局：《国家科技服务业统计分类》（2015）、《国家科技服务业统计分类》（2015）。

二 全球服务业分布及特点

第一，从全球服务业发展的总体趋势看，20世纪90年代，全球已基本进入服务经济时代。

近二十年来，全球农业、工业和服务业三大产业在GDP中的占比发生了明显的变化，从总体发展趋势看，如表1-6所示，农业、工业在GDP中的占比逐年下降，服务业在GDP中的占比逐年提升。1995—2016年，农业由7.69%下降到了3.54%，工业由32.06%下降到了25.40%，服务业由2000年的62.49%提高到了2016年的65.08%。按照服务业在GDP中的占比为50%即为进入服务经济时代的标准，20世纪90年代，全球已基本进入服务经济时代。

表1-6　　　　1995—2016年世界农业、工业、服务业
在GDP中占比的变化　　　　单位:%

年份	农业	工业	服务业
1995	7.69	32.06	—
2000	4.96	29.38	62.49
2005	4.15	28.76	61.62
2010	3.70	27.38	63.35
2015	3.58	25.79	64.68
2016	3.54	25.40	65.08

资料来源：世界银行。

第二，从全球服务业的不同收入国家构成看，除低收入国家外，其他收入国家均已经进入服务经济时代。

在全球服务业发展的总体趋势中，虽然不同收入国家的服务业都获得了较大的发展，近20年来服务业在GDP中的占比逐年提高，但不同收入国家进入服务经济时代的步伐具有明显差异。按照上述50%的界定标准，如表1-7所示，低收入国家至今未进入服务经济时代，其他类型收入国家均已经进入。收入越高的国家，服务业增加值在GDP中的占比越高。

表1-7　　　不同收入国家服务业增加值在GDP中的占比　　　单位:%

年份	1997	2000	2005	2010	2015	2016
高收入国家	64.95	65.92	67.31	68.86	69.26	69.56
中高收入国家	—	—	47.84	49.99	54.48	55.31
中等收入国家	—	—	47.57	49.30	53.31	54.02
中低收入国家	—	—	47.46	49.15	53.09	53.79
低收入国家	—	41.66	40.10	39.68	39.50	39.23
世界	61.67	62.49	61.62	63.35	64.68	65.08

资料来源：世界银行。

第三，从全球服务业的地域构成看，除南亚外，其他地区服务业在GDP中的占比均超过了50%，北美服务业在GDP中占比最高。

世界不同地域服务业发展水平具有明显差异。如表1-8所示，除南亚（48.99%）外，其他地区服务业在GDP中的占比均超过了50%。根据服务业在GDP中占比高低的排序，2016年世界银行的数据显示，超过70%的只有北美，超过60%的分别是欧盟（66.04%）、拉丁美洲与加勒比（60.64%），超过50%的依次是东亚与太平洋（59.64%）、中东与北非（54.22%）、撒哈拉以南非洲（53.89%）。

表1-8　　　世界不同地域服务业在GDP中的占比　　　单位:%

年份	2000	2016
世界	62.49	65.08
北美	73.13	77.02
欧盟	62.36	66.04
拉丁美洲与加勒比	56.81	60.64
东亚与太平洋	—	59.64
中东与北非	—	54.22
撒哈拉以南非洲	51.19	53.89
南亚	42.65	48.99

资料来源：世界银行。

第三节 服务贸易：不可贸易、可贸易与贸易模式

一 服务：不可贸易与可贸易

产业是贸易的前提和基础。由于服务业异于制造业的自然属性，长期以来人们认为服务不可能像产品一样完全可贸易。如表1-9所示，制造业与服务业的主要差异在于：服务是无形的，不像产品是有形的；服务一般要求生产与消费同时进行，不可分割，不像产品的生产和消费可分离、可运输、可出口，服务通常无法出口，只可出口服务系统；服务不可储存、不可移动、不可运输，不像产品可储存、可移动、可运输、可贸易，因而无法进行贸易。服务业本身的属性，限制了服务的可贸易性，以及服务贸易的发展。

表1-9　　　　　　　　制造业与服务业的明显差异

制造业	服务业
生产具体的产品	提供无形服务
所有权随购买活动发生转移	所有权通常不发生转移
产品可再次出售	产品不可再次出售
产品可展示	产品无法有效展示（产品在购买之前不存在）
产品可储存	产品无法储存
消费在生产之后	生产和消费通常同时进行
生产、销售和消费不一定在同一地点进行	生产、销售和消费在同一地点进行
产品可运输	产品不可运输
由卖方进行产品生产	买方/客户直接参与部分生产过程
企业与客户可能有间接接触	企业与客户必须直接接触（在大部分情况下）
产品可出口	服务通常无法出口，但服务提供系统可出口

资料来源：理查德·诺曼：《服务管理：服务企业的战略与领导》（第3版），中国人民大学出版社2006年版，第17页。

可贸易部门是指可在一国生产，而在另一国消费的产品和服务。可贸易部门包括大部分的制造业产品、能源、原材料、农产品，以及旅

游、高等教育、商务和技术咨询、商业银行、数据处理、通信和数字传媒等服务。不可贸易部门是指生产和消费只能在同一个国家进行的部门。不可贸易部门包括政府、保健、零售、建筑、餐饮、住宿、大部分的法律服务、大部分的房地产，以及其他任何需要在当地开展的服务业（如立法、车辆维护等）。[①] 由于信息技术革命的飞速发展突破了服务业要求生产与服务同时进行，产品不可再次出售等限制，远程服务的便捷与高效使得原来不可贸易的产品变得可贸易。同时，《服务贸易总协定》加速了全球服务贸易自由化的进程，服务业的可贸易性明显增强。如表1-10所示，服务贸易在GDP中占比逐年提高，由2000年的9.19%提高到了2017年的12.78%。2016年，虽然全球服务业在GDP中占比已经达到了65.08%，且服务贸易在GDP中占比逐年扩大，但服务业的可贸易性仍低于农业、工业。2017年货物贸易在GDP中占比为51.91%，服务贸易在GDP中占比仅为12.78%。1980年以来，服务贸易在总贸易中占比基本保持在20%（如果按照贸易增加值统计，服务的可贸易性与服务业在GDP中占比相对应，服务在贸易增加值中占比从低于30%上升到高于40%）。[②]

表1-10　全球服务业、贸易、服务贸易在GDP中的占比变化　　单位:%

年份	服务业在GDP中占比	贸易在GDP中占比	服务贸易在GDP中占比	货物贸易在GDP中占比
2000	62.49	51.31	9.19	39.09
2005	61.62	56.31	11.0	45.26
2010	63.35	56.94	11.47	46.68
2015	64.68	57.81	12.80	44.27
2016	65.08	56.21	12.73	42.42
2017	—	—	12.78	51.91

资料来源：世界银行。

[①] ［美］加里·皮萨诺、威利·史：《制造繁荣：美国为什么需要制造业复兴》，机械工业出版社2014年版，第54页。

[②] David Dollar and Jose Guiherme Reis, Global Value Chain Development 2017: Measuring and Analyzing the Impact of GVCs Economic Development, World Bank, WTO, OECD, 2017.

二 服务贸易：分类、模式与辐射产业

根据 GATS 的分类，服务贸易分为十二大类（WTO）。比较服务业与服务贸易的类别，可以发现，并不是所有的服务业都可贸易，如表 1-11 所示，真正可贸易的产品主要是十二大类：商务服务，通信服务，建筑及相关工程服务，分销服务，教育服务，环境服务，金融服务，健康与社会服务，旅游及相关服务，娱乐、文化、体育服务，运输服务、其他服务。

表 1-11　　　　　　　服务贸易：分类与辐射产业

	类别	服务贸易
1	商务服务	A. 专业服务 B. 计算机及其相关服务 C. 研究和开发服务 D. 房地产服务 E. 出租/租赁服务（无经纪人介入） F. 其他商业服务
2	通信服务	A. 邮政服务 B. 快递服务 C. 电信服务 D. 视听服务 E. 其他
3	建筑及相关工程服务	A. 一般建筑物的建造工程 B. 一般民用工程建筑 C. 安装和组装工作 D. 建筑物维修 E. 其他
4	分销服务	A. 代理服务 B. 批发服务 C. 零售服务 D. 特许经营 E. 其他

续表

	类别	服务贸易
5	教育服务	A. 初等教育服务 B. 中等教育服务 C. 高等教育服务 D. 成人教育 E. 其他教育服务
6	环境服务	A. 污水处理 B. 废物处理 C. 公共卫生 D. 其他
7	金融服务	A. 保险及相关服务 B. 银行及其他金融服务（不包括保险） C. 其他
8	健康与社会服务	A. 医院服务 B. 其他医疗保健服务 C. 社会服务 D. 其他
9	旅游及相关服务	A. 饭店和餐馆（包括餐饮业） B. 旅行社和旅游经营者服务 C. 导游服务 D. 其他
10	娱乐、文化、体育服务	A. 娱乐服务（包括戏剧、乐队演奏及马戏团服务） B. 新闻服务 C. 图书馆、档案馆、博物馆和其他文化服务 D. 体育和其他娱乐服务 E. 其他

续表

	类别	服务贸易
11	运输服务	A. 海运服务 B. 内河航运 C. 空运服务 D. 空间运输 E. 铁路运输服务 F. 公路运输服务 G. 管道运输 H. 所有运输方式的辅助服务 I. 其他运输服务
12	其他服务	

资料来源：《2010年国际服务贸易统计手册》，联合国，2012年。

根据 GATS，国际服务贸易通过四种模式提供。[1]

模式1：跨境贸易。即服务提供者与服务消费者在不同的国家，一国的服务提供者通过互联网发送邮件、文件、影像等向另一国消费者提供的服务。如运输服务、远程诊断、在线教育等，它类似货物贸易。包括运输服务、电信服务、信息服务、保险与养老金服务、金融服务、知识产权使用费、租赁服务和与贸易相关的服务。

模式2：境外消费。即一国服务消费者到另一服务提供者国家进行的服务消费，如出国旅游、出国留学、国外医疗等。包括旅游、支持与辅助服务运输（如港口装卸、仓储、清洁等）。

模式3：商业存在。即一国服务提供者通过直接投资在另一国设立商业或专业机构为所在国消费者提供服务。如在境外设立金融分支机构、律师事务所、会计师事务所、维修服务等。

模式4：自然人移动（自然人存在）。即指一国服务提供者（主要指自然人）到另一国提供服务。如建筑师到国外监督建筑工程、医生到国外诊断、律师到国外审案等。

---

[1] ［美］阿迪亚特·马图、罗伯特·M. 斯特恩、贾尼斯·赞尼尼：《国际服务贸易手册》，格致出版社2012年版。

模式 1 与货物贸易相同，都是商品或服务的提供者和消费者在两个不同国家开展的交易，所不同的是，货物贸易通过关境，而模式 1 不通过关境。模式 3 与模式 4 的相同点都是一国的服务提供者到服务消费者所在国提供跨境服务，所不同的是模式 3 的服务是通过设立商业机构提供服务，模式 4 的服务提供者是人。

从不同贸易模式在服务贸易中的占比看，模式 3 商业存在占比最高。2016 年 WTO 公布的数据显示，2013 年美国作为全球第一服务贸易大国，不同服务贸易方式实现的服务贸易占比，跨境贸易（M1）占美国服务进出口的 16%；境外消费（M2）占出口的 10.8%，占进口的 8.5%；商业存在（M3）占出口的 66.5%，占进口的 66.4%；自然人移动（M4）占出口的 0.2%，占进口的 0.1%。美国 2/3 的进出口通过商业存在的方式，即在国外建立相应的分支机构来实现。[1]

第四节　全球服务贸易发展未来走势

近十年来，随着信息技术的发展、国际分工的深化，全球服务贸易格局已出现了新的变化，并呈现出新的特点。预计随着国际服务贸易谈判（TISA）的进展，第四次工业革命带来的物联网与服务网的融合，全球服务贸易发展将进入一个新的时代。[2]

第一，从国际服务贸易的规模与增速看，近 20 年来，国际服务贸易以高于 GDP 和货物贸易的速度增长，其总体规模已突破 10 万亿美元大关，并在全球价值链的跨国生产中，成为拉动经济增长和扩大就业的新动力。

1990—2017 年，国际服务贸易增速发生了三大变化：一是国际贸易的出口增速超过全球 GDP 增速，2017 年服务贸易出口增速为 8%，进口增速为 6%；二是服务贸易出口增速超过货物贸易出口增速；三是近十年来，转型经济国家、发展中国家服务贸易出口增速超过发达国家，其中，转型经济国家出口增速最快。国际服务贸易增速的变化，使

---

[1] World Trade Statistical Review 2016, Geneva: World Trade Organization, 2016.
[2] 赵瑾：《全球服务贸易发展未来走势明朗》，《经济日报》2017 年 2 月 18 日。

全球服务贸易规模达到了一个新的高度，2005—2017年，全球服务贸易规模翻一番，突破10万亿美元大关。

目前服务业投资占国际直接投资的2/3，随着经济全球化深化带来的服务全球化，在全球价值链的形成中，服务发挥了重要作用。联合国贸发会议数据显示，2010年在贸易总出口中，虽然制造业占总出口的71%，服务业占总出口的22%，服务业出口占比不足制造业的1/3，但按照新的增值贸易统计方法，在出口增加值的创造上，服务业（46%）大大高于制造业（43%），出口增加值的几乎一半（46%）来自服务业。美国出口中的服务贸易已经成为拉动经济增长和扩大就业的新动力。

第二，从国际服务贸易的国家分布看，发展中国家作为国际服务贸易出口的新生力量，正在改变以发达国家为主的利益格局。

近十年来，全球服务贸易的国家分布出现了三大变化：一是发展中国家打破了长期以来发达国家主导国际服务贸易的利益格局（服务贸易出口占比超过70%），2017年，发展中国家不仅在全球服务贸易出口中的占比突破了30%，在旅游、建筑、运输、其他商业服务、计算机与信息服务五大产业出口中占40%左右，而且在全球服务贸易进口中的占比也达到38.1%。二是世界前两大发展中国家中国和印度跻身全球服务贸易十强，在全球占比达到10%。2017年，中国、印度在世界服务贸易出口排名分别是第五位（占比4.3%）、第八位（占比3.5%），进口排名分别是第二位（9.1%）、第十位（3.0%）。三是转型经济国家、发展中国家服务贸易出口增速超过发达国家，对全球服务贸易增长的贡献度加大。

第三，从国际服务贸易的产业分布看，计算机与信息服务、通信服务、知识产权使用费等新兴服务将成为未来服务贸易新的增长点。

2005—2017年，国际服务贸易出口结构出现了三大变化：一是运输、旅游传统服务进出口比重下降。其中，出口由2000年的占比超过一半（55.2%）下降到2017年的42.4%，进口由2005年的53.5%下降到2017年的47.1%，均跌破50%。而包括计算机与信息服务等新兴服务在内的其他服务在出口中的占比提高，由2005年的48.6%提高到2017年的54.68%。二是在其他服务出口中，其他商业服务、计算机与信息服务、知识产权使用费占比提高。2017年，其他商业服务占比最高（40.55%），其次依次是计算机与信息服务（18.02%）、金融服务（15.9%）、知识产权使用费（13%）。三是近十年来通信、计算机与信息服务、知识产权使用费等新兴服务增速较快，正在成为未来国际服务贸易新的增长点。其中，知识产权使用费出口增速最快，2017年增速高达9.9%，其次依次是其他商业服务（7.84%）、计算机与信息服务（7.34%）、金融服务（5.53%）。

第四，从国际服务贸易的区域分布看，全球70%以上服务贸易的进出口集中在欧洲和亚洲地区，在旅游、运输、金融服务、计算机与信息服务、建筑五大产业出口中，欧洲、亚洲、北美最具优势。

从国际服务贸易的区域分布看，（1）在国际服务贸易规模的区域分布上，欧洲、亚洲是全球第一和第二大服务贸易进出口地区，2017年两大区域在全球出口市场占比75.4%，进口市场占比73.9%。其中，欧洲在全球进出口市场占比均超过50%。（2）在国际服务贸易产业的区域分布上，根据2017年联合国贸发会议统计数据，欧洲在计算机和信息服务（59.84%）、个人文化和娱乐服务（57.46%）、金融服务（56.31%）、保险服务（55.48%）、货物相关服务（55.13%）、其他商务服务（53.32%）出口中占据绝对优势，出口超过全球一半；亚洲在建筑服务出口中占据绝对优势，出口占比超过全球一半（56.97%），在运输（32.83%）、旅游（33.44%）出口中具有相对优势，出口在全球占比1/3；美洲在知识产权使用费（35.12%）、金融服务（25.49%）出口中具有相对优势。

第五，从国际服务贸易的国际收支分布看，发达国家顺差，发展中国家逆差，发达国家在服务贸易中占有比较优势。

总体来看，发达国家在服务贸易中占据优势，发展中国家在货物贸易中占据优势。体现在国际贸易收支分布上，1996—2017年，在服务贸易方面，发达国家顺差，发展中国家、转型经济体逆差。2017年，发达国家服务贸易顺差高达5654亿美元，发展中国家服务贸易逆差高达3721亿美元。在货物贸易方面，发达国家逆差，发展中国家顺差。而从近十年发达国家与发展中国家国际贸易收支的走势看，发达国家服务贸易顺差额逐年扩大，发展中国家服务贸易逆差额逐年扩大，双方的比较优势差异有扩大的趋势。美国是全球第一大服务贸易顺差国，中国是全球第一大服务贸易逆差国。[①]

第六，从国际服务贸易的限制手段和产业分布看，虽然服务业的异质性显示不同行业限制手段的差异性，但外国所有权和其他市场准入限制是各国限制服务贸易的主要手段。在 18 个行业中，空运服务贸易限制指数最高，分销服务贸易限制指数最低。

国际服务贸易壁垒分为五大类：外国所有权和其他市场准入限制、人员流动限制、其他歧视性措施和国际标准、竞争和国有壁垒、监管透明度和管理要求。服务业行业特点不同，各国限制服务贸易的手段和重点也不同。

从国际服务贸易限制的主要手段看，根据 OECD 服务贸易限制指数数据库，在 18 个行业中，（1）外国所有权和其他市场准入限制是各国限制服务贸易的主要手段，主要分布在 10 个行业中，分别是广播、海运、公路运输、保险、分销、电影、旅游、商业银行、会计、空运。（2）人员流动限制是法律、工程和建筑设计三大行业服务贸易限制的主要手段。（3）其他歧视性措施和国际标准是建筑行业服务贸易限制的主要手段。（4）竞争和国有壁垒是音像、电信、铁路运输三大行业服务贸易限制的主要手段。（5）透明度和管理要求是计算机行业服务贸易限制的主要手段。

从国际服务贸易限制的产业分布看，在 40 个国家 18 个服务行业中，按照国际服务贸易限制指数高低排序，依次是空运、法律、会计、广播、旅游、海运、建筑、铁路运输、电信、工程、保险、商业银行、计算机、电影、建筑设计、公路运输、音像和分销。

第七，从国际服务贸易的各国监管看，随着 WTO 框架下国内规制改革的逐步完善，全球性的规制协调和规制合作将推动各国改革国内体制，建立合理有效的监管体制和政策。

与降低关税、取消非关税壁垒实现货物贸易自由化不同，由于服务贸易的无形性，无法通过关境交易，一国国内规制或者说服务贸易的政

[①] 赵瑾等：《国际服务贸易政策研究》，中国社会科学出版社 2015 年版，第 27 页。

府监管成为影响国际服务贸易自由化的重要因素。与此同时，近年来信息技术的发展和全球经济深度一体化引发的规制缺位、规制壁垒也对现行国内规制提出了新的挑战，并对开展全球性的规制协调和规制合作提出了新的要求。

为推动全球服务贸易自由化，确保为实现国内政策目标实施的服务业监管措施不会造成服务贸易壁垒，近十几年来，WTO一直致力于完善GATS下第6条国内规制条款，构筑新的服务贸易监管的国际框架。从2011年新版《国内监管准则》（草拟稿）我们看到，WTO下未来国内规制改革将在明确国内监管的形式、透明度、必要性测试、国际标准、规制协调等方面出现新的变化。其中，改革和完善国内监管体制，促使国内监管与国际规制协调正在成为全球价值链生产的国际背景下各国面临的重要课题。

第八，从国际服务贸易规则看，随着国际服务贸易谈判（TiSA）的进展，跨区域谈判（CPTTP）的推进，全球将迎来新一轮服务贸易自由化浪潮。

国际服务贸易谈判（TiSA）是由美国、澳大利亚倡议实行的新一轮服务贸易谈判。它与1995年生效的《服务贸易总协定》（GATS）不同，不是由WTO主导的多边协议谈判，而是由美国、欧盟和澳大利亚主导，占全球服务贸易70%的23个WTO成员参与的诸边协议谈判。从2013年4月开始，美国、欧盟和澳大利亚轮流主持，共密集地开展了二十轮谈判。新的服务贸易谈判将覆盖所有的服务部门，包括金融服务、ICT服务（包括电信和电子商务）、专业服务、海上运输服务、空运服务、快递服务、能源服务、商人临时进入、政府采购、国内管制的新规则等。

美国是全球第一大服务贸易国，服务业占美国GDP的3/4和就业的4/5。欧盟服务业占GDP和就业的3/4。在多哈服务贸易谈判受阻的情况下，美欧积极推动国际服务贸易谈判，扩大谈判议题由传统服务业扩大到电子商务、信息服务等新兴服务业，促使国际服务贸易诸边谈判协议与WTO多边谈判协议《服务贸易总协定》兼容。预计随着多边与诸边、区域与跨区域谈判的推进，全球将迎来新一轮服务贸易自由化浪潮。

第九，从国际服务贸易未来发展趋势看，第四次工业革命带来的物联网与服务网的融合、货物贸易与服务贸易的协同发展将促使全球服务贸易发展进入一个新的时代。

当代国际贸易发展的实践和相关研究表明，货物贸易与服务贸易两者并非分离，而是互动共生、相互依存，有机地构成一体。货物贸易的发展会拉动对商贸、物流、金融、保险等服务的需求，扩大服务贸易。同样，研发设计、商务咨询、服务外包、第三方物流、跨境电子商务等服务贸易的发展，也会降低货物贸易成本，扩大货物贸易的规模，提高产品的附加价值，优化货物贸易结构。在全球热议的工业 4.0 即由德国引领的以智能制造为主导的第四次工业革命中，相关研究认为，物联网和服务网在制造业中拥有巨大的创新潜力，如果成功地将基于网络的服务整合进工业 4.0，将极大地扩展这种潜力，这意味着货物贸易与服务贸易的协同发展将促使全球服务贸易发展进入一个新的时代。

参考文献

[1] Andres Maroto – sanchez and Juan R. cuadrado – Roura, "Is Growth of Services an Obstacle to Productivity Growth? A Comparative Analysis", *Structural Change & Economic Dynamics*, Vol. 20, No. 4, 2009, pp. 254 – 265.

[2] Andy Neely, Ornella Benedetinni and Ivanka Visnjic: The Servitization of Manufacturing: Further Evidence, 2011. https://www.researchgate.net/publication/265006912_ The_ Servitization_ of_ Manufacturing_ Further_ Evidence.

[3] Andy Neely, "Exploring the Financial Consequences of the Servitization of Manufacturing", *Operations Management Research*, Vol. 2, No. 1, 2007, pp. 103 – 118.

[4] Andy Neely, "The Servitisation of Manufacturing: An analysis of Global Trends", *European Operations Management Association*, 2007.

[5] Christiane Hipp and Hariolf Grupp, "Innovation in the Service Sector: The Demand for Service – Specific Innovation Measurement Concepts

and Typologies", *Research Policy*, Vol. 34, No. 4, 2005, pp. 517 – 535.

[6] Colecchia, A. and P. Schreyer, "ICT Investment and Economic Growth in the 1990s: Is the United States a Unique Case? A Comparative Study of Nine OECD Countries", *Review of Economic Dynamics*, Vol. 5, No. 2, 2002, pp. 408 – 442.

[7] Dale W. Jorgenson and Kazu Motohashi, Information Technology and the Japanese Economy, NBER Working Paper No. 11801, November 2005, http://www.nber.org/papers/w11801.

[8] Dale W. Jorgenson, Kevin J. Stiroh, Robert J. Gordon and Daniel E. Sichel, "Raising the Speed Limit: U.S. Economic Growth in the Information Age", *Brookings Papers on Economic Activity*, Vol. 2000, No. 1, 2000, pp. 125 – 235.

[9] DaleW. Jorgenson & Kazuyuki Motohashi, "Information Technology and the Japanese Economy", *Journal of the Japanese and International Economies*, Vol. 19, No. 4, 2005, pp. 460 – 481.

[10] David Dollar, Jose Guiherme Reis, Global Value Chain Development 2017: Measuring and Analyzing the impact of GVCs Economic Development, World Bank, WTO, OECD, 2017.

[11] Dilek, Cetindament K., Bo Carlaaon, "Manufacturing in Decline? A matter of Definition", *Economics of Innovation & New Technology*, Vol. 8, No. 3, 1999, pp. 175 – 196.

[12] Dorothy I. Riddle, "Service – Led Growth: The Role of the Service Sector in World Development", *Journal of Marketing*, Vol. 51, No. 2, 1987, pp. 135.

[13] Fang, E. Palmatier, R. and Steenkamp, J, "Effect of Service Transition Strategies on Firm Value", *Journal of Marketing*, Vol. 72, No. 5, 2008, pp. 1 – 14.

[14] Gebauer, H., Fleisch, E. and Friedli, T., "Overcoming the Service paradox in Manufacturing Companies", *European Management Journal*, Vol. 23, No. 1, 2005, pp. 14 – 26.

[15] Hutton, T. A., "Service Industries, Globalization and Urban Restructuring within the Asia – Pacific: New Development Trajectories and Planning Responses", *Progress in Planning*, Vol. 61, No. 1, 2004, pp. 1 – 74.

[16] Jorgenson, Dale W. and Kevin J. Stiroh, "Information Technology and Growth", *American Economic Review*, Vol. 89, No. 2, 1999, pp. 109 – 115.

[17] Jorgenson, D. W., "Information Technology and the US Economy", *American Economic Review*, Vol. 91, No. 1, 2001, pp. 1 – 32.

[18] Jorgenson, Ho & Stiroh, "Projecting Productivity Growth: Lessons from the US Growth Resurgence", *Federal Reserve Bank of Atlanta Economic Review*, third quarter, 2002, pp. 1 – 33.

[19] Karmarkar U., "The Industrialization of Services", in *Managing Consumer Services*. Springer International Publishing, 2014.

[20] Mary Amiti and Shang – Jin Wei, "Service Offshoring and Productivity: Evidence from the US", *The World Economy*, Vol. 32, No. 2, 2010, pp. 203 – 220.

[21] OECD, ICT and Economic Growth: Evidence from OECD countries, industries and firms, 2003.

[22] Schroth, C. The internet of services: Global Industrialization of Information Intensive Services, International Conference on Digital Information., No. 2, 2007, pp. 635 – 642.

[23] Sourafel Girma and Holger Görg, "Outsoureing, Foreign Ownership and Productivity: Evidence from UK Establishment Level Data", *Review of International Economics*, Vol. 12, No. 5, 2004, pp. 817 – 832.

[24] Tillmann Schworer, "Offshoring, Domestic Outsourcing and Productivity: Evidence for a Number of European Countries", *Review of world Economy*, Vol. 149, No. 1, 2013, pp. 131 – 149.

[25] T. S. Baines, H. W. Lightfoot, O. Benedettini, J. M. Kay, "The Servitization of Manufacturing: A Review of Literature and Reflection on Future Challenges", *Journal of Manufacturing Technology Manage-*

ment, Vol. 20, No. 5 2009, pp. 547 – 567.

[26] Vandermerwe S., Rada, J. "Servitization of Business: Adding Value by Adding Services", *European Management Journal*, Vol. 6, No. 4, 1988, pp. 314 – 324.

[27] Wilkinson, Adrian, Schmenner, R. W., "Manufacturing, service, and their integration: some history and theory", *International Journal of Operations & Production Management*, Vol. 29, No. 5, 2009, pp. 431 – 443.

[28] World Trade Statistical Review 2016, Geneva: World Trade Organization, 2016.

[29] World Trade Statistical Review 2018, Geneva: World Trade Organization, 2018.

[30] ［德］克劳斯·施瓦布：《第四次工业革命：转型的力量》，中信出版社2016年版。

[31] ［法］弗雷德里克·巴斯夏：《和谐经济论》，中国社会科学出版社2013年版。

[32] ［法］让—克洛德·德劳内、［法］让·盖雷：《服务经济译丛·服务经济思想史：三个世纪的争论》，格致出版社、上海人民出版社2011年版。

[33] ［荷］皮埃尔·莫南（Pierre Mohnen）、［荷］腾·拉加（Thijs ten Raa）：《加拿大各行业的生产率趋势与就业》，载［荷］腾·拉加、［德］罗纳德·谢科特主编《服务业的增长：成本激增与持久需求之间的悖论》，格致出版社2012年版。

[34] ［荷］腾·拉加、［德］罗纳德·谢科特主编：《服务业的增长：成本激增与持久需求之间的悖论》，格致出版社2012年版。

[35] ［加］赫伯特·G. 格鲁贝尔（Herbert G. Grubel）：《生产性服务业：在持续增长的经济体中的主要作用》，载［意］埃内斯托·费利、福里奥·C. 罗萨蒂、乔瓦尼·特里亚编《服务业：生产率与增长》，格致出版社2012年版。

[36] ［加］赫伯特·G. 格鲁伯、迈克尔·A. 沃克：《服务业的增长：原因与影响》（中译版），上海三联书店1993年版。

[37] [美] 阿迪亚特·马图、罗伯特·M. 斯特恩、贾尼斯·赞尼尼：《国际服务贸易手册》，格致出版社 2012 年版。

[38] [美] 丹尼尔·贝尔：《后工业社会的来临》，江西人民出版社 2018 年版。

[39] [美] 弗雷德·布洛克：《后工业的可能性——经济学话语批判》，商务印书馆 2010 年版。

[40] [美] 加里·皮萨诺、威利·史：《制造繁荣：美国为什么需要制造业复兴》，机械工业出版社 2014 年版。

[41] [美] 李相文、戴维 L. 奥尔森：《融合经济——融合时代的战略创新》，中国金融出版社 2013 年版。

[42] [美] 理查德·诺曼：《服务管理：服务企业的战略与领导》，中国人民大学出版社 2006 年版。

[43] [美] 乔·P. 迈蒂：《新兴信息经济能否解决美国的成本病问题？》，载 [荷] 腾·拉加、[德] 罗纳德·谢科特：《服务业的增长：成本激增与持久需求之间的悖论》，格致出版社 2012 年版。

[44] [美] 威廉·J. 鲍莫尔：《服务业之谜：激增的成本，持续的需求》，载 [荷] 腾·拉加、[德] 罗纳德·谢科特主编《服务业的增长：成本激增与持久需求之间的悖论》，格致出版社 2012 年版。

[45] [美] 威廉·J. 鲍莫尔：《客观看待"鲍莫尔成本病"》，《人民日报》2013 年 6 月 19 日。

[46] [美] 维克托·R. 富克斯：《服务经济学》，商务印书馆 1987 年版。

[47] [美] 约翰·肯尼思·加尔布雷斯：《新工业国》，世纪出版集团、上海人民出版社 2012 年版。

[48] [日] 藤原洋：《第四次工业革命》，东方出版社 2015 年版。

[49] [日] 野口悠纪雄：《日本的反省：制造业毁灭日本》，东方出版社 2014 年版。

[50] [日] 植草益：《日本的产业组织理论与实证的前沿》，经济管理出版社 2000 年版。

[51]［日］植草益：《信息通讯业的产业融合》，《中国工业经济》2001年第2期。

[52]［英］乔·迪德、［美］福兰克·M.赫尔：《服务创新：对技术机会和市场需求的组织响应》，知识产权出版社2010年版。

[53]《2016中国企业500强榜单出炉 制造业服务化成为发展方向》，《经济日报》2016年8月28日。

[54]安筱鹏：《制造业服务化路线图：机理、模式与选择》，商务印书馆2012年版。

[55]程大中：《论服务业在国民经济中的"黏合剂"作用》，《财贸经济》2004年第2期。

[56]程大中：《中国服务业增长的特点、原因及影响——鲍莫尔—富克斯假说及其经验研究》，《中国社会科学》2004年第2期。

[57]刘积仁：《IT服务进入工业化时代中国外包企业面临巨大挑战》，《IT时代周刊》2007年第13期。

[58]刘继国：《制造业：服务化发展趋势研究》，经济科学出版社2009年版。

[59]刘诗白：《论马克思关于生产劳动和非生产劳动的理论》，《社会科学战线》1982年第3期。

[60]柳成洋、曹俐莉、李涵：《服务业分类研究》，《世界标准化与质量管理》2008年第6期。

[61]［美］詹姆斯·A.菲茨西蒙斯（James A. Fitzsimmons）、［美］莫娜·J.菲茨西蒙斯（Mona J. Fitzsimmons）：《管理教材译丛·服务管理：运作、战略与信息技术（原书第7版）》，机械工业出版社2014年版。

[62]腾讯科技频道：《跨界：开启互联网与传统行业融合新趋势》，机械工业出版社2014年版。

[63]夏妍娜、赵胜：《中国制造2025：产业互联网开启新工业革命》，机械工业出版社2016年版。

[64]于光远：《社会主义制度下的生产劳动与非生产劳动》，《中国经济问题》1981年第1期。

[65]于俊文、陈惠如：《生产劳动与非生产劳动理论从亚当·斯密到

马克思的发展》，《经济研究》1981 年第 7 期。
[66] 于刃刚、李玉红、麻卫华等：《产业融合论》，人民出版社 2006 年版。
[67] 赵瑾：《服务贸易：拉动中国经济增长的新优势》，《求是》2015 年第 20 期。
[68] 赵瑾：《全球服务贸易发展的基本格局与新特点》，《国际贸易》2015 年第 4 期。
[69] 赵瑾：《全球服务贸易发展未来走势明朗》，《经济日报》2017 年 2 月 18 日。
[70] 赵瑾等：《国际服务贸易政策研究》，中国社会科学出版社 2015 年版。
[71] 中华人民共和国国家质量监督检验检疫总局、中国国家标准化管理委员会：《国民经济行业分类》（GB/T 4754—2017）。
[72] 周振华：《信息化与产业融合》，上海三联书店、上海人民出版社 2003 年版。

第二章 国际服务贸易与就业

随着全球经济一体化的深化，劳动力国际化带来的失业增加、工资不平等、青年失业人口增多、非正规部门就业的提高等问题，引起了国际社会、政界、学界的关注，贸易与就业成为当代国际贸易研究的重要问题。本章要回答的核心问题是贸易如何影响劳动市场和就业；跨国公司非核心业务跨境外包是否影响本国的就业；在全球价值链生产的国际背景下，要消除贸易对就业的负面影响，国际社会、各国政府应采取什么样的政策。跟踪贸易对就业影响的最新研究成果，从理论上认识贸易对劳动力市场的影响，对于在实践中精准施策、更好地发挥贸易对就业的积极影响具有重要意义。

第一节 全球就业的现状与特点

在过去的20年里，全球就业发生了很大变化，但与就业水平相比，人们更关注劳动力结构的变化，即劳动力在部门、技能、性别和就业模式上发生的结构变化。

一 全球就业与失业

1. 劳动参与率

劳动参与率是指适龄劳动人口愿意工作的比例。国际劳工组织的数据显示，在过去的20年，高收入和低收入经济体劳动参与率相对稳定，中等收入经济体劳动参与率平均有所下降，但在不同经济体、不同区域之间存在巨大差异。

（1）从不同区域看，1990—2016 年，南亚、东亚和太平洋国家的劳动力参与率下降幅度最大。例如，中国的参与率从 77% 降至 71%，印度的参与率从 59% 降至 53%。相反，在中东、北非和撒哈拉以南非洲的多数国家，劳动力参与率保持相对稳定或略有上升。拉丁美洲国家劳动力参与率的相对增长率最高。[①]

（2）从不同经济体看，发达国家内部不同经济体劳动力参与率呈现不同特点。日本和美国的参与率和就业率在下降，其中，日本 1997 年开始下降，美国从 2000 年开始下降，国际金融危机后两国下降的速度明显加快。而许多欧洲国家，如法国、意大利和英国，劳动力参与率则保持相对稳定或略有增加。[②]

2. 失业与失业率

国际金融危机后，随着全球经济的恢复，近年来全球失业状况有所好转。根据国际劳工组织预测，2017—2019 年，所有经济体的失业率保持在 5.5% 左右。但不同经济体、不同区域、不同年龄，其失业状况具有明显差异。

（1）从不同经济体看，发达国家失业率略高于发展中国家，但新兴经济体和发展中国家失业人口明显高于发达国家。从失业率看，如图 2-1 所示，据国际劳工组织统计预测，大多数发达国家的失业率在大衰退期间急剧上升，随后逐渐下降。到 2015 年，某些发达国家的失业率已恢复到危机前水平，如 2016 年的日本（3.4%）、美国（4.8%）。相反，受债务危机打击最严重的欧盟国家失业率较高，其中，2016 年希腊为 23%，西班牙为 19.6%。如表 2-1 所示，2018 年，发达国家失业率高于发展中国家失业率 0.2 个百分点。

但从失业人口看，新兴经济体的失业人口远高于发达国家、发展中国家。如表 2-1 所示，2017 年全球失业人口约 1.93 亿人。其中，新兴经济体失业人口约 1.43 亿人；其次是发达国家，失业人口约 3410 万人；最后是发展中国家，失业人口约 1560 万人。2018—2019 年，随着发达国家失业率下降，由 2017 年的 5.7% 将下降到 2019 年的 5.4%，

---

① World Trade Report 2017 - Trade, Technology and Jobs, Geneva: WTO, 2017.
② Ibid. .

失业人口将减少 170 万人，但同期，在新兴经济体和发展中国家失业率保持不变的情况下，新兴经济体失业人口将增加 160 万人，2019 年失业人口规模将近 1.45 亿人。发展中国家失业人口将增加 100 万人，2019 年失业人口将增加到 1660 万人。这意味着对于许多发展中国家和新兴国家来说，就业仍将是其面临的主要挑战。[1]

表 2-1　全球不同经济体失业率和失业人口（2017—2019 年）

	失业率（%）			失业人口（百万人）		
	2017 年	2018 年	2019 年	2017 年	2018 年	2019 年
世界	5.6	5.5	5.5	192.7	192.3	193.6
发达国家	5.7	5.5	5.4	34.1	32.8	32.4
新兴经济体	5.6	5.5	5.5	143.0	143.4	144.6
发展中国家	5.3	5.3	5.3	15.6	16.1	16.6

资料来源：World Employment and Social Outlook: Trends 2018 Global Snapshot, Geneva: ILO, 2018, p.8。

（2）从失业的地区结构看，中东和北非地区失业率最高，但亚太地区失业人口最多。如图 2-1 所示，1991—2016 年，中东和北非地区失业率最高，一直高于其他地区。但从失业人口看，亚太地区最多。如表 2-2 所示，2017 年，在全球 1.927 亿失业人口中，亚太地区失业率虽然不高，但失业人口最多（8290 万人），全球占比高达 43%。其次是非洲，失业率较高（7.9%），同时失业人口也较多（3780 万人），全球占比近 20%。再次是美洲（占比 17.6%）、欧洲与中亚地区（占比 17.3%）。亚太地区内部，东亚地区失业率最高（4.5%），其失业人口也最多（4180 万人）；美洲地区内部，拉丁美洲和加勒比失业率（8.2%）高于北美（4.7%），同时，失业人口（2550 万人）也远高于北美（850 万人）；欧洲和中亚地区，东欧的失业率（5.5%）低于北欧、南欧和西欧（8.5%），以及中亚、西亚（8.6%），但失业人口（810 万人）高于中亚、西亚（670 万人），北欧、南欧和西欧失业人口最高，达到 1860 万人。

---

[1] World Employment and Social Outlook: Trends 2016 Global Snapshot, Geneva: ILO, 2016.

表 2-2　　　　　　　　　　全球失业的地区构成

	失业率（%）			失业人口（百万人）		
	2017 年	2018 年	2019 年	2017 年	2018 年	2019 年
世界	5.6	5.5	5.5	192.7	192.3	193.6
非洲	7.9	7.9	7.9	37.8	38.9	40.1
美洲				34	33.1	32.9
北美	4.7	4.5	4.6	8.5	8.3	8.5
拉丁美洲和加勒比	8.2	7.9	7.7	25.5	24.8	24.4
阿拉伯国家	8.5	8.3	8.4	4.7	4.8	4.9
亚太				83.0	83.6	84.6
东亚	4.5	4.5	4.6	41.8	41.8	42.0
东南亚和太平洋	3.4	3.4	3.5	11.7	12.0	12.4
南亚	4.1	4.1	4.1	29.5	29.7	30.2
欧洲与中亚				33.4	32	31.1
北欧、南欧和西欧	8.5	8.0	7.8	18.6	17.7	17.0
中亚和西亚	8.6	8.6	8.6	6.7	6.7	6.8
东欧	5.5	5.3	5.1	8.1	7.6	7.3

注：数据经过四舍五入处理。

资料来源：World Employment and Social Outlook：Trends 2018 Global Snapshot, Geneva：ILO, 2018, p.21。

（3）从失业的年龄结构看，青年失业问题比较严重。过去 25 年，15—24 岁年轻人的失业率呈上升趋势，进入 21 世纪初有所下降，但在金融危机期间则再次上升（ILO，2016）。据国际劳工组织估计，年轻人的失业率平均要比成年人高出 2—3 倍，在东南亚、南亚和中东的一些国家，高出 4 倍甚至更高。2016 年，青年失业率在北非和中东（就业率 29.7%）、太平洋岛国（就业率 26.3%）、加勒比（就业率 25.7%）和欧洲（就业率 20.9%）较高，就业危机尤为严重。[1]

根据国际劳工组织的最新预测，2018 年全球失业率略有下降，从 2017 年的 5.6% 降至 5.5%，三年失业率上升之后首次出现好转的迹

---

[1] World Trade Report 2017 - Trade, Technology and Jobs, Geneva：WTO, 2017.

象。但随着越来越多的人进入劳动力市场寻找工作，2019 年，预计全球失业率基本保持不变，但失业人数将增加，并达到 1.93 亿人。①

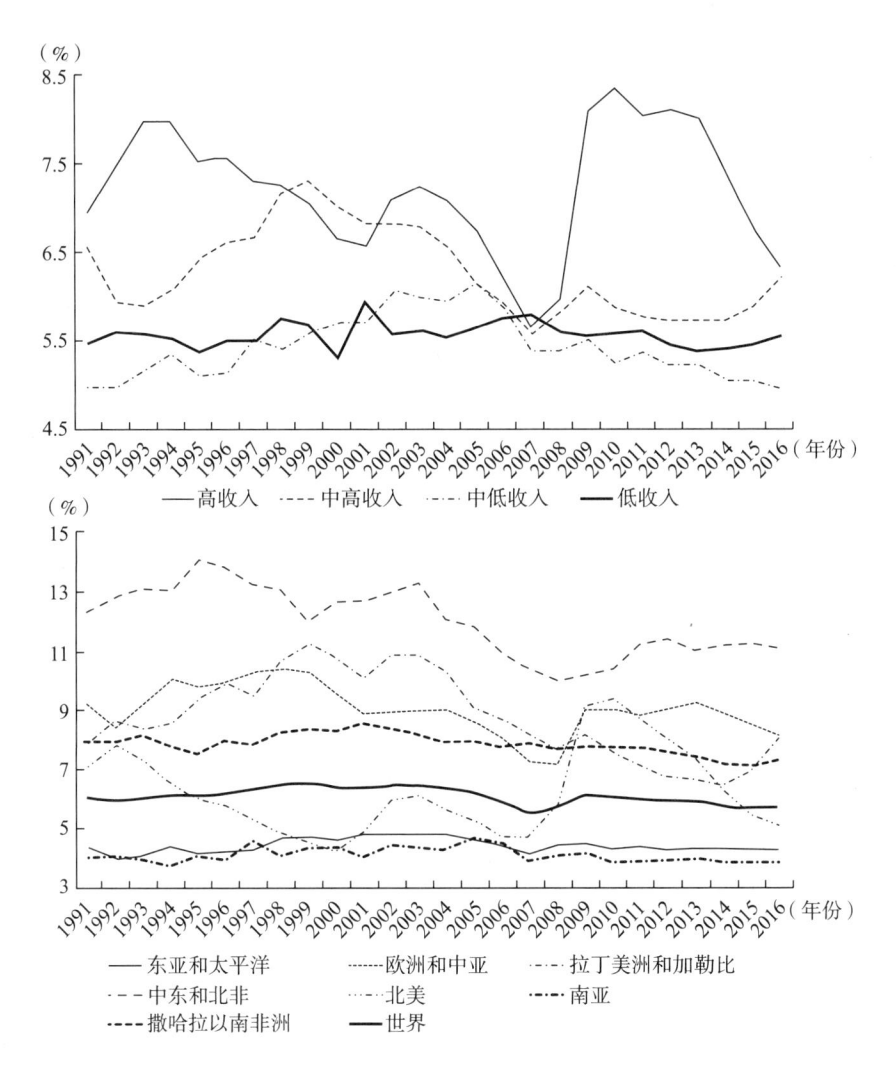

图 2-1 平均失业率：国家与地区的变化

资料来源：World Employment and Social Outlook: Trends 2018 Global Snapshot, Geneva: ILD, 2018., p.29。

---

① World Employment and Social Outlook: Trends 2018 Global Snapshot, Geneva: ILO, 2018.

二 就业的部门结构变化：从农业、工业转向服务业

过去几十年间，农业、工业和服务部门的就业结构发生了重大变化。总体来说，在总就业中，农业和工业的就业占比下降或停滞，服务业就业占比稳步增加，发达国家和多数发展中国家的就业从农业、工业转向服务业。

从农业的就业结构看，过去的40多年，如图2-2所示，发达国家和发展中国家农业就业在总就业中的占比均稳步下降。国际劳工组织数据显示，世界农业就业在总就业中的占比从2000年的39.6%降至2016年的29.1%。其中，发达国家农业就业在总就业中占比最低（2016年平均为3.1%）；拉丁美洲和加勒比（15.6%）和太平洋岛屿小国（16.2%）占比相对较低，但非洲的许多经济体，特别是撒哈拉以南非洲（55.7%）和南亚（44.2%）农业就业占比仍较高；某些低收入经济体的农业就业占比更高，如老挝（79%）和巴布亚新几内亚（68.4%）。

从工业的就业结构看，过去40多年，如图2-2所示，虽然全球工业就业稳步增长，但总体来看，金融危机以后，工业就业增长一直在放缓。世界工业就业在总就业中的占比下降或停滞。其中，（1）高收入国家的占比一直下降，特别是在过去的20年间急速下降。例如，德国和美国分别从1991年的30.6%和17.7%下降到2014年的19.4%和9.8%。日本从1991年的24.3%降至2014年的17%。（2）新兴经济体的占比出现分化。有些国家占比下降，例如，韩国从1991年的26.7%下降到2014年的16.4%；有些国家趋势较为稳定，如巴西（1991年和2014年均为12.9%）和墨西哥（1991年为16.1%，2014年为15.7%）；有些国家占比增加，如中国和印度等少数新兴经济体（Lardy，2015；工发组织，2015）。值得注意的是，工业内部的就业结构下降具有明显的行业差异：纺织品和鞋类、木材、纸浆和纸张等行业的就业结构占比下降幅度较大，而运输设备和食品等其他行业就业结构占比增加（经合组织，2017），但工业就业结构占比的下降并没有带来产出的下降。

从服务业的就业结构看，因全球价值链生产和"制造业服务化"发展，大多数国家的服务业就业人口和占比均在增加。据国际劳工组织统计，2000年至2016年，全球服务业就业以年均3%的速度稳步增长。

2016年，服务业占全球就业增长的一半以上，是全球就业机会的最大提供者。与此同时，服务业就业在总就业中的占比2017年已达51%。高收入和中高收入国家的GDP创造主要源于服务业。

如图2-2所示，1970—2012年，随着GDP水平的提升，服务业就业占比提高，工业就业占比稳步下降，农业就业占比明显下降。根据国际劳工组织的预测，未来在所有收入群体中，农业就业占比将处于长期下降趋势；工业就业在中高收入国家和发达国家的就业比例将继续下降，在中低收入国家会略有增长；服务业的就业人数将不断增加。[①]

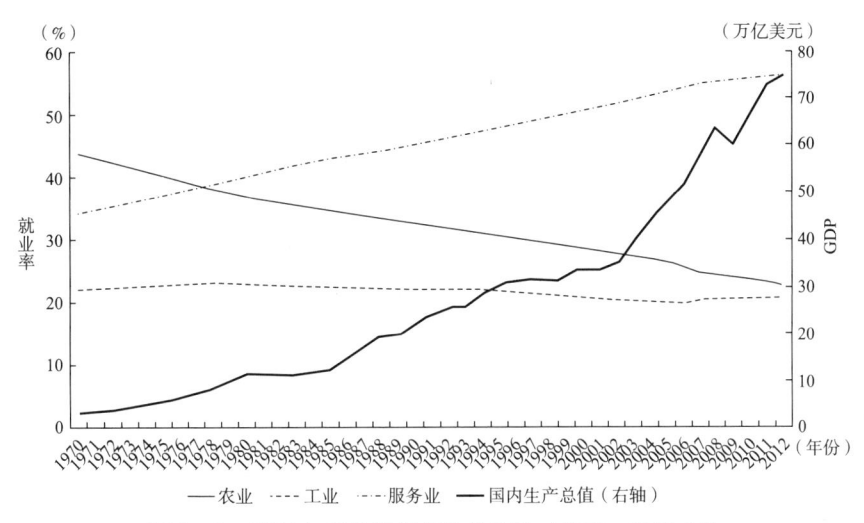

图2-2 GDP与就业的部门结构变化（1970—2012年）

资料来源：World Trade Report 2017 – Trade, Technology and Jobs, Geneva: WTO, 2017, p. 16.

三 就业的技能结构变化：与低技能/低薪和高技能/高薪工作的数量相比，中等技能/中薪工作的数量相对减少，工作出现两极分化

在过去20年里，虽然实际工资、失业和劳动力参与率的总体趋势并没有显著变化，但大多数发达国家和某些发展中国家的劳动力市场却出现了两极分化：与低技能与高技能就业数量相比，中等技能就业的数

[①] World Employment and Social Outlook: Trends 2018 Global Snapshot, Geneva: ILO, 2018.

量相对减少。①

技能是指与工作有关的专业知识，及完成特定任务所需的特殊能力。根据职业和资格分为三种：低技能、中等技能和高技能工人。如图2-3所示，低中技能和高技能工人在就业中的占比随经济发展而变化。因发达国家劳动力受教育程度高于发展中国家，所以高收入国家中从事高技能职业的工人占比较大，如2016年的以色列（52%）、卢森堡（63%）、新加坡（56%）和瑞士（52%）。几个中高收入国家，如古巴（43%）和俄罗斯（44%）的占比也相对较高。相反，在中低收入国家，低技能和中等技能工人占比相对较高，高技能工人占比较低，2016年，从几内亚和巴布亚新几内亚的1%和4%到孟加拉国和埃及的22%和34%不等。

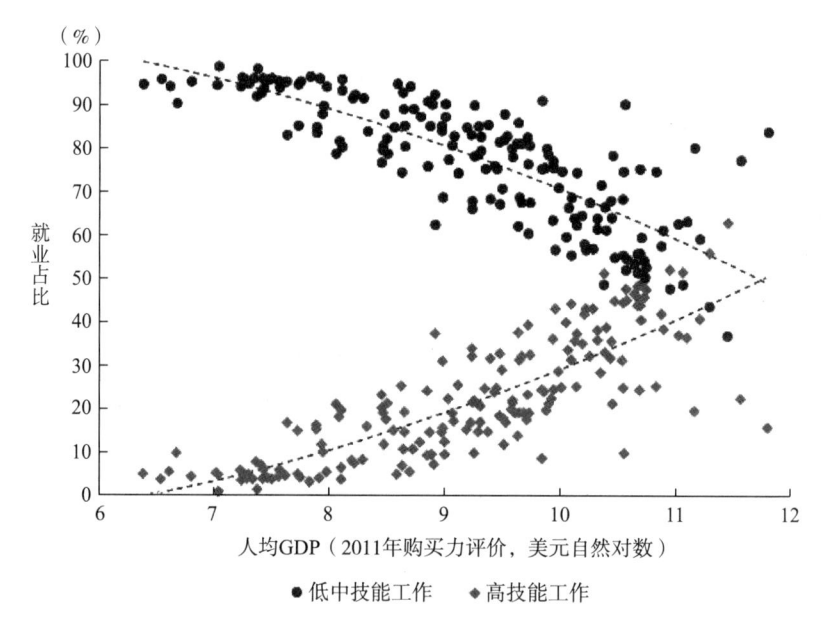

图2-3 经济发展水平与劳动力技能结构变化（2015年）②

资料来源：World Trade Report 2017 - Trade, Technology and Jobs, Geneva：WTO, 2017, p. 42.

---

① World Trade Report 2017 - Trade, Technology and Jobs, Geneva：WTO, 2017.
② 根据"国际职业标准分类"（职业分类）的分类，不同技能级别的就业比例：低技能和中等技能水平包括初级职业（例如清洁工和帮工、农业劳动者、食品准备助理和街头销售人员）、办事员、服务和销售人员、熟练的农业和贸易工人、工厂和机器操作员和装配工。高技能水平包括管理人员、专业人员和技术人员。数据涵盖2015年或最新可用年份。

在不同经济体劳动力市场就业技能结构出现差异的同时,劳动力市场也呈现出两极分化:低技能和高技能工作的数量增加,中等技能工作数量相对减少。根据国际劳工组织的统计,2000 年以来,中等技能(标准)工作在全球总就业中占比相对稳定(2013 年为 37%),而高技能(非标准)工作占比从 2000 年的 15% 增加到 2013 年的 18%,低技能(非标准体力劳动)工作的比例从 2000 年的 50% 降至 2013 年的 45%(劳工组织,2015c)。其中:(1)多数发达国家劳动力市场出现两极分化。国际金融危机期间,欧洲和美国的两极分化现象进一步加剧(Jaimovich & Siu,2014;Verdugo & Allègre,2017)。近期研究进一步表明,高收入国家的大多数行业普遍存在就业两极分化现象(经合组织,2017),中等技能职业在总就业中所占比例下降。中等技能职业占比平均下降的行业包括纸浆和造纸工业、化学工业、运输设备制造业,以及金融、保险、房地产和商务服务业。在大多数发达国家,酒店和餐饮业以及批发和零售行业平均经历了从中高技能职业向低技能职业的转变。(2)少数发展中国家也出现了工作两极分化现象。过去 20 年里,一些发展中国家也经历了工作两极分化(世界银行,2016)。巴拿马中等技能职业在总就业中占比下降较大。但博茨瓦纳、中国和埃塞俄比亚等国中等技能职业就业占比增加,而低技能就业占比下降。

四 就业的性别结构变化:服务业成为女性就业的主要选择,在服务业就业中占比较高

从世界来看,女性不仅参与劳动的可能性低于男性,而且,在就业市场上找到工作的概率也低于男性。根据国际劳工组织的预测,2018 年,女性全球劳动力参与率为 48.5%,比男性低 26.5 个百分点。截至 2018 年,全球女性失业率为 6%,比男性高约 0.8 个百分点。[①] 服务业成为女性就业的主要选择,世界一半以上的女性在服务部门就职。如表 2-3 所示,2017 年世界女性就业中 57.44% 的女性在服务部门就职,服务业成为女性就业的主要渠道。而从不同收入国家情况看,在中等收入国家、中高收入国家、高收入国家,一半以上的女性选择在服务业就

---

① World Employment and Social Outlook: Trends for Women 2017, Geneva: ILO, 2017.

职。收入越高的国家,女性在服务业中的占比越高。高收入国家中,选择在服务业就业的女性占比高达87.22%。

表2-3　　　　　　　女性就业的服务业占比　　　　　　单位:%

年份	2000	2010	2015	2017
高收入国家	80.94	86.38	87.00	87.22
中高收入国家	34.35	51.86	61.35	63.60
中等收入国家	31.51	45.14	52.35	54.08
中低收入国家	29.89	42.15	48.46	49.89
低收入国家	14.88	18.20	20.93	21.55
世界	40.58	51.13	56.23	57.44

资料来源:世界银行。

五　就业模式的变化:从标准就业转向非标准就业

在过去的几十年中,全球就业模式的重大变化是人们日渐放弃传统的标准就业模式,开始从事非标准就业。标准就业是指从事全日制、无固定期限、具有双方从属雇佣关系的工作。非标准就业与此相反,主要包括临时性就业、非全日制工作、临时介绍所工作和其他多方雇佣关系,以及隐蔽性就业和自主创业等各种形式。[1]

目前发达国家和发展中国家都经历了从标准就业到非标准就业的巨大转变。如图2-4所示,根据对可得数据的90个国家统计(13个低收入国家、42个中等收入国家和35个高收入国家),全球只有大约1/4(26.4%)的从业人员是持有长期合同,绝大多数工作没有任何合同。其中:(1)在高收入国家中,超过3/4的从业人员有长期合同(其中64.2%为全职,12.5%为兼职),另有9.9%的从业人员持有临时合同或没有合同。发达经济体中,传统就业模式的主导地位开始削弱。据统计,1995—2013年,高收入国家创造的就业岗位中有一半以上是非标

---

[1] Non-Standard Employment Around the World: Understanding Challenges, Shaping Prospects, Geneva: ILO, 2016.

准工作。2013 年，非标准工作约占高收入国家总就业人数的 1/3，这些人从事长期兼职工作、临时工和自谋职业。①（2）中等收入国家（涵盖中等收入国家所有就业人数的 88%）中，只有 13.7% 的从业人员持有长期合同，另有 30.9% 的从业人员持有临时合同或无合同。（3）在 13 个低收入国家（涵盖低收入国家总就业人数的 49%）中，只有 5.7% 的从业人员持有长期合同，近 87% 的从业人员根本没有任何合同。

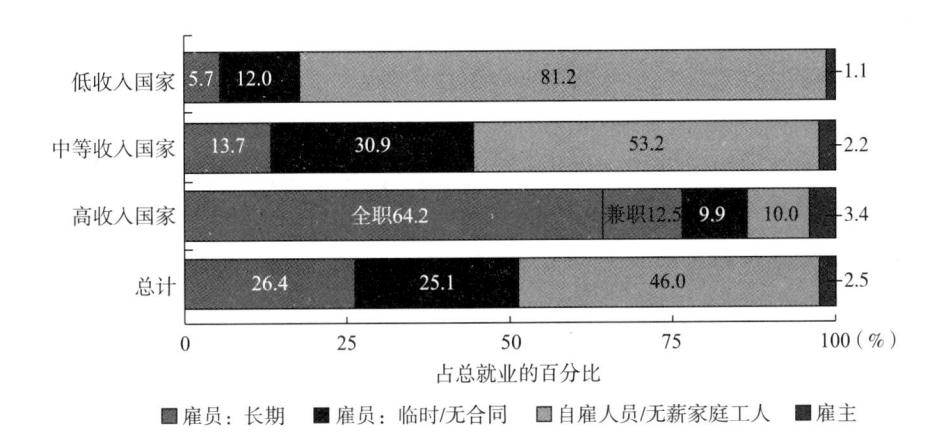

国家	雇员：长期	雇员：临时/无合同	自雇人员/无薪家庭工人	雇主
低收入国家	5.7	12.0	81.2	1.1
中等收入国家	13.7	30.9	53.2	2.2
高收入国家	全职64.2 / 兼职12.5	9.9	10.0	3.4
总计	26.4	25.1	46.0	2.5

图 2-4 就业模式的变化

注：根据代表总就业人口 84% 的 90 个国家（13 个低收入国家、42 个中等收入国家和 35 个高收入国家）的估计。仅高收入国家提供了长期合同中全职和兼职的细分数据。

资料来源：World Employment and Social Outlook 2015：The Changing Nature of Jobs, Geneva：ILO, 2015.

非标准就业的增长是多种因素共同作用的结果，如信息技术的发展加深了世界各国企业通过全球价值链建立互相联系、制造业向发展中国家转移、全球服务业的增长等。社会变化也是非标准就业增长的因素之一，如女性在全球劳动力中的就业增加、国际移民的增加，以及工人希望能实现工作和个人生活的平衡等。②

---

① World Trade Report 2017 - Trade, Technology and Jobs, Geneva：WTO, 2017.
② World Employment Social Outlook 2015：The Changing Nature of Jobs, Geneva：ILO, 2015.

第二节　国际贸易与就业：理论探讨

传统的贸易理论根据一国的比较优势和资源禀赋开展贸易，出口扩大意味着产品需求增加，就业人口增多；进口扩大意味着竞争部门的产品需求下降，就业人数减少。在充分就业的假定前提下，劳动力在不同部门之间转移，失业人口会自动地很快在新的部门找到工作，因而传统贸易理论并不涉及贸易带来的就业问题。这意味着，虽然贸易会影响工资率和就业在部门之间的调整，但在充分就业的假定条件下，贸易本身并没有影响就业的总体水平。因而长期以来，经济学家忽视了贸易与就业的关系。正如克鲁格曼所述，就业是宏观经济问题，短期取决于总需求，长期取决于自然失业率。诸如关税等微观经济政策对其影响很小。贸易政策应该讨论它对效率的影响，而不是就业的创造或失业。[①]

从20世纪90年代开始，随着全球经济深度一体化发展，在就业数量方面，外包和国际投资使发达国家就业外移，出现劳动力全球化的趋势。同时，在就业质量方面，随着劳动力在国家间的流动和转移，也出现了贸易与失业、贸易与工作安全、贸易与不平等问题。经济学家开始关注贸易和就业的关系，研究影响就业的两大因素（技术与贸易），哪种因素对就业的影响更大，贸易如何影响就业水平与结构，贸易对工资水平产生什么样的影响，等等。与此同时，国际社会开始高度重视贸易全球化对就业的影响。世界贸易组织、OECD、国际劳工组织联合开展研究，讨论的议题包括：贸易开放带来的竞争加剧所引发的就业水平和结构的变化是否增加了熊彼特所描述的创造性破坏？贸易对就业的冲击有多大？国际组织如何与各国携手共同应对劳动力全球化带来的问题？

一　贸易对就业水平的影响

1. 进口与出口都创造就业

出口带动就业增加。按照国际贸易理论，当出口增加时，由于生产

---

① Marc Bacchetta and Marion Jansen, Making Globalization Socially Sustainable, International Labour Organization and World Trad Organization, 2011, p. 22.

规模扩大，拉动国内商品和服务的总需求提高，会导致出口行业的就业机会增多、工资水平提高。研究显示，2011年，出口为美国带来的就业人数为1500万人，欧盟为6600万人，中国为1.2亿人。从总就业看，出口带来的就业在总就业中的占比介于10%（美国或日本）至28%（欧盟、韩国和新西兰）。[1] Marta Duda – Nyczak 和 Christian Viegelahn（2017）利用2006—2014年47个非洲国家的企业数据，研究了企业进出口与企业提供的就业数量和类型之间的关系。研究发现：贸易企业比非贸易企业雇佣的全职工人多，且女性就业占比高；与非进口商相比，进口商雇佣的非生产工人所占比例较高；与非出口商相比，出口商雇佣的临时工所占的比例更大。[2] 国际劳工组织对1996—2003年智利的研究也显示，出口总额的扩大与直接就业的增加和间接就业的增长有关。2003年，出口总额对有薪就业的影响达71.6万人，比1996年增加了28.6%。双边贸易协定有利于创造新的就业机会，由贸易协定创造的有薪就业机会从1996年的24.1万人跃升到2003年的44.7万人。近年来，在全球供应链中，出口在创造就业方面发挥了重要作用，但由此带来的间接就业占比更大，从1996年的38.6%上升到2003年的45.9%。[3]

进口也带动就业增加。按照传统的国际贸易理论，出口带动就业，进口使国内商品和服务需求减少，会降低就业机会，并导致工资下降。但在全球价值链生产的国际背景下，由于资源全球配置，生产在多次进出口中由不同国家完成，在某种意义上，进口的目的是扩大出口，进口也带动就业。进口对就业的影响，一是进口中间产品降低了生产成本，提高了产品的国际竞争力，有利于市场扩张，并随着销售收入的提高带动就业。二是进口产品刺激竞争与创新。Antràs 等（2017）研究美国企业发现，从国外进口中间产品降低了生产成本，其销售收入高于中间产品依靠国内市场的企业。具体来说，一家企业中间产品投入47%来

---

[1] World Trade Report 2017 – Trade, Technology and Jobs, Geneva：WTO, 2017, p. 108.

[2] Marta Duda – Nyczak and Christian Viegelahn (2017), "Exporters, Importers and Employment: Firm – level Evidence from Africa" ILO, Research Department Working Paper, 2017, No. 18.

[3] Trade Agreements and Employment, Chile 1996 – 2003 Employment Sector Working Paper, No. 21, Geneva：ILO, 2008, p. 6.

自国外，成本节约了30%，因全球采购，销售额增加了176%。同样，Colantone 和 Crinò（2014）研究欧盟企业也发现，新的进口投入有利于产品创造，并大大促进了制造业的产出增长。其他对发展中国家的研究，如 Kasahara 和 Rodrigue（2008）对智利的研究、Goldberg 等（2010）对印度的研究也显示了类似的结果。此外，Antràs 等（2014）对美国的研究也发现，增加中间投入进口的公司同时也开始向国内供应商采购更多的产品，从而进一步增加这些公司的就业。[①]

2. 贸易全球化与就业

对于经济全球化带来的某些国家、地区或个人失业的状况，发达国家普遍关注双边或区域贸易协定对国内失业人口增加的影响，如特朗普认为北美贸易协定（NAFTA）夺走了美国制造业的就业，要求重新进行谈判。而发展中国家则主要关注其对本国就业、工作条件的影响等。

关于双边和区域贸易协定对就业的影响。Gaston 和 Trefler（1997）区分了贸易协定对就业的影响和经济景气对就业的影响。研究发现，在美加自由贸易协定生效期间，加拿大在贸易部门产生的 39 万人失业不是由双边贸易协定带来的，而是由加拿大和美国国内经济萧条带来的（经济萧条本身并不是由 FTA 引发的）。研究显示，降低关税会促使就业减少和生产率的显著提高。但在失业增加中，关税下降对加拿大失业的影响仅占 15%，其他因素如反通货膨胀对就业的影响占 85%。[②] 对于美国失业人口增加，相关研究也认为，影响就业的因素很多，但仅就技术与贸易而言，技术对就业的影响远远超过贸易对就业的影响。在美国制造业就业机会下降的因素中，来自其他经济体进口竞争带来的影响占比为 20%，技术对就业的影响占比为 80%。事实上，虽然美国某一区域或城市可能失去一部分制造业就业机会，但其他区域、其他城市或服务部门也可能创造其他就业机会，没有确凿的证据表明进口竞争会导致全国范围内的就业岗位流失，贸易对就业的总体影响是积极的。[③]

关于开放对发展中国家的就业影响。最具代表性的研究是安妮·克

---

① World Trade Report 2017 – Trade, Technology and Jobs, Geneva：WTO, 2017.
② Gaston, N. and Trefler, D., "The Labour Market Consequences of the Canada – US Free Trade Agreement", *Canadian Journal of Economics*, Vol. 30, No. 1, 1997, pp. 18–41.
③ World Trade Report 2017 – Trade, Technology and Jobs, Geneva：WTO, 2017.

鲁格。克鲁格研究的核心问题是一国贸易模式或贸易战略的选择如何影响就业。其研究建立在赫克歇尔—俄林—萨缪尔森要素禀赋模型的基础上，即将原有的两个国家、两种商品和两种生产要素的模型扩展为 M 个国家、N+1 种商品和三种生产要素的贸易模型。根据扩展的要素禀赋模型，各国专业化分工是由一国土地、劳动和资本的资源禀赋决定的。由于发展中国家具有丰富的劳动力资源优势，因而专门生产和出口那些资本/劳动比率较低的商品，将会提高本国的就业水平。根据克鲁格的研究，贸易对就业的影响，一是取决于产品进口或出口产业的劳动密集度。如果出口产品比进口替代产品的产业具有更高的劳动密集型特点，则该产业出口的增加会提高对劳动力的需求，从而提高就业水平。二是取决于发展中国家生产要素市场的扭曲度。由于实行进口替代国家一般高估汇率，对进口资本品的无形补贴，促使本国企业更多地使用资本，而不是劳动。实行开放的贸易政策后，会改变国内生产要素的扭曲程度，使资本品的价格接近国际市场，劳动力的价格更便宜，激励企业更多地使用劳动，从而相应地提高该国劳动力的就业水平。[①]

Jansen 和 Lee（2007）的研究也显示，如果贸易改革前，国内经济没有实现充分就业，或者国内经济政策、劳动力市场阻碍了调整的进程，贸易改革会影响就业。例如，改革前，如果一国国内经济劳动力需求弹性大，农村拥有巨大的潜在劳动力供给，在现有的工资条件下，通过吸引农村劳动力，出口商会扩大产品出口。在这种情况下，贸易全球化会提高发展中国家经济，而非工资的改变。发达国家与发展中国家的贸易，降低了发达国家低熟练工人的工资，提高了发展中国家低熟练工人的工资。实证研究显示，贸易开放会改善工人的工作条件，促进经济增长，从长期来看，开放有利于就业。Felbermayr 等（2009）研究发现，对于发达国家和发展中国家来说，贸易开放 10%，会降低 1% 的失业率。[②]

[①] [美] 安妮·克鲁格：《发展中国家的贸易与就业》，格致出版社、上海三联出版社、上海人民出版社 2015 年版。

[②] Seizing the Benefits of Trade for Employment and Growth, Final Report Prepared for Submission to the G-20 Summit Meeting, Seoul (Korea), 11—12 Nov., OECD, ILO, WordBank, WTO, 2010.

二 贸易对就业结构的影响

随着全球经济深度一体化,与贸易对就业水平的影响相比,人们开始关注贸易对就业结构的影响。贸易对就业结构的影响重点关注三个方面:劳动力部门结构变化、劳动力技能结构变化、劳动力性别结构变化。

1. 劳动力部门结构变化:贸易增加了服务业就业

贸易在带来产业结构变化的同时,也导致就业在不同产业部门间的转移。由于发达国家在商务服务、研发、设计、金融服务等可贸易服务方面具有相对优势,因此,贸易会导致这些国家专门从事可贸易服务部门生产。贸易导致制造业领域的就业消失,越来越多地创造服务业的就业机会(Spence & Hlatshwayo,2012),服务业作为就业和劳动收入来源的重要性日益增强。对美国和几个欧洲国家的实证研究表明,贸易在加速向以服务为基础的经济体过渡中发挥了作用(Autor et al.,2013;Keller & Utar,2016;Malgouyres,2016;Balsvik et al.,2015)。近期对德国的研究也表明,德国与中国和东欧的贸易减缓了制造业就业人数的下降(Dauth 等,2014)。

发展中国家也出现了这种变化。由于发展中国家进入外国市场的机会增加,致使工人从农业部门转移到服务业和制造业,从家庭流向企业,从国有企业转向国内其他部门和外资企业。贸易与其他因素共同作用,加速就业结构从初级部门(往往是非正规部门)转移到工业和服务部门。即使全球制造业强国中国,服务业增速也超过制造业。

2. 劳动力技能结构变化:贸易增加了对高技能劳动力的需求

根据传统的要素禀赋理论和比较优势理论,在技术相对丰裕的发达经济体,贸易将增加对高技能劳动力的劳动需求,在技能相对稀缺的低收入经济体,贸易可能会增加对低技能劳动力的相对需求。但近期的理论研究显示,无论是发达国家还是发展中国家,贸易都导致了对高技能劳动力需求的增加。

随着全球经济深度一体化,离岸外包价格的下降,跨国公司在全球配置资源,将非核心竞争力的生产转移到发展中国家。发达国家专注于技术密集型产业,导致对高技能劳动力需求的增加。同时,在发展中家，外包的转移也提高了对高技能劳动力的需求。其结果，在全球价值链生产的国际背景下，无论是发达国家还是发展中国家，贸易都增加了对高技能劳动力的需求。此外，因国际贸易加剧了国内市场竞争，导致企业出现分化：低生产率的企业减少销售或倒闭，高生产率的企业扩张，贸易带来的企业结构变化，增加了对高技能劳动力的需求，致使高技能劳动力需求的增加、技能溢价的提升，即高技能工资对低技能工资比率的提高，促使劳动力提高他们的技能水平，从而导致高技能劳动力就业占比更高，最终贸易可能间接促进全球对高技能劳动力的需求增加。

3. 劳动力性别结构变化：贸易增加了女性就业机会

贸易为一些国家的妇女提供了就业机会。贸易影响女性就业的路径和机制如下。

（1）贸易开放增加了发展中国家妇女的就业机会。由于女性在发展中国家的低技能工作中占主体，贸易的开放增加了女性就业机会。研究显示，在韩国，从事制造业的妇女比例从 1970 年的 6% 增加到 20 世纪 80—90 年代初的 30% 左右。虽然目前女性在制造业的占比已经下降（2007 年降至 14%），但就业人数仍然是 20 世纪 60 年代的 10 倍。世界银行（2012）数据显示，孟加拉国年轻妇女（20—24 岁）的劳动参与率显著增加，1995—2000 年增加了近 2.5 倍。这一时期妇女就业机会的增加主要与纺织业等出口部门的扩大以及旅游业和数据处理等服务部门的扩大有关（Mehra & Gammage, 1999）。Banerjee P. 和 Veeramai C.（2015）对印度的研究也显示，当企业面临外部市场国际竞争时，为降低成本，往往会以女性工人代替男性。但因资源再分配的影响不足以抵消技术的负面影响，自由化并没有导致印度制造业部门女性就业的大幅增长。①

（2）贸易竞争减少了对女性的歧视，缩小了男女工资差距。Black 和 Braind（2004）研究发现，1976—1993 年美国制造业的性别工资差

---

① Banerjee P., Veeramai C. "Trade Liberalisation and Women's Employment Intensity: Analysis of India's Manufacturing Industries". Indira Gandhi Institute of Development Research Mumbai Working Papers, Vol. 42, No. 7, 2015, pp. 931 – 937.

距迅速缩小。随着贸易改革，竞争的加剧，性别工资差距迅速缩小。Becker（1957）认为由于贸易开放加剧了竞争，降低了公司对弱势群体实行工资歧视的能力。B. Ler 等（2015）发现，挪威出口公司女性雇员所占比例较大，性别工资差距缩小。

（3）电子商务和全球价值链提升了女性就业机会。信息技术的发展改变了国际贸易方式。由于电子商务和参与全球价值链有利于中小企业克服进入外国市场壁垒，可直接接触外国消费者和分销网络，促使其实现规模经济，电子商务和全球价值链有利于中小企业发展（世贸组织，2016），在发展中国家，因女企业家通常经营小型企业（ITC，2016），女性特别是带小孩的女性受劳动时间和劳动力流动的限制，电子商务减少了交易成本，有利于促进妇女进入全球市场。为女性参与电子商务和全球价值链生产创造了机遇（WTO，2017）。

（4）贸易激励女性接受教育，获得平等的工作机会。由于贸易为熟练工人创造了就业机会，增加了女性接受教育的动机和增强技能需求，从而为女性提供了创造更高技能的就业机会。相关实证研究表明，贸易增加了获得教育的动机。在印度村庄，因外包增加了妇女就业，激励女孩为了将来获得工作接受教育，使当地女孩比其他村庄的女孩更容易选择上学。相反，男孩就学不受贸易联系的影响（世界银行，2012；WTO WBG，2015）。

三 贸易对工资收入的影响

在李嘉图模型中，劳动是唯一的生产要素，劳动生产率差异决定各国的比较优势。当一国开放实行自由贸易时，出口品相对价格上升，进口品相对价格下降，实际工资因贸易开放而提高。在特定要素模型中，特定要素收益的变化主要取决于国际贸易带来的相对价格变化。相对价格提高的部门，其特定要素受益，其他部门的特定要素受损。因劳动夹在两者中间，劳动可以在产业间流动，以一种产品衡量的实际工资提高，而以另一种产品衡量的实际工资下降，因而很难确定一国贸易开放后工人的工资提高还是下降。

（一）出口对工资的影响

贸易全球化会提高平均收入水平。研究显示，贸易全球化会提高平均收入水平,可贸易部门工人的工资高于不可贸易工人的工资。Friedman 等(2011)将开放程度分为低、中、高三种情况,将开放措施分为进口竞争、出口机遇、FDI 三类,重点分析了 2003—2008 年智利 29 个部门开放对贸易和投资的影响。研究发现,开放的可贸易部门比不可贸易部门工资提高了 18%,2008 年工资提高到了 25%;开放的大部分部门,工资提高幅度大于 25%。

出口企业工人的工资高于国内企业工人的工资。不同行业的工资不同,即使在同一行业,企业间也存在较大的差异。大量研究表明,与国内企业相比出口企业,规模更大,生产率更高,资本密集型程度更高,工资也更高。Bernard 和 Jensen(1997)发现,与规模和技能相同的非出口企业相比,出口企业的平均工资高出 5% 至 7%。其他研究也证实,中国、丹麦、德国、韩国、西班牙、瑞典和英国存在出口商的工资溢价。近期研究也证实,在考虑工人特点,如年龄、性别和受教育程度的情况下,具有类似特征的工人为出口企业工作比为非出口企业工作会获得更高的工资(Dai & Xu,2017;Irarrazabal et al.,2013)。

(二)进口对工资的影响

进口也有利于工资的提高。贸易导致资源的重新分配,从而致使一国就业结构在职业、企业或部门层面上发生变化。在发达经济体,为了应对来自国外低成本出口商的竞争,企业将非核心业务外包,重新配置资源,专注于技术密集型产品生产和创新,贸易增加了对高技能劳动力,特别是非正规职业劳动力的相对需求。在发展中经济体,由于进口资本货物、中间投入和技术诀窍促使技术扩散,对高技能劳动力的需求增加,贸易也导致发展中国家对高技能劳动力的需求增加。高技能劳动力需求的增加,不仅意味着熟练劳动力在就业中的份额增加,而且还会导致更高的技能溢价。即与低技能劳动力相比,增加了高技能劳动力的名义工资。与此同时,有证据表明,贸易在增加熟练劳动力工资的同时,也增加了非技术劳动力的工资,促使低技能的劳动力和较贫穷的个人获得收益。此外,贸易使贫困的低技能劳动力能够购买更便宜的进口产品,减少了在食品、服装和其他生活必需品方面的支出,从而在更大程度上提高了他们的购买力,间接增加了其收入。

Stone 和 Cavazos(2011)运用 60 个高收入国家和发展中国家的数

据，分析了1989—2004年贸易与工资的关系。研究发现：进口通过劳动生产率提高对工资具有正面影响。其影响的路径主要是进口竞争导致产品生产由劳动生产率低的企业转移到劳动生产率高的企业，进口竞争带来的劳动生产率变化对工资产生影响。① Amiti 和 Cameron（2012）利用1991—2000年印度尼西亚制造业公司数据研究发现，出口商支付的工资比国内高8%，进口商支付的工资比国内高15%，同时开展进出口贸易的企业所支付的工资比不从事国际贸易的公司高出25%。② 但也有研究认为，进出口增长对工资率没有影响。Ram C. Acharya（2017）利用加拿大1992—2007年88个工业（包括制造业和服务业等）的数据，分析了贸易和技术变化对加拿大劳动力需求、技能结构、工资溢价和福利的影响。研究表明，加拿大因进口而失业的人数很少，每年只有大约6000人，进出口增长对工资率没有影响。③

四　贸易与收入不平等分配

全球经济一体化深化带来的劳动力国际化，在影响劳动力市场结构的同时，也带来了收入分配不平等问题。

（一）贸易与收入不平等分配

国际劳工组织的研究显示，在过去的几十年里，国家间收入不平等不仅没有缩小，而且有扩大趋势。无论是功能性收入分配，还是个人收入分配，收入不平等都在继续扩大。④ 收入差距的扩大不仅影响社会福利、社会凝聚力，而且影响长期的经济增长，并越来越受到关注。工资不平等表现在多个方面：

1. 国家间收入不平等扩大。国家间收入不平等体现为不同资源禀赋差异下收入的不平等，既体现为劳动力丰裕的国家、资本丰裕的国

---

① Policy Priorities for International Trade and Jobs, OECD, 2012, p. 23.
② Amiti, M. and Cameron, L., "Trade Liberalization and the Wage Skill Premium: Evidence From Indonesia", *Journal of International Economics*, Vol. 87, No. 2, 2012, pp. 277 – 287.
③ Ram C. Acharya. "Impact of Trade on Canada's Employment, Skill and Wage Structure", *The World Economy*, Vol. 40, No. 5, 2017.
④ 《2012/2013全球工资报告》：功能性收入分配关注的是国民收入在劳动和资本之间的分配，许多国家的功能性收入分配都呈现工资份额下降而利润份额上升的长期趋势。同时，个人收入分配也更加不平等，工资额最高10%和最低10%的劳动者之间的收入差距日益扩大。

家、技术丰裕的国家之间工资的不平等,也体现为发达国家与发展中国家之间工资的不平等,更体现为高收入国家出现的不平等分配。2008年国际金融危机以来,新兴和发展中经济体工资增长缓慢,发达国家的工资增长较快。研究显示,G20成员的新兴和发展中经济体,实际工资增长率从2012年的6.6%下降到2015年的2.5%,而同期发达经济体的实际工资从0.2%增长到1.7%(ILO,2017)。

2. 行业工资差距扩大。比较制造业、建筑业和服务业,1990—2007年,对30个国家的研究发现,建筑业中,17个国家工资下降;制造业中,26个国家工资呈负增长(但捷克、波兰和斯洛伐克等国下降的幅度,建筑业比制造业明显);服务业(包括金融、房地产、租赁等商务服务)中,2/3国家工资长期变化为正,且在危机期间,大多数国家工资份额继续上升。[①]

Frédéric Gonzales 等(2012)利用 OECD 投入产出数据库,研究了中国、法国、印度、英国和美国服务贸易全球与就业的关系,研究显示,(1)服务业与制造业相比:服务业工资高于制造业。从就业来看,在一些高收入国家,可贸易的商务服务就业占比超过制造业;从工资来看,因商务服务是技能(Skill)密集型产业,且在其所考察的国家中,所有国家的商务服务就业集中了高中等熟练工人,因而其工资高于制造业和非贸易的服务部门。美国服务贸易的收入高于制造业。(2)可贸易产品与不可贸易产品相比:可贸易产品收入高于不可贸易产品收入。[②]

3. 企业间与企业内工资不平等。从企业层面看,既存在企业间工资不平等,也存在企业内工资不平等。数据显示:(1)从企业间工资不平等来看,发展中国家企业不平等程度高于发达国家。在发达国家,工资最高的10%企业的平均工资往往是工资最低的10%企业平均工资的2—5倍。在越南,这一比例上升至8倍,南非甚至高达10倍。(2)从企业内工资不平等来看,企业内工资不平等主要表现在企业内不同技能、标准就业与非标准就业人员工资的不平等。那么,对一国工

---

① Global Wage Report 2010/2011: Wage Policies in Times of Crisis, Geneva: ILO, 2011, p.24.

② Frédéric Gonzales, J. Bradford Jensen, Yunhee Kim and Hildegunn Kyvik Nordås. "Globalisation of Services and Jobs, Policy Priorities for International Trade and Jobs", OECD, 2012.

资不平等的影响主要来自企业间还是企业内？研究显示，在美国，以前企业内工资不平等对一国工资不平等的影响更大，总工资不平等中的较大部分归因于企业内的不平等，而不是企业间的不平等。后期，两种类型的不平等都大大增加，且幅度大致相同。在欧洲，2010 年，欧洲的企业内工资不平等几乎占总工资不平等的一半（ILO，2017）。

4. 低技能与高技能劳动者工资不平等。国际劳动研究所（IILS，2001）对 10 个发达国家的研究发现，20 世纪 80 年代早期到 2005 年，低技能劳动力的工资份额下降了 12%，同期，高技能劳动力的工资份额增加了 7%。同样 IMF 研究也发现，1980—2005 年，美国、日本和欧洲无技能劳动力的劳动份额分别下降了 15%、15% 和 10%，但受高等教育的技能工人劳动份额却分别提高了 7%、2% 和 8%（IMF，2007）。OECD 的研究也发现在有数据的 13 个国家中，受教育水平低的群体的平均工资份额下降了（OECD，2012b）。①

5. 男女性别工资不平等。最新研究显示，虽然在有数据可查的大多数国家，总体上看，性别差距随时间推移而缩小，但并未消除男女性别工资的不平等。目前女性平均工资与男性相比，相差 0—45%，不同国家差异很大。② 同时，1990 年以来，在劳动参与方面，虽然男女性别差距和工资差距已经缩小，但妇女的参与率仍然远远低于男子。在相同的工作和技能方面，妇女的工资仍然低于男子。经合组织内全职同等就业比例的性别差距平均为 32%，妇女的工资比男子低 16%（经合组织，2011b）。国际劳工组织的最新研究也表明，与男性相比，女性工作参与率更低，面临的失业概率更大，从事的工作也更有可能未受到劳动法、社会保障条例和相关集体协议的保护。③

（二）导致不公平的原因：全球化、科技和就业政策

对于导致收入不平等的原因，国际上有多种解释。

一是技术论。即将工资结构变化归因于技能偏向型技术变动提高了对高学历和"熟练"劳动力的相对需求（明瑟，1991；邦德和约翰逊，

---

① Global Wage Report 2012/2013：Wages and Equitable Growth, Geneva：ILO, 2013, p. 48.
② Global Wage Report 2016/2017：Wage Inequality in the Workplace, Geneva：ILO. 2017, p. 2.
③ World Trade Report 2018 – The Future of World Trade：How Digital Technologies are Transforming Global Commerce, Geneva：WTO, 2018.

1992；伯曼等，1994；奥托等，1998）。这里的技术变动主要指计算机的推广和应用。① 信息和通信技术的传播促进了生产自动化程度，加快了生产率的提高和对低技术工人的替代。OECD 的研究预测，1990—2007 年，技术进步和资本积累对发达国家行业间劳动份额变化的平均贡献率达到了 80%（OECD，2012b）。②

二是制度论。即强调劳动力市场制度的变化，如实行最低工资、制定工资标准、工会的集体谈判等影响工资（第纳多等，1996；弗里曼等，1996）。③ OECD 的研究认为，产品市场的不完全竞争形成了一种过剩或"租金"。它们对劳动和资本的分配取决于工人的相对谈判能力。强大的、协调能力强的工会是使工资份额保持长期稳定的因素（OECD，2009a）。④ 国际劳工组织的研究认为：制度性因素包括工会入会率、最低工资立法、失业救济政策及其覆盖面、解雇赔偿金以及政府消费支出等。许多发达国家工会入会率下降，使工人没有足够的能力通过谈判在劳动报酬中获得更大的"蛋糕"（ILO，2012/2013）。⑤

三是贸易论。即强调由于经济全球化的深化，发达国家与发展中国家贸易增加导致发达国家制造业就业减少，对低学历的劳动力相对需求下降，从事制造业的蓝领工人工资下降（伍德，1994，1995，1998；Borjas 和 Ramey，1995；Feenstra 和 Hanson，1996，2002）。贸易自由化使竞争加剧，促使发达国家和发展中国家企业竞相通过"产业合理化"关闭低产能企业，解雇剩余劳动者，提高企业生产力。同时，离岸生产可能造成劳动向资本的重新配置。日益开放的贸易可能是使工资增长放缓的一个因素，特别是劳动密集型的低工资大型出口商的不断增加。⑥ Topalova（2007）对印度的实证研究显示，贸易自由化对收入的影响是

---

① ［美］阿申费尔特、［美］卡德：《劳动经济学手册（第 3A 卷）》，经济科学出版社 2011 年版，第 181 页。
② Global Wage Report 2012/2013：Wages and Equitable Growth，Geneva：ILO，2013.
③ ［美］阿申费尔特、［美］卡德：《劳动经济学手册（第 3A 卷）》，经济科学出版社 2011 年版，第 181 页。
④ Global Wage Report 2010/2011：Wage Policies in Times of Crisis，Geneva：ILO，2011.
⑤ Global Wage Report 2012/2013：Wages and Equitable Growth，Geneva：ILO，2013.
⑥ Global Wage Report 2008/2009：Minimum Wages and Collective Bargaining：Towards Policy Coherence，Geneva：ILO，2009.

非均等化的。有些地区因自由化获益，有些地区却因此陷入了贫困。

四是金融论。在关注贸易对不平等影响的同时，IILS（国际劳工问题研究所）最新研究显示，金融市场的全球化或金融市场扩张也是导致不平等的重要因素。20世纪80年代以股东利益最大化为基础的公司治理结构转变，私募股权基金、对冲基金和机构投资者等追求利润，特别是短期利润，以及发达国家金融市场在国际层面的相互融合等一方面导致工资份额下降，另一方面削弱了劳动者的集体谈判力量，高管以养老金或其他资本收入的形式获得延期报酬，在"金融化"的过程中受益，而其他普通劳动者无论是受益程度还是受益人员数量都非常有限（ILO，2012/2013）。

在影响不公平的上述因素中，国际劳工组织研究认为金融的作用最大。国际劳工组织通过研究1970—2007年71个国家的年度数据（28个OECD经济体，3个非OECD高收入经济体，27个新兴经济体和13个发展中国家）发现，在影响不平等的四大因素（金融化、劳动力市场制度建设、全球化、技术进步）中，对于发达国家来说，金融对其负面影响最大，贡献率为46%；其次是两项制度变化（政府消费和工会入会率），贡献率为25%；再次是全球化，贡献率为19%；最后是技术进步，贡献率为10%。而从发展中国家来看，由于技术进步对劳动份额的影响是正向的，因而技术进步的正面影响部分化解了金融化、全球化和福利水平下降造成的负面影响，但金融化仍然是造成劳动份额下降的最大负面因素。[①] 从金融服务的角度看，贸易对不公平的影响已经由货物贸易转向了服务贸易，或金融服务领域。

第三节　国际服务贸易、外包与就业

近30年来，科技革命特别是信息技术的发展对全球国际分工的变化带来了巨大影响。国际分工由以往的产业间国际分工发展到了今天的产品内国际分工，与此同时，国际贸易交易主体也由最终商品贸易发展为中间投入品贸易。在这种变化中，外包在全球价值链分工体系中，对

---

① Global Wage Report 2012/2013：Wages and Equitable Growth，Geneva：ILO，2013.

各国劳动力的需求和工资都产生了重要影响。特别是随着外包产业由国内转向国外，由制造业转向服务业，人们越来越担心不仅非熟练工作向海外流失，熟练工作也会向海外流失。

外包由以往对蓝领工人的冲击扩展到对白领工人的冲击不仅引发了以美国为代表的发达国家媒体和政界的关注，而且成为美国大选的重要话题，认为工作机会从美国流向了发展中国家。2008年国际金融危机后，就业已经成为各国宏观经济政策的首选指标。那么，外包特别是服务外包对就业和工资究竟会产生什么样的影响？其影响是正面的，还是负面的？

一 理论模型：传统的国际贸易模型与服务外包模型

李嘉图模型是经典的国际贸易模型，它建立在比较优势的基础上。离岸外包是指将生产阶段分割，某些生产活动转移到海外，其他生产活动留在国内，将一件商品的各个生产阶段分散在不同国家进行，最后在某个国家完成装配。假如国外非熟练工人的相对工资较低，母国会倾向于将部分技术密集度低的活动外包给国外，把技术密集度高的活动保留在母国。因而，无论是传统的国际贸易模型还是外包模型，都建立在比较优势基础上，国际贸易使消费者能够购买国外廉价的商品，都创造贸易所得。

但服务外包模型与传统的贸易模型不同。

第一，交易的产品不同。在李嘉图和赫克歇尔—俄林的模型下，各国交易的是最终产品，如小麦与布匹、计算机与鞋子，而在离岸外包模型下，各国交易的是中间投入品。这些中间投入品被装配成最终产品出售之前，在不同国家经历了多次贸易。

第二，对劳动力市场的影响不同。在传统的贸易模型下，因交易的是最终产品，因而进出口贸易虽然会影响一国劳动力市场，但劳动力转移发生在国内，而不是国际。换句话说，进出口贸易影响的是劳动力在国内不同产业间的转移，而不会发生工作机会向海外转移。

但在离岸外包模型下，从形式上看，虽然没有发生劳动力的跨境移动，但由于国际贸易交易的是中间投入品，而不是最终产品，企业在将自己的一部分生产活动转移到国外的同时，相应地工作机会也随之转移,即国内企业即使不走出国门也能够雇佣到国外工人,因而从这种意义上可以说,已经发生了劳动的跨境转移,特别是在服务外包的情况下。

第三,对工人工资的影响不同。在传统的贸易模型下,贸易对工资的影响遵循两大定理:一是要素均等化定理。即假设两个国家进行国际贸易,它们拥有相同的技术水平和不同的要素禀赋。如果每个国家都生产两种商品而且不发生要素密集度逆转,那么要素价格将在国家之间实现均等化。二是斯托尔珀—萨缪尔森定理(Stolper & Samuelson, 1941)。即商品相对价格的上升会提高该商品密集使用要素的实际报酬,降低其他要素的实际报酬。

但在离岸外包模型下,价值链活动由母国转移到国外,从母国来看,母国不断将生产业务外包到国外,一些原本在母国开展的技术密集度低的活动被转移到了国外,随着外包转移到海外业务增多,母国对熟练工人的相对需求增加,结果导致国内熟练工人的相对工资提高;而从外国来看,由于新转移进来的业务比原来的业务技术密集度更高,随着外包业务的增多,外国对熟练工人的相对需求增加,结果导致外国熟练工人的相对工资也提高。其结论是:外包的增加致使国内与国外对熟练工人的相对需求都提高,从而导致两国熟练工人的相对工资都上升。值得注意的是:两国熟练工人的相对需求和相对工资都提高的主要原因是,外包所需要的工人对本国来说是技术密集型低的,但对外国来说是技术密集型高的。

第四,贸易所得不同。在李嘉图和赫克歇尔—俄林的传统贸易模型下,贸易所得大于损失。

但在离岸外包的模型下,外包会带来所得还是损失具有不确定性。在只有两种活动的简化外包模型中,当非熟练劳动密集型投入品的世界价格降低时,母国企业将从外包中获利;相反,当熟练劳动密集型投入品的世界价格降低时,因母国出口的投入品面临竞争导致贸易条件恶化,出口商品相对价格降低,与之前的贸易均衡状态相比,母国企业则将受损。正如萨缪尔森所言,在离岸外包模型下,外包所得必定超过所失是完全错误的。例如,印度在软件、呼叫中心有相对较高的生产率,通过服务外包,在美国具有比较优势的行业如 R&D 不断提高生产率。

印度生产率的提高会导致 R&D 的相对价格下降，对美国造成贸易条件的损失。由此，与之前没有进行外包相比，虽然美国仍有所得，但美国很可能因为服务外包而受损。[①]

外包同时提高两国熟练工人的相对需求和相对工资。由于非熟练工人的相对工资只是熟练工人相对工资的倒数，因此两国非熟练工人的相对工资都将下降。从相对意义来说，熟练工人在贸易中获益，非熟练工人在贸易中受损。对生产者来说，企业的部分生产向海外转移会降低生产成本，对消费者来说，低成本带来的低价格，会使消费者受益。

二　实证研究：外包对就业与工资的影响

20 世纪 80 年代初到 90 年代，美国与其他国家出现了新现象：相对于非熟练工人的工资而言，熟练工人的工资持续增长。对此，引发了芬斯特拉（Feenstra，1998，2000）、弗里曼（Freeman，1995）、伍德（Wood，1995）、巴格瓦蒂和考斯特尔斯（Bhagwati & Kosters，1994）等经济学家的关注，他们研究导致相对工资变化的原因，特别是探究国际贸易是否是产生相对工资变化的主要原因。90 年代以来，随着信息技术的发展，跨国公司在全球组织生产，美国将技术密集度低的生产转移到墨西哥，引发了制造业外包对蓝领工人就业造成威胁的争论，以及对北美自由贸易协定的重新审视。而随着离岸外包由制造业向服务业的转移，特别是美国企业将软件设计等服务业外包给印度，美国国内也出现了服务业外包是否会给美国白领造成威胁的研究和争论。甚至为了防止就业的替代和转移，美国至少有 33 个州议会就反离岸立法引发争论，且美国参议院还通过了限制离岸转移的法律。同时，德国部分政治左翼人士也鼓励保护主义，力图制止 IT 服务向印度和俄罗斯转移。[②]

那么，发达国家企业将非核心业务外包是否会造成该国的失业和工资下降呢？目前有三种代表性观点。

---

① ［美］罗伯特·C. 芬斯特拉：《国际贸易》，中国人民大学出版社 2011 年版，第 254 页。

② ［德］迈克尔·安贝格（Michael Amberg）、马丁·维纳（Martin Wiener）：《IT 离岸外包：德国视角》，载［澳］哈巴哈江·科尔、达利瓦·派·辛格主编《21 世纪的外包与离岸外包——一个社会经济学视角》，格致出版社、上海人民出版社 2012 年版，第 273 页。

（一）离岸外包造成了失业人口增加和工资下降

根据萨缪尔森的理论，在某种情况下，自由贸易会削弱富裕国家的比较优势。他用两个国家、两种商品的理论模型说明，如果工资水平低的国家有大量劳动力可以生产高附加价值的商品，同时该商品的相对生产率也随之上升，发达国家的贸易条件会受到巨大损害。萨缪尔森认为，中国或印度外包或许会对美国有害。但研究表明，这个论断取决于外包对美国贸易条件的影响：如果贸易条件下降，则有害，尽管美国仍然能从贸易中获益。但美国的实践表明，近年来，美国的贸易条件一直在提高，而不是在下降。

相关研究也显示，外包对不同国家、地区、行业和不同职业会产生负面影响。

1. 对不同技能劳动力的影响：外包对高技能人员的影响小于对低技能和中等技能人员的影响。与中低技能劳动力相比，贸易和技术往往会增加对高技能劳动力的需求，降低对从事日常工作的中等技能劳动力的需求，从而形成职业的两极分化。20世纪90年代后期，这一现象出现在许多发达国家。最近巴西、墨西哥和土耳其等某些发展中国家也出现了该现象（经合组织，2017；Reijnders 和 de Vries，2017）。芬兰和丹麦的证据表明（Hakkala 和 Huttunen，2016；Utar，2016；Hummels 等，2014），与出口企业的工人相比，离岸外包和进口竞争很可能降低工人的就业机会和工资。受到影响的低技能和中等技能的生产工人倾向进入服务部门，而不是以出口为导向的制造业。但出口也增加了所有技能类型劳动力的工资。

对企业和工人的研究表明，离岸外包和进口竞争对非标准工作需求的正面影响不大，促使工作两极分化。研究显示（Becker 等，2013），德国跨国企业的离岸外包与非标准工作增加、在岸交互任务的增加有关，也与高技能劳动力占比较高有关。但在这种变化中，Becker 等预测离岸外包仅占10%—15%。另一项最新研究调查了低工资国家进口竞争对丹麦就业的影响（Keller & Utar，2016），也表明进口竞争导致标准工作的中等技能劳动力制造业岗位的下降，从而总体上看促使高技能和低技能就业均发生转移。来自美国和西欧的证据也表明，服务业离岸外包增加了对非标准工作中高技能劳动力的相对需求，但这种经济影响很小（Crinò，2010，2012）。①

2. 对不同产业的影响：外包导致制造业就业需求下降，服务业就业需求扩大。因现代服务业主要集中了高技能的劳动力，所以服务业受到的影响小于制造业。J. Bradford Jensen（2011）研究了1998—2007年外包对美国就业的影响。从整体来看，十年间，制造业就业人数下降了22%，商务服务就业人数提高了23%。在制造业中，无论是可贸易还是不可贸易产品，其高工资就业下降率均高于低工资就业下降率。在商务服务中，仅就可贸易产业而言，无论是高工资还是低工资部门，其就业增长率均高于不可贸易就业增长率。② 对法国公司的研究发现：离岸外包对生产工人特别是低技能生产工人的相对需求较低。1986—1992年，一家法国制造公司改变了它们的劳动力构成，由增加最终产品进口、从事组装的离岸外包转向销售或分销等非生产活动（Biscolp & Kramarz，2007）。

3. 对可贸易与不可贸易部门的影响：可贸易服务部门的失业高于不可贸易服务部门。Jensen和Kletzer（2008）研究了2003—2005年美国制造业和服务业（仅限三大产业：信息服务、金融服务、专业和商务服务）的失业率变化。整体来说，可贸易产业失业的风险高于不可贸易产业，但不同产业失业率各有不同。从制造业看，可贸易产业的失业率低于不可贸易产业。从商务服务业看，信息服务和金融服务领域，可贸易产业失业率明显低于不可贸易产业；但专业服务和商务服务领域，其可贸易产业失业率高于不可贸易产业。其结论是：服务贸易对劳动力市场的影响，无论是正面还是负面的影响都很小，可贸易服务部门工人的替代率比其他部门稍高。③

2011年3月，美国纽约大学教授、诺贝尔奖得主迈克尔·斯宾塞发表研究报告《美国经济结构的演变与就业挑战》（*The Evolving Structure of the American Economy and Employment Challenge*）。研究发现：1990—2008年，美国近十年间97.7%的就业增长来自不可贸易部门，

---

① World Trade Report 2017 – Trade, Technology and Jobs, Geneva：WTO, 2017.

② J. Bradford Jensen. Global Trade in Services：Fear, Facts, and Offshoring, Peterson Institute for International Economics, 2011, p. 166.

③ Ibid. , p. 170.

如政府机关、医疗卫生体系以及房地产、食品等服务行业,在可贸易部门,就业几乎没有增长,只有诸如管理和咨询服务、银行、计算机系统设计和保险等高端服务业的就业有所增长。① 但美国收入增长的大部分来自高端制造业等可贸易部门。大型高端制造企业将生产效率高的部分岗位留在美国,将越来越多效率低的岗位外包到海外。相比之下,不可贸易的行业生产效率提高缓慢,加上岗位竞争激烈,其行业的工资和效率停滞不前,甚至跟不上通货膨胀的上涨速度。②

(二) 离岸外包对就业和工资的影响微乎其微

第二种观点认为,离岸外包对就业和工资的影响微乎其微,整体来看,技术对其影响更大。来自美国、德国的经济学家对外包对本国就业与工资的影响进行了大量实证研究。玛丽·艾米蒂(Mary Amiti)和魏尚进(Shang - JinWei,2009)针对美国媒体和政界担心国际服务外包使工作机会由美国转移到发展中国家引发失业问题,研究了1992—2000 年美国服务外包对就业的影响。研究显示,当制造业设定为96 个行业时,服务外包对就业没有显著影响,当细分为450 个时,服务外包对就业的负面影响只有约 0.4% 。这意味着其他行业有足够的劳动需求弥补外包对就业的负面影响,也反映出美国劳动力市场的柔韧性,允许劳动力在不同产业间重新配置。③ 同时,作者运用IMF 国际收支数据对1995—2001 年英国的实证研究也显示,无论是原材料外包还是服务外包,没有证据表明,外包导致就业损失。相反,服务外包不仅没有导致总就业水平的下降,还具有潜力使公司或部门生产更有效率,并在同样的部门创造更多的就业来补偿因外包而造成的就业损失。即公司将效率相对较低的生产转移到成本更低的其他国家,采取离岸外包的服务部门并没有出现净失业。研究美国到墨西哥的离岸外包对就业的影响也发现,离岸外包增加了对制造业非生产部门工人的相对需求,但与技术升级对其影响相比很小。据估计,1979—1990 年外包和高技术对美国工资

---

① [美]加里·皮萨诺、威利·史:《制造繁荣:美国为什么需要制造业复兴》,机械工业出版社2014 年版,第54 页。

② [美]比尔·克林顿《重返工作》,中信出版社2012 年版,第197 页。

③ Mary Amiti, Shang - Jin Wei, Does Service Offshoring Lead to Job Losses? Evidence from the United States, 2009, http://www.nber.org/chapters/c11611.

的影响，外包的贡献约为15%，高技术的贡献约为35%；而按照另一种方法测算外包的贡献约为40%，高技术的贡献约为75%（Feenstra & Hanson，1999年）。① 国际劳工组织的研究也认为，美国国内夸大了离岸外包对国内失业和工资损失的影响。在未来的30年，美国公司每年会创造20万—30万个离岸外包工作岗位，离岸外包对服务业就业的影响不到2%。

随着信息和通信技术的发展使新型服务外包成为可能，美国的外包也由对墨西哥的非技术性工作外包转向了对印度的高技术外包，外包的内容包括会计、金融、软件编写、研发和其他技术性商业活动。那么，20世纪80—90年代的制造业外包是否对美国蓝领工人，服务外包是否对美国白领造成了威胁？芬斯特拉认为很难回答。实证检验的结果显示，虽然服务外包提高了美国的生产率，从而创造了贸易所得，但国家整体的贸易所得并不意味着每个人都将从中获益：有人获利，有人受损。正如20世纪80年代制造业外包对非熟练工人造成的影响一样，服务外包可能会使一些熟练工人面临潜在的工资下降压力。但尽管如此，美国、英国和其他一些欧洲国家仍然在商务服务出口方面保持着比较优势。② 今天工厂工作岗位的消失，就像过去农业就业岗位的消失一样，更多的是与自动化和数字化有关，而不是与离岸外包和外包有关（Banister & Cook，2011）。

（三）外包有利于产业结构优化、高技能劳动力就业增加和工资提高

第三种观点认为，从短期看，外包对就业和工资会产生负面影响，但从长期看，外包会对产业结构优化、高技能劳动力就业增加和工资提高具有积极影响。美国大多数经济学家认为外包是比较优势原理的进一步应用。著名经济学家曼昆认为：外包将是一种不断增长的贸易现象，

---

① Feenstra, R. C. and Hanson, G. H. , "The Impact of Outsourcing and High - Technology Capital on Wages: Estimates for the United States, 1979 - 1990", *The Quarterly Journal of Economics*, Vol. 114, No. 3, 1999, pp. 907 - 940.

② ［美］罗伯特·C. 芬斯特拉：《国际贸易》，中国人民大学出版社2011年版，第252页。

从长期来看对经济是有利的。① 不少研究离岸经济的智囊团和战略企业已达成共识：尽管离岸转移不可避免地伤害了美国一小部分群体的利益，但美国整体宏观经济的收入是巨大的，如美国信息技术协会的研究表明，由于 IT 产品和零件的全球采购，2008 年美国 GDP 将高出 1242 亿美元，从全球采购中获得的经济利益将创造 31.7 万个新职位。② 德国相关研究（Schaaf, 2004）也认为，虽然离岸外包使得一些工人失业，这些工人可能遭受长期损失，但从长期来看，离岸外包不太可能降低德国就业，实际上，离岸外包有可能通过将失业工人转移到更复杂的工作岗位以保证平均生活水平。③ Eichelmann 等（2004）研究也证实，即使将负面影响考虑在内，总体来看，欧洲国家会受益于 IT 离岸外包的增长趋势，外包对德国经济的潜在正面效应包括提高竞争力、降低价格、提高服务出口市场份额等。J. Bradford Jensen（2011）研究也认为，从长期看，贸易并不会影响就业的数量。贸易所影响的是经济活动的结构，导致跨产业的经济重新配置：在一些部门创造了就业，在另一些部门出现失业。无论从产业角度分析还是从职业角度分析，服务（无论是可贸易还是不可贸易）都带来了就业的净增长。这表明，外包和服务出口都没有对美国劳动力市场产生重要影响。④

2011 年，世界贸易组织和国际劳工组织开展合作研究，其基本结论是：全球化特别是外包在短期内可能导致比较高的就业流动，低技能劳动力就业受损，高技能劳动力就业扩大，但从长期来看，没有迹象表明贸易或外包导致较高的失业（或者较低的就业）。有证据表明，随着全球化的进展，发达国家正经历着结构性的变化，由制造业转向服务

---

① ［美］保罗·萨缪尔森、威廉·诺德豪斯：《萨缪尔森谈金融、贸易与开放经济》，商务印书馆 2012 年版，第 73 页。

② ［美］罗伯特·E. 肯尼迪（Kennedy R. E.）、艾杰·夏尔马（Sharma A.）：《服务大转移：抓住离岸外包的最后机遇》，清华大学出版社 2012 年版，第 17 页。

③ ［德］迈克尔·安贝格（Michael Amberg）、马丁·维纳（Martin Wiener）：《IT 离岸外包：德国视角》，载［澳］哈巴哈江·科尔、达利瓦·派·辛格主编《21 世纪的外包与离岸外包——一个社会经济学视角》，格致出版社、上海人民出版社 2012 年版，第 295 页。

④ J. Bradford Jensen. Global Trade in Services: Fear, Facts, and Offshoring, Peterson Institute for International Economics, 2011, p. 165.

业。① 而且，从总体看，随着信息技术的发展，IT 技术的扩散对 IT 技能和高熟练工人有更大的需求。根据劳工统计局（the Bureau of Labor Statistics，BLS）预测，到 2012 年，IT 就业岗位增长会超过总体经济就业岗位增长的 3 倍。② 同时，工资上涨也最快。根据美国劳工统计局的预测（2004），工资、薪水和就业增长最快的产业是与 IT 相关的产业，如软件出版，管理、科技咨询服务，计算机系统设计和相关服务，互联网服务，数据加工和其他信息服务。③

与此同时，相关研究也认为，外包是全球经济一体化发展的世界趋势，政策阻碍的结果只能适得其反。有证据表明，对发达国家来说，阻碍离岸转移只会减少长期收入；反离岸政策可能具有短期的政治吸引力，但不利于经济的长期发展和人民生活水平的提高。④ 能否将短期负面影响转化为长期正面积极影响，取决于政府的政策。即对失业工人进行再培训，并将他们转移到附加值较高的新工作岗位，可能会提高平均生活水平；保护特定服务业的法律可能会增加消费者和其他企业的服务成本，损害整体福利；政策制定者应该放松资源的流动，使资源从失去国际竞争的部门转移到正在增长的部门；完善的教育制度、更好的贸易调整方案、开放外国市场和保障知识产权的国际谈判，都是积极的政策，可以改善国家福利。此外，完善的货币和财政政策有助于美国实现充分就业。⑤

第四节　服务贸易自由化与就业政策

随着全球经济深度一体化，在开放的世界经济体系中，如何在经济全球化和贸易自由化的过程中提高就业，增加工资，并减少工资不平

---

① Marc Bacchetta and Marion Jansen, Making, Globalization Socially Sustainable, International Labour Organization and World Trade Organization, 2011, p. 3.
② 《信息技术离岸外包：一个发达国家的视角》，载［澳］哈巴哈江·科尔、达利瓦·派·辛格主编《21 世纪的外包与离岸外包——一个社会经济学视角》，格致出版社、上海人民出版社 2012 年版，第 103 页。
③ 同上书，第 107 页。
④ ［美］罗伯特·E. 肯尼迪（Kennedy R. E.）、艾杰·夏尔马（Sharma A.）：《服务大转移：抓住离岸外包的最后机遇》，清华大学出版社 2012 年版，第 10 页。
⑤ C. Alan Garner, "Offshoring in the Service Sector: Economic Impact and Policy Issues", Economic Review, Vol. 89, No. 3, 2004, pp. 5 – 37.

等，消除贸易自由化的负面影响，成为国际社会和各国政府关注的重要问题。

一 实行开放的经济政策，推动全球贸易自由化

全球化是把"双刃剑"。贸易自由化既可能创造就业，也可能带来失业。从短期、局部看，贸易对就业的影响是正面还是负面取决于一国的特殊要素，但从长期、整体来看，贸易全球化对就业的影响是正面的，如就业质量的提高、工资上涨，或同时带来就业质量的提高和工资上涨。贸易全球化对劳动力的负面影响，要求政府通过劳动和社会政策重新进行利益分配，即从利益获得者转向利益损失者。

从国际层面看，推动服务贸易自由化已经在多边、诸边以及双边层面开展。OECD、WTO 和世界银行将服务贸易壁垒量化，建立了衡量各国服务贸易壁垒程度的国际服务贸易限制指数。WTO 在多边层面推动服务贸易谈判，TiSA 服务贸易诸边谈判已经进行了 20 轮。跨区域谈判（如 TTIP、CPTPP 谈判）也将服务贸易自由化作为谈判的重点。

从国家层面看，发达国家与发展中国家开始重视贸易自由化对经济发展的影响。某些发达国家仍然存在外国投资壁垒，特别是在运输、媒体和通信领域。而烦冗复杂的商业程序也为服务提供者带来了较高的贸易成本。J. Bradford Jensen（2011）认为美国是全球服务贸易大国，虽然其在可贸易的高技能、高工资的服务业具有比较优势，且服务贸易顺差，但由于存在商业限制、配额、当地共同投资限制、不同的税收待遇和政府审批程序等服务贸易壁垒，对于出口商来说，服务业的出口强度远低于制造业的出口强度。因而主张美国应该积极推动快速增长的新兴市场服务贸易的开放，服务贸易自由化会有利于美国的服务业出口。[1]

二 全球层面：加强国际宏观经济政策协调

全球经济深度一体化发展不仅带来了商品等一般生产要素的流动，而且导致劳动力的跨国流动。2008 年国际金融危机后，失业特别是年

---

[1] Jensen J. B., Global Trade in Services: Fear, Facts, and Offshoring, Peterson Institute for International Economics, 2011.

轻人的失业问题比较突出，劳动力问题由国内扩展到国际，引发国际组织的高度关注。在国际层面上，OECD 联合 10 个组织（包括 ADB、AFDB、ECLAC、IADB、ILO、OAS、OECD、UNCTAD、WB 和 WTO）开展共同研究，并提出加强宏观经济政策协调。

2017 年 G20 德国峰会强调，加强职业教育和培训有利于促进年轻人进入劳动力市场，并提出各国政府、商业界和社会伙伴之间加强合作有利于促进就业；WTO 认为，劳动力市场问题必须在国内解决，但如果这些问题得不到回应，将对全球经济产生影响，并在《2017 年世界贸易报告：贸易、技术与就业》中强调：世界贸易组织将与其他国际组织合作提供一个平台，通过研讨会、交流和谈判等方式，共同应对全球经济的挑战；国际劳工组织在《2016/2017 全球工资报告》中呼吁：在全球层面加强政策协调，以避免太多国家同时追求限制工资上调或竞争性工资削减以增加出口，导致区域或全球总需求减少或通货紧缩。

三　国家层面：综合施策

WTO、国际劳工组织等国际组织强调，各国应综合施策，通过实施积极的劳动力市场政策、财政金融政策、贸易政策、教育政策、区域经济政策等，加快劳动力市场调整，稳定和增加就业。

1. 从国家经济发展战略高度认识工资政策对宏观经济的影响

国际劳工组织的研究显示，劳动份额的下降不仅影响人们对公平的看法，还不利于家庭消费的增长，进而导致总需求不足。因此，为纠正外部不均衡，决策者应努力制定政策加强劳动生产率增长和工资之间的联系，关注工资对宏观经济的影响。[①] 由于社会总需求等于消费、投资、净出口与政府支出之和，如果工资水平相对低于劳动生产率水平，将会促进出口，并在一定程度上刺激投资，但与此同时，低工资也会抑制家庭消费。因而，只要工资削减对国内需求下降的影响强于其对出口、投资的推动，就会对一国的经济增长产生负面影响。为此，国际劳工组织建议，中国作为实行出口导向型的国家，面对外部需求的疲软，应促进国内市场的发展，扩大总需求；而过度依赖消费拉动经济增长、

---

① Global Wage Report 2012/2013: Wages and Equitable Growth, Geneva: ILO, 2013.

实行负债经营的美国，应依靠劳动收入和放宽就业限制而非提高债务，提高未来总需求。①

2. 劳动力市场政策

积极的劳动力市场政策旨在促进失业人口重新进入劳动力市场，以及针对结构变化、职业、技能错配劳动力实行重新配置。内容包括：为被替代的工人提供训练计划、为寻找新工作的人提供再就业援助、实施直接就业的创业计划、为促进自主创业提供信用和训练计划、为促进低技能工人就业提供就业补贴等。相关研究强调，恰当的政策应因国而异，贸易调整援助计划应根据不同的情况采取不同的措施：拥有大量熟练劳动力国家的贸易调整援助计划应关注年龄较大的非熟练工人；拥有大量非熟练劳动力国家的贸易调整援助计划应关注更年轻的熟练工人。

3. 财政政策

贸易对就业的影响在不同国家、不同企业、不同阶层呈现显著差异。WTO 主张采取对失业工人进行补偿的政策。目前发达国家利用财政政策进行补偿的主要手段如下：

一是补贴人力资本投资。即通过政府计划对因贸易和生产外包而失业的劳动者进行人力资本投资补贴，以减轻失业者在人力资本投资方面的经济负担，通过加速对劳动力资源的重新配置，提高其工作机会，降低失业率。如美国针对因贸易而失业的劳动者实行的两个计划：《贸易调整援助计划》（Trade Adjustment Assistance，TAA）和《贸易调整援助补充计划》（Alternative Trade Adjustment Assistance，ATAA），目的是为那些因贸易而失业的劳动者提供培训和健康医疗方面的保障，以帮助他们掌握一些技能，使工资损失最小。同时，提供再就业服务。如1998 年《劳动者投资法》生效后，通过一站式就业中心，提供有效的再就业服务（帮助找工作、提供建议及培训等）。

二是收入支持计划。这是直接针对个人提供的补贴。考虑到补贴人力资本投资往往容易造成社会收益超过社会成本，为促使被替代的劳动者尽快就业，某些国家对那些不值得再培训的人员，实行了专门针对因贸易而被替代的劳动者计划——"工资保险"计划。在这个计划下，

---

① Global Wage Report 2010/2011: Wage Policies in Times of Crisis, Geneva: ILO, 2011.

被替代的劳动者在新工作中所得到的工资如果低于原来的工资，可以从政府得到补贴，补贴额相当于前后工资的差额。美国针对年龄超过50岁且技能受限的劳动者曾实行该政策，但规定期限为2年。

三是补贴性就业。这是针对雇主实行的补贴政策。考虑到并非所有的培训都会创造社会净收益，政府采取针对雇主的工薪补贴政策。条件是雇主雇佣因贸易和离岸外包生产而被替代下来的年纪比较大且技能较差的劳动者。

4. 贸易政策

一是扩大市场准入，通过开拓新的市场、扩大出口，吸收因进口竞争而失业的工人再就业。WTO研究强调，进口中间产品对全球价值链出口有重要意义。即如果一个国家融入全球化，降低进口壁垒，特别是影响中间投入的壁垒，有利于提高其在全球市场的竞争力，扩大出口，增加就业。二是实行贸易便利化措施。OECD研究预测，全面实施"贸易便利化协定"将促使全球贸易成本降低12.5%到17.5%。2015年WTO研究显示，贸易成本下降将促使全球出口每年增加1万亿美元。三是实施贸易保障措施，为调整争取时间。如启动反倾销、反补贴、保障措施等，短期内限制进口，并为进口竞争行业提供临时救济。但该政策不宜长期使用，否则临时保护会延长调整过程，增加调整总成本。四是在区域贸易谈判协定中确立劳动力市场调整条款。截至2017年6月，向世界贸易组织通报的280个区域贸易协定中，关于劳动力市场调整的条款，如劳动力市场调整、人力资源开发和工作培训、失业与社会保护、劳动力的流动性等，已经在相关协议中体现，并成为区域协定条款的合作领域。

5. 金融政策

信贷市场的不完善可能会增加借贷成本，使企业难以获得融资，其中主要表现在非生产企业比生产性企业、中小企业比大企业难以获得融资，从而影响了企业的国际竞争力。同时，选择自谋职业的失业工人或决定重返学校提升自己的工人，在运转不良的信贷市场中难以获得资金，也阻碍了劳动力流动。为此，WTO建议改善金融市场的运作，加快劳动力的流动和资源再配置。

6. 教育政策

一国的教育水平决定国家的吸引力；教育影响个人应对变化的能力，受过良好教育的工人在调整、采用和使用新技术方面具有相对优势；接受良好教育的工人就业的替代率低、再就业率高。以斯蒂格利茨为代表的大多数经济学家认为，让年轻人有机会接受高质量的教育，可能是一个政府所能够承担的、旨在帮助本国劳动者应对因贸易扩张带来的劳动力需求变化的最重要计划。[①] WTO 主张，投资教育有利于工人更快地适应经济环境的变化，良好的教育政策有利于实现劳动力的再分配；各国政府在设计、资助和实施技能发展方面可以发挥突出作用；由著名企业主导的培训项目，有利于帮助低技能的工人获得技能；教育也有利于妇女就业等（WTO，2017）。

那么，如何发挥教育在就业中的作用，相关研究主张：（1）在谁在教育中发挥主导作用的问题上，提倡政府应发挥重要作用。即市场的力量不可能产生符合需求技能的供给，为避免错配，政府应制订计划。同时，因教育有助于缩小低技能和高技能劳动者的收入差距，政府应扩大对教育的投资。（2）在建立什么样的教育体系和教育制度上，提倡政府应从全球而非国内经济发展的视野上规划教育发展计划，教育计划应立足长期、动态发展；改革现有的教育体制和制度，以适应市场对熟练劳动力的需求变化等。（3）在教育政策上，提出应适应全球化发展的新趋势，从就业出发，开展灵活多样的教育。[②]

7. 区域经济政策

为解决贸易对就业的影响主要集中在特定地区问题，WTO 建议：提高劳动力的流动性；实行特殊的区域政策，即针对那些不愿意流动的劳动力，通过采取有效的区域发展政策，如对公司的直接补贴、进行基础设施投资、将大型公共机构迁往贫困地区等，创造更多的就业机会，使失业工人能重新回到劳动力市场（WTO，2017）。

---

① ［美］罗纳德·G. 伊兰伯格（Ronald G. Ehrenberg）、罗伯特·S. 斯密斯（Robert S. Smith）：《现代劳动经济学：理论与公共政策》，中国人民大学出版社 2011 年版，第 552 页。

② Marion Jansen, Eddy Lee, *Trade and Employment: Challenge for Policy Research*, WTO, 2007, pp. 79–80.

第五节　结论与评析

第一，贸易对劳动力市场的影响引起国际组织的高度关注，是当代国际贸易研究的理论前沿和重要问题。

在全球价值链生产的国际背景下，随着劳动力国际化的发展，贸易对劳动力市场的影响引起媒体、政党和团体、政府、经济学家的高度关注，不仅是一国国内经济问题，而且成为国际经济问题，引发了国际社会的高度关注。近十年来，世界贸易组织、国际劳工组织等联合开展研究，取得了一系列成果。其重点关注的问题主要包括：贸易对就业水平和结构的影响、贸易与工资不平等、贸易与非标准就业、贸易与就业质量、贸易与劳动力就业政策等。

第二，贸易对就业水平和结构的影响：有利于产业结构优化、高技能劳动力就业增加和工资提高。

贸易对就业的影响很大程度上取决于一国拥有的最丰裕特殊要素。贸易既能创造就业，也会导致失业增加，就业的净效应取决于不同国家的情况。从短期、局部看，因存在就业调整成本，贸易对不同国家、地区和个人会产生一定影响，但从长期、整体看，贸易对一国产业结构优化、高技能劳动力就业增加、工资提高和妇女就业会产生积极影响。与贸易对就业数量的影响相比，贸易对就业结构的影响更大。与贸易对就业的影响相比，技术对就业的影响更大。贸易能否发挥对劳动力市场水平和结构的积极作用，取决于政府决策。在政策制定方面，既要加强国际宏观经济政策协调，也应从财政政策、金融政策、贸易政策、教育政策、区域政策和劳动力政策等方面综合施策，并确保贸易政策与劳动力政策的一致性。

第三，研究内容：从制造业扩大到服务业，从经济问题扩大到社会问题。

长期以来，关于贸易对就业的影响，人们重点研究的是制造业，随着信息技术的发展和全球经济深度一体化，跨国公司非核心业务外包领域不断扩大，服务贸易发展对就业规模和结构的影响引起关注。与此同时，研究对象也从贸易与就业、贸易与收入、贸易与工资等经济问题，扩大到社会问题，如贸易与工作条件、贸易与性别、贸易与不平等，等等。

第四，研究的方法：从局部均衡分析扩大到一般均衡分析。

关于贸易对就业的影响，不同的经济学家运用的方法不同，得出的结论也不同。人们关注贸易对就业的负面影响，其主要原因：一是进行局部均衡分析，而不是一般均衡分析，即分析局限于个别地区、少数产业、特定公司，而没有从国家整体的视野分析；二是没有超越国内，从全球经济的视野分析。随着数据的完善，研究方法的多样化，研究视野的扩大，时间跨度的延长，从长期与整体看，贸易对就业扩大的积极影响开始显现。

第五，研究范围：从发达国家扩展到发展中国家。

不同国家融入经济全球化的程度和阶段不同，其对贸易与劳动力市场的关注点也不同。受统计数据的局限，长期以来，贸易对劳动力市场影响的研究成果主要集中在对发达国家的研究。随着发展中国家融入全球经济的程度加深、对全球经济影响力的扩大，对发展中国家的研究成果开始增多，且关注的问题也从贸易对经济增长、就业等劳动力市场的总体影响，即贸易带来的"效率"问题，开始转向贸易带来的公平和利益分配问题。

第六，未来研究展望：深化对服务贸易、非正规经济和发展中国家的研究。

现有关于贸易对劳动力市场的影响侧重贸易对就业水平和结构的影响、贸易与工资不平等、贸易与非正规就业、贸易与就业质量、贸易与劳动力就业政策等。未来应着力开展以下研究：一是强化对发展中国家的研究。二是加强贸易对非正规就业影响的研究。三是加强贸易对劳动力市场集聚效应的研究。四是随着人们对服务在全球价值链中作用认识的深化，应强化服务贸易对就业影响的研究。

参考文献

[1] Aashish Mehta, Rana Hasan, "The effects of trade and services liberalization on wage inequality in India", *International Review of Economics and Finance*, 2012, p. 23.

[2] Acharya, R. C., "Impact of Trade on Canada's Employment, Skill and Wage Structure", *The World Economy*, Vol. 40, No. 5, 2017.

[3] Amiti, M., & Cameron, L., "Trade Liberalization and the Wage Skill Premium: Evidence From Indonesia", *Journal of International Economics*, Vol. 87, No. 2, 2012, pp. 277 – 287.

[4] Arup Mitra., "Trade in Services: Impact on Employment in India", *The Social Science Journal*, Vol. 48, No. 1, 2010.

[5] Bacchetta, M. & Jansen, M., *Making globalization socially sustainable*, Geneva: International Labour Organization and World Trade Organization, 2011.

[6] Banerjee P., Veeramai C., "Trade Liberalisation and Women's Employment Intensity: Analysis of India's Manufacturing Industries", Indira Gandhi Institute of Development Research Mumbai Working Papers, Vol. 42, No. 7, 2015.

[7] Banister, J. and Cook, G., "China's Employment and Compensation Costs in Manufacturing Through 2008", *Monthly Labour Review*, Vol. 134, No. 3, 2011, pp. 39 – 52.

[8] Bernard, A. B., & Jensen, J. B., "Exporters, Skill Upgrading, and the Wage Gap", *Journal of International Economics*, Vol. 42, No. 1, 1997, pp. 3 – 31.

[9] C. Alan Garner, "Offshoring in the Service Sector: Economic Impact and Policy Issues", *Economic Review*, Vol. 89, No. 3, 2004, pp. 5 – 37.

[10] Card, David & John E. DiNardo, "Skill – Biased Technological Change and Rising Wage Inequality: Some Problems and Puzzles", *Journal of Labor Economics*, Vol. 20, 2002, pp. 733 – 83.

[11] Consoli D, Roy I., "Employment Polarization in Germany: Role of Technology, Trade and Human Capital", *Jena Economic Research Papers*, 2015.

[12] Dai, M. and Xu, J., "The Skill Structure of Export Wage Premium: Evidence From Chinese Matched Employer – Employee Data", The

World Economy, 2017, pp. 883 – 905.

[13] Damir Stijepic, "Globalization, Worker Mobility and Wage Inequality", *Review of International Economics*, Vol. 25, No. 1, 2017.

[14] Davis, Donald R. & James Harrigan, "Good Jobs, Bad Jobs, and Trade Liberalization", *Journal of International Economics*, Vol. 84, 2011, pp. 26 – 36.

[15] Dawood Mamoon, Syed Mansoob Murshed, "Education bias of trade liberalization and wage inequality in developing countries", *The Journal of International Trade & Economic Development*, Vol. 22, No. 4, 2013.

[16] Duda – Nyczak, M., & Viegelahn, C., "Exporters, importers and employment: Firm – level evidence from Africa", ILO Research Department Working Paper No. 18, 2017.

[17] Feenstra, R. C. and Hanson, G. H., "The Impact of Outsourcing and High – Technology Capital on Wages: Estimates for the United States, 1979 – 1990", *The Quarterly Journal of Economics*, Vol. 114, No. 3, 1999, pp. 907 – 940.

[18] Frédéric Gonzales, J. Bradford Jensen, Yunhee Kim and Hildegunn Kyvik Nordås, "Globalisation of Services and Jobs, Policy Priorities for International Trade and Jobs", OECD, 2012.

[19] Gaston, N., & Trefler, D., "The Labour Market Consequences of the Canada – US Free Trade Agreement", *Canadian Journal of Economics*, Vol. 30, No. 1, 1997, pp. 18 – 41.

[20] *Global Wage Report 2008/09: Minimum wages and collective bargaining: Towards policy coherence*, Geneva: International Labour Office, 2009.

[21] *Global Wage Report 2010/11: Wage policies in times of crisis*, Geneva: International Labour Office, 2011.

[22] *Global Wage Report 2012/13: Wages and equitable growth*, Geneva: International Labour Office, 2013.

[23] *Global Wage Report 2014/15: Wages and Income Inequality*, Geneva:

International Labour Office, 2015.

[24] *Global Wage Report* 2016/17: *Wage Inequality in the Workplace*, Geneva: International Labour Office, 2017.

[25] Gonzales, G., Jensen J. B., Kim, Y., & Nordås, H. K., Globalisation of Services and Jobs, Policy Priorities for International Trade and Jobs, OECD, 2012.

[26] Hanson, G. H. and Harrison, A., "Trade Liberalization and Wage Inequality in Mexico", *Industrial and Labor Relation (ILR) Review* Vol. 52, No. 2, 1999, pp. 271 – 288.

[27] Helpman, E., "Globalization and Wage Inequality", NBER Working Paper No. 22944, Cambridge, MA: National Bureau of Economic Research (NBER), 2006

[28] Houseman S. Trade, "Competitiveness and Employment in the Global Economy", *Employment Research*, Vol. 21, No. 1, 2014, pp. 1 – 4.

[29] Hummels, D., Jørgensen, R., Munch, J. R. and Xiang, C., "The Wage Effects of Offshoring: Evidence From Danish Matched Worker – Firm Data", *American Economic Review*, Vol. 104, No. 6, 2014, pp. 1597 – 1629.

[30] Hogrefe, J. Yao, Y., "Offshoring and labor income risk: an empirical investigation", *Empirical Economics*, Vol. 50, No. 3, 2016, pp. 1045 – 1063.

[31] Jansen, M., & Lee, E., *Trade and Employment: Challenge for Policy Research*, Geneva: WTO, 2007.

[32] Jensen, J. B., *Global Trade in Services: Fear, Facts, and Offshoring*, Washington: Peterson Institute for International Economics, 2011.

[33] Jörg Mayer. "Global rebalancing: Effects on trade and employment", *Journal of Asian Economics*, Vol. 23, No. 6, 2012.

[34] Kletzer, L. G., "Trade – Related Job Loss and Wage Insurance: a Synthetic Review", *Review of International Economics*, Vol. 12, No. 5, 2004, pp. 724 – 748.

[35] Krishna, P. and M. Z. Senses, "International Trade and Labor In-

come Risk in the U. S. ", *Review of Economic Studies*, 81. 2014. pp. 186 – 218.

[36] Kuo – Jung Lin, Sheng – Ming Hsu, Ching – Cheng Chang, Shih – Hsun Hsu, "The China syndrome? The Impact of China's Growth on Wage Inequality in East Asian Economies", *Asia – Pacific Journal of Accounting & Economics*, Vol. 20, No. 4, 2013.

[37] M. Jansen, E. Lee, Trade and Employment Challenge for Policy Research, International Labour Organization and World Trade Organization, 2007.

[38] Malgouyres, C., "The Impact of Chinese Import Competition on the Local Structure of Employment and Wages: Evidence From France", *Journal of Regional Science*, Vol. 57, No. 3, 2017, pp. 411 – 441.

[39] Marc Bacchetta and Marion Jansen, Making globalization socially sustainable, International Labour Organization and World Trade Organization. 2011.

[40] Marion Jansen, Ralf Peters, José Manuel Salazar – Xirinachs, Trade and Employment From Myths to Facts/ International Labour Office. Geneva: International Labour Organization, 2011.

[41] Marion Jansen and José Manuel Salazar – Xirinachs, Trade and jobs: what role for multilateralism? Geneva: International Labour Organization, 2012.

[42] Marion Jansen, Eddy Lee, Trade and Employment: Challenge for Policy Research, Geneva: WTO, 2007.

[43] Marta Duda – Nyczak and Christian Viegelahn, "Exporters, Importers and Employment: Firm – Level Evidence from Africa" ILO, Research Department Working Paper No. 18, 2017.

[44] Mary Amiti, Shang – Jin Wei, *Does Service Offshoring Lead to Job Losses? Evidence from the United States*, 2009. http://www.nber.org/chapters/c11611.

[45] Mileva, M., Braun, S. and Lechthaler, W., "The Effects of Globalisation on Wage Inequality: New Insights From a Dynamic Trade Mod-

el With Heterogeneous Firms", Working Paper No. 49, Vienna: WW-WforEurope. 2013.

[46] Moore, M. P. and Ranjan, P., "Globalisation Vs Skill – Biased Technological Change: Implications for Unemployment and Wage Inequality", *The Economic Journal* Vol. 115, No. 503, 2005, pp. 391 –422.

[47] Munch, J. R. and Skaksen, J. R., "Human Capital and Wages in Exporting Firms", *Journal of International Economics*, Vol. 75, No. 2, 2008, pp. 363 –372.

[48] Non – Standard Employment Around the World: Understanding Challenges, Shaping Prospects, Geneva: International Labour Organization, 2016.

[49] Pellandra, A., "Firms' Exporting, Employment and Wages: Evidence From Chile", Pittsburgh, PA: Carnegie Mellon University, mimeo, 2013.

[50] Policy Priorities for International Trade and Job (ADB – ILO – OECD joint Conference: Trade and Employment in a Globalized World), 10 – 11 December 2012

[51] Ram C. Acharya. "Impact of Trade on Canada's Employment, Skill and Wage Structure", *The World Economy*, Vol. 40, No. 5, 2017.

[52] Rashid, A., & Akram, M., "Trade Competitiveness and Employment: Job Creation or Job Destruction", *International Economic Journal*, Vol. 31, No. 2, 2017, pp. 1 –52.

[53] Revenga, A., "Exporting Jobs? The Impact of Import Competition on Employment and Wages in U. S. Manufacturing", *Quarterly Journal of Economics*, Vol. 107, No. 1, 1992, pp. 255 –284.

[54] Schank, T., Schnabel, C. and Wagner, J., "Do Exporters Really Pay Higher Wages? First Evidence From German Linked Employer – Employee Data", *Journal of International Economics*, 2007.

[55] Schwellnus, C., Kappeler, A. and Pionnier, P. A. P., "Decoupling of Wages From Productivity: Macro – Level Facts", OECD Economics

[56] Seizing the Benefits of Trade for Employment and Growth, Final Report Prepared for Submission to the G-20 Summit Meeting, Seoul (Korea), 11-12 Nov. OECD; ILO; World Bank; WTO. 2010.

[57] T Schank, C Schnabel, J Wagner "Higher Wages in Exporting Firms: Self-Selection, Export Effect, or Both? First Evidence from Linked Employer-Employee Data", *Review of World Economics*, Vol. 146, No. 2, 2010, pp. 303-322

[58] Tracy C. Miller., "Impact of Globalization on U.S. Wage Inequality: Implications for Policy", *North American Journal of Economics and Finance*, Vol. 12, No. 3, 2001.

[59] Trade Agreements and Employment, Chile 1996-2003 Employment Sector Working Paper No. 21, Geneva: International Labour Office, 2008.

[60] World Employment and Social Outlook: Trends for Women 2017, Geneva: International Labour Organization, 2017.

[61] World Employment and Social Outlook: Trends for Women 2018 - Global snapshot, Geneva: International Labour Office, 2018.

[62] *World Employment Social Outlook 2015: The Changing Nature of Jobs*, Geneva: International Labour Organization, 2015.

[63] World Employment Social Outlook 2016: Trends for Youth, Geneva: International Labour Organization, 2016.

[64] World Trade Report 2017 - Trade, Technology and Jobs, Geneva: WTO, 2017.

[65] World Trade Report 2018 - The future of world trade: How digital technologies are transforming global commerce, Geneva: WTO, 2018.

[66] Yeaple, S. R., "A Simple Model of Firm Heterogeneity, International Trade, and Wages", *Journal of International Economics*, Vol. 65, No. 1, 2005, pp. 1-20.

[67] [德] 冈特·施密德、杰奎琳·奥赖利、克劳斯·朔曼:《劳动力

市场政策评估国际手册》，中国人民大学出版社 2014 年版。

[68] [德] 迈克尔·安贝格（Michael Amberg）、马丁·维纳（Martin Wiener）：《IT 离岸外包：德国视角》，载 [澳] 哈巴哈江·科尔、达利瓦·派·辛格主编《21 世纪的外包与离岸外包——一个社会经济学视角》，格致出版社、上海人民出版社 2012 年版。

[69] [美] 阿申费尔特、[美] 卡德编：《劳动经济学手册（第 3A 卷）》，经济科学出版社 2011 年版。

[70] [美] 艾列弗·M. 埃芬迪奥格鲁（Alev M. Efendioglu）：《外包与离岸外包：问题与对风险投资的影响》，载 [澳] 哈巴哈江·科尔、达利瓦·派·辛格主编《21 世纪的外包与离岸外包——一个社会经济学视角》，格致出版社、上海人民出版社 2012 年版。

[71] [美] 安妮·克鲁格：《发展中国家的贸易与就业》，格致出版社、上海三联出版社、上海人民出版社 2015 年版。

[72] [美] 保罗·萨缪尔森、威廉·诺德豪斯：《萨缪尔森谈金融、贸易与开放经济》，商务印书馆 2012 年版。

[73] [美] 保罗·萨缪尔森、威廉·诺德豪斯：《萨缪尔森谈失业与通货膨胀》，商务印书馆 2012 年版。

[74] [美] 比尔·克林顿：《重返工作》，中信出版社 2012 年版。

[75] [美] 戴安娜·法雷尔编：《离岸外包：理解全球新兴劳动力市场》，商务印书馆 2011 年版。

[76] [美] 加里·皮萨诺、威利·史：《制造繁荣：美国为什么需要制造业复兴》，机械工业出版社 2014 年版。

[77] [美] 罗伯特·C. 芬斯特拉：《高级国际贸易——理论与实证》，中国人民大学出版社 2013 年版。

[78] [美] 罗伯特·C. 芬斯特拉：《国际贸易》，中国人民大学出版社 2011 年版。

[79] [美] 罗伯特·C. 芬斯特拉：《全球经济下的离岸外移——微观经济结构与宏观经济影响》，格致出版社、上海人民出版社 2011 年版。

[80] [美] 罗伯特·E. 肯尼迪、艾杰·夏尔马：《服务大转移：抓住离岸外包的最后机遇》，清华大学出版社 2012 年版。

［81］［美］罗纳德·G. 伊兰伯格、罗伯特·S. 斯密斯：《现代劳动经济学：理论与公共政策》，中国人民大学出版社 2011 年版。

［82］［美］斯米塔·古普塔、纳伦德拉·S. 乔杜里：《信息技术离岸外包：一个发达的视角》，载［澳］哈巴哈江·科尔、达利瓦·派·辛格主编《21 世纪的外包与离岸外包——一个社会经济学视角》，格致出版社、上海人民出版社 2012 年版。

［83］［英］迈克尔·波兰尼：《充分就业与自由贸易》，复旦大学出版社 2011 年版。

［84］阿诗玛·戈娅尔：《全球外包：东西方分裂抑或整合?》，载［澳］哈巴哈江·科尔、达利瓦·派·辛格主编《21 世纪的外包与离岸外包——一个社会经济学视角》，格致出版社、上海人民出版社 2012 年版。

第三章　国际服务贸易与经济增长

长期以来，国际贸易是否可以有效推动经济增长，始终是国内外学界研究的焦点课题，其中，研究的重点则是货物贸易与经济增长的关系问题。然而，随着经济全球化及国际分工的深入，服务贸易逐渐成为国际贸易的重要组成部分。在货物贸易发展遭遇"瓶颈"、增速放缓的背景下，服务贸易的高速增长有力支撑了世界贸易的繁荣发展，并为国际市场竞争增添新活力。随着服务贸易在国际贸易中地位的提升，服务贸易与经济增长的关系也逐渐成为研究热点。

第一节　国际服务贸易发展与世界经济增长现状

近年来，国际服务贸易实现了高速增长，服务贸易结构不断优化，成为国际贸易的重要组成部分，并在较大程度上拉动了世界经济的增长。

一　国际服务贸易发展特征

整体上看，国际服务贸易发展呈现出以下几大特征：

一是国际服务贸易发展迅速，全球服务贸易总体规模不断扩大，贸易总额逐年增加。特别是2017年，全球服务贸易呈现全面复苏态势，各区域均实现一定程度的增长。到2017年年底全球服务贸易总额已突破10万亿美元，达到103530亿美元。其中，服务贸易出口增长8%，服务贸易进口增长6%。尽管受近年来全球经济疲软与国际市场低迷等因素影响，服务贸易增速有所放缓，但随着区域贸易协定及自贸区谈判的推进，服务贸易增长态势向好，并在总体上与货物贸易及世界经济的增长步调相对一致。

二是国际服务贸易结构调整加快，新兴服务贸易发展势头良好。服务贸易经过多年的发展后，传统部门如运输、旅游等占贸易总量的比重逐渐下降，电信、计算机与信息服务、金融保险、专利权使用费、咨询等新兴服务部门的贸易比重在逐年上升，如2017年，知识产权（IP）相关服务在出口增长10%的同时，也带动了其他商务服务出口的增长。从结构上看，世界服务贸易发展重点逐渐向资本、知识、技术密集型部门倾斜，新兴服务已成为推动世界服务贸易持续增长的新动力。

三是国际服务贸易区域发展依旧呈失衡状态，发达国家占据主导地位。从国际服务贸易全球市场分布情况看，近九成的服务贸易进出口集中在欧洲、亚洲和北美地区。从国别看，美国仍是全球服务贸易第一大国，中国则紧随其后。2017年，全球服务贸易出口前10位的国家分别是美国、英国、德国、法国、中国、荷兰、爱尔兰、印度、日本和新加坡，上述国家服务出口之和占全球服务出口的53.3%，服务进口之和占全球服务进口的52.7%，可见，这些国家的服务贸易之和占全球服务贸易总量的半壁江山，服务贸易市场呈现出相对集中的态势。同时，除中国和印度外，其他8个国家都是发达国家，发展中国家在服务贸易领域的劣势相对明显，中国也长期保持着服务贸易的巨额逆差，与发达国家相比，缺乏比较优势。

四是服务贸易壁垒始终存在的同时，服务业自由化进程也在有序推进。各国经济发展程度及国际分工地位有差异，再加上服务业市场的特殊性，使得世界各国出于经济安全或保护弱势产业的目的，在服务市场开放及贸易方面实施了诸多限制。但随着经济全球化及多双边贸易谈判进程的推进，服务贸易自由化进程不断加快，服务业市场开放程度逐渐提高，国际服务贸易壁垒进入门槛有所降低，但并不会消失，而是以一种更加隐蔽的方式存在。

二 世界经济增长现状

2017年，世界经济趋于向好的迹象愈加显现，全球经济增速与增长预期有所提升，发达经济体经济增长势头良好，新兴市场和发展中经济体增速企稳回升，全球贸易与国际投资回暖等，预示着世界经济逐渐步入危机后的深度调整阶段。但是，世界经济面临的风险威胁并未完全消失，诸如美国单边保护主义等逆全球化思潮不断涌现，全球债务水平继续上升，国际金融市场动荡风险加大等，诸多影响世界经济平稳增长的不确定性风险系数增加，全球经济增长复苏的基础并不稳固。不过也要看到，新一轮信息技术革命和工业4.0时代已经来临，全球产业结构面临新的调整，包括金砖国家在内的新兴经济体将在全球经济治理中发挥更加重要的作用。具体来看：

一是全球经济增长速度回升。自2008年国际金融危机爆发后，世界经济就始终处在增长低谷，复苏乏力，但到2017年这一态势逐渐改变，美国、欧盟和日本等发达经济体逐渐走出衰退、走向复苏，新兴市场国家和发展中经济体增速也逐渐企稳。联合国发布数据显示，2017年全球经济增长速度达到3%，这是自2011年以来的最快增长，而全球约有2/3的国家2017年的经济增速均高于上年，其中，东亚和南亚仍是全球最具经济活力的地区。

二是国际贸易增速提高，带动了全球制造业和全球经济回暖。世界贸易组织发布报告显示，2017年，全球商品贸易量增长4.7%，为6年来最高；商品贸易额增长11%。除中东以外，所有地区商品贸易量都出现增长，其中亚洲贸易量增幅最大，达到8.1%。欧盟仍是最具活力的自由贸易区，占全球出口的比重达1/3。总体上看，国际贸易量价齐升，成为拉动全球经济增长与复苏的重要力量。但也要看到，逆全球化思潮和贸易保护主义有所抬头，发达国家的"制造业回流"呼声不断等，都给全球贸易的发展增添了更多的不确定性和风险。不过，经济全球化仍然是主流，随着贸易自由化与全球经济治理进程的有序推进，国际贸易或将迎来更好的发展机遇。

三是全球经济增长后劲亟待提升。虽然2017年全球经济发展态势逐渐转好，但国际金融危机以来形成的深层次问题并未得到彻底解决，保护主义等逆全球化思潮不断升温，特别是特朗普上任后美国愈加盛行的单边主义导致国际争端频发，给全球贸易与世界经济的平稳增长带来越来越多的风险。同时，主要发达经济体货币政策收紧预期逐渐走强，正使全球流动性出现持续收紧，或将酝酿出新的债务危机。此外，世界经济增长动能不足、经济治理滞后及发展失衡这三大矛盾并未得到有效解决，世界经济持续增长缺乏新的支撑点。

综上所述，世界经济增长态势逐渐改善，国际贸易增速也有所提升，但制约其发展的不确定因素和风险仍然存在，也缺乏推动全球经济增长的新动力。不过，综观服务贸易发展特征，随着其贸易结构的不断优化，将成为全球价值链重构中的关键领域，并在国际分工深化、全球产业结构调整、世界贸易驱动以及全球经济增长中发挥举足轻重的作用。在新时期，服务贸易将成为推动国际贸易发展的重要动力，并为全球经济创新发展提供新的思路与途径。

第二节 服务贸易与经济增长：理论探讨

从国内外学术界探讨服务贸易与经济增长关系的理论文献研究情况看，主要分为两大类：一类是通过研究贸易与经济增长的关系，来探讨贸易与经济增长关系理论对服务贸易的适用性；另一类则是直接研究分析服务贸易与经济增长的关系。尽管国际服务贸易具有自身特点，但其作为国际贸易的一部分，很难完全独立于国际贸易之外，在理论上受现有国际贸易理论的影响颇深，诸多相关研究也是立足于已有的贸易理论来展开，因此，梳理贸易与经济增长关系理论对于探索服务贸易与经济增长关系而言也是相当重要的。

一　国际贸易促进经济增长的理论基础

长期以来，针对贸易与经济增长关系的研究始终是理论界探讨的焦点，通过文献梳理可以发现，虽然在贸易与经济增长关系上存有争议，但主流观点还是比较认同贸易对经济增长具有促进作用。而从理论依据上看，主要包括两大方面：一是贸易理论，从比较优势原理来分析贸易与经济增长的关系，如古典贸易理论、新古典贸易理论、新贸易理论、新新贸易理论、新兴古典经济学中的贸易理论等；二是新经济增长理论，从贸易引发的生产要素国际流动，以及对资源配置效率的影响等角度出发，来探讨贸易与经济增长关系。此外，诸如对外贸易是"经济增长的发动机"学说、对外贸易乘数理论与供给启动理论等也在一定程度上分析了贸易与经济增长的关系问题。

（一）传统贸易理论

早在重商主义时期，经济学家就已经开始关注国际贸易对经济增长的促进作用，但由于当时理论研究水平有限，尚不能正确认识经济增长的真实内涵。而后期以亚当·斯密、大卫·李嘉图等为代表的古典学派理论家的出现，使研究内容与框架体系得到了极大丰富。如斯密在其《国富论》中提出分工的发展确保了生产率的长期增长，而对外贸易促进了分工的深化，因此会最终提高生产率并加速经济增长。同时，他提出"剩余产品出口理论"，认为将闲置资源或者过剩的产品出口后所获得的收入可提高本国储蓄与投资，或进口国内所缺资源与商品，最终将增进该国福利，促进经济增长。李嘉图（1817）提出了比较优势理论，他认为由于存在资本报酬递减规律，故基于绝对优势理论的经济增长最终会停止，但如果通过对外贸易进口相对便宜的商品，会在一定程度上延缓资本报酬递减趋势，促进经济增长。

新古典贸易理论的代表赫克歇尔和俄林从均衡分析的视角出发，提出了要素禀赋理论。他们将影响国际贸易的决定因素扩展为资本和劳动力两种，并主张自由贸易，认为各国生产要素禀赋的差异决定了国际贸易的产生和流向，一国应该出口其相对丰裕的生产要素密集型商品，进口相对稀缺的生产要素密集型商品。他们的理论假设只有在完全竞争与自由贸易的情况下，商品才可以在国家间自由流动，同时会间接带动生产要素的自由流动，提高生产要素资源配置效率和生产率，从而实现一国经济的最优增长。

传统贸易理论从静态的角度阐述了贸易产生的机理及对经济增长的影响，他们认为通过完全的市场竞争与贸易自由化，可以改善贸易参与国的生产与消费，从而改善生产率，促进经济增长。虽然这些理论可以较好地解释早期的贸易与经济增长的关系特征，但随着世界经济与国际贸易的深层次发展，以及国际分工的进一步细化，传统上静态分析的国际贸易理论已经难以准确地分析一国要素禀赋、技术、劳动力资源的动态变化趋势，特别是针对发展中国家贸易特点的分析已不再适用。基于此，新贸易理论与新新贸易理论框架从动态分析的视角出发，来分析贸易与经济增长的关系。

(二) 技术作为外生变量的动态比较优势贸易理论

由于传统的比较优势理论无法解释"列昂惕夫之谜",即难以解释贸易条件恶化与"贫困化增长"等现象,故一些学者于20世纪60年代始,将技术进步和技术扩散或溢出等因素作为变量引入研究模型中,不过,他们仍然把技术作为一种外生变量,只是从动态分析的角度出发来研究技术变动对贸易及参与一国福利水平的影响。其中,具有代表性的理论有技术差距论、产品生命周期理论及"雁形形态理论"等,而这些贸易理论在一定程度上反映了贸易与经济增长的关系。

波斯纳(1961)通过着重研究技术这一要素对国际贸易的影响,侧重分析技术变动或创新与国际贸易的关系,提出了技术差距论。他认为,由于国家之间在技术上存在差距,技术领先国研发出来的新产品在技术追随国市场需求驱动下,会产生国家间的贸易,不过,该技术也会随着产品的输出逐渐被进口国所模仿。进口国在掌握该技术后,会利用相对低廉的成本进行生产以满足自身市场需求,逐渐替代进口,该产品的贸易规模会随着两国之间技术差距的缩小而缩小并最终停止。维农(1966)在技术差距理论的基础上,将技术进步与创新作为国际贸易和国际分工产生机制的一个决定性要素,他提出了产品生命周期理论,认为一个新产品从产生到结束需要经历三个阶段,即诞生期、成熟期与标准期。根据该理论,发展中国家可以通过国际贸易,从发达国家的技术扩散和溢出中获益,从而提升产业生产率,并促进本国经济的增长。在产品生命周期理论基础上,小岛清(1978)进一步扩展深化了雁形产业发展形态论,除继承发展中国家通过贸易进口、进口替代、开拓出口、出口增长四个阶段来提高国家工业化进程、实现该国产业结构优化升级、促进经济增长的思想外,还从国际投资角度论证了跨国公司与相关科研机构在东道国设立其子公司或分支机构可以促进东道国经济的发展。

可见,根据技术作为外生变量的动态比较优势贸易相关理论,贸易所带来的技术转移或技术扩散,有利于促进贸易国特别是发展中国家的技术进步,从而提升产业总体生产率水平,最终对经济增长产生较为积极的影响。

(三) 新贸易理论

随着国际贸易的发展,产业内贸易占比不断上升,传统上解释资源差异与产业间贸易的理论框架已不再适用。于是,20世纪70年代后期,以克鲁格曼为代表的经济学家修正了规模报酬不变和完全市场竞争的假设条件,利用基于垄断竞争的迪克西特—斯蒂格利茨模型(即D-S模型),解释贸易产生的机制,提出了新贸易理论。新贸易理论沿袭了比较优势原理,并在该基础上增加了规模报酬递增原理,从而使理论解释框架更加符合贸易发展实际。新贸易理论认为,比较优势分为外生比较优势和内生比较优势,在外生比较优势难以改变的情况下,内生比较优势则可以通过国际分工等模式后天形成。具体来看,国际分工和自由贸易使规模报酬递增机制得以实现,在规模经济效应下,参与贸易的厂商以提高产出规模的方式降低单位生产成本,从而提高生产率,从贸易中获得收益。同时,从整体上看,贸易国的产业规模会随着生产率的提高不断扩大,社会福利也会通过贸易得到增加。即新贸易理论从动态比较优势的角度出发来解释国际贸易产生的原因,并认为该动态比较优势可以提高贸易国的生产率,扩大贸易品产业规模,最终推动国家经济增长。

(四) 新兴古典经济学中的贸易理论

20世纪80年代,以杨小凯、黄有光为代表的经济学家通过引入超边际分析等现代研究方法和分析工具,对古典经济学中有关分工与专业化的理论进行了模型化,重新阐释了分工理论和国际贸易来源,形成了新兴古典经济学理论流派。该理论认为生产效率取决于分工与专业化程度,并呈正相关关系。分工的结果会带来交易费用,专业化程度越高,交易费用也会越高。而分工水平受制于交易效率,随着交易效率的不断改进,劳动分工将不断演进,并最终产生最优的分工水平。新兴古典经济学并没有区分国内贸易和国际贸易,他们认为贸易的原理是经济主体对专业化经济与交易费用二者进行权衡后所产生的结果,发达国家的交易效率和分工水平均高于发展中国家,因此会倾向于采取国际贸易以增加国家福利;而发展中国家的交易效率和分工水平较低,往往侧重于国内贸易。一国如果可以改善交易效率,那么就能够充分利用分工和贸易促进经济的增长。

从新兴古典经济学中涉及贸易与经济增长关系的研究来看,国内贸易与国际贸易没有本质区别,都是通过分工深化所带来的专业化水平来促进经济增长。从其运行机理看,贸易促进了市场规模的扩大,有利于分工的发展,从而产生了专业化经济,实现了人力资本积累,最终提升了生产效率,推动了经济的增长。实际上,新兴古典经济学并没有专门就国际贸易与经济增长的关系展开论述,但从其隐含的内在逻辑中可以发现,国际贸易与经济增长存在良性互动的循环过程。而从现实来看,由于各国在地理环境、资源禀赋、文化习惯、科技水平、制度安排等方面存在差异性,故与国内贸易相比,国际贸易对一国经济的影响更加深远。

(五) 新新贸易理论

新新贸易理论从微观层面即企业异质性角度出发,在新贸易理论的基础上进一步解释了"出口企业的高生产率现象"及跨国公司的国际化路径选择。Melitz（2003）基于一般均衡框架下的垄断竞争动态产业模型,通过引入企业生产率差异,对 Krugman（1980）的贸易模型进行了扩展,提出了异质企业贸易模型。他的研究结论表明,国际贸易使资源得到重新配置后流向生产率较高的企业,该类企业因为能够承担固定的海外运营成本,故开始进入出口市场;而生产率相对偏低的企业则专注于国内市场。他认为实施削减关税、降低运输成本或扩大出口规模等贸易措施,有利于整体产业生产率的提高。Melitz 和 Ottaviano（2008）研究了市场规模、生产率和贸易的关系,指出市场规模和参与国际贸易所带来的市场一体化程度共同决定了生产率总体水平,市场一体化程度与生产率水平呈正相关关系。Yeaple（2005）认为在贸易成本、技术特性、工人技术差异等因素的共同作用下产生了企业的异质性,而国际贸易对技术溢价和产业生产率有较大影响。

新新贸易理论从企业异质性的角度揭示了贸易与经济增长的关系,从其中蕴含的政策含义看,通过提高对外开放水平,积极参与国际分工合作,有利于提升行业整体生产率水平,即政府实施出口导向战略和对外开放政策,可以有效促进经济增长。换言之,新新贸易理论探索到一条提高生产率的新路径,即在不提高单个企业生产率水平的情况下,一国仍然可以通过国际贸易和扩大对外开放来提高某个产业甚至全国的生产率水平。

(六) 新经济增长理论

20世纪90年代，以罗默和卢卡斯为代表的经济学家运用新的研究方法，通过引入技术内生化假定，肯定了人力资本积累、技术研发与创新、经济开放、技术外溢等因素对经济增长的决定性作用。其中，涉及国际贸易与经济增长关系的研究主要包括技术扩散模型和干中学模型。新经济增长理论认为，对外贸易为世界各国提供了广阔的市场空间，促进了国家之间频繁的科技交流与激烈的市场竞争，有助于知识与技术在世界范围内的传播与积累，进而对贸易参与国的技术进步与创新带来积极影响；与此同时，人力资本具有规模报酬递增的特质，经济相对落后的发展中国家可以通过对外贸易这一途径，来引进国际上先进的技术和管理经验，从边干边学的过程中实现人力资本的增值，最终有利于实现本国经济的增长。可见，新经济增长理论肯定了国际贸易对内生技术进步的积极影响，而技术进步和创新必将刺激经济增长，换言之，国际贸易对经济增长有积极的正面作用。

(七) 其他涉及贸易与经济增长关系研究的理论学说

除上述梳理的经典理论外，还有一些理论学说对贸易与经济增长关系进行了研究，其中具有代表性的包括对外贸易是"经济增长的发动机"学说、对外贸易乘数理论及供给启动理论。

针对国际贸易与经济增长关系，英国经济学家罗伯特逊（1937）提出了出口是"经济增长的发动机"学说，随后，该学说又被诺克斯和哈伯勒等学者补充发展，引起了学术界的广泛关注。该学说认为，对外贸易对经济增长的贡献主要表现在两大方面：一方面是直接静态利益，另一方面是间接动态利益。从直接静态利益来看，由于存在比较优势差异，故国家间开展贸易时会倾向于出口各自具备比较优势的商品，进口不具备比较优势的商品，从而使资源要素能够在国际市场充分流动并实现优化配置。通过对外贸易，各国扩大了生产规模，并使更多的消费需求得以满足，贸易参与国的福利水平均有所提高，进而也促进了各国的经济增长。而从间接动态利益看，一是随着出口规模的扩大和进口水平的提升，新的需求会被创造，当新的需求市场规模达到一定程度后必然刺激国内厂商对该进口品的模仿和自主生产，形成新的产业，即产品生命周期理论的规律将被体现出来，最终促进本国经济增长；二是对外贸易加剧了国际市场竞争的激烈程度，在优胜劣汰机制作用下，有助于推动贸易参与国整体生产率的提升与产业结构的优化升级；三是对外贸易会使得各国面临的市场空间不断拓宽，从而刺激生产规模的扩大，有利于实现规模经济效益；四是对外贸易促成了各类资源要素在国家间的优化配置，能够合理引导投资流向，有利于贸易国具备比较优势的出口主导产业的发展壮大，而出口部门的快速发展会带动上下游相关行业的增长，并在"乘数效应"作用下，创造大量的就业机会，促进本国经济的增长；五是在进口贸易中，进口国外先进的技术及管理经验，有利于本国技术进步与生产率的提升，从而增加产量规模，提高国民收入，促进经济增长。

马克卢普和哈罗德等在凯恩斯的投资乘数原理基础上提出了对外贸易乘数理论，将对外贸易与就业理论相结合，从增加就业、提高国民收入的角度去论证贸易保护的重要性。20 世纪 30 年代，由于西方各国正面临严重的经济危机，很多国家开始放弃自由贸易主张，逐渐实施贸易保护主义政策，而凯恩斯也在此背景下适时地提出有效需求不足理论并阐述了国际贸易对经济增长的影响，得出应实行贸易保护政策来维护国家的经济稳定增长等结论。而在此基础上，凯恩斯主义者又进一步将对外贸易与一国的就业、国民收入联系起来，创立了对外贸易乘数理论。他们认为，外贸中的出口与投资一样，其增加必然引起国民收入的增加，而进口则相当于储蓄，其增加会造成国民收入的减少。从作用机理来看，出口增加意味着货币收入的增加，随着出口的持续增长，出口部门收入会不断上升，这将引起消费增加，从而引致更多的商品需求，刺激企业扩大生产规模，进而创造更多的就业岗位，增加国民收入，最终国民收入增加值将数倍于出口增加值。而进口则对国民收入增长具有反作用，进口增长会使国民收入倍减。可见，根据对外贸易乘数理论，假若存在贸易顺差，那么对外贸易将有利于一国经济的增长；若存在贸易逆差，在一定程度上将不利于一国经济增长。

与大多数研究者的角度不同，Corden（1971）将对外贸易与宏观经济变量联系起来，从供给角度分析对外贸易与经济增长的关系，并提出了对外贸易如何对经济增长率产生影响的理论学说，即所谓的供给启动论。他认为对外贸易将产生五个方面的效应，分别是：收入效应，即出口规模扩大将增加出口部门收入，进而有利于提高一国国民收入水平；资本积累效应，即对外贸易中获取的收益可用于扩大再生产，周而复始最终实现资本积累；替代效应，即无论进口替代或是出口替代都有利于贸易国生产率的提升；收入分配效应，即用贸易中所获得收益开展再投资，以提高生产要素报酬，或将收入用于储蓄，在其他条件不变的前提下，就会提高一国储蓄率，从而增加资本积累；要素加权效应，即随着出口贸易的增加，假若出口品是使用增长最快的那种生产要素进行生产，那么产出增长率就会得到大大提升，而这种效应是累积性的。可见，根据供给启动论的主要观点，对外贸易的发展有利于经济增长。

综上所述，虽然尚存在争议，但从学术界的主流观点来看，基本上都认同国际贸易能够促进经济增长，并在短期和长期内发挥不同的作用。从短期看，通过国际贸易，在静态比较优势的作用下，出口具备比较优势的产品、进口不具备比较优势的产品可以提高国民收入，满足国民消费需求，增加国民福利，促进经济增长，如在古典贸易理论和新古典贸易理论中的论述。而从长期看，国际贸易对一国技术进步和人力资本积累有着显著的积极作用，如动态比较优势贸易理论、新贸易理论、新兴古典经济学、新经济增长理论等相关论述所言，国际贸易便利了技术在国家间的扩散和交流，促进了人力资本的发展，而这些最终会表现在对经济增长的推动上。与此同时，国际贸易拓宽了市场空间，加剧了市场竞争的激烈程度，从而有利于实现规模经济效益，提高生产率，对经济的长期发展带来较为深远的影响。

此外，从国际贸易理论的发展脉络上看，尽管存在形式有所变化，比较优势原理始终贯穿其中，而国内外学者对服务贸易成因、模式和交易方式等方面的研究也在很大程度上依托国际贸易理论，因此，围绕国际贸易理论对服务贸易的适用性研究，国际学术界争论的焦点是比较优势原理是否适用于服务贸易。关于这个问题，主要有两种观点：一种是比较优势原理和标准的国际贸易模型适用于服务贸易，支持该观点的学者仍占大多数，他们认为服务和商品一样，都是特定生产技术条件下运用各种生产要素生产出来的，各国要素禀赋和技术水平存在差异导致服务价格有所不同，进而促成了服务贸易的产生，因此，服务贸易与货物贸易一样都可以放在统一的理论框架中加以讨论。另一种观点则持有反对意见，他们认为比较优势原理不适用于服务贸易，主要原因有两个：一是服务贸易的特性使其不具备货物贸易的某些特点，从而难以满足传统国际贸易理论的假设条件；二是服务作为商品的特殊性决定其生产率提升的因素不仅来自生产方（即服务提供方），还来自消费者（即服务需求方），也就是说服务贸易比较优势的形成机理不同于货物贸易，故不能用标准国际贸易理论中的比较优势原理来解释服务贸易。综合国内外学者关于比较优势原理是否适用于服务贸易领域的研究结论可见，主流上还是比较认同适用说的，不过同时也要看到，毕竟服务贸易不同于货物贸易，有其自身的特殊性，故不能完全将标准国际贸易理论框架套用在服务贸易研究上，而是要根据实际情况，按照服务业和服务贸易部门特点加以修正。此外，学术界也应该加快对服务贸易新理论的探索步伐，争取在服务贸易理论上有所突破，从而更好地解释、分析当前国际服务贸易发展的新趋势及面临的新问题。

二 服务贸易与经济增长关系文献综述

由于货物贸易在国际贸易中仍占据主导地位，故服务贸易的研究相对滞后于货物贸易的研究，但随着服务贸易在全球贸易中所占比重的上升，以及它在推动全球经济增长中作用的充分显现，有关服务贸易领域的研究成果也越来越多。通过对现有的国内外大量文献进行梳理可以发现，对服务贸易的密集研究始于20世纪80年代初期召开的GATT部长级会议，会上谈及服务贸易的自由化问题，引发了学界对服务贸易自由化问题的研究热潮。之后，随着科技创新与信息通信技术的迅猛发展，服务的可贸易性逐渐增强，服务贸易加速发展，服务贸易问题逐步成为经济学家关注的焦点。

（一）国外相关文献梳理

关于服务贸易与经济增长关系的研究初期，重点侧重服务贸易壁垒与自由化对经济增长的影响，后期随着研究的深入，再加上服务贸易部门的多样性、复杂性和特殊性，逐渐侧重于服务贸易不同部门对经济增长的影响，这些部门多集中在电信服务和金融服务等关键领域。综合来看，国外研究服务贸易与经济增长关系的角度大体上有四类：第一类是研究总体服务贸易对经济增长的影响，第二类是研究某一行业服务贸易对经济增长的影响，第三类是研究生产性服务贸易与经济增长的关系，第四类是研究不同服务贸易模式对经济增长的影响。本书拟对上述四类研究做详细的梳理和介绍。

1. 从服务贸易自由化角度出发，考察整体服务贸易与经济增长的关系

从理论研究和具体实践上看，服务业对外开放及服务贸易自由化对一国经济具有正反两方面的影响。服务业对外开放一方面可以促使服务业积极参与国际竞争，推动服务业市场化改革，通过利用优质外资及知识技术的溢出效应，提升服务业的国际竞争力；另一方面国内薄弱服务业部门也将面临来自海外市场的冲击，不利于这些服务部门的发展壮大。因此，服务贸易自由化对经济增长的影响也具有不确定性。同时，服务业市场的扩大开放对一国的影响是多方面的，且服务贸易种类繁多、特点各异。根据 GATS 的定义，服务贸易包括跨境交付、境外消费、商业存在和自然人移动四种模式，因此建立统一的服务贸易理论分析框架难度较大，相关文献也相对较少。而从该角度展开分析研究的文献，则多采用可计算一般均衡模型（Computable General Equilibrium Model，CGE）来实证研究服务贸易自由化对一国经济的影响。

具体来看，Benjamin 和 Diao（2000）通过构建了一个包括世界多个国家和多个部门的 CGE 模型，来研究服务贸易自由化对亚太经合组织成员经济的影响，测算结果表明，亚太经合组织中的发达成员从服务贸易自由化中获取最大福利，并且其服务出口额也会显著增加。

Dee 和 Hanslow（2000）构建了一个涉及 19 个地区且包括 3 个产业的 CGE 模型来验证总体服务贸易自由化所带来的影响。实证结论显示，如果完全实现服务贸易自由化，那么世界国民生产总值将获得近 0.5% 的增长，而贸易壁垒设置程度越高，其服务业市场完全开放后所获得的福利也越高。同时，他们也预测了局部服务贸易自由化的效应，得出的结论是：放开市场准入限制比放开国民待遇限制的效果更佳，从中获取的福利也更多。

Robinson 等（2002）运用一个覆盖 10 个国家或地区以及包括 11 个部门在内的 CGE 模型，来研究服务贸易自由化对经济增长的影响效应。

模型中，他们并没有考虑服务贸易四种模式的差异，而是将其简单地等同于商品贸易，得出的结论是，服务贸易不仅对世界服务业产生影响，而且对关联产业、部门也具有重大影响。特别对于发展中国家而言，通过服务贸易可以有效地获取来自发达国家的先进技术和管理经验，从而有利于提高全要素生产率，并最终推动本国经济的增长。

Ramkishen（2002）则选取中国、印度尼西亚、韩国、马来西亚和泰国五个亚洲国家的服务贸易数据进行实证分析，得出的结论是，若上述五国有序开放服务业市场，并充分发挥各自服务部门的比较优势，将有利于促进一国经济产业结构的优化调整，并间接促进该国经济增长与国民福利水平的提高。

而从单一的国别研究看，Rutherford、Tarr和Shepotylo（2005）利用CGE模型，对俄罗斯加入世界贸易组织的效应进行分析评估；Konan和Maskus（2006）则利用CGE模型来研究突尼斯消除服务贸易壁垒所带来的影响；Arnold、Javorcik和Mattoo（2007）运用捷克企业数据，实证研究了服务业市场扩大开放对制造业生产率提升的影响。上述研究得出的共同结论是，服务业市场的有序开放有利于服务业及关联产业效益的提升，同时也有助于提高一国的福利水平，并最终促进经济增长，而消除服务业FDI市场准入壁垒是提升国家福利水平的一个重要途径。

Borchert等（2012）研究了上百个国家的服务贸易政策后发现，相比较服务业开放度较高的国家，那些设置许可证歧视、盈利汇返限制等服务贸易壁垒的国家，其国外投资会出现大幅下降，并最终阻碍其经济持续增长。

综上所述，通过分析服务贸易自由化与经济增长的关系，可以得出以下结论：服务部门开放，有利于一国从发达国家获取比较先进技术与管理经验，增强全要素生产率，提高服务部门生产效率和国际市场竞争力，大大促进相关联产业部门的生产与出口，并最终加快整个国民经济的增长速度。而相对封闭的发展中国家，在有序打破服务业市场准入壁垒后，获取的福利水平尤其显著。

2. 鉴于服务贸易门类众多的特点，侧重于某一具体服务贸易部门与经济增长关系的研究，特别是服务部门的开放对经济增长的影响

分行业研究服务贸易对经济增长影响的国外文献主要集中在金融和

电信等服务部门，而上述服务部门正是国际服务贸易谈判的重点领域。近年来，分行业服务贸易对经济增长的影响研究，主要侧重于服务贸易部门自由化进程。

Francois 和 Schuknecht（2000）、Francois 和 Eschenbach（2002）、Verikios 和 Zhang（2003）等学者通过实证研究，均证明金融服务贸易自由化确实对经济增长有显著的促进作用。而 Deardorff（2001）的研究也发现，服务贸易自由化不仅可以促进一国服务业发展，同时如金融、电信等服务部门的贸易自由化还有助于国际贸易的顺利开展和货物贸易的快速发展，并最终促进一国国民经济的快速增长。

Eschenbach 和 Hoekman（2006）以 20 个转型经济体为样本，就其服务市场开放政策改革与经济增长关系展开研究，并发现电信、交通运输等基础服务部门及金融服务部门的开放政策改革对这些国家经济绩效有显著的正效应，而这同 Roller 和 Waverman（2001）关于电信基础设施与经济增长关系的研究结论相似。

Mattoo、Rathindran 和 Subramanian（2006）在研究中发现，影响经济增长的其他因素不变，一国无论是单独开放金融部门，还是单独开放电信部门，又或者上述两个部门同时开放，该国经济的平均增速都会高于其他不开放国家的水平，若两部门同时开放则会出现更高的平均经济增速。同时，他们还发现电信、电力和金融服务业的发展水平与一国全要素生产率有着紧密的正相关关系。

Khoury 和 Savvides（2006）也以电信和金融服务部门为例，选取 60 个国家（既包括发达国家也包括发展中国家）的数据，采取实证分析的方法考察服务部门市场开放度与经济增长的关系。实证结果显示，服务市场开放度会因国家经济发展水平的差异对经济增长产生不同的效应：电信服务部门开放度提升对发展中国家的经济增长有积极的影响，但对发达国家影响不明显；反之，金融部门开放度的上升，对发达国家经济增长有显著促进作用，但对发展中国家不明显。

Chanda（2011）认为自 20 世纪 90 年代起，服务业就已经成为南亚经济增长的关键驱动力之一，经过 20 多年的良好运行，服务业对南亚地区 GDP、贸易及投资的贡献度也在逐渐提高。而这些主要得益于南亚国家服务业及服务贸易领域的一系列政策改革，如放松电信、金融等服务领域的管制；发挥贸易和分销服务在提升收入和国内需求等方面的作用；利用技术优势积极开展服务外包抢占海外市场，大力发展 IT 相关业务及各类商务服务，强化不同技能劳动力的出口，进一步增加服务出口机会等。同时，他通过测算发现建筑、批发与零售、电信及运输等行业对南亚经济增长的贡献程度尤为显著，同时，越是相对开放的服务部门，其服务增加值增长率越高。此外，他认为，虽然孟加拉、印度、巴基斯坦和斯里兰卡服务贸易的重点和方向各异，但软件服务却是上述四国均具备比较优势的出口产业。

需要指出的是，基于金融服务市场开放度与经济增长关系的研究很多，如 King 和 Levine（1993），Levine 等（2000），Kalirajan 等（2000），Murinde 和 Ryan（2003），Barth、Caprio 和 Levine（2004）等，从他们的研究结论看，大体上都认同金融服务部门开放度对经济增长有着显著的促进作用，并且金融市场开放度越高，那么所获得的潜在利益也会越多。

归纳上述文献可以发现，服务贸易理论研究多围绕服务贸易现实问题，如电信和金融领域市场的开放是服务贸易谈判的重点，因此，大多研究针对上述两部门的开放与经济增长的关系开展实证分析，而从得出的结论看，某一具体服务部门的开放在一定程度上的确有利于经济增长，部门服务贸易自由化程度越高，越有利于促进竞争和相关产业生产率水平的提升，并最终对一国经济发展产生深远影响。

3. 基于将服务作为中间投入品的视角，来分析生产性服务贸易与经济增长的关系

作为服务贸易的重要组成部分，生产性服务业贸易的影响不断扩大，它不仅联结了货物贸易，有效提升了货物贸易的层次；同时也充分体现了服务贸易的国际竞争力。生产性服务贸易如金融、保险、会计、咨询等有时并未产生独立贸易，而是作为中间投入品深嵌于货物贸易之中，提升贸易产品的技术含量和附加值，推动贸易和经济的快速增长。因此，生产性服务贸易与经济增长的关系研究也逐渐引起了国内外学者的关注，并从定性和定量分析两个层面进行分析探讨，取得了一些新的研究进展。

从理论研究看，一些学者认为生产性服务贸易自由化通过规模经济

效应的实现来促进经济增长，如 Melvin（1989）、Markusen（1989）和 Francois（1990）依托标准国际贸易理论，从国际分工的角度论证了一国可通过国际分工进行生产性服务贸易来获得经济增长。他们认为生产性服务贸易加快了国际分工的深化，有利于形成规模经济效益，进而提高服务部门生产率，最终促进经济增长。一些学者从生产性服务贸易引发技术转移的角度来探讨其对经济增长的影响，作为经济增长的源泉，技术扩散引致的技术进步和创新在很大程度上促进了开放国的经济增长。还有一些学者论证了生产性服务贸易对货物贸易的推动作用，如 Deardorff（2001）、Long（2005）和 Markusen（2005）等，他们都认为随着生产性服务贸易自由化的推进，现有的国际贸易格局将被改变，国内制造型企业将获得低廉高效的生产性中间服务投入，进而降低生产成本，提升商品出口竞争力，提高开放国福利收益水平。

从实证研究看，Francois、Joseph 和 Kenneth Reinert（1996）选取了 17 个国家的样本数据来分析研究服务业在生产及贸易结构中的作用。他们的结论显示，生产性服务的进口有利于提高整体经济部门的生产率，进而带动总体经济发展，并且生产性服务贸易与其他服务贸易及商品服务属于互补关系而非替代关系。Amiti 和 Konings（2007）研究发现，相比较最终产品的关税税率下调，生产性服务等中间投入品关税税率下调所引发的生产率的提高程度更为显著。Hoekman（2006）认为服务业或是决定某些国家经济增长的关键引擎，他认为在开放型经济环境下，服务业市场的开放，将充分发挥服务在企业竞争中的核心作用，如金融、运输、电信、分销服务等生产性服务在很大程度上决定了企业的市场竞争力。因此，通过进口生产性服务，可以带动国内相关服务部门的发展，进而提高本国的经济效率和增长速度。

从上述文献中可以看到，生产性服务业及其贸易有利于提升服务业整体竞争力，并可以有效促进与货物贸易的协调发展，通过提升国内服务业效率及优化对外贸易结构，最终促进一国经济增长。

4. 基于服务贸易模式，分析研究服务贸易自由化对经济增长的影响

在服务贸易总协定的框架下，服务贸易包括跨境贸易、境外消费、商业存在和自然人移动四种模式。国外学者根据服务贸易提供模式的差

异，研究了服务贸易自由化与经济增长的关系，由于各国服务贸易发展水平参差不齐，再加上统计难题尚待解决，目前相对较多的研究是关于商业存在和自然人移动的文献。

Whalley 和 Bob Hamilton（1984）与 Winters 等（2002）等的研究结果表明，自然人移动限制的轻微解除将带来巨大的收益，劳动力的自由流动会使全球收入成倍增加。而 Walmsley 和 Winters（2005）在研究中指出，若发达国家允许相当于其国内 3% 的国外服务提供者进入其国内市场，则获取的收益将远高于当期货物贸易自由化所带来的收益，并且该福利收益将惠及发达国家与发展中国家。此外，他们还认为，非熟练工人的自由流动也会带来收益的增加。

Guerrieri 等（2005）分析了欧盟商业存在对知识技术积累与经济增长的影响，从得出的结论看，服务业市场的有序开放，抑或国内相关服务部门管制水平的放松，均会在一定程度上促进经济增长，同时，也有利于国外高技术含量或优质服务的进口，在技术扩散或技术转移效应下，促进相关产业生产率的提高，并最终促进地区经济的增长。

OECD（2006）针对服务市场开放对技术转移与扩散的积极影响开展了系统的研究，得出商业存在和自然人移动是获取转移与扩散出来的先进技术的重要渠道，而技术溢出可以提高开放部门的整体生产率，最终促进经济增长。

Jukka Ruotinen（2008）实证分析了服务业 FDI 存在的技术溢出效应，外国资本对服务业投资会产生技术溢出，进而引发投资国和被投资国全要素生产率的提高。特别是对发展中国家而言，以商业存在模式形成的服务贸易，其产生的技术外溢效应与制造业 FDI 产生的技术外溢效应不相上下。

可见，无论是服务业 FDI，抑或是自然人移动，市场准入等条件限制的放开，有利于技术溢出效应的发挥，实现技术知识积累，从而促进生产率提升，并推动国民经济增长，带来较大的收益与福利。

综上所述，国外学界对服务贸易与经济增长的关系研究多采取实证分析，侧重于服务业或某一具体服务部门的自由化程度对经济增长的影响。虽然在众多模型框架下的实证分析结果尚存在争议，但大体上可以看到，总体服务贸易、金融、电信服务部门的贸易自由化对一国或者全球经济增长具有积极的影响。特别是服务贸易壁垒越高的国家，其服务业市场开放所将获得的收益也会越高。在理论研究方面，服务贸易的多样性和复杂性使得学界难以建立统一的理论分析框架来探讨服务贸易与经济的增长关系，但在影响机理或影响路径上的研究相对清晰，或者强调服务贸易带来的技术溢出效应，或者侧重全要素生产率的促进作用，但无论通过何种途径，最终都会对一国或地区经济增长产生积极而深远的影响。此外，由于国际服务贸易统计体系的不健全，各国服务贸易统计口径不一致，故在实证检验中的数据选取上难免有失偏颇，进而影响到分析结果的全面性和正确性。同时，在相关指标选取和具体计算中也会存在失误，或忽略一些重要变量，从而得到与实际偏离的结论。鉴于此，在数据选取上要注意统计口径的区别，并在实际建模中要综合考量服务贸易与经济增长的相关指标，使回归结果更加接近实际，进而能够提供更多的政策含义。

（二）国内相关文献梳理

随着服务贸易在我国经济发展与对外贸易中地位的提升，学术界对服务贸易的研究也逐渐增多。国内对服务贸易的研究，在加入世界贸易组织前后的侧重点有所不同。先期研究以服务贸易发展趋势和相关政策制定为重点，如"入世"前服务贸易理论研究主要集中在国际服务贸易发展趋势、《服务贸易总协定》（GATS）的各项条款及我国"入世"后的应对策略、我国开放服务贸易市场的必要性与路径及对策、服务贸易与第三产业的关系等方面。近期学科研究目标以提升中国服务贸易竞争力、推动我国对外贸易转型升级与经济增长、加快服务业分部门市场化改革与开放，以及加强《服务贸易总协定》规则运用为重点。

国内学者分别采用定性分析与定量分析的方法对服务贸易与经济增长的关系进行研究，基本上都认同服务贸易对推动经济增长有积极影响。具体如下：

1. 定性方面的研究

熊春兰（2000）从服务贸易自由化的角度来探讨服务贸易对发展中国家经济效益和经济安全的影响。认为服务贸易自由化有利于提高发展中国家的经济效益，但会给一国的经济安全带来较大挑战。同时，发展中国家的自由化进程受到的制约因素相对较多，如自身经济实力、国际经济环境、产业结构等，因此，发展中国家的自由化进程要从实际国情出发，根据本国经济特点和风险承受力，实施循序渐进的推进政策。

龚锋（2003）分析了服务贸易在中国经济增长中的影响，他认为，国际服务贸易有利于市场规模的扩大，并通过技术溢出效应帮助我国实现技术进步，提高经济运行效率，促进产业结构优化升级。同时还将创造出大量的就业岗位，加快剩余劳动力转移，对我国经济持续高速增长具有重要的支撑作用。

郑吉昌和夏晴（2004）认为服务贸易和货物贸易同等重要，它们共同推动了一国对外贸易的增长。服务作为中间品投入加快了与制造业的深度融合，有力地支撑了制造业及其贸易的发展，而货物贸易又在一定程度上带动了服务业和服务贸易的发展。因此，货物贸易与服务贸易的相关性和互动性都在加强。他们认为，服务贸易在促进货物贸易发展的同时，也会拉动经济增长。

程大中（2004）指出，服务业已经成为国民经济的核心产业，服务业和服务贸易具有"黏合剂"的功能，可将价值链的各个环节串联起来，有利于提高生产效率，助推经济增长，提升经济竞争力，催生新一轮的经济变革，等等。因此，大力发展服务业和服务贸易，充分发挥其在经济增长中的作用，有利于产业结构升级和国际经贸竞争力的提升，并最终促进我国国民经济快速健康协调发展。

苗秀杰（2005）探讨了服务贸易自由化与经济增长的关系，他认为服务业与服务贸易自由化是经济发展到一定阶段的必然结果，服务业市场开放将带给发展中国家更大的机遇，有利于发展中国家规模经济效应、竞争优势效应和学习效应的实现，并促进经济资源的充分利用，刺激经济增长等。同时，他也指出发展中国家在国际服务贸易市场缺乏比较优势，服务贸易自由化也会在一定程度上阻碍国内服务业发展，恶化国际收支，给国家经济安全带来更大的风险压力等。

刘慧（2006）从供需角度分析了服务贸易与经济增长的关系，指出服务贸易从刺激国内外市场需求、提高生产效率、增加就业岗位、优化贸易结构、促进国内投资等方面拉动经济增长。而李盾、刘从军（2006）从福利经济学的角度出发来分析服务贸易自由化与经济增长的关系。他们认为，服务贸易自由化促进经济增长的积极效应需要在特定条件下方可得以实现,如果特定服务进口所引起的生产要素流入可有效增加商品部门对该特定要素的需求,那么该服务部门的开放就有利于一国经济福利水平的提高,反之则会降低一国的经济福利水平。

孙立宏(2007)认为服务贸易自由化在经济效率、国际收支、技术进步、劳动就业、经济安全等方面对发展中国家产生影响,同时也会为发展中国家一些优势服务部门的发展带来机遇。发展中国家的服务贸易自由化政策制定时,应强调服务业开放在技术转移和技术创新等方面的积极作用,通过服务业有序开放,以实现技术进步和整体经济的增长。

2. 定量方面的研究

定量研究主要是通过选取中国的主要数据来展开,大多采用的是计量经济学的一系列分析工具。其中,一部分学者采用传统的计量经济学方法——普通最小二乘法(OLS)进行分析,一部分学者运用协整分析、误差修正模型、因果检验、脉冲响应函数等方法进行分析。

具体来看,危旭芳、郑志国(2004)和潘菁(2005)均采用普通最小二乘法,选取中国服务贸易与 GDP 相关数据,对二者之间的关系进行了实证研究。研究表明,无论服务贸易总额,还是服务进口和服务出口都与 GDP 存在正相关性,且较之服务出口,服务进口对国民经济增长的促进作用更为显著。因此,在稳定服务出口的基础上,适当增加知识技术密集型服务进口,有利于经济的持续健康增长。

胡日东和苏梽芳(2005)在协整理论框架下,对中国服务贸易与经济增长的关系展开实证分析。他们发现,从长期看,服务出口有利于促进经济增长,服务进口则对经济增长有抑制作用,但前者效应值要大于后者;从短期看,服务进口和出口对经济增长的作用比较小。王晓林、索塞洛(2006)和潘爱民(2006)的研究结论也支持了上述关于长期效应的观点,但他们认为短期内的经济促进效应也比较显著。

尚涛、郭根龙和冯宗宪(2007)选取中国 1982—2004 年服务贸易与经济增长的相关数据,考察了中国服务进出口与经济发展的长期动态关系特征。他们认为,服务贸易有效推动了经济增长,但经济增长对服务贸易发展的促进效应有一定的滞后性。姚星(2008)也认为服务出口促进我国经济增长,服务进口则存在显著的抑制作用;而经济增长在短期内对服务贸易有微弱的正效应,长期内则存在显著的负效应。

吴振球、王振和张传杰(2013)选取1990—2010年的相关数据建立VAR模型,探讨中国服务贸易开放度、服务贸易竞争力水平和经济增长之间的关系后发现,三者之间存在长期稳定关系,提高国际服务贸易开放度和国际服务贸易竞争力对经济增长具有显著促进作用。

曹标和廖利兵(2014)采用静态和动态面板模型分别考察了生产者服务贸易和消费者服务贸易对经济增长的影响,结果显示,生产者服务贸易可以有效提升经济增长率,而消费者服务贸易则在一定程度上对经济增长率产生抑制作用。因此,他们认为我国要及时优化调整服务贸易结构,优先大力发展生产者服务贸易。

林祺和林僖(2014)分别从理论和实证的角度出发,检验了服务贸易壁垒对经济增长的影响程度和具体传导途径。研究结论显示,发展中国家的经济增长受服务贸易壁垒的影响更为显著,而服务贸易壁垒对发展中经济体经济增长传导途径的广度也超过了发达经济体。因此,政府要通过深化市场化改革、优化结构升级、促进经济增长方式转型等方式来有序推进服务业开放,而不是通过服务贸易壁垒的方式来保护本国服务业的发展。

综上所述,总体上受国内服务贸易发展程度等因素制约,国内关于服务贸易对经济增长影响的研究要滞后于国外。具体来看,在研究内容方面,主要局限在受服务贸易统计体系不健全等方面的影响,所获取的数据难以全面真实地反映我国服务贸易与经济增长之间的关系;在研究方法上,国外更加强调理论模型的构建,而国内研究主要选取计量经济学的方法,对理论模型也多采取借鉴的方式,独创性相对较差;在研究结果方面,由于分析方法和数据选取上的差异,会导致关于服务贸易对经济增长影响的研究结果不尽相同,还可能出现"伪回归"现象。鉴于此,我国有关服务贸易与经济增长关系的研究除了要关注中国的发展情况外,还要紧跟世界服务贸易发展态势,把握国际规律。同时,审慎选取研究方法和相关数据,并尽量在理论分析框架方面有所突破。

三 服务贸易对经济增长的影响机制分析

随着新一轮信息技术革命的兴起以及国际分工的深化,作为国际贸易的重要组成部分，服务贸易逐渐成为推动世界经济增长的关键动力。同时，服务贸易在全球价值链中发挥着"黏合剂"的作用，并处在微笑曲线的两端，承载着巨大的附加值与利润。在对服务贸易与经济增长关系的国内外文献梳理中可以发现，服务贸易并不一定直接作用于经济增长，而是在很大程度上发挥间接作用，通过技术转移、人力资本积累、推动制度创新、增加就业岗位、促进货物贸易、消费与投资等途径拉动一国或地区国民经济的增长。总体上，服务贸易促进经济增长的路径机制主要表现在以下方面：

(一) 技术促进效应及机制

在上文对文献的梳理中可得知，服务贸易的技术溢出效应是其促进一国经济增长的重要路径。由于服务贸易包括跨境提供、境外消费、自然人移动和商业存在四种模式，故其技术溢出的具体渠道比货物贸易更为复杂，也更为多样化。总体来说，可将四种模式分为两大类：一类是跨境服务贸易，包括前三种模式，这与货物贸易的特征类似；另一类是商业存在，在一定意义上相当于服务业的FDI。因此，在分析服务贸易技术溢出效应时，可参考货物贸易与FDI关于技术溢出的研究成果。

首先，从跨境服务贸易的技术溢出机制看，大体上分为三种途径，一是直接通过技术贸易获取国外先进技术，通过消化吸收后，提升进口国的技术水平和生产效率，而技术贸易多发生在跨国公司，并且是一种最直接的实现技术转移的方式。如Katz（1969）研究了阿根廷的外国直接投资后发现，跨国公司要求设立在东道国的服务提供商需采用与其母公司相同的生产技术，从而促进了当地企业技术水平和生产效率的提高。二是通过知识密集型服务贸易实现技术溢出，如生产性服务贸易和服务外包等，这些形式的服务贸易多属于知识技术密集型，同时也对货物贸易发展提供有效支撑。增加生产性服务进口或者大力承接高端国际服务外包，都会在一定程度上促进技术转移，提高相关部门生产率，最终有利于提升出口服务或者商品的国际竞争力。如Francois（1990）指出，生产者服务贸易可促进整个经济部门的生产率，对一国经济增长产生积极影响。三是通过自然人移动，近年来，通过高端人才的流动促进技术和信息在国家间的扩散和转移逐渐成为技术溢出效应实现的一个重要途径，主要形式是通过高新科技人员的流动或者高水平国际合作等行为来完成。但由于国际上特别是发达国家针对自然人移动的限制性壁垒纷繁复杂,管制政策相对严格,也就在很大程度上制约了这种模式产生的技术溢出效应,不过随着多双边服务贸易谈判进程的推进,相关管制或将有所放松。

其次,从商业存在服务贸易的技术溢出机制来看,主要是通过服务业 FDI 来实现。一是通过关联效应,实现技术溢出效应。即东道国企业将跨国公司提供的服务作为中间投入品引入生产环节,同时作为服务提供者的跨国公司为了确保其服务产品的顺利实现,还会提供相应的信息技术援助、相关人员培训以及经营管理理念的传递,这就属于某种形式的技术转移,有助于东道国企业从中获取技术溢出效应带来的收益。而这种技术溢出效应往往发生在生产性服务业与其下游制造业之间,知识密集型生产性服务有利于推动东道国下游制造业的发展,如 Amiti 和 Konings(2007)与 Arnold、Javorcik 和 Mattoo(2007)的研究结论显示,生产性服务业的贸易自由化对东道国国内下游制造业部门生产率有显著的推动作用。二是示范效应与竞争效益助推技术溢出效应实现。跨国公司对东道国企业的影响主要表现在两大方面:一方面跨国公司的先进技术与管理理念会给东道国企业带来示范效应,东道国本土企业会通过一系列途径对其进行观察学习与模仿,即从"干中学"里总结经验和改进现有的技术水平,以提升生产率水平;另一方面服务业跨国公司通过 FDI 进入东道国后,加剧了其国内市场竞争,并通过倒逼机制迫使东道国企业加大技术研发投入,加快技术升级步伐,从而在一定程度上推动东道国整体服务业技术水平的提升。这也正如 Ekeledo 和 Sivakumar(1996)的观点所述,服务型跨国企业的扩张,也是服务企业全球学习的过程。三是通过企业人员的流动效应产生技术溢出。跨国公司在东道国实行的本土化经营理念,有利于东道国雇员从中学习先进的技术和管理经验,从而在东道国人力资源开发与培养中发挥重大作用,当这些雇员离开跨国公司或自主创业,或加入本地企业,都会将从跨国公司学到的技术和管理带过去,从而在一定程度上实现了技术溢出效应。

而从影响服务贸易技术溢出效应的主要因素来看,一是东道国服务业的竞争力,主要体现在国内服务型企业的研发能力和经营管理水平上,研究表明,内外资企业服务业竞争力水平差距越小,那么技术溢出效果越显著；二是东道国企业的技术吸收和消化能力，该能力与技术溢出效应呈正相关关系；三是东道国的人力资源素质、人力资本存量和（或）人力资本水平越高，那么企业的学习和研发能力也就越强，从而技术溢出效应也会越明显；四是服务业市场的开放程度，当某服务部门具有正向技术溢出效应时，那么其开放度越高，获得技术溢出收益也就越多；五是跨国公司开展服务业 FDI 的形式，采取独资、合资或合作等投资方式所产生的技术溢出效果也会有所不同，一般情况下，合资形式的技术溢出效应最大，合作形式的居中，独资形式的最小。

（二）人力资本积累效应及机制

从以罗默和卢卡斯为代表的内生经济增长理论模型看，人力资本积累对经济增长发挥着显著的促进作用，因此分析研究服务贸易所引致的人力资本积累效应实现途径，对于一国经济的持续增长有重要意义。从现有的有关服务贸易与人力资本积累关系文献看，侧重人力资本对服务贸易发展作用的研究较多，如陈宪和程大中（2006）、韩军（2001）、张燕（2005）与谭永生（2007）等，同时由于人力资本存量是决定服务贸易技术溢出效应实现的主要因素之一，故在相关方面的论述也比较多。此外，服务业与服务贸易对人力资本的影响也逐渐引起学界的关注，人力资本的积累过程实际上是对教育培训服务的消费过程，而服务贸易打破了相对封闭的市场空间，将国外更为先进、知识含量更加丰富的教育服务引进来，进而为人力资本的积累提供更加优质的服务。事实上，无论是生活性服务贸易，如教育培训服务，还是生产性服务贸易，如信息服务、专利与知识产权服务和服务外包等，都会在一定程度上促进进口国人力资本水平的提升。

服务贸易人力资本积累效应仍然是通过跨境贸易和商业存在这两种形式得以实现。具体内容如下：

在跨境贸易形式下，为了满足人力资本积累，提升人力资源素质的需求，一国会直接从国外进口先进的教育培训服务，扩大国际交流，弥补本国在教育服务方面的不足，加快推进国内人力资本积累的速度，或者通过自然人移动的方式，鼓励个体到发达国家进行高水平的交流与学习，从而实现个人综合素质的提升。此外，调整相关进口政策，积极扩大知识技术密集型服务的进口规模，在将其作为中间投入品提高产业生产率的同时，又在无意识状态下实现了技术溢出，增加了本国人力资本的知识技术储备。

在商业存在服务贸易模式下，服务业跨国公司不得不充分利用东道国的人力资源，以达到节约成本、提高企业生产效率等目的。而在这一过程中，东道国会对不同层次的该国雇员进行不同程度的培训，以满足企业运营和生产需要，这就使较为先进的技术和管理理念逐渐被雇员所掌握，并通过"学习效应"，促进了东道国人力资源素质的提升。如Chen（1983）研究了中国香港在外国直接投资中有关技术转移的收益，他认为跨国公司对中国香港制造业的最大贡献并不是实现了新技术的转移或是完成新产品的生产，而是其对不同层次的本地工人的培训。同时，跨国公司比较注重产学研一体化，经常与东道国当地科研机构或专业院校开展研发合作，这在一定程度上促进了东道国研发型人力资本的积累。此外，服务业跨国公司给东道国带来的示范和竞争效应，会激励东道国企业重视人力资源的培养和发展，也会促进关联企业人才结构的优化及综合素质的提高。

综上可见，服务贸易作为一国对外贸易的重要组成部分，会直接促进该国人力资本存量的积累，提升其整体人力资本素质，并最终推动经济的持续增长。

（三）制度创新效应及机制

服务贸易的制度创新效应主要体现在服务业和服务贸易自由化所引起的政策变革上。而服务贸易的多双边谈判重点就是建立相对统一的国际规则，促进区域的经贸合作与发展，实现区域内投资与贸易最大限度的自由化，这也从客观上对谈判参与国的制度突破与创新提出了要求。服务贸易的制度创新效应既包括宏观层面的制度变革，也包括微观层面的企业制度完善。

具体来看，服务贸易推动一国制度创新的途径主要表现在以下方面：从宏观层面看，一是随着服务贸易的发展，服务业市场开放程度也将随着贸易谈判进程不断扩大，为了与国际标准接轨，从经贸往来中获得更多的福利收益，同时也为了保障国内经济政治安全，那么在开放经济条件下，一国就必须加快国内相对落后的制度变革，通过对传统体制机制进行创新性突破，来营造有利于经济贸易良好发展的制度环境。二是 WTO、区域贸易协定或双边贸易协定都会对现有制度,包括法律法规、产权及其保护、金融资本市场制度、产业和贸易制度等提出新的要求,为了达成经贸合作协议,往往会对上述制度进行一定程度的调整,将具有国际标准的贸易准则、管理规则、服务准则等与国内规则进行融合,而推动国内制度的变革。此外,随着国际服务贸易开放度的提升,文化、风俗习惯和知识会在国家之间传播,这对一个国家道德和伦理规范体系的建立具有重要的意义,对一国制度的演进也发挥了重要的推动作用。从微观层面看,随着服务型跨国公司的进入,东道国将接触到更加先进的管理制度、产权制度、领导制度及竞争机制,东道国企业借助"干中学"效应,对这些先进制度经验消化吸收后,结合本国国情,实现企业相应制度的创新发展。

(四) 就业创造效应及机制

服务业和服务贸易在缓解一国就业压力方面发挥着举足轻重的作用,对一国而言,大力发展服务业和服务贸易将提高该国整体就业水平。服务贸易就业创造效应表现在两大方面:一方面,通过发展服务贸易可以增加就业岗位,扩大一国的就业规模;另一方面,随着国际分工的深化,大力发展知识密集型服务贸易可以改善一国现有就业结构,提升就业者的素质。

具体来看,服务贸易就业创造效应的主要实现途径体现在以下几方面。在增加就业量上,传统服务贸易如旅游、运输等部门对劳动力有较大需求,可提供较多的工作岗位。商业存在模式的服务贸易将提供大量的就业机会,如麦当劳、肯德基等国际餐饮公司,沃尔玛、家乐福等国际零售企业,服务型跨国公司将在东道国招聘大量不同岗位的人才,同时也会通过关联效应带动上下游企业的就业量,此外,近年来发展迅猛的服务外包也为业务承接国缓解就业压力提供了相应渠道。在优化就业结构上,上文提及的服务贸易技术溢出效应、人力资本积累效应都在很大程度上提升了东道国从业者的综合素质,而生产性服务贸易在促进服务业发展的同时,也推动了制造业升级,使劳动密集型产业逐渐向知识技术密集型产业转型,在这一过程中,就业者的熟练程度不断提高,知识技术储备也有所增加,人力资本的质量逐渐改善。

(五)服务贸易促进货物贸易、消费与投资的效应及机制

通过总结一国经济增长制约因素及服务贸易发展特点来看，服务贸易促进经济增长的主要途径分别从总供给和总需求两大方面开展，如上文所论述的技术促进效应、人力资本积累效应、制度创新效应及就业创造效应等就都属于服务贸易从供给侧的角度或者路径安排来推动一国经济增长。同时，从需求侧视角出发，服务贸易在促进货物贸易增长、刺激国内消费和投资方面也发挥着重要作用。

国内外学术界多采用实证分析的方法来检验服务贸易和货物贸易之间的关系，研究表明，在一定条件下服务贸易总规模的扩大，可以推动货物贸易出口规模的成倍增长。从服务贸易促进货物贸易发展的运行机理看，服务贸易可以为制造业出口部门提供优质的中间投入品，帮助该部门提高生产效率与商品质量，特别是作为推动服务业与制造业、服务贸易与货物贸易深度融合的纽带，生产性服务贸易和服务外包将在很大程度上有助于提高一国货物贸易的国际竞争力。

从服务贸易促进国内消费的途径看，主要包括两方面。一方面，服务贸易将为国内消费者提供海外优质的服务产品，满足消费者对服务的多样性需求；另一方面，服务贸易促进了国内服务业市场的竞争，迫使进口国的服务提供商改善现有的服务质量和观念，提供更加优质且价格相对较低的服务产品，并丰富服务产品种类，使国内消费者的需求得到更好的满足。

而服务贸易对国内投资的影响主要是通过商业存在的模式得以实现的。随着经济全球化和多双边贸易谈判进程的推进，服务贸易自由化程度将不断加深，并带动全球服务业 FDI 的快速发展。服务贸易的发展有利于扩大服务业投资规模，提高投资引资质量，改善投资政策制度环境。伴随着服务业国际直接投资及服务型跨国公司的涌入，东道国的第三产业将获得更多的发展机遇，便于积累国际领先技术和管理经验，提高服务业生产率，增强服务产品的海外市场竞争力，扩大国际贸易规模，最终促进该国经济的增长。

综上所述，服务贸易分别从总供给和总需求两个角度促进了该国经济的增长。从总供给角度看，服务贸易促进了技术进步、人力资本积累、制度创新和就业，夯实了该国经济增长的基础；从总需求角度看，

服务贸易也为货物贸易、国内消费和投资带来了积极的影响，并最终作用在推动经济增长上。

第三节　以服务贸易发展促进经济增长的政策取向

从国际贸易理论到新经济增长理论，国内学术界针对服务贸易与经济增长关系展开了大量研究，并基本上认同服务贸易对一国经济增长具有积极的促进作用。同时，在经济全球化和信息科技革命的推动下，全球产业结构逐渐从"工业型经济"转变为"服务型经济"，而服务贸易在国际贸易与全球经济中的地位也得到显著提高。随着服务贸易的发展，与其相关的政策在一定程度上发生了转变。

一　国际服务贸易政策演变

从国际服务贸易政策演变的总体历程看，发展初期，所涉及的服务部门相对较少，主要以运输服务和银行金融服务为主，而在这些领域的限制相对较少，多采取自由化政策。"二战"结束后，随着规模扩大和增速提升，服务贸易进入有组织的、以商业利益为导向的发展阶段。在这一阶段，发达国家依托显著的比较优势，试图扩张海外市场，它们大多采取开放的政策，并希望发展中国家也对其开放服务业市场。由于发展中国家在服务贸易竞争中劣势明显，故其往往采取贸易保护政策，设置大量限制境外服务输入的障碍，主要包括产品移动壁垒、资本移动壁垒、人员移动壁垒和开业权壁垒等，分别针对跨境贸易、境外消费、自然人移动和商业存在四种贸易模式。进入20世纪70年代，国际服务贸易迅猛增长，各国纷纷对服务贸易进出口制定各种政策，虽然一些鼓励性措施被执行，但整体上仍然是以限制服务输入为主，并且贸易壁垒具有保护性、隐蔽性和互动性强的特点，并与针对服务部门的投资性壁垒密切联系。不过随着信息技术革命的推动，企业的生产组织方式发生了改变，服务出现了外部化趋势。与此同时，欧美和日本等发达国家开始积极倡导服务贸易自由化，并对相应的服务业市场放松甚至解除管制，在全球范围内掀起了服务贸易对内对外自由化浪潮。20世纪90年代，随着经济全球化的推进，多边贸易谈判取得了一定进展，服务贸易总协定被提出，服务贸易自由化又向前迈进了一步。当前，尽管 WTO 和 GATS 等多边贸易谈判停滞不前，但区域贸易协定以及自贸区协定等已将服务贸易自由化作为谈判的重点，并有序推进。

综上可见，国际服务贸易政策兼具保护监管与自由化两大特点，并不存在完全意义上的服务贸易自由化。各国发展服务贸易的目的是，期望在风险可控的开放条件下，获得服务贸易带来的福利收益，以促进国内产业发展和经济增长，而国家整体利益的利弊权衡最终决定了一国服务贸易自由化的程度。

二 以服务贸易发展促进经济增长的政策取向

从理论的梳理中可以发现，发展服务贸易对一国经济增长的作用是多方面的，既包括直接静态收益，也包括间接动态收益。服务贸易通过多个途径，分别从需求侧和供给侧来促进经济的持续增长。鉴于此，在比较优势原理、内生经济增长等理论指导下，服务贸易参与国，特别是发展中国家应采取以下贸易政策：

一是从服务业和服务贸易的比较优势出发，有序推进相关服务业市场的开放。由于发达国家在服务贸易市场竞争中占据主导地位，故主张服务贸易自由化。而发展中国家也不能一味地采取限制政策，应该借助自身的比较优势，从服务贸易的技术溢出、人力资本积累、就业创造及制度创新等效应中实现收益最大化。具体来看，在国内，大力发展服务业，优化产业结构，夯实服务贸易基础，打破固有利益格局及对服务市场与行业的行政性垄断，促进服务市场的充分竞争；在国际上，则积极参与国际服务贸易谈判，有序推进服务业市场开放及国际服务贸易自由化进程。

二是积极调整服务贸易结构，加快发展知识密集型服务贸易。国际竞争焦点和全球价值链中的主要增值点已逐渐集中于生产性服务环节，而生产性服务贸易是联结货物贸易与服务贸易的桥梁，既能提升货物贸易的国际竞争力，也能推动服务贸易结构优化升级。通过大力发展金融、保险、计算机与信息服务、生物技术、国际物流、文化创意等生产性服务贸易，将资源向多样化、高效率、低成本的高端服务贸易倾斜，在有效促进制造业和货物贸易发展的同时，也会有利于贸易国技术水平和产业生产率的提升。此外，还要大力扶持服务外包业务等新兴领域的发展，抓住服务业跨国转型的机遇，创造新的比较优势，以抢占服务贸易价值链高端。

三是促进人力资本积累，打造相对健全的人才流动机制。人力资本积累在一国经济增长中的作用显著，而服务贸易又是"以人为纲"的经济活动，故需要加强高端人才的培养。具体来看：一方面，加强国内教育产业投资，扩大国外优质教育服务进口，加快培养能够适应国际竞争的金融、管理、法律、高新技术等方面人才，同时，还要强化对现有人员的短期培训，注重在岗人员的再培训，提高服务贸易从业人员整体素质；另一方面，营造良好的创业环境与健全的人才流动机制，充分利用"干中学"这一人力资本积累方式，并有效促进服务业跨国公司不同层次人才的流动。

四是加大研发投入力度，充分发挥服务贸易带来的技术溢出效应。理论研究表明，服务贸易通过技术转移和技术扩散发挥溢出效应，并推动贸易参与国的技术进步和创新。因此，一方面，在紧抓新兴服务业发展机遇之际，要循序渐进开放服务市场，鼓励国外先进技术和管理理念的进口，同时推动本国优势服务项目"走出去"，加强国际技术交流合作，拓展技术获取渠道；另一方面，要积极引导服务业 FDI 的投资流向，重点引导外资进入知识密集型的新兴服务业领域，并通过服务型跨国企业的示范效应和竞争效应，促使国内相关服务企业边干边学，不断创新，最终提升国内服务业的整体发展水平。

五是注重服务贸易与货物贸易的协调互动发展。研究证实服务贸易有力推动了货物贸易的发展，特别是生产性服务贸易对产业结构调整与货物贸易层次提升发挥显著的带动作用。鉴于此，要加强服务贸易与货物贸易的相互促进和协调发展，建立适合服务贸易和货物贸易协调发展的机制和政策措施，并以生产性服务业、服务外包、文化创意服务贸易为主要抓手，提高制造业的附加值，促进制造业优化升级，推动服务贸易与货物贸易的协调发展。

综上所述，理论研究为服务贸易的发展提供了政策选择路径，若想充分发挥服务贸易对经济增长的直接和间接促进效应，前提就是要坚持服务贸易自由化主张，有序渐进开放服务业市场，并在这一过程中重点发展知识技术密集型的新兴服务业和服务贸易，重视技术研发和人力资本积累，最终通过服务贸易的发展来促进全要素生产率的提升、产业结构的优化升级，以及经济的持续稳定增长。

第四节　结论与评析

回顾国内外有关服务贸易与经济增长关系理论研究后发现，在不同的时代背景及假设条件下，得出的结论也不尽相同。尽管服务贸易是否会促进一国经济增长尚存争议，但无论从主流观点抑或现实实践中都可看到，服务贸易确实在经济增长中发挥着重要的作用。

首先，基于国际贸易理论和新经济增长理论，本书全面梳理了涉及服务贸易与经济增长关系的理论研究，并从中发现，服务贸易对经济增长的作用分为直接促进和间接促进两大方面。从直接促进效应看，主要包括通过服务贸易出口以及促进货物贸易、消费和投资效应发挥来拉动经济增长；从间接促进效应看，主要体现在技术进步、人力资本积累、制度创新和就业创造等方面。

其次，从现有国内外相关文献看，服务贸易与经济增长关系的研究主要从服务贸易自由化视角展开，或者考察整体服务贸易与经济增长的关系，或者考察某一具体服务贸易部门与经济增长的关系，特别是探讨服务部门的开放对经济增长的影响，同时，生产性服务贸易对经济增长的影响也是国内外学术界关注的焦点。此外，由于服务贸易包括四种模式，对经济增长的影响渠道也会有所不同，鉴于此，国内外学者也围绕不同模式对经济增长的影响途径和机制进行了分析研究。

最后，从服务贸易自由化推动进程来看，由于各个国家处在不同的经济发展阶段，具有不同的产业结构特征和技术水平，并且在制度环境、文化习惯等方面存在差异，因此对服务业市场开放的政策主张也大不相同。整体上，发达国家的态度更为积极，而发展中国家多采取保护型的政策措施。不过，随着区域性贸易协定和自由贸易区协定等多双边贸易谈判进程的推动，国际服务市场开放范围越来越大。

总之，一国经济的增长离不开服务业和服务贸易的发展，而服务业和服务贸易的发展则必须坚持开放型的发展道路。在这一过程中，发展中国家要抓住全球价值链重构的机遇，在稳定传统服务贸易比较优势的同时，逐渐转向知识技术密集型的新兴服务贸易，大力发展生产性服务业及服务外包，增加研发投入和教育培训投入，健全生产要素的流动机制，促进一国技术进步和人力资本积累。同时，合理引导服务业FDI流向，营造良好的市场竞争环境，逐渐培养出新的比较优势和竞争优势，最终实现国民经济的可持续增长。

参考文献

［1］Aaditya Mattoo and Randeep Rathindran, "Measuring Services Trade liberalization and Its Impact on Economic Growth: An Illustration", *Journal of Economic Integration*, Vol. 21, No. 1, 2006, pp. 64 – 98.

［2］Alan V. Deardorff, "Trade and Welfare Implications of Networks", *Journal of Economic Integration*, Vol. 16, No. 4, 2001, pp. 485 – 499.

［3］Amiti M. and Konings J., "Trade Liberalization, Intermediate Inputs, and Productivity: Evidence from Indonesia", *American Economic Review*, Vol. 97, No. 5, 2007, pp. 1611 – 1638.

［4］Arnold, Beata S. Javorcik and Aaditya Mattoo, "The Productivity Effects of Services liberalization: Evidence from the Czech Republic", World Bank Policy Research Working Paper, 2007.

［5］Arrow, Kenneth J., "The Economic Implications of Learning by Doing", *Review of Economic Studies*, Vol. 29, No. 5, 1962, pp. 155 – 173.

［6］Azariadis and Allan Drazen, "Threshold Externalities in Economic Development", *Quarterly Journal of Economics*, Vol. 105, No. 2, 1990, pp. 501 – 526.

［7］Barro, R., and Salar – i – Martin, X., *Economic Growth*, New York: McGraw Hill Publishing Company, 1995.

［8］Beck, T., Levine, R., Loayza, N., "Finance and the Source of Growth", *Journal of Financial Economics*, Vol. 58, No. 1, 2000, pp. 261 – 300.

[9] Benjamin, N., and Diao, X. S., "Liberalizing Services Trade in APEC: A General Equilibrium Analysis with Imperfect Competition", *Pacific Economic Review*, Vol. 5, No. 1, 2000, pp. 49 – 75.

[10] Bhagwati, J., "Immiserating Growth: A Geometrical Note", *Review of Economic Studies*, Vol. 25, No. 3, 1958, pp. 201 – 205.

[11] Bhagwati, J., "Why Are Services Cheaper in the Poor Countries", *Economic Journal*, Vol. 94, No. 374, 1984, pp. 279 – 286.

[12] Borchert Ingo, Gootiiz Batshur and Mattoo Aaditya, "Guide to the Services Trade Restrictions Database", *World Bank Policy Research Working Paper*, No. 6108, 2012.

[13] Cohen, W. and Levinthal, D., "Innovation and Learning: The Two Faces of R&D", *Economic Journal*, Vol. 99, No. 397, 1989, pp. 569 – 596.

[14] Corden, W. M., *The Theory of Protection*, New York: Oxford University Press, 1971.

[15] Deardorff, "The General Validity of the Heckscher – Ohlin Theorem", *American Economic Review*, Vol. 72, No. 4, 1982, pp. 683 – 694.

[16] Dee, P. and Hanslow, K., "Multilateral Liberalization of Service Trade", Productivity Commission Staff Research Paper, 2000.

[17] Dinopoulos, E., and Thompson, P., "Schumpeterian Growth without Scale Effect", *Journal of Economic Growth*, No. 3, 1998, pp. 313 – 335.

[18] Eaton J., Kortum S., "International Technology Diffusion: Theory and Measurement", *International Economic Review*, Vol. 40, No. 3, 1999, pp. 537 – 570.

[19] Edwards, S., "Trade Orientation, Distortion, and Growth in Development Countries", *Journal of Developing Economics*, Vol. 39, No. 1, 1992. pp. 31 – 57.

[20] Ekeledo I. and Sivakumar K., "Foreign Market Entry Model Choice of Service Firms: A Contingency Perspective", *Journal of Academy of Marketing Service*, Vol. 26, No. 4, 1996, pp. 274 – 292.

[21] El Khoury, A. C., and Savvides, A., "Openness in Services Trade and Economic Growth", *Economics Letters*, Vol. 92, No. 2, 2006, pp. 277 – 283.

[22] Eschenbach, Felix and Hoekman, Bernard, "Services Policies in Transition Economies: On the EU and WTO as Commitment Mechanisms", *CEPR Discussion Paper*, No. 5624, April 2006.

[23] Falvey, R.. and Gemmell, N., "A Formalization and Test of the Factor Productivity Explanation of International Differences in Services Prices", *International Economic Review*, Vol. 37, No. 1, 1996, pp. 85 – 102.

[24] Feenstra, R. C., "Trade and Uneven Growth", *Journal of Development Economics*, Vol. 49, No. 1, 1996, pp. 229 – 256.

[25] Fisher, E., "Growth, Trade and International Transfers", *Journal of International Economics*, Vol. 39, No. 1 – 2, 1995, pp. 143 – 158.

[26] Francisco Rivera – Batiz and Luis A., "Europe 1992 and the Liberalization of Direct Investment Flows: Services Versus Manufacturing", *International Economic Journal*, Vol. 6, No. 1, 1992, pp. 287 – 307.

[27] Francois Joseph F. and Schuknecht Ludger, "International Trade in Financial Services, Competition, and Growth Performance", *CIES Working Paper*, No. 6, 2000.

[28] Francois, Joseph and Kenneth Reinert, "The Role of Services in the Structure of Production and Trade: Stylized Facts from Cross – Country Analysis", *Asia – Pacific Economic Review*, No. 2, 1996, pp. 35 – 43.

[29] Francois, Joseph, "Producer Services, Scale and the Division of Labor", *Oxford Economic Papers*, No. 42, 1990, pp. 715 – 729.

[30] Francois, J., and Eschenbach, F., "Financial Sector Competition, Services Trade and Growth", Tinbergen Institute Discussion Paper, 2002.

[31] Francois, Joseph, "Trade in Producer Services and Returns Due to Specialization Under Monopolistic Competition", *Canadian Journal of Economics*, No. 23, 1990, pp. 109 – 24.

[32] George Verikios and Xiao – guang Zhang, "Liberalising Trade in Financial Services: Global and Regional Economic Effects", *Journal of Economic Integration*, Vol. 18, No. 2, 2003, pp. 307 – 335.

[33] Goldsmith, R. W., *Financial Structure and Development*, Yale Uni. Press, New Haven, 1969.

[34] Grossman, G. and Helpman, E., *Innovation and Growth in the Global Economy*, Cambridge: MIT Press, 1991, pp. 59 – 83.

[35] Guerrieri Paleotti, et al., "Technology Diffusion, Services, and Endogenous Growth in Europe: Is the Lisbon Strategy Useful?", *IMF Working Paper*, 2005.

[36] Hamilton B. and Whalley J., "Efficiency and Distributional Implications of Global Restrictions on Labor Mobility: Calculations and Policy Implications", *Journal of Development Economics*, Vol. 14, No. 1 – 2, 1984, pp. 61 – 75.

[37] Harrison, A., "Openness and Growth: a Time – series, Cross – country analysis for developing Countries", *Journal of Developing Economics*, Vol. 48, 1996. pp. 419 – 447.

[38] Hausman, J., Taylor, W., "Panel Data and Unobservable Effects", *Econometrics*, Vol. 49, No. 6, 1981, pp. 1377 – 1398.

[39] Hicks, J. R., "An Inaugural lecture", *Oxford Economic Papers*, Vol. 5, 1953, pp. 117 – 135.

[40] Hindley, B. and Smith, A., "Comparative Advantage and Trade in Services", *The World Economy*, Vol. 7, No. 4, 1984, pp. 369 – 389.

[41] Hoekman, Bernard, and Carlos A. Primo Braga, "Protection and Trade in Services: A Survey", *Open Economies Review*, Vol. 8, No. 3, 1997, pp. 285 – 308.

[42] Hoekman, Bernard, "Trade in Services, Trade Agreements and Economic Development: A Survey of the Literature", *CEPR Discussion Paper*, 2006.

[43] James Markusen, Thomas F. Rutherford and David Tarr, "Trade and Direct Investment in Producer Services and the Domestic Market for

Expertise", *The Canadian Journal of Economics*, Vol. 38, No. 3, 2005, pp. 758 – 777.

[44] James R. Barth, Gerard Caprio, Jr. and Ross Levine, "Bank Regulation and Supervision: What works Best?", *Journal of Financial Intermediation*, Vol. 13, No. 2, 2004, pp. 205 – 248.

[45] Johnson, H. G., "Economic Expansion and International Trade", *Manchester School*, Vol. 23, 1955, pp. 95 – 112.

[46] Jones, Ronald and Frances Ruane, "Appraising the Options for International Trade in Services", *Oxford Economic Papers*, No. 42, 1990, pp. 672 – 87.

[47] Jorge M. Katz, *Production Functions, Foreign Investment and Growth*, Amsterdam: North Holland, 1969.

[48] Jukka Ruotinen, "Essays in Trade in Services: Difficulties and Possibilities", Helsinki School of Economics, August 2008.

[49] King, R. G., and Levine, R., Finance, "Entrepreneurship and Growth: Theory and Evidence", *Journal of Monetary Economics*, Vol. 32, No. 3, 1993, pp. 513 – 542.

[50] Konan, Denise and Keith Maskus, "Quantifying the Impact of Services Liberalization in a Developing Country", *Journal of Development Economics*, Vol. 81, 2006, pp. 142 – 162.

[51] Kravis, I. B. Heston, A. and R. Summers, *World Product and Income: International Comparisons of Real Gross Product*, Baltimore and London: Johns Hopkins University Press, 1982.

[52] Krishna, Pravin and Devashish Mitra, Trade liberalization, "Market Discipline and Productivity Growth: New Evidence from India", *Journal of Development Economics*, Vol. 56, No. 2, 1998, pp. 447 – 462.

[53] K. P. Kalirajan, "Trade Flows between Australia and India: An Empirical Analysis", *International Journal of Commerce and Management*, Vol. 10, No. 2, 2000, pp. 32 – 49.

[54] Lars – Hendrik Röller and Leonard Waverman, "Telecommunications Infrastructure and Economic Development: A Simultaneous Ap-

proach", *The American Economic Review*, Vol. 91, No. 4, 2001, pp. 909 – 923.

[55] Lucas, R. E., "On the Mechanics of Economic Development", *Journal of Monetary Economics*, Vol. 22, No. 1, 1988, pp. 3 – 42.

[56] Luis A. Rivera – Batiz and Paul M. Romer, "Economic Integration and Endogenous Growth", *Quarterly Journal of Economics*, Vol. 106, No. 2, 1991, pp. 531 – 555.

[57] Marc J. Melitz, "The Impact of Trade on Intra – Industry Reallocations and Aggregate Industry Productivity", *Econometrica*, Vol. 71, No. 6. 2003, pp. 1695 – 1725.

[58] Markusen, James, "Trade in Producer Services and in Other Specialized Intermediate Inputs", *American Economic Review*, Vol. 79, No. 1, 1989, pp. 85 – 95.

[59] Melvin, J. R., "Trade in Producer Services: A Heckscher – Ohlin Approach", *The Journal of Political Economy*, Vol. 97, No. 5, 1989, pp. 1180 – 1196.

[60] Nauro F. Campos and Yuko Kinoshita, "Foreign Direct Investment as Technology Transferred: Some Panel Evidence from the Transition Economies", *Manchester School*, Vol. 70, No. 3, 2002. pp. 398 – 419.

[61] Ngo Van Long, "Outsourcing and Technology Spillovers", *International Review of Economics & Finance*, Vol. 14, No. 3, 2005, pp. 297 – 304.

[62] Philippe Aghion and Peter Howitt, "A Model of Growth through Creative Destruction", *Econometrica*, Vol. 60, No. 2, 1992, pp. 323 – 351.

[63] Raghuram G. Rajan and Luigi Zingales, "Financial Dependence and Growth", *American Economic Review*, Vol. 88, No. 3, 1998, pp. 559 – 586.

[64] Ramkishen Rajan, "Exchange Rate Policy Options for Post – crisis Southeast Asia: Is There a Case for Currency Baskets?", *The World Economy*, Vol. 25, No. 1, 2002, pp. 137 – 163.

[65] Rebelo, S. , "Long – Run Policy Analysis and Long – Run Growth", *Journal of Political Economy*, Vol. 99, No. 3, 1991, pp. 500 – 521.

[66] Robert Stern, eds. , *Trade and Investment in Services: Canada/U. S. Perspectives*, Toronto: University of Toronto Press, 1985, pp. 39 – 71.

[67] Robinson, Sherman, Zhi Wang, and Will Martin, "Capturing the Implications of Services Trade Liberalization", *Economic Systems Research*, Vol. 14, No. 1, 2002, pp. 3 – 33.

[68] Romer, P. M. , "Increasing Returns and Long – Run Growth", *Journal of Political Economy*, Vol. 94, No. 5, 1986, pp. 1002 – 1037.

[69] Romer, P. M. , "Endogenous Technological Change", *Journal of Political Economy*, Vol. 98, No. 5, 1990, pp. 71 – 102.

[70] Ronald Jones and Anne Krueger, eds. , *The Political Economy of International Trade*, Oxford: Basil Blackwell, 1989.

[71] Rupa Chanda, "Impact of Services Trade Liberalization on Employment and People Movement in South Asia", *Labor Economics Working Papers* 23197, 2011.

[72] Rutherford Thomas F. , Tarr David G. and Shepotylo Oleksandr, "The Impact on Russia of WTO Accession and the Doha Agenda: The Importance of Liberalization of Barriers Against Foreign Direct Investment in Services for Growth and Poverty Reduction", *World Bank Policy Research Working Paper*, No. 3725, 2005.

[73] Rutherford, Thomas F. and David Tarr, "Trade Liberalization and Endogenous Growth in a Small Open Economy", *World Bank Policy Research Working Paper*, No. 1970, 1998.

[74] Sampson, Gary and Richard Snape, "Identifying the Issues in Trade in Services", *The World Economy*, Vol. 8, No. 2, 1985, pp. 171 – 181.

[75] Sapir, Andre and Ernst Lutz, "Trade in Services: Economic Determinants and Development – Related Issues", *World Bank Staff Working Paper*, No. 480, 1981.

[76] Sauve P. and Subramanian A. , eds. , *Efficiency, Equity, and Legitimacy: The Multilateral Trading System at the Millennium*, Chicago:

Chicago University Press, 2001.

[77] Solow, R. M., "A Contribution to the Theory of Economic Growth", *Quarterly Journal of Economics*, Vol. 70, No. 1, 1956, pp. 65 – 94.

[78] Stephen Ross Yeaple, "A simple Model of Firm Heterogeneity, International Trade, and Wages", *Journal of International Economics*, Volume 65, No. 1, 2005, pp. 1 – 20.

[79] Stokey, N., "Human Capital, Product Quality and Growth", *Quarterly Journal of Economics*, Vol. 106, No. 2, 1991, pp. 587 – 616.

[80] Swan, T. W., "Economic Growth and Capital Accumulation", *Economic Record*, Vol. 32, No. 11, 1956, pp. 334 – 361

[81] Uzawa, H., "Optimum Technical Change in an Aggregative Model of Economic Growth", *International Economic Review*, Vol. 6, No. 1, 1965, pp. 18 – 31.

[82] Victor Murinde and Cillian Ryan, "The Implications of WTO and GATS for the Banking Sector in Africa", *The World Economy*, Vol. 26, No. 2, 2003, pp. 181 – 207.

[83] Whalley, J., "Assessing the Benefits to Developing Countries of Liberalization in Services Trade", *The World Economy*, Vol. 27, No. 8, 2004, pp. 1223 – 1253.

[84] Winters, L. A., Walmsley, T., Wang, Z. and Grynberg, R., "Liberalizing Temporary Movement of Natural Persons: An Agenda for the Development Round", *The World Economy*, Vol. 26, No. 8, 2003, pp. 1137 – 1161.

[85] Won Chang and L. Alan Winters, "How Regional Blocs Affect Excluded Countries: The Price Effects of MERCOSUR", *The American Economic Review*, Vol. 92, No. 4, 2002, pp. 889 – 904.

[86] [美] 巴泽尔:《产权的经济分析》,费方域、段毅才译,上海人民出版社1997年版。

[87] [美] 保罗·克鲁格曼:《克鲁格曼国际贸易新理论》,黄胜强译,中国社会科学出版社2001年版。

[88] [美] 戴维·罗默:《高级宏观经济学》,苏剑、罗涛译,商务印

书馆 1999 年版。

[89]［美］道格拉斯·C. 诺思：《经济史中的结构与变迁》，陈郁、罗华平译，上海人民出版社 1994 年版。

[90]［美］富克斯：《服务经济学》，许微云、万慧苏、孙光德译，商务印书馆 1987 年版。

[91]［美］加里·S. 贝克尔：《人力资本》，梁小民译，北京大学出版社 1987 年版。

[92]［美］雅各布·明塞尔：《人力资本研究》，张风林译，中国经济出版社 2001 年版。

[93]［匈］约瑟夫·熊彼特：《经济发展理论》，孔伟艳、朱攀峰、娄季芳编译，商务印书馆 2008 年版。

[94] 包群、赖明勇：《FDI 技术外溢的动态测算及原因解释》，《统计研究》2003 年第 6 期。

[95] 曹标、廖利兵：《服务贸易结构与经济增长》，《世界经济研究》2014 年第 1 期。

[96] 陈飞翔、郭英：《关于人力资本和 FDI 技术外溢关系的文献综述》，《财贸研究》2005 年第 1 期。

[97] 陈宪、程大中主编：《中国服务经济报告 2005》，经济管理出版社 2006 年版。

[98] 陈宪、韦金鸾、应诚敏：《国际贸易——理论·政策·实务》，立信会计出版社 2002 年版。

[99] 陈宪主编：《国际服务贸易——原理·政策·产业》，立信会计出版社 2000 年版。

[100] 程大中：《服务消费偏好、人力资本积累与"服务业之谜"破解：Pugno 模型拓展及基于中国的数值模拟》，《世界经济》2006 年第 10 期。

[101] 程大中：《国际服务贸易学》，复旦大学出版社 2007 年版。

[102] 程大中：《论服务业在国民经济中的"黏合剂"作用》，《财贸经济》2004 年第 2 期。

[103] 邓兰兰：《技术扩散理论研究综述》，《经济学动态》2006 年第 11 期。

[104] 范泊乃、土益兵：《我国进口贸易与经济增长的互动关系研究》，《国际贸易问题》2004 年第 4 期。

[105] 方希华、包群、赖明勇：《国际技术溢出：基于进口传导机制的实证研究》，《中国软科学》2004 年第 7 期。

[106] 高东明、熊彼特：《主义增长理论的新进展》，《经济学动态》2006 年第 4 期。

[107] 龚锋：《国际服务贸易：我国经济持续高速增长的重要支撑》，《改革与战略》2003 年第 Z1 期。

[108] 韩军：《人力资本要素与国际服务贸易比较优势的发挥》，《国际贸易问题》2001 年第 5 期。

[109] 胡日东、苏梽芳：《中国服务贸易与 GDP 关系的实证分析》，《中国流通经济》2005 年第 12 期。

[110] 江小涓：《服务全球化的发展趋势和理论分析》，《经济研究》2008 年第 2 期。

[111] 江小涓、李辉：《服务业与中国经济：相关性和加快增长的潜力》，《经济研究》2004 年第 1 期。

[112] 赖明勇、包群：《技术外溢与吸收能力：外商直接投资研究新进展》，《经济学动态》2003 年第 8 期。

[113] 赖明勇、张新、彭水军、包群：《经济增长的源泉：人力资本、研究开发与技术外溢》，《中国社会科学》2005 年第 2 期。

[114] 李盾、刘从军：《服务业贸易自由化对开放国的福利影响》，《国际贸易问题》2006 年第 8 期。

[115] 李荣林、张岩贵：《我国对外贸易与经济增长转型的理论与实证研究》，中国经济出版社 2001 年版。

[116] 林祺、林僖：《削减服务贸易壁垒有助于经济增长吗——基于国际面板数据的研究》，《国际贸易问题》2014 年第 8 期。

[117] 刘慧：《中国服务贸易促进经济增长的实证研究》，硕士学位论文，广东外语外贸大学，2006 年。

[118] 刘晓鹏：《协整分析与误差修正模型——我国对外贸易与经济增长的实证研究》，《南开经济研究》2001 年第 5 期。

[119] 卢锋：《我国承接国际服务外包问题研究》，《经济研究》2007

年第9期。

[120] 苗秀杰:《服务贸易自由化对我国的正负效应分析》,《理论前沿》2005年第11期。

[121] 潘爱民:《中国服务贸易开放与经济增长的长期均衡与短期波动研究》,《国际贸易问题》2006年第2期。

[122] 潘菁:《国际服务贸易促进我国经济增长的实证分析及对策研究》,《当代财经》2005年第4期。

[123] 尚涛、郭根龙、冯宗宪:《我国服务贸易自由化与经济增长的关系研究——基于脉冲响应函数方法的分析》,《国际贸易问题》2007年第8期。

[124] 孙立宏:《国际服务贸易自由化对发展中国家的影响及对策》,《商业经济》2007年第3期。

[125] 谭永生:《人力资本与经济增长:基于中国数据的实证研究》,中国财政经济出版社2007年版。

[126] 唐保庆、杨继军、陈志和:《服务贸易对经济增长的影响研究综述》,《经济研究》2010年第11期。

[127] 王晓林、索塞洛:《服务贸易与我国经济增长关系的实证分析》,《云南财贸学院学报》(社会科学版)2006年第5期。

[128] 危旭芳、郑志国:《服务贸易对我国GDP增长贡献的实证研究》,《财贸经济》2004年第3期。

[129] 吴振球、王振、张传杰:《我国国际服务贸易与经济增长关系的实证研究——基于VAR模型的分析》,《宏观经济研究》2013年第4期。

[130] 熊春兰:《服务贸易自由化对发展中国家经济的影响》,《河南师范大学学报》(哲学社会科学版)2000年第5期。

[131] 熊性美、戴金平:《当代国际经济与国际经济学主流》,东北财经大学出版社2004年版。

[132] 杨圣明、刘力:《服务贸易的兴起与发展》,《经济学动态》1999年第5期。

[133] 杨小凯、张永生:《新兴古典经济学和超边际分析》,中国人民大学出版社2000年版。

［134］姚星、罗宁：《后过渡期我国服务贸易国际竞争力问题研究》，《生态经济》2008年第2期。

［135］张燕：《人力资本与服务贸易比较优势的相关性研究》，博士学位论文，复旦大学，2005年。

［136］郑吉昌、夏晴：《服务贸易国际竞争力的相关因素探讨》，《国际贸易问题》2004年第12期。

［137］左大培、杨春学：《经济增长理论模型的内生化历程》，中国经济出版社2006年版。

第四章　生产性服务贸易与全球价值链

在全球价值链分工下，生产性服务业，尤其是知识密集型服务业，作为全球价值链的主要增值环节，为发达国家带来了更多更高的贸易附加值。因此，积极发展本国生产性服务业，并通过提供更有利的贸易投资环境，吸引更多更高附加值的知识密集型服务业流入本国，对世界各国全球价值链产业升级、服务业对外开放、全球服务贸易投资便利化发展有重要意义。

第一节　全球价值链下生产性服务贸易发展现状

一　生产性服务业的跨国转移促进了生产性服务贸易的迅速发展

20世纪90年代以来，国际分工格局逐步呈现出全球价值链分工的形式，在跨国公司主导力量的推动下，生产性服务业国际转移成为全球新一轮产业转移的新趋势。跨国公司基于降低成本、提高企业核心竞争力、在全球范围内实现资源最优配置的目的，将非核心服务业务转移到劳动力成本低及基础配套设施完善的发展中国家。起初跨国公司转移的主要是劳动密集型服务，如客服电话服务、采购服务、数据录入等。进入21世纪，随着跨国公司全球化研发的需要，一些高附加值的知识密集型生产性服务配套产业也开始向发展中国家转移，如技术研发、工业检测、金融后台等高端业务，为发展中国家调整产业结构、向全球价值链高端攀升提供了机遇。

同时，生产性服务业国际转移的方式也呈现出多样性，包括业务离岸、服务外包及海外直接投资等多种形式。生产性服务国际转移的规模化和多样化为发达国家和发展中国家的生产性服务贸易都带来广阔的市场，使生产性服务贸易逐步成为全球服务贸易的新增长点。发展中国家作为生产性服务国际转移的重要承接方，近年来，服务业外国直接投资流入量持续保持增长态势，一些新兴发展中国家更显示出较强的吸引力，成为发达国家跨国公司生产性服务流入的主要国家。

二 离岸服务外包成为推动生产性服务贸易增长的重要力量

离岸服务外包作为生产性服务业国际转移的主要形式之一，兴起于20世纪80年代，之后随着发达国家跨国公司在全球范围内进行资源优化配置步伐的加快，越来越多的服务业被外包给有实力的发展中国家，其中生产性服务外包发展尤为迅速，发展中承接国，如印度等，从承接发达国家转移的软件外包到整个业务流程外包，不断在专业化领域塑造核心竞争力，逐步发展成为全球重要的离岸服务外包中心。中国从2011年成为全球第二大离岸服务外包承接国以来，离岸服务外包规模不断扩大。2017年，我国企业全年承接服务外包合同额12182.4亿元，执行额8501.6亿元，均创历史新高，同比分别增长26.8%和20.1%；其中，离岸服务外包合同额7495.5亿元，执行额5369.8亿元，同比分别增长18.3%和14.7%。离岸服务外包占新兴服务出口的比重达到73.3%，对服务出口增长的贡献率达到46%。

离岸服务外包作为一种新兴的贸易形式，呈现出以下特点及发展趋势：第一，全球离岸服务外包市场规模不断扩大。2017年，我国离岸服务外包规模约占全球市场的33%，稳居世界第二，离岸外包执行额占我国服务出口总额的1/4。第二，离岸服务外包价值链从信息技术外包（ITO）逐步向业务流程外包（BPO）和知识流程外包（KPO）攀升，知识流程外包占比提升。新兴技术革命下，企业离岸服务外包的核心目的由降低成本转向充分利用新技术、提高效率和针对客户需求、接近市场，以云计算、人工智能、大数据、移动互联网等新技术和平台为核心提供服务，以解决客户问题为价值导向，所以金融外包、医疗服务外包、研发外包等KPO业务模式占离岸服务外包总额的比重越来越大，ITO和BPO占比相对有所下跌。第三，离岸服务外包涉及国家的范围越来越广，新兴发展中国家在承包业务中作用凸显。随着全球离岸服务外包的快速发展，越来越多的国家意识到服务外包对一国贸易结构调整和经济增长的重要性，纷纷将服务外包作为一国重要的贸易战略，致使服务外包市场竞争激烈。国际金融危机后，印度、中国、爱尔兰等传统接包发展中国家出现国内劳动力、资源成本提升、人才供给不足、业务规模饱和等问题，发达国家跨国公司开始重视对新兴发展中国家市场的开发，新兴发展中国家在承包业务中作用凸显。

三 知识密集型服务业在全球价值链产业创新体系中的作用凸显

当前，随着信息技术和知识经济的发展，知识密集型服务业正在成为知识经济时代的隐性创新源。一些国家和地区逐渐认识到不仅制造业技术研发能支持企业创新活动，知识密集型服务业在国家和区域创新能力集聚方面也起着重要的媒介作用。《科学与工程指标2016》统计显示，美国以高达39%的高技术制造业和知识密集型服务业对其GDP贡献之比领先全球。根据OECD统计，全球新知识和技术密集型产业的生产总量占全球经济产出的29%，其中主要集中在发达国家，但随着新兴经济体的崛起，巴西、印度、俄罗斯等发展中国家的知识密集型服务业产出比例在不断增长，印度的增长主要靠知识密集型服务外包，尤其是计算机编程，巴西则是金融和信息服务业。

知识密集型服务指与研发、信息通信技术相关的服务。Strambach（2001）扩大了知识密集型服务的边界与功能，将知识密集型服务定义为"定位、开发、组合并结合客户需求将不同来源的知识、技术应用到解决具体问题的服务"。知识密集型服务的创新过程来源于知识密集服务企业和客户的互动学习过程，在此过程中带来的知识生产和知识扩散，主要经历三个阶段：提取隐性和显性知识，编码（重组整合知识），最终向客户企业传输或扩散知识。第一个阶段中隐性或显性知识的获取发生在与客户企业的互动中，这种以互动为基础产生的知识主要包括在为客户解决问题过程中学习到的知识；第二个阶段主要是对获取到的知识进行重组，知识重组发生在知识密集型服务企业内，包括整合外部知识、提取与要解决的问题相关的知识，以及对应客户企业的特定需求对编码知识进行加工，从而创造新的知识；第三个阶段是对知识的应用，以提供更高效率的服务为主要形式，知识密集型服务企业将编码化的知识传输给客户，与客户的吸收能力结合，产生了新的知识，即企业创新能力提升的过程。

知识密集型服务业所具有的知识生产和知识扩散功能，使知识密集型服务充当制造业的协同创新者。知识密集型服务业在和制造业互动融合过程中，促进了信息、技术、人才等高端要素的流动，并通过这些流动使二者产生极强的互动作用，互相为对方的发展提供支持、增强的机会。从全球价值链视角看，跨国公司制造业规模经济在很大程度上源于全球价值链的上下游服务环节能力的提升，核心竞争力取决于全球价值链的服务端，服务环节占据了大部分的附加值。

第二节　全球价值链与生产性服务贸易：理论探讨

一　全球价值链理论

（一）全球价值链理论发展综述

1. 价值链理论

1985 年，迈克尔·波特在其著作《竞争优势》中分析企业行为和竞争优势时，最先提出"价值链"。他认为企业的生产过程由生产、营销、物流和售后服务等基本活动及辅助基本活动的研发、原料供应、人力资源、财务等支持性活动构成。基本活动和支持活动的每个环节在企业价值创造过程中相互联系，形成了企业完整的价值链。波特是第一位将企业价值创造过程按生产流程清晰分解并提出企业竞争优势不只来自某项活动，而且来自整个价值链的学者。他还将研究视角拓宽到企业之外，提出了"价值体系"概念，将企业定义为"全能公司"，研究不同企业间的生产关系（Poter, 1990）。

其他学者提出价值链的一个鲜明特点是即使"非全能"的企业也可以参与价值链，即企业可以根据自身比较优势专业化于价值链的某个特定环节。科洛特在其《设计全球战略：比较与竞争的增值链》中认为一国比较优势和企业竞争能力相互作用决定了国家商业战略形式的设定。一国比较优势决定其资源在价值链各个环节如何配置，及企业竞能力决定了在价值链中的哪些环节发挥竞争优势。Kougut（1985）提出了价值增值链概念，认为价值增值链是将技术与原料、劳动力等各种投入品融合，然后将融合的这些投入品经过组装，形成最终产品，并经过分配、营销和售后等生产环节，最终实现价值增值。在价值增值链条上，单个企业可以从事价值增值过程的一个或多个环节，也可以采用垂直整合方式，将价值增值过程纳入企业整个等级体系当中。这一观点涉及将哪些活动与技术保留在企业内、哪些环节外包给其他企业以及不同活动的区位选择等问题，反映了价值链各环节在全球垂直分离和再构的过程。

Krugman（1995）对企业将价值链各环节在全球垂直分离和再构的过程进行了研究，将价值链理论与全球产业转移现象联系。另一些学者深入探讨了全球生产组织形式的变化。Arndt 和 Kierzkowski（2001）使用"片段化"来形容产品生产过程的不同部分在全球空间范围内的分离。"片段化"使得企业将生产分配到不同国家，形成了企业内或企业间的跨国生产网络。Feenstra（1996）进一步将全球经济的"贸易一体化"与"生产的垂直分离"结合研究。Yeats（2001）发现跨国公司在全球的分离生产，即将非核心的制造或服务活动外包，集中资源发展核心能力提高了跨国公司的竞争优势，伴随着零部件等中间品贸易占总贸易量份额大幅上升。

Arndt 和 Kierzkowski（2001）认为所有权是否可分离是跨境生产选择何种组织结构的决定因素。当所有权不可分离，跨国公司会选择海外直接投资进行垂直一体化生产；当所有权可分离，跨国公司会选择通过市场来交易。这种全球生产组织形式选择的二元观点，即通过市场还是通过跨国公司内部进行交易，涉及公司间关系的复杂性及专用资产交易，可以由交易成本经济学来解释（Williamson，1975）。

除了价值链，学者们还使用了其他不同的术语，如商品链、供应链、价值体系、生产网络和价值网络等，但都共同点大于分歧。全球生产网络与全球价值链之间的区分在于"链"与"网"，价值链研究的是商品或服务的生产与流通等环节在不同经济行为主体间如何分配，全球生产网络研究的是不同层级企业所形成的网络中企业间关系的特点与界限，其中强调跨国公司充当"全球网络旗舰企业"的核心作用。还有供应链指从原材料、中间产品到最终产品制成的整个价值增值活动中的投入—产出结构，与价值链的区别是其不包括领导企业。

2. 全球商品链理论

20世纪90年代，Gereffi等（1994）提出了全球商品链，集中研究价值链内部权力关系。通过分析如何协调全球生产体系中的分散活动，Gereffi认为价值链内通常有一个或多个领导者决定着价值链的特征、链条内的升级活动及链条之间的互动关系，即"治理"。根据领导者在全球生产和采购网络中的不同作用，他提出了两种治理类型：生产者驱动与购买者驱动。

全球商品链的研究集中在区分生产者驱动价值链与购买者驱动价值链，并有许多案例研究。Gereffi使用全球商品链框架分析东亚国家服装出口。在Dolan和Humphrey（2000）的园艺工业案例与Schmitz和Knorringa（2000）的鞋业案例中，他们肯定了Gereffi的观点，即全球购买商（零售商、品牌商和贸易商）即使没有自己的生产、加工工厂，但仍对全球空间上分散价值链实行高度控制。生产者驱动商品链案例分析包括日本从墨西哥进口的电子和其他商品（Kenney和Florida，1994），如汽车及其零部件（Hill，1989；Doner，1991；Barnes & Kaplinsky，1999；Kaplinsky & Morris，1999）、半导体（Henderson，1989）等。

3. 全球价值链理论

全球商品链理论通过研究购买者驱动商品链对分离生产的协调及其与生产者驱动商品链的区别，注意到了网络在驱动跨境工业组织演进中的作用，但其未指出具体的不同网络治理形式。2001年，Gereffi和Kaplinsky（2001）在其论文《价值链的价值》中提出全球价值链，替代了全球商品链。Gereffi、Humphrey和Sturgeon（2003）通过分析交易成本理论、全球商品链理论及工业组织理论，最终提出了除市场型与层级型两个极端价值链协调方式外，还存在中间模式网络型。通过构建决定价值链治理模式的三个因素，即交易复杂性、信息的标准化程度及供应商能力，并根据外在协调和权力不对称程度的高低，Gereffi等（2003）提出了五种基本的价值链治理模式：市场型、层级型、关系型、模块型和领导型。

全球价值链理论体现了全球经济治理研究的新视角，Hopkins 和 Wallerstein（1994）起初将其与世界体系理论联系，并将商品链看作"劳动和生产过程网络，并最后生产出最终产品"（Hopkins & Wallerstein，1994）。随着最近几十年的发展，全球价值链分析已经脱离了其世界体系理论的起源，集中研究以企业为中心概念的治理，尤其强调"领导企业"以一种完全新型的方式在全球价值链治理中发生作用。这些领导企业并非通过影响国际组织来获得有利于其资本积累的规则，而是通过其在全球经济治理分段体系中的中心角色组织国际生产网络。

所以，全球价值链理论的研究重点是企业间联系的特征与内容，以及在价值链协调中全球大购买商与供应商间的权利对称问题，但这并不是指全球价值链以整个企业为研究单位，而是以生产环节、链接各环节的链条及组织网络作为其研究单位，且重点研究跨越国家界限的产业组织结构。全球价值链研究包括四方面：投入—产出结构、地域布局、治理结构和体制框架（Gereffi，1995）。投入—产出结构和地域布局主要研究价值链内各增值环节在全球的空间分离与重构。治理结构研究价值链内各环节企业间的协调，及领导企业凭借掌握技术或市场准入信息对加入价值链内从属企业的组织与控制。体制框架指形成价值链各阶段全球化生产过程的国内及国际条件与政策。

Kaplinsky 和 Morris（2003）认为，全球价值链指产品生产过程中的各项活动，涉及从设计到最终品生产出的价值增值过程，但每个价值环节创造的价值并不等量，只有战略价值环节创造高附加值，占据战略环节的企业才能控制整条价值链，这一观点对全球价值链理论推进研究起到了至关重要的作用。

专门深入研究全球价值链理论的英国 Sussex 大学的发展研究所（Institute of Development studies）对全球价值链做了如下定义：商品在全球范围内，从设计、生产、销售到售后整个生命周期内价值创造的过程，包括采购物流、质量控制、品牌管理以及对最终用户的支持与服务等。全球价值链从多元空间尺度研究全球经济，包括地方、区域、国家及全球，价值链各环节活动可以由一个企业全部完成，也可以由各个企业合作完成；可以集中于某个区域范围内，也可以分散于全球各地。

全球价值链理论沿着价值链、全球商品链等理论发展脉络（见表4-1），并融合经济学、管理学、地理学及人类学等学科的理论成果，在微观、中观和宏观多重视角下，对全球经济变化、国际贸易和工业组织变化的新特征的研究不断完善。另外，全球价值链分析方法也被嵌入相关理论框架，如全球生产网络（GPN）（Henderson et al., 2002; Coe et al., 2004）。

表4-1 全球价值链理论的演进过程

价值链	企业价值链	价值增值链	全球商品链	全球价值链
代表人物	波特	科洛特	格里芬等	格里芬、英国Sussex大学等
提出时间	20世纪80年代中期	20世纪80年代中期	20世纪90年代中期	20世纪初
主要观点	将企业价值创造过程按生产流程分解为基本活动和支持活动，并提出企业竞争优势不只来自某项活动，而且来自整个价值链	将价值增值过程纳入企业整个等级体系中，反映价值链各环节在全球垂直分离和再构的过程	研究商品链内部权利关系，提出商品链驱动机制，链条内领导者决定着商品链特征、链条内的升级活动及链条间的互动关系	研究以商品为轴线的跨国生产网络，包括价值链等级体系、价值链治理与升级、价值链动态性与租金收益分配

资料来源：笔者整理。

（二）全球价值链结构体系

1. 全球价值链等级体系

全球价值链指发达国家跨国公司将商品或服务生产过程分为不同工序或区段，根据比较优势将其分散于全球范围内不同区域或国家，通过物质材料传输与服务的结合，经过设计、研发、制造、运输、营销、售后等一系列环节的价值增值过程。如图4-1所示，全球价值链由许多相互联系的价值增值链条组成，且每个链条内又包含许多活动，如上游链条内包含研发、设计、技术、组织等环节；中游生产链条内包含原料投入、物流、加工、存货管理等环节；下游营销链条内包含分销、广告、品牌管理及售后等环节。各价值链条相互联系、相互影响，上游链条某环节的产出通常是下游环节的投入,且每个环节不仅伴随着有形的物质材料流动,更重要的是暗含着服务、技术与知识等无形要素的流动。但全球价值链每个环节创造的价值并不相等,各个价值环节的增值能力通过投入的知识、技术含量多少来衡量。由于无形活动中包含的隐性知识,对其他竞争对手形成了很高的进入壁垒,所以价值链高附加值集中在无形活动中。价值链各个环节都包含着无形活动,如上游链条的研发、设计等环节,中游生产链条的物流、质量控制等环节,下游营销链条的广告、品牌管理等,但上游和下游链条包含的无形活动较多,所以,全球价值链呈现两端附加值高、中间附加值低的等级体系特征。

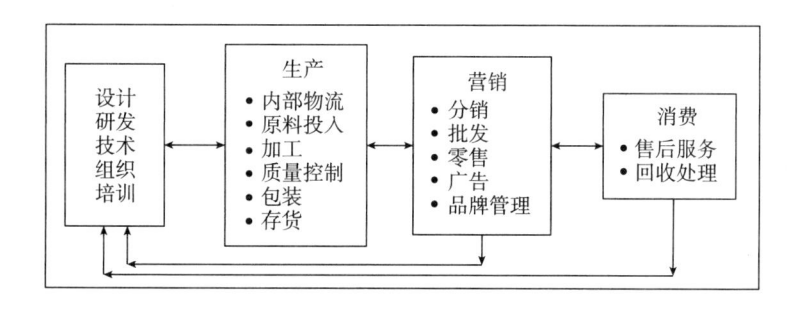

图 4-1 全球价值链

资料来源:Kaplinsky 和 Morris (2002)。

2. 全球价值链不同环节的分离与整合

经济全球化、贸易与投资自由化及信息通信技术的发展使得价值链各环节在全球有效分离成为可能,加速了全球价值链分工体系的形成。经济全球化拓宽了世界市场范围,促进了全球价值链分工深化;贸易与投资自由化降低了全球价值链各环节跨国生产的制度壁垒;信息通信技术的发展,尤其是供应链与物流自动化,零部件和产品设计网络化及电脑控制的生产设备降低了价值链各环节在全球范围内分离的运输成本与交易成本。因此,在全球价值链价值等级体系下,对应各国比较优势,价值链各环节资源在全球范围内实现了有效配置。

价值链不同环节对要素投入的要求与回报不同。全球价值链两端附加值高的研发和品牌环节要求投入大量的知识、技术、资本等要素,而全球价值链附加值较低的中间组装环节则要求投入大量的劳动力。全球价值链各环节要求的要素投入特征及各国比较优势决定了各国在全球价值链中的位置。发达国家资本、技术密集型要素丰富，而发展中国家劳动密集要素丰富，所以，发达国家集中核心能力与资源专业从事全球价值链两端的研发、品牌等高附加值环节，而将价值链低端的加工组装环节外包给发展中国家。

在全球价值链分工体系下，一国或一个企业的竞争优势不但体现在其是否占据了全球价值链的战略环节，而且随着价值链的深化，竞争优势更体现在对价值链条各环节的系统整合能力方面。所以，跨国公司生产组织方式由之前纵向一体化的的垂直层级管理体系转变为横向一体化的归核化经营管理，即将自己的核心能力集中在产品研发、营销等制造业和服务业的高附加值战略环节，而将非核心活动外包给更具比较优势和更专业化的企业生产。跨国公司在全球范围内搜寻质量最高、成本最低的供应商，高效整合、利用企业内外部生产要素，从而逐渐变成全球生产网络的系统整合商。

（三）全球价值链下的收益分配

1. 全球价值链下收益分配的决定：租金

由全球价值链价值等级体系可以看出，全球价值链各环节创造的价值增值不相等，所以参与全球价值链分工不同环节的国家或地区所获得的收益分配也不相等。获得高收益的国家或地区通常凭借其拥有的稀缺资源或核心能力对竞争对手形成进入壁垒，从而获得超额利润，这部分超额利润被称作租金。

租金有很多形式，李嘉图认为租金来自对稀缺资源的掌控；而熊彼特认为租金可以通过企业家创新，新技术、新商业组织创新等来创造，但这种创新能力容易被竞争对手模仿并赶超，所以熊彼特租金是短暂且易发生动态变化的，而相比之下，李嘉图租金较长期且稳定。

Kaplinsky 和 Morris（2001）将租金分为内生于全球价值链，包括单个企业和企业群及外生于全球价值链（见表 4 - 2）。内生于单个企业的租金由企业自身来"创造"，典型的如熊彼特租金，包括：产品租金，指产品特质、差异化产品产生的品牌效应；技术租金，指稀缺技术的掌控所带来的持续收入增长；人力资源租金，指拥有比竞争对手技能更强的员工，所带来的生产率和竞争力的提高；组织租金，指拥有更好的营销能力及品牌价值。另一些租金内生于价值链，由企业群来构建，如关系租金，指供应商与客户间建立的高效关系所产生的外部经济。外生于价值链的租金包括：自然资源租金，指获取稀缺的自然资源；政策租金，指高效政府营造的环境对竞争对手构造的进入壁垒；基础设施租金，指获取高效的基础设施如通信；金融租金，指拥有优于竞争对手的融资条件。

表 4-2　　　　　　　　　　全球价值链下租金的类型

类型		名称	含义
内生租金 （全球价值链内）	企业内	产品租金	产品特质、差异化产品产生的品牌效应
		技术租金	掌控稀缺技术产生的持续收入增长
		人力资源租金	拥有比竞争对手技能更强的人力资源，所带来的生产率和竞争力的提高
		组织租金	拥有更好的营销能力及品牌价值
	企业群	关系租金	供应商与客户建立的高效关系所产生的外部经济
外生租金 （全球价值链外）		自然资源租金	稀缺自然资源的获取与有限供给，以及对其获取渠道的控制
		政策租金	高效政府营造的环境对竞争对手构造的进入壁垒
		基础设施租金	获取高效的基础设施如通信、能源供应等
		金融租金	高效金融体系包括充足的金融资源、优于竞争对手的融资条件及金融支持等

资料来源：Kaplinsky 和 Morris（2001）。

租金本质上是动态的，随着竞争者的赶超，会转化为消费者剩余。竞争的过程就是企业家通过"新的组合"追寻超额利润的过程，之后经济租金会被竞争者熨平，竞争压力再次推动企业家创新，周而复始，使资本主义经济加速向前发展。

2. 全球价值链下的收益分配

1992年,中国台湾宏碁集团董事长施振荣提出"微笑曲线"理论,用以描述全球价值链不同业务工序所含附加值的高低。"微笑曲线"全球价值链呈附加值两端高、中间低的分布特征。由此价值分布可以清晰地看出,"微笑曲线"左端的技术、研发、专利环节附加值最高,这是由于该环节人才、技术资源稀缺,新技术研发成本高且知识产权保护严格。这些条件对竞争者形成了很高的进入壁垒,所以占据该环节的企业凭借垄断地位获得很高的租金。"微笑曲线"右端的销售、品牌、服务环节也为企业带来较高利润,这是由于知识产权和品牌拥有很长的生命周期,且很难复制,前者可以维持至少70年以上,后者可以是永久的。这些知识和无形资产为企业产品销售市场占有率提供了稳固保障,使得企业可以持续获取经济租金。而位于微笑曲线中间的加工组装环节附加值最低,利润空间最小。加工组装通常是劳动密集型环节,技术要求低,所以不会形成进入壁垒。该环节有大量的竞争者,不断涌现劳动成本更低的竞争者,从事该环节的生产者只能获得微薄的加工费用。

因此,在全球价值链分工下,高租金越来越体现在全球价值链两端的技术,包括研发等无形活动和品牌等稀缺资源。进入壁垒决定收益分配,占据进入门槛高环节的受益人通过获取的垄断收益,有能力去创造新的租金领域,成为全球价值链的领导者和治理者。而陷入低进入门槛环节的生产者,竞争激烈,获利微薄,随着时间累积而成为全球价值链领导者的跟随者和供应商。

Gereffi等(2005)认为在全球价值链分工下,领导者和供应商间的收益分配取决于相对议价能力。相对议价能力取决于两个因素:第一,供应商可替代程度。如果供应商从事环节的知识容易编码、不复杂,且很容易被竞争者模仿,则供应商可替代程度高,议价权就会倾向于领导企业。典型的如标准化的加工组装环节,技术复杂度低且知识容易编码使得领导企业很容易转换供应商,因此加剧了供应商间的竞争并压低了他们供应的价格。但如果供应商在决定转向与另一家领导者合作时,会面临较高的转换成本,所以短期内他们很容易被锁定而与一个领导企业合作。这通常发生在领导型价值链治理结构中,发展中国家供应商融入全球价值链的起初阶段与发达国家领导企业之间多为这种关系。另外，如果交易复杂且知识不容易编码，则领导企业转换供应商的成本会很高。供应商与领导企业间的联系将很紧密，会涉及高频率的面对面互动学习。通过声誉和长期的信任、承诺，二者建立相互依赖关系，利润分配也会相对有利于供应商。这通常发生在关系型价值链治理结构中，要求供应商有很高的生产能力和沟通能力，一般不会是最初融入全球价值链的供应商。第二，如果领导企业的竞争对手较少，则其议价权会更强，因为供应商不容易转换到其他的领导企业。Lee 和 Gereffi (2013) 使用手机行业的全球价值链说明了这点。近几年，手机行业的领导企业在大量缩减，全球市场基本上被苹果和三星主导。高市场占有率使供应商更加依赖某个特定领导企业的需求，领导企业议价能力提升。

随着分工细化和产品生产过程各环节的不断分割，全球价值链各环节联系越来越紧密，价值链也变得越来越复杂，一国或一个企业的竞争优势不但体现在其占据了全球价值链的高附加值战略环节，更体现在对价值链条各环节的系统整合能力上。租金越来越体现在价值链本身的治理与协调方面。所以，分工的细化使得全球价值链治理者跨越地理与组织的界限去提升全球价值链系统整合效率。跨国公司生产组织方式由之前纵向一体化的垂直层级管理转变为横向一体化的归核化管理，即将自己的核心能力集中在产品研发、营销等制造业和服务业的高附加值战略环节，而将非核心活动外包给更具比较优势和更专业化的企业生产。跨国公司在全球范围内搜寻质量最高、成本最低的供应商，并帮助供应商提升其供应能力。通过对企业内外部生产要素的高效整合利用，跨国公司作为全球价值链系统整合商的地位不断巩固，获得全球价值链的更高回报。

(四) 全球价值链下的产业升级

1. 全球价值链下产业升级的必要性

全球价值链不同环节创造的价值增值不相等，是因为价值链各个环节对要素投入的要求及各个环节的要素价格与稀缺程度不同。全球价值链两端附加值高的研发和品牌环节要求投入大量的知识、技术、资本等要素，而全球价值链附加值较低的中间组装环节则要求投入大量的劳动力。全球价值链各环节要求的要素投入特征及各国要素禀赋优势决定了各国在全球价值链中的位置。发达国家资本、技术密集型要素丰富,所以发达国家集中核心能力与资源专业打造全球价值链两端的研发、品牌等高附加值环节,在全球价值链分工中占主导地位,掌握产品标准、交易规则的制定主导权,且获得高收益回报。而发展中国家劳动密集要素丰富,劳动力成本低使发展中国家有机会承包发达国家转移的价值链低端的加工组装环节,但在全球价值链分工中处于从属地位,从事加工组装环节只能获得产品价值收益的5%—10%,且面临被领导企业锁定的风险。1970年后,全球价值链微笑曲线变得更深,即价值链的中间阶段增值部分变得更低(见图4-2)。这是由于产品加工制造环节的进入门槛低造成的。之前制造业在工业化发达国家中占主导地位,随着发达国家制造环节生产成本的上升,其开始将生产环节转移到工资较低的发展中国家,尤其是中国和印度。发展中国家以低劳动力成本将进口的原材料加工组装成最终产品再出口。由于加工组装环节的技术要求不高,进入门槛低,不断有劳动力成本更低的发展中国家融入全球价值链,所以该环节竞争压力大,价值链内生产环节经济租金逐步转移到了生产外的环节。发展中国家加工后的产品出口价格不断被压低,贸易条件持续恶化,若不积极创新且向价值链高附加值环节攀升,会陷入经济悲惨增长。

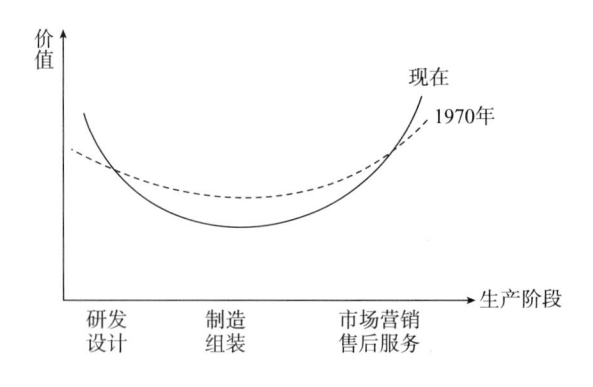

图4-2 微笑曲线变化

资料来源:Dedrick 和 Kraemer(1998)。

现有许多案例证明全球价值链收益分配有利于发达国家的领导企

业。发达国家领导企业直接参与的价值链环节竞争程度较低。例如，咖啡全球价值链在许多发展中国家很重要，包括欠发达国家，如埃塞俄比亚、卢旺达、乌干达等，咖啡出口占据这些国家出口总额的很大部分，但咖啡价值链中60%的增值由从事咖啡烘焙和零售的发达国家获取（Fitter & Kaplinsky，2001）。Dolan和Humphrey（2010）研究英国—非洲园艺价值链，尽管其中的一些小种植商如大生产商一样高效，但是由于领导企业在采购策略中偏好大供应商，小种植商通常被边缘化。Park等（2013）研究服装价值链发现，发展中国家制造商获取的价值不到10%。再如中国的运动类产品行业，发达国家领导企业通过使用它们的品牌影响力控制中国企业生产模式和升级，以保持其获取高附加值（Zhou等，2009）。在电子行业，领导企业获取的价值相对更高，约占产品批发销售价的1/3到1/4。高利润来源集中在核心软件和零部件环节，这些环节由发达国家跨国公司掌握，如微软和英特尔，这些公司拥有制定标准等规则的权利，使他们能够获得更多的价格溢价。由于许多发展中国家缺乏完善的反垄断监管法律，权利不对称引起的扭曲的利益分配被不断放大，造成发达国家和发展中国家间的收入差距更加扩大。为摆脱这种困境，发展中国家必须在融入全球价值链的基础上，采取措施向全球价值链两端高附加值环节升级，提升在全球价值链分工中的地位。

2. 全球价值链下的产业升级路径

全球价值链理论认为，融入发达国家领导企业主导的全球价值链是发展中国家参与全球竞争并获得进入发达国家市场机会的重要前提。加入全球价值链有两种路径，低端道路和高端道路。低端道路会使生产者陷入"底部竞争"，经济增长轨迹陷入"悲惨增长"，即尽管出口额大幅增加却没有带来收入水平和福利水平的提高。而选择高端道路的参与者则在参与全球价值链的过程中推动经济良性循环发展，实现了经济的持续增长。两条道路间的关键区别在于创新能力，即保证产品和工艺持续改进的能力。因此，全球价值链分工理论强调学习的能力，这不仅对生产部门有意义，而且影响着整个国家创新体系。但仅凭创新是不够的，如果创新速度慢于竞争对手，将导致增值额和市场份额减少，极端情况下，会陷入悲惨增长。因此，创新指的是基于特定环境下的一个过程，衡量快于竞争对手的程度。升级概念不同于创新之处在于它强调相对禀赋差异会产生租金。Kaplinsky 和 Morris（2001）认为升级是迈进了更高阶段的价值链而获得租金的提升，升级是一个相对的概念，是一个动态过程，关键看有多快及多大程度优于竞争对手，分析的对象包括企业、集群以及国家。

全球价值链从更宽的视角研究产业升级问题，包括价值链内各环节间的转换、环节内部活动的变动及价值链条之间的转换。与其相关，不仅有更新产品和改进工艺方面的升级，还有将价值链作为一个整体来研究其系统整合功能升级，即将价值链内非核心环节逐渐剥离，集中资源向更高附加值的核心环节发展。

具体来说，产业升级路径包括以下四方面：工艺流程升级、产品升级、功能升级与链条升级。

工艺流程升级指通过采用新技术、新设备或新组织方法使生产过程效率提升，中间品更高效地转为产出，达到优于竞争对手的目的，包括链条内效率的提升（如更快的库存周转率和更高效的原料使用率）与链条之间协调效率的提升（如缩短送货时间等）。

产品升级指以快于竞争对手的速度引进新产品或对旧产品改进设计、改进质量并生产出更高单位价值的最终品。

功能升级指跨越到全球价值链内生产环节的更高功能或生产外的更高附加值环节。这通常指迈向价值链更高收益且较难复制的环节，如管理复杂的输入产出网、原始设计、品牌化和市场营销等（见图 4-3）。

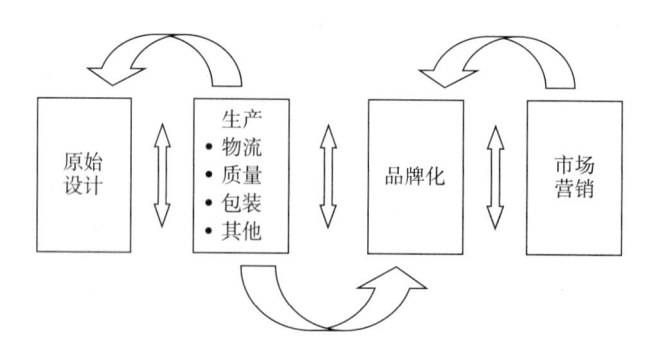

图 4-3 价值链中的功能升级

资料来源：Kaplinsky 和 Morris（2002）。

链条升级也叫部门间升级，指将某特定任务环节获得的能力应用到更高附加值的新价值链条中，如中国台湾某企业从收音机制造商转移到生产计算机，到生产电视，到电脑显示器，再到笔记本电脑，乃至现在的 WAP 手机这样一个升级过程。

表 4-3 列出了价值链四种升级模式的升级实践与升级表现，包括价值链内各环节间的升级、环节内部活动的升级及价值链条之间的升级情况。

表 4-3　　　　　　　　　不同产业升级模式

升级模式		升级实践	升级表现
工艺流程升级	环节内	研发；物流与质量控制系统改进；新机器设备的引入	成本降低；质量和周转效率提高；入市周期缩短；效率改进；专利研发能力提升
	环节间	研发；供应链管理；商务能力；促进供应链学习	降低最终产品成本；提高最终产品质量并缩短入市周期；改进价值链环节间合作协调效率；提升专利研发能力
产品升级	环节内	扩大设计和营销部门；建立或加强新产品研发	新产品、品牌产品销售率提升
	环节间	新产品研发中，与供应商、消费者的合作	受知识产权法保护的品牌数量增多；在市场份额没有下降的条件下，产品单价上涨
功能升级	环节内	向更高价值增值环节迈进并将低附加值活动外包	价值链内分工更细化；占据价值链内核心环节
	环节间	退出现在的环节并迈向更高附加值环节	利润增加；技能和收入增加
链条升级	链条间	剥离旧的生产活动并迈向新的链条；增加新链条的市场份额	利润增加；新产品或差异产品销售率提升

资料来源：根据 Kaplinsky 和 Morris（2002）的资料编制。

二　生产性服务贸易理论

传统上，由于服务的无形性和生产与消费的不可分性，服务被认为是不可贸易的。但信息技术的发展使服务可以通过电信等技术设备传输,提高服务的可贸易性。乌拉圭回合谈判及 GATS 的签订逐步消解了服务贸易壁垒,为推进服务贸易自由化进一步提供了制度保障。事实上,自 20 世纪 80 年代初,国际服务贸易发展速度快于商品贸易,1990 年全球服务贸易额占全球贸易的 20%。其中生产性服务贸易逐步成为发达国家服务贸易的主要部分。

同时,随着全球价值链分工的深化,生产性服务业在制造业产品增值及协调全球价值链各环节联系方面发挥着越来越重要的作用。生产性服务业转移成为全球新一轮产业转移的主要内容。依托生产性服务国际转移所产生的发达国家服务外包需求推动着我国服务贸易出口的发展。所以,对生产性服务业及其国际转移的研究对促进我国服务贸易发展及制造业转型升级有重大意义。

(一)生产性服务业研究综述

1. 生产性服务业概念界定

生产性服务业概念最早由 H. Greenfield 在 1966 年提出,他从服务功能方面指出了服务与生产间的密切联系,认为生产性服务业是向企业生产者而非最终消费者提供的中间产品或服务(Greenfield,1966)。Katouzian(1970)从需求角度分析生产性服务作为一种中间需求,随着企业迂回生产延长及市场规模的扩大、中间品范围和复杂度的提升对生产性服务中间需求不断增加。Matthew(1991)根据美国 1985 年投入产出表,将中间投入至少占总产出 40% 的部门界定为生产性服务部门,且中间投入须满足知识、信息密集的特征。Hanson(1994)认为生产性服务是协调和控制企业内专业化经营、联系现代化专业经济各分散要素的纽带,其中包括产业上游的研发、设计,产业下游的市场营销、物流等活动。Gold(1981)认为随着企业规模扩大和专业化程度的加深,企业内更广范围和更专业的、相互依赖的业务需要生产性服务部门去计划、协调和改进。生产性服务业在企业不同阶段生产过程中发挥着中间服务功能,保证企业内不同流程顺利运营,为企业带来了价值增值与效率提升,是生产的重要组成部分。

国内学者对生产性服务业的理论内涵研究与国外学者基本一致,只是在行业范围界定上有一定的分歧。李冠霖(2002)根据我国 1997 年投入产出表,将服务业中中间需求率高于 50% 的部门界定为生产性服务业。高传胜和李善同（2007）提出了判断狭义和广义生产性服务业的两个指标，即中间需求率与非居民最终消费比例，其中中间需求率用来判定狭义生产性服务业，广义生产性服务业用非居民最终消费比例来判定。李江帆等（2008）从产业关联角度认为生产性服务业与三次产业有较显著的产业关联度，被作为"资本品"投入三次产业生产过程。裴长洪等（2008）认为生产性服务业提供的是市场化的中间服务（非最终消费服务），即作为其他产品或服务生产的中间投入的服务，并具有专业化程度高、知识密集的特点。夏杰长（2008）认为，生产性服务业是指直接或间接为生产过程提供中间服务的服务性产业，它涉及信息收集、处理、交换的相互传递、管理等活动，其服务对象主要是商务组织和管理机构，其范围主要包括仓储、物流、中介、广告和市场研究、信息咨询、法律、会展、税务、审计、房地产业、科学研究与综合技术服务、劳动力培训、工程和产品维修及售后服务等诸多方面。但最为重要的则是信息服务业、现代物流业、研发服务业、租赁服务业等。

2. 生产性服务业特征

综合国内外学者的观点，生产性服务业是直接或间接用于企业生产过程中间投入的产品或服务，主要面向企业生产而非最终消费者。它具备三方面特征：第一，中间投入性。生产性服务业是为满足企业或公共组织中间需求，为企业在生产过程中提供中间投入品或服务，以生产新的产品或服务，带来更大价值增值的有效服务，而不是用于满足最终需求或用于私人消费。第二，知识密集性。生产性服务业中包含密集的人力资本和知识资本，它本身是人力资本和知识资本的创造、集聚和传播者。随着信息通信技术的发展，生产性服务业通过提供专业化服务，将人力资本和知识资本融入企业生产过程，推动企业技术创新，在经济活动中扮演信息技术的"转换器"角色。第三，产业关联性。生产性服务业分布于全球价值链的上游、中游及下游各个环节，不仅是价值链各个环节的主要价值增值点，而且在价值链不同环节分离与整合过程中起着协调、系统整合的作用，是全球价值链各个链条顺利运营的"润滑剂"。生产性服务作为中间投入，与农业、制造业、服务业有极强的技术经济联系，是构建现代农业、先进制造业，实现我国产业结构优化升

3. 生产性服务业分类

国外学者和政府机构从不同角度采用不同标准对生产性服务业包括的部门进行了分类。Browing 和 Singelman（1975）最早从服务业功能的视角，将生产性服务业分为金融、保险、法律、经纪等知识密集型专业化服务业。Matthew（1992）认为，生产性服务业包括通信，银行，证券和商品经纪与服务，保险机构，保险代理，控股和其他投资公司，商务服务，电影制作、戏剧和录像租赁，法律服务，其他专业服务。表4-4列出了生产性服务业所涵盖的部门及其标准产业分类代码。OECD（2000）将经济活动分为九个部门，其中服务业被分为四类，分别是生产性服务业、分销服务、个人服务与社会服务（见表4-5）。这四类服务业又分别各包括四个子部门，其中生产性服务业由商务和专业服务业、金融、保险以及房地产组成。这种分类基于三个标准：第一，服务功能；第二，用于企业生产还是居民消费；第三，市场还是非市场化供应占主导。

表4-4　　　　　　　　　　生产性服务业分类

标准产业分类（SIC）代码	生产性服务业
48	通信
60	银行
62	证券和商品经纪与服务
63	保险机构
64	保险代理
67	控股和其他投资公司
73	商务服务
78	电影制作、戏剧和录像租赁
81	法律服务
87	其他专业服务

资料来源：Matthew（1992）。

表 4-5　　　　　　　　　　　OECD 行业分类

OECD 行业分类	
农业	
采掘业	
制造业	
电力、燃气、自来水供应	
建筑业	
生产性服务业	商务服务和专业服务 金融 保险 房地产
分销服务	批发贸易 零售贸易 运输 通信
个人服务	餐饮住宿服务 休闲文化服务 国内服务 其他个人服务
社会服务	政府公共服务 健康服务 教育服务 其他社会服务

资料来源：OECD（2000）。

英国、美国等政府机构对生产性服务的产业范围也根据一定标准做了界定。英国标准产业分类将生产性服务业分为批发、废弃物处理、货运、金融保险、广告、研发及贸易协会七大类。北美标准产业分类将生产性服务业分为信息服务业，金融和保险服务业，专业、科学和技术服务业三类，其中信息服务业包括电信、互联网服务供应商、网络搜索门户、数据处理、广播、电影、录音、出版等；金融和保险服务业包括银行和融资、证券、商品合同、保险机构和相关活动、基金和信托等；专业、科学和技术服务包括法律、会计、建筑、工程、设计、计算机系统设计、管理、科学和技术咨询、广告等。表4-6归纳了不同学者对生产性服务业部门分类的观点。

表4-6　　　　　　　　　　生产性服务业的产业范围

来源	产业范围
Browing 和 Singelman（1975）	金融、保险、法律、经纪等知识密集型专业化服务业
Matthew（1992）	通信，银行，证券和商品经纪与服务，保险机构，保险代理，控股和其他投资公司，商务服务，电影制作、戏剧和录像租赁，法律服务，其他专业服务
OECD（2000）	商务服务和专业服务、金融、保险及房地产
英国标准产业分类（SIC）	批发、废弃物处理、货运、金融保险、广告、研发及贸易协会七大类
北美标准产业分类（NAICS）	信息服务业，金融和保险服务业，专业、科学和技术服务业三大类。其中信息服务业包括电信、互联网服务供应商、网络搜索门户、数据处理、广播、电影、录音、出版等；金融和保险服务业包括银行和融资、证券、商品合同、保险机构和相关活动、基金和信托等；专业、科学和技术服务业包括法律、会计、建筑、工程、设计、计算机系统设计、管理、科学和技术咨询、广告等

资料来源：笔者整理。

我国学者对生产性服务业分类的研究，有代表性的是芮明杰等（2012），他们从理论和统计视角分别对生产性服务业进行了分类。从理论视角看，基于生产性服务业是否嵌入制造业价值链和包含技术密集度两个维度，生产性服务业可分为四类：高技术嵌入式（Ⅰ类）、低技术嵌入式（Ⅱ类）、低技术非嵌入式（Ⅲ类）、高技术非嵌入式（Ⅳ类）（见图4-4）。统计视角主要是结合政府产业政策发展规划和统计原则进行的分类。2003年，国家统计局根据《国民经济行业分类》（GB/T 4754—2002）发布的《三次产业划分规定》将生产性服务业分为五大类：(1) 交通运输、仓储和邮政业；(2) 房地产、租赁和商务服务业，其中商务服务业包括法律、咨询与调查、企业管理等；(3) 金融服务业，包括货币金融服务、资本市场服务、保险和其他金融业等；(4) 信息传输、软件与信息技术服务业，其中信息传输业包括电信、广播电视和卫星传输服务、互联网和相关服务，软件与信息技术服务业包括信息系统服务、数据处理等；(5) 科学研究和技术服务业，包括研究和试验发展、专业技术服务业、科技推广和应用服务业。2006年，《国民经济和社会发展第十一个五年规划纲要》将生产性服务业分为交通运输业、现代物流业、金融服务业、信息服务业和商务服务业五大类，与《三次产业划分规定》所不同的是房地产业被列入了消费性服务业。另一个分歧点是科技服务业是否属于生产性服务业。2010年政府工作报告中，温家宝总理提出"大力发展金融、物流、信息、研发、工业设计、商务、节能环保服务等面向生产的服务业，促进服务业与现代制造业的有机融合。大力发展市政公用事业、房地产和物业服务。社区服务等面向民生的服务业，加快发展旅游业，积极拓展新型服务领域"，可以看出其将房地产业归为消费性服务业，技术服务业归为生产性服务业。2011年，《国民经济和社会发展第十二个五年规划纲要》提出了有序拓展金融服务业、大力发展现代物流业、培育壮大高技术服务业、规范提升商务服务业的指导思想，对生产性服务业重点行业发展范围进行了界定，将高技术服务业归类为生产性服务业。

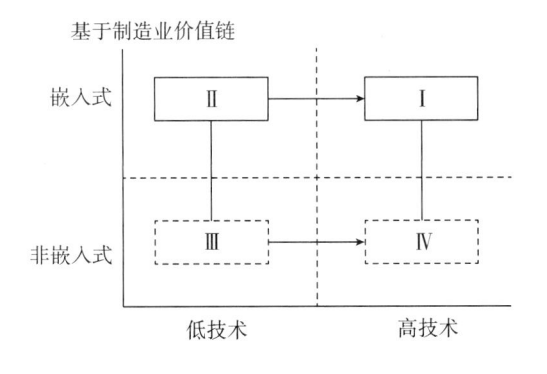

图 4-4 生产性服务业理论分类

资料来源：芮明杰等（2012）。

综观国内外对生产性服务业的分类研究，目前尚未形成统一标准。我国主要以《三次产业划分规定》与《国民经济和社会发展第十一个五年规划纲要》对生产性服务业行业范围的划分为标准。随着我国生产性服务业发展水平的逐步提高，行业范围将不断与国际标准接轨。

4. 生产性服务业增长的原因

（1）分工理论、规模经济与生产性服务业

Greenfild（1966）认为生产性服务业的增长与现代经济学中强调的专业化生产有关。根据亚当·斯密的分工理论，市场规模的扩大促进了企业专业化分工。分工的不断细化增加了产品生产过程的迂回程度，A. Young 将企业在生产过程中所投入的中间品的种类和数量作为产业链的迂回生产长度，即生产迂回度（Roundabout Product）。在分工推进下，随着企业生产过程中迂回生产度的加深，企业对中间品的高需求促进了生产性服务业的增长。Jefferson（1988）认为劳动生产率提高和产出增长之间的相关性在很大程度上归因于内部规模经济和专业化规模收益递增，其中生产性服务业在企业实现专业化规模收益递增过程中起关键作用。生产性服务业为企业生产过程注入更高质量的中间投入品和更高知识密集的人力资本，通过规模经济效应及知识溢出效应，降低了企业生产成本，提高了企业生产效率。

生产性服务业发展与分工形成了一个良性互动的过程。分工细化使得专业化企业间通过市场交易互通有无，但随着产业链中迂回生产程度的加深，交易频率的增加会带来一定的交易成本和交易风险。这就需要更加专业化的中间机构来协调生产，以提高交易效率，于是推进了更多种类的生产性服务部门从制造业中分离出来，发展成新的独立的生产性服务业，结果进一步深化了分工。所以，技术进步和市场规模的扩大促进了分工深化，而专业化分工下规模收益递增的实现有赖于制造成本和交易成本的降低，生产性服务业在其中起关键作用，这驱动了生产性服务业的增长。

（2）价值链理论、外包与生产性服务业

根据波特的价值链理论，企业生产过程由生产、营销、物流和售后服务等基本活动及辅助基本活动的研发、原料供应、人力资源、财务等支持性活动构成。基本活动和支持活动的每个环节在企业价值创造过程中相互联系，形成了企业完整的价值链。各价值链条相互联系、相互影响，上游链条某环节的产出通常是下游环节的投入，且每个环节不仅伴随着有形的物质材料流动，更重要的是暗含着服务、技术与知识等无形要素的流动。但全球价值链每个环节创造的价值并不相等，各个价值环节的增值能力通过投入的知识、技术含量多少来衡量。由于无形活动中包含的隐性知识对其他竞争对手形成了很高的进入壁垒，所以价值链高附加值集中在无形活动中。这些知识、技术密集的无形活动正是归属于生产性服务业的内容。价值链各个环节都包含着生产性服务业，如上游链条的研发、设计等，中游生产链条的物流、质量控制等，下游营销链条的广告、品牌管理等，但上游和下游链条包含的知识、技术密集的中间投入较多，所以，全球价值链呈现出两端附加值高、中间附加值低的"微笑曲线"特征。

经济全球化、贸易与投资自由化及信息通信技术的发展使价值链各环节在全球范围内有效分离成为可能，加速了全球价值链分工体系的形成。在全球价值链分工体系下，一国或一个企业的竞争优势不但体现为其占据了全球价值链的战略环节，而且随着价值链的深化，竞争优势更体现在对价值链条各环节的系统整合能力方面。所以，跨国公司生产组织方式由之前纵向一体化的垂直层级管理体系转变为横向一体化的归核化经营管理，即将自己的核心能力集中在产品研发、营销等高附加值战略环节，而将非核心活动外包给更具比较优势和更专业化的企业生产。生产性服务外包需求的增长基于两方面原因：第一，节约成本。企业外包生产性服务业不仅可以获得专业化独立企业规模经济带来的收益，而且能够回避风险和节约固定成本。风险回避与购买的服务和经济形势有关。当企业对某种服务的需求是间断性或不定时，如果在企业内生产，会导致资源不能充分利用。例如小企业的法律、业务咨询、税收、会计等。除节约固定成本外，另一个要考虑的因素是交易成本，只有当市场交易成本小于企业内部生产成本时，企业才会选择从外部购买专业生产性服务。另外，商业周期影响外包动态，但影响的方向还未达成共识。柔性生产理论认为，在经济低迷期，企业会简化其行政，倾向外包生产性服务功能。再者，外包在经济衰退期可能会降低，企业会动用其核心员工经营之前外包的工作。第二，获取专业知识或服务。从效率或品质层面上看，企业内知识的局限，尤其是技术复杂性的增加和生产服务功能的专业化使企业内部能力不足以满足特定服务的需求，从而驱动企业从外购买专业化服务。

外包使企业集中资源于自己擅长的领域，而将不擅长的活动交给外部企业来做，实质是最大化整合利用内外部资源的策略，这不仅提高了企业生产效率、强化了企业核心竞争力，而且优化了产业结构，推动了一批新兴的专业化生产性服务企业的发展，原来由企业内部提供的职能部门逐步发展为独立的产业，如信息技术研发服务、融资租赁服务、人力资源管理服务、市场营销服务。服务外包成为促进生产性服务业增长的主要动力。

（3）工业化、需求驱动与生产性服务业

西方学者费雪、克拉克、丹尼尔·贝尔及钱纳里等研究发现了三次产业在工业发展过程中的规律，即随着一国经济发展，就业和投资将逐渐从农业向制造业进一步向服务业过渡，服务业在工业结构中所占份额不断增长，其中服务业的增长主要来自工业经济对服务中间品的需求增长。在经济专业化进程中，新技术的引入导致了对大量生产性服务业的需求，这就解释了工业革命后服务部门和制造业部门同时扩张的原因，工业化推进了生产性服务业增长。

生产性服务业的增长随着工业化发展过程的演进经历了三个阶段：第一个阶段工业化早期，生产性服务嵌入企业内部，辅助制造业产品的生产，如负责产品存放的仓储业、协助原料采购及商品销售的运输业、促进企业融资的金融业等。第二个阶段工业化中期，生产力发展和技术进步推进下的分工细化及多样化消费者需求要求企业采用更灵活的专业化生产模式，西方工业社会经历了福特主义大规模生产向柔性专业化生产的转变。这个时期，企业柔性专业化生产、产品差异化需求、企业复杂结构管理需求及商业环境的变化等因素促成了多样化生产性服务部门的产生与独立化发展。第三个阶段后工业化时期，信息技术的发展促使工业经济向知识经济转变，不同于工业经济时代的物质资本投入，知识经济以人力资本和知识资本投入为主。生产性服务业本身包含密集的人力资本与知识资本，其通过提供专业化服务，将人力资本和知识资本融入企业生产过程，在经济活动中扮演信息技术的"转换器"角色，为企业知识创新学习提供平台，加速整个经济的知识强化进程。

生产性服务业与工业化发展互相推进，相辅相成。工业化程度的不断提升增加了对生产性服务业的需求，而生产性服务业通过与制造业、农业的协同发展，优化了产业结构，进一步促进工业化水平的提升。

（4）产业结构软化、知识资本投入与生产性服务业

20世纪80年代，随着发达国家由工业社会向后工业社会过渡，产业结构呈现出软化趋势，即服务业在产业结构总额中占比不断上升，服务业的发展成为经济增长的主要驱动力及城市现代化的主要象征；同时，产业结构软化特征也体现在各产业中间投入中服务份额占比的增加。Vandermerwe和Rada（1988）首次提出"制造业服务化"，指制造业中服务份额占比的提升，包括生产和销售等各个阶段，他认为产品增加服务是价值增值的过程。这个过程是在消费者需求多样化和激烈的市场竞争促使下产生的。制造业服务化将企业转化为更服务化的实体，为企业提供了攀升价值链的机会，信息、技术、服务等软要素成为企业转型、产业结构优化升级的关键。

以产业结构软化为特征的工业生产过程中，物质投入和体力劳动消耗降低，人力资本和知识资本投入增多，工业经济向知识经济转变。生产性服务业使用大量的专业技术人员，本身包含密集的人力资本与知识资本，其通过提供专业化服务，将人力资本和知识资本融入企业生产过程，在经济活动中扮演信息技术的"转换器"角色。生产性服务对生产率的提升源自其在企业创新活动中的作用，包括知识、技能创新的产生和扩散两方面，这在知识密集型生产性服务业中表现得尤其明显。知识密集型生产性服务业本身是知识的创造主体，包括研发、咨询及与IT相关的服务等。Bettencourt等（2002）认为知识密集型生产性服务是企业生产活动的主要价值增值部分，作用体现在人力资本和培训，先进知识的创造、积累与传播，根据客户需求定制服务和产品，与客户的密切合作等方面。

（二）生产性服务贸易研究综述

最早提出生产性服务贸易概念的学者是James R. Markusen（1989），

他使用垄断竞争模型分析，提出由于国内和国外中间品之间的互补性及专业分工下的规模收益递增效应，最终品贸易是专业化中间品贸易的次优替代。所以，生产性服务贸易指专业化分工下具有规模报酬递增效应的中间投入品贸易。随着服务贸易的加速发展，有关生产性服务贸易的理论模型及服务贸易自由化后，生产性服务贸易对经济的影响等方面的研究增多（Melvin，1989；Francois，1990a，1990b；Jones & Ruane，1990；Marrewijk et al.，1997；Deardorff，2001）。Melvin（1989）在赫克歇尔—俄林模型中加入了生产性服务中间投入并检验传统贸易结果，得出生产性服务贸易如商品贸易一样可以获得一般均衡结果。Francois（1990）分析了生产性服务贸易、市场规模扩张整合与劳动分工三者间的关系，他通过模型得出战后贸易自由化背景下，贸易限制的取消及市场整合使企业规模变大。企业生产过程可否有效分解成专业化的不同阶段取决于市场规模和生产性服务业的供给。生产性服务业的成本和可获得性是专业化规模收益递增实现的关键影响因素。通过直接贸易或通过跨国公司获得生产性服务业可以帮助发展中国家参与全球专业化分工。无论在企业内还是参与国际分工的不同生产阶段，生产性服务贸易会促进专业化水平提高，实现规模报酬递增。由于生产性服务贸易可用性数据的缺乏，生产性服务贸易的实证研究仍相当有限，Chang 等（1999）整体估计了世界生产性服务贸易并根据不同服务部门研究各国的专业化水平。其他的研究如 Midelfart - Knarvik 等（2000）使用生产和就业数据对专业化格局进行推理，从而绕过贸易数据的局限性。国外学者对生产性服务贸易的研究主要是基于其在国际专业化分工中的两个作用：一是生产性服务作为高效中间投入带来的规模收益递增效应，二是生产性服务在国际分散工序分工中的联结和协调作用。

国内学者对生产性服务业的研究较多，但将生产性服务业与贸易结合的研究较少。段丽娜（2012）运用向量自回归模型研究中国生产性服务贸易与产业结构的耦合。王影（2013）研究中国生产性服务贸易国际竞争力。郑春霞、陈漓高（2007）运用 JK 模型分析了生产性服务贸易增长机制。樊秀峰、韩亚峰（2012）基于价值链视角分析了生产性服务贸易对提升制造业效率的作用。国内研究总体得出：我国生产性服务贸易发展，无论从规模还是结构上都相对滞后，与制造业的产业关联度较弱,从而制约了其有效发挥提升制造业生产效率的作用。

综合国内外学者的研究,生产性服务贸易指生产性服务作为一种中间投入跨越国家边界的进出口贸易活动。从价值链视角看,生产性服务贸易贯穿于全球价值链的各个环节,如上游链条的研发、设计等,中游生产链条的物流、质量控制等,下游营销链条的广告、品牌管理等都属于生产性服务贸易包含的服务内容。生产性服务贸易对产业升级的促进作用表现在其为全球价值链各环节带来的价值增值,以及联结和协调价值链各环节的有效分离与整合。

(三) 生产性服务业国际转移

20 世纪 90 年代以来,在第三次科技革命的推动下,国际服务业尤其是生产性服务业构成新一轮全球产业转移的新趋势。生产性服务业国际转移指发达国家跨国公司将网络管理、IT 咨询、软件研发、金融、物流、会计、人力资源和商业分析等服务业务通过海外直接投资或离岸外包方式转移到成本较低的发展中国家。起初转移的服务业务主要是劳动和资本密集型服务,随着跨国公司全球化研发需要相关的生产性服务与技术创新投资配套的发展,一些高附加值的知识密集型服务产业,如信息生物技术、集成电路设计、新材料研发、市场情报、商业分析等也加快了向发展中国家转移的步伐。

生产性服务国际转移包括服务项目外包、业务离岸与海外直接投资三种形式。服务项目外包指企业将非核心服务项目外包给独立的供应商而非其子公司来做。业务离岸指企业将服务业务及其部门转移到成本较低的发展中国家,承接其业务的可以是隶属母公司的子公司,也可以是独立的第三方服务接包商。生产性服务业海外直接投资指为跨国公司提供相关生产性服务与技术创新等配套业务的现代服务企业与跨国公司建立合作关系,以新建工厂独资或并购合资经营等形式进行服务业国际转移。

跨国公司在进行生产性服务业国际转移的过程中,服务项目外包、业务离岸与海外直接投资三种形式通常会发生交叉。图 4-5 显示了三种转移形式的不同及其交叉的过程。外包主要区分跨国公司是将服务业务交给其子公司做还是交给外部独立的供应商来承接。离岸的主要区分标准是跨国公司外包的服务是否跨越了国家边境。箭头1指跨国公司将服务外包给国内供应商。箭头2指跨国公司将服务外包给外国供应商。箭头3显示了跨国公司将服务外包给外国供应商的离岸外包轨迹。箭头4显示了跨国公司将服务交给国外子公司来自营。箭头5显示了跨国公司由境外自营转向由国外第三方服务供应商承接的过程。外包形式的选择受到许多因素影响，包括服务特征、投资规模、企业当地基础设施及其内部知识水平等。当今，跨国公司主要从事日常活动的海外自营中心在减少。跨国公司的外国子公司将这些业务外包给专业的第三方供应商，而跨国公司集中其核心业务的发展。所以，箭头5离岸外包模式，实际是跨国公司进行生产性服务业国际转移的主要形式，转移目的就是将非核心业务外包给海外专业供应商，从供应商国家的低成本及专业化业务中获益，如典型的印度软件外包产业的发展使其成为"世界办公室"。

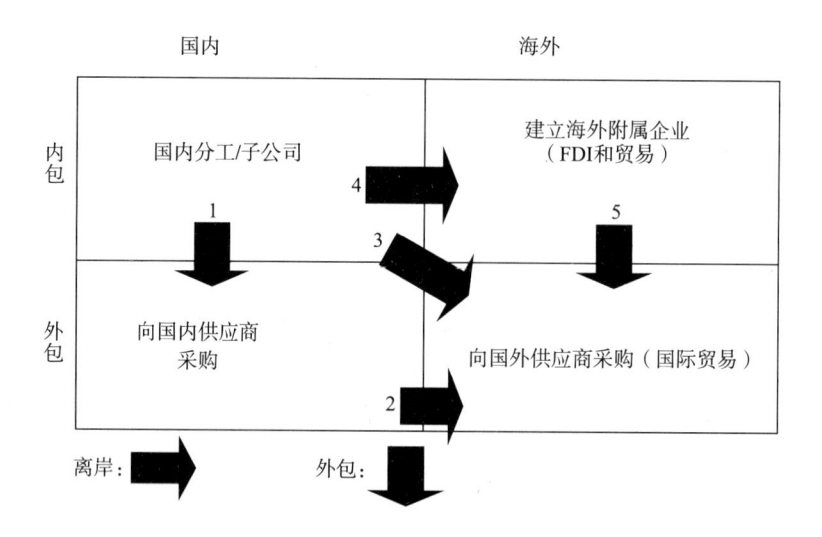

图4-5　FDI、离岸与外包三种转移形式的不同及交叉过程

资料来源：M. Sako, "Outsourcing and Offshoring: Key Trends and Issues", paper presented at the Emerging Markets Forum, Oxford, United Kingdom, 2005. [online] http://www.sbs.ox.ac.uk/NR/rdonlyres/99F135D4-E982-4580-9BF0-8515C7B1D40B/1752/EMFOutsourcingNov05.pdf.

（四）生产性服务外包理论

1. 生产性服务外包价值链

近几年，发达国家生产性服务业通过外包、离岸化、海外直接投资等方式向发展中国家转移，离岸服务外包是主要方式，其实质上是由一国生产但在另一国消费的一种服务贸易形式。离岸服务外包可以分为两类：水平离岸服务外包和垂直离岸服务外包。图4-6显示了离岸服务外包价值链。水平离岸服务外包指可以为所有部门提供的服务，垂直离岸服务外包指为特定部门提供的服务。水平离岸服务外包分为三个阶段：信息技术外包、业务流程外包和知识流程外包。

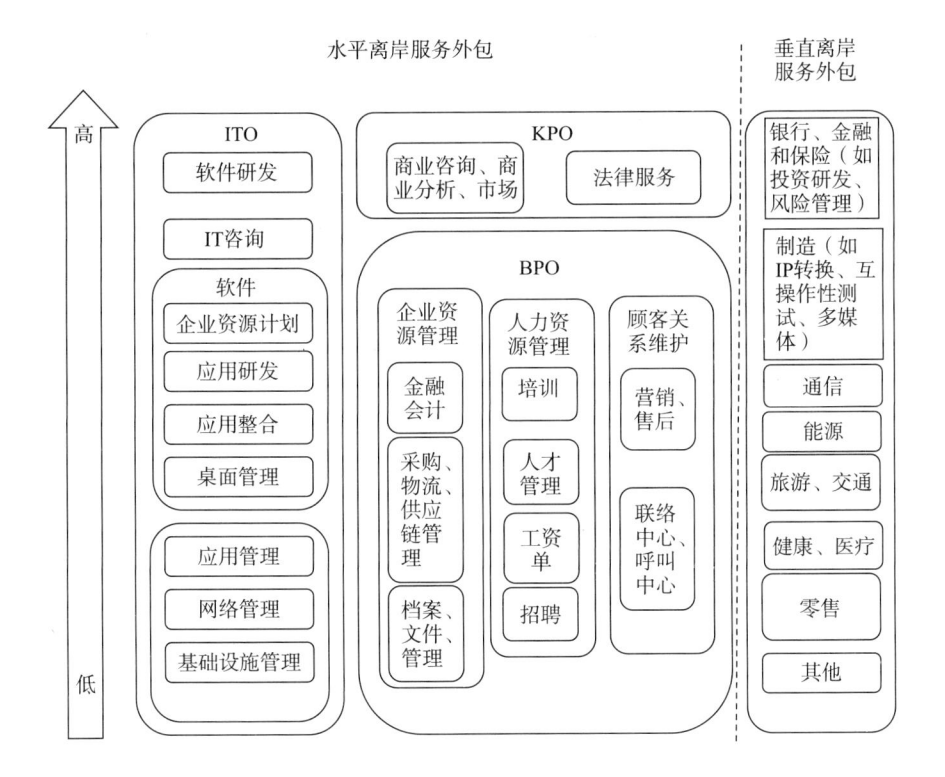

图4-6 离岸服务外包价值链

资料来源：CGGC, Duke University。

信息技术外包（ITO）兴起于20世纪80年代，贯穿于离岸服务外包价值链的各个阶段，指企业以合同的方式将与信息相关的非核心业务交给专业的信息服务供应商来做，这些业务包括信息管理、应用研发、IT咨询、软件研发及网络平台维护等。

业务流程外包（BPO）发展于20世纪90年代，主要位于离岸服务外包价值链的中低端，指企业将整个或部分业务的流程设计、业务管理、业务运营等服务交给第三方专业服务供应商来做，涉及的业务范围涵盖企业资源管理、人力资源管理和顾客关系维护等。其中企业资源管理包括金融、会计、采购、物流、供应链管理、资产管理等服务；人力资源管理包括培训、人才管理、账单支付和员工招聘等服务；顾客关系维护包括营销策划、呼叫中心等服务。知识流程外包（KPO）主要包括高附加值的服务如商业分析、商业咨询、市场情报和法律服务等。过去，知识流程服务被认为是企业的核心能力，主要在企业内运营或接近企业的核心运营总部。21世纪后，随着企业向离岸服务外包价值链高端拓展业务，知识流程服务外包迅速发展。

垂直离岸服务外包需要特定的工业知识。这些服务专业化应用于某些部门，而对其他部门的应用限制很大，例如银行业的支票处理、医药业的临床试验等。

2. 离岸服务外包参与主体

离岸服务外包由四类核心参与者组成：发达国家第三方服务供应商如IBM和惠普公司；印度第三方服务供应商如印孚瑟斯，是印度第一家在美国上市的信息技术和商务咨询服务公司；跨国公司自有设备中心，如通用电气，是第一家将服务离岸外包的公司；发展中国家当地服务供应商。图4-7显示了离岸服务外包的工业组织演进过程。

1990年，发达国家跨国公司利用印度和其他发展中国家低成本区位优势，在印度和其他发展中国家建立了自有设备中心。经过了二十年，自有设备中心逐渐被外包取代，尤其是印度企业发展很快且市场份额不断扩张。表4-7列出了发达国家领先的专业服务供应商，大部分总部在美国。表4-8列出了印度领先的服务提供公司。这些公司利用劳动成本套利机会和优秀人才的供应在发展中国家建立了良好的运作模式，并将这些国家作为服务出口的良好平台。

第四章 生产性服务贸易与全球价值链 | 169

```
离岸服务外包参与主体
  ↑
  发展中国家当地服务供应商 ────────────────────────→ 当地企业被挤出，跨国公司服务当地市场或为专门部门提供专业高端服务
                              发展中国家当地企业出口服务 →
  印度第三方服务供应商 ──→ 印度第三方服务供应商开始在全球占主导地位 → 在其他发展中国家建立运营中心，全球建立"全球服务中心" → 服务供应商收购小供应商，提供更多高端服务
  发达国家第三方服务供应商 ──→ 在发展中国家建立业务运营中心，将其作为服务出口平台。第一波在印度，第二波在中东欧和菲律宾，第三波在拉美 ────────→
  跨国公司自有设备中心 ──→ 跨国公司在印度或其他发展中国家建立自有设备中心 → 许多自有设备中心被出售或将运营业务转给第三方服务供应商
        1990年  1990—2000年   2000—2005年    2005—2013年
```

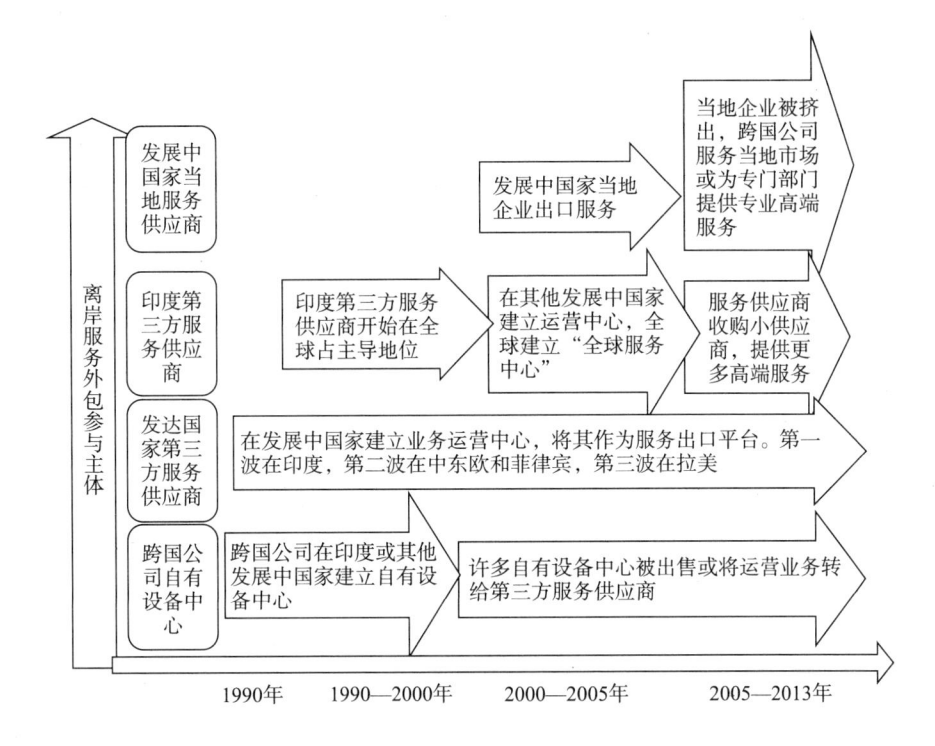

图 4-7 离岸服务外包工业组织演进过程

资料来源：Fernandez – Stark 等（2010c）。

表 4-7   发达国家领先服务供应商

	公司	总部区位
1	IBM	美国
2	埃森哲咨询公司（Accenture）	美国
3	惠普（Hewlett – Packard）	美国
4	凯捷咨询公司（CapGemini）	法国
5	收购软件服务提供商（ACS）	美国
6	互联企信（Teleperformance）	法国
7	康沃吉斯（Convergys）	美国
8	赛特（Sitel）	美国
9	阿姆多克斯（Amdocs）	美国
10	Teletech	美国

资料来源：Gereffi 和 Fernandez – Stark（2010a）。

表4-8　　　　　　　　　　印度领先服务供应商

	公司
1	塔塔咨询服务（Tata Consulting Services，TCS）
2	维布络信息技术有限公司（Wipro）
3	印孚瑟斯信息技术和商务咨询公司（Infosys）
4	简柏特（Genpact）
5	马恒达萨蒂扬公司（Mahindra Satyam）
6	HCL科技公司

资料来源：Gereffi 和 Fernandez – Stark（2010a）。

3. 离岸服务外包供需的全球分布

大体上，发达国家倾向于将服务业离岸外包到全球成本低、劳动力受教育程度高的国家。印度是第一个发展成功的离岸服务供应商，到2012年创造了280万个工作岗位（NASSCOM，2012a）。其他发展成熟的离岸服务供应国家包括菲律宾、中国、巴西和波兰。包含15—50个离岸服务中心的新区位主要集中在中东欧和拉美国家。近年来，非洲国家由于其低劳动成本与英语优势，离岸服务外包业务增长较快。传统上，美国、加拿大、西欧和澳大利亚是离岸服务的最大购买者。金融危机后，新兴经济体对离岸外包服务的需求也逐渐增多，促进了南南服务贸易的发展。

4. 离岸服务外包增长的JK模型

Jones 和 Kierzkowski（2000）根据亚当·斯密分工理论，认为当生产规模扩大，劳动分工使每个工人可以专业化于特定阶段的任务。市场规模决定分工的深度，在生产的低水平阶段，市场规模较小，生产过程被整合在一个区域内进行，当生产规模扩大，生产过程可以垂直地分成两个或更多的生产模块，每个模块被分离在不同的区位生产。不同生产阶段需要不同比例的中间品投入，不同地区要素供给和要素价格的相对差异是生产过程分离的动因，即劳动密集型阶段将会定位在劳动力丰富的地区，资本密集型阶段将会定位在资本丰富的地区，这符合赫克歇尔—俄林的资源禀赋理论。然而，生产过程分离会产生交易成本，将不同的生产阶段联结并进行协调的是交通、通信、保险等生产性服务。

JK 模型假设：第一，由生产性服务联系起来的专业分工活动显示出很强的规模收益递增效应；第二，联结各分离生产段的服务总成本固定，即服务总成本不会随产出数量增加而增加，如对于 1000 单位和 1 万单位产出来说，联结两个分离生产段的运输成本和通信成本没什么差异；第三，不同国家或地区要素禀赋、要素价格、中间品投入需求及技术水平存在很大差异。

图 4-8 描绘了生产过程分离导致的规模收益递增。线 1 表示整个生产过程在一个地方完成，线 2 将生产过程分成两个生产段，根据每一个生产段要素的密集使用度将其放在要素价格相对低的区位，带来了生产边际成本的下降（线 2 斜率）。但是，这些分离的生产段必须通过服务来联结和协调，OA 指服务协调产生的交易成本。类似地，线 3 和线 4 趋近平缓，表明边际成本随着分离程度的加深进一步降低，生产过程被分成更多不同区段，根据比较优势布置到最适合的区位，但是需要更多的服务来联结。线 4 的总成本 OC 表明分离的生产段被外包到不同的国家，相应的边际成本下降，但服务联结成本上升。图 4-8 加黑部分是每一段产量下对应的最小成本轨迹。在专业分工下，规模报酬递增带来的边际成本下降足可以抵消服务联结成本时，分工进一步深化，服务离岸外包增长。近年来，通信技术的改进、服务管理的放松及服务贸易

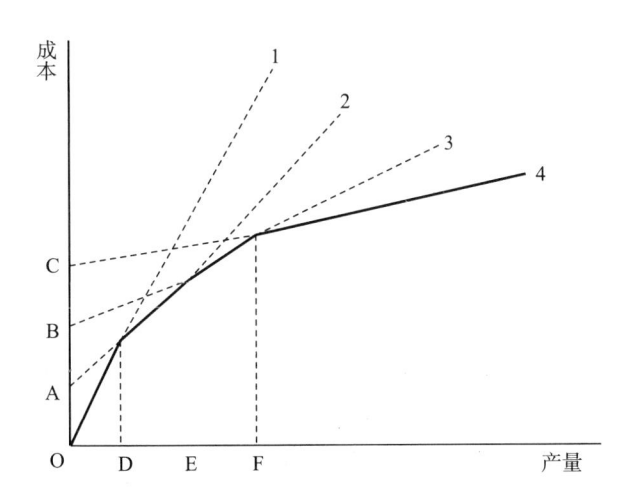

图 4-8　JK 模型

资料来源：Jones 和 Kierzkowski（2000）。

国际壁垒的下降等因素减少了服务联结成本，这些变化反映到图 4-8，即线 2、线 3、线 4 的截距，也就是 OA、OB、OC 减少，进一步推进了离岸服务外包的发展。

5. 离岸服务外包价值链的升级

在制造业价值链文献中，通过检验每个阶段的输入品向输出品的转化来衡量价值。但服务业的输入品是无形的，包括顾客服务、分析及技能等要素。这为准确地衡量"增值"增加了难度。工业分析认为企业参与全球价值链不同阶段取决于两个因素：劳动成本和专业化。离岸服务外包价值链根据每个阶段所包含的人力资本来衡量价值，即员工受教育程度及每个阶段不同服务功能所要求的经验水平。价值链低端的员工受教育程度和经验水平较低，而从事价值链顶端业务的员工受教育程度高且有多年的工作经验。通过显示离岸服务价值链不同阶段所要求的人力资本，这种分类有助于决策者去决定重点发展哪部分行业。

升级指企业、国家、地区和其他经济利益相关体为保持或提升全球经济中的位置所采取的战略。经济升级指经济主体在参与全球生产过程中向全球价值链更高附加值阶段攀升以获得更多收益，包括利润、增值和能力。离岸服务价值链升级包括五种不同的升级轨迹（Fernandez - Stark 等，2011b）。

轨迹 1：加入价值链

发展中国家通常通过提供 BPO 活动中的呼叫中心服务加入价值链。这个阶段类似呼叫中心服务的业务主要是执行一些简单、重复的功能，对劳动力受教育程度、技术水平要求低，目的是通过规模经济降低成本和增加利润。所以，这个阶段的接包方通常是劳动力成本低的中低收入发展中国家，且主要依靠那些之前被边缘化的劳动力市场，如中学文凭的青年和女性劳动力。

轨迹 2：在 BPO 范围内升级

这个阶段包括从业务流程外包的基本服务如呼叫中心服务供应，向高附加值服务供应攀升，更高附加值的业务流程外包活动也包括像呼叫中心一样需要执行简单、重复功能的业务，但整体上，业务难度复杂度提升，需要一些受过更高水平教育的劳动力。企业通过在某个领域专业化来扩展其业务流程外包服务供应的范围。例如，南非已是重要的业务

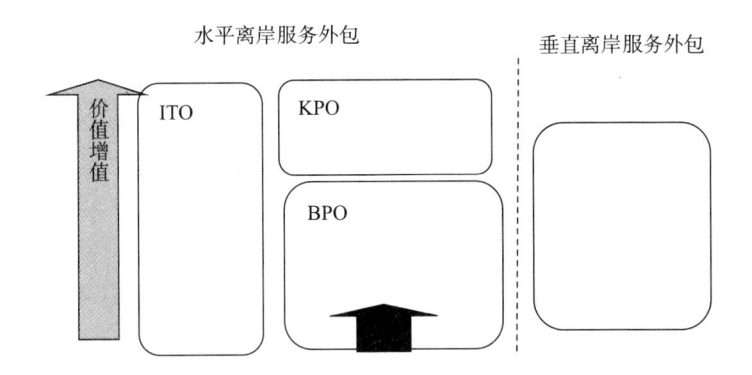

图 4-9 离岸服务外包价值链升级轨迹 1

资料来源：Fernandez – Stark 等（2011b）。

流程外包目的地，2009 年雇用了 87000 个工人，且以年均 33% 的增长率在增长。这些国家的企业试图去扩展它们的业务流程外包活动（Everest Group 和 Letsema Consulting，2008；Sykes，2010）。

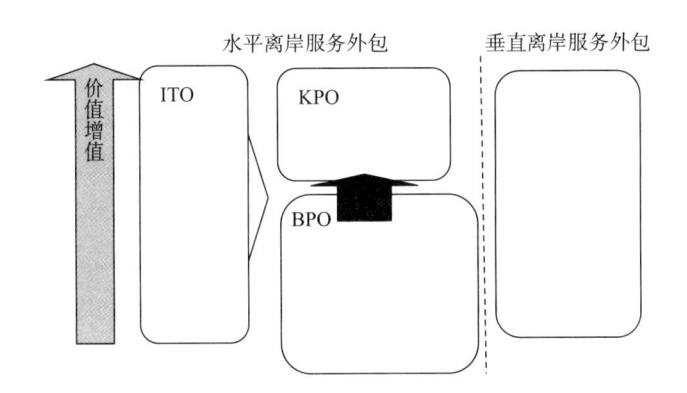

图 4-10 离岸服务外包价值链升级轨迹 2

资料来源：Fernandez – Stark 等（2011b）。

轨迹 3：从 ITO 或 BPO 到 KPO 的升级

从 ITO 或 BPO 到 KPO 的升级是以顾客参与来为商业问题提供解决方案。BPO 和 ITO 企业除了提供其他的交易活动外，试图通过增加数据和市场分析为其客户提供更精细的解决方案。信息服务企业的外包业务组合中知识流程外包活动逐渐增加。2002—2005 年，印度公司如印孚瑟斯、维布络开发并推出了商业咨询服务。

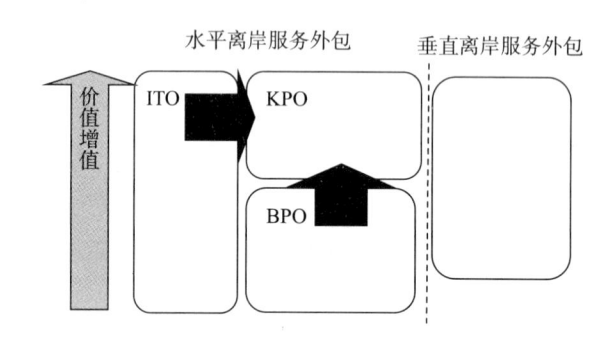

图 4－11　离岸服务外包价值链升级轨迹 3

资料来源：Fernandez‑Stark 等（2011b）。

轨迹 4：提供更宽范围的服务

这个轨迹描述了通过提供 ITO、BPO 和 KPO 各个阶段的服务从而实现功能升级。定位于 ITO 和 KPO 阶段的企业在更综合化的活动范围内进行专业化经营，包括 BPO 服务。这通常通过收购一些小的 BPO 企业或在企业内建立新的业务实现。许多印度公司从 IT 和咨询（KPO）服务段扩展到 BPO 部门，包括大的国内公司，如印孚瑟斯、维布络，以及在印度建立的外国子公司，如 IBM、埃森哲咨询公司。

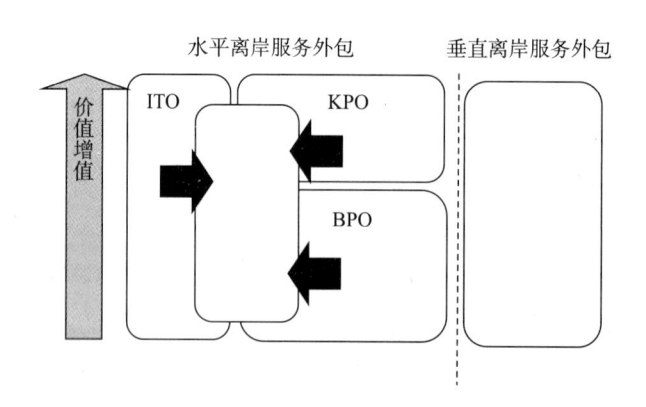

图 4－12　离岸服务外包价值链升级轨迹 4

资料来源：Fernandez‑Stark 等（2011b）。

轨迹5：垂直离岸下的企业专业化（部门间升级）

为许多工业提供ITO、BPO和KPO服务的企业通常专业化于关键部门以发展特定的专业服务。这种轨迹与东道国领导工业密切相关。企业依靠大量专业的高质量人力资本供应，通过专业化发展来保持在特定专业市场的竞争力优势。例如，捷克企业通过建立BPO共享服务活动进入离岸服务业并之后升级进入垂直离岸服务外包的研发部门，尤其是在汽车、航空和IT领域（Business and Innovation Center、Brno，2009）。

这些升级轨迹表明了不同国家向服务外包高附加值活动攀升的策略。这些轨迹不是相互割裂的，而是会同时交叉发生。轨迹1说明了一国如何进入价值链，通常的策略是由提供呼叫中心服务开始。轨迹2除了呼叫和联络中心外，一国能提供更复杂的业务操作。轨迹3进入知识流程外包阶段的知识活动供应更大程度涉及分析、解决问题。这些分析服务对劳动力素质要求较高。当一国运营从低附加值到高附加值的较宽范围的业务时，升级轨迹4发生。这些业务运营为客户提供"一站式"服务，减少了交易成本，但是需要大量有成本竞争优势工人的供应来为价值链的不同阶段服务。轨迹5表明向特定工业的专业活动升级。专业化减少了与其他低成本区位竞争带来的波动。

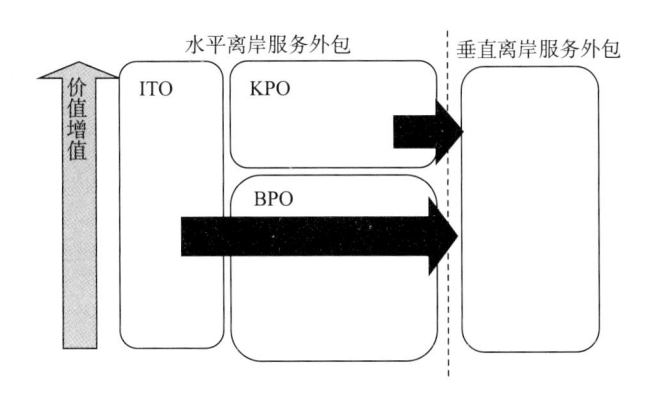

图4-13　离岸服务外包价值链升级轨迹5

资料来源：Femandez - Stark 等（2016）。

第三节 生产性服务贸易促进制造业升级的政策机制

一 生产性服务外包促进制造业核心竞争力形成以及效率提升

制造业与服务企业之前的联系主要局限在当地且关联程度较弱。信息通信技术的发展突破了服务外包在地域上的限制，使全球价值链生产和服务环节在时间和空间上分离成为可能。当任务可以同时传输、零部件和半成品可以速度快又便宜地移动，且每一阶段需要的中间服务可以通过电子通信来传输时，企业可以充分利用各国要素成本差异，把资源配置到成本最低的地方，从专业化生产中获得最大利益，这促进了全球生产性服务外包的大量兴起。

生产性服务外包促进制造业核心竞争力形成及效率提升表现在以下两个方面：

第一，节约成本，转移风险，优化资本运营结构。制造业企业充分利用不同国家或地区工资成本差异优势，将非核心业务外包到工资成本较低的地区或国家，从而将节约下来的资本及资源配置到企业具有比较优势的核心业务环节，培育核心竞争力。同时，服务外包使得参与全球生产体系的制造业可以将一部分风险转移给服务企业，又可以帮助企业削减工作量，即通过外包缓解高峰期的工作负荷。Hanson（2003）等实证研究跨国公司垂直生产网络全球布局的决定因素，其研究集中在分析跨国公司如何以最佳方式组织庞大的生产链，其中外包正是利用了跨区域的国际成本差异。同时，在互联网技术的推进下，生产性服务业也帮助企业在外包非核心业务过程中降低交易成本。互联网技术彻底改变了全球价值链上企业间的互动方式，模块化生产减少了企业间的外部协调成本。全球生产性服务帮助制造业企业根据市场变化调整技术、产品和生产过程，减少生产调整过程中的组织、管理与信息障碍。

第二，获取专业化服务，提升制造业生产和组织效率。获得高质量的服务对全球生产企业很重要，因为不同类型的服务帮助企业设计新的市场策略或提供新的工具以更好地适应市场的变化。随着生产变得更复杂和更灵活及非价格因素在企业竞争中的重要性凸显,如产品创新、设计和质量等,制造业对外部专业服务的依赖程度提升,扩大了对全球生产性服务的需求。生产性服务外包通过两种机制提升制造业生产效率:首先,根据亚当·斯密的分工理论,即在服务的生产与传输中,专业化水平的提升产生规模经济并提升制造业生产率。生产性服务具有知识密集特征,在起初学习阶段需要大量投资,但一旦形成知识,提供给其他使用者的边际成本则会大大降低。生产性服务业以相对较低的价格提供无形的中间服务,制造业企业作为这些服务的主要使用者,从生产性服务专业化市场收益最多。其次,生产性服务内含的人力资本投入带来动态效率收益。将亚当·斯密分工理论放到动态的环境下亦可以看出,市场扩张与专业化分工程度的加深,通过加速引进新技术和新组织模式,也会为垂直整合制造业部门带来质变。量变和质变相互交错的过程提升了制造业生产和组织效率。生产性服务为客户公司提供不同于公司内部的新服务,为其提供外部优秀的人力资本、资源等,支持其引进新工艺技术并提高其设计、研发和市场定位等能力,为客户公司更好地融入全球价值链提供信息和平台。例如,银行和金融服务全球化使当地企业在全球金融方面达到跨国公司的专业水平。新技术的运用如工业设施远程监控技术、传感器和数字仪器的使用成本已大幅下降,它们越来越多地被安装在机器设备上,以提高能源利用率。

二 生产性服务集聚与制造业协同定位促进制造业规模收益递增

1. 生产性服务集聚与制造业协同定位的理论基础

制造业与生产性服务业的协同定位是基于二者的投入—产出关系。Venables(1996)认为在纵向联系的情况下,制造业对生产性服务业的需求引起了生产性服务业在制造业附近集聚,达到了降低交易成本效应。制造业受益于短距离生产性服务业的供应。服务供应商受益于短距离制造业客户的高需求。成本和需求联系使制造业和生产性服务业形成客户—供应商关系,这种关系使二者在空间布局上相互依存。Marshall、Arrow和Romer(MAR)(1987)认为生产性服务业在与制造业关联的密集区域集聚,会产生三方面的积极外部效应:第一,知识溢出。由于地理邻近、非正式接触及劳动力流动等因素,企业和员工间知识的传输容易产生知识溢出。第二，劳动力池。专业化的当地劳动力市场便于企业获得大量技术工人，避免劳动力短缺风险。第三，中间投入品共享。在地理集中的市场区域内可以共享到大量的服务和生产要素。波特的钻石模型中强调一个行业的成功部分取决于相关和支持行业。Hansen（1990）认为生产性服务和区域生产率差异间的关系与生产性服务和制造业地理上的联系紧密程度相关。Klaesson（2001）认为制造业和生产性服务业应该邻近的原因是服务提供成本会随着服务供应商的距离不断提升。这些成本包括见面和频繁接触的路途时间与开支等。这些研究说明了制造业在与生产性服务业协同定位中受益很多。

Goe（1990）指出生产性服务业也从与制造业邻近中受益很多，因为制造业需求为其开辟了市场。空间集聚下高效便利的投资环境对吸引生产性服务 FDI 流入产生积极效应。在一个特定的地理区域，与特定工业相关的中间品和服务的高度供应节省了国内和外国企业客户去寻找匹配供应商的时间，尤其是丰富的高技术人员供应，非正式和面对面的互动促进了隐性知识的编码与传输，知识溢出促使企业学习到新技术。如图 4-14 显示，制造业的生产规模影响生产性服务业的规模。制造业生产需求引致生产性服务业的发展，吸引了生产性服务业的集聚。反过来，专业化供应的生产性服务企业降低了制造业的成本，促进了其产出增加。

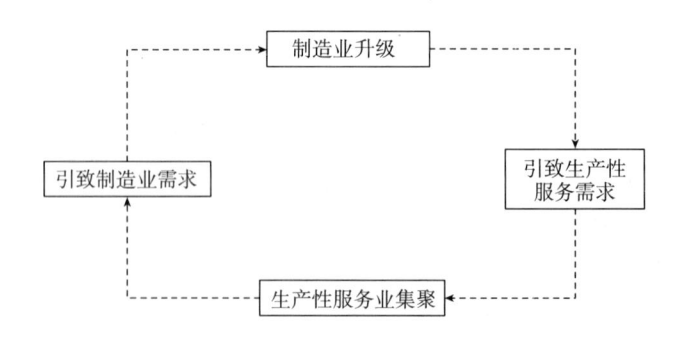

图 4-14　生产性服务业集聚与制造业协同定位下的相互依存关系

2. 生产性服务集聚与制造业协同定位促进制造业实现规模收益递增效应分析

图 4-14 概述了制造业和生产性服务业集聚相互依存关系的理论基础。下面以 Either（1982）和芮明杰等价值链分工模型为基础，对模型进行改进来分析生产性服务集聚与制造业协同定位下的规模收益递增效应。假定制造业生产函数为式（4-1），生产投入仅包括劳动力和生产性服务业，且制造业在完全竞争条件下运行。式（4-1）中的生产函数规模报酬不变且由差异化的生产性服务组成。如 Dixit 和 Stiglitz（1977）概述的，生产性服务业被假定为在垄断竞争条件下运行。

$$x = AL^{\gamma} \left\{ \int_0^n [z(i)]^{\sigma-1/\sigma} di \right\}^{(1-\gamma)\sigma/\sigma-1}, \sigma > 1, \gamma < 1 \quad (4-1)$$

其中，$A \equiv (\gamma/1-\gamma)^{1-\gamma} + (1-\gamma/\gamma)^{\gamma}$。随着生产性服务业数量 n 的增加，规模收益递增，可见中间投入品的平均生产率是生产性服务投入数量 n 的递增函数。$\Omega \equiv nz(i)$ 是制造业生产中所使用的生产性服务业的总量。因为所有生产性服务业是对称的，所以平均生产率可以记为 $Z/\Omega = n^{1/\sigma-1}$，其中 Z 指生产性服务的投入总量。当生产性服务替代弹性 $\sigma > 1$ 时，生产性服务投入的平均生产率随着 n 增加而提高。对此结果的解释，普遍的共识认为是由于劳动分工下，专业化生产带来的规模收益递增（Either，1982；Weitzman，1994）。

与式（4-1）生产函数相关联的单位成本函数：

$$c^u(w, P) = w^{\gamma} P^{1-\gamma} \quad (4-2)$$

在式（4-2）中，w 是劳动成本，P 是生产性服务价格指数。由于生产性服务是对称的，将每一个生产性服务投入代入式（4-2），生产性服务价格指数可写为：

$$P(n, P_z) = n^{1/1-\sigma} P_z \quad (4-3)$$

在式（4-3）中，P_z 代表生产性服务输入的价格，n 为生产性服务的数量（或集）。式（4-3）提供了成本联系的基础。当 $\sigma > 1$ 时，下列关系式成立：

$$\frac{\partial P(n, P_z)}{\partial n} < 0 \Rightarrow \frac{\partial c^u[w, P(n, P_z)]}{\partial n} < 0 \quad (4-4)$$

由派生式（4-4）可知，用于制造业的生产性服务业规模越大，生产性服务业单位成本越低。随着生产性服务业数量（或多样性）的增加，平均成本在降低，制造业的产出价格也在降低。

由于制造业在完全竞争条件下生产，所以产出价格降至平均成本。因此，式（4-1）生产性服务业的规模收益递增指随着生产性服务业数量的增加，与给定产出相关的最小成本在降低。另外，随着生产性服务供应数量增加，价格指数 P 在减少，而单个生产性服务的价格 P_Z 保持不变。这反映了生产性服务多样性的增加对输入品平均生产率的影响。图 4-15 描述了生产性服务集聚对制造业的规模收益增长效应。随着生产性服务供应数量的增加，价格指数 P 下降，等成本线（斜率减小）从 B 向外弯曲到 B′，与其相切的等产量线从 I 上升到 I′，代表一个更高的产出。

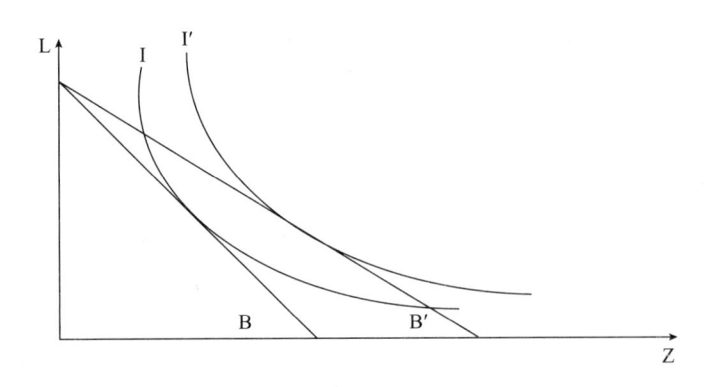

图 4-15　生产性服务集聚对制造业的规模收益增长效应

制造业单价成本随着生产性服务数量（或集）的增加而降低。生产性服务业增加到何种程度会降低制造业成本取决于生产性服务替代弹性 σ 和生产性服务成本占制造业总成本的份额 $(1-\gamma)$。生产性服务业带来的规模报酬递增与替代弹性 σ 负相关。当生产性服务与制造业是互补的，可替代性弱，即 σ 较小时，生产性服务规模扩大对单位成本降低的影响较大。反之，即 σ 较大时，就意味着生产性服务业是相近的替代品，生产性服务规模扩大对单位成本降低的影响较小。生产者服务成本占制造业总成本的份额 $(1-\gamma)$ 的影响是直接的。生产性服务成本占制造业总成本的份额 $(1-\gamma)$ 越小，生产性服务增加对制造业单价成本的降低影响越小。

式（4-1）—式（4-4）的一个缺点是，没有对生产性服务集聚的数量进行限制。避免生产性服务业数量一直增加的方法是在生产性服务业内引入固定和可变的劳动力需求（Rivera - Batiz，1988；Matsuyama，1995）。这导致的结果是生产性服务的数量是可用性劳动和固定劳动需求的函数。尽管上面的等式没有此约束，但它合理地证明了生产性服务集聚和制造业协同定位下的规模收益递增效应。基于二者的投入—产出联系，生产性服务供应数量的增加降低了制造业单位成本，为制造业带来了更高产出，实现了规模经济效应。

三 生产性服务业与制造业价值链融合促进制造业附加值提升

根据制造业企业的不同特征及生产性服务业融入制造业价值链的不同方式，生产性服务业与制造业融合通过两种模式来提升制造业企业附加值：第一，互补式融合，即制造业企业根据消费者需求，在提供制造产品的同时，打包提供与产品相关的生产性服务功能，从而比其他竞争者更有吸引力。这种模式下，生产性服务业以互补方式渗透到制造业价值链，使制造业产品融合成了兼具制造和服务功能的新产品。例如，IBM 从出售电脑成功转型为信息技术服务提供商，为客户提供软件、咨询及技术等业务解决方案。

第二，延伸型融合，基于生产性服务业与制造业上下游产业的产业关联性特征，生产性服务业向制造业价值链上游技术研发、产品设计环节及下游产品广告、营销、售后等环节延伸，这种融合模式拓宽了制造业业务辐射领域，以客户需求为导向，增加的服务业务成为长期锁定客户的重要方式，增强了制造业企业的市场竞争力。例如，汽车制造商提供金融贷款、保险、维修、租赁和售后等服务以促进其汽车销售。另一个典型的实例是复印机设备制造商——美国的施乐公司，在出售复印机的同时提供维修、维护和租赁服务，这些服务帮助企业提升现有商品的接受度、功能、灵活性和业绩。可见，服务增值是产品差异化和提升顾客忠诚度的有效途径。

四　知识密集型生产性服务的创新能力提升机制

1. 知识密集型服务创造和扩散知识的过程与阶段

知识密集型服务对制造业生产率的提升源自其在制造业企业创新活动中的作用，包括知识、技能的创造和扩散两个方面。知识密集型服务在创造和扩散知识过程中经历三个阶段：提取隐性或编码知识，重组知识，最终向客户企业传输或扩散知识（见图4-16）。第一个阶段中隐性或显性知识的获取发生在与客户企业的互动中。这种以互动为基础产生的知识主要包括在为客户解决问题过程中学习到的知识。第二个阶段主要是对获取到的知识进行重组。知识重组发生在知识密集型服务企业内，包括整合外部知识、提取与要解决的问题相关的知识，以及对应客户企业的特定需求对编码知识进行加工，从而创造新的知识。第三个阶段是对知识的应用。以提供更高效率的服务为主要形式，知识密集型服务企业将编码化的知识传输给其客户。

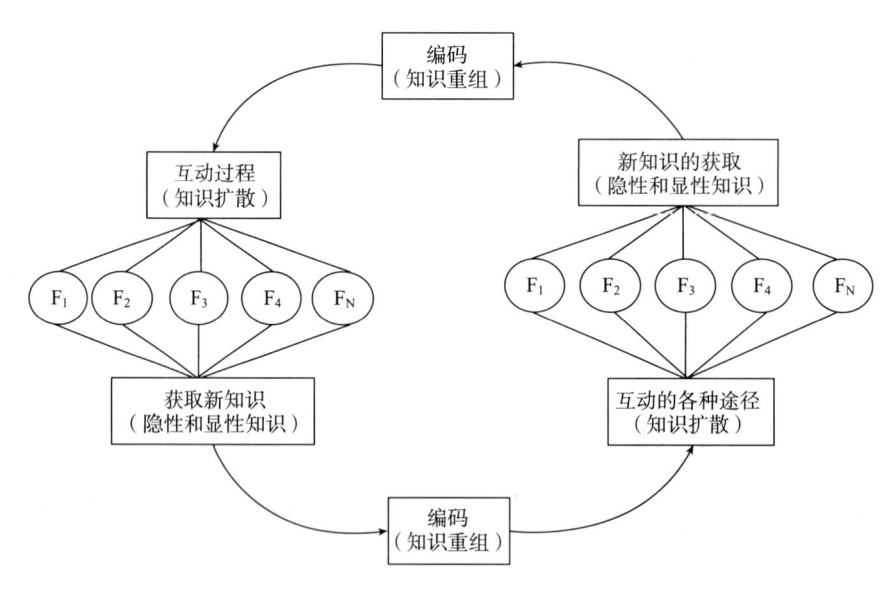

图4-16　知识密集型服务业的知识创造与扩散过程

资料来源：Strambach，2001，p.64。

综上可知，知识的扩散与知识的互动、知识的创造密切相关。由于信息通信技术的发展，空间对知识密集服务活动的限制减小，使知识在空间上实现了自由流动与分配。但与此同时，知识密集型服务业又越来越倾向于在核心区域集聚。这是因为在互动过程中，尤其是商议的开始阶段，知识密集型服务以隐性知识为主要特征，需要特别的面对面接触。面对客户的特定问题，知识密集型服务企业更多需要与客户直接交流，以通过重组现有知识并输入新知识构造解决方案。除了地理上的邻近，社会、文化等方面的邻近因素都会有利于这个阶段的管理。由于隐性知识的重要性，信息技术的发展加剧了知识密集型服务的集聚。Héraud（2000）认为新知识经济时代存在显著的矛盾：某种程度上，去物质化趋势和信息技术的发展帮助创新网络摆脱了空间的限制，但同时复杂的认知过程不仅需要大量编码信息技术的流动，而且需要使用更多隐性知识和界面接口来对接这些信息。

知识密集型服务企业在与客户互动过程中，通过学习扩充了其知识基础。Bettiol 和 Di Maria（2011）等指出原始知识在某个认知环境下的整合不仅是一个简单的知识传输，还是知识重组的过程。一旦知识被编码化，便可以以模块形式出售给客户。因此，编码促进了知识体系的可分性。最后，编码扩充了知识密集型服务企业的基础知识库，并分配给客户企业，与客户的吸收能力结合，产生了新的知识，即企业创新能力提升的过程。

2. 知识密集型服务促进制造业企业创新能力提升机制

Ryu 和 Hosun（2012）等认为制造业中小企业创新过程中的障碍因素包括资本缺乏、管理经验缺乏以及较难获得创新项目需要的关键技术和基础信息三方面。尤其是管理经验和技术、技能的缺乏体现了中小企业在信息互通和知识获取方面的局限性。Fagerberg 和 Srhole（2009）认为信息流动及技术获取对企业组织能力的提升很关键。企业创新失败的原因与"核心管理原则"有关，这些"核心原则"包括高效的市场调研与研发、市场与研发的协同作用、知识产权保护三方面。换句话说，只进行内部研发对中小企业的创新是不够的，外部信息资源的整合对中小企业创新能力的提升也很关键。这类似于 Cohen 和 Levinthai（1989）提出的企业吸收能力概念，即企业通过吸收、整合外部资源，并结合内部资源，最终转化为商业创新成果，应用于实践的能力。

知识密集型服务充当着制造业中小企业的协同创新者。Teece（1986）提出的创新资产互补概念有助于理解制造业中小企业和知识密集型服务间创新互动的特征。他从全球价值链视角指出，价值链上下游的服务环节对价值链中游制造环节的创新起互补作用。知识密集型服务企业提供的服务在其根据客户的需求不断调整的高频率互动过程中产生。购买知识密集型服务与购买一般标准产品或服务不同，因为知识的特征与其他产品不同，知识产品的交换伴随着不确定性与信息不对称。知识密集型服务为客户提供的三种系统性功能包括检查、发现和分析问题，诊断问题，解决问题。根据 Teece（1986）创新资产互补的观点，知识密集型服务在市场环境和制造业企业客户之间充当着"桥梁"或接口的功能，是客户创新能力演进加强的催化剂。

知识密集型服务不仅提升了中小企业的创新能力，而且在与制造业中小企业互动中，自身能力也获得了很大提升。知识密集型服务企业知识基础的积累源自它与客户的互动，这些互动影响着知识密集型服务企业创新能力的提升。所以，知识密集型服务业与制造业中小企业相互作用下的良性循环机制可归结为：知识密集型服务业与制造业相互促进其创新能力提升，这种相互作用基于"核心顺序"以及三个"次顺序"：互动本身、知识基础的扩大、企业吸收能力提升下的持续创新。这三个因素并非以线性的顺序作用，而是在回馈效应下，以知识库不断积累扩大为基础相互作用。

创新是一个系统的过程，创新过程需要在经济、社会和政治元素完好配置且良好互动的环境体系中实现。这涉及经济环境、创新过程的政治支持、特定的教育和培训措施、创新相关信息的提供、创新金融等。知识经济时代，知识、技术是创新的主要驱动力，因此知识密集型服务在这方面起关键作用，尤其由于知识密集型服务和中小企业互动，影响着创新体系内知识的创造与扩散（见图 4-17）。

综上分析，在全球价值链分工深化的作用下，生产性服务业通过从制造业中有效分离，促进制造业核心竞争力形成以及生产和组织效率提升；分离出的生产性服务集聚与制造业协同定位，促进制造业实现规模收益递增，并根据制造业的需求及不同制造业部门的特征，与制造业价

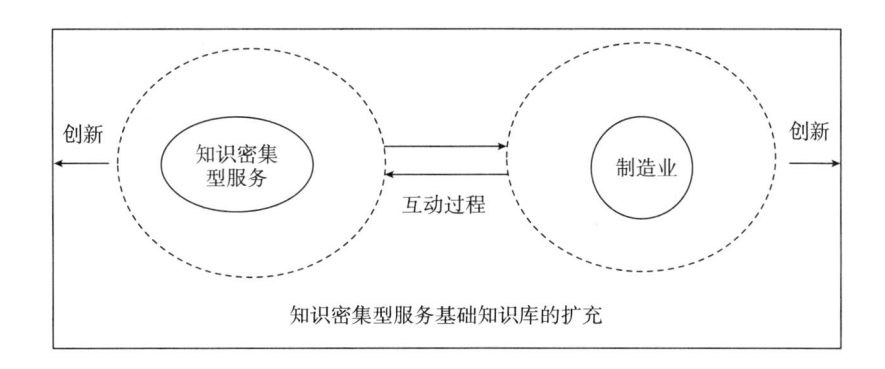

图 4-17 知识密集型服务与制造业企业的良性循环创新机制

资料来源：Muller（1999，pp. 48-55）。

值链动态匹配融合，促进制造业附加值提升。尤其是知识密集型生产性服务提供的高级要素投入，通过知识创造和扩散机制促进制造业创新能力提升。制造业实现升级，进一步推动了对生产性服务业的需求，在二者动态匹配的良性循环机制下，互相促进发展[1]（见图 4-18）。

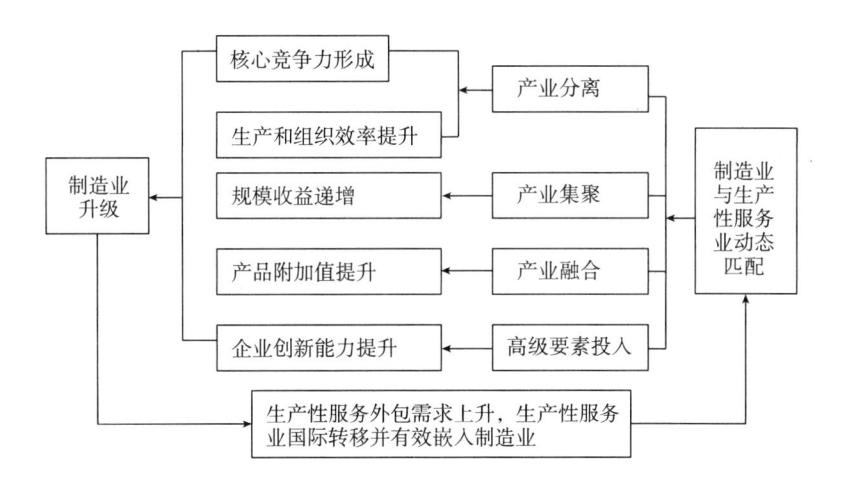

图 4-18 全球价值链下生产性服务业促进制造业升级机制

资料来源：笔者整理。

---

[1] 白清：《生产性服务业促进制造业升级的机制分析——基于全球价值链视角》，《财经问题研究》2015 年第 4 期。

第四节　结论与评析

本章主要结合全球价值链分工下生产性服务贸易发展现状以及生产性服务业自身的基本特点，在梳理和总结有关全球价值链理论和生产性服务贸易理论框架基础上，对全球价值链分工下生产性服务贸易促进制造业升级的机制进行了概括。

首先，从全球产业分工和经济贸易格局来看，以产品工序分工为主要内容的全球价值链分工已成为当前主要的国际分工形式，中间品贸易占据全球贸易总额的份额不断提升，发展以服务外包、分包、海外直接投资等形式为主的生产性服务贸易成为各国嵌入全球价值链获得贸易增值的主要路径。所以，在全球化生产和资源全球化配置下，世界各国尤其是发展中国家的首要步骤是融入全球价值链，才能参与世界市场，获得应用全球资本、技术、人才，进而提升本国发展的机会。

其次，当前全球价值链治理的主体是发达国家的跨国公司，其集中核心资源于全球价值链的研发、设计、营销等高附加值环节，而将生产加工、制造等低附加值环节转移到劳动力成本低的发展中国家。发展中国家若长期拘泥于低端加工、制造等环节，则极容易被锁定，陷入悲惨增长。所以，嵌入全球价值链的发展中国家面临着产业结构转型升级，从而向价值链高附加值环节攀升的压力。从承接劳动密集环节的产业转移到承接生产性服务业转移直至承接知识密集型服务业转移，将是推进发展中国家产业升级、实现价值链攀升的有效路径，即积极参与发展生产性服务贸易。

最后，生产性服务业本身的中间投入性、知识密集性、产业关联性等特征，决定了它在全球价值链中的主要增值作用。所以，无论发展中国家还是发达国家，都应积极发展本国生产性服务业，尤其是知识密集型服务业，通过提供完善的基础设施建筑、有利的贸易投资环境、良好的创新保障制度等，吸引更多更高附加值的知识密集型服务业流入本国，并通过实行更加开放的贸易投资政策，扩大服务业对外开放，促进全球服务贸易投资便利化。

参考文献

[1] Ancori, B., Bureth, A., Cohendet, P., "The Economic of Knowledge: The Debate about Codification and Tacit Knowledge", *Industrial and Corporate Change*, Vol. 43, No. 2, 2000, pp. 255 – 287.

[2] Antràs P. and Chor D., "Organizing the Global Value Chain", *Econometrica*, Vol. 81, No. 6, 2013, pp. 2127 – 2204.

[3] Arnold, J., B. S. Javorcik and A. Mattoo, "Does Services Liberalization Benefit Manufacturing Firms? Evidence from the Czech Republic", *Journal of International Economics*, Vol. 85, 2011, pp. 136 – 46.

[4] Bonnen, A. R., "The Fashion Industry in Galicia: Understanding the 'Zara' Phenomena", *European Planning Studies*, Vol. 10, No. 4, 2002, pp. 519 – 527.

[5] Bell D., *The Coming of Post – Industrial Society. A Venture in Social Forecasting*, London, Heinemann, 2011.

[6] Bera, S. and Gupta, S., "South – South FDI vs North – South FDI: a Comparative Analysis in the Context of India", *New Delhi: Indian Council for Research on International Economic Relations (ICRIER)*, Vol. 23, No. 2, 2009.

[7] Bhagwati, J. N., "Splintering and Disembodiment of Services and Developing Nations", *The World Economy*, Vol. 17, No. 9, 1984, pp. 133 – 44.

[8] Bettencourt, L. A., Ostrom, A. L., Brown, S. W., Roundtree, R. I., "Client Co – Production in Knowledge – Intensive Business Services", *California Management Review*, Vol. 44, No. 2, 2002, pp. 100 – 128.

[9] Cohendet, P., Steinmueller, W. E., "The Cofidication of Knowledge: a Conceptual and Empirical Exploration", *Industrial and Corporate Change*, Vol. 11, No. 2, 2000, pp. 195 – 209.

[10] Cohen, W., Levinthal, D., "Innovation and Learning, the Two Faces of R&D", *Economic Journal*, Vol. 19, No. 3, 1989, pp. 569 – 596.

[11] Dedrick J., K. L. Kraemer and G. Linden., "Who Profits From Innovation in Global ValueChains? A Study of the iPod And Notebook PCs", *Industrial and Corporate Change*, Vol. 19, No. 1, 2010, pp. 81 – 116.

[12] Dolan, C., Humphrey, J., "Governance and Trade in Fresh Vegetables: the Impact of UK Supermarkets on the African Horticulture Industry", *Journal of Development Studies*, Vol. 37, No. 2, 2000, pp. 147 – 176.

[13] Dixit, A. K. &Stiglitz, J. E., "Monopolistic Competition and Optimum Product Diversity", *American Economic Review*, Vol. 67, No. 2, 1977, pp. 297 – 308.

[14] Williamson, O., *The Economic Institutions of Capitalism: Firms, Markets, Relational Contracting*, London: Macmillan, 1985.

[15] Either, W., "National and International Returns to Scale in the Modern Theory of International Trade", *American Economic Review*, Vol. 72, No. 6, 1982, pp. 389 – 405.

[16] Francois, J. F., "Producer Services, Scale, and the Division of Labor", *Oxford Economic Papers*, Vol. 42, No. 3, 1990, pp. 715 – 729.

[17] Francois, J. F., Reinert, K. A., "The Role of Services in the Structure of Production and Trade: Stylized Facts from a Cross – Country Analysis", *Asia – Pacific Economic Review*, Vol. 42, No. 2, 1996, pp. 85 – 40.

[18] Francois, J. F. and Woerz, J., "Producer Services, Manufacturing Linkages, and Trade", *Journal of Industry Competition and Trade*, Vol. 50, No. 8, 2008, pp. 199 – 229.

[19] Greenfield H., *Manpower and the Growth of Producer Services*. Columbia University Press. New York and London, 1966.

[20] Gereffi, G., "International Trade and Industrial Upgrading in the Apparel Commodity Chain", *Journal of International Economics*, Vol. 48, No. 5, 1999a, pp. 37 – 70.

[21] Gereffi, G., Humphrey, J., Sturgeon, T., "The Governance of Global Value Chains: an Analytic Framework", *Bellagio Conference on Global Value Chains*, Vol. 40, No. 4, 2003, pp. 10 – 12.

[22] Gereffi, G., Humphrey, J., Sturgeon, T., "The Governance of Global Value Chains: an Analytic Framework", *Journal of Review of International Political Economy*, Vol. 12, No. 1, 2005, pp. 28 – 34.

[23] Gereffi G., "A Global Value Chain Perspective on Industrial Policy and Development in Emerging Markets", *Duke J. Comp. & Int'l L.*, Vol. 24, No. 3, 2014, pp. 433 – 557.

[24] Gemmel, P., *Service Process Design and Management: An Integrated Approach*, Pearson Education, Harlow, 2003, pp: 259 – 76.

[25] Goe, W., "Producer Services, Trade and the Social Division of Labour", *Regional Studies*, Vol. 24, No. 3, 1990, pp. 327 – 342.

[26] Humphrey, J., and Schmitz, H., "Governance in Global Value Chain Research", Working Paper in the Workshop on Global Value Chain Held at the Rockefeller Foundation's Bellagio Conference Center in September, 2000.

[27] Hansen, N., "Do Producer Services induce Regional Development?", *Journal of Regional Science*, Vol. 30, No. 2, 1990, pp. 465 – 476.

[28] Heraud, J. A., "Is There a Regional Dimension of Innovation – oriented Knowledge Networking?", Paper presented at the Fifth Regional Science and Technology Policy Research Symposium, Kashikojima, 2000.

[29] Hanson, G., Mataloni, R. & Slaughter, M., "Vertical Production Networks in Multinational Firms", *NBER Working Paper*, 2003.

[30] Javalgi R R G, Benoy Joseph W, Granot E, et al., "Strategies for Sustaining the Edge in Offshore Outsourcing of Services: the Case of India", *Journal of Business & Industrial Marketing*, Vol. 28, No. 6, 2013, pp. 475 – 486.

[31] Jensen P. D., "A Passage to India: A Dual Case Study of Activities, Processes and Resources in Offshore Outsourcing of Advanced Serv-

ices", *Journal of World Business*, Vol. 47, No. 2, 2012, pp. 311 – 326.

[32] Klaesson, J., "Monopolistic Competition, Increasing Returns, Agglomeration and Transport Costs", *Annals of Regional Science*, Vol. 35, No. 3, 2001, pp. 375 – 394.

[33] Koopman, R., Powers, W., Wang, Z. and Wei, S. J., "Give Credit Where Credit is Due: Tracing Value Added in Global Production Chains", *Cambridge MA: National Bureau of Economic Research (NBER), Working Paper*, Vol. 60, No. 3, 2010, pp. 43 – 57.

[34] Kharas, H. and Rogerson, A., *Horizon 2025: Creative Destruction in the Aid Industry*, London: Overseas Development Institute, 2012.

[35] Klodt, H., "Structural Change towards Services: the German Experience", University of Birmingham IGS Discussion paper, 2000.

[36] Kaplinsky, Raphael, and Mike Morris, "A Handbook for Value Chain Research", *Ottawa: IDRC*, Vol. 113, No. 3, 2001, pp. 40 – 58.

[37] Kishimoto, C., *The Taiwanese Personal Computer and Cluster: Trajectory of its Production and Knowledge System*. DPhil thesis, Institute of Development Studies, University of Sussex, 2001.

[38] Lodefalk, M., "Servicification of Manufacturing – Evidence from Sweden", *International Journal of Economics and Business Research*, 2012a.

[39] Lodefalk, M., *The Role of Services for Manufacturing Firm Exports*. Örebro University, Manuscript, 2012b.

[40] Los B., Timmer M. P., Vries G. J., "How Global are Global Value Chains? A New Approach to Measure International Fragmentation", *Journal of Regional Science*, Vol. 55, No. 1, 2015, pp. 66 – 92.

[41] Marshall, J. N., Damesick, P. & Wood, P., "Understanding the Location and Role of Producer Services in the United Kingdom", *Environment and Planning*, Vol. 19, No. 8, 1987, pp. 575 – 595.

[42] Matsuyama, K., "Complementarities and Cumulative Processes in Models of Monopolistic Competition", *Journal of Economic Literature*,

Vol. 33, No. 4, 1995, pp. 701 – 729.

[43] Muller, E., Innovation Interaction Between Knowledge – Intensive Business Service and Small and Medium – Sized Enterprises – Analysis in Terms of Evolution, Knowledge and Territories, Ph. D. Dissertation, Faculte des Sciences Economiques et de Gestion, Universite Louis Pasteur, Strasbourg, 1999.

[44] Damesick P., Thrift N., Gillespie A., Green A. and Leyshon A., *Services and Uneven Development*, Oxford University Press, Oxford, 1988.

[45] Miles I., "Services in the New Industrial Economy", *Futures*, Vol. 25, No. 6, 1993, pp. 653 – 672.

[46] Miles, I., Kastrinos, N., Flanagan, K., Bilderbeek, R., den Hertog, P., *Knowledge – Intensive Business Services. Users, Carriers and Sources of Innovation*, Manchester: PREST, 1995.

[47] Neilson J., Pritchard B., Yeung H. W., " Global Value Chains and Global Production Networks in the Changing International Political Economy: An Introduction", *Review of International Political Economy*, Vol. 21, No. 1, 2014, pp. 1 – 8.

[48] Nordås, H. K., "Trade in Goods and Services: Two Sides of the Same coin?", *Economic Modelling*, Vol. 27, No. 6, 2010, pp. 496 – 506.

[49] Powell, W., "Neither Market Nor Hierarchy: Network Form of Organization", *Research in Organizational Behavior*, Vol. 12, No. 8, 1990, pp. 295 – 336.

[50] Ponte S., Sturgeon T., "Explaining Governance in Global Value Chains: A Modular Theory – Building Effort", *Review of International Political Economy*, Vol. 21, No. 1, 2014, pp. 195 – 223.

[51] Penrose, E., The Theory of the Growth of the Firm, *Oxford: Basil Blackwell*, 1959.

[52] Prahalad, C. K., Hamel, G., *Competing for the Future*, Cambridge: Harvard Business School Press, 1994.

[53] Piore, M. and Ruiz Durán, C. , Industrial Development as a Learning Process: Mexican Manufacturing and the Opening to Trade, in M. Kagami, J. Humphrey and M. Piore (eds), *Learning, Liberalisation and Economic Adjustment Tokyo*: Institute of Developing Economies, 1998, pp. 191 – 241.

[54] Pietrobelli C. , Saliola F. , "Power Relationships along the Value Chain: Multinational Firms, Global Buyers and Performance of Local Suppliers", *Cambridge Journal of Economics*, Vol. 32, No. 6, 2008, pp. 947 – 962.

[55] Rentzhog, M. , "At your service. The Importance of Services for Manufacturing Companies and Possible Trade Policy Implications", *Swedish Board of Trade*, Vol. 47, No. 4, 2010, pp. 2 – 7.

[56] Rowthorn, R. , Ramaswamy, R. , "Growth, Trade and Deindustrialisation", *IMF Staff Papers*, Vol. 46, No. 7, 1999, pp. 18 – 41.

[57] Rivera – Batiz, L. , "Increasing Returns, Monopolistic Competition and Agglomeration Economies in Consumption and Production", *Regional Science and Urban Economics*, Vol. 18, No. 6, 1988, pp. 125 – 153.

[58] Strambach, S. , *Innovation Process and the Role of Knowledge – Intensive Business Service*. In Koschatzky, K. Kulicke, M. Zenker, (Eds.), *Innovation Network – Concepts and Challenges in the European Perspective*. Physica, Heidelberg, 2001, pp. 53 – 68.

[59] Teece, D. J. , "Profiting from Technological Innovation: Implication for Integration, Collaboration, Licensing and Public Policy", *Research Policy*, Vol. 15, No. 7, 1986, pp. 285 – 305.

[60] Timmer M. P. , Erumban A. A. , Los B. , et al. , "Slicing up Global Value Chains", *The Journal of Economic Perspectives*, Vol. 45, No. 3, 2014, pp. 99 – 118.

[61] Vandermerwe, S. and Rada, J. , " Servitization of Business: Adding Value by Adding Services", *European Management Journal*, Vol. 6, No. 4, 1988, pp. 314 – 324.

[62] Venables, A. J. , "Equilibrium Locations of Vertically Linked Indus-

tries", *International Economic Review*, Vol. 37, No. 9, 1996, pp. 341 – 359.

[63] Weitzman, M. L., "Monopolistic Competition with Endogenous Specialization", *Review of Economic Studies*, Vol. 61, No. 10, 1994, pp. 45 – 56.

[64] Windrum, P., Tomlinson, M., "Knowledge – Intensive Services and international competitiveness: a four country comparison", *Technology Analysis & Strategic Management*, Vol. 11, No. 3, 1999, pp. 391 – 408.

[65] 白清:《生产性服务业促进制造业升级的机制分析——基于全球价值链视角》,《财经问题研究》2015年第4期。

[66] 曹明福、李树民:《全球价值链分工的利益来源:比较优势、规模优势和价格倾斜优势》,《中国工业经济》2005年第10期。

[67] 池仁勇、邵小芬、吴宝:《全球价值链治理、驱动力和创新理论探析》,《外国经济与管理》2006年第3期。

[68] 丁宁:《流通企业"走出去"与我国产品价值链创新》,《商业经济与管理》2015年第1期。

[69] 樊秀峰、韩亚峰:《生产性服务贸易对制造业生产效率影响的实证研究——基于价值链视角》,《国际经贸探索》2012年第5期。

[70] 高传胜、李善同:《中国生产者服务:内容、发展与结构——基于中国1987—2002年投入产出表的分析》,《现代经济探讨》2007年第8期。

[71] 顾乃华、毕斗斗、任旺兵:《中国转型期生产性服务业发展与制造业竞争力关系研究:基于面板数据的实证分析》,《中国工业经济》2006年第9期。

[72] 顾国达、周蕾:《全球价值链角度下我国生产性服务贸易的发展水平研究——基于投入产出方法》,《国际贸易问题》2010年第5期。

[73] 李冠霖:《第三产业投入产出分析》,中国物价出版社2002年版。

[74] 李江帆、朱胜勇:《金砖四国生产性服务业的水平、结构与影响——基于投入产出法的国际比较研究》,《上海经济研究》2008

年第 9 期。

[75] 刘顺忠：《知识密集型服务业在创新系统中作用机理研究》，《管理评论》2004 年第 3 期。

[76] 刘曙光、杨华：《关于全球价值链与区域产业升级的研究综述》，《中国海洋大学学报》（社会科学版）2004 年第 5 期。

[77] 刘志彪：《全球化背景下中国制造业升级的路径与品牌战略》，《财经问题研究》2005 年第 5 期。

[78] 刘志彪、张杰：《全球化中中国东部外向型经济发展：理论分析和战略调整》，中国财政经济出版社 2009 年版。

[79] 刘志彪、江静：《长三角制造业向产业链高端攀升路径与机制》，经济科学出版社 2009 年版。

[80] 刘维林、李兰冰、刘玉海：《全球价值链嵌入对中国出口技术复杂度的影响》，《中国工业经济》2014 年第 6 期。

[81] 刘书瀚、席芳沁、刘立霞：《价值链下我国生产性服务业对制造业升级影响的实证分析》，《天津商业大学学报》2013 年第 3 期。

[82] 刘婷婷、曾洪勇、张华：《京津生产性服务业与制造业互动关系比较研究》，《中国人口·资源与环境》2014 年第 5 期。

[83] 来有为：《生产性服务业的发展趋势和中国的战略选择》，中国发展出版社 2010 年版。

[84] 裴长洪：《中国经济转型升级与服务业发展》，《财经问题研究》2012 年第 8 期。

[85] 邱斌、叶龙凤、孙少勤：《参与全球生产网络对我国制造业价值链提升影响的实证研究——基于出口复杂度的分析》，《中国工业经济》2012 年第 1 期。

[86] 秦升：《生产性服务业的兴起对产业价值链全球整合的影响分析》，《当代经济研究》2012 年第 9 期。

[87] 邱国栋、刁玉柱：《嵌入全球价值链高端的战略延伸模型——基于本土制造企业的跨案例研究》，《财经问题研究》2014 年第 4 期。

[88] 綦良群、赵龙双：《基于产品价值链的生产性服务业与装备制造业的融合研究》，《工业技术经济》2013 年第 12 期。

[89] 唐海燕、张会清：《产品内国际分工与发展中国家的价值链提升》，《经济研究》2009 年第 9 期。

[90] 王成东：《我国装备制造业与生产性服务业融合机理及保障策略研究》，博士学位论文，哈尔滨理工大学，2014 年。

[91] 王金波：《全球价值链的发展趋势与中国的应对》，《国外理论动态》2014 年第 12 期。

[92] 王影、石凯：《提升我国生产性服务贸易竞争力的实证研究》，《工业经济研究》2013 年第 10 期。

[93] 吴曙光：《生产性服务业与制造业升级协同关系分析》，《商场现代化》2009 年第 13 期。

[94] 许晖、许守任、王睿智：《嵌入全球价值链的企业国际化转型及创新路径——基于六家外贸企业的跨案例研究》，《科学学研究》2014 年第 1 期。

[95] 姚战琪：《全球价值链背景下中国服务业的发展战略及重点领域——基于生产性服务业与产业升级视角的研究》，《国际贸易》2014 年第 7 期。

[96] 张辉：《全球价值链理论与我国产业发展研究》，《中国工业经济》2004 年第 5 期。

[97] 张辉：《全球价值链下北京产业升级研究》，北京大学出版社 2007 年版。

[98] 查志强：《嵌入全球价值链的浙江产业集群升级研究——基于原产地多元化视角的分析》，博士学位论文，华东师范大学，2008 年。

[99] 张向阳、朱有为：《基于全球价值链视角的产业升级研究》，《外国经济与管理》2005 年第 5 期。

[100] 卓越、张珉：《全球价值链中的收益分配与"悲惨增长"——基于中国纺织服装业的分析》，《中国工业经济》2008 年第 7 期。

[101] 张学敏、王亚飞：《我国制造业企业价值链升级对策研究》，《现代管理科学》2008 年第 8 期。

第五章 生产性服务贸易与制造业

20世纪中叶之后,以服务业与服务贸易为核心的服务经济在世界范围内飞速发展,并成为其后一段时期内世界经济运行的一个显著特征。服务经济在国民经济中的占比不断上升,其对宏观经济的总体发展至关重要。从国际贸易的发展动态与前景来看,货物贸易在全球贸易中的份额不断下降,服务贸易对全球经济的拉动作用日益明显。随着国际分工的日臻细化、全球价值链的不断升级,供应链的协同互促以及产业链的优化升级成为新经济时代的发展目标。作为制造业和服务业的融合剂,生产性服务业的宏观经济效应逐渐凸显,在全球化背景下,生产性服务贸易与制造业的关系亦日趋紧密。

第一节 生产性服务贸易与制造业发展现状及特点

一 生产性服务贸易发展现状

(一)生产性服务与生产性服务贸易的内涵与外延

从20世纪中叶起,生产性服务业在全球范围内的迅猛发展引起了国内外学者的广泛关注,进而涌现出大量的研究成果。Greenfield(1966)最早明确提出了"生产性服务业"的概念,并指出生产性服务业主要面向的是生产者,而非最终消费者。James Markusen、Thomas F. Rutherford、David Tarr(2005)指出,生产性服务是一种中间投入,知识在其中广泛流动;从某种程度上说,这些生产性服务多由买方市场驱动,帮助买方解决多种特定问题,且生产性服务企业具有更为明显的差异化属性。

概括而言，生产性服务具有如下特征：①属于中间投入品。生产性服务作为一种中间投入要素参与生产过程，并通过价格机制对生产链下游环节的产出、生产率等产生一定影响。②熟练劳动力及知识技术密集。生产性服务蕴含大量的人力、资金、信息、技术、管理等，具体包括人员交流与培训，金融保险，通信、计算机和信息，研发设计，调研咨询等，这些服务往往位于价值链的高端，共同构成了一个人力资本和知识资本不断积累的过程。③呈规模报酬递增。Markusen（1989）指出，资本密集型的中间制成品和知识密集型的生产性服务均具有规模报酬递增这一显著特征；其中许多中间投入具有差异化属性，与国内投入互补，以规模报酬递增的方式进行专业化分工和差异化生产。④可贸易性。生产性服务本质上是可贸易的，其较少依赖于某一特定地区的经济活动，这与消费者服务形成鲜明对比。消费者服务的供需在地理空间上往往一致，在时间上同时进行；而生产性服务被认为比消费者服务更为自由，其允许突破区域与国别的限制，以出口创收和价值增值的形式来增加一国的国民收入（C. Michael Wernerheim & Christopher A. Sharpe，1999）。⑤创新性。生产性服务业的发展即为一种不断创新的过程，高新技术的运用愈加广泛和深入。在生产前期，企业借助不断更新的通信、计算机和信息服务，准确把握市场信息、做出生产决策，开展供应链管理，并通过不断创新的金融保险服务，实现融资目标。在生产中期，企业不断加强创新引领，且通过愈加先进的现代化运输服务，加快原料流转，提高货物运输的质量和效率；以物联网、云计算、人工智能等信息技术服务，提高要素配置和生产经营效率。在生产后期，企业以不断优化和创新的营销、运营、品牌推广与维护等专业技术服务，促进产品销售。⑥与制造业关联性强。一方面，制造业生产过程中的服务要素投入比重日益提升，生产性服务对制造业生产的关键作用日渐凸显；另一方面，制造商由传统的仅提供产品逐步向提供服务过渡。且由于产业分工，生产性服务逐渐从制造业中剥离而出形成独立的产业。作为制造业和服务业的融合剂，生产性服务对二者协同发展发挥着积极的作用，与制造业的关联度不断提高。

关于生产性服务业的外延，就目前来看，仍未有明确的界定。

James Hodge 和 Hildegunn Kyvik Nordas（2001）在研究生产性服务贸易时主要将研究视角置于金融服务、通信服务、运输服务上。Morihiro Yomogida（2003）则指出生产性服务包含管理、设计等，且企业开展生产性服务具有固定的成本。本章则参照国内外已有研究成果，主要依据联合国贸易和发展会议（UNCTAD）对服务贸易的分类，将生产性服务分为货物相关服务，运输服务，建筑服务，保险服务，金融服务，知识产权使用费，通信、计算机和信息服务及其他商业服务。

（二）生产性服务业的经济效应

服务业是一个内容十分庞大的异质性产业（刘志彪，2001）。生产性服务往往从制造业中分离而出从而形成独立的生产性服务业，其供给方主要面向制造业和商业而非个人和家庭。作为制造业和服务业的融合剂以及连接现代经济相互依存运行的重要纽带（Joseph F. Francois，1990），生产性服务业在国民经济中的地位愈益提升。

1. 促进经济增长与发展

在大多数中等收入和富裕国家，服务业在总就业和名义 GDP 中的份额持续增长（James Hodge & Hildegunn Kyvik Nordas，2001），具有知识密集性、技术密集性特征的生产性服务业成为 GDP 增长的重要动力源。

Özcan Karahan 和 Metehan Yilgör（2014）提出，生产性服务业的快速发展直接、间接促进了经济增长和经济发展，具有乘数效应。其中，直接效应指生产性服务业自身对经济的增值作用，直接促进经济增长。间接效应指生产性服务业与制造业部门的创新绩效或生产力发展水平密切相关，间接推动经济增长（Özcan Karahan & Metehan Yilgör，2014）。

杨玲、郭羽诞（2014）经实证研究发现，高技术生产性服务出口对该国实现包容性增长具有强劲的拉动效应，尤其是发达国家开展高技术生产性服务出口对该国短期经济增长和长期经济发展均有显著正向影响。然而，低技术生产性服务出口虽利于短期 GDP 增加，但过度消耗了国内能源和可再生资源，造成高污染、高排放的外部不经济，因而从长期来看不利于一国经济可持续发展。他们提出，一国生产性服务出口技术结构升级对该国经济增长——无论短期 GDP 增加还是长期包容性增长，均具有正效应，因此一国可通过优化生产性服务出口技术结构、增加高技术生产性服务出口来促进经济的短期增长和长期发展。

生产性服务业除了本身对经济增长产生一定的直接影响外,同时也带动国民经济各行业效率的提升(Özcan Karahan & Metehan Yilgör,2014),对经济增长具有间接效应。Özcan Karahan 和 Metehan Yilgör(2014)使用面板数据,运用协整检验和因果关系检验方法,对 1997—2007 年欧洲 10 个国家的生产性服务业与高技术制造业之间的关系进行研究。实证结果表明,生产性服务业对高技术制造业的发展具有显著的正向影响,其直接促进了经济增长和经济发展,制造业和生产性服务业的发展日益趋同。他们反对经济各部门间孤立运行的发展方式,并提出对高科技产业增长感兴趣的决策者应该更加关注生产性服务业的发展动态,以促进制造业的创新,即实施高技术产业发展战略应该从根本上认识到生产性服务业对于其他部门开展创新进而推动经济增长所产生的作用。

2. 推动产业结构升级

信息技术、物联网、大数据等新兴科技,日益成为经济发展的新动能和增长极,并不断成为调整产业结构、转变发展方式和实现产业升级的重要来源。从微观角度来看,企业实现利润增长的源泉不再局限于生产规模,而是更多地来自获取、创造知识的能力,以及提供高效系统解决方案和优质专业化服务的能力。以往数量化、扩张式的模式逐渐为注重质量与效益提升的产业发展方式所取代。

产业结构升级的一个重要方面就是知识资本的运用以及科学技术的进步,技术变革对于调整经济结构和实现经济增长尤为关键。生产性服务业中蕴含着大量的科技研发、制度变革和技术创新;生产性服务进口的知识溢出和技术溢出效应将先进的知识、技术注入行业内,加速一国调整产业结构的步伐,使其实现有效升级,推动经济进一步增长和繁荣。因此,在知识经济中,企业大力促进生产性服务业的发展就是推动产业结构调整升级,就是推动新经济的增长。[1]

James Hodge 和 Hildegunn Kyvik Nordas(2001)研究了作为中间投

---

[1] 刘志彪:《论以生产性服务业为主导的现代经济增长》,《中国经济问题》2001 年第 1 期。

入要素的生产性服务贸易的自由化问题。他们指出，生产性服务贸易的多边自由化将有助于贫困的发展中国家实现工业化，且这一过程由推动力和拉动力共同驱动：推动力表现为，发达国家劳动力密集型产业在要素市场上有所损失，所以考虑将这部分产业迁往发展中国家；拉动力表现为，如果发展中国家能获得更好的服务投入，它们作为投资地点的吸引力就会提高。生产性服务贸易对作为国际直接投资东道国的发展中国家而言，有助于转变其经济发展方式、调整产业结构，以服务要素供给助力产业结构升级。

刘志彪（2001）提出，生产性服务业是现代经济增长的基本动力源。一方面，生产性服务业主要的投入为人力资本和知识资本；其产出中亦蕴含着大量的人力与知识资本；另一方面，在知识经济条件下，这些人力资本和知识资本通过生产性服务厂商这一媒介，并通过价格机制不断供给于商品生产中，即生产性服务部门日益将专业化的人力资本和知识资本引入商品生产部门。

3. 提升就业水平

从现实情况来看，生产性服务业是高工资就业增长的重要来源，具有最高工资的部门多为金融服务部门（银行和金融业、证券、商业合同、保险承运人和相关服务，以及基金和信托）或专业、科学和技术服务部门（法律服务、会计、建筑、工程、设计服务、计算机系统设计、管理、科学技术咨询和广告）（Steve Carlson，Hanna Hartman & Eric Thompson，2009）。

从理论层面来看，刘志彪（2001）指出，生产性服务业所具有的知识密集性特征可以从就业结构方面，被用来较好地解释列昂惕夫悖论。按照赫克歇尔—俄林的理论观点，不同国家间要素禀赋的差异为国际贸易的产生提供了可能。而劳动力是一种明显具有不同质特征的要素混合物，其既包括生产线上的蓝领技术工人，也包括从事新产品研发、新工艺设计且经过高度培训的创新工程师和专业研发人员，同时还包括参与创新服务活动的大量生产性服务工作者。发达国家中生产性服务业占据着主导地位，因此，在其他条件不变的情况下，这些国家往往出口富含大量知识资本和人力资本并具有高附加值的生产性服务。这也正是列昂惕夫悖论中所观察到的美国出口大量劳动力密集型产品的一个主要原因，即未将掌握高端知识的高技术人力资本和熟练低技术劳动力做区分。随着交易费用日渐呈指数化扩张以及知识生产部门逐步扩大，社会就业的结构重心和产值的重要来源将逐步从其他部门转向生产性服务业。[1]

(三) 全球生产性服务出口发展现状

放眼全球，生产性服务出口总体呈增长态势，但近两年动能略显不足。如图 5-1 所示，从总体规模和增速来看，全球生产性服务出口总额除受金融危机影响于 2009 年明显减少之外，2005—2014 年其余各年均保持强劲增长，2007 年增长率最高，为 21.31%。2015 年和 2016 年全球生产性服务出口总额持续缩减，分别为 35519.8 亿美元和 35485.3 亿美元，降幅分别为 6% 和 0.1%。

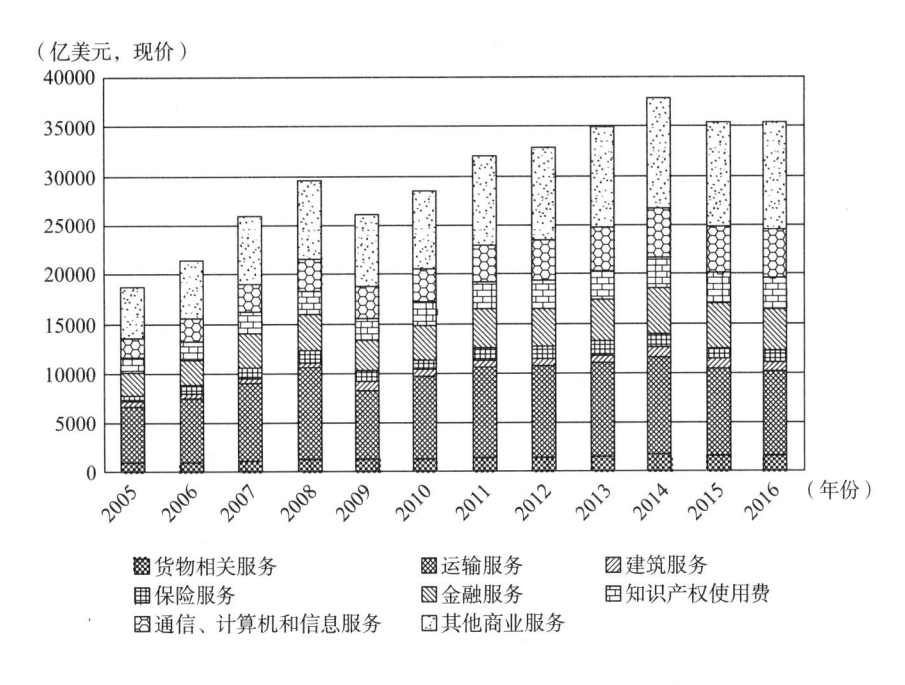

图 5-1　2005—2016 年全球生产性服务出口情况

资料来源：UNCTAD 数据库（BPM6）。[2]

---

[1] 刘志彪：《论以生产性服务业为主导的现代经济增长》，《中国经济问题》2001 年第 1 期。

[2] 联合国贸易和发展会议（UNCTAD）数据库《国际收支手册（第六版）》(BPM6) 包含 2005 年至 2016 年服务贸易数据。

从细分行业结构来看：①运输服务和其他商业服务为全球生产性服务出口占比最高的两大行业，2005—2016 年各年二者出口额共占生产性服务出口总额的比重均逾 50%。其中，运输服务出口规模缩减显著，尤其在 2009 年、2015 年和 2016 年急剧下滑，负增长率分别为 21.85%、10% 和 4.27%；出口占比呈下降态势，由 2005 年的 30.88% 降至 2016 年的 24.03%，逐渐让步于现代服务业出口。其他商业服务出口占比则反而扩张，由 2005 年的 27.13% 逐步增至 2016 年的 30.81%。②富含高知识、技术和人力资本的通信、计算机和信息服务出口占比由 2005 年的 10.78% 稳步增至 2016 年的 13.89%，出口规模优势日渐显现，且其成为 2016 年出口增长最快的生产性服务行业，涨幅达 4.52%。③金融服务业为现代服务业的重要组成部分，2005—2016 年其在生产性服务出口总额中的年均占比为 12.08%，仍有较大提升空间；出口额于最近两年连续下滑，亟须进一步扩张以获取竞争优势。④知识产权使用费、货物相关服务、保险服务和建筑服务长期以来在全球生产性服务出口中占有较低的比重，年均占比分别为 8.38%、4.7%、3.56% 和 2.81%，2015 年该四种服务行业的出口额均显著下滑，2016 年建筑服务出口仍呈负增长，降幅为 8.72%。因此，该四种服务出口规模亟需实现扩张，对于作为现代服务业的重要部分且具知识密集型特征的知识产权使用费和保险服务来说尤为迫切。

从经济体类别来看（见图 5-2）：①发达国家一直以来是生产性服务的主要出口国，其不仅在传统生产性服务——运输服务、其他商业服务上具有显著的出口规模优势，且其金融服务，通信、计算机和信息服务，知识产权使用费，保险服务等具有高知识密集度的服务也颇具出口规模。②发展中国家生产性服务出口体量与发达国家差距显著，整体增长较为缓慢；2010 年其生产性服务出口总额占发达国家生产性服务出口总额的比重超过 1/3，为 33.65%；2015 年和 2016 年该比重分别略增至 36.86% 和 36.09%，可见规模差距依然显著。③运输服务和其他商业服务在发展中国家生产性服务出口中占比颇高；2016 年该比值分别为 32.17% 和 31.39%，二者合计占比达 63.56%。④发展中国家通信、计算机和信息服务，金融服务，保险服务，知识产权使用费等高知识密集型服务的出口规模仍较小，亟待发展。⑤转型经济体的生产性服务出口在全球生产性服务出口中占比甚微，与发达国家和发展中国家相比均具有巨大的差距；劳动密集度较高的运输服务为其主要的生产性服务出口部类，结构不合理问题十分突出。

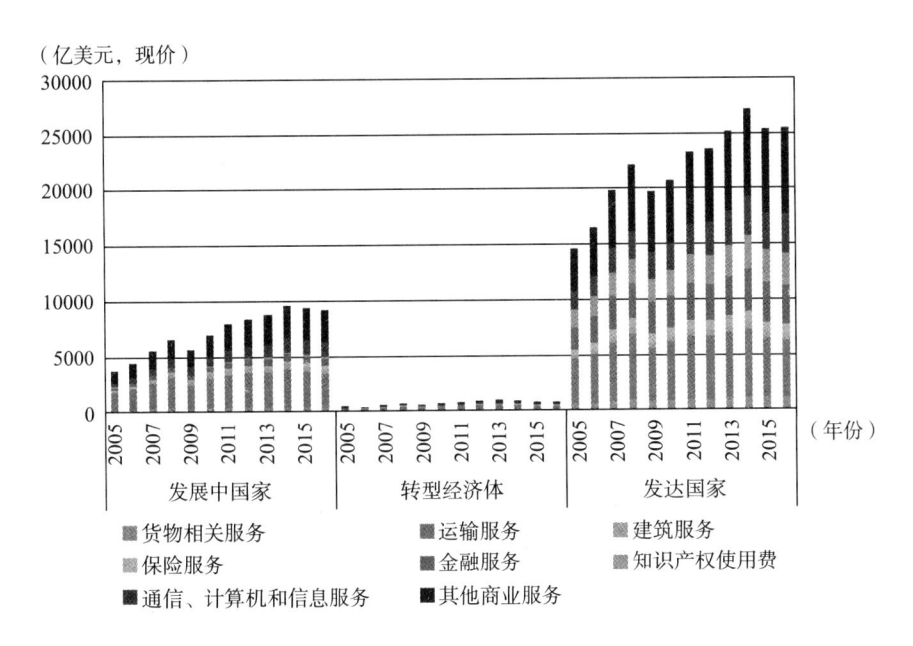

图 5-2 2005-2016 年全球生产性服务出口情况（按经济体类别划分）
资料来源：UNCTAD 数据库（BPM6）。

（四）全球生产性服务进口发展现状

由于 UNCTAD 数据库中 BPM6 项下仅有全球货物相关服务和运输服务的进口数据，建筑服务，保险服务，金融服务，知识产权使用费，通信、计算机和信息服务以及其他商业服务的全球进口数据无法获取，故采用代表性国家生产性服务进口的个体数据来反映全球生产性服务进口的部分特征。本章综合考虑区位、经济发展水平、贸易体量等因素，选定中国、巴西、南非作为发展中国家的代表，俄罗斯、乌克兰、哈萨克斯坦作为转型经济体的代表，美国、英国、日本作为发达国家的代表。

综观 2005—2016 年全球货物相关服务、运输服务进口情况（见图 5-3）和全球代表性国家生产性服务进口情况（见图 5-4），可推知全球生产性服务进口规模总体呈上扬态势，且增长强劲。

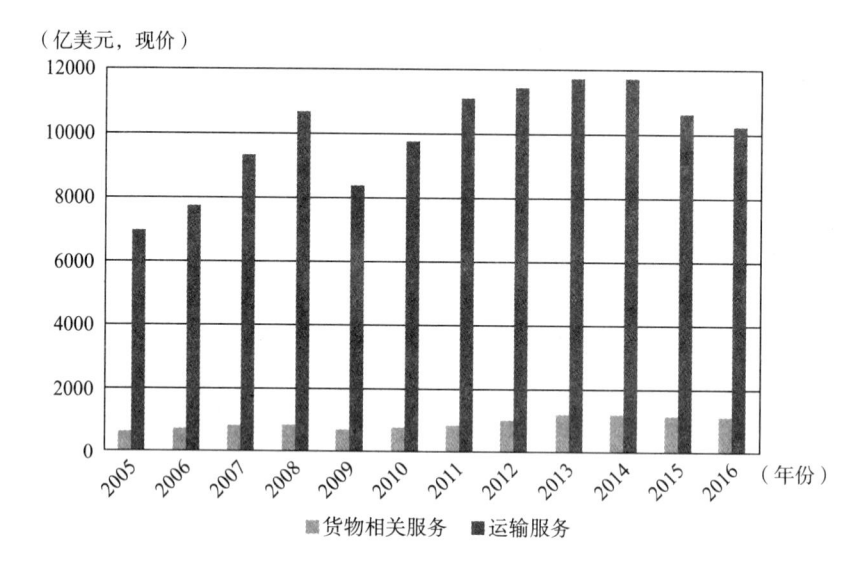

图 5-3 2005—2016 年全球货物相关服务、运输服务进口情况

资料来源：UNCTAD 数据库（BPM6）。

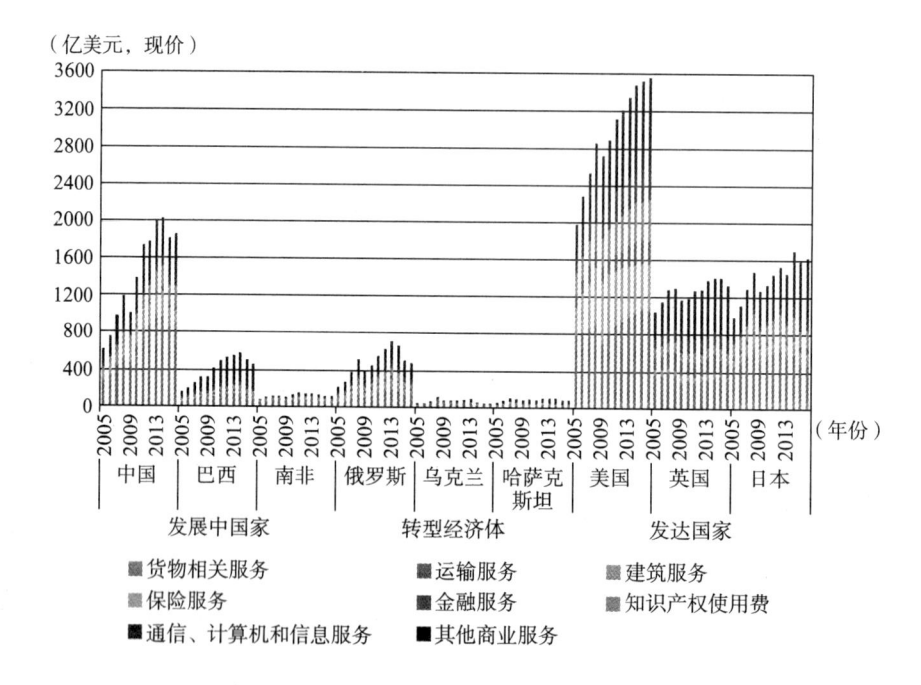

图 5-4 2005—2016 年中国等九国生产性服务进口情况

资料来源：UNCTAD 数据库（BPM6）。

从细分行业结构来看，①传统服务行业——运输服务和其他商业服务为全球进口规模最大的两大生产性服务行业，且在发展中国家生产性服务进口中尤为重要。2005—2016年中国、巴西、南非运输服务和其他商业服务进口额合计占各国生产性服务进口总额比重的年均值分别为71.00%、75.42%和74.25%，明显高于发达国家和转型经济体的占比。②随着物联网、大数据等信息技术的不断进步，全球通信、计算机和信息服务进口额占生产性服务进口总额的比重总体持续提升。③全球保险服务，金融服务，知识产权使用费，通信、计算机和信息服务进口规模在不同国家之间相去甚远，这些高技术服务进口体量在发达国家较大，而在发展中国家和转型经济体则甚微。值得关注的是，除美国之外，中国保险服务进口体量也相当可观；中国不断加强知识产权保护，知识产权使用费也较具进口规模；2016年中国通信、计算机和信息服务进口额占生产性服务进口总额的比重虽仅为6.76%，低于除哈萨克斯坦之外其他七国的占比，但涨幅高达12.01%，明显高于其他几国。由此可见，中国对富含高技术、知识、人力资本的生产性服务进口的重视程度日益提升，对全球生产性服务贸易规模扩张和结构优化产生一定的积极影响。④与前述行业相比，全球货物相关服务和建筑服务的进口额占生产性服务进口总额的比重则整体偏低，增长乏力。

从经济体类别来看，发达国家生产性服务进口规模最大，发展中国家次之，转型经济体最小。美国生产性服务进口体量庞大且增长明显，各细分行业进口额相对来说较为均衡；英国和日本生产性服务进口规模较为接近。发展中国家当中，中国生产性服务进口体量遥遥领先且总体增速显著，但近两年略为收紧。转型经济体中，俄罗斯生产性服务进口额虽显著高于乌克兰和哈萨克斯坦的水平，但仍难以与中、美、英、日的进口规模形成竞争。

二 制造业发展特点

由于国际分工的日益细化，在全球价值链升级的强力驱动下，全球制造业发展趋势主要呈现出以下三个特征：一是全球进出口制成品技术结构逐渐向中高水平提升；二是全球制造业重心逐渐由发达国家向发展中国家转移；三是发达国家及一些发展中国家回归制造业的趋势显著，全球制造业复苏指日可待。

随着全球生产碎片化程度的不断加深，传统的垂直型分工、产业间分工模式逐渐向"垂直型分工+水平型分工""产业间分工+产业内分工"的复合多样化模式演进。伴随着全球价值链的升级，发达国家和发展中国家间的分工日益细化，发达国家的企业日渐开展设计、研发、营销等位于"微笑曲线"两端的活动，而将生产制造业务外包给发展中国家的企业。有鉴于此，发展中国家承接全球制造业转移的外包能力也得到持续提升，并沿 OEM（委托代工生产）—ODM（原始设计制造）—OBM（自有品牌制造）的路径以实现技术创新和产业升级。UNCTAD 数据显示（见图 5-5），发展中国家制造业产值占 GDP 的比重一直以来显著高于全球平均水平，也远高于发达国家和转型经济体的水平。就全球范围来看，制造业仍是一国经济增长的重要源泉。

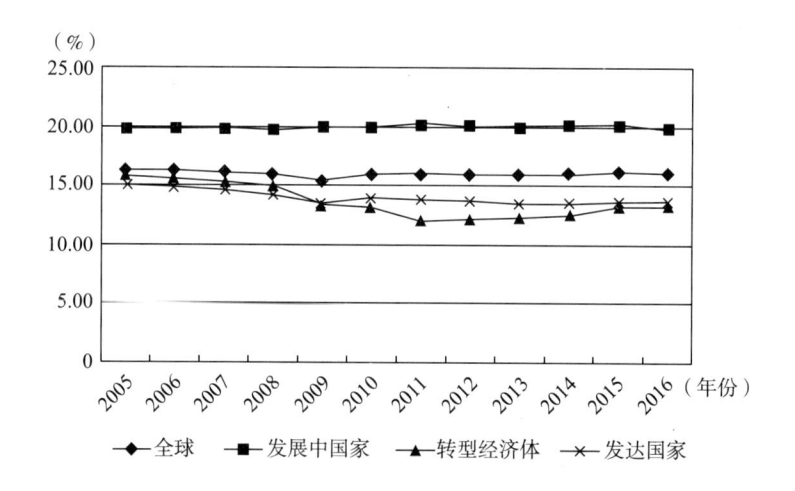

图 5-5　2005—2016 年制造业产值占 GDP 的比重

资料来源：UNCTAD 数据库。

（一）从细分产品看，全球进出口制成品技术结构升级

UNCTAD 数据显示，从全球进出口产品类型来看（见图 5-6、图 5-7），长期以来，初级品出口总额占全球产品出口总额的比重及其进口总额占全球产品进口总额的比重均不足 1/5。2005—2016 年制成品出口额占全球产品出口总额、进口额占全球产品进口总额的年平均比重

分别为 77.45% 和 78.05%，2016 年两项占比各达峰值 80.59% 和 81.33%，可见制成品在全球进出口产品构成中具有举足轻重的地位。

进一步，从全球进出口制成品的技术结构来看：①中等技术制成品占比最高，其次为高技术制成品，二者出口额之和、进口额之和长期以来分别在制成品出口总额、进口总额中高居 59% 以上，且近年来该占比仍持续上升。②全球进出口制成品技术结构日益从资源密集型制成品向技术密集型制成品转移，且从技术密集型制成品内部结构来看，逐渐向中高技术水平提升，实现技术结构升级。2016 年全球产品出口总额、进口总额降幅分别为 3.11% 和 2.90%。其中初级品的出口降幅、进口降幅均最高，分别为 11.31% 和 10.46%；与其他技术密集型制成品相比，中等技术和高技术制成品的进、出口额降幅较小，出口负增长率分别为 0.76%、2.02%，进口负增长率分别为 0.74% 和 0.90%。可见全球中高技术制成品的进出口贸易仍存在较大发展空间，故动能亟须得到加强。

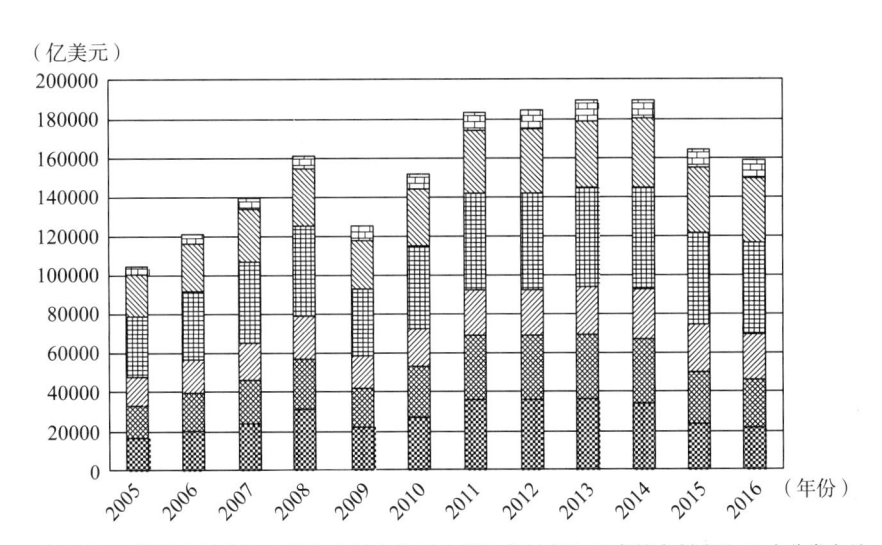

图 5-6　2005—2016 年全球产品出口情况（LALL 分类标准）

资料来源：UNCTAD 数据库。

（亿美元）

图 5-7　2005—2016 年全球产品进口情况（LALL 分类标准）

资料来源：UNCTAD 数据库。

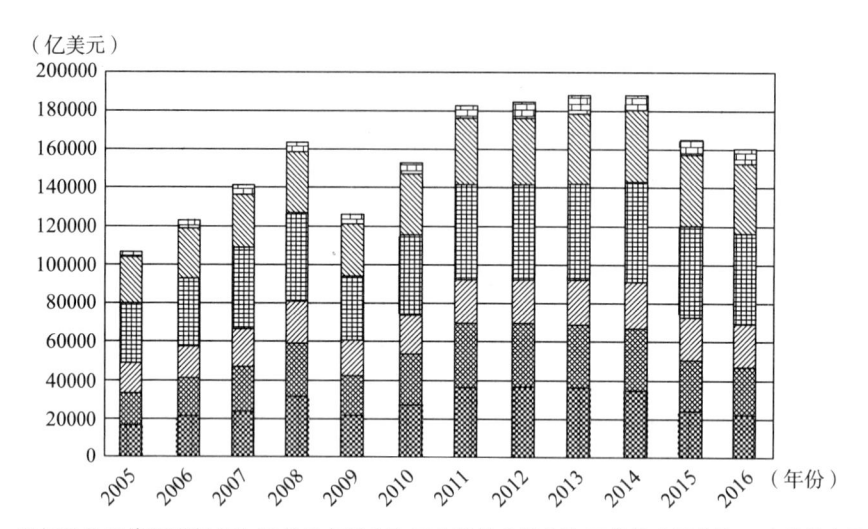

（二）从经济体类别看，全球制造业转移持续

自 20 世纪 90 年代以来，全球制造业重心逐渐由发达国家向发展中国家转移。据 UNCTAD 数据（见图 5-8、图 5-9）可知，1995—2002 年各年度，发达国家制成品出口额占全球制成品出口总额的比重均在 65% 以上，1995 年该值为 68.22%，1998 年达峰值 68.36%，而这两年发展中国家占比仅为 28.73% 和 28.01%。1995—2004 年，发达国家制成品进口额占全球制成品进口总额的比重亦高居 65% 之上，1998 年达到峰值 68.78%。2005 年，发展中国家制成品出口总额、进口总额占全球制成品出口总额、进口总额的比重分别为 34.33% 和 34.06%；2014 年以来发展中国家制成品出口占比居 45% 之上，几乎与发达国家制成品出口规模相当。由此可见，在国际分工和全球价值链升级背景下，发展中国家逐渐承接由发达国家转移而来的制造环节，其制成品的进、出口均实现了快速发展。而转型经济体制成品的进、出口规模在全球制成品贸易中依然占据较少份额，其面对发达国家和发展中国家制造业竞争优势的双重挤压，增长持续乏力。

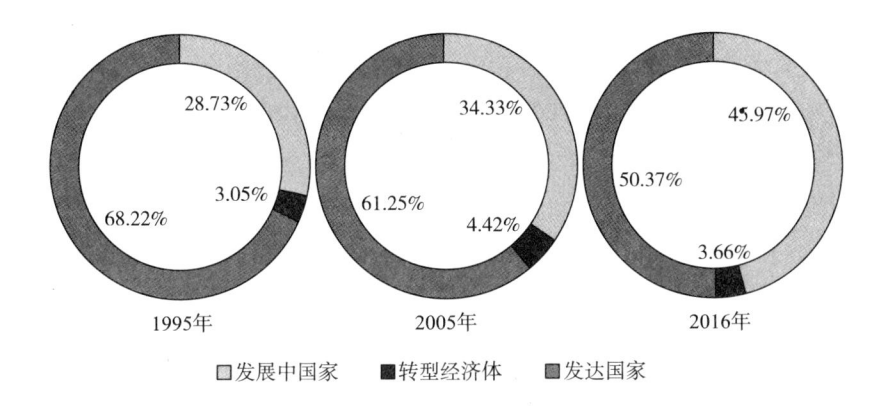

图 5-8　1995 年、2005 年、2016 年全球制成品出口情况（按经济体类别划分）

注：因四舍五入，合计数可能不等于100%。

资料来源：UNCTAD 数据库。

1995年：发展中国家 28.73%，转型经济体 3.05%，发达国家 68.22%
2005年：发展中国家 34.33%，转型经济体 4.42%，发达国家 61.25%
2016年：发展中国家 45.97%，转型经济体 3.66%，发达国家 50.37%

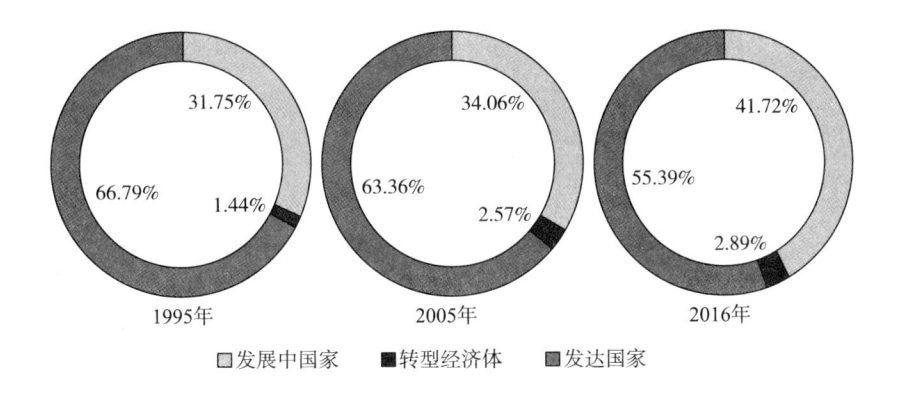

图 5-9　1995 年、2005 年、2016 年全球制成品进口情况（按经济体类别划分）

注：因四舍五入，合计数可能不等于100%。

资料来源：UNCTAD 数据库。

1995年：发展中国家 31.75%，转型经济体 1.44%，发达国家 66.79%
2005年：发展中国家 34.06%，转型经济体 2.57%，发达国家 63.36%
2016年：发展中国家 41.72%，转型经济体 2.89%，发达国家 55.39%

（三）从发展趋势看，制造业回流现象明显

伴随着发展中国家产业结构的升级和制造业竞争能力的不断提高，近些年发达国家制造业回流的趋势也日渐明显。为避免产业空心化，美国提出"再工业化"战略，回归实体经济；一方面是为应对德国、日本等国技术创新对美国制造业的冲击，挖掘本土竞争优势；另一方面将为美国众多蓝领工人寻找更多的就业机会。德国作为制造业强国，于

2013年4月在汉诺威工业博览会上提出"工业4.0"这一高技术战略，旨在通过物联网等新兴科技媒介，进一步实现制造业的高质量发展。2017年6月，日本经济产业省等三部委联合发布《制造业白皮书2017》，回归制造业，并进一步提升日本制造业强大的市场活力。中国作为最大的发展中国家，亦同样提出大力发展制造业的愿景，并推出创新驱动发展战略和《中国制造2025》行动纲领，以实现制造业强国发展目标。综上所述，从全球经济发展动向来看，制造业的重振态势将在全球范围内铺展开来，其繁荣发展将为全球经济复苏起到至关重要的作用。

第二节 生产性服务贸易与制造业：理论探讨

本节首先从国际分工与生产性服务贸易的关系问题出发，梳理全球价值链与生产性服务贸易的关联，以及作为中间投入品的生产性服务贸易特征；其次在此基础上，明晰生产性服务贸易与制造业联动的路径——生产性服务业与制造业融合以及制造业服务化；最后进一步探究生产性服务进口与制造业、生产性服务出口与制造业存在何种关联。

一 国际分工与生产性服务贸易

在工业化发展进程中，碎片化生产、专业化水平提高以及劳动力分工细化等特征日益显著，同时生产性服务在生产过程中的重要性也愈加凸显。早在20世纪60年代，Balassa首先提出了"垂直专业化"的概念。David Hummels等（2001）认为，在跨越不同国家的垂直贸易链中，生产过程的相互联系日益紧密，他们沿袭Balassa和Findlay的研究论点，将各国专门从事生产过程的某一个或几个阶段的这种现象，称为"垂直专业化"（Vertical Specialization）。从20年代90年代起，以美国跨国公司为代表，跨国企业纷纷在全球寻求资源与市场，开展垂直专业化生产（洪联英、刘解龙，2009）。在这种垂直专业化生产模式下，生产性服务作为一种中间投入品，其与生产的关系日益密切。

生产性服务业对生产、贸易和增长的重要性在20世纪80年代才受到学界重视。该时期的代表性学者主要有Markusen（1988a，1988b）、

Rivera – Batiz（1988）、Jones 和 Kierzkowski（1988）及 Grubel 和 Walker（1988）。虽然这些学者的研究部分集中于专业化或差异化中间服务问题上，但他们未考虑生产性服务对协调相互依存经济活动的重要性。Greenfield（1966）以及 Jones 和 Kierzkowski（1988）虽然未对专业化生产和服务间的关系做过正式分析，也未提及其具体含义，但他们均对该关系问题有过一定探讨。Helpman（1981）、Krugman（1979，1981）及 Dixit 和 Norman（1980）则均使用了垄断竞争模型对生产性服务业进行研究。①

服务贸易规制限制了专业化水平提高所带来的收益的实现；服务贸易自由化可能为进口国和出口国均带来额外的收益。在国际分工背景下，随着生产性服务贸易自由化的不断推进，一方面，服务进口国的企业获取了更为先进的生产技术，继而生产方法也更为专业化；另一方面，伴随着企业兼并重组等组织结构的调整，服务出口国的其余企业也可能通过贸易自由化而使用更为专业的生产方法（Joseph F. Francois，1990）。

Joseph F. Francois（1990）十分重视服务贸易对生产的作用，他使用垄断竞争模型，探讨了生产性服务贸易与国际分工下专业化生产之间的关系，并遵循 Edward 和 Starr 的方法，在张伯伦垄断竞争模型——"一部门""两国""差异性产品"三个假设的基础上，建立了一个生产性服务在协调和控制复杂生产过程中的专业化分工模型，用于分析服务贸易对劳动力分工和专业化分工收益实现的效应。他指出，各国在通过生产具有比较优势的产品而提高其生产效率的同时，在国际分工背景下，全球生产链的产量得以增加；单个企业生产过程的专业化程度取决于其生产规模，但同时又受到市场范围的限制。Joseph F. Francois（1990）认为，市场扩张使生产规模扩大、专业化水平提高、产品种类增加、制成品价格下降，而生产性服务正是这一过程的重要驱动力，其成本效应是生产专业化程度提高的一个重要决定因素。

（一）全球价值链与生产性服务贸易

世界市场的一体化使生产呈碎片化式展开，不同国家和地区的生产

---

① Francois J F., "Trade in Producer Services and Returns due to Specialization under Monopolistic Competition", *Canadian Journal of Economics*, Vol. 23, No. 1, 1990, pp. 109 – 124.

制造和服务环节交织、融合在一起。现如今，越来越多的制造业企业将产品生产过程中的某些环节外包出去，生产制造与服务的联系亦愈加紧密。大量的研究文献强调了生产全球化的重要性，由于其伴随着企业将生产环节转移至多个区位中，故 Bhagwati 和 Dehejia（1994）提出"万花筒比较优势"；对此，Krugman（1996）使用了"分割价值链"这一说法；Leamer（1996）更倾向于"去地域化"的表述；而 Antweiler & Trefler（1997）则引入了"中间贸易"的概念。[1]

Jones 和 Kierzkowski（1988）将研究视角从消费者服务转移到服务参与制造业生产的方式问题上来，并在全球价值链背景下，搭建了分析连接全球生产区块（Production Blocks）的服务链接框架。他们认为，碎片化（Fragmentation）生产是专业化生产的更高程度，是李嘉图比较优势理论更大范围的应用。他们指出，当生产过程的碎片化允许联合使用位于不同国别不同区域的生产区块时，对包括协调、行政、运输和金融服务在内的一系列活动的需求也日益增加；服务链接可以将这些碎片化的生产区块有效地连接在一起并使产出增加，其产生的外溢作用亦将进一步促进生产性服务贸易的快速发展。他们提出两个假设：第一，单纯的国内服务业的成本要比连接多个国家生产区块的服务成本低，连接生产区块的服务仅涉及不变的固定成本，不考虑可变成本；第二，这些服务呈现出很强的规模报酬递增的属性（周蕾，2013）。[2]

在 Ronald W. Jones 和 Henryk Kierzkowski（1988）所构建的服务参与生产过程的框架中（见图 5-10 所示），a 表示生产的早期阶段，在此阶段中，只有单一的生产区块，生产完成后直接面向消费者，无服务投入；b 表示需要服务协调生产区块间的活动，并通过分销和市场运作来连接生产和消费，在此阶段，生产专业化程度的提高和劳动分工的细化导致了生产区块的碎片化，服务链接（Service Link）将分散的生产区块连接起来；在 c 阶段，多个服务链接将多个相互关联的生产区块连接在一起，各个生产区块利用服务链接构成集成化的生产链，故此也体

---

[1] Feenstra Robert C., "Integration of Trade and Disintegration of Production in the Global Economy", *The Journal of Economic Perspectives*, Vol. 12, No. 4, 1998, pp. 31–50.

[2] 周蕾：《生产性服务贸易与全球价值链升级》，浙江大学出版社 2013 年版，第 41 页。

现了生产区块与服务链接的相互依赖性；d 阶段表示多个由服务嵌入联结的生产区块链条同时进行生产运作，每个集合的生产区块在输出时都通过一个装配的过程，继而最终面向消费者（Ronald W. Jones & Henryk Kierzkowski，1988）。

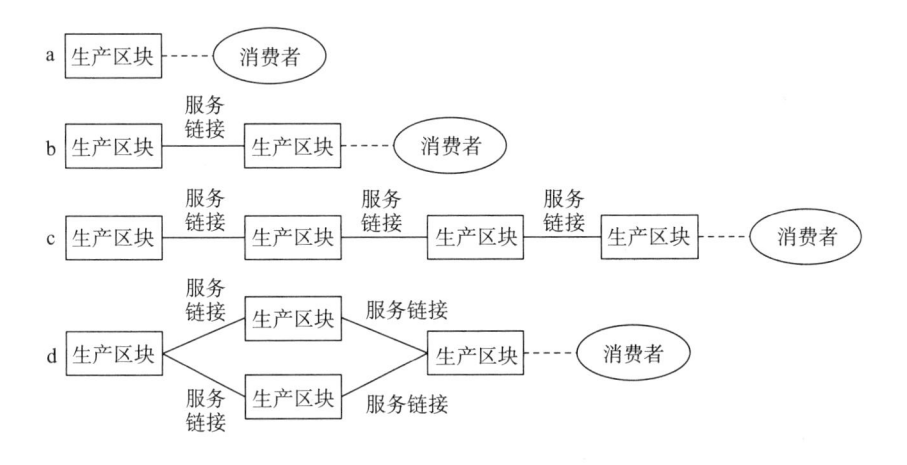

图 5-10　服务参与生产过程的框架

资料来源：Jones R W, Kierzkowski H., "The Role of Services in Production and International Trade: A Theoretical Framework", *RCER Working Papers*, 1988。

Ronald W. Jones 和 Henryk Kierzkowski（1988）构建的生产框架假定生产区块内的技术包含使生产实现规模报酬递增的要素。他们指出，实现规模经济的形式有多种，这里假设生产活动需要固定成本，且边际成本不变。图 5-11 中曲线 1 描述了总成本随产出扩大而增加，截距表示固定成本，斜率表示边际成本。假定碎片化生产会改变固定成本和可变成本之间的平衡，使产出的边际成本降低，则在一对生产区块中，固定成本增加，如曲线 1 移至曲线 2，斜率减小（$K_2 < K_1$），截距增加（$|ob| > |oa|$），即曲线 2 描述了片段化生产过程中总成本与产出之间的关系。随着服务在生产过程中的运用，曲线 2 继而移至曲线 2′，连接生产区块的服务链接使固定成本由 $|ob|$ 增至 $|oc|$。假设这些服务与产出规模无关，故可变成本不变，曲线 2 移至曲线 2′的过程只是平行位移。若参与生产过程的服务链接成本随产出规模的扩大而增加，则曲线

2′会比曲线2更陡峭。但需强调的一点是，服务所带来的边际成本仍然比密集使用更多技术时的边际成本更低（Ronald W. Jones & Henryk Kierzkowski，1988）。随着生产规模的扩大，生产的专业化程度得到增强，劳动力分工也愈加深化。

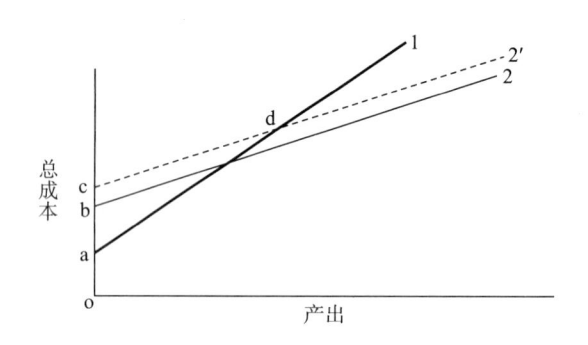

图 5-11　总成本与产出

资料来源：Jones R W, Kierzkowski H., "The Role of Services in Production and International Trade: A Theoretical Framework", *RCER Working Papers*, 1988。

随着生产区块和与之相连的服务链接的增多，总成本、平均成本与产出的关系如图5-12所示。几个碎片化的生产过程体现出其有助于降低平均成本的特点，且在每一个具有较高碎片化技术的生产节点处，平均成本的下降幅度都会得到加强（Ronald W. Jones & Henryk Kierzkowski，1988）。

图5-13说明了边际成本对产出的依赖。生产规模的扩大将使得企业对更专业化、更分散化技术的需求增加。该框架假设生产在某一企业内进行，且市场需求弹性小于无穷；该企业选择在某一产出水平上进行生产，以实现利润最大化。在该产出水平上，边际收益（MR）等于边际成本（MC）。当给定一条边际收益（MR）曲线，其可能与边际成本（MC）曲线存在多个交点。图5-13中a、c点均为市场竞争者所处的状态，且由该图可知a点处的利润大于c点处的利润。随着产出规模的扩大，a点逐步移动至c点，此过程包含两个阶段：①a点移动至b点，此阶段中的技术分散化程度较低，MR＜MC；②b点移动至c点，此阶段蕴含着更多分散化的技术，MR＞MC。其中，b点为局部利润最小化

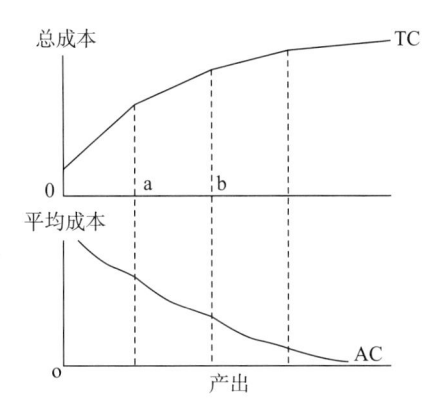

图 5-12　碎片化生产下的总成本、平均成本与产出

资料来源：Jones R W, Kierzkowski H., "The Role of Services in Production and International Trade: A Theoretical Framework", *RCER Working Papers*, 1988。

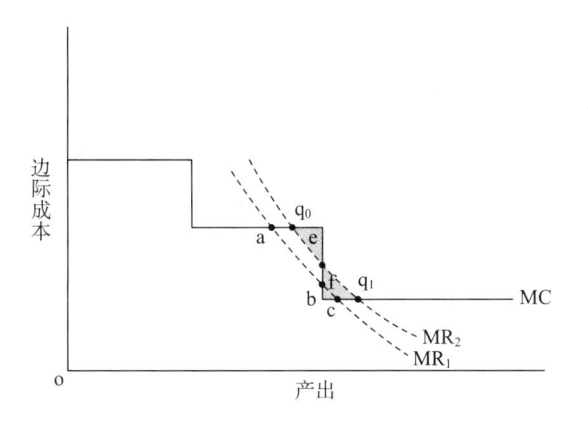

图 5-13　边际成本与产出

资料来源：Jones R W, Kierzkowski H., "The Role of Services in Production and International Trade: A Theoretical Framework", *RCER Working Papers*, 1988。

点，该点处的边际收益与边际成本相等（MR = MC），产出的小规模收缩或扩大都会增加利润。假设需求平稳增长，则伴随着边际收益递增，当图中阴影部分 e 和 f 的面积相等即利润相等时，企业可以在 q_0 或 q_1 的产量水平上组织生产。为了满足稍高水平的需求，产量水平略大于 q_1。然而，q_0q_1 这段范围不总被观察到，即需求的平稳增长会导致逐步过渡到更分散的技术,继而引起服务相对价格的下降和产量的增加,如果边际收益更富有弹性的话,这种作用将更为明显[①](Ronald W. Jones & Henryk Kierzkowski,1988)。

关于全球价值链下生产性服务贸易的自由化问题,Hildegunn Kyvik Nordas(2008)认为,服务贸易原则上有助于提供更广泛的服务供应基础,以提升高技术和高附加值制造业的竞争力;生产性服务业的国际贸易属性往往相当边缘化,如此使商业存在成为服务外国市场的有利模式。Hildegunn Kyvik Nordas(2008)将衡量制造业外资市场开放度的FDI和处于制造业下游的生产性服务贸易发展水平作为指标,建立了有利的经验关系。他发现,越优质的供应链管理越可以节省输入材料的成本,服务强度越高,越能帮助产品实现价值增值。

(二)中间投入品与生产性服务贸易

到20世纪90年代,学界对国际贸易的正式分析仍然假定服务为非贸易品。该假设基于这样一个观点,即服务交易需要用户和服务提供者之间进行物理交互方能完成。然而,那一时期所兴起的技术革新使电子交易服务的份额越来越大,物理交互很大程度上逐渐被电子交互所取代。这些从创新中获益的服务通常为中间品,例如管理、咨询、信息处理、工程和金融服务,它们通常由熟练的和受过高等教育的劳动力所提供(Joseph F. Francois,1990)。在那一时期,从国际贸易规模来看,一半以上的贸易为中间品贸易。由于一国国内和国外中间投入品具有互补性,最终品贸易是中间投入品贸易的不完全和劣等替代,因而中间品的贸易成为可能(James R. Markusen,1989)。生产性服务作为一种中间投入品,其重要性日渐受到关注。

James R. Markusen(1989)指出,中间品平均比最终产品的资本密集度高,许多生产性服务具有多样化和知识密集性的特点。他尤其强调,知识密集度意味着强大的规模经济,在最初以学习成本获得这种基于服务的知识之后,企业便可以以非常低的边际成本提供给额外的使用者,开展生产性服务贸易。与Ethier(1982)的研究方法类似,Markusen

---

① Jones R. W., Kierzkowski H., "The Role of Services in Production and International Trade: A Theoretical Framework", *RCER Working Papers*, 1988.

(1989)采用了 Avinash Dixit – Joseph Stiglitz（1977）模型的特征假设——不同的商品具有不同的投入，且其以规模报酬递增的方式投入生产。他在此基础上发展了一种差异化中间投入品贸易模型。该模型中假设开展贸易的两个国家都具有竞争性部门 Y 以及源自于中间投入或服务（S）、生产复合商品的部门 X，后者部门 X 以规模报酬递增的方式进行生产，且二者在生产上具有互补性。研究结果显示，专业化中间品贸易优于最终品之间的贸易，中间品（服务）的自由贸易对自给自足的经济体来说是帕累托改进的。生产性服务贸易自由化使一国福利得到显著改进。对于开展专业化服务贸易来说，仅允许开展最终产品的贸易是不完全的。由于价格和边际成本的扭曲，商品贸易不能完全保证自由贸易将是帕累托改进的。而中间投入品贸易保证两国在扭曲的部门中实现生产扩张，这是当价格超过边际成本时，获得贸易收益的充分条件（Markusen & Malvin，1981，1984a）。[①] Markusen（1989）认为，对于一些较小的或技术上处于不利地位的国家来说，开展最终品贸易只会导致其在该部门上的收缩，从而使获益的充分条件无法保持。从世界整体来看，作为中间品的服务，其自由贸易优于货物的自由贸易，这一结论源于国内外在最终产品生产上专业化中间投入的互补性，或者说是得益于贸易自由化下劳动力分工的增加。

在将生产性服务作为中间投入的贸易自由化问题上，Robert C. Feenstra（1998）指出，中间投入品贸易对就业和工资的影响相当于技术创新所引起的变化，在碎片化生产方式下，制造环节的中间投入将发生多次跨境流转，故将产生更多的贸易。他指出，随着经济的扩张，一些亚洲新兴工业化国家依靠从发达国家进口的中间服务，成为大量消费品和工业品的生产国。发达国家则通过提供位于价值链高端的服务要素，并将其作为中间要素投入至发展中国家进行生产。例如，全球最大的玩具公司——Mattel（总部设在美国加州的美泰公司）所生产出的玩具增加值的大部分来自美国的运输、营销、库存、零售等服务。Mattel 和 Nike 均在美国开展设计和营销等生产性服务活动，这些包括从产品

[①] Markusen James R.，"Trade in Producer Services and in Other Specialized Intermediate Inputs"，*The American Economic Review*，Vol. 79，No. 1，1989，pp. 85 – 95.

概念到最终交付的所有生产性服务,作为产品生产过程中的中间投入要素,是它们实现价值增值的关键,且这些活动不一定局限于公司内部(Robert C. Feenstra, 1998),而往往通过不同的服务企业完成。生产性服务业和生产性服务贸易对于生产制造的意义便愈加凸显。

二 生产性服务贸易与制造业的联动路径

(一)生产性服务业与制造业融合

在经济全球化背景下,发展生产性服务业成为提升制造业竞争力的关键。① 生产性服务业与制造业的融合趋势愈加明显,二者相辅相成、协同发展。

1. 融合动因

在制造业部门,垄断性厂商为消费者提供差异化产品;每个制造商在生产过程中除需要生产要素外,还需要生产性服务(Morihiro Yomogida, 2004)。消费方式的改变(从单纯购买行为到对服务、个性化等一体化解决方案的需求的转变)、生产方式的改变(制造业企业的业务重心由传统生产制造向提供服务的转变),以及交易方式的改变(由买卖双方一次性交易向制造商向消费者提供长期便利性服务的转变),均成为引起生产性服务业与制造业融合的动因(李美云,2006)。

生产性服务业与制造业价值链的高度相关性为二者的融合提供基础,同时,技术创新成为生产性服务业与制造业融合的内在动因(杨仁发、刘纯彬,2011)。随着技术壁垒的不断消失,技术边界趋于模糊,技术扩散作用驱动生产性服务业与制造业形成共同的技术基础,进而助力二者实现融合共生。从外部因素来看,放松的规制环境为二者融合提供强有力的外在动力(杨仁发、刘纯彬,2011)。

2. 融合过程

生产性服务业与制造业基于一定基础而实现产业融合。杨仁发、刘纯彬(2011)借鉴 Wirtz(2001)、Greenstein 和 Khanna(1997)、李美云(2007)的论点,将生产性服务业与制造业的融合过程分为价值链

---

① 姚战琪:《发展生产性服务业与提升中国产业国际竞争力》,《学习与探索》2014 年第 4 期。

的分解与重构两个阶段。①

(1) 价值链分解

在价值链的分解过程中,生产性服务企业与制造业企业的价值链各自分解为碎片化的价值链区段。杨仁发、刘纯彬(2011)指出,在制造业价值链中,原先的生产性服务要素逐渐分离;或是原先生产性服务业价值链中的服务要素嵌套至制造业价值链中,与制造业价值链发生交叉,促进制造业价值链发生分解;抑或是二者价值链本身相互独立,价值链的各自分解为二者的融合提供基础。

(2) 价值链重组

在第一阶段价值链分解后,碎片化的价值链区段联结在一起,以互补或替代等方式实现生产性服务业与制造业价值链的重组(杨仁发、刘纯彬,2011)。同时,技术溢出和知识溢出效应使得二者价值链的重组成为可能。

①技术溢出效应下的二者价值链重组

制造业企业开发出与生产性服务相关或呈替代性的产品或技术,然后通过技术溢出效应将其扩散至生产性服务业中。同时,生产性服务业亦将技术渗透至制造业价值链中,从而改变制造业的技术路线和生产函数。技术溢出效应使得生产性服务业与制造业的需求特征发生改变,为二者融合提供市场基础和市场空间。生产性服务业与制造业的技术扩散引起技术间的融合,这种融合使二者间的技术壁垒得以消失,进而形成共同的技术基础。技术边界的日益模糊为生产性服务业与制造业的融合搭建了桥梁。但若技术创新仅发生于产业内部而非产业边界处,则生产性服务业与制造业无法实现融合。只有在经营理念改观、管理方式创新、技术进步、规制放松的情况下,二者的融合才得以实现。因而,以价值链为视角,在技术创新这一内在动因的驱使下,进行技术融合才是生产性服务业与制造业实现融合的前提条件②(杨仁发、刘纯彬,2011)。

---

① 杨仁发、刘纯彬:《生产性服务业与制造业融合背景的产业升级》,《改革》2011年第1期。

② 同上。

Freund 和 Weinhold（2002）发现，跨国的技术渗透对服务贸易具有显著的正向影响。例如，随着服务业的增长，ICTs（信息通信技术服务）的技术扩散是许多产业部门间重组的核心要素（OECD, 1997；Motohashi, 1997），且其增加了服务的可贸易性（Freund & Weinhold, 2002）。随着生产过程的碎片化程度在一国内和国家间均不断加深（Bhagwati, 1984），ICTs产业的技术进步对于制造业的碎片化生产发挥着更为重要的作用（Jones & Kierzkowski, 1990）。[1]

②知识溢出效应下的二者价值链重组

服务业的知识化使服务业与制造业之间的边界愈加模糊（陆小成，2009）。基于知识链的视角，陆小成（2009）认为，加强生产性服务业与制造业的融合是提升产业持续竞争力、提高知识创新能力和优化产业结构的重要途径，这种融合是知识共享、组织学习、激励以及技术支持的过程。[2] 为此，他在知识链模型和交互式学习过程分析的基础上，构建了基于知识链的生产性服务业与制造业融合机制。该机制涵盖四个层面，其中组织建构机制和技术支持机制是二者融合的基础，文化创新机制和激励约束机制是二者融合的核心。显然，作为技术、创新和知识（技术和知识外溢）的重要生产者和传递者（Yvonne Wolfmayr, 2008），知识密集型商务服务与制造业的融合关系日趋紧密，其对制造业升级亦具有十分显著的推动作用。

3. 融合模式

伴随着制造业服务化趋势的不断演进，价值链的相互渗透、延伸、重组形成了生产性服务业与制造业不同的融合模式。[3] 李美云（2006）根据服务部门和非服务部门之间是否存在替代性或互补性，将服务业跨产业融合的模式分为互补型、结合型和替代型三种。类似地，杨仁发、刘纯彬（2011）在构建生产性服务业与制造业融合价值链模型的基础

---

[1] Guerrieri, P. and Meliciani V., "Technology and International Competitiveness: The Interdependence between Manufacturing and Producer Services", *Structural Change and Economic Dynamics*, Vol. 16, No. 4, 2005, pp. 489–502.

[2] 陆小成：《生产性服务业与制造业融合的知识链模型研究》，《情报杂志》2009年第2期。

[3] 杨仁发、刘纯彬：《生产性服务业与制造业融合背景的产业升级》，《改革》2011年第1期。

上，得出二者融合具有互补型（价值链区段互补，融合产生兼具二者特征的新兴产品）、延伸型（制造业价值链向上下游延伸，衍生出用户导向型生产性服务需求）和替代型（二者价值链经分解与重组后，产生替代原有产品和服务的新型融合产品）三种方式。

（1）互补型融合模式

李江帆、朱明（2016）指出，依托ICTs的支持，生产性服务可以作为生产的辅助要素，为制造业企业提供智能化、定制化、个性化的服务；制造业企业可借助ICTs高度自动化的信息通道将需求快速反馈给生产性服务企业，以便其提供精准化服务。

刘兵权等（2011）运用分位数回归方法对中国现代生产性服务业与高端制造业之间的关系做实证研究，并得出结论：中国现代生产性服务业FDI与高端制造业呈互促式发展，二者互为因果，形成良性循环，但随着现代生产性服务业FDI的日益增加，其对高端制造业的正向促进作用逐渐衰减。他们还提出，在扩大现代生产性服务业对外开放的同时，产业安全问题亦不容忽视，应合理协调开放、发展与产业安全之间的关系。

（2）延伸型融合模式

Rogelio Oliva和Robert Kallenberg（2003）对11家德国资本设备制造商进行定性研究后发现，它们均通过采取明确的服务策略，开展生产性服务活动来支持其产品的生产，同时指出，早期企业组织在转向运营服务时，有效利用制造企业的优势，将服务从制造业中分离。

Morihiro Yomogida（2004）指出，在贸易均衡下，生产过程的碎片化使熟练劳动力充裕的国家出口生产性服务并进口制成品；当制造商在生产过程中获得了生产性服务之后，便会产生通信成本；若国家间的通信技术相同，则要素禀赋的差异决定比较优势，而通信成本的降低是改变生产性服务贸易量的关键。通信成本的下降对无形服务的影响，比运输价格下跌对有形货物的影响更大；改进的网络通信服务为商务服务创造了虚拟流动的可能，从而促进开展此类服务贸易（Toru Kikuchi, 2003）。因而，一些制造业企业将自身价值链区段延伸至通信技术服务区段中，通过改进通信服务质量，以期对生产成本和生产效率产生一定积极影响。

(3) 替代型融合模式

劳斯莱斯的"按小时提供动力"的发动机服务方案便是一个生产性服务与制成品呈替代型融合的典型,即消费者购买使用飞机发动机提供动力的服务而对直接购买发动机本身产生替代,且该项服务日渐成为塑造劳斯莱斯飞机发动机业务竞争力的核心。①

4. 融合障碍

生产性服务业与制造业的融合不仅存在相互促进作用,阻力也随之并存。Rogelio Oliva 和 Robert Kallenberg(2003)认为,制造业企业在由生产到服务转变的过程中亦存在一定障碍。首先,企业可能不相信生产中的服务投入能为其带来潜在经济收益;其次,虽然一家企业可能认识到服务市场的潜力,但提供服务可能超出其具有竞争力的业务范围;最后,一家企业可能已经意识到服务市场所带来的潜力并决定进入该市场,但未能实行一种成功的服务策略。由此可见,从产品制造商向服务提供商的转变是企业管理的一大挑战,需要企业构建新的组织原则、架构和流程(Rogelio Oliva & Robert Kallenberg,2003),以促进制造业服务化并实现其与生产性服务业的融合。

(二)制造业服务化

伴随着全球制造业日渐回暖、复苏,越来越多的制造业企业努力寻求创新发展的新路径,且不再拘泥于传统的单一生产方式,而是通过提高服务投入以增加其产品价值。一些企业开始将出售产品相关服务作为主要的盈利渠道,由生产产品向提供服务转变,实现服务型制造。服务化已然成为当今世界制造业发展的主流趋势。

制造业的服务化趋势并非最近才出现,许多学者认为早在20世纪80年代就有过相关研究;Vandermerwe 和 Rada(1988)首次将制造业的产出由传统的物质产品扩展为产品与服务(杨玲,2015),他们对服务业的发展潜力持乐观态度,认为服务业正在席卷整个工业领域(Andy Neely & Ivanka Visnjic,2016)。在全球范围内,几乎所有的行业都发生了服务化。在放松管制、技术进步、经济全球化和市场激烈竞争的

---

① Crozet M., Milet E., "Should Everybody be in Services? The Effect of Servitization on Manufacturing Firm Performance", *Journal of Economics & Management Strategy*, Vol. 26, 2017.

推动下,服务公司和制造企业都在向服务业迈进(Vandermerwe & Rada,1988)。然而,Schmenner(2009)则采取了一种更为怀疑的态度。他认为,制造业服务化的概念早在20世纪80年代之前便已出现,自19世纪50年代以来,制造商就一直在寻求扩大服务领域的机会,以减少对分销商的依赖并加强客户关系强度。他提出,从企业发展史来看,服务化已有150年的历史。制造环节和服务环节构成了供应链整体,但在1850年之前,供应链各环节是由不同的、彼此独立的经济行为者完成的。19世纪后半叶,服务开始与产品捆绑在一起,并由同一家企业控制,企业供应链的创新直接导致了今天服务化的创新。[①]

总体来说,制造业服务化具有以下五大特征:一是制造业企业从以提供产品为中心向提供包括解决方案在内的服务的转变;二是由产出产品到产出系统化成果的转变;三是由主体间交易向相互建立关系的转变;四是由企业作为供应商到成为网络伙伴的转变;五是由提供和使用生产要素到构建生态运营系统的转变(Andy Neely, Ornella Benedettinni & Ivanka Visnjic, 2016)。

1. 制造业服务化方式

(1) 制造业投入服务化与产出服务化

制造业服务化可被视为制造业与服务业相辅相成、不断联系变化的一个重要方面。制造业在需要服务要素的同时也提供服务产品。映射至投入与产出两个角度,制造业服务化存在两种方式——投入服务化与产出服务化。

制造业投入服务化指在制造业部门的生产过程中,服务作为投入品发挥着重要作用,服务投入在制造业总投入中的份额不断增加。顾乃华、夏杰长(2010)指出,奥地利学派的生产迂回学说可以清楚阐释制造业服务化的动因;从组织形式上来看,制造业投入服务化日益深化的过程也是服务外包不断发展的过程,制造业的投入服务化程度与其增加值率呈正相关。

制造业产出服务化指制造业企业逐渐从传统地提供物化商品转向提

---

① Neely A, Benedettini O. and Visnjic I., "The servitization of manufacturing: Further evidence", The 18th European Operations Management Association Conference, 2011.

供服务，由生产型制造向服务型制造转变（安筱鹏，2012）。例如，汽车制造企业不再仅从事汽车生产，其对技术研发、汽车金融、营销、售后保养与维修等服务的供给不断增加，且这些服务越来越成为品牌获取竞争优势的重要来源。又如，在装备制造业产品生产的全周期内，工业自动化企业更为关注工程设计、设备运营管理、售后维修与维护等服务的质量。制造业企业对服务的关注日益增加，服务产品在制造业产出中的占比日渐提升。

（2）制造业内部服务化与外部服务化

由制造业投入与产出服务化进一步细化至投入、产出服务的主体层面，则制造业服务化可分为内部服务化与外部服务化两种。

①制造业内部服务化

制造业内部服务化指制造业企业自行提供生产性服务，并将其投入生产，以联结各生产单元，形成集成化的生产网络。

一些制造业企业自行开展 R&D、设计等有利于塑造企业竞争力的核心服务，并将其内化为制成品的增加值部分，提高产品中的服务含量。再者，与生产活动互补的服务环节也日渐在制造业企业内部占据核心地位。近年来汽车制造业的竞争越来越向交易环节推进，汽车金融服务的创新最终成为该产业竞争的基本方式（安筱鹏，2012）。例如，通用汽车公司和福特汽车公司为美国的两家大型跨国汽车制造企业：创造性的流水线生产方式使福特汽车迅速成为美国汽车行业的龙头，但它很快就被通用汽车超越；通用汽车公司的核心竞争力不在产品工艺方面，而在于其创新的汽车金融服务。通用汽车公司于 1919 年便成立了自己的财务信贷公司 GMAC，提供汽车金融服务；经过 90 多年的运营，其不断扩展服务领域，扩充服务内容，提供面向消费者的汽车消费信贷和面向经销商的融资、批量租赁和客户金融咨询计划等多种汽车金融服务（安筱鹏，2012）。这无疑对增强消费者的购买力、增加汽车销量以及提升企业竞争力均起到了关键性的作用。

裴长洪、彭磊（2008）认为，制造业企业将经营行为延伸至包括价值链上游的市场调研、产品研发与设计，中游的生产制造、产品销售，下游的售后服务、客户维护等多个方面。作为一个动态发展的过程，制造业服务化趋势越来越明显。生产性服务在制造业企业中的比例不断提高，且生产性服务业具有追随制造业发展的特点。①

②制造业外部服务化

鉴于产业分工愈加细致，一些制造业企业则专注于产品生产，而将全部或部分服务业务外包出去，这种方式便被称作制造业外部服务化。

生产性服务业的本质即为产业分工的结果。从宏观经济整体来看，随着产业分工的不断细化，一些制造业企业考虑到成本、企业经营战略等多重因素，致力于发挥自身生产制造优势，而逐渐将生产性服务剥离出来，开展生产性服务外包业务，实现制造业与生产性服务业的分工协作。这些生产性服务逐步发展成为独立的产业——生产性服务业。

由于各国要素禀赋存在差异，生产过程的分散化在全球范围内展开。随着服务投入在生产中的重要性与日俱增，国际生产性服务外包业务也愈加广泛。外包服务取决于成本、企业战略目标、服务性质、企业规模以及企业的部门分支（Yvonne Wolfmayr，2008）。以服装制造业为例，越南、老挝等发展中国家以低廉的劳动力成本优势成为众多跨国企业的生产地，而一些位于发达国家的生产性服务企业则专门开展设计、管理、营销等服务活动，并将这些生产性服务要素投入至发展中国家及其他发达国家。

③制造业内、外部服务化的选择

是在制造业企业内部进行服务化，还是将生产性服务交由专业的服务企业来提供？制造业内外部服务化的选择问题引起了学界的广泛关注。

Morihiro Yomogida（2003）将企业的组织选择问题纳入要素禀赋模型。他认为制造业需要熟练劳动力、非技术工人（非熟练劳动力）和生产性服务，企业往往会考虑是由内部提供服务还是将其外包给专业的服务供应商。Morihiro Yomogida（2003）考察了公司组织的变化对贸易结构、贸易体量和处于贸易平衡状态的国家福利的影响。他认为，企业组织形式的改变有助于提高其生产效率。其研究表明，生产这些服务的成本是企业特有的固定成本。制造业企业选择在内部生产服务，抑或是

---

① 裴长洪、彭磊：《中国服务业与服务贸易》，社会科学文献出版社2008年版，第43页。

从具有竞争力的服务供应商处购买服务，与制造商和服务提供者之间的技术差距有关。

除与技术差距有关之外，制造业服务化的内外部选择与成本、区位等因素亦密切相关。如果将企业视为一个生产函数，那么其需要组织包括劳动力、资本、技术、管理等多种要素，才能够生产出产品或者提供服务，同时，企业又必须寻求成本的最小化来赢得市场优势。因此，企业需要对生产过程中的各种投入要素做出"做"或"买"（Make or Buy）的决定——是在企业内部生产还是从外部市场采购将直接影响到企业的成本结构、制造方式、组织结构以及区位选择。[①] 也就是说，对于企业而言，如果企业自行提供生产性服务的效率高，就应该选择内部供给，即实现生产性服务内部化；反之，若外部专业的生产性服务企业提供服务的成本更低、效率更高，则应该交由外部的组织来完成，即企业将生产性服务业务外包给专业的服务提供商，实现生产性服务外部化。

2. 制造业服务化效应

近年来，商品生产和服务提供的一体化备受高收入国家决策部门的关注。随着制造业服务化趋势的不断演进，制造业和服务业之间的边界变得愈加模糊，二者的互补性可能成为经济发展的关键（Matthieu Crozet & Emmanuel Milet，2017）。制造业企业中的生产部门逐步分化或转向价值链高端的生产性服务上，生产性服务在制造业企业总投入中的占比不断提高。从制造业各个细分行业来看，企业中生产任务和个人服务的就业份额有所减少，即从生产转向研发和管理的趋势较为明显，R&D和公司治理等部门的就业份额则大幅增加，企业的就业结构也从低学历低技能工人逐步转向中高技能白领、高技能工人和管理人员（Yvonne Wolfmayr，2008），制造业的服务化趋势愈加显著。

（1）塑造制造业企业竞争力

由制造业向服务业的转变对企业的商业模式及其接触客户的方式均产生了显著的影响（Oliva & Kallenberg，2003；Reinartz & Ulaga，2008；

[①] 吕政、刘勇、王钦：《中国生产性服务业发展的战略选择——基于产业互动的研究视角》，《中国工业经济》2006年第8期。

Cusumano et al., 2015)。这种转变也提供了一种在国内和全球市场中重塑企业竞争力的方法。Cusumano 等（2015）将作为企业所销售产品的补充品和替代品的服务，分别定义为补充性服务和替代性服务。关于补充性服务，他们进一步区分了柔性化服务和适应性服务：提供柔性化服务的目的是方便购买金融、保险、基础培训等服务产品；提供适应性服务的目的是改变和调整服务产品以适应客户的具体需要。柔性化服务可以很容易地被标准化，而适应性服务是被高度定制化的，提供服务所需的知识很难与产品本身所蕴含的详细知识分开。关于替代性服务，劳斯莱斯的"按小时提供动力"的发动机服务方案便是一个极具代表性的案例。

（2）提升制造业企业盈利能力

在今天的制造业中，真正的收益源自下游服务环节，而非生产环节（Wise & Baumgartner，1999）。Eggert 等（2011）检验了 414 家德国机械工程企业的盈利能力，并将产品创新和服务化与企业盈利能力结合起来。他们发现，与产品互补的服务在与产品创新相结合时，显著提升了制造业企业的盈利能力。[①]

Matthieu Crozet 和 Emmanuel Milet（2017）指出，制造业服务化趋势在大多数发达国家普遍存在并得到持续推进。他们使用 1997—2007 年详尽的数据检验了法国制造业企业的服务化程度。研究发现，大多数的法国制造商除生产商品外，还销售服务，这种由产品生产环节向服务提供环节的调整正在稳步推进，但服务化速度仍较为缓慢。他们还验证了服务化对企业绩效的因果效应。在控制各种内生性偏差的来源后可以发现，开始销售服务的制造业企业，其盈利能力提升 3.7%—5.3%，就业人数增长 30%，销售总额增长 3.7%，商品销量增长 3.6%；尽管存在一些异质性问题，但对大多数制造业企业来说该结论均成立。

Ivanka Visnjic、Frank Wiengarten 和 Andy Neely（2016）研究了制造业服务化的价值创造效应，以及产品创新与制造业服务化之间的相互作用。他们提出问题——同时开展制造业服务化和产品创新投资是否可

[①] Crozet M., Milet E., "Should Everybody be in Services? The Effect of Servitization on Manufacturing Firm Performance", *Journal of Economics & Management Strategy*, Vol. 26, 2017.

以显著增加绩效收益？继而采用价值创造需求侧的观点并从互补性的视角导出假设问题。经研究得出结论：①从长期来看，制造业服务化这一创新的服务商业模式对来自产品创新的价值增值具有正向影响，但在短期内存在一些绩效的下滑。②采用无产品创新的服务商业模式，在短期内有绩效收益，但从长期来看，绩效显著下滑。可见制造业服务化对于企业绩效收益的持续起到十分关键的作用。

(3) 助推价值链升级

从全球价值链升级的角度来看，制造业服务化的重要性尤为突出。一方面，制造业服务化提高了制造业企业产品的质量和技术复杂度，促进产品升级，且资产专用性程度越高的行业，制造业服务化越有助于其实现产品升级。另一方面，制造业服务化加深了制造业企业在全球价值链中的参与度，助力企业提升其在价值链中的分工地位[①]（刘斌等，2016）。Neely等（2011）分别研究了OECD国家和发展中国家的制造业服务化问题。杨玲（2015）运用投入产出法对制造业服务化进行测度，并提出生产性服务进口促进了制造业的服务化趋势；中国的制造业服务化趋势明显，且这将在一定程度上助推中国制造业转型升级并逐步攀升至全球价值链高端。

三 生产性服务贸易与制造业联动

(一) 生产性服务进口与制造业的联动效应

1. 生产性服务进口对制造业的供给效应

国外先进的生产性服务对制造业的发展起到关键作用。国内外现有研究成果普遍显示，生产性服务进口对国内制造业的影响主要体现在制造业产出、出口和生产率三个方面。

(1) 生产性服务进口对制造业产出的影响

Ronald W. Jones 和 Henryk Kierzkowski（1988）探究了服务对连接跨国生产区块的作用以及国际服务要素投入对制造业的作用机理。在他们的总成本与产出框架中（见图5-14），曲线H表示当两个生产区块都位于国内时的固定成本和可变成本所构成的总成本，此时无服务参

[①] 刘斌、魏倩、吕越等：《制造业服务化与价值链升级》，《经济研究》2016年第3期。

与；曲线 H′ 在曲线 H 所反映情形的基础上加入了服务链接，即服务链接将两个生产区块联结起来。曲线 M 表示两个生产区块位于不同国别的情形，且其包含两个假设条件：假设 1——曲线 M 中第一个生产区块位于国内，第二个生产区块位于国外，且国外生产区块的边际成本低于国内生产区块的边际成本，此时无服务参与；假设 2——曲线 M 与曲线 H 具有相同的固定成本。曲线 M′ 在曲线 M 的基础上引入了国际服务要素，且假定连接国内和国外两个生产区块所使用的服务链接的成本大于连接两个位于同一国生产区块的服务链接成本，即图中 $|ca|>|ba|$。他们强调，生产区块位于各自不同的区位，服务链接也同样可来自不同的国家，甚至可以来自与两个生产区块所处区位不同的第三个国家。由图 5-14 可知，连接国际分散生产区块的服务投入使最佳的成本—产出线下降，即由 beH′ 降至 beM′。这进一步说明，从一国的角度来看，生产性服务进口可以降低本国制造业生产区块的总成本，进而提高其生产效率和产出水平。

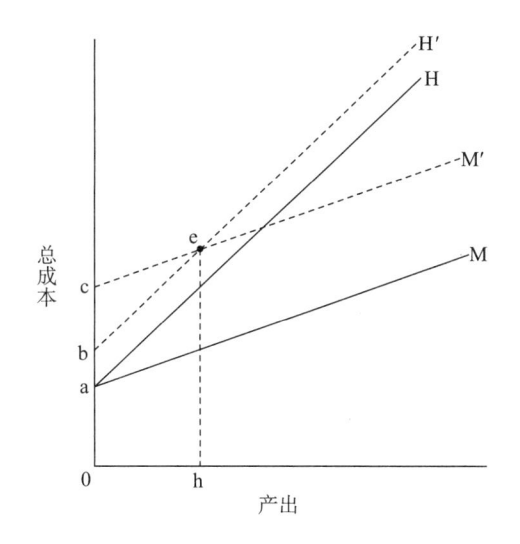

图 5-14 总成本与产出：外国服务链接对制造业的效应

资料来源：Jones R. W., Kierzkowski H., "The Role of Services in Production and International Trade: A Theoretical Framework", *RCER Working Papers*, 1988.

通过研究两种基本的贸易模型——李嘉图模型和赫克歇尔—俄林

(H-O) 模型，可以更为深入地理解国际服务链接参与下的碎片化生产 (Ronald W. Jones & Henryk Kierzkowski, 1988)，继而理解生产性服务进口对制造业产出的作用。

李嘉图模型包含四个假设条件：①假设国内最初使用两个生产区块，每个生产区块的边际劳动力投入系数定义为 a_{L_i}，国外生产区块的边际劳动力投入系数定义为 $a_{L_i}^*$；②假设两个生产区块中的中间产出单元必须一一对应，以得到最终的产出单元；③假设不同国家各生产区块的固定成本相等；④如果不允许发生生产要素的贸易，则假设国内在生产该商品上具有总体的比较优势 (Ronald W. Jones & Henryk Kierzkowski, 1988)。令 ω 和 ω^* 分别代表国内和国外的工资率，则两国生产该种商品的比较优势大小如式（5-1）所示 (Ronald W. Jones & Henryk Kierzkowski, 1988)：

$$(a_{L_1}^* + a_{L_2}^*)\omega^* > (a_{L_1} + a_{L_2})\omega \tag{5-1}$$

进而得到：

$$\frac{a_{L_1}^* + a_{L_2}^*}{a_{L_1} + a_{L_2}} > \frac{\omega}{\omega^*} \tag{5-2}$$

假设国内在第一个生产区块的生产上具有比较优势，成本较低；国外在第二个生产区块的生产上具有比较优势，则有：

$$a_{L_1} \cdot \omega < a_{L_1}^* \cdot \omega^*$$
$$a_{L_2}^* \cdot \omega^* < a_{L_2} \cdot \omega \tag{5-3}$$

即得到：

$$\frac{a_{L_1}^*}{a_{L_1}} > \frac{\omega}{\omega^*}$$

$$\frac{\omega}{\omega^*} > \frac{a_{L_2}^*}{a_{L_2}} \tag{5-4}$$

亦即得到：

$$\frac{a_{L_1}^*}{a_{L_1}} > \frac{\omega}{\omega^*} > \frac{a_{L_2}^*}{a_{L_2}} \tag{5-5}$$

由此可见，允许国外进行第二部分生产区块的生产将降低边际成本，并增加收益。为使这种生产更为合理，产出规模必须足够大，以降低可变成本，从而超过国际服务链接的额外费用（Ronald W. Jones &

Henryk Kierzkowski，1988）。

与李嘉图模型不同，赫克歇尔—俄林（H-O）模型包含两个假设条件：①假设在生产某一产品的两部分分散化技术中，第一部分生产区块中的资本密集程度高于第二部分；②假设不同国家的要素禀赋不同，国外的劳动力相对充裕；虽然允许各生产区块进行自由贸易，但生产要素的价格并不相等。H-O模型指出，如果可以建立国际服务链接，国外相对廉价的劳动力和国内相对便宜的资本可以为国际间的跨国生产奠定基础。[1]

Ronald W. Jones 和 Henryk Kierzkowski（1988）指出，李嘉图模型强调不同国家在不同商品的生产上所使用劳动力的相对生产率不同，H-O模型强调各个生产区块在生产不同产品时所需的要素密集度不同。他们通过对上述李嘉图模型和H-O模型的推导，提出以下论点：存在要素生产率差异（李嘉图模型）、要素价格和要素密集度差异（H-O模型）的国际要素市场，为生产区块的国际贸易提供了很大可能。在这种情况下，为生产区块提供国际要素联系的服务链接帮助生产实现更大程度的国际专业化，即生产碎片化程度得到不断加深。各生产区块根据其自身比较优势开展不同商品的生产。由于连接各生产区块的生产性服务具有规模报酬递增的性质，因而收益增加。可见生产性服务促进了跨越国家和地区的碎片化生产，并且值得注意的一点是，科学技术的进步降低了连接生产区块的成本（Ronald W. Jones & Henryk Kierzkowski，1988），高技术服务链接对制造业产出水平的推动作用更为显著。

James Hodge 和 Hildegunn Kyvik Nordas（2001）将研究视角置于相对集中地使用人力资本的两个生产性服务部门——电信和金融服务之上，且这两个部门较制造业而言，更难使用低技能劳动密集型技术，而对高技能劳动力的需求和运用更多。他们指出，高技能人力资本充裕的国家，在此类服务的供给上具有相对优势，发展中国家可能为金融和电信服务的进口国，它们将通过进口更高质量和更便宜的生产性服务以使劳动密集型制造业的产出有所增加。

---

[1] Jones R. W., Kierzkowski H., "The Role of Services in Production and International Trade: A Theoretical Framework", *RCER Working Papers*, 1988.

由上可知，作为连接国内外生产区块的桥梁，国际服务链接加速了生产的碎片化，同时加速降低生产成本。生产性服务进口将富含高新技术、高素质人力资本和具有知识密集性特征的服务引进至一国国内。一国进口生产性服务，利用服务链接的成本降低效应，有效增加了进口国制造业的产出。

（2）生产性服务进口对制造业出口的影响

当今，生产性服务作为中间投入的一种，其贸易在中间品贸易以及整体服务贸易中均具有举足轻重的地位。国际生产性服务链接对制造业的出口产生一定影响，生产性服务业的进一步国际化将有效助推货物贸易发展。

Ronald W. Jones 和 Henryk Kierzkowski（1988）认为，连接跨国生产区块的服务的相对成本下降促进了生产的碎片化和劳动力分工，外国生产活动不确定性的降低以及国际服务链接可靠性的增强对于产品贸易尤为重要，不论国内还是国外，生产性服务需求增长使制造业产出规模扩大，继而加深生产过程的碎片化程度。

Joseph Francois 和 Julia Woerz（2008）使用1994—2004年OECD国家货物贸易和服务贸易的混合面板数据，研究了作为制造业中间投入的生产性服务的作用、服务间接出口对制造业出口的影响以及服务部门开放与制造业总体格局中不同部门的相互影响。研究发现：在大多数中高收入国家，服务业在宏观经济结构中占有颇高比重；人均收入水平的提高会使作为制造业中间投入的生产性服务（特别是狭义的商务服务类别）的需求增加；生产性服务的直接和间接乘数效应与收入水平正相关；尽管货物贸易在总贸易中占比较高，但服务贸易往往正是促成最终出口的关键，其对一国贸易结构的调整起到十分重要的作用。

Yvonne Wolfmayr（2008）将成本和技术竞争力作为主要的解释变量，并将制造业分为技术驱动型制造业部门和其他低技能制造业部门，研究了OECD国家生产性服务投入与制造业的关联。其将制造业的服务投入区分为国际服务投入（生产性服务进口）和国内服务投入，并构建样本分割回归模型。回归结果显示：专利（反映各部门的技术竞争力）显然在由技术驱动的高技术制造业中发挥着最大作用；单位劳动力成本对制造业出口市场份额的影响显著，但影响系数较小；进口研发服务对高技能、技术驱动部门的市场份额产生了非常显著的正向影响，而对低技能制造业部门则未产生影响；低技术产业的市场份额主要由相对单位劳动力成本驱动；最重要的一点是，虽然总服务投入对制造业的影响非常显著，但将服务投入变量区分为国际服务联系和国内服务联系（即服务进口和国内供给）时，国际服务联系（生产性服务进口）对制造业出口市场份额具有显著的正向影响，而国内服务联系（国内服务要素供给）影响不显著。基于估计弹性，出口市场份额变化的分解分析结果表明，1995—2000年，服务部门国际联系（生产性服务进口）的变化使技术驱动型制造业的出口市场份额每年增长0.07%，约占该时期产业集合相对出口市场份额总增长的40%，这表明，日益增强的国际服务联系成为这一时期技术驱动型制造业部门国际市场份额扩大的决定因素（Yvonne Wolfmayr，2008）。

可见，生产性服务进口对制造业的出口具有一定正向推动力。生产性服务作为制造业生产环节的中间投入品，其投入规模的扩大对技术科技型产品的出口具有显著正向影响，生产性服务业的开放程度越高，技术密集型产业的出口越多，中间服务将助推制造业（特别是高收入制造业部门）获取竞争优势（Joseph Francois & Julia Woerz，2008）。因此，应更好地利用生产性服务以改善出口产品的质量，提高出口产品所体现的服务内容，并尽可能提高出口商品的相对价格（James Hodge & Hildegunn Kyvik Nordas，2001）。

（3）生产性服务进口对制造业生产率的影响

中间品贸易是在跨国企业或全球生产网络上实现的中间商品和服务的贸易。中间投入品的成本和质量对所有使用它们的产业的生产率都具有一定影响；制造商平均2/3的成本用来购买中间产品和服务。[①] James Hodge 和 Hildegunn Kyvik Nordas（2001）主要研究这类中间投入中的生产性服务，并得出结论——中间投入服务的质量、可得性和成本对制造业企业的生产率、竞争力和准时交付能力具有决定性作用。现代工业生产不仅开展高度化的垂直型分工和国际外包，也不断实现从大规模生产

---

① Hodge J. and Nordas, H., "Liberalization of trade in producer services – The impact on developing countries", *South African Journal of Economics*, Vol. 69, No. 1, 2001. pp. 93 – 93.

向价值生产的转变。专业化、定制化的解决方案改变了企业的性质,因而基于商品之上的服务成为生产率提高和竞争力提升的主要来源(Reich,1991)①。

从产业链的角度来看,上游的生产性服务企业和下游的业务客户之间的贸易动态形成一个良性循环过程:首先,上游更优质和更便宜的国际生产性服务要素投入降低了下游产业的成本,使下游产业得以扩张;随着上游产业生产性服务投入的增加,下游制造业企业的生产成本得到持续降低;反观之,更大的国际市场将吸引更多的上游生产性服务业进入。在此良性循环基础上,当进口专业化和成熟的生产性服务之后,当地企业亦可从世界一流的技术和现代组织生产方式中获益;在企业生产率得到大幅提高的同时,其参与全球生产和营销网络的能力也会有所提升(James Hodge & Hildegunn Kyvik Nordas,2001)。

James Hodge 和 Hildegunn Kyvik Nordas (2001) 指出,生产性服务贸易为一国带来的潜在收益为:①将资源重新分配给各国生产率最高的部门;②提高受经济规模限制的生产性服务部门的生产率;③由于投入服务的种类范围更广,质量更佳,成本更低,因此有效的生产性服务进口将提高所有部门的生产率。

生产性服务投入往往通过两条路径对制造业生产率产生影响,一条路径为服务的技术和知识溢出效应(Yvonne Wolfmayr,2008)。尽管之前服务一直被认为在技术的创新与运用方面较为落后,但现在人们已经普遍认识到一些服务业,尤其是知识密集型生产性服务业,不仅是信息技术的重要使用者还是重要载体以及新技术(研发、计算机、软件)的生产者。而且这些知识密集型生产性服务可能成为跨部门技术扩散的主要媒介(Tomlinson,2002;DiCagno – Meliciani,2005)。② 另一条路径为重组效应,即一旦制造业企业内部行使更多服务职能,服务外包需求便会增多,制造业企业通过服务外包将企业内部生产率低、发展停滞的服务活动外部化,而企业内部集中从事高生产率活动、开展核心服务

---

① Yvonne Wolfmayr "Producer Services and Competitiveness of Manufacturing Exports," *FIW Research Reports Series*, No. I – 009, 2008.
② Ibid. .

业务以及提供更多的知识密集型服务（Yvonne Wolfmayr，2008）。

已有的实证研究成果也验证了生产性服务进口对制造业生产率的影响力，具体如下：

Mary Amiti 和 Jozef Konings（2007）研究了生产厂商中间投入进口的效应。他们使用印度尼西亚 1991—2001 年的制造业统计数据，并经实证检验发现，中间投入的进口对制造业企业的生产率具有显著的正向影响——较低的产出关税可以通过引入更激烈的进口竞争来提高生产率；价格低廉的进口投入则可以通过学习效应、多样化效应和质量效应来提高制造业企业的生产率；在中间投入关税降低10%时，进口中间投入的制造业企业生产率提高12%，且其收益至少为产出关税降低所带来收益的两倍。不过他们的分析并未将中间投入明确区分为物质投入和服务投入。

Jakob B. Madsen（2005）利用 OECD13 个国家在过去 120 年间的数据对 Coe - Helpman 的假设进行了检验。该实证结果表明，知识的进口几乎引起了 OECD 国家 TFP200% 的增长。换句话说，过去一个世纪 OECD 国家若无技术进口，国民便只会有目前收入的 1/3。因此，贸易的技术溢出效应对 OECD 国家在过去一个世纪的收入增长做出了重大贡献，这显然表明，不应将蕴含知识、技术的进口视为一种负债，而应将其视为提高生产率和人均收入的有效途径。且该项研究还发现，各国间贸易的技术溢出效应一直是促成 OECD 国家 TFP 趋同的重要因素（Jakob B. Madsen，2005）。

Yvonne Wolfmayr（2008）通过建立计量模型发现生产性服务外包（生产性服务进口）对制造业全要素生产率（TFP）的增长具有显著的正向影响力，且其对高技能劳动密集型、技术驱动型制造业的积极影响更为显著。计量结果显示，制造业全要素生产率平均增加 1.35%，其中约有 1/4 归因于服务外包，约 17% 的 TFP 平均增长归因于知识密集型商务服务外包，知识密集型商务服务是技术和知识的重要载体。

进一步，从细分产业来看，服务部门（尤其是商务服务部门）开放程度的提高对像机械、汽车、化学和电气设备等技术密集型制造业效率的提升则具有更为巨大的潜在正影响（Joseph Francois & Julia Woerz，2008）。

2. 制造业对生产性服务进口的需求效应

制造业对中间产品的需求是生产性服务业发展的决定性动力,[①] 其为生产性服务业获取比较优势创造条件。这种需求主要基于以下两点,一是制造业生产对知识、信息、技术的需要；二是企业对降低交易成本、提高管理运营水平的需要。

（1）基于对知识、信息、技术的需要

伴随着知识经济的来临和科技的飞速发展，知识、信息、技术在制造业企业生产、管理、运营中的重要性愈加明显。尽管推动世界生产性服务贸易需求增长的渠道有多种，但没有一个渠道比技术的变革和进步更为有力；因特网和其他网络技术系统，如大数据、人工智能等，都为生产和商业过程提供了有力的技术支撑（Prakash Loungani, Saurabh Mishra, Chris Papageorgiou & Ke Wang, 2017）。

Yvonne Wolfmayr（2008）认为，知识和思想是塑造竞争力和削弱物质投入作用的关键因素，作为信息、知识的来源、载体，或者说是新技术（计算机软件、研发）的重要生产者，知识密集型商务服务对制造业的发展发挥着关键性作用。其研究的计量结果显示，引进国外先进的知识密集型商务服务对制造业部门出口市场份额具有十分显著的正向影响。因此，制造业企业尤其是高技术制造业企业对知识密集型生产性服务的需求十分迫切。

不只是知识密集型商务服务，生产性服务普遍具有知识技术密集和科技创新性等特征，位于微笑曲线两端的研发、采购、设计、运输、金融、通信等生产性服务对生产环节来说尤为关键。生产性服务也往往成为产品实现价值增值和企业获取核心竞争力的主要来源，故制造业企业拟通过进口先进的生产性服务，提高投入的知识、技术含量，增加产品附加值，获取企业竞争优势。由于各国要素禀赋的差异，生产性服务要素竞争力略低的国家或地区对富含知识、信息、技术的国际高质量生产性服务的进口需求更大。即便是具有生产性服务竞争优势的国家和地区也可通过其进口，增加供给的种类、提高服务质量，同时促进本国、本

[①] Francois J. F., "Trade in Producer Services and Returns due to Specialization under Monopolistic Competition", *Canadian Journal of Economics*, Vol. 23, No. 1, 1990, pp. 109 – 124.

地区相关行业发展。

(2) 基于对降低生产交易成本、提高管理运营水平的需要

服务对连接各生产区块来说愈加关键,随着国际产业分工和制造业生产碎片化程度的不断加深,当整合位于国际不同区位的生产区块,进而构成完整的生产链时,高质量的生产性服务对生产制造效率提升以及产品附加值提高的作用将愈加明显。随着服务中技术的不断进步,服务的相对价格逐渐下降,尤其是运输和通信等服务部门相对价格的降幅更为明显,这便使国际协调和通信的成本日益降低。服务价格降低将促进其在国际层面上的运用,深化生产的碎片化程度;由此,服务链接的使用将更为密集,服务也将作为生产中不可或缺的成分而变得更为集约(Ronald W. Jones & Henryk Kierzkowski, 1988)。受限于本国或本地区生产性服务的竞争力和供给能力,引进先进的生产性服务可以有效降低企业的生产成本,提升企业的管理、运营水平。出于对成本降低和质量效益提升的需要,制造业企业对生产性服务的进口需求与日俱增。

Ronald Coase 等(1937)提出,位于生产链末端的最终产品的生产者完全可以依靠市场来提供必要的中间产品和服务。[①] 如一些大型制造企业可能有自己的法律部门、出版机构、内部交易网络等。但即便是如此大规模的企业,也仍可能依赖于一些外部市场的服务要素,如电信和金融服务(Ronald W. Jones & Henryk Kierzkowski, 1988)。因此,制造业企业对包括运输服务、金融服务、通信、计算机和信息服务等在内的一系列国际服务链接的需求就会增加,并在一定程度上推动生产性服务贸易发展。

(二) 制造业对生产性服务出口的推动效应

由于技术变革和生产性服务可贸易性的提高,不论生产性服务企业还是制造业企业均从降低的服务成本中获益。生产性服务出口在全球价值链和国际产业链中的核心作用愈加凸显,其对一国国民经济结构的调整、贸易结构的优化,以及世界经济整体的繁荣起着举足轻重的作用。制造业服务化成为一条重要的路径,对生产性服务出口的规模扩张、结

---

① Jones R W, Kierzkowski H., "The Role of Services in Production and International Trade: A Theoretical Framework", *RCER Working Papers*, 1988.

构优化和竞争力提升产生一定的影响。

1. 制造业对生产性服务出口规模的影响

在产业分工背景下，服务部门从制造业中分离出来发展为独立的生产性服务业。随产业整体竞争力的提升，生产性服务的整体出口规模也得到扩张。除此之外，由于全球制造业服务化趋势明显，生产性服务需求不断高涨。一方面，发展中国家制造业企业的服务化使其对发达国家先进的生产性服务产生极大需求；另一方面，在一些制造业资源有限的国家，向国际市场直接提供生产性服务将成为这些国家新的经济增长点。Meade（1956）、Swan（1960）、Corden（1960）指出，技术进步促使服务出口价格降低，从而导致 60 年前一些国家可贸易部门和非贸易部门的经济模式发生了转变。[①] 在那些国家中，不需建立国内市场或者首先投资于制造业部门，而是直接向服务出口迈进。服务可贸易性的增强（服务贸易的增长）将有助于资源充裕的国家和低收入国家采取多样化的发展战略，以高度聚焦于出口上（Prakash Loungani，Saurabh Mishra，Chris Papageorgiou & Ke Wang，2017），可见服务全球化为处于经济发展各阶段的各个国家均带来了希望。

2. 制造业对生产性服务出口结构的影响

Morihiro Yomogida（2003）认为，在贸易的均衡中，比较优势决定了贸易的跨部门格局。由于较制成品而言，服务的熟练劳动力密集程度更高，因此一个熟练劳动力充裕的国家往往出口生产性服务并进口制成品。同时，企业的组织选择对生产性服务的贸易结构亦产生一定的影响。

例如在服装业，发展中国家的企业主要进行产品生产，同时其对设计、管理、营销等专业生产性服务的需求不断增加。因而发达国家以其在知识和技术上的优势，将这些服务出口至发展中国家，进而构成一种"区域性生产网络"（Gordon H. Hanson，1996）。在半导体行业，新兴工业化国家的企业开展计算机芯片的生产，而发达国家的企业专攻设计，并将该项设计服务出口给国外的厂商，便也是这一机理

---

① Loungani P., Mishra S., Papageorgiou C., et al. , "World Trade in Services: Evidence from a New Datase", *IMF Working Papers*, 2017.

(Long et al., 2001))。① 除了发达国家向发展中国家出口技术密集型生产性服务之外，制造业的碎片化也促使熟练劳动力要素禀赋相似的发达国家之间开展生产性服务贸易。基于产业分工和劳动力分工理论，Ronald B. Davies（2003）构建了一个简单模型。在该模型中，技术密集型跨国企业出口服务，各发达国家各类熟练劳动力之间的互补性得到充分利用，即生产性服务 FDI 往往来自技术充裕的国家并同样流向这些国家。他指出，如果这些发达国家熟练劳动力之间的互补性足够大，那么 FDI 的增加会使母国熟练和非熟练劳动力的工资都实现增长。即由于跨国企业总部生产性服务的碎片化，FDI 的增加显著提高了分工的专业化程度，以及用于跨国生产的所有生产性服务的竞争力水平，并继而提高各生产性服务要素供给者的工资。他认为，即使在类似的国家之间也有可能找到相似的垂直投资。因此，在生产碎片化和国际分工均日益加深的今日，即便是服务的提供也可以跨越国界而变得分散，生产性服务的相互出口将变得更为活跃、广泛。

随着工业革命进程的不断推进，产业分工愈加细化，从制造业分化而出的生产性服务业的专业化程度将不断提高。根据 STC 分类标准，基于技术水平的差异，可将生产性服务业分为三类：高技术生产性服务业——金融业、保险业、专利和所有权业；中高技术生产性服务业——通信、计算机和信息服务业；中低技术生产性服务业——运输业及其他商业服务业（杨玲、吴根宝，2012）。其中高知识、高技术生产性服务在协同生产性服务业内部要素，以及融合制造业方面，均发挥着举足轻重的作用。

3. 制造业对生产性服务出口竞争力的影响

Yvonne Wolfmayr（2008）指出，服务越来越被用作产品差异化的工具，所以竞争越来越少地发生在制成品上，而更多地发生在产品所附带的一系列服务（规划、咨询、维修、个人指导和培训等）之上。制造业企业日渐通过出口高服务含量的系统包以增强其在国际市场上的竞争力。

---

① Yomogida M., "Communication Costs, Producer Services, and International Trade", *Faculty of Economics, Hitotsubashi University Working Paper*, 2004.

从维修和售后服务到劳斯莱斯的"按小时提供动力"服务等，尚有诸多制造业企业向国际市场出售生产性服务项目并以此提高竞争力的案例。劳斯莱斯的"按小时提供动力"服务便十分典型。劳斯莱斯不仅是世界知名汽车制造商，同时也是杰出的航空发动机制造商。这种"按小时提供动力"服务从形式上看是服务与制造的综合体，实则是一种关于飞机发动机的一揽子服务——消费者购买的是发动机的使用服务而非发动机本身；在此劳斯莱斯需确保其发动机在任何时候均可正常运转。值得注意的是，如果不销售该项服务，劳斯莱斯便难以单纯从销售发动机的业务中获益（Economists，2009）。[①] 劳斯莱斯向美国波音公司等世界飞机制造商广泛出口该项服务，并进一步使其飞机发动机业务的核心竞争力得到持续增强。

Guerrieri 和 Meliciani（2005）将制造业部门的中间需求和信息通信技术（ICT）支出确定为生产性服务业国际竞争力和专业化程度的两个重要变量。他们指出，制造业基础对生产性服务贸易具有显著影响，一国发展高效率和有活力的服务经济的能力与其制造业部门有关。尚涛、陶蕴芳（2009）对中国生产性服务业开放与制造业国际竞争力的关系进行了分析；结果表明，中国制造业国际竞争力的变化对生产性服务贸易存在反向作用力，但这一反馈机制往往存在一定滞后性。

Prakash Loungani、Saurabh Mishra、Chris Papageorgiou 和 Ke Wang（2017）指出，现代服务业的兴起是全球出口重新分配的重要推动力，且其与发展中国家的增长尤为密切。这种向现代服务业出口的转变已经蔓延到不同收入水平的国家，导致高科技服务出口成为世界经济增长最快的部门之一。技术进步和贸易带来的收益降低了此类现代服务贸易的进入壁垒，也降低了运输成本。

对发达国家而言，生产性服务出口将助其以知识、科技方面的优势，在全球价值链的中高价值区间处获取竞争力。而一些发展中国家同样可通过出口生产性服务，尤其是出口运输服务、其他商业服务等，在全球价值链和产业链中占据一席之地。

---

① Crozet M., Milet E., "Should Everybody be in Services? The Effect of Servitization on Manufacturing Firm Performance", *Journal of Economics & Management Strategy*, Vol. 26, 2017.

第三节 促进生产性服务贸易与
制造业发展的政策走向

一 提高生产性服务贸易自由化水平

发展中国家从工业化国家获得先进生产性服务的主要途径为商业存在（James Hodge & Hildegunn Kyvik Nordas，2001）。尽管制定开放的外商直接投资政策是当今世界经济运行的一大趋势，但仍有许多发展中国家对 FDI 施加限制，对服务领域 FDI 的限制则更多。出于对外国服务企业冲击本国熟练劳动力市场的担心，一些发展中国家（主要为非洲和拉丁美洲的国家）要求外资企业雇佣和培训国内熟练工人，而这在一定程度上对外商引进专业化人才造成了一定的阻碍（Markusen J.，Rutherford T. F. & Tarr D.，2005）。

服务贸易自由化为一国提供了减少贸易逆差或扩大贸易顺差的可能；当一经济体达到中等收入水平并积累了足够的人力资本时，多样化的生产性服务业便随之发展起来；获得一系列高质量的生产性服务对一个国家参与全球化的生产网络和供应链十分必要（James Hodge & Hildegunn Kyvik Nordas，2001）。对发展中国家来说，生产性服务贸易的自由化对其实现工业化和经济转型更为关键。

较货物贸易而言，服务贸易政策调整的成本更高；一方面，一旦政策施行，则难以改革；另一方面，一些关键服务部门对一国国民经济的影响更为深远（James Hodge & Hildegunn Kyvik Nordas，2001）。由于需要调动人员或在国外建立商业存在，生产性服务贸易往往受到移民法和外国投资法的限制。在大多数国家，这些法律或政策往往比货物贸易壁垒更具限制性（James R. Markusen，1989），例如金融服务，便需要稳定的宏观环境与审慎的政策支持（James Hodge & Hildegunn Kyvik Nordas，2001）。

为此，根据服务市场不完全的特性，应打开国际市场、大力促进市场竞争，加大服务业尤其是生产性服务业开放力度，为外商提供稳定的宏观经济环境、高效的营商环境和可预期的政策环境（James Hodge &

Hildegunn Kyvik Nordas, 2001）。对发展中国家来说，尤其应在开放环境下不断优化生产性服务进口结构，有效对接国际市场，引进和吸收国外先进生产性服务（杨玲，2015）。

除注重推进复杂的市场结构改革之外，改革后的持续规范行为也同样重要。因而，在受监管的服务部门中企业沉没成本较大的情况下，在外国企业进入市场之前，应增强监管的确定性和有效性，增强市场监管机构的能力，杜绝出现反竞争的五种情形（James Hodge & Hildegunn Kyvik Nordas, 2001）。日益完善生产性服务贸易监管体系，在多边贸易规则框架下加强规制协调。

一国在加大生产性服务业开放力度、提高其贸易自由化水平的同时，受外部国际市场冲击的程度加深，风险也随之增加。因此，梅冬州、崔小勇（2017）提出，各国在抓住机遇开展国际分工的过程中，要密切关注其可能带来的市场风险，同时加强国际合作，积极发挥国际组织的建设性作用，协调各国的宏观经济政策，共同应对并有效降低市场风险。

二 加强生产性服务业与制造业融合

制造业和服务业的边界日渐模糊，然而一些国家仅关注制造业的政策却忽视了服务对制造业价值链中价值创造的重要性；相反，决策者实际上可能需要更加关注服务业，以支持其制造业发展（Andrenelli A., Cadestin C., Backer K. D. et al., 2018）。对此，Andrenelli A.、Cadestin C.、Backer K. D. 等（2018）提出，超越传统的产品定义和统计分类，采取整合方法对制造业和服务业进行政策讨论是十分必要的。

基于生产性服务业与制造业的高度关联，应充分重视生产性服务的创新功能，发挥产业联动和市场需求效应，推动高技术生产性服务业与先进制造业等相关产业融合（杨玲，吴根宝，2010），充分重视生产性服务的创新功能，强化制造业与生产性服务业的关联互促，构建相对完整的产业融合网络。消除政策性歧视规则，给予生产性服务企业与制造业企业同等的用地、用水、用电等相应政策，以及与工业开发区相同甚至更大程度的财政、税收政策支持（吕政、刘勇、王钦，2006）。通过推动以科技研发、设计创意和现代物流等为发展重点而形成的生产性服务业功能区建设，引导生产性服务业向集聚化、专业化和高层次化方向发展。① 积极鼓励规模大、信誉佳、质量优的服务企业开展跨地区、跨行业的兼并重组，促进生产性服务业的集中化、大型化、组织化；建立信息共享平台，完善中介组织体系，推动相关企业开展合作，实现社会化服务与制造环节无缝对接（吕政、刘勇、王钦，2006）。立足于既实现制造业高质量发展，又提高生产性服务供给水平的目标，积极探索"第二、第三产业"交互发展模式，形成新业态和增长点（席艳乐、易莹莹，2013）。

除此之外，还应积极推进产学研一体化，加强企业与大学、科研单位的合作与交流（刘志彪，2001）。借鉴一些国家以大学为基础，投入大量项目和财政资源以促进创业的做法（Wright et al., 2008）②，支持知识密集型商务服务企业的创新与发展，发扬学术创新精神（Corsi C., Prencipe A., Rodríguezgulías M. J. et al., 2018）。

三 深化生产性服务贸易与制造业互促

国际贸易的发展促进了生产的专业化，专业化程度越高，市场中对交易的需求就越多。若由于基础设施落后、技术条件低下，或由于政治壁垒而导致交易成本过高，那么在某些情况下，专业化的范围以及区域、全球的参与度甚至国家生产网络都会受到限制。如果本土市场规模较小，则市场发展甚至可能出现停滞（James Hodge & Hildegunn Kyvik Nordas，2001）。James Hodge & Hildegunn Kyvik Nordas（2001）指出，发展中国家有效的生产性服务进口将提高所有经济部门的生产率，然而在服务贸易自由化下，该国提供专业生产性服务的质量和深度，将取决于其确保自由化部门充分竞争的管理能力、基础设施的质量，以及下游企业管理复杂生产系统或供应链的能力。一国基础设施水平对本国生产性服务业的发展以及国际生产性服务要素在国内的使用至关重要。因而，应利用制造业优势，建立完善的基础设施网络，提高电信网络、道

---

① 席艳乐、易莹莹：《生产性服务业发展与上海制造业国际竞争力的提升》，《统计与决策》2013年第4期。
② Corsi C., Prencipe A., Rodríguezgulías M. J., et al., "Growth of KIBS and Non-KIBS Firms: Evidences from University Spin-offs", Service Industries Journal, 2018, pp. 1-22.

路交通等相关基础设施水平；依托制造业提供的硬件基础设施，助推生产性服务贸易进一步发展。

从生产性服务进口对制造业的影响效应来看，应不断降低生产性服务进口壁垒，打破市场准入限制，充分发挥生产性服务对制造业效率提升的溢出效应，（蒙英华、尹翔硕，2010）。关于外资制造业，应注重发挥投资与贸易的相互作用，加强外资制造业与本土生产性服务业的融合（Markusen J., Rutherford T. F. & Tarr D., 2005）。有针对性地吸引关联性外资服务业进入，变单纯的制造业集聚为集成制造与服务功能的产业链集聚，规范服务业竞争秩序，降低服务外包的合作风险。[①]

在制造业内部服务化方面，鼓励和引导制造业企业利用自身优势，由传统的产品制造商向服务提供商转变（Rogelio Oliva & Robert Kallenberg, 2003）。吕政、刘勇、王钦（2006）指出，应实行"主辅分离"，推动企业将内置服务市场化、社会化，有效降低运营成本，完善企业劳动用工制度，增强企业内部资源、业务整合的自主性。在制造业外部服务化方面，不断引导企业实行管理创新和业务流程再造，企业内集中于科技研发、品牌运作和市场拓展，将核心竞争力整合配套企业服务供给能力，加强分工协作，逐步将非核心的服务部门分离为社会化的专业生产性服务业，加强产业间互动合作。通过制造业服务化的内外部两条路径，实现生产性服务出口规模扩大、结构优化和竞争力提升，以制成品出口间接带动服务出口（Joseph Francois & Julia Woerz, 2008）。

第四节 结论与评析

生产性服务具有"属中间投入品、熟练劳动力及知识技术密集、呈规模报酬递增、可贸易性、创新性、与制造业关联性强"六大特征。20 世纪 60 年代，Balassa 首先提出了"垂直专业化"的概念，但生产性服务业对生产、贸易和经济增长的重要性在 20 世纪 80 年代才得到学界重视。随着物理交互逐步被电子交互所取代，生产性服务作为一种中

[①] 吕政、刘勇、王钦：《中国生产性服务业发展的战略选择——基于产业互动的研究视角》，《中国工业经济》2006 年第 8 期。

间投入，其对制造业的重要性日渐引发关注。在全球价值链升级和制造业服务化背景下，生产性服务贸易与制造业的关系日趋紧密。

第一，生产性服务业与制造业的融合以及制造业服务化成为生产性服务贸易与制造业联动的中间路径。①陆续有学者探究生产性服务业与制造业融合的动因、过程、模式与障碍问题。已有学者提出，价值链的高度相关性是二者融合的基础动力，技术创新和规制放松则分别为融合的内在与外在动因。随着生产性服务业与制造业边界的愈加模糊，二者价值链分解为碎片化的区段；在技术溢出效应和知识溢出效应的作用下，这些碎片化的价值链区段主要以互补型、延伸型和替代型方式实现重组。然而，融合障碍依然存在，亟待消除。②制造业服务化成为连结生产性服务贸易与国内制造业的中间桥梁。不过，学界关于制造业服务化起源的认识仍未得到统一。从方向上看，制造业服务化可被分为投入服务化和产出服务化；据服务供给主体的不同，其又可被分为内部、外部服务化两种。制造业服务化在塑造制造业企业核心竞争力、提升制造业企业盈利能力及助推价值链升级等方面作用显著。

第二，以全球价值链下的产业融合为基础，一国的生产性服务贸易与制造业联动互促、协同发展。①国际服务链接将不同的生产区块连接在一起，加强了全球价值链框架下生产的碎片化程度和劳动力分工程度。生产性服务进口作为重要的中间投入，有助于提升制造业产出水平、扩大制造业出口规模以及提高制造业生产效率。②制造业为生产性服务业发展提供重要支撑；制造业服务化成为连接制造业与生产性服务出口最为重要的中间路径，对后者的规模扩张、结构优化和竞争力提升产生了积极的影响。

第三，"开放"与"融合"成为未来生产性服务贸易与制造业联动发展的主题。随着全球经济一体化程度的不断加深，开放包容的国际市场环境对生产性服务贸易的开展日益关键。从宏观经济运行来看，生产性服务业以直接和间接效应促进经济增长与发展，有效助推产业结构升级以及提升就业水平。扩大开放与强化产业融合成为生产性服务贸易发展的重要着力点。因此，政府应加大开放力度，提高生产性服务贸易自由化水平；加强产业联动，深化生产性服务贸易与制造业融合互促。

第四，对生产性服务贸易与制造业联动发展的机制分析有望成为日后研究的重点。从现有研究来看，虽然已有众多学者围绕生产性服务业与制造业的关系展开探讨，但此多为一国封闭条件下的产业融合问题；即便置于全球价值链背景之下，也大多仅围绕生产性服务进口对制造业的影响，或者服务贸易与货物贸易的关系维度展开，对于制造业反向助推生产性服务贸易发展的研究较为有限，并且缺乏系统性的机制分析。一些学者运用投入产出法或构建面板模型分析这两种产业间的关联，又或者通过建立垄断竞争模型研究生产性服务贸易。未来的研究方法将更为多样，在运用投入产出法测算产业间关联的同时，机制分析可能成为日后对生产性服务贸易与制造业关系问题研究的重点。

参考文献

［1］ Amiti M, Konings J., "Trade Liberalization, Intermediate Inputs, and Productivity: Evidence from Indonesia", *American Economic Review*, Vol. 97, No. 5, 2007, pp. 1611 – 1638.

［2］ Andrenelli, A., et al., "Multinational Production and Trade in Services", *OECD Trade Policy Papers*, No. 212, 2018. https://doi.org/10.1787/16ec6b55 – en.

［3］ Carlson S, Hartman H, Thompson E., "Producer Services: An Engine for Job Growth", *Business in Nebraska*, Vol. 64, No. 694, 2009.

［4］ Chen, C., "The Research on the Interaction Development between the Producer Services and Manufacturing Industry", *International Business Research*, Vol. 2, No. 3, 2009, pp. 92 – 97.

［5］ Coase, R. H., "The Nature of the Firm", *Economica*, Vol. 4, No. 16, 1937, pp. 386 – 405.

［6］ Corsi C., Prencipe A., Rodríguezgulías M. J., et al., "Growth of KIBS and Non – KIBS Firms: Evidences from University Spin – offs", *Service Industries Journal*, 2018, pp. 1 – 22.

［7］ Crozet M., Milet E., "Should Everybody be in Services? The Effect of Servitization on Manufacturing Firm Performance", *Journal of Economics & Management Strategy*, Vol. 26, 2017.

［8］ Cusumano, M. A., S. J. Kahl and F. F. Suarez, "Services, Industry

Evolution, and the Competitive Strategies of Product Firms", *Strategic Management Journal*, Vol. 36, No. 4, 2015, pp. 559 – 575.

[9] Dachs B., Biege S., Borowiecki M., et al., "The Servitization of European Manufacturing Industries", *Mpra Paper*, 2012.

[10] Davies R. B., "Fragmentation of Headquarter Services and FDI", *North American Journal of Economics & Finance*, Vol. 16, No. 1, 2003, pp. 61 – 79.

[11] Eggert, A., et al., "Industrial Services, Product Innovations, and Firm Profitability: A Multiple – group Latent growth Curve Analysis", *Industrial Marketing Management*, Vol. 40, No. 5, 2011, pp. 661 – 670.

[12] Feenstra Robert C., "Integration of Trade and Disintegration of Production in the Global Economy", *The Journal of Economic Perspectives*, Vol. 12, No. 4, 1998, pp. 31 – 50.

[13] Francois J. F., "Trade in Producer Services and Returns due to Specialization under Monopolistic Competition", *Canadian Journal of Economics*, Vol. 23, No. 1, 1990, pp. 109 – 124.

[14] Francois J., Reinert K. A., "The Role of Services in the Structure of Production and Trade: Stylized Facts from a Cross – Country Analysis", *Cepr Discussion Papers*, 1995, 2 (1).

[15] Francois, J. and Woerz J., "Producer Services, Manufacturing Linkages, and Trade", *Journal of Industry, Competition and Trade*, Vol. 8, No. 3 – 4, 2008, pp. 199 – 229.

[16] Gervais A., "Estimating the Impact of Country – level Policy Restrictions on Services Trade", *Review of International Economics*, Vol. 26, No. 4, 2018, pp. 743 – 767.

[17] Guerrieri, P. and Meliciani V., "Technology and International Competitiveness: The Interdependence between Manufacturing and Producer Services", *Structural Change and Economic Dynamics*, Vol. 16, No. 4, 2005, pp. 489 – 502.

[18] Hanson Gordon H., "Localization Economies, Vertical Organization,

and Trade", *American Economic Review*, Vol. 86, No. 5, 1996, pp. 1266 – 1278.

[19] Harry I. Greenfield, *Manpower and the Growth of Producer Services*, Columbia University Press, New York & London 1966, pp. 1.

[20] Hodge J. and Nordas, H., "Liberalization of Trade in Producer Services – The Impact on Developing Countries", *South African Journal of Economics*, Vol. 69, No. 1, 2001. pp. 93 – 93.

[21] Hummels, D., J. Ishii and K. Yi, "The Nature and Growth of Vertical Specialization in World Trade", *Journal of International Economics*, Vol. 54, No. 1, 2001, pp. 75 – 96.

[22] Jones R W, Kierzkowski H., "The Role of Services in Production and International Trade: A Theoretical Framework", *RCER Working Papers*, 1988.

[23] Kelle, M., et al., "Cross – Border and Foreign Affiliate Sales of Services: Evidence from German Microdata", *The World Economy*, Vol. 36, No. 11, 2013, pp. 1373 – 1392.

[24] Keller Wolfgang, "Trade and the Transmission of Technology", *Journal of Economic Growth*, Vol. 7, No. 1, 2002, pp. 5 – 24.

[25] Kikuchi Toru, "Interconnectivity of Communications Networks and International Trade", *The Canadian Journal of Economics / Revue Canadienne D Economique*, Vol. 36, No. 1, 2003, pp. 155 – 167.

[26] Kumar Vishnu, et al., "Service Producing Manufacturing Units and Their Impact on Sectoral GDP", *Economic and Political Weekly*, Vol. 42, No. 37, 2007, pp. 3776 – 3780.

[27] Kyvik H., et al., "Producer Services and Trade in Manufactured Goods", *Ecomod*, 2008.

[28] L. White A. and L. Feng, "Servicizing: The Quiet Transition to Extended Product Responsibility", *Tellus Institute Report*, 1999.

[29] Loungani P., Mishra S., Papageorgiou C., et al., "World Trade in Services: Evidence from a New Datase", *IMF Working Papers*, 2017.

[30] Madsen J. B., "Technology Spillover through Trade and TFP Conver-

gence: 120 Years of Evidence for the OECD Countries", *EPRU Working Paper Series*, No. 2005 - 01, 2005.

[31] Markusen James R., "Trade in Producer Services and in Other Specialized Intermediate Inputs", *The American Economic Review*, Vol. 79, No. 1, 1989, pp. 85 - 95.

[32] Markusen James, et al., "Trade and Direct Investment in Producer Services and the Domestic Market for Expertise", *The Canadian Journal of Economics / Revue Canadienne D'Économique*, Vol. 38, No. 3, 2005, pp. 758 - 777.

[33] Moshirian, F., "Trade in Financial Services", *The World Economy*, Vol. 17, No. 3, 1994. pp. 347 - 364.

[34] Neely A., Benedettini O. and Visnjic I., "The Servitization of Manufacturing: Further Evidence", The 18th European Operations Management Association Conference, 2011.

[35] Oliva R. and R. Kallenberg, "Managing the Transition from Products to Services", *International Journal of Service Industry Management*, Vol. 14, No. 2, 2003, pp. 160 - 172.

[36] Özcan Karahan, M. Yilgör., "Producer Services as a Driver of High Technology Manufacturing in Europe", *MIBES Transactions*, Vol. 8, 2014, pp. 47 - 55.

[37] Reiskin E. D., et al., "Servicizing the Chemical Supply Chain", *Journal of Industrial Ecology*, Vol. 3, No. 2 - 3, 1999, pp. 19 - 31.

[38] Schmenner R., "Manufacturing, Service, and Their Integration: Some History and Theory", *International Journal of Operations & Production Management*, Vol. 29, No. 5, 2009, pp. 431 - 443.

[39] Simmie J., Strambach S., "The Contribution of KIBS to Innovation in Cities: an Evolutionary and Institutional Perspective", *Journal of Knowledge Management*, Vol. 10, No. 5, 2006, pp. 26 - 40.

[40] Staiger R. W., Sykes A. O., "The Economic Structure of International Trade - in - Services Agreements", *NBER Working Papers*, 2016.

[41] Sturgeon, Timothy J., "Does Manufacturing Still Matter? The Organizational Delinking of Production from Innovation", *Ucais Berkeley Roundtable on the International Economy Working Paper*, 1997.

[42] Tschetter John, "Producer Services Industries: Why are They Growing so Rapidly?", *Monthly Labor Review*, Vol. 110, No. 12, 1987, pp. 31–40.

[43] Van Long N., Riezman R., Soubeyran A., "Fragmentation and Services", *The North American Journal of Economics and Finance*, Vol. 16, No. 1, 2005, pp. 137–152.

[44] Visnjic I., F. Wiengarten and A. Neely, "Only the Brave: Product Innovation, Service Business Model Innovation, and Their Impact on Performance", *Journal of Product Innovation Management*, Vol. 33, No. 1, 2016, pp. 36–52.

[45] Wernerheim C. Michael, and Christopher A. Sharpe, "Producer Services and the 'Mixed–Market' Problem: Some Empirical Evidence", *Area*, Vol. 31, No. 2, 1999, pp. 123–140.

[46] Wolfmayr Y., "Producer Services and Competitiveness of Manufacturing Exports," *FIW Research Reports Series*, No. Ⅰ–009, 2008.

[47] Yomogida M., "Communication Costs, Producer Services, and International Trade", *Faculty of Economics, Hitotsubashi University Working Paper*, 2004.

[48] Yomogida M., "Producer Services, Trade, and Wages", *Faculty of Economics, Hitotsubashi University Working Paper*, 2003.

[49] ［美］阿迪特亚·马图、罗伯特·M. 斯特恩、贾尼斯·赞尼尼、陈宪主编：《国际服务贸易手册》，格致出版社、上海人民出版社2012年版。

[50] 安筱鹏：《制造业服务化路线图：机理、模式与选择》，商务印书馆2012年版。

[51] 陈启斐：《进口服务贸易与我国制造业的创新驱动发展研究》，经济科学出版社2016年版。

[52] 陈启斐、刘志彪：《进口服务贸易、技术溢出与全要素生产

率——基于 47 个国家双边服务贸易数据的实证分析》,《世界经济文汇》2015 年第 5 期。

[53] 陈锡康、杨翠红等:《投入产出技术》,科学出版社 2011 年版。

[54] 程惠芳、陈超:《开放经济下知识资本与全要素生产率——国际经验与中国启示》,《经济研究》2017 年第 10 期。

[55] 方慧:《服务贸易技术溢出的实证研究——基于中国 1991—2006 年数据》,《世界经济研究》2009 年第 3 期。

[56] 高凌云、王永中:《R&D 溢出渠道、异质性反应与生产率:基于 178 个国家面板数据的经验研究》,《世界经济》2008 年第 2 期。

[57] 顾乃华、夏杰长:《对外贸易与制造业投入服务化的经济效应——基于 2007 年投入产出表的实证研究》,《社会科学研究》2010 年第 5 期。

[58] 洪联英、刘解龙:《论我国出口导向型发展模式转型的战略性调整——基于微观企业层次的分析》,《国际经贸探索》2009 年第 2 期。

[59] 黄莉芳、黄良文、郭玮:《生产性服务业对制造业前向和后向技术溢出效应检验》,《产业经济研究》2011 年第 3 期。

[60] 黄群慧、霍景东:《中国制造业服务化的现状与问题——国际比较视角》,《学习与探索》2013 年第 8 期。

[61] 李江帆:《新型工业化与第三产业的发展》,《经济学动态》2004 年第 1 期。

[62] 李江帆、毕斗斗:《国外生产服务业研究述评》,《外国经济与管理》2004 年第 11 期。

[63] 李江帆、朱明:《生产服务业对信息通信业的产业依赖及其增长效应》,《武汉大学学报》(哲学社会科学版) 2016 年第 2 期。

[64] 李美云:《论服务业的跨产业渗透与融合》,《外国经济与管理》2006 年第 10 期。

[65] 刘斌、魏倩、吕越等:《制造业服务化与价值链升级》,《经济研究》2016 年第 3 期。

[66] 刘兵权、王耀中、文凤华:《开放经济下现代生产性服务业、高端制造业与产业安全》,《社会科学家》2011 年第 5 期。

[67] 刘继国、李江帆：《国外制造业服务化问题研究综述》，《经济学家》2007 年第 3 期。

[68] 刘继国、赵一婷：《制造业中间投入服务化趋势分析——基于 OECD 中 9 个国家的宏观实证》，《经济与管理》2006 年第 9 期。

[69] 刘志彪：《论以生产性服务业为主导的现代经济增长》，《中国经济问题》2001 年第 1 期。

[70] 陆小成：《生产性服务业与制造业融合的知识链模型研究》，《情报杂志》2009 年第 2 期。

[71] 吕政、刘勇、王钦：《中国生产性服务业发展的战略选择——基于产业互动的研究视角》，《中国工业经济》2006 年第 8 期。

[72] 梅冬州、崔小勇：《制造业比重、生产的垂直专业化与金融危机》，《经济研究》2017 年第 2 期。

[73] 蒙英华、尹翔硕：《生产者服务贸易与中国制造业效率提升——基于行业面板数据的考察》，《世界经济研究》2010 年第 7 期。

[74] 裴长洪、彭磊：《中国服务业与服务贸易》，社会科学文献出版社 2008 年版。

[75] 尚涛、陶蕴芳：《中国生产性服务贸易开放与制造业国际竞争力关系研究——基于脉冲响应函数方法的分析》，《世界经济研究》2009 年第 5 期。

[76] 苏敬勤、喻国伟：《多学科视角中的生产性服务业研究述评》，《工业技术经济》2008 年第 5 期。

[77] 王佃凯：《国际服务贸易》，首都经济贸易出版社 2015 年版。

[78] 席艳乐、易莹莹：《生产性服务业发展与上海制造业国际竞争力的提升》，《统计与决策》2013 年第 4 期。

[79] 夏明、张红霞编著：《投入产出分析：理论、方法与数据》，中国人民大学出版社 2013 年版。

[80] 杨玲：《生产性服务进口贸易促进制造业服务化效应研究》，《数量经济技术经济研究》2015 年第 5 期。

[81] 杨玲、郭羽诞：《生产性服务贸易出口技术结构对包容性增长的影响研究》，《世界经济研究》2014 年第 2 期。

[82] 杨玲、吴根宝：《生产性服务贸易出口的结构模式与中国策略》，

《改革》2012 年第 9 期。

[83] 杨仁发、刘纯彬:《生产性服务业与制造业融合背景的产业升级》,《改革》2011 年第 1 期。

[84] 姚战琪:《对外开放对中国生产性服务业影响的实证研究》,《学习与探索》2015 年第 6 期。

[85] 姚战琪:《发展生产性服务业与提升中国产业国际竞争力》,《学习与探索》2014 年第 4 期。

[86] 赵瑾等:《国际服务贸易政策研究》,中国社会科学出版社 2015 年版。

[87] 周蕾:《生产性服务贸易与全球价值链升级》,浙江大学出版社 2013 年版。

第六章　生产性服务贸易自由化货物贸易出口效应

近年来，区域贸易合作推动了中间品贸易壁垒的大幅下降。但服务业监管政策的高异质性阻碍着服务贸易自由化进程。制造业服务化趋势下，生产性服务进口对于下游制造企业生产效率、出口绩效以及 GVC 位置提升的作用不断凸显。国际经贸规则的制定和区域经济一体化的谈判重点，也从制造业逐渐转向了服务业。本章由中间品贸易的研究拓展至生产性服务贸易，对现有理论研究和经验研究进行归纳与梳理。厘清生产性贸易自由化对下游制造企业生产效率与货物贸易出口的影响路径和约束机制，为政府制定服务业和服务贸易政策措施提供微观基础。

第一节　生产性服务贸易自由化的货物贸易出口效应：理论探讨

一　壁垒量化、影响机制及衡量影响程度的主要方法

（一）服务贸易壁垒的测度

1. 服务贸易壁垒的界定

服务贸易壁垒是一国政府对国外提供或者销售服务设置的政策干预，造成外国服务供应商在服务生产或销售上成本的增加（陈宪，2012）。服务贸易自由化是为了促进服务要素的自由流动，通过国内规制的改革降低或削减服务贸易壁垒的过程，该过程通过单边、双边、区域和多边自由化等不同方式进行（夏天然，2015）。

服务贸易壁垒主要有三种分类。第一，根据 GATS 定义的服务贸易提供模式进行划分。其中，商业存在和跨境服务模式是服务贸易的主要实现模式，相应的，壁垒也成为研究的重点，商业存在壁垒主要表现为限制性政策（制度障碍）。服务业 FDI 是服务贸易商业存在实现的前提，商业存在模式下的服务对外开放与服务业 FDI 对外开放无本质区别，因此，下文中两种表达无区别。第二，针对企业的设立与运营对壁垒进行划分。在企业设立方面，包括直接投资、许可证要求及人员永久流动等方面的限制；在企业运营方面，包括核心业务、服务定价和人员短期流动等方面的限制。第三，根据监管对象的差异，又可以将服务监管细化为歧视性（针对境外供应商）监管与非歧视性的（针对所有供应商）监管（刘莉和黄建忠，2014）。歧视性监管限制外来服务与供应商的进入，对境外服务商形成了市场进入和经营壁垒，构成事实贸易壁垒。非歧视性监管是指行政管制者依照法规，对被管制者（国内外所有供应商）采取（如价格、数量股权和进入资格控制等）管理与监督行为，显然对跨境服务交易形成了障碍。OECD 的 STRI 数据库既包含歧视性服务贸易政策，又包含非歧视性服务贸易政策，而世界银行的 STRD 数据库针对歧视性服务贸易政策和监管政策。

服务贸易壁垒量化缺失是导致服务贸易自由化贸易效应定量研究滞后的主要原因，而壁垒缺失主要是由于壁垒信息完备性不足与量化过程烦琐导致。大部分服务贸易壁垒具有境内特征，准确了解一国服务贸易限制性政策信息意味着全面了解该国法律。此外，服务贸易壁垒信息来源不够全面，学者难以区分服务贸易壁垒中自然壁垒（文化壁垒和地理壁垒）和政策性壁垒（Nordås & Rouzet，2017）。壁垒界定范围决定了贸易自由化所引致经济效应程度的不同，模糊或宽泛的壁垒界定使得研究成果对政策制定者的可借鉴性较低。

2. *服务贸易壁垒的测度方法*

主要存在两类量化贸易壁垒的思路：一类是以 Hoekman（1996）为代表对壁垒相关法律信息赋值获得，STRI 数据库就是延续该种思路实现；另一类是以 Francois 等（2012）和 Fontagné 等（2011）为代表用计量模型估算等关税壁垒获得。

第一类方法，壁垒赋值法基于贸易政策信息对市场主体限制程度进行等级赋值，实质是政策信息量化过程，政策信息来源和赋值方法决定该方法的可信程度。Hoekman（1996）基于各国在 GATS 服务领域开放承诺信息进行壁垒评估，为赋值法构建了初步分析框架，但 GATS 承诺政策信息与执行情况存在较大差距，且壁垒赋值等级区间太大，量化结果精确度受到限制。此后，学者们从政策信息来源与赋值等级两方面对赋值法进行升级。以世界银行 STRI 数据库为例，一方面以问卷形式得到更符合现实贸易壁垒限制的法律法规信息；另一方面赋值等级精确度更高，还加入异质性特征的考虑，对不同服务模式、部门采取不同加权值得到 STRI 总量数据。OECD 的 STRI 也是通过机构获得更符合现实情况的壁垒信息，利用二进制赋值量化壁垒，以复杂程度和精确程度更高的赋值法展示出政策的连续性及关联性的特征。但是，赋值法是基于各国贸易协议和国内法律法规完成的，现实中部分服务贸易的限制并未体现在法律条文中，所以赋值法只反映壁垒相对限制程度。而对壁垒绝对限制程度的测算方法则是第二类方法——等关税壁垒测算方法，使用计量模型将服务贸易壁垒量化为具体关税水平，根据研究侧重不同，细化为以 Pak（2003）和 Fontagné 等（2011）为代表的数量测量法和以 Dihel and Shepherd（2007）为代表的价格测量法。数量测量法估算未设置服务贸易壁垒与实际服务贸易壁垒的差额，基于引力模型等计量模型得到服务贸易等关税壁垒。价格测量法估算未设置服务贸易壁垒的价格成本差与现实壁垒下的价格成本差得到等关税壁垒。

  赋值法和关税等值法在结果的准确性、操作的便捷性等方面各具优势，为了提升壁垒量化的准确性，学者们往往采取多方法并行的策略以保证结果的客观性。除了研究方法以外，学者们会根据研究侧重面不同，选用代表性部门或代表性模式的壁垒，依据主要部门和模式的开放度代表一国服务贸易开放度，有的研究倾向于测算完备的服务贸易开放度。国内学者张艳等（2013）结合赋值法和等关税壁垒估算法，使用两个方法、多个维度并存的方式量化服务贸易壁垒信息。一是综合中国"入世"服务贸易承诺表信息和国内服务业相关法律壁垒信息，基于政策信息的限制程度赋值，根据部门和模式异质性进行加权，最终加总得到限制指数。二是基于中国服务贸易数据（针对模式一和模式二）及商业存在的数据，通过模型评估不同侧重面分部门等关税壁垒，然后以加权方式得到壁垒总量，最后对比不同测算方法和各种政策信息维度得到的结果。世界银行 STRI 赋值法研究存在缺陷，Borchert 等（2012）利用两种更为精确的计算（服务部门普通排位法及基于特定政策限制经济影响结果评估限制程度的方法）得到壁垒的限制程度及其经济影响，将得到的结果与世界银行数据库对比，发现二者计算结果相似但世界银行测算过程更为简洁。

3. OECD 和世界银行的服务贸易限制指数

近年来，OECD 和世界银行分别建立了服务贸易限制性政策指标（Services Trade Restrictiveness Index，STRI）数据库，提供了高质量的服务贸易壁垒量化数据，为实证研究服务贸易壁垒的经济后果提供了可行性，两个数据库的有效性已经得到证实（Marel & Shepherd，2013）。两个数据库具有互补性，OECD 指数更侧重国内政策限制，世界银行侧重跨境服务贸易政策限制，综合两个数据库信息可以获得服务贸易大部分行业和四种贸易模式下的政策限制（壁垒）信息。

数据库共性。两个数据库综合搜集各国服务贸易限制性法律信息，为了确保结果的精确性和客观性，将所搜集的信息经由专家和政府官员进行同行评议与修改。信息维度具有两方面共性：一是考虑到执行信息采集的困难，所获得的法律法规以事实信息为主；二是两个数据库在对歧视性服务限制进行考察时，主要针对国家间最惠国待遇政策，一般情况下不包含其他特许权或区域性和优惠性安排。但由于欧盟成员国区域性贸易优惠安排占据主导位置，所以世界银行在数据库处理过程中也将这些优惠性协议加入考量。

数据库特性。两个数据库在政策限制维度，考察的国家、服务部门、模式及具体的数据量化过程均具有不同程度的差别。第一，OECD 包含的限制政策维度更广，既包含歧视性贸易政策，又包含非歧视性贸易政策，而世界银行主要针对歧视性服务贸易政策和监管，以及对于总体监管环境发生关键影响的政策。第二，世界银行所考察的国家范围更广泛。OECD 以考察 OECD 国家为主，只考察了 9 个非 OECD 经济体，世界银行考察了 103 个国家，其中有 24 个 OECD 国家，其余 79 个国家均为发展中经济体。第三，OECD 以境外消费模式研究为主（但不限于模式二），世界银行以商业存在模式研究为主，也包括模式一（跨境交付) 和模式四 (自然人移动)。第四, OECD 考察服务部门更广。OECD 考察了 10 个服务部门 (19 个分服务部门), 世界银行考察了 5 个。第五, 虽然两个数据库量化过程均包括信息采集和凭专家意见获取权重, 但赋值过程存在较大差异, 精确程度也存在差异。OECD 是以二进制赋值为主的评估系统, 世界银行以五层次区分限制政策的信息, 加权后得到各个模式和分部门的总限制程度评估结果。

(二) 基于前中后向链接的影响机制①

基于一个前提和两个理论基础, 初步判断服务贸易壁垒可能通过贸易成本效应对企业生产率与货物出口产生作用。理论一, 壁垒导致服务贸易成本增加, 减少了生产性服务进口, 阻碍了国内进口高效、具备竞争力服务的通道。服务贸易自由化则有利于国内下游制造企业进口与国内互补的服务。一个前提, 上游服务产业与下游制造产业的投入产出关系, 结合成本理论与前提, 服务贸易壁垒限制了高生产率服务的进口, 仅使用本地服务阻塞下游制造企业生产率提升的通道。理论二, 以异质性企业理论为前提, 制造企业生产率与企业出口自选的正显著关系 (Melitz, 2003)。下面从前部、中部、后部三个链接对影响机制进行详细阐述。

1. 前部链接: 壁垒贸易成本 (效应) 与生产性服务进口的相关性

贸易成本对一国经贸发展 (Hoekman & Shepherd, 2015) 和企业生产环节比较优势创造 (Storeygard, 2016; Nordås, 2010) 等产生广泛影响。全球价值链下, 生产性服务壁垒的贸易成本 (效应) 显著存在 (Borchert et al., 2012; Hoekman, 2017), 且随着服务跨境次数的增多而不断扩大。GVC 发展过程中, Baldwin 和 Lopez–Gonzalez (2014) 指出, 高效生产性服务链接的存在, 使交易成本大幅降低, 不同空间与时间的任务贸易才得以实现。降低服务贸易壁垒提升服务可得性, 服务的可得性是现代制造企业获得 GVC 竞争力的必要条件。对比不同规模企业对于贸易成本的敏感性, 小型企业更显著 (Hoekman, 2017), 消除壁垒后, 小型制造企业拓宽中间投入服务种类, 引入成本可接受范围内

---

① 孟翡:《中间服务贸易自由化的货物出口效应——关于二者影响机制的研究综述》,《国际经贸探索》2018 年第 1 期。

服务，成功嵌入 GVC 发挥其环节比较优势。

服务部门壁垒的异质性决定贸易成本效应差异，相应地，消除服务壁垒对不同服务的促进作用也不同。Miroudot 和 Shepherd（2016）利用关税等值法对各个服务贸易部门的贸易成本进行核算，结果显示，建筑服务和运输服务分别是成本最高和最低的部门。Nordås 和 Rouzet（2017）发现，银行和保险服务贸易自由化对相应服务部门的进口促进最明显。

2. 中部链接：进口生产性服务与下游制造企业生产率的相关性

生产性服务限制政策（壁垒）增加贸易成本，限制服务进口，这可能对国内生产性服务在可得性、多样性、质量和知识溢出等方面产生直接限制，从而对下游服务密集型制造企业生产率及 GVC 竞争力的提升产生间接限制（Nordås，2010）。下面从主要影响路径、主要影响模式和企业至产业的生产率传递等，说明服务贸易自由化的生产率效应。

（1）三条主要路径：生产性服务可得性、多样性及可靠性提升。

①中间投入品的生产率效应和广延边际效应。中间投入细分为中间投入品与服务，中间投入品的研究起步较早且体系较为成熟，首先就中间投入品贸易自由化的相关研究进行回顾，包括生产率效应、广延边际效应和出口效应。关于生产率效应的理论研究（Romer，1987、1990；Markusen，1989；Grossman & Helpman，1991）和实证研究（Kasahara & Rodrigue，2008；Amiti & Konings，2007；Halpern et al.，2006；Topalova，2007）结论较为统一，对具体影响渠道也集中于中间投入的可得性、质量、多样性及知识溢出。除了生产率效应外，关于中间投入品贸易自由化对下游制造企业的广延边际效应和出口效应的研究逐渐增多。Kasahara 和 Lapham（2013）基于异质性企业理论建立模型，在模型中企业以劳动力和两种中间投入完成生产，中间投入通过进口获得，结果显示，企业进口中间投入的种类越多，生产率提升越显著，即贸易自由化提升了中间投入的多样性，从而促进生产率增加。基于同一模型，Bas 和 Strauss-Kahn（2014）验证了法国企业的表现也符合上述结论，企业进口的多样性与企业生产率效应和出口多样性显著正相关。Bas 和 Strauss-Kahn（2015）更进一步对中国企业进行研究，结果显示，随着贸易自由化程度的提升，企业进口获得更高质量的中间投入推动出口

产品质量的升级。

中间投入贸易自由化的广延边际效应及主要影响渠道。Goldberg 等（2010）对印度中间投入贸易自由化的广延边际效应进行研究显示，当进口中间投入的价格降低会产生显著的静态收益，制造企业新产品种类平均增加31%，在长期预期获得更大的动态经济收益。印度政策制定者根据市场需要，重视消除与国内市场互补的中间投入部门的关税壁垒，因此有效放松国内企业技术约束，进口更多技术含量更高的产品，投入的多样性和高质量促进了企业产出的多样性。Bas 和 Strauss – Kahn（2014）研究实证了法国中间投入贸易自由化广延边际效应的两个主要实现渠道。第一，国内外中间投入多样性或互补性渠道。通过进口企业拓展生产过程中中间投入种类，国内外资源互补程度提升，产生生产率效应与广延边际效应。国内外资源互补的渠道对生产率效应的解释力达2/3（Halpern et al., 2006）。第二，将发展中国家和发达国家两个进口源进行对比，发现后者效应更强，说明了技术转移渠道的存在，该效应的详细内容将在下文展开。中间投入品贸易自由化的生产率效应和广延边际效应的发挥，均离不开中间投入可得性、质量、多样性及知识溢出的内在影响渠道。

②生产性服务贸易自由化的生产率效应。拓展中间投入品至生产性服务，以 Arnold 等（2011）为代表的学者对发展中国家的研究发现，随着限制性政策逐步消除，主要通过三个路径（服务可得性、品质与多样性）对生产性服务的供给产生优化推动生产率效应的发挥。对于发达国家，生产性服务外包对制造企业生产率效应更显著（Amiti & Wei, 2013; Görg et al., 2008），服务贸易政策改革后，制造企业更倾向于将比较劣势的任务外包，通过企业资源重组和优化获得效率的提升（张艳等，2013）。本研究侧重发展中国家的影响途径，对发达国家的影响渠道暂不讨论。

第一，发展中国家服务业往往具有垄断特征，政府掌控了主要服务（如运输、电信和能源）市场供给（Bas, 2014）。此时，无论是消除歧视性还是非歧视性服务限制政策，都有利于国内私有化进程和外籍供应商的市场进入，从而提升国内服务市场竞争水平和服务品质，降低下游企业营运成本（Arnold et al., 2011），从而提升生产率。消除服务贸易限制，高品质服务的进口，伴随着国际顶尖服务供应商进入市场，带来竞争的环境和示范学习机会，在中长期推动制造企业增加对研发环节的投入，具有技术创新激励作用，从而提升生产率（Bas，2014；张艳等，2013）。

高品质的服务进口除了引致生产率效应外，还能支持下游企业完成高端产品的制造，促进产品质量升级。Hoekman和Mattoo（2008）研究发现，印度服务部门改革前，国内主要服务供应商（主要是国有企业）无法满足市场需要的技术密集型服务。改革后，私企和外企进入市场成为运输、电信和能源领域的主要技术投资者，为国内市场提供高质量的生产性服务，下游制造企业才得以完成高端技术密集型产品的制造。但发展中国家制造业对于高质量中间投入的需求往往是出口贸易而非国内贸易（Verhoogen，2008）。通过该种方式嵌入GVC生产与贸易，此时如果国内企业不具备相应的技术吸收能力，虽然产生出口效应，但是生产率效应较小。

第二，拓宽生产性服务的广泛性（Arnold et al.，2011）。通过进口增加服务种类的市场供给，也包括为新的区域或新的客户提供产品（Fernandes & Paunov，2012），拓宽服务种类，如上文所述，进口服务与本地服务形成资源互补，产生生产率效应和广延边际效应，国内外服务互补是广延边际效应的主要实现渠道。

第三，提升生产性服务的可得程度。市场开放意味着全球最具竞争力的供应商进入市场，提供原先国内企业无法供应的服务，制造企业则利用新兴服务完善原生产流程（Arnold et al.，2011），尤其在GVC下基础服务与商务服务的可得性决定了企业参与全球生产的资格（详见后部链接二）。

（2）服务贸易自由化关键模式：商业存在。

服务贸易商业存在模式自由化，能促进专业知识从外国服务供应商向国内供应商产生溢出效应（Markusen，1989；Rivera - Batiz，1992），外国技术的转移有利于企业创新和生产率提升（Fernandes & Paunov，2012；Bas，2014）。

①FDI垂直产业间知识溢出效应。FDI垂直产业生产率效应的研究始于Romer（1993）和Rodríguez - Clare（1996）。Kugler（2006）发现

为了最大限度避免产业内部商业机密外泄与知识溢出效应，跨国企业选择以 FDI 模式进入东道国，但知识外部性特征决定了跨国企业进入市场后必然对垂直产业产生知识溢出效应，垂直产业包括上下游产业，下游产业将跨国企业产品作为中间投入，上游产业为跨国企业提供中间投入，FDI 垂直产业间溢出效应显著。

②服务 FDI—知识溢出—生产率效应。基于 Fernandes 和 Paunov（2012）、冯跃（2013）的研究成果，服务 FDI 对下游制造企业的知识溢出过程如下。服务 FDI 进入东道国，一方面，外资进入后市场结构改善，产生了经济溢出；另一方面，引入更为先进的技术，产生了知识溢出。经济溢出主要由于外资进入市场后结构改善而产生，为国内市场提供品质更好、数量更多、更廉价的产品或为制造业提供更为专业的服务。在非完全竞争的市场中，FDI 流入提升了国内市场生产性服务的质量和种类，但服务供应商难以实现完全价格歧视，因此无法占据进口服务的剩余，下游制造企业就能从质优价廉的投入与降低的单位成本中获得收益。Griliches（1992）认为 FDI 的生产率效应来源于经济溢出，Branstetter（2001）指出当下游制造企业使用优质服务从事生产，经济溢出将转化成知识溢出，这种转化才是制造企业知识溢出的主要来源。

在垂直知识溢出效应的影响下，服务 FDI 对下游制造企业产生生产率效应。与其他模式相同，商业存在模式自由化也通过服务价格、质量和种类等渠道改善生产率，不同之处在于该模式具有显著的知识溢出渠道，因此，针对商业存在模式下的限制政策进行改革，产生的生产率效应应该是最快捷、直接与显著的（Arnold et al.，2011；Arnold et al.，2016；张艳等，2013）。伴随着 FDI 流入，国外供应商将专业知识、新产品或全球最佳范式最快引入国内市场，提升市场竞争环境（Arnold et al.，2011；Arnold et al.，2016）和服务平均生产率，下游制造企业生产率也随之提升（Hoekman，2017）。Fernandes 和 Paunov（2012）验证了智利服务 FDI 流入的知识溢出效应是提升制造业生产率的主要来源，对下游制造企业创新活动和企业升级均具有促进作用。在对不同收入水平国家的国别实证研究［Bas 和 Causa（2013）对中国、Bas（2014）对印度、Duggan 等（2013）对印度尼西亚，Bourlès 等（2013）对 OECD 国家］中，FDI 模式也受到普遍重视。

（3）生产率从企业至产业层面的传递效应。

生产性服务投入贸易自由化对企业产生了生产率效应，随着竞争环境的提升，生产率效应从企业层面升级至产业层面。国内生产率较低的企业竞争失败而被淘汰，生产率较高的企业升级至更为细分环节或提高市场份额，产业重新洗牌过程提升服务产业生产率（Nordås & Rouzet，2017）。贸易自由化提升企业与行业生产率主要通过两个渠道：一是企业生产率的提高带动行业生产率提高；二是企业成本下降推动行业成本下降（谢慧等，2015）。前者导致生产率的行业集合效应，即服务业改革降低企业生产成本并引致产品内资源重置效应、技术创新效应，促进企业生产率，然后通过加总效应提升行业生产率。后者引发行业内资源重置效应，即服务业改革降低制造业的生存门槛成本，低于该成本、更高生产率的企业存活并得以发展，高成本低生产率的企业被淘汰，资源从生产率较低的企业流向生产率较高的企业，推动行业平均生产率。

（4）影响生产率效应发挥的因素。

关于生产性服务贸易自由化生产率效应的研究尚处于起步阶段，大部分的研究结论都是正向的。也有学者对生产率效应发挥的影响因素进行了研究，比如国内市场对中间投入品种和数量需求，制造企业吸收能力（Augier & Cadot，2013）等。在未考虑市场的实际需求或吸收能力前提下，盲目实施服务贸易自由化政策，此时贸易政策的生产率效应和出口效应都并非必然的结果。

第一，市场需求导向的贸易政策。基于投入产出的关系，中间投入贸易政策的生产率效应存在显著的部门异质性，Sharma（2016）对印度中间投入贸易自由化生产率效应及出口效应展开实证研究，研究结果为正但存在部门异质性。纺织、机械、金属等产品生产率效应对进口投入依赖程度更高，化工、机械和运输装备出口对进口投入依赖程度较高。遵循市场需求导向的中间投入贸易政策才可能发挥效用。Goldberg 和 Pavcnik（2016）提到，印度和美国在贸易政策改革中均遵循市场导向原则，引入国内市场必要的中间投入，发挥了贸易政策的作用，特别是发挥了出口广延边际的作用，而哥斯达黎加则正好相反。印度中间投入贸易改革非常具有针对性，政策制定者接受了来自商界的反馈信息，将企业最欠缺的中间投入部门放开，释放了国内制造企业在质量和种类两方面的约束，因此印度贸易政策改革生产率效应及广延边际效应十分明显（Goldberg et al.，2010）。美国的贸易政策改革增加了进口中间投入种类，产生显著的出口广延边际效应（Klenow 和 Rodríguez – Clare，1997；Arkolakis et al.，2008）。哥斯达黎加贸易政策改革影响则非常小，原因是国内企业依赖性最强的中间投入进口占比依然很低，自由化贸易政策未发挥预期作用。

第二，下游制造企业吸收能力。Aghion 和 Howitt（2006）在关于消失的竞争（Escape Competition）研究中提到，贸易政策改革改变市场竞争水平，对距离技术前沿较近企业的影响显著，而对较远企业的影响较弱，而金融市场政策改革则更有利于落后企业加快升级，对落后企业反而更有效。基于此，Bas 和 Causa（2013）对中国在过去十年的贸易和金融市场政策改革生产率效应进行了实证研究，发现中国贸易和金融监管水平与 OECD 国家尚存在显著差异。如假设中国监管水平能于五年后达到 OECD 平均标准，那么潜在的生产率效应是可观的，且对越接近产业技术前沿的企业获得的贸易政策改革收益越大，而金融市场则正相反，符合 Aghion 和 Howitt（2006）的研究结论。

3. 后部链接：制造企业生产率与货物出口的相关性

（1）后部链接一：生产率效应对货物贸易出口的影响。

首先梳理和回顾了企业出口与生产率相关性的研究成果，然后与服务贸易政策改革生产率效应研究结论相结合，得到企业出口选择与服务贸易政策的反向相关性。

①理论基础：制造企业高生产率与出口自选正相关。基于异质性企业理论，具有更高生产率的企业才有资格自选进入国际市场，企业在国际市场面临的主要困难是市场进入沉没成本（Bernard & Jensen，1999）与更激烈的竞争，因此，只有在国内最具生产率优势的企业才能应对国际市场额外成本，参与全球竞争（Arnold & Hussinger，2005）。理论层面上，Melitz（2003）、Melitz 和 Ottaviano（2008）均验证了企业高生产率与出口能力的关联性，Helpman 和 Hussinger（2004）又将市场中存活企业的生产率分为三个级别，较低生产率企业从事国内贸易，更高生产率可从事出口，最高生产率的企业则以商业存在模式从事出口。实证层面上，Arnold 和 Hussinger（2005）对德国制造企业的研究与 Melitz

(2003) 的理论结论一致, Arnold 和 Hussinger (2010) 对德国制造企业进一步实证研究的结果与 Helpman 和 Ottaviano (2004) 理论结论也一致。高生产率与出口自选正相关结论是后部链接一的理论基础,下面先以中间投入贸易政策自由化通过生产率效应提升出口自选的完整链接机制进行说明,然后拓展至生产性服务贸易自由化的出口效应的完整机制。但现阶段相关研究还较少,特别是关于后者的研究才刚起步。

②中间投入品贸易政策—提升生产率—促进出口。总体上,现阶段的研究成果支持"消除壁垒—促进中间投入进口—提升生产率—促进出口"影响机制的存在,但并不排除"消除壁垒—促进中间投入进口—提升出口"直接影响机制的存在。后者正是发展中国家嵌入 GVC 初期,国内制造企业承接简单加工环节促进出口的常见贸易战略。

Bas 和 Strauss–Kahn (2014) 使用法国企业数据,首次综合研究了企业中间投入多样性的生产率效应与出口广延边际效应。两个主要结论:第一,验证了自由化的贸易政策通过中间投入互补性特征和技术转移等影响渠道,促进了企业出口产品的多样化。第二,验证上述"中间投入进口—出口"影响是基于高生产率,即"消除壁垒—提升进口多样性—提升生产率—提升出口多样性"的影响机制确实存在。Sharma (2016) 对印度中间投入贸易自由化生产率效应及出口效应的实证研究结果为正,且存在显著部门异质性。一方面,该研究证实了生产率效应和出口效应;另一方面,统计层面显示,并非所有生产率效应都会转化为出口效应,并非所有出口效应都来自生产率效应。事实上,一些中间投入可以通过知识溢出渠道促进下游制造企业生产率提升然后推动出口,也有另一些中间投入并未对下游产业产生知识溢出效应,而是通过"简单加工"直接附值于出口产品。

Feng 等 (2016) 使用中国加入 WTO 过渡期内制造企业数据,对单个企业进口与出口相关性进行实证研究,并对进口来源、企业研发密集度和企业所有制结构三个因素在国际研发溢出效应发挥过程中的影响进行了探索。结果显示,总体上,当企业提升进口中间投入的费用和种类之后,出口确实有所提升。但进口来源差异决定影响程度,表现在从 G7 国家进口的中间投入(技术密集型服务)对企业产生更大程度贸易促进作用。企业所有权结构和研发密集程度也决定影响程度,表现在相较于在华外企，进口中间投入对本国私企影响更显著，对研发密集型企业影响程度也更深。该研究肯定了进口中间投入发挥国际研发溢出效应，但效应程度受到三方面制约，主要原因是：从发达国家进口的中间投入技术与质量更密集，这样的来源更有助于中国企业产品升级和出口贸易；与在华外企对比，中国私企与产业技术前沿距离较远（处于技术劣势的位置），对技术密集型产品进口的依赖度更高，其中研发服务密集型企业对进口的依赖程度更高，所以私企和研发密集型企业受到贸易政策的出口效应影响更显著。

Feng 等（2016）的研究是在企业生产率等级（生产率效应）不明确的前提下进行，肯定了开放性贸易政策的出口效应，肯定了企业能够进口高质、高技的中间投入提升产品品质和出口，但对于出口效应是否通过生产率效应链接却并未深究。此外，中间投入进口对于私企（与产业技术前沿最远）的出口效应最大，这与上文中与技术前沿更近企业的生产率效应更大相反。基于以上两点，中国中间投入品贸易政策改革的出口效应可能并非完全通过生产率效应的传导，值得进一步探索。

③生产性服务贸易政策—提升生产率—促进出口。服务贸易政策出口效应的研究十分有限，基于三个方向文献的正向研究结论，即中间投入品贸易政策改革的出口效应、服务贸易政策改革的生产率效应和生产性服务贸易的出口效应，以及对有限研究成果总结，可以肯定服务贸易政策改革通过生产率效应对出口产生影响的机制确实存在。

基于 Arnold 等（2016）研究框架，Bas 和 Causa（2013）对中国能源、运输和电信服务监管改革与下游制造企业表现关联性进行研究，结论是存在正向影响，但影响程度和制造企业与技术前沿距离相关。服务贸易自由化，在提升市场竞争水平的同时，通过生产性服务成本下降、服务质量提升、多样化和知识溢出效应等渠道对下游制造企业产生促进作用。Bas（2014）又基于企业出口选择与企业生产率高度关联性的理论支持，结合"服务自由化的生产率效应"和"高生产率促进出口选择"两方面机制，对"服务自由化—生产率提升—出口提升"影响机制进行了探索。结果显示，20 世纪 90 年代中期，印度能源、电信和运输服务部门改革确实与制造企业出口选择之间存在关联性，表现在服务改革提升了出口可能性和出口销售额。第一，服务成本最大限度降低的制造企业，出口可能性和出口额都得到了大幅度提升。第二，对原不同生产率等级的企业的影响具有异质性，高生产率企业出口可能性与出口销售比低生产率企业提升得更多。该研究不仅肯定了生产性服务贸易自由化对于企业出口的正向影响，而且肯定了影响程度与企业的生产率的关联，主要由于高生产率企业能够对优质的生产性服务加以更为充分的利用，对跨国企业知识溢出效应的吸收能力更强，低生产率企业则相反。

Hoekman 和 Shepherd（2015）对 100 多个发展中国家生产性服务贸易自由化是否通过生产率链接对出口产生影响进行了检验。研究从基础与主体两个部分展开：基础部分，先检验了服务生产率对下游制造业的生产率的影响，然后检验了制造业生产率与货物出口的关联，结果肯定了服务对下游制造业生产率、货物出口之间的正向推动关系。主体部分，检验且肯定了服务贸易自由化能够单独对货物出口产生推动作用。对比跨境交付模式，商业存在模式下贸易效应更显著。考虑到服务部门异质性特征（Francois & Hoekman，2010），还进行了部门检验，零售服务部门自由化贸易效应最显著，然后是运输服务和金融服务。

然而，贸易出口额并不完全代表真实的贸易收益，中间投入贸易自由化出口效应的研究，从重视出口价值的考察逐渐转向重视出口产品品质等综合表现进行考察（Bas 和 Strauss - Kahn，2015）。未来关于生产性服务贸易政策改革的出口效应，如果能综合对出口效应的贸易额、产品品质和多样性多个方面进行深度考察，研究成果将对政策制定者更具实践意义。

（2）后部链接二：广延边际效应对 GVC 货物出口的影响。

后部链接一的主旨是服务贸易政策限制程度越低，进口的生产性服务生产率效应就越显著，企业出口自选又以生产率为前提，因此企业出口间接受到服务贸易限制程度影响。这是针对一般贸易出口的影响机制，而 GVC 贸易发展的主要决定因素是产品差异化，基于这一特征，服务贸易政策也可能通过广延边际效应对 GVC 贸易出口产生影响。

①GVC 贸易的高度服务依赖性特征。GVC 中生产性服务环节与制造环节之间的投入产出关系更显著，质量更高、成本更低，以及更多样生产性服务（基础性生产服务和部分商务服务）成为全球不同区域工

序模块和服务环节的必要黏合剂。传统"微笑曲线"附加值关系显示，最终产品附加值高低和参与生产各环节服务附加值密集程度呈正相关，自动化产品、电信设备等高技术产品具有知识或技术或资本密集型属性，必须投入专业化生产性服务才能形成国际竞争力的产品参与GVC（胡景岩，2008）。随着GVC的发展，配套生产性服务可得性成为制造企业参与GVC的必要中间投入，传统"微笑曲线"也逐渐闭合成为圆形曲线（Marsh，2012），许多最终产品附加值中服务占比超过制造工序本身。

"微笑曲线"闭合趋势意味着GVC贸易中生产性服务可得性占有绝对重要地位，以销售反馈信息的设计服务环节和售后维修服务环节的逐渐融合为例说明。现阶段，位于"微笑曲线"左上端的产品设计服务（创新）已经无法离开销售、售后服务（原位于"微笑曲线"右上端）信息的支持而独立存在，同时信息反馈机制又基于高效电信基础服务展开。电信服务使分离的设计环节（左上）与销售环节（右上）逐渐呈现闭合倾向，"微笑曲线"也逐渐发展成为闭合圆。反之，一味专注于设计研发环节的企业，没有销售信息反馈服务的支持，长期内会被市场所淘汰，其为产品提供的设计和研发服务无法满足消费者的即时需求。

服务环节对于制造业的附加值超过制造环节本身，最终产品价值中的服务附加值占比越来越高。比如像家具产业这样市场竞争程度极高的产业，客户对产品零缺陷、按时交付和个性化定制等多重要求，逐渐发展成为服务密集型的制造产业，最终产品的竞争力主要由设计、供应链管理、电信信息反馈服务、物流运输等配套的生产性服务决定，加工组装环节占比已经压得非常低。此外，资本密集型产品和耐用品的客户对于售后维修服务需求旺盛，维修服务又高度依赖联网电子传感器对性能的实时监视，产品制造商的利润由制造环节转向售后维修服务和电信支持环节（Nordås & Rouzet，2017）。

显然，GVC中制造环节对服务具有高度依赖性，而前部链接已经指出服务贸易限制性政策具有更高的成本效应，因此服务贸易政策改革与GVC中货物出口存在关联性。下面通过广延边际效应对这一关联性进行说明。

②广延边际效应、产品差异化和 GVC 出口的相关性。开放性服务贸易政策的广延边际效应能促进下游企业生产与出口产品差异化,而产品差异化是 GVC 发展决定因素之一(Nordås & Rouzet,2017)。实行更宽松的服务贸易政策,贸易成本下降,下游企业受到中间投入约束减少,特别是国内市场供不应求的技术和资本密集型服务,产出多样性或差异化程度就会提升,产品差异化的上升又会赋予企业更多参与 GVC 贸易的机会。反之,生产性服务贸易壁垒高企就会抑制广延边际效应的产生,继而抑制 GVC 出口。例如,发展中国家承接发达国家品牌差异化产品,短期内只能通过进口包含市场实时信息反馈的设计服务和具备成本优势的运输物流等服务,才能够制造、出口品牌差异化产品,参与 GVC。如果政策制定者对设计服务实行进口限制政策,那么下游企业受到中间投入种类的限制,就无法制造品牌差异化产品,也无法参与国际市场竞争。因此,应消除或者降低服务贸易壁垒,通过广延边际效应对下游企业 GVC 出口产生促进作用,完整的影响机制是"生产性服务贸易自由化—服务成本降低—进口服务多样化—产出多样化—GVC 出口提升"。

(三)检测影响程度的方法

国内外学者综合定量和定性方法进行研究,定量分析主要借鉴货物贸易的研究方法,以引力模型和一般均衡模型(CGE)为主。

1. 定量分析

(1)引力模型。

引力模型对双边贸易影响因素解释力强大。模型分为初创期与拓展期。初创期,以 Tinbergen(1962)和 Linnemann(1966)为代表的学者将经济规模、距离和人口规模三个主要变量加入模型,模型的构建与变量选择的理论与应用工作初步结束,Bergstrand(1985)提出将价格外生化。拓展期,学者们将更具有解释力的变量加入模型中(见表 6 - 1),起初以虚拟变量(如语言、宗教、殖民地等因素变量)为主。随着制度经济学的发展及制度量化技术的提升,现阶段又以制度因素对双边贸易影响的研究为主,如区域一体化的制度安排和贸易政策壁垒。学者们不断在引力模型中加入理论解释,Anderson 和 Van Wincoop(2003)基于差异化产品和相似偏好的前提,重视价格因素,为引力模型提出了一般理论基础。双边贸易由双边经济规模、距离及其他贸易成本影响因素（区域经济组织、贸易关税或非关税壁垒、语言等）决定。Helpman 等（2008）、Melitz 和 Ottaviano（2008）的研究肯定了企业异质性模型与引力模型是兼容的。Chaney（2013）认为距离与双边贸易负关联，并非因为运输成本或贸易壁垒，而是源于国内企业与潜在供应商的信息摩擦，研究结论对服务贸易具有解释力（Nordås & Rouzet，2017）。关于引力模型理论基础的最新进展可参见 Anderson（2011）综述，实证研究丰富成果可参见 Bergstrand 等（2011）、Anderson 和 Van Wincoop（2004）综述。

表 6-1　　　　　　　　　　引力模型变量

指标	含义	指标	含义
Y_i	出口国 GDP	PRF	边际贸易互惠
Y_j	进口国 GDP	CL_{ij}	共同语言
N_i	出口国人口	TCF	运输成本
N_j	进口国人口	CPI_i	出口国消费价格指数
D_{ij}	距离	CPI_j	进口国消费价格指数
NT	非关税覆盖率指数	YP_i	出口国人均收入
t_i	1+平均关税率	YP_j	进口国人均收入
A_{ij}	人均农用地绝对差额	TS	消费偏好差异
B_{ij}	总出生率差异	KL	有形资本/劳动者
U_{ij}	城乡人口绝对差	HC	人口资本密集度
I_{ij}	人均收入绝对差	ME	全部工业制成品出口
T_{ij}	平均气温绝对差	IN	FDI/GNP（美）
VEX	汇率不确定性	PX	一揽子商品率
EXR	双边汇率	WPI_i	出口国批发价格指数
XUV	出口单位指数	WPI_j	进口国批发价格指数
MUV	进口单位指数		

资料来源：谷克鉴：《国际经济学对引力模型的开发与应用》，《世界经济》2001 年第 2 期。

其中，Anderson 和 Van Wincoop（2003）加入对多边阻力考察以避免估计的系统性偏差，为引力模型在国际贸易运用提供了更为夯实的理论基础。Baier 和 Bergstrand（2009）基于前者模型框架，以一阶泰勒级数近似多边阻力得到升级版的引力模型。Santos 和 Tenreyro（2006）以泊松伪极大似然估计（简称 PPML）代替 OLS，估算可获得更为科学的引力模型估计结果。主要原因：一是 OLS 对于对数线性化的引力模型，异方差性将导致有偏差的估计结果，而 PPML 估计则是基于较弱假设（数据并不需要泊松分布）结果一致；二是 OLS 不能将未产生双边贸易数据的观测值纳入考量，但是泊松离散基础兼容此类观测值。

随着 GVC 下服务贸易发展，学者们对于壁垒研究逐渐从传统贸易壁垒转移至服务贸易制度壁垒，将服务贸易制度因素加入引力模型的研究也逐渐出现，服务监管制度限制程度与（程度相同前提下）政策安排相似性等都成为现阶段考察的重点。将制度因素量化后加入引力模型，贸易政策壁垒对贸易的影响程度研究也更为准确。Saslavsky 和 Shepherd（2014）借鉴 Baier 和 Bergstrand（2009）的引力模型，结合 OLS 和 PPML 两种方法，分别检验了运输服务便利化对机械部件贸易和机械最终产品贸易的影响，结果显示，相对于最终产品贸易，GVC 内中间零部件受到运输服务政策变化的影响更大。Hoekman 和 Shepherd（2015）也借鉴了 Baier 等（2009）引力模型进行研究，结果显示，服务贸易自由化对货物出口产生显著推动作用，模式三自由化贸易效应更大。Nordås 和 Rouzet（2017）基于 OECD 服务部门监管数据和 PPML 方法，使用引力模型检验了服务部门政策监管壁垒分别对服务贸易、下游货物贸易和产业内货物贸易的影响。

（2）CGE 模型。

引力模型无法评估综合经济福利影响的结果，单一的贸易效应评估结果对政策制定者的参考性有限。关于贸易自由化的综合性经济影响（如产出、贸易流、就业、产业结构调整等）的研究，更多使用 CGE 模型。贸易自由化有时涉及政府公共设施投资，需要同时考虑成本和收益，以净贸易收益结果衡量贸易收益。理论上两类方法均可衡量净收益，但是 CGE 方法得到的结果更接近真实贸易收益（Mirza，2009）。WEF（2013）使用 CGE 模型检验了一系列贸易促进政策的经济影响，结果显示，贸易便利化（特指投资改革或降低限制性政策）对贸易、GDP 和国民收入、出口产品多样化、GVC 内部贸易比较优势等方面均具有不同程度的促进作用。

此外，对区域贸易安排的综合经济影响的量化评估也经常使用 CGE 模型。传统基于 Armington 假设的 CGE 模型，缺乏对于贸易广延边际效应等国际贸易新特征的考察，估算结果低估了经济福利影响，如 Kehoe（2005）对 NAFTA 的区域贸易流估计结果正是如此。Zhai（2008）在 CGE 模型加入异质性的贸易理论框架及固定的出口成本，加强模型的解释能力。使用 Zhai（2008）的 CGE 模型，Petri 等（2010）预估东盟对亚太经济一体化经济影响，Petri 和 Plummer（2012）基于跨太平洋伙伴关系协定（简称 TPP）与区域全面经济伙伴关系（简称 RCEP）成员国已实施的自由贸易协议（简称 FTAs），预估 2010—2015 年区域贸易自由化协议对包括美国在内的 24 个区域经济体的贸易、产出和就业等综合福利影响，Petri 等（2014）预估了实施中美自由贸易和投资协议（简称 CHUSTIA）分别对两国贸易、生产率、产业分工等经济收益的影响。郑昭阳等（2016）使用修正后的 GTAP 模型，结合了 TPP 公布文本中货物贸易与服务贸易对应的自由化措施，评估 TPP 推动贸易开放的经济效应，对比 TPP 下 RCEP 与亚太自贸区货物贸易自由化的经济效果。

2. 定性分析

全球 FTAs 缔结步伐加速，亚太地区"东盟 + N"的贸易规则错综复杂，以何种方式整合这些贸易协议达到收益最大化，受到了广泛的关注。如上所述，国内外学者们使用 CGE 模型对不同整合路径（特别是 RECP 和此前热议的 TPP）实施后的综合经济福利进行了评估，在整合区域经济框架下，学者们也通过定性对比分析法预测二者成功实施后，在贸易自由化水平、作用机制和贸易效应等方面的差异（汤靖，2014）。汤靖（2014）判断二者属于竞合关系，在推动贸易自由化及经济整合朝着相同目标，尤其在体系准入、成员范围和合作机制等方面存在多重交叉。在谈判议题、弹性条款等方面又存在本质差别，二者在贸易规则制定中竞相追逐。Petri 和 Plummer（2012）认为经济发展阶段的不同，发达国家与发展中国家的比较优势和关注点区别较大，前者在于服务贸易和投资领域，后者在于货物制造与贸易，前者主导的整合路径更注重知识产权保护、投资等商业环境创造，后者更注重市场准入等方面，由此导致整合路径和区域贸易协议存在阶段性差异。沈铭辉（2013）横向对比"东盟+1"自由贸易协定，认为要完成整合，由易转难的领域分别是投资领域、货物贸易领域和服务贸易领域。服务贸易领域整合较为困难，主要是由于服务贸易协定异质性最高，建议采取渐进式，对其中收益迅速丰厚的部门先进行整合。

欧美发达国家以FTAs为主要途径推广其更高标准的贸易和投资规则，发展中国家以FTAs消除服务贸易壁垒推动经贸可持续发展。短期内发展中国家很难接受这样过高的规则标准，但长期服务贸易规则国际接轨势在必行，学者们往往使用定性分析法将双方在FTAs下的贸易标准异同进行对比。孙玉红（2015）将中国（上海）自贸区与美国FTAs服务自由化机制及相应收益进行对比。结果显示，中美双方的FTAs框架均具有"GATS+"特征，但在承诺方式、投资开放程度、深化和扩大承诺等方面存在显著差异。两国服务贸易与投资规则分立框架模式均受到GATS和FTAs两方面约束，但美国对投资和投资者实施了准入前与准入后国民待遇，中国在FTAs投资章节对准入前国民待遇有所保留。将不同经济发展阶段服务自由化机制对比后得到二者的差异性，为中国在内的发展中国家规则国际接轨提供支持。

二 生产性服务贸易自由化的货物贸易出口效应

（一）生产性服务贸易自由化的生产率效应

Arnold等（2011，2016）对捷克和印度的实证研究为该问题提出合理的分析框架，但对于二者如何影响并未详细展开。为了验证其研究结果是否具有一般性，张艳等（2013）借鉴前者核心的研究方法对中国情况进行了研究。相对于货物贸易，Bourlès等（2013）发现生产性服务监管是泛滥且复杂的，仅推动制造业竞争环境提升并不能保证企业生产率的提升，服务业监管环境也同样重要。

1. 研究框架的构建与发展

（1）框架构建。

Arnold等（2011，2016）为生产率效应实证研究构建了合理的分析框架，包括服务政策改革数据来源与量化、制造企业生产率的数据来源与量化、不同部门间的影响信息，以及影响程度的检验方法四个部分。

第一，两个研究分别对捷克和印度服务业政策改革的生产率效应进行了实证研究。二者对于服务政策改革界定相似，均包含歧视与非歧视，具体包括寡头消除、市场进入壁垒消除、国企私有化三个方面。

第二，关于捷克的研究是服务部门政策改革对下游制造企业生产率的影响的首次实证探索，为该问题的研究提出了初步的分析框架。对印度的研究主要基于前者分析框架，所使用计量方法更为成熟和全面，分析问题也更为深入。前者采用主要服务部门改革总指标展开研究，后者采用主要服务部门改革总指标和分指标展开研究。此外，后者关注了制造企业所有权层面，即改革对于中资和外资制造企业生产率影响的差异。

第三，二者均认为上游服务部门改革对于下游制造业生产率影响机制，主要是服务改革促进更多国内外的供应商进入，从而提升了服务可得性、可靠性和质量。尤其是国外顶级供应商的市场进入，将专业知识、新产品和全球最佳范式引入国内，从而对下游制造企业生产率产生推动。

第四，对服务政策改革程度的测量，分为数据来源、测量方法和使用公式三部分说明。欧洲复兴开发银行（简称EBRD）编制的政策指数发表于《转型报告2004》，该报告搜集各个国家和地区政策信息并加工为政策指数，包含四个服务部门：银行、电信、保险和运输。捷克的研究使用两类服务改革指标，一类是EBRD对捷克服务政策改革的主要测算结果，以此保证捷克改革进度考察的完整性；另一类是三个各具侧重的分指标（外商占比、私有化进程、竞争水平）。印度的研究借鉴了EBRD测算方法，根据世界银行（印度）搜集印度服务改革的信息计算印度各个服务部门和总量政策指数，也使用其他私有供应商占比和外籍供应商占比两个指标表示。其中，要将制造企业生产率与服务部门自由化程度联系起来，主要通过企业对于特定服务部门依赖情况计算，也就是通过国家投入产出表得到服务自由化中对下游制造业产生影响的加权值，最终得到所需要的服务改革指标。

第五，测算下游制造企业生产率，分数据来源和测量过程进行说明。两个研究分别使用Amadeus和Capitaline数据库作为主要制造企表现的数据来源。基于 Cobb-Douglas 三要素生产函数残差估计获得全要素生产率。但是当企业由于生产率冲击对中间投入与市场退出两方面进行决策调整，研究者未能观察到时，使用 OLS 评估可能产生同时性和选择性问题。O-P 模型使用投资变量（作为工具变量）衡量生产率冲击应对同时性问题，使用存活性可能变量应对选择性问题。所以，捷克研究采用 O-P 的方法，而印度研究采用 ACF（2006）的方法。

第六，检验服务改革对于下游制造企业生产率的影响。除了考虑服务改革因素外，两个研究中都对其他主要影响渠道进行了控制。捷克研究主要包括上游制造外企对于中间品供给，关税对于中间品进口投入，对于竞争水平的控制等。自由化政策往往存在滞后实现的特征，所以对这些变量采取滞后一期处理。考虑到货物贸易自由化影响显著，因此主要控制了同一制造部门关税和中间投入关税等方面。

第七，均使用了一阶差分法代替上述方法检验结果。两个实证研究均验证，总量层面服务改革对于下游制造企业生产率具有正显著影响。对印度服务部门改革的研究结果显示，运输服务和电信服务对下游制造企业生产率影响最大，在总量和分部门指标的检测下改革对于外企制造业生产率提升更多均成立。印度研究相对于捷克的研究体现出三点先进性：一是数据和服务改革测算方法及通过更复杂和动态的改革进行研究。二是前者仅基于服务改革总量检验，后者还包含了四个分服务部门的检验。三是后者对国内和国外企业影响程度进行了对比。

（2）框架发展。

为了检验 Arnold 研究结论对中国是否适用，借鉴 Arnold 研究框架与方法，张艳等（2013）利用中国数据对服务贸易自由化生产率效应展开了实证研究。

理论层面，张艳等（2013）参考 Grossman 和 Rossi-Hansberg（2008）的任务贸易模型，在制造业生产过程中引入服务任务，建立服务任务国际外包模型，确认了生产率效应通过服务外包效应、重组效应和技术促进效应三个影响机制进行。在实证研究验证生产率效应的存在后，基于理论模型结果，又验证了外包和重组主要通过服务中间投入（管理中间投入、营业中间投入和其他服务中间投入）和技术促进渠道提高企业研发能力，从而推动生产力效应的发挥。

实证层面，使用六个数据维度、两种方法对中国服务开放程度进行衡量，相比其他研究对于服务贸易壁垒的界定更为完备。一方面，使用赋值法，依据 GATS 服务承诺及国内服务业相关法律法规的政策信息赋值，加入部门和模式异质性考虑，基于 STRI 数据库测算模板加权得到银行、保险、分销和电信行业四个部门和加总的政策限制程度。另一方面，结合服务贸易数据与服务业 FDI 数据直接衡量中国服务业开放程度。然后借鉴 Arnold 的方法得到六个服务贸易自由化指标。

基于国家统计局工业企业数据库，采用残差法计算全要素生产率，利用评估方法对生产率进行评估，避免 OLS 估计有偏性。一是固定效应模型，该模型假设误差项中与中间投入相关部分不随着时间变化。二是 GMM 统计量方法，使用要素投入和中间投入的滞后变量作为不可观测生产率的工具变量，并使用两阶段 GMM 估计量控制外包内生性可能性。基础指标准备完毕，第三步检验服务贸易自由化对下游制造企业生产率影响。三是 L-P（2003）法，主要使用中间投入作为工具变量来解决同时性问题。四是 O-P（1996）法。基于服务贸易自由化指标及四种生产率结果，设定虚拟变量与自由化指标交叉相乘项，考察对下游制造企业所在区域、服务密集型程度、所有制结构、出口与否对生产率效应的影响，结果肯定了服务开放的生产率效应在中国东部企业、中间投入更多企业、外企、出口企业中相对更强。

2. 服务 FDI 的生产率效应

Kugler（2006）比较 FDI 在产业间与产业内溢出效应后发现垂直效应更显著，Haskel 等（2007）研究了 1973—1992 年英国制造企业生产率受到水平 FDI 影响，对应这两项研究，Fernandes 和 Paunov（2012）对服务 FDI（模式三）的垂直生产率效应进行研究，结论为智利服务 FDI 流入的知识溢出效应是提升制造业生产率的主要来源，有助于下游制造企业创新，有助于为落后企业升级提供机会。下面从服务 FDI 自由化程度测算方法和企业异质性对生产率效应影响两个方面进行总结。

将 FDI 开放程度的测量与其他模式的测量进行对比发现，共同点是服务 FDI 开放度总量也包含两部分信息，但对两部分信息加工过程与其他模式存在较大差异。两部分信息，一是部门服务 FDI 的开放度，二是通过上下游产业投入产出关系（制造企业服务依赖度）对前者进行赋值加权，结合两个信息得到服务 FDI 开放程度总况。

对部门 FDI 自由化程度测算，首先基于永续存盘法构建每个部门 FDI 存量，然后得到部门 FDI 存量与该部门总产出比率，使用这个比率作为部门服务 FDI 的开放度。服务部门加权值则基于企业对主要服务的支出占比得到，考虑内生性的可能，又选择工具变量估算。如果服务依赖程度越高的企业越容易受到 FDI 的影响，那么企业对于该类服务 FDI 的赋值就应该大于其他服务。Fernandes 和 Paunov（2012）借鉴 Blalock 和 Simon（2009）关于印度尼西亚制造业 FDI 水平影响研究的企业能力区分法，将企业观测值分为两组，第一组是样本中前三年的数据，用于计算四种主要服务依赖程度，剩余样本观测值用于后文评估二者影响关系。但是这样得到的加权值仍存在内生可能性。Nefussi 和 Schwellnus（2010）的研究中，制造企业的高生产率可能对中间投入 FDI 产生显著的需求。高生产率制造企业引致 FDI 的流入，估算结果就存在内生性风险。Fernandes 和 Paunov（2012）使用工具变量（IV）估计应对内生性可能，选择两个相关的工具变量，西班牙和美国是智利服务 FDI 的主要来源，将两个国家服务 FDI 流出替代智利服务部门 FDI 模式下企业服务密集程度。结合以上两部分信息得到最终服务 FDI 开放程度。

然后结合 ACF（2006）、O-P（1996）法和 L-P（2003）法三种方法得到三个生产率结果，结合 FDI 开放度的总量对生产率效应进行测算。结果显示，智利 FDI 对制造企业平均生产率效应存在且显著，最后考察产业和企业异质性对该效应的影响。

产业异质性方面，Francois 等（2010）对 OECD 国家研究发现，服务改革（特别是模式三）能够提升技术密集型产业的表现。知识密集型服务可能对创新具有推动作用。使用两类指标对产业异质性企业进行区分。第一类指标，借鉴 Rauch（1999）差异化产品的定义和 Kugler 等（2008）的研发密集型产业的定义。结果显示，FDI 的生产率效应在差异化产品产业及研发密集型产业更为显著。第二类指标，Hugget 和 Ospina（2001）投资与资本比率大幅上升意味着企业对于新技术的使用，此时企业更容易产生创新，使用投资资本比对企业的创新能力进行测算。结果显示，服务 FDI 对企业创新是正显著作用。两类指标研究结果均显示，顶尖知识服务供应商的进入促进国内企业的创新活动。企业异质性方面，Blalock 和 Gertler（2009）发现企业能力越强，跨国企业的收益越少，企业能力越弱，通过 FDI 能得到更大的提升空间，理论上，企业生产率效应程度和企业与产业技术前沿距离也是相关的，Fernandes 和 Paunov（2012）的检验结果与 Blalock 和 Simon（2009）一致，服务 FDI 更有利于离产业技术前沿较远的企业进行升级。

3. 研究进展

（1）投入产出强弱程度的影响。

宋丽丽等（2014）基于中国 GATS 承诺得到服务部门自由化量化指标，然后检验多边服务贸易自由化对中国内资工业行业生产率的影响，结论是中国多边服务贸易自由化并未促进内资工业行业生产率提升，反而形成一定阻碍，与理论和众多实证研究结果不一致。该研究的主要贡献是，对阻碍生产率效应发挥的两个方面（市场需求匹配和上下游投入产出关系）进行解释，为政府有效开放服务部门促进制造业生产率提供了支持。

自由化指标包含两方面：服务部门开放程度、服务部门与下游工业部门联系程度，即便实证研究中服务贸易自由化未对内资工业产生生产率效应，也并不能简单归结为不存在生产率效应影响。中国是 WTO 后进国家，加入 WTO 接受甚至高于发达国家的服务贸易开放承诺，开放领域和程度并不是按照中国产业实际发展阶段决定的。因此可能是某一服务部门自由化程度很高，但由于与下游制造产业的投入产出关系较弱，所以该服务领域自由化的影响也较弱。其原因：一是现阶段中国工业对生产性服务依赖程度最低，意味着要发挥服务业开放对下游产业的促进作用较难。二是附加值较高的技术密集型服务供给能力不足，导致技术密集型制造产品生产率促进作用不显著。三是存在自由化程度与工业投入产出的错配现象。虽然整体上中国工业对服务依赖程度较低，但对国内工业生产依赖程度较高的服务部门，如商务服务、运输服务与电信服务等高需求服务部门的自由化程度有限，生产率效应未发挥也是可能的。

在实证检验中，该研究主要壁垒信息来源还停留在 GATS 承诺信息，众所周知，GATS 的政策信息与现实具有一定差距，仅基于单一信息来源衡量中国服务贸易自由化程度不够准确。基于不够准确的壁垒信息，得到中国多边服务贸易自由化并未促进内资工业生产率提升的结论是令人质疑的。但是作者结合中国国情对生产率效应受阻原因进行了分析与解释，这对深化中国服务贸易自由化政策的制定是有益的。

（2）歧视与非歧视服务贸易壁垒的影响。

谢慧和黄建忠（2015）的研究有三方面主要贡献：一是从微观角度对服务管制改革的产业生产率影响机制进行总结。主要是通过改变服务中间投入比例，先引致代表性企业生产率效应，然后引致行业生产率效应。二是该研究结论支持了服务管制改革的制造业生产率效应结论的一般性。三是将服务贸易管制分为歧视性与非歧视性两类，服务管制改革可能导致国外先进服务供应商替代国内供应商，因此作者区分了国外服务投入自由化与国内服务投入自由化对制造业生产率的影响的差别，结果是前者为正、后者为负，为各国让渡部分管制权提供了经验支持。

该研究借鉴 Fernades 和 Paunov（2012）方法构建自由化指数。国外服务管制壁垒包括歧视性和非歧视性两类，国内服务仅限于非歧视性管制壁垒。类似地，该研究自由化指数都包含两方面信息，即服务业管制改革信息和投入产出关联。

制造业生产率的测量主要采用三类：参数（索罗余值法、随机前沿函数法等）、半参数（OP、LP 方法等）和非参数（数据包络法 DEA 法、指数法等）。然后，基于 OECD22 国制造部门数据，作者采用了 DEA 估算多国细分部门生产率变化。最后，使用固定效应和随机效应混合效应模型检验，检验过程中包含了行业中间品关税率（中间投入品贸易自由化水平）、最终品关税率（货物贸易自由化水平）等重要的控制变量。结果显示：一是国外服务投入自由化对于制造业生产率的影响正显著，国内服务投入自由化负显著。说明服务政策改革过程中，源于在价格、质量、新品种等方面的技术优势，制造业倾向于使用外国服务替代国内服务。二是服务管制改革的生产率效应结论具有一般性。三是对比外国服务投入自由化指数、中间品关税率和最终品关税率，发现各国贸易自由差异是制造业生产率差异的重要原因，目前货物贸易监管改革相对于服务监管改革的促进作用更大。

（二）生产性服务贸易自由化的货物贸易出口效应

1. 基于生产率链接的贸易效应研究

（1）Hoekman 等的研究。

Hoekman 和 Shepherd（2015）研究分为基础和主体两个部分。基础部分检验服务产业生产率对下游制造企业生产率的影响，然后检测服务企业生产率对货物出口的影响。主体部分使用引力模型证明了服务贸易自由化存在对货物出口的独立影响，除货物贸易政策外，服务贸易政策存在对货物出口的单独影响。

基础部分基于两个假设展开：一是上游服务与下游制造的投入产出关系；二是货物出口与企业层面生产率的相关性。使用世界银行企业调研数据库计算得到劳动生产率作为生产率指标。第一步，使用 OLS 模型，证明当地服务产业生产率对下游制造企业生产率具有显著正影响，这种影响通过服务中间投入的链接实现，与假设一相符。在对企业层面控制的外企变量评估结果中观察到，FDI 企业劳动率变化更大，所以制造企业与服务产业投入产出关系是二者生产率联动发展的重要原因。第二步，使用两步 GMM 模型，验证服务企业生产率对制造企业出口有正向影响。综上所述，服务生产率是制造业生产率的决定因素之一。

主体部分基于两个理论基础：一是基础部分得证的生产率关系，二是企业层面生产率是贸易与投资市场进入和竞争力重要影响因素（Melitz, 2003），检验服务贸易限制政策对货物出口的影响，且对比服务贸易与货物贸易限制政策的出口效应。

基于世界银行发展中国家 STRI 数据，利用 Baier 和 Bergstrand（2009）的升级版引力模型，以及 PPML 计量方法进行检测。检验公式中，STRI 是世界银行服务贸易限制指数，OTRI 是世界银行总贸易限制指数（货物贸易壁垒替代变量），以及物理距离、GDP 和虚拟变量（包括 RTA、毗邻性、殖民地、语言）。该研究以 OTRI 与 RTA 两个变量代表影响货物贸易的政策变量，STRI 代表服务贸易政策变量。

实证研究结果表明，STRI 总量提升 10 个百分点将导致货物出口规模下降 5 个百分点。考虑服务模式与部门异质性，单独检验模式一和模式三的贸易效应，结果证明两种模式均存在负面贸易效应，模式三更为显著，对各个服务部门检验的结果，零售、运输、金融服务的负面贸易效应最显著。

该研究对服务贸易自由化的货物贸易效应影响机制的检验非常完整，特别是其中生产率关系的检验具有现实解释力。与上文中提到的前后向链接相符，还特别验证了上游服务产业对下游制造企业之间生产率的关系，使得中部链接更具解释力。此外，该研究还在排除货物贸易政策影响的前提下，确立了服务贸易自由化贸易效应的独立影响。研究成果具有显著的政策意义，政府不仅要重视贸易便利化对于贸易成本下降的作用，更要重视泛滥的生产性服务（特别是商业存在模式下）监管政策的贸易效应。

（2）Bas 等的研究。

印度改革之前，服务业具有显著的国企垄断特征，20 世纪 90 年代初期，贸易自由化迅速展开，但能源、电信和运输服务的开放存在滞后性，可能与国内既有利益集团的政治干扰有关。政策改革之后，三个服务部门产出和服务的消费都大幅上涨，外企和私企进入市场大幅提升了服务产业的技术有效性。Bas（2014）旨在检验印度生产性服务政策改革的贸易效应，以及下游企业初始生产率对效应的影响，结果显示，贸易效应存在，且由于国内高生产率的企业对跨国企业知识溢出的效应吸收能力更强，所以贸易效应表现得尤为显著。

根据上文总结，该类研究一般由四个部分组成，企业表现数据和测算（生产率和出口）、服务贸易自由化程度数据与测算、服务贸易政策改革出口效应的影响测算过程及稳健性检验。该研究搜集了来自印度经济监管中心的印度的制造企业数据（1994—2005），使用 Levinsohn 和 Petrin（2003）方法得到企业生产率和出口数据。然后是服务自由化的测算，基于 Conway 和 Nicoletti（2006）和 Bourlès 等（2013）指标体系，抓住市场开放后国企控制、进入壁垒及市场结构三方面的变化，利用印度三个服务部门的数据得到分部门服务改革指数。使用印度制造企业对三个服务部门的依赖程度数据进行赋值最终得到服务贸易自由化总指标。

基于以上数据支持，对服务政策改革影响企业出口的程度进行具体测算。

第一步，使用美国投入产出表数据作为替代性加权数进行敏感性测试，排除逆向因果关系的可能性。存在逆向因果主要基于以下两点：一是印度服务改革显著滞后很可能是受国企政治干扰，对服务依赖程度更高的制造产业，就存在游说政府倒逼改革的可能。二是上文基于投入产出表得到的服务贸易自由化总指标中，高生产率企业对高效投入（开放程度更高）依赖性更强。

第二步，检验服务贸易政策改革对出口可能性及出口销售的影响。企业出口与企业生产率及企业资本密集是正相关的，随着市场的开放，服务供给水平提升，对下游企业产生生产率效应或者促进企业资本密集度上升，初始未能出口企业开始能够支撑出口的固定成本而进入国际市场。基于这一可能构建检测二者影响的公式，对企业和产业层面进行了控制，并加入企业固定效应的考虑。结果显示，服务改革指数下降一个标准差，推动8.5%的出口可能性和5%的出口销售占比。

第三步，检验影响程度与制造企业初始生产率的相关性。在对企业和产业层面进行相应控制的前提下，使用服务改革指数与企业初始生产率的交叉项检验对出口销售的影响。结果显示，高生产率企业相对于最低生产率企业对出口可能性和出口销售的推动更多，分别是5%和4.3%。所以初始高生产率企业在服务贸易自由化中收益更多。

第四步，检验结果通过稳健性测试。

第五步，检验并得到服务贸易改革同时对三个服务部门消费和对下游制造企业生产率和技术投入的影响都是正向的。

Bas 和 Causa（2013）的研究肯定了中国服务贸易自由化生产率效应，且对更强的私企效应更强，由于私企与产业技术前沿的距离较远，因此对于稀缺的中间投入需求更强烈。Bas（2014）对印度的研究肯定了贸易效应的存在，而且肯定该效应与技术前沿距离相关，但是作者对中国生产率效应的研究结果是私企更强烈，而印度服务的贸易效应则是对高生产率企业更显著，影响程度与技术前沿的距离的关系并不是确定的。Bas（2014）对服务贸易自由化的贸易效应的研究过程，相对于Hoekman 和 Shepherd（2015）、Nordås 和 Rouzet（2017）更注重生产率这个链接发挥的作用。

2. 基于部门异质性贸易效应的研究

Nordås 和 Rouzet（2017）基于 OECD STRI 数据库，利用引力模型评估了服务贸易政策监管对服务贸易（模式一）和下游货物贸易进、出口的影响，特别研究了对产业内货物贸易的影响。服务部门包括计算机与信息、建筑、会计、法律、运输、快递、商业银行和保险服务。

第一步，检验服务贸易政策限制对服务贸易（模式一）的影响。基于 STRI 数据和来自 OECD-WTO TiVA 服务数据（不包括模式三），使用 PPML 方法对 12 个服务部门进行研究，发现有些部门 STRI 对服务贸易出口、进口都存在负面影响，对出口的影响更为显著。

第二步，基于世界综合贸易方案和 BEC 分类的货物贸易数据，使用引力模型检验了服务贸易限制对资本密集型商品、机动车产品和消费品三大分类的货物出口和进口的影响，研究货物出口对不同服务部门贸易限制政策弹性差异。研究结果显示，电信、海运和保险部门的 STRI 与货物出口具有强烈的负关联，电信对于各类别货物出口均为负显著，特别是对资本密集型和品牌消费品，海运和保险对大部分类别的货物出口也是负显著，空运服务对时间敏感产品（中间投入和不耐用消费品）影响最显著。

第三步，研究服务贸易政策限制与制造业产业内贸易关系。使用劳埃德指数（简称 GL）代表产业内贸易在总贸易中的占比（产品差异化）作为产业内贸易指标，检验了服务部门（特别是零售、法律和快递）STRI 对制药、纺织品、服装、电子产品和机动车产品产业内贸易的影响。关于 GVC 下生产性服务、（品牌）产品差异化与产业内贸易三者相关性。因为生产性服务是产品差异化的决定因素之一，而产业内贸易又是基于产品差异化产生的，所以生产性服务对产业内贸易产生间接影响。

研究结果显示，从货物分类角度，服装、电子产品和机动车辆受到的影响较大，而制药受到的影响较小，这与产品服务密集度相关。从服务分类角度，零售、法律和快递的 STRI 提升服装和电子产品价格，这一部分的影响渠道尚未确定。

综上所述，关于服务部门 STRI 对货物贸易和制造业产业内贸易影响的研究，从服务部门看，运输、电信和金融服务对货物出口、进口和制造业产品差异化都具有负向影响。其中，从货物分类看，对中间品和消费性产品（特别是服装、电子产品和机动车辆）的影响最大。该研究一定程度上证明了服务贸易政策限制对 GVC 贸易的限制作用，这种限制通过整体商业环境产生，且不同服务部门对不同货物的贸易效应和影响渠道存在差异，但该研究并未对部门具体影响机制展开详细研究，这是未来值得探索的研究方向。

(三) 生产性服务贸易自由化其他经济效应

关于中间投入品贸易自由化出口效应的研究中，学者们依据研究重点，选取不同研究对象，如贸易流、价格、品质、多样化、国际市场占有等，仅贸易出口额指标显然并不能反映出真实的贸易收益，因此，在未来对生产性服务贸易自由化的贸易效应的研究中，发展出综合性贸易收益指标并进行贸易效应的检验是更具有实践意义的。

本研究主要针对生产性服务贸易自由化对企业（或产业）生产率与货物贸易的影响研究进行了回顾和梳理。此外，为了评估贸易政策的综合效用，学者们还会对 GDP（Mattoo et al., 2006; Petri & Plummer, 2012; Monteagudo et al., 2012）、真实消费水平（Jensen et al., 2010; Balistreri et al., 2009）、产业增长或产业集聚等更广泛的经济维度进行研究。王晶晶等（2015）将服务业纳入新经济地理学框架，对服务业模式三自由化的服务业集聚效应进行理论和实证探索。通过区域经贸一体化安排深化货物和服务贸易自由化水平，检验区域经贸安排对 GDP、贸易及产业等综合效应的研究较为丰富。

第二节 生产性服务贸易自由化促进货物贸易出口的政策走向

一 市场导向性原则

上节从理论上阐述了服务贸易自由化通过生产率效应促进出口的机制，及影响生产率效应发挥的因素。因此，如果不考虑国内市场需求的影响因素，盲目实施服务贸易自由化政策，则无论是生产率效应还是出口效应并不都是必然结果。

第一，基于投入产出关系、符合市场需求导向的贸易政策是发挥生产率效应和出口效应的前提。Goldberg 等（2010）从印度中间投入品政策改革的成功经验发现，政策制定者广泛接受了来自商界的反馈信息，根据反馈信息有针对性地解除国内企业在生产质量与种类上需求最强烈服务部门的约束，所以印度贸易政策生产率效应及广延边际效应都十显著，美国也是成功案例。反面案例是哥斯达黎加和中国，宋丽丽等（2014）的研究中，中国服务自由化的生产率效应受阻，中国作为WTO后进国家，做出的服务贸易开放承诺并不符合国内产业需求。虽然现阶段整体上中国工业对服务依赖程度较低，但对国内工业生产依赖程度较高的服务部门自由化程度受到限制，是生产率效应受限的主要原因之一。面对国内企业依赖程度高但服务部门开放程度低的矛盾现象，应该按照下游产业的实际需求实施稳健的开放政策，加强服务开放部门的市场需求匹配。

第二，生产性服务的国内外互补渠道（多样性渠道）是生产率效应的主要影响渠道，对于发展中国家，从较为发达区域进口的技术密集型服务与本地服务互补性最强。Feng等（2016）使用中国数据研究发现进口来源差异决定影响程度，从发达经济体进口的技术密集型服务投入对企业贸易促进作用最强。因此，发展中国家应特别注重本地稀缺服务部门的贸易改革。

第三，下游企业吸收能力。下游企业异质性主要体现在企业生产率、所有制结构、研发密集度和与产业技术前沿的距离等方面，异质性决定了企业吸收能力的差异，同等服务贸易开放程度下，一般贸易政策对距离技术前沿较近企业的生产率效应较大，金融服务部门改革则对距离技术前沿较远的企业效果更好（Aghion & Howitt，2006；Bas & Causa，2013）。Feng等（2016）研究发现，初始生产率较高和研发密集型的下游企业，通过生产率效应产生间接出口效应更为显著。因此，企业异质性应该成为政策实施前考察的重点。

二 其他出口效应机制与配套政策改革

发展中国家嵌入GVC初期，以国内制造企业承接简单加工环节为主，短期内有利于提升出口额，是通过进口直接影响出口的策略。Feng等（2016）对中国的实证研究肯定"消除壁垒—促进中间投入进口—提升生产率—促进出口"影响机制确实存在，但并不排除存在"消除壁垒—促进中间投入进口—提升出口"的直接影响机制。Sharma（2016）对印度的研究也证实了进口中间投入的生产率效应和出口效应，但统计层面上并非所有生产率效应最终都会转化为出口效应，并非所有出口效应都来自生产率效应。所以，通过进口服务促进出口，存在直接与间接两种不同的机制，针对这一情况，存在两方面政策启示。

第一，发展中国家基于直接影响机制促进贸易出口，并未受到来自发达国家进口的中间投入的知识溢出效应和生产率效应的影响，这样的贸易政策对一国产品 GVC 升级是不明显的。依靠"进口—出口"机制参与 GVC，而并非产生"进口—生产率—出口"的影响，最终出口产品的国内附加值实际收益是有限且不稳定的，通过生产率效应促进出口才是可持续的。Bas 和 Causa（2015）发现进口中间投入有利于国内企业生产和出口更多种类的产品，间接推动了产品质量升级（在 GVC 的竞争力）。Sharma（2016）指出，只有部分中间投入可以通过知识溢出渠道促进下游制造企业生产率提升然后推动出口，而一些中间投入只是通过"简单加工"附于出口产品而促进出口。政策制定者应该同时关注出口效应和生产率效应制定贸易政策。

第二，服务贸易俨然成为挖掘一国潜在比较优势的重要环节，但仅关注贸易壁垒的消除而未实施配套的监管制度改革和经济治理策略，同样无法发挥服务贸易自由化的预期效果（Hoekman & Shepherd，2015）。选择符合市场需求的服务部门开放只是一个环节，同样重要的是，初期从上下游利益共同体获取企业需求的一手意见，这些意见成为制定服务贸易政策和开放顺序的重要参考（Hoekman & Matto，2013），服务贸易对于市场经营具有更高的要求，所以仅仅降低市场进入壁垒是不够的，还要有针对性地将开放部门进行投资环境优化，实施促进上下游产业互动的支持性政策（Dihel & Goswami，2016）和更符合发展趋势的人力资源培训与教育制度。

第三节　结论与评析

在 GVC 深化发展的背景下，相对于最终产品贸易壁垒，中间投入的贸易壁垒成本效应和贸易效应更显著。

第一，生产性服务贸易自由化的货物贸易出口效应存在两大影响机制。一是"生产性服务贸易自由化—进口生产性服务成本降低—下游制造企业生产率提升—出口提升"；二是"生产性服务贸易自由化—进口生产性服务成本降低—进口生产性服务多样化—下游产出多样化—GVC 出口提升"。

第二，嵌入 GVC 初期，发展中国家制定的服务贸易政策往往不考虑产业层面的生产率效应，为了实现制造业在 GVC 中转型升级的目标，需结合生产率效应和出口效应制定服务贸易政策。一是以市场为导向，把握制造业服务依赖的异质性规律调整生产性服务贸易政策，重视服务开放部门的市场需求匹配。二是对于发展中国家来说，重视国内外服务资源互补渠道，注重本地稀缺服务部门的贸易政策改革。三是关注服务业和服务贸易政策改革的同时，实施配套的监管制度改革，以发挥生产性服务贸易自由化的预期效果。

第三，发展服务贸易自由化的出口效应，确定服务贸易壁垒的研究边界非常关键，贸易壁垒越具体，相应的研究成果越具有实践意义。未来，应从以下几个方面深化研究：

一是加强非歧视性服务贸易壁垒与监管的研究。现有研究（特别是国内研究）主要针对外籍服务供应商歧视性管制壁垒对贸易的影响，随着区域经济一体化的发展，歧视性管制壁垒不断降低，非歧视性壁垒逐渐发展成为主要壁垒形式。各国在服务管制方式上具有较大差异，外籍服务供应商常常面临同一品质要求，却需经历不同国家、多个部门和多种形式的重复审查，导致企业固定成本增长。因此，未来应该加强对非歧视性服务贸易壁垒影响的研究。

二是深化对不同贸易模式的研究。现有研究以服务贸易整体自由化的贸易效应研究为主，但不同服务部门内部模式存在异质性，异质性决定了成本效应和贸易效应的差异性。以海运、货运服务贸易自由化研究为例，海运服务主要通过跨境交付和商业存在两种模式实现，因此，贸易壁垒和贸易政策的研究也集中于这两种模式。然而，海运服务跨境交付模式的限制性政策壁垒在不断降低，而商业存在模式下的限制在不断加强。此外，两种模式之间存在显著互补性，意味着商业存在的贸易壁垒直接限制模式三的同时也间接限制模式一。随着商业存在模式重要性的提升，研究重点也应逐渐从传统的模式一向模式三转变。

三是加强对于不同类别货物贸易出口影响机制的研究。本章主要梳理了整体上消除服务贸易限制政策对货物贸易出口的两大影响机制，但服务部门异质性意味着不同服务对下游制造企业和货物贸易出口的影响机制和影响程度存在差异。要切实发挥服务贸易自由化的出口效应，必须基于上下游的投入产出关系来推动服务部门的自由化，未来应从部门的角度探索货物贸易出口的影响机制。

参考文献

[1] Ackerberg D., Caves K., Frazer G., "Structural Identification of Production Functions", *MPRA Paper*, Vol. 88, No. 453, 2006, pp. 411 – 425.

[2] Aghion P., Howitt P., "Joseph Schumpeter Lecture Appropriate Growth Policy: a Unifying Framework", *Journal of the European Economic Association*, Vol. 4, No. 2 – 3,, 2006, pp. 269 – 314.

[3] Amiti M., Wei S. J., "Service Offshoring, Productivity, and Employment: Evidence from the United States", *Cepr Discussion Papers*, Vol. 5, No. 238, 2013.

[4] Amiti M., Konings J., "Trade Liberalization, Intermediate Inputs and Productivity", *American Economic Review*, Vol. 97, No. 5, 2007, pp. 1611 – 1638.

[5] Anderson J. E., "The Gravity Mode", *Nber Working Papers*, Vol. 19, No. 3, 2011, pp. 979 – 981.

[6] Anderson J. E., Van Wincoop E., "Gravity with Gravitas: A Solution to the Border Puzzle", *American Economic Review*, Vol. 93, No. 1, 2003, pp. 170 – 192.

[7] Anderson J. E., Van Wincoop E., "Trade Costs", *Journal of Economic Literature*, Vol. 42, 2004, pp. 691 – 751.

[8] Arellano M., Bond S., "Some Tests of Specification for Panel Data: Monte Carlo Evidence and an Application to Employment Equations", *Review of Economic Studies*, Vol. 58, 1991, pp. 277 – 297.

[9] Arkolakis C., Demidova S., Klenow P. J., Rodríguez – Clare A., "Endogenous Variety and the Gains from Trade", *American Economic Review*, Vol. 98, No. 2, 2008, pp. 444 – 450.

[10] Arnold J. M. , Hussinger K. , "Export Behavior and Firm Productivity in German Manufacturing: A Firm – Level Analysis", *Review of World Economics*, Vol. 141, No. 2, 2005, pp. 219 – 243.

[11] Arnold J. , Javorcik B. , Lipscomb M. , Mattoo A. , "Services Reform and Manufacturing Performance: Evidence from India", *Economic Journal*, Vol. 126, No. 590, 2016, pp. 1 – 39.

[12] Arnold J. M. , Hussinger K. , "Exports versus FDI in German Manufacturing: Firm Performance and Participation in International Markets", *Review of International Economics*, Vol. 18, No. 4, 2010, pp. 595 – 606.

[13] Arnold J. , Javorcik B. , Mattoo A. , "Does Services Liberalization Benefit Manufacturing Firms? Evidence from the Czech", *Republic Journal of International Economics*, Vol. 85, No. 1, 2011, pp. 136 – 146.

[14] Arnold J. M. , Javorcik B. , Lipscomb M. , et al. , "Services Reform and Manufacturing Performance: Evidence from India", *Economic Journal*, Vol. 126, No. 590, 2016, pp. 1 – 39.

[15] Baier S. L. , Bergstrand J. H. , "Bonus Vetus, OLS: a Simple Method for Approximating International Trade – Cost Effects Using the Gravity Equation", *Journal of International Economics*, Vol. 7, No. 1, 2009, pp. 77 – 85.

[16] Baldwin R. , Lopez – Gonzalez J. , "Supply – chain Trade: A Portrait of Global Patterns and Several Testable Hypotheses", *World Economy*, Vol. 38, No. 11, 2014, pp. 141 – 142.

[17] Balistreri E. , Rutherford T. , Tarr D. , "Modeling Services Liberalization: The Case of Kenya", *Economic Modeling*, Vol. 26, No. 3, 2009, pp. 668 – 79.

[18] Blalock G. , Simon D. , "Do All Firms Benefit Equally from Downstream FDI? The Moderating Effect of Local Suppliers' Capabilities on Productivity Gains", *Journal of International Business Studies*, Vol. 40, 2009, pp. 1095 – 1112.

[19] Bas M. , Strauss – Kahn V. , "Does Importing more Inputs Raise Exports? Firm level Evidence from France", *Review of World Economics*, Vol. 150, No. 2, 2014, pp. 241 – 275.

[20] Bas M. , Strauss – Kahn V. , "Input – Trade Liberalization, Export Prices and Quality Upgrading", *Journal of International Economics*, Vol. 95, No. 2, 2015, pp. 250 – 262.

[21] Bas M. , Causa O. , "Trade and Product Market Policies in Upstream Sectors and Productivity in Downstream Sectors: Firm level Evidence from China", *Journal of Comparative Economics*, Vol. 41, No. 3, 2013, pp. 843 – 862.

[22] Bas M. , "Does Services Liberalization Affect Manufacturing Firms' Export Performance? Evidence from India ", *Journal of Comparative Economics*, Vol. 42, No. 3, 2014, pp. 569 – 589.

[23] Bergstrand J. H. , Egger P. , *Gravity Equations and Economic Frictions in the World Economy*, Palgrave Handbook of International Trade, 2013.

[24] Bergstrand J. H. , "The Gravity Equation in International Trade: Some Microeconomic Foundations and Empirical Evidence", *Review of Economics & Statistics*, Vol. 67, No. 3, 1985, pp. 474 – 481.

[25] Bernard A. B. , Jensen B. , "Exceptional Exporter Performance: Cause, Effect, or Both", *Journal of International Economics*, Vol. 67, 1999, pp. 1 – 25.

[26] Bernard A. B. , Wagner J. , "Export Entry and Exit by German Firms", *Weltwirtschaftliches Archiv*, Vol. 137, No. 1, 2001, pp. 105 – 23.

[27] Bertho F. , "The Impact of Liner Shipping Trade and Competition Regulations on the Market Structure, Maritime Transport Costs and Seaborne Trade Flows", Sciences Po Publications, 2012, pp. 98 – 102.

[28] Blalock G. , Gertler P. , "How Firm Capabilities Affect Who Benefits from Foreign Technology", *Journal of Development Economics*, Vol.

90, 2009, pp. 192 – 199.

[29] Borchert I., Gootiiz B., Mattoo A., "Policy Barriers to International Trade in Services: Evidence from a New Database", *World Bank Economic Review*, Vol. 28, No. 1, 1985, pp. 162 – 188.

[30] Bourlès R., Cette G., Lopez J., Mairesse J., Nicoletti G., "Do Product Market Regulations in Upstream Sectors Curb Productivity Growth? Panel Data Evidence for OECD Countries", *Rev. Econ. Stat*, Vol. 95, 2013, pp. 1750 – 1768.

[31] Branstetter L., "Are Knowledge Spillovers International or International in Scope? Microeconometric Evidence from U. S. and Japan", *Journal of International Economics*, Vol. 53, 2001, pp. 53 – 79.

[32] Chaney T., "The Gravity Equation in International Trade: An Explanation", *NBER Working Paper*, No. 19285, 2013.

[33] Conway P., Nicoletti G., "Product Market Regulation in the Non – manufacturing Sectors of OECD Countries: Measurement and Highlights", *OECD Working Paper*, 2006.

[34] Dihel N., Goswami A., eds., *From Hair Stylists and Teachers to Accountants and Doctors – The Unexplored Potential of Trade in Services in Africa*, Washington: World Bank, 2016.

[35] Dihel N., Shepherd B., "Modal Estimates of Services Barriers", *OECD Papers*, 2007.

[36] Duggan V., Rahardja S., Varela G. J., "Service Sector Reform and Manufacturing Productivity: Evidence from Indonesia", *World Bank Policy Research Working Paper*, No. 6349, 2013.

[37] Ethier W., "Internationally Decreasing Costs and World Trade", *Journal of International Economics*, Vol. 9, 1979, pp. 1 – 24.

[38] Ethier W., "National and International Returns to Scale in the Modern Theory of International Trade", *American Economic Review*, Vol. 72, 1982, pp. 389 – 405.

[39] Feng L., Li Z., Swenson D. L., "The Connection between Imported Intermediate Inputs and Exports: Evidence from Chinese firms", *Jour-

nal of International Economics, Vol. 101, 2016, pp. 86 – 101.

[40] Fernandes A. M., Paunov C., "Foreign Direct Investment in Services and Manufacturing Productivity: Evidence for Chile", *Journal of Development Economics*, Vol. 97, No. 2, 2012, pp. 305 – 321.

[41] Fontagné L., Guillin A., Mitaritonna C., "Estimations of Tariff Equivalents for the Services Sectors", *CEPII Working Paper*, No. 2011 – 24, 2011.

[42] Francois J., CEPR, Linz J., "Does Gravity Apply to Intangibles? Trade and FDI in Services", 한국진공학회, Vol. 175 No. 1, 2012, pp. 1 – 11.

[43] Francois J., Hoekman B., "Services Trade and Policy", *Journal of Economic Literature*, Vol. 48, No. 3, 2010, pp. 642 – 692.

[44] Goldberg P. K., Pavcnik N., "The Effects of Trade Policy", *Handbook of Commercial Policy*, Vol. 1, 2016, pp. 161 – 206.

[45] Goldberg P. K., Khandelwal A. K., Pavcnik N., Topalova P., "Imported Intermediate Inputs and Domestic Product Growth: Evidence from India", *Quarterly Journal of Economics*, Vol. 125, No. 4, 2010, pp. 1727 – 1767.

[46] Görg H., Hanley A., Strobl E., "Productivity Effects of International Outsourcing: Evidence from Plant – Level Data", *Canadian Journal of Economics*, Vol. 41, No. 2, 2008, pp. 670 – 688.

[47] Griliches Z., "The search for R&D Spillovers", *Scandinavian Journal of Economics*, Vol. 94, 1992, pp. 29 – 47.

[48] Grossman G. M., Rossi – Hansberg E., "Trading Tasks: A Simple Theory of Offshoring", *American Economic Review*, Vol. 98, No. 5, 2008, pp. 1978 – 1997.

[49] Grossman G. M., Helpman E., *Innovation and Growth in the Global Economy*, Cambridge: MIT Press, 1991, pp. 323 – 324.

[50] Halpern L., Koren M., Szeidl A., "Imported inputs and Productivity", Federal Reserve Bank of New York, Mimeo, 2006.

[51] Haskel J., Pereira S., Slaughter, M., "Does inward foreign direct

investment boost the productivity of domestic firms", *The Review of Economics and Statistics*, Vol. 89, 2007, pp. 482 – 496.

[52] Helpman E., Melitz M., Rubinstein Y., "Estimating Trade Flows: Trading Partners and Trading Volumes", *Quarterly Journal of Economics*, 2008, Vol. 123, No. 2, pp. 441 – 487.

[53] Helpman E., Melitz M. J., Yeaple S. R., "Export Versus FDI with Heterogeneous Firms", *American Economic Review*, Vol. 94, No. 1, 2004, pp. 300 – 316.

[54] Hoekman B. M., "Trade in Services: Opening Markets to Create Opportunities", *WIDER Working Paper*, 2017.

[55] Hoekman B., Mattoo A., "Services Trade and Growth", The World Bank, 2008.

[56] Hoekman B., Mattoo A., "Liberalizing Trade in Services: Lessons from Regional and WTO Negotiations", *International Negotiation*, Vol. 18, No. 1, 2013, pp. 131 – 151.

[57] Hoekman B., Shepherd B., "Services Productivity, Trade Policy and Manufacturing Exports", *The World Economy*, Vol. 40, No. 3, 2015.

[58] Will Martin, Alan L. Winters, eds, Assessing the General Agreement on Trade in Services. in *The Uruguay Round and the Developing Countries*, Cambridge: University Press, 1996, pp. 88 – 124.

[59] Hugget M., Ospina S., "Does Productivity Growth Fall after the Adoption of New Technology", *Journal of Monetary Economics*, Vol. 48, 2001, pp. 173 – 195.

[60] Hummels D., Ishii J., Yi K. M., "The Nature and Growth of Vertical Specialization in World Trade", *Journal of International Economics*, Vol. 54, No. 1, 2001, pp. 75 – 96.

[61] Jensen J., Rutherford T. F., Tarr D. G., "Modeling Services Liberalization: The Case of Tanzania", *Journal of Economic Integration*, Vol. 25, No. 4, 2004, pp. 644 – 675.

[62] Kasahara H., Lapham B., "Productivity and the Decision to Import and Export: Theory and Evidence", *Journal of International Econom-*

ics, Vol. 89, No. 2, 2013, pp. 297 – 316.

[63] Kasahara H., Rodrigue J., "Does the Use of Imported Intermediates Increase Productivity? Plant – level Evidence", *Journal of Development Economics*, Vol. 87, No. 1, 2008, pp. 106 – 118.

[64] Kehoe T. J., "An Evaluation of the Performance of Applied General Equilibrium Models on the Impact of NAFTA in Frontiers in Applied General Equilibrium Modeling", 2005, pp. 341 – 377.

[65] Klenow P., Rodríguez – Clare A., "Quantifying Variety Gains from Trade Liberalization", Mimeo, 1997.

[66] Kugler M., "Spillovers from Foreign Direct Investment: within or between Industries", *Journal of Development Economics*, Vol. 80, No. 2, 2006, pp. 444 – 477.

[67] Kugler M., Verhoogen E., "The Quality – Complementarity Hypothesis: Theory and Evidence from Colombia", *NBER Working Paper* 14418, 2008.

[68] Levinsohn J., Petrin A., "Estimating Production Functions Using Inputs to Control for Unobservables", *Review of Economic Studies*, Vol. 70, No. 2, 2003, pp. 317 – 341.

[69] Marel E. van der, Shepherd B., "Services Trade, Regulation and Regional Integration: Evidence from Sectoral Data", *The World Economy*, Vol. 36, No. 11, 2013, pp. 1393 – 1405.

[70] Markusen J. R., "Trade in Producer Services and in Other Specialized Intermediate Inputs", *American Economic Review*, Vol. 79, No. 1, 1989, pp. 85 – 95.

[71] Marsh P., *The New Industrial Revolution. Consumers, Globalization and the End of Mass Production*, London: Yale University Press, 2012.

[72] Mattoo A., Rathindran R., Subramanian A., "Measuring Services Trade Liberalization and Its Impact on Economic Growth: An Illustration", *Journal of Economic Integration*, Vol. 21, No. 1, 2006, pp. 64 – 98.

[73] Melitz M. J. , "The Impact of Trade on Intra – Industry Reallocations and Aggregate Industry Productivity", *Econometrica*, Vol. 71, No. 6, 2003, pp. 1695 – 1725.

[74] Melitz M. J. , Ottaviano G. I. P. , "Market Size, Trade, and Productivity", *Review of Economic Studies*, Vol. 75, No. 3, 2008, pp. 985 – 985.

[75] Miroudot S. , Shepherd B. , *Trade Costs and Global Value Chains in Services*, Research Handbook on Trade in Services. 2016.

[76] Mirza T. , "Infrastructure and Trade in Sub – Saharan Africa", *GTAP Resource* 3127, Purdue University, 2009.

[77] Mudambi R. , "Location, Control and Innovation in Knowledge – intensive Industries", *Journal of Economic Geography*, Vol. 8, No. 5, 2008, pp. 699 – 725

[78] Mustilli F. , Pelkmans J. , *Securing EU Growth from Services*, Social Science Electronic Publishing, 2012.

[79] Nefussi B. , Schwellnus C. , "Does FDI in Manufacturing Cause FDI in Business Services? Evidence from French Firm – level Data", *Canadian Journal of Economics*, Vol. 21, No. 1, 2006, pp: 180 – 203.

[80] Nordås H. K. , "Trade in Goods and Services: Two Sides of the Same Coin", *Economic Modelling*, Vol. 27, No. 2, 2010, pp. 496 – 506.

[81] Nordås H. K. , Rouzet D. , "The Impact of Services Trade Restrictiveness on Trade Flows", *The World Economy*, Vol. 40, No. 6, 2017, pp. 1155 – 1183.

[82] Olley G. S. , Pakes A. , "The Dynamics of Productivity in the Telecommunications Equipment Industry", *Nber Working Papers*, Vol. 64, No. 6, 1996, pp. 1263 – 1297.

[83] Park Soon – chan, Measuring Tariff Equivalents in Cross – border Trade in Services, Korea Institute for International Economic Policy, 2003.

[84] Petri P. A. , Plummer M. G. , Zhai F. , "The Economics of the ASEAN Economic Community", Working Papers, 2010.

[85] Petri P. A., Plummer M. G., Zhai F., *The Effects of a China - US Free Trade and Investment Agreement*, Social Science Electronic Publishing, 2014.

[86] Petri A., Plummer M. G., *The Trans - Pacific Partnership and Asia - Pacific Integration: Policy Implications*, Social Science Electronic Publishing, Vol. 2, No. 4, 2012, pp. 381 - 383.

[87] Petrin A., Poi B. P., Levinsohn J., "Production Function Estimation in State Using Inputs to Control for Unobservables", *Stata Journal*, Vol. 4, No. 2, 2004, pp. 113 - 123.

[88] Rauch J., "Networks versus Markets in International Trade", *Journal of International Economics*, Vol. 48, 1999, pp. 7 - 35.

[89] Rivera - Batiz L. A., "Europe 1992 and the Liberalization of Direct Investment Flows: Services versus Manufacturing", *International Economic Journal*, Vol. 6, 1992, pp. 4557.

[90] Rodríguez - Clare A., "Multinationals, Linkages, and Economic Development", *American Economic Review*, Vol. 86, No. 4, 1996, pp. 852 - 873.

[91] Romer P., "New Goods, Old Theory and the Welfare Costs of Trade Restrictions", *Nber Working Papers*, Vol. 43, No. 1, 1993, pp. 5 - 38.

[92] Romer P. M., "Growth Based on Increasing Returns Due to Specialization", *American Economic Review*, Vol. 77, No. 2, 1987, pp. 56 - 62.

[93] Romer P., "Endogenous Technological Change", *Journal of Political Economy*, Vol. 98, No. 5, 1990, pp. S71 - S102.

[94] Santos S. J., Tenreyro S., "the Log of Gravity", *Review of Economics and Statistics*, Vol. 88, No. 4, 2006, pp. 641 - 658.

[95] Saslavsky D., Shepherd B., "Facilitating International Production Networks: The Role of Trade Logistics", *The Journal of International Trade & Economic Development*, Vol. 23, No. 7, 2014, pp. 979 - 999.

[96] Sharma C., "Does Importing more Inputs Raise Productivity and Exports? Some Evidence from Indian Manufacturing", *Economic Issues Journal Articles*, 2016, 21 (Part 1).

[97] Storeygard A., "Farther on down the Road: Transport Costs, Trade and Urban Growth in Sub-Saharan Africa", *Review of Economic Studies*, No. 83, 2016, pp. 1263-95.

[98] Topalova P., "Trade Liberalization and Firm Productivity: The Case of India", *Global Economy Journal*, Vol. 93, No. 3, 2014, pp. 955-1009.

[99] Verhoogen E. A., "Quality Upgrading and Wage Inequality in the Mexican Manufacturing Sector", *The Quarterly Journal of Economics*, Vol. 123, No. 2, 2008, pp. 489-530.

[100] Zhai F., "Armington Meets Melitz: Introducing Firm Heterogeneity in a Global CGE Model of Trade", *Journal of Economic Integration*, Vol. 23, No. 3, 2008, pp. 575-604.

[101] 阿迪特亚·马图、罗伯特·斯特恩、贾尼斯·赞尼尼：《国际服务贸易手册》，陈宪译，格致出版社、上海人民出版社2012年版。

[102] 冯跃：《服务业FDI对制造业的产业间垂直溢出效应：一个综述》，《经济问题探索》2013年第8期。

[103] 高朋：《OECD服务贸易壁垒的关税等值研究》，博士学位论文，西南财经大学，2014年。

[104] 胡景岩：《货物贸易与服务贸易的相关性曲线》，《国际贸易》2008年第6期。

[105] 黄宁：《服务业对外开放对中国就业的影响研究》，博士学位论文，对外经济贸易大学，2015年。

[106] 刘莉、黄建忠：《内向型管制的壁垒效应与服务贸易自由化》，《国际经贸探索》2014年第8期。

[107] 沈铭辉：《构造区域全面经济伙伴关系协定——走向统一的地区架构》，《东北亚论坛》2013年第4期。

[108] 宋丽丽、刘廷华、张英涛：《多边服务贸易自由化促进了生产率

提升吗——基于中国工业行业数据的检验》,《世界经济研究》2014年9期。

[109] 孙玉红:《中美区域服务贸易自由化机制的差异及经济利益分析》,《宏观经济研究》2015年第7期。

[110] 汤婧:《区域全面经济伙伴关系:整合困境及其对中国经济福利与产业的影响分析》,《财贸经济》2014年第8期。

[111] 王虎:《产业内贸易:结构、分类及差异性研究》,上海社会科学院出版社2013年版。

[112] 王晶晶、张昌兵:《新经济地理学视角下服务业FDI对服务业集聚的影响——基于面板分位数回归方法分析》,《国际贸易问题》2015年第11期。

[113] 夏天然:《全球视角下的服务贸易自由化与产业结构的变迁》,博士学位论文,上海交通大学,2015年。

[114] 谢慧、黄建忠:《服务业管制改革与制造业生产率——基于三水平多层模型的研究》,《国际贸易问题》2015年第2期。

[115] 张艳、唐宜红、周默涵:《服务贸易自由化是否提高了制造业企业生产效率》,《世界经济》2013年第11期。

[116] 郑昭阳、刘晨阳:《TPP商品和服务贸易自由化的经济效果分析》,《亚太经济》2016年第2期。

[117] 周蕾:《生产性服务贸易与全球价值链提升研究综述》,《浙江树人大学学报》2012年第2期。

第七章 服务贸易与货物贸易

1972年9月，OECD（经济合作与发展组织）在一份报告——《高级专家对贸易和有关问题的看法》中首次提出了"服务贸易"的概念。1994年乌拉圭回合，发达国家将服务自由化提上议程，签署《服务总协定》(General Agreement on Trade in Services，GATS)，明确国际贸易包括货物贸易、服务贸易和技术贸易，自此服务贸易进入自由化和高速发展的阶段。经过三十多年的发展，服务贸易进出口额迅速增加，与货物贸易共同推动了世界贸易的发展。但是全球贸易发展严重不平衡，这主要表现为世界贸易总量之间的失衡、主要经济体贸易失衡及主要贸易国贸易的失衡。因此，探讨服务贸易和货物贸易的关系，实现货物贸易和服务贸易的均衡发展有极其重要的现实意义。

第一节 货物贸易和服务贸易发展不平衡的现状

货物贸易与服务贸易发展的严重不平衡性引发了对货物贸易和服务贸易关系的研究，以探索货物贸易和服务贸易协调发展的途径。世界贸易的不平衡性主要表现在以下几个方面：总量的不平衡性、经济体贸易发展不平衡及主要贸易国贸易的不平衡性。具体来说，经济贸易发展不平衡主要表现在发达国家、发展中国家及转型国家货物贸易增长率的不平衡发展，以及服务贸易占比的不均衡增长；主要贸易国贸易的不平衡性表现为贸易国货物贸易与服务贸易顺差逆差并存的状况比较普遍。

一 全球贸易总量的不平衡性

全球贸易总量的不平衡性是指从总额上来看，一方面，全球货物贸易与服务贸易的进出口总值存在巨大差异；另一方面，全球货物贸易进出口差额与服务贸易进出口差额存在差异，顺差逆差现象并存。

贸易总量的不平衡性主要是针对贸易的平衡发展而言，从总量上来说，贸易的平衡发展也包括两个方面：总量平衡和差额平衡。从贸易总量平衡上来说，货物贸易和服务贸易的平衡发展是指货物贸易和服务贸易总量的相近性，发展具有一致性；从贸易差额平衡上来说，货物贸易和服务贸易的平衡发展是指两种贸易的差值数值上的接近性。

所以全球货物贸易和服务贸易发展总量的不平衡性也主要表现在总值和差额两方面的不平衡性。

（一）贸易总值不平衡性

货物贸易和服务贸易总值的不平衡性是指无论从进口总值还是从出口总值方面来说，货物贸易和服务贸易的差值逐年增大，而非越来越小。

从图7-1可以看到，货物贸易进口额从1948年开始一直稳步上升，这种发展趋势持续到2008年国际金融危机期间，2008年全球货物贸易进口额短暂下降，进口规模从1.7万亿美元下降至2009年的1.3万亿美元，同比下降幅度约为23%。但是自2009年开始货物贸易进口额开始回升，直到2014年达到金融危机后的峰值18.9万亿美元，经过2015年、2016年两年的短暂下降，货物贸易进口规模在2017年实现同比增长11%，进口规模达到17.9万亿美元。而世界服务贸易进口额从1980年开始就保持匀速增长，金融危机后的2009年全球服务贸易进口规模出现10.9%的下降幅度，但是自2010年开始服务贸易进口平稳增长，年均增长速度约为5.2%，截至2017年，世界整体服务贸易进口规模为5.18万亿美元。

图7-2中，全球货物贸易出口额同全球货物贸易进口额一样，在1948年至2008年都保持稳定的增长，直到2008年货物贸易出口额出现短暂的下跌，从2008年的16.2万亿美元下跌至2009年的12.6万亿美元，下跌幅度约23%，从2009年开始，货物贸易出口额又开始稳步上升，直到2014年达到18.97万亿美元的峰值。受经济下行压力影响，

(亿美元)

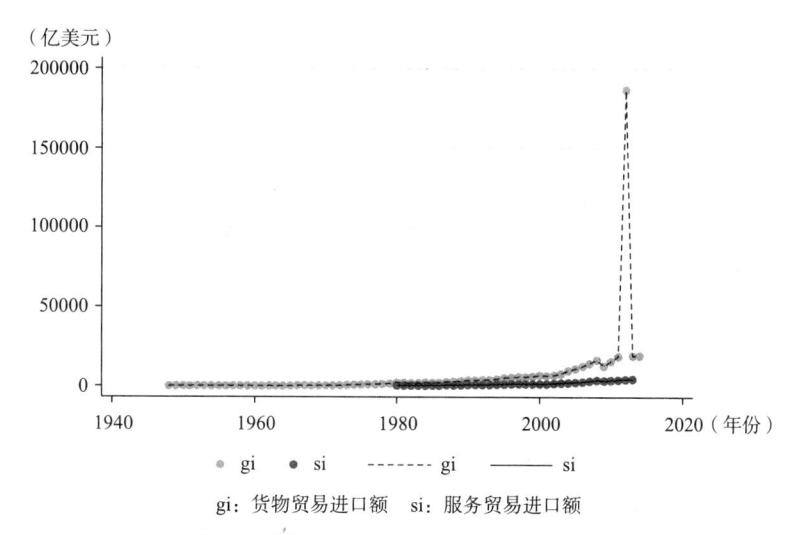

图 7-1　全球货物贸易进口总值与服务贸易进口总值趋势图

gi: 货物贸易进口额　si: 服务贸易进口额

资料来源：根据 UNCTAD 数据库数据整理而得。

2015 年、2016 年连续两年货物贸易出口规模都出现下降，但是 2017 年货物贸易出口规模出现 10.6% 的增长，贸易额为 17.7 万亿美元。而全球服务贸易出口额从 1980 年开始一直稳步上升，在 2008 年国际金融危机后出现 10.6% 的短期下降，自 2010 年开始，全球服务贸易出口额稳定上升，年均增长率约为 5.2%，截至 2017 年，全球服务贸易出口规模为 5.35 万亿美元。

（二）贸易差额不平衡性

货物贸易和服务贸易差额的不平衡性是指货物贸易逆差伴随着服务贸易的顺差，并且货物贸易逆差额与货物贸易顺差额并未随着时间的推移而在数值上无限接近。

如图 7-3 所示，总体上货物贸易总额和服务贸易总额都在 2009 年、2015 年短暂下降；而从贸易差额来看，货物贸易持续逆差状态，逆差额由初始时的小额逆差 40 亿美元到 2012 年顶峰时期的 0.2 万亿美元，由于大宗商品价格波动，2013 年、2014 年短暂贸易顺差后，2015 年开始货物贸易又恢复逆差状态，截至 2017 年，全球货物贸易逆差额高达 0.29 万亿美元，然而服务贸易从 1995 年开始由逆差转为顺差，自此保持持续的顺差状态。所以自 1996 年以来，世界贸易就存在货物贸易逆差、服务贸易顺差并存的状况。

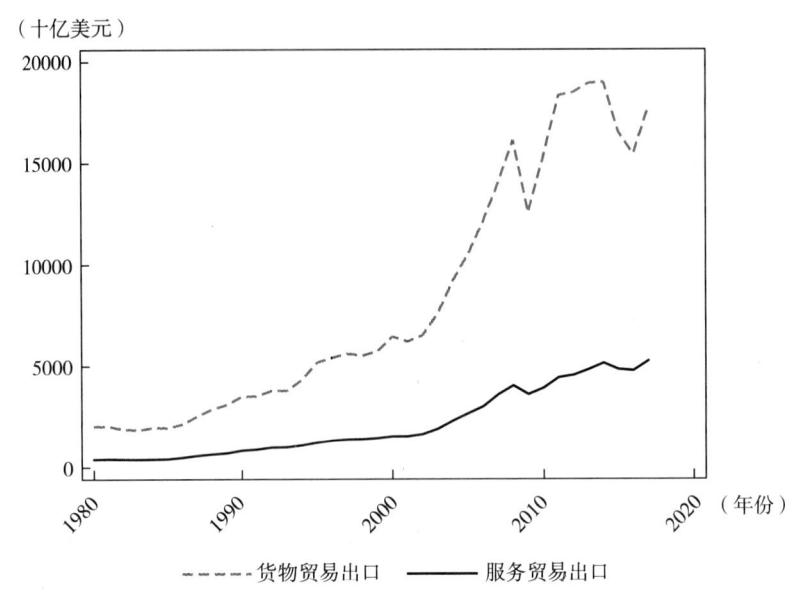

图 7-2　全球货物贸易出口总值与服务贸易出口总值趋势

资料来源：根据 UNCTAD 数据库数据整理而得。

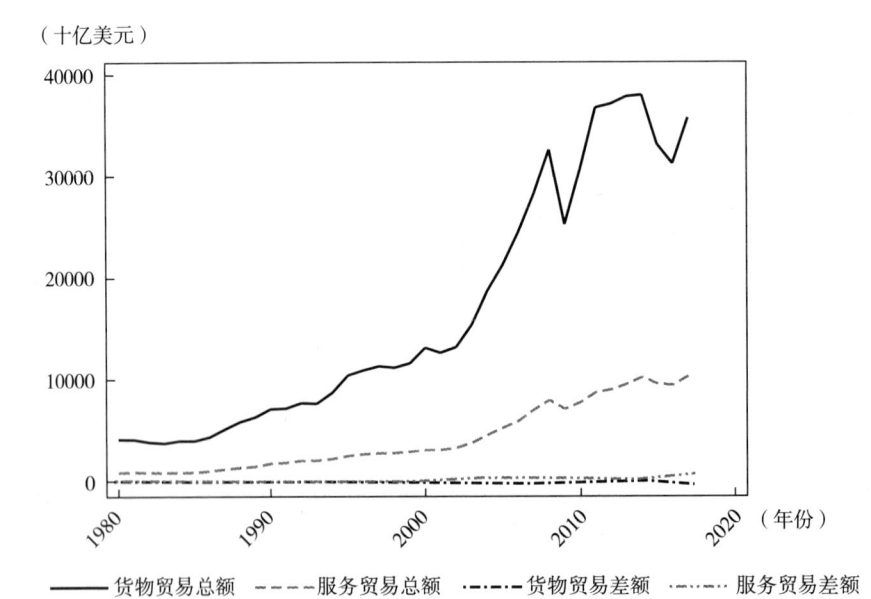

**图 7-3　全球货物贸易总额、服务贸易总额及
全球货物贸易差额与服务贸易差额**

资料来源：根据 UNCTAD 数据库数据整理而得。

总之，从贸易总额和贸易差额方面来看，全球货物贸易额与服务贸易额由初始时较小的不均衡到经济增长带来大的不均衡，协调发展的趋势越来越弱。

二　经济体贸易发展不平衡

UNCTAD 在做统计时，将世界上的国家划分为三种经济体：发达国家、转型国家及发展中国家。发达国家主要包括美国、英国、德国、日本等，转型国家主要包括乌克兰、捷克等，发展中国家以中国为主①。所以经济体贸易发展的不平衡主要表现在发达国家、转型国家及发展中国家货物贸易增长率的不平衡，以及发达国家、发展中国家服务贸易占比的不均衡性两方面。

（一）货物贸易增长不平衡

经济体货物贸易增长的不平衡发展主要表现在发达国家、转型国家及发展中国家货物贸易的不均衡增长，导致三种经济体货物贸易的全球占比的不均衡性。

从图 7-4 可以看到，转型国家从 1948 年开始，货物贸易额在全球货物贸易额中一直占一个很小的比率，从 1948 年的 2.73% 增长到 2015 年的 4.02%，占比最高也只达到 5.45%，货物贸易额为 1 万亿美元；2017 年转型经济体货物贸易额在全球贸易额中的占比只有 3.1%。

发展中国家货物贸易占比则从 1948 年的 65.5% 发展到 2017 年的 52.5%，从发展中国家货物贸易额占比趋势图也能看出，总体趋势是向下的，世界货物贸易额的占比在波动中下降。从 1948 年到 1972 年，发展中国家货物贸易额稳步增长，一度达到 0.32 万亿美元，占比高达 77%；20 世纪 80 年代则波动较大，有的年份贸易额呈上升态势，有的年份贸易额呈下降趋势；从 1988 年开始，发展中国家货物贸易额呈现稳步下降的趋势，这种趋势在 2008—2012 年最为明显，并且发展中国家货物贸易额在 2012 年达到最低点 0.8 万亿美元，占比只有 51%；从 2013 年开始发展中国家货物贸易开始缓慢恢复，但增长速度很慢，占

---

① 任一国际组织并未对发展中国家做出严格定义，现存的对发展中国家的认定和划分，大多是出于处理国际事务和贸易往来所需要的技术性规定。

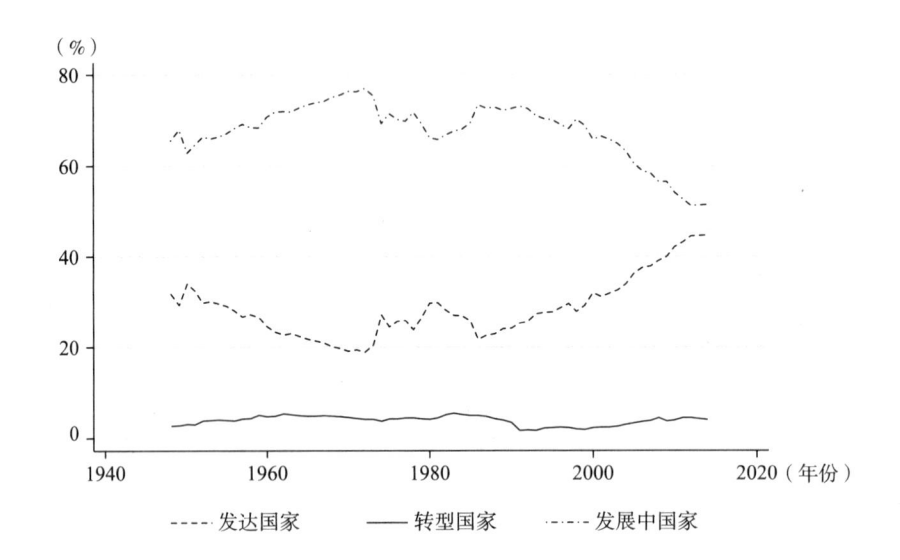

图 7-4 发达国家、转型国家、发展中国家货物贸易占比变化趋势

资料来源：根据 UNCTAD 数据库数据整理而得。

比也只恢复到 2014 年的 51.3%；2016 年发展中国家货物贸易在全球贸易中的占比恢复到一个峰值 53.3%，但是 2017 年又下降为 52.5%。

发达国家的货物贸易额占比情况与发展中国家货物贸易额占比情况完美对称，或者说是相反的，发展中国家货物贸易下降时，发达国家货物贸易额上升，而发展中国家货物贸易额上升时，发达国家货物贸易额下降。就总体趋势而言，发达国家货物贸易额在不断上升，虽然中间偶有波动（发达国家货物贸易额最低点出现在 1972 年，只有 0.08 万亿美元，占世界货物贸易额比重不超过 19%，同期发展中国家货物贸易额达 0.33 万亿美元，占比达 76%），但是总趋势不变，货物贸易额已经由 1948 年的 0.02 万亿美元上升到 2017 年的 7.8 万亿美元，占比由 31% 上升到 44%。

总体而言，货物贸易的发展由初始的发展中国家独占大部分货物贸易额，发展到 20 世纪以来逐渐由发展中国家、发达国家平分总贸易额，是一个由极度不平衡到逐渐平衡发展的过程。

（二）服务贸易占比不均衡

服务贸易占比的不均衡性表现为，发达国家、转型国家及发展中国家服务贸易不均衡发展所导致的全球服务贸易占比的不协调性，主要表现为发达国家和发展中国家共同占领全球服务贸易市场，其中发达国家又占领了大部分的服务贸易市场。

从世界服务贸易来看，由于转型国家服务贸易额太少，占比也太少，最高时候也只有2013年达到0.13万亿美元，占比只有2.7%，所以不专门列在图表中来考据，因此图7-5主要反映1980—2017年发达国家和发展中国家服务贸易额占比变化趋势。

如图7-5所示，发达国家服务贸易额占比呈下降趋势，而发展中国家服务贸易额占比呈上升态势，但是世界服务贸易额中还是以发达国家为主，发展中国家为辅。服务贸易额占比状况中，发达国家和发展中国家占比曲线也基本完美对应，发达国家贸易额下降的空间即是发展中国家贸易额上升的空间，而发展中国家贸易额下降时，发达国家贸易额上升。

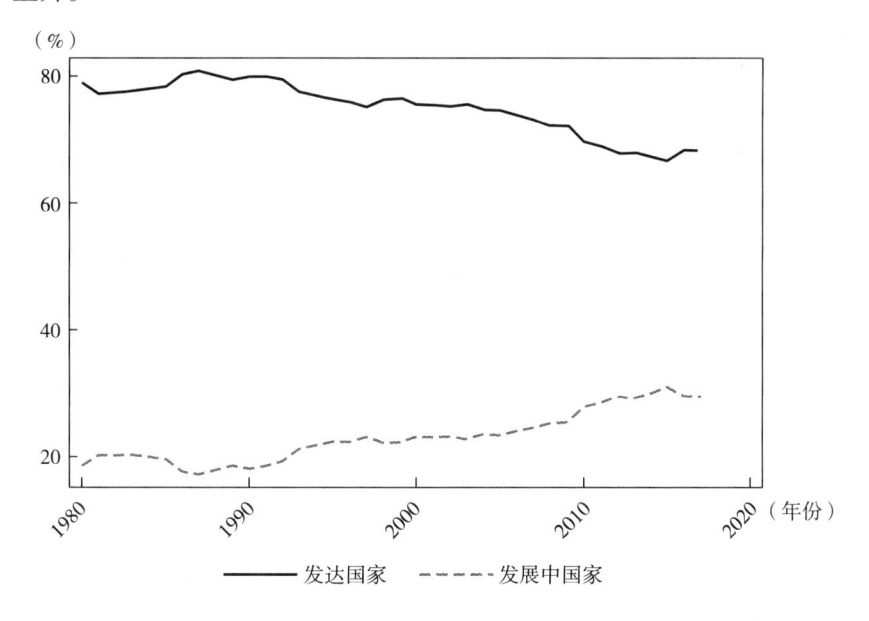

图7-5 发达国家、发展中国家服务贸易额占比趋势

资料来源：根据UNCTAD数据库数据整理而得。

具体来说，从1980年开始，服务贸易就主要在发达国家展开，从1980年到1994年世界服务贸易额中超过76%都来自发达国家，最高贸易额达到 1994 年的 0.93 万亿美元，同期发展中国家服务贸易额仅有 0.27 万亿美元；1994 年乌拉圭回合签署服务贸易总协定，发展中国家的服务市场才被打开，但是 1995—2002 年发展中国家的服务贸易仍旧发展缓慢，甚至还有倒退；1998 年发展中国家服务贸易出现 2.78% 的负增长；2001 年增长速度只有 0.04%，直到 2002 年，发展中国家服务贸易才开始稳步上升，一路攀升到 1.4 万亿美元，占比由 1980 年的 18.5% 上升到 2015 年的 35.1%；发达国家的服务贸易占比虽然自 1994 年开始有所下降，但下降幅度特别小，基本贸易占比仍在 67% 以上。但是 2009 年，全球服务贸易也受到影响，出现不同程度的负增长，世界服务贸易出现 9.2% 的负增长，发展中国家服务贸易出现 10.5% 的负增长，发达国家服务贸易出现 8.5% 的负增长。自 2015 年开始，发达国家和发展中国家服务贸易规模在世界贸易中的占比基本保持不变，发达国家和发展中国家服务贸易在世界市场上份额的比值约为 2.2，截至 2017 年，发达国家服务贸易额在世界市场的占比为 68%，而发展中国家这一比值为 30%。

总体上来说，世界服务贸易是一个由初始时发达国家独占世界服务贸易额到后来发展中国家服务贸易有所发展的过程，简言之，也是一个打破贸易独占、逐渐实现贸易均衡发展的过程。只是发展中国家服务贸易要得到长足快速的发展直到可以和发达国家相抗衡，还要经过很长的时间。

综合货物贸易和服务贸易的趋势图可以看到，货物贸易的下降主要出现在危机期间，比如 1970 年的石油危机期间及 2008 年国际金融危机期间，货物贸易、服务贸易都受到不同程度的损失，但是货物贸易受损失更严重，这其中又以货物贸易为主要出口业务的发展中国家受损程度最大。

三 主要贸易国贸易的不平衡性

从货物贸易和服务贸易内部来说，贸易的发展也是不均衡的。截至 2014 年，世界货物贸易与服务贸易额前十位的国家（或地区）有美国、英国、法国、德国、中国、爱尔兰、印度、中国香港、荷兰、日本。从贸易的表现来看，这些国家（或地区）中，中国、日本、德国、爱尔兰属于货物贸易顺差、服务贸易逆差并存国，而美国、英国、法国、中国香港、印度则属于服务贸易顺差、货物贸易逆差并存国，荷兰属于货物贸易、服务贸易双顺差国。在顺差逆差并存的局面中，各个国家顺差逆差状况随着时间的推移而逐年增加，在一些年份里其至逆差与顺差同时达到极值的情况。在这种情况下，贸易的差额不均衡达到顶点。而且如果照图示的方向发展，许多国家货物贸易与服务贸易的差值也在逐年扩大。

（一）货物贸易顺差、服务贸易逆差国（或地区）

虽然中国、日本、德国、爱尔兰同属于货物贸易顺差、服务贸易逆差并存国，但是贸易不平衡的表现仍有所不同。

1. 中国

由图7-6可知，1948—1990年中国的货物贸易一直保持小额的顺差，而1990—2003年货物贸易顺差在波折中上升，2003—2017年货物贸易出现"驼峰式"增长，到2008年货物贸易顺差达到一个峰值1.43万亿美元，2009年由于国际金融危机的影响，货物贸易额有所下降，但是从2010年开始货物贸易顺差额逐渐开始回升。

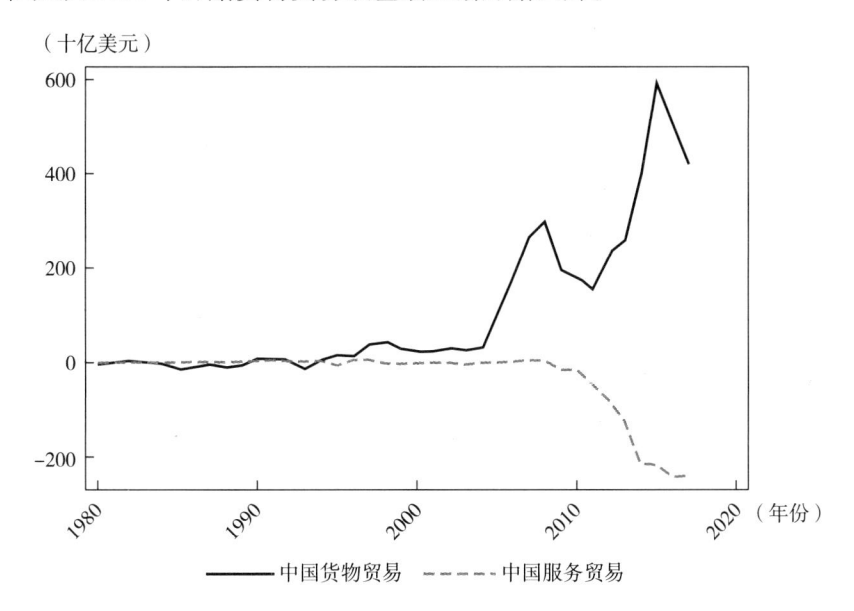

图7-6 中国货物贸易顺差、服务贸易逆差趋势

资料来源：根据中国国家统计局数据库数据整理而得。

中国的服务贸易由初始时的小额顺差到1992年开始小额逆差，1995年服务贸易逆差额由上年的6亿美元上升到62亿美元，从1995年以后服务贸易逆差值直线下降，2008年国际金融危机期间中国的服务贸易也受到一定程度的影响，这表现在从2009年开始服务贸易逆差额的直线式上升。

综合来看，中国的货物贸易顺差与服务贸易逆差由开始的接近均衡状态到后期货物贸易顺差与服务贸易逆差差值逐年增大，这表现出中国对外贸易不均衡的持续性。

2. 日本

由图7-7可知，日本也属于货物贸易顺差、服务贸易逆差并存国，但是从曲线图上来看，日本的贸易状况波动比较频繁，对外贸易很不稳定，有些年份甚至出现货物贸易与服务贸易同时逆差的状况。

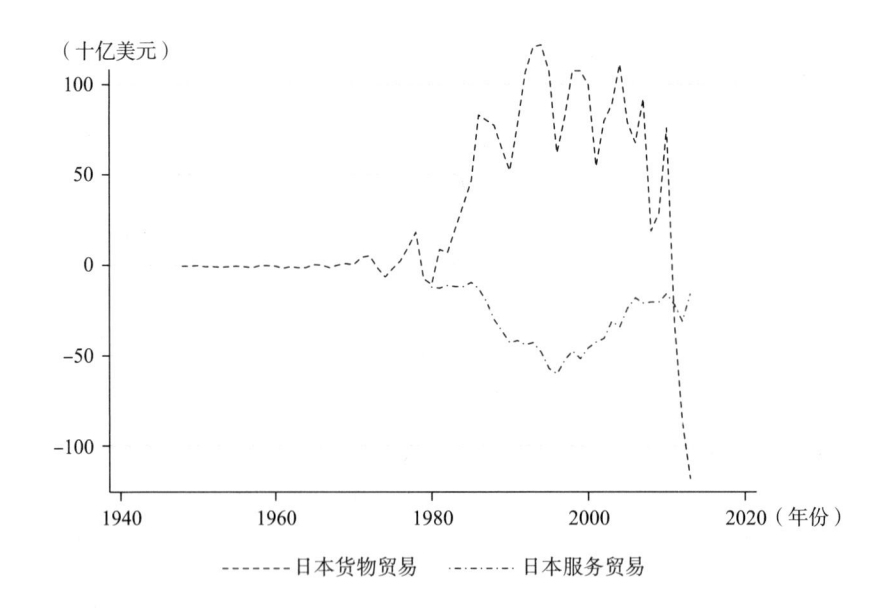

图7-7 日本货物贸易顺差、服务贸易逆差趋势

资料来源：根据UNCTAD数据库数据整理而得。

从货物贸易顺差趋势来看，从1978年之前稳定的货物贸易逆差到1978—2017年"指数型"波动的货物贸易顺差状况，日本的货物贸易总体趋势是逐年增加的,只是货物贸易增加额不稳定,有的年份货物贸易额增加得多,有的年份货物贸易额增加得少,几乎是货物贸易顺差大的年份与货物贸易顺差小的年份交替出现。

从服务贸易逆差图来看,大体上日本的货物贸易顺差与服务贸易逆差相对应,货物贸易顺差值高的年份服务贸易逆差值也高,货物贸易顺差值低的年份服务贸易逆差值也低。但是相对于货物贸易顺差的不稳定波动,随后服务贸易逆差则相对稳定,基本是先降低,到1997年服务贸易逆差值达到顶峰,随后服务贸易逆差额开始回升。但是2008—2017年日本出现货物贸易逆差与服务贸易逆差并存的状况,这在一定程度上缩小了货物贸易和服务贸易的总差值,但是双逆差在贸易中也不是一个好的现象。

总之,虽然日本的贸易状况不稳定,但是日本的贸易差值经历了从大的差值到小的差值再逐渐差值增大的过程,这从一定程度上说明了日本贸易条件的改善。

3. 德国、爱尔兰

由图7-8可知,德国、爱尔兰同属于货物贸易顺差与服务贸易逆差并存国,而且德国、爱尔兰的货物贸易顺差与服务贸易逆差都表现出无明显对应性的特征。

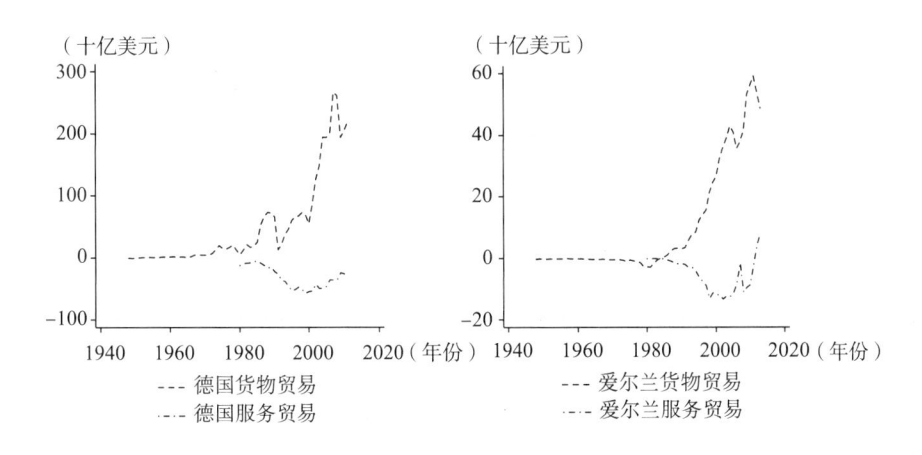

图7-8 德国、爱尔兰货物贸易顺差、服务贸易逆差趋势

资料来源:根据UNCTAD数据库数据整理而得。

德国的货物贸易顺差波动比较大，但是这种波动又不同于日本的交替型波动。德国货物贸易顺差波动大表现在趋势图比较陡峭，从1980年开始货物贸易顺差额逐年增大，但是增大的速率则不同，有的年份货物贸易额增加较多，表现在图中就是货物贸易的几近垂直型增长；有的年份货物贸易增加较少，货物贸易顺差比较平缓。不同于货物贸易顺差的波动，德国的服务贸易逆差则平滑很多，基本是 1980—1997 年稳定下降，1997—2017 年则小波动式缓慢回升。虽然服务贸易逆差值有升有降，但是总体趋势上服务贸易逆差值在回升。

相较而言，爱尔兰的货物贸易顺差更陡峭些，爱尔兰的货物贸易经历了 38 年的小额逆差后，保持稳步匀速的货物贸易顺差，由 1985 年 3.4 亿美元的顺差发展到 2017 年 507 亿美元的顺差，上涨了 142 倍。爱尔兰的服务贸易从 1980 年到 2011 年都是逆差状况，逆差额最高时出现在 1998 年，达到 132.8 亿美元；逆差额最低时出现在 1982 年，只有 1.6 亿美元。1980—2011 年爱尔兰的服务贸易逆差上下波动，但是到 2012 年爱尔兰服务贸易出现 41 亿美元的顺差，2013 年顺差状况继续保持，顺差增幅达到 94%。也就是说，2012 年开始爱尔兰出现货物贸易顺差与服务贸易顺差并存的局面。

总之，德国、爱尔兰的货物贸易顺差和服务贸易逆差的差值有逐年缩小的态势，这说明贸易条件得到了改善，贸易朝着均衡方向发展。

（二）服务贸易顺差、货物贸易逆差国（或地区）

美国、英国、法国、印度和中国香港同属于服务贸易顺差与货物贸易逆差并存国（或地区），有的国家（或地区）贸易状况相似，有的国家（或地区）贸易状况则存在很大不同。

1. 美国、英国

美国的服务贸易顺差图很简单，基本就是保持稳定的增长趋势。服务贸易顺差由 1980 年的 65 亿美元稳步上升至 2017 年的 0.24 万亿美元，33 年间服务贸易顺差额上涨了 36.3 倍。而美国的货物贸易逆差则比较波动，在保持了近 30 年的稳定小额逆差后，美国的货物贸易逆差开始逐年增大，但是增大的速度并不均衡，表现在图中就是货物贸易逆差的直线式下降，虽然偶有波动回升，总体上美国的货物贸易逆差保持稳定增长趋势。货物贸易逆差最大时在 2006 年，出现 0.89 万亿美元的货物贸易逆差,同年美国的服务贸易顺差只有824亿美元,货物贸易逆差与服务贸易顺差的差值达0.8万亿美元。

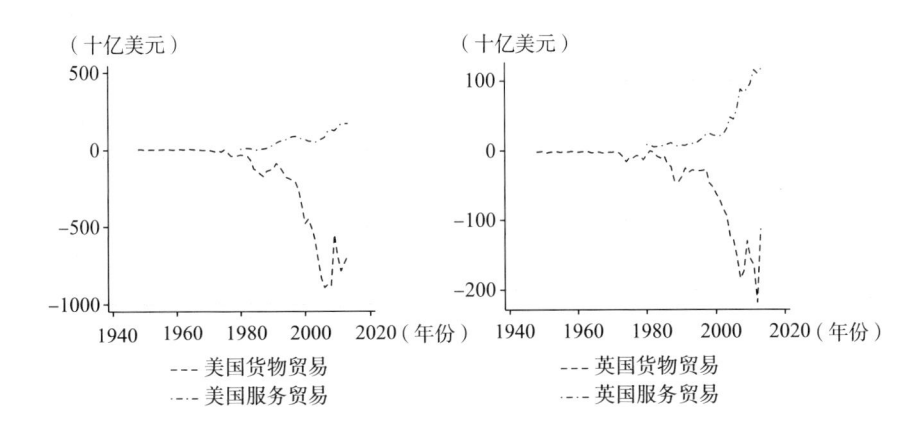

图7-9 美国、英国货物贸易逆差、服务贸易顺差趋势

资料来源:根据UNCTAD数据库数据整理而得。

英国和美国同属于货物贸易逆差、服务贸易顺差并存国,贸易差额曲线在一定程度上很相似。这种相似主要表现在两国的货物贸易逆差及服务贸易顺差趋势图的一致性,但英国的服务贸易顺差图相对更陡,这也从侧面说明了英美之间贸易的相似性。英国的货物贸易逆差在波动中稳定下降,而英国的服务贸易顺差呈现阶梯式上升,所以英国的贸易差值在逐年缩小。2017年英国的货物贸易逆差额为0.199万亿美元,同期英国的服务贸易顺差额为0.136万亿美元,所以总的对外贸易额是逆差状态。

总之,英国、美国的货物贸易逆差与服务贸易顺差从趋势图上看具有相似性,但是英国的对外贸易状况在改善,贸易差值在逐年缩小;而美国的货物贸易与服务贸易由于差值过大,贸易差值的改善还需要很长的时间。

2. 中国香港

图7-10显示中国香港的货物贸易逆差在保持了很长时间的稳定的小额逆差状况后,从2008年开始货物贸易逆差出现垂直下降趋势,这表明了货物贸易逆差的巨幅增加。同时期中国香港的服务贸易顺差趋势

则明显很多,保持持续的上升弧线,偶有一两个年份出现小额下降现象。服务贸易的顺差伴随着货物贸易的逆差,截至 2017 年,中国香港货物贸易逆差额高达 396.4 亿美元。

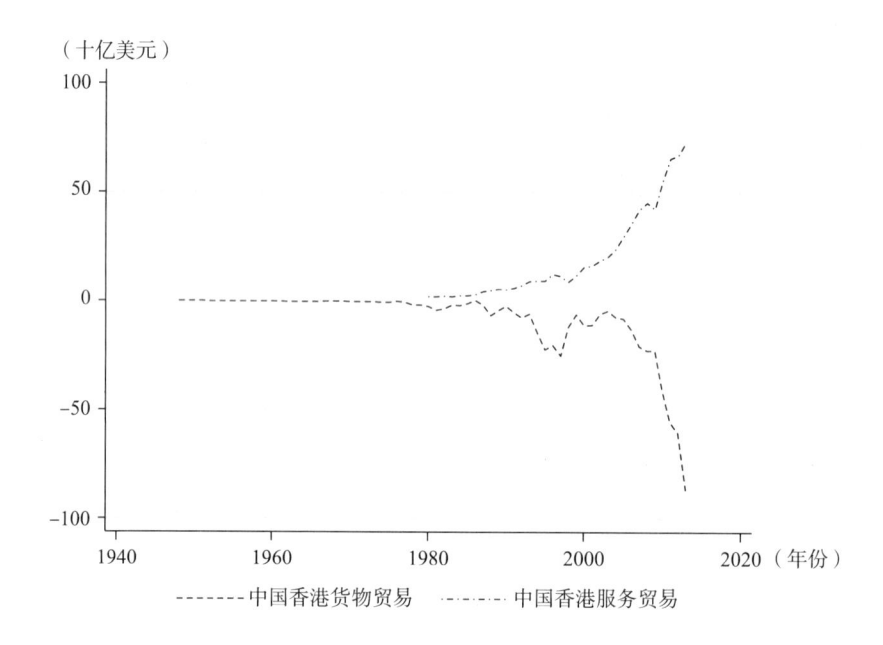

图 7-10　中国香港货物贸易逆差、服务贸易顺差趋势

资料来源:根据 UNCTAD 数据库数据整理而得。

中国香港的货物贸易逆差和服务贸易顺差都在逐年增大,但是由于增长速度不同,中国香港的贸易不均衡状况并未得到改善,贸易条件仍处于不断恶化中。

3. 法国、印度

由图 7-11 可知,法国、印度同属于服务贸易顺差、货物贸易逆差国。相比较而言,法国的贸易趋势更陡峭,而印度的对外贸易则相对平缓。

法国的货物贸易趋势图是"波动式"下降,有的年份货物贸易还会出现顺差,1955 年、1959—1962 年、1993—1999 年及 2002 年货物贸易都出现了顺差,顺差额最大为 1997 年的 171 亿美元。而法国的服务贸

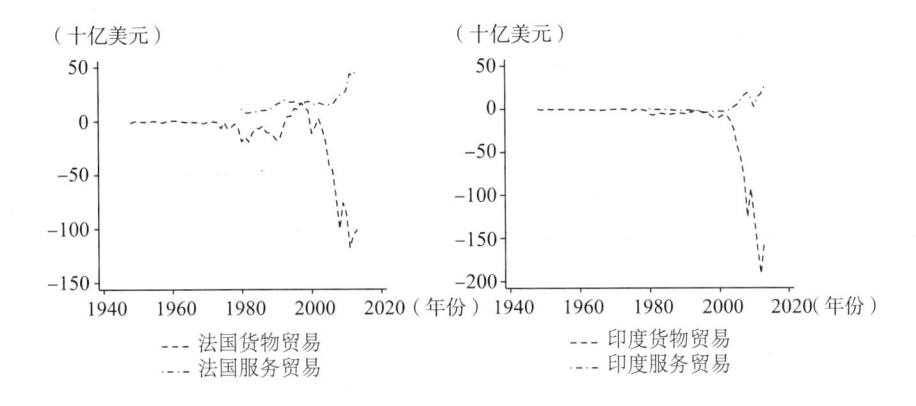

图 7-11　法国、印度服务贸易顺差、货物贸易逆差趋势

资料来源：根据 UNCTAD 数据库数据整理而得。

易则保持一个很缓慢的增长速度，1993—1995 年法国的服务贸易保持稳定的 179 亿美元，2004—2006 年服务贸易额从 151 亿美元上涨到 153 亿美元，这两次增长区间内服务贸易接近零增长，截至 2017 年，法国的服务贸易顺差额只有 90.02 亿美元。

印度属于服务贸易顺差、货物贸易逆差国。1948—1977 年印度的货物贸易逆差额都保持在 10 亿美元之内，从 1978 年开始印度的货物贸易逆差开始逐年增大，由 1978 年的 11.9 亿美元上涨到 2013 年的 0.15 万亿美元，增长幅度达 138 倍之多。而印度的服务贸易趋势则稳定很多，基本是由小额逆差转为小额顺差再顺差额上升的过程，直到 2004 年印度的服务贸易才开始出现顺差，此后顺差状况一直保持，顺差额由 2004 年的 26 亿美元上升至 2017 年的 299.6 亿美元。所以说 2004 年之前印度的货物贸易和服务贸易同时处于逆差状况，直到 2004 年对外贸易状况才改变为顺差逆差并存的状况。

总体上来看，法国的对外贸易不均衡状况在扩大，而印度的对外贸易状况在不断改善。

（三）货物贸易顺差、服务贸易顺差并存国（或地区）

图 7-12 显示近十年来荷兰的对外贸易状况属于贸易中比较特殊的一种，荷兰属于货物贸易顺差与服务贸易顺差并存国。

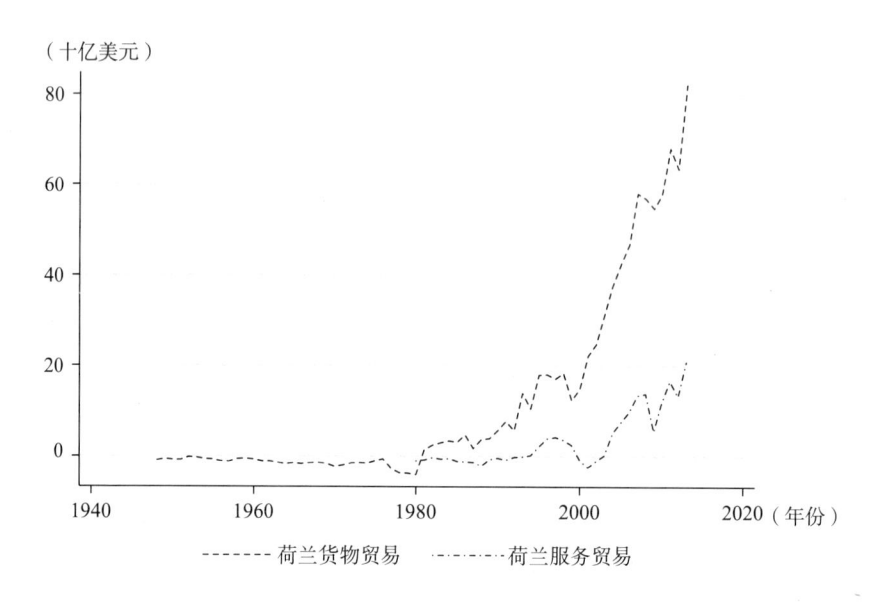

图 7-12　荷兰货物贸易顺差、服务贸易顺差并存

资料来源：根据 UNCTAD 数据库数据整理而得。

1948—1980 年荷兰的货物贸易都是逆差状态，逆差额最高时达到 40 亿美元，从 1980 年开始荷兰的货物贸易保持顺差状况，由 1981 年的 14.8 亿美元上升至 2013 年的 820 亿美元，32 年上涨了 54 倍。而荷兰的服务贸易，1980—1993 年都保持 10 亿美元以内的逆差状况，从 1994—2017 年大趋势上来说也是一直顺差状态，但是 2000—2002 年又出现服务贸易逆差状况，服务贸易逆差最高时也只有 24 亿美元，出现在 2001 年，同年货物贸易顺差额为 220 亿美元。

虽然荷兰的货物贸易和服务贸易都出现过顺差逆差交替的状况，但是总体发展趋势上从 2003 年至今荷兰的对外贸易状况是货物贸易顺差及服务贸易顺差并存。

第二节　货物贸易和服务贸易的关系：理论探讨

对于货物贸易和服务贸易关系的研究始于对贸易对象"货物"和"服务"的研究。货物和服务具有天然属性差异，货物具有"有形性""可触摸性""可储藏性""占用物理空间"的特点，而服务则完全相反，具有"无形性""不可触摸性""不可储存性"，服务区别于货物的特点决定了服务的生产和消费必须同时发生（Hill，1977）[1]。正是由于服务区别于货物的特点，传统的国际贸易一直认为服务不可贸易。随着要素禀赋论的发展，研究服务贸易的文献增多，经济学家将服务贸易进行分类：一种是与货物贸易相类似的服务贸易，比如软件行业、唱片行业等，这种贸易将服务凝注于商品中，在这种情形下，服务贸易交易方式与货物贸易相似，不需要物理距离上的接近，又称为"独立服务"或者"远距服务"（Bhagwati[2]，1984；Sampson，Snape[3]，2010）；另一种是与货物贸易不同的服务贸易，比如运输服务贸易、电信服务贸易等，这种贸易要求服务的生产者和消费者在距离上的接近，或者要素的国际流动，又称为"近距服务"（Matto A.，Rathindran R.，Subramanian A.[4]，2006）。

"近距服务"的发生要求生产要素发生流动，可以分为三种：服务生产者流动而服务消费者不流动、服务消费者流动而服务生产者不流动、服务生产者和服务消费者同时流动（Bhagwati，1984）。

技术的发展使得距离远近对于服务贸易的限制越来越小，服务贸易的发展伴随着国际贸易的不均衡发展，因而对货物贸易和服务贸易关系的研究成为研究国际贸易均衡发展的焦点。在服务贸易的两种分类中，"独立服务""远距服务"和货物贸易的交易方式、模型分析框架都是一样的，所以这里只研究货物贸易同"近距服务贸易"（下文以服务贸易代指）的关系。

要研究货物贸易与服务贸易之间的关系，首先必须明确货物贸易与服务贸易的异同。作为国际贸易的重要组成部分，货物贸易和服务贸易

---

[1] Hill T. P., "On Goods and Services", *Review of Income and Wealth*, 1977, 23 (4), pp. 315–338.

[2] Bhagwati J. N., "Why are Services Cheaper in the Poor Countries?", *The Economic Journal*, 1984, pp. 279–286.

[3] Sampson G. P., Snape R. H., "Identifying the Issues in Trade in Services", *The World Economy*, Vol. 8, No. 2, 2010, pp. 171–182.

[4] Matto A., Fink C. R., Rathindran, and A. Subramanian. "Measuring Services Trade Liberalization and its Impact on Economic Growth: An Illustration", *Journal of Economic Integration*, Vol. 21, No. 1, 2006, pp. 64–98.

都促进了一国国民经济的发展，两种贸易所隐含的技术、管理等外溢都有助于产业结构优化和协调发展，同时货物贸易和服务贸易都受到各种形式的管制。但是相比较而言，货物贸易与服务贸易存在很大差异：第一，服务贸易稳定性更好，抗风险和危机能力更强，这主要表现在经济危机时期货物部门进出口大幅下降，而服务贸易受到的波及较小，只有与货物相关的运输服务、与危机相关的金融服务及旅游服务贸易额下降，许多商务服务、专业服务及技术服务贸易额不降反增（Borchert, Mattoo[①]，2010）；第二，传统的以货物贸易为研究对象而提出的贸易理论，比如"比较优势论"等，要做出修正，才能更好地解释服务贸易（Deardorff，2015）[②]；第三，对货物贸易和服务贸易的限制不同，货物贸易的限制是对商品本身进行限制，而对服务贸易提供者进行管制则是为了保护服务贸易消费者，而且相较于货物贸易，服务贸易受到更多的管制，对服务贸易的这种限制不仅包括对外国厂商的限制，还包括本国新厂商的进入，正是由于服务贸易受到的限制，服务贸易自由化收益远远大于货物贸易收益，会给经济注入更多活力（Bhagwati，1987）[③]；第四，距离远近和开放程度等对服务贸易的限制大于货物贸易。

弄清楚货物贸易和服务贸易的异同以后，对于货物贸易和服务贸易研究的关系，实质在于探讨"货物贸易对经济增长的影响"和"服务贸易对经济增长的影响"之间的关系。贸易对经济增长的影响：从数据上来说，主要表现为贸易对国内生产总值或者经济增长的贡献；从作用机制方面来说，主要表现为贸易对市场竞争环境、消费者福利、技术进步、资源配置等的影响。

现存研究对于货物贸易和服务贸易关系主要形成四种结论：货物贸易和服务贸易是"替代关系"；货物贸易和服务贸易是"互补关系"；货物贸易和服务贸易是"非相关关系"；货物贸易和服务贸易是"协调

---

① Borchert I., Mattoo A., "The Crisis - resilience of Services Trade", *The Service Industries Journal*, 2010, 30 (13), pp. 2115 - 2136.

② Deardorff, Alan V, Comparative advantage and international trade and investment in services. Comparative Advantage, Growth, And The Gains From Trade And Globalization: A Festschrift in Honor of Alan V Deardorff. 2015.

③ Bhagwati J. N., "Trade in Services and the Multilateral Trade Negotiations", *The World Bank Economic Review*, 1987, 1 (4), pp. 549 - 569.

发展关系"。

本书对相关文献做了系统性理论分析，本书的创新与贡献主要体现在：第一，梳理了货物贸易与服务贸易的关系，并找出货物贸易与服务贸易"替代、互补、协调关系"之外的第四种关系；第二，对于中国学者对货物贸易和服务贸易"协调发展"关系做出分析，并对协调发展的定义和表现方式做出讨论；第三，探讨了未来针对货物贸易和服务贸易关系的研究方向：需要进一步从微观层面实证与理论相结合，深入探索企业层面货物贸易与服务贸易的关系，进而明确新形势下货物贸易和服务贸易协调发展的路径。

一 替代关系

货物贸易和服务贸易是替代关系，是指一种贸易的发生引起另一种贸易的减少。

首先提出二者之间的替代关系的是 Samuelson。Ohlin 认为要素禀赋差异导致的国际贸易使得要素价格均等化，但这种均等化只是部分均等化而非完全均等化，这种情况下货物贸易是要素流动的"部分替代"。在论证中，Ohlin 反复强调将交通成本及其他阻碍贸易的因素纳入考虑，要素价格均等化是完全不可想象、不可能发生的。Samuelson 的"完美替代"理论就是在质疑 Ohlin "部分替代及要素价格非完全均等化"理论的过程中发现的。使用古典的两国模型，通过生产可能性曲线的分析，Samuelson 提出要素价格均等化完全可以实现，除非在贸易的初始状态要素禀赋极端不平衡，否则一般情况下货物贸易总是国际要素流动的完美替代。而货物贸易是服务贸易的非完全、次优替代的情况则出现在两种情况下：（1）相较于封闭经济，服务自由贸易是帕累托最优的，同时货物自由贸易存在帕累托改进；（2）从整个世界而非单个国家的角度，服务的自由贸易优于货物的自由贸易（Markusen[①], 1989）。

现存的对于货物贸易对服务贸易的替代性的研究主要针对两类国家，一类国家是由于历史和政治的原因，货物贸易的发展在贸易发展中

[①] James R., Markusen, "Trade in Producer Services and in Other Specialized Intermediate Inputs", *The American Economic Review*, 1989, 79（1）, pp. 85 – 95.

一直居于主要地位；另一类国家则属于货物贸易开放程度相对高些，而服务贸易开放程度则略低，而且相比较而言，服务贸易受到更多的约束和管制。用这两种国家作为模型样本，结果显示虽然服务贸易增长速度很快，对经济有不可忽视的重要影响，但是货物贸易在 GDP 中的比重更高，影响也更大。简单说就是货物贸易对服务贸易的替代作用更明显。对于第一类国家，虽然服务贸易增长速度很快，但是无论从绝对数目还是相对比例方面来说，货物贸易的发展都远远超过服务贸易（Havlik，Pindyuk，Roman[①]，2009）。而对于第二类国家，货物贸易和服务贸易都会促进真实 GDP 的发展，但是货物贸易和服务贸易这两种贸易之间则是负相关关系，当货物贸易增加时，边际服务贸易值下降。进一步分解贸易对经济增长的贡献，结果显示在中东国家和北非国家中，货物贸易对经济增长贡献更大，这种高的贡献率还表现在：与服务贸易相比，货物贸易更能促进第三产业的就业。总之，货物贸易和服务贸易的内部关系显示：当货物贸易增加时，服务贸易对真实 GDP 的边际效果下降（Karam，Zaki[②]，2015）。

由于技术水平的提高，服务贸易飞速发展。理论界对贸易的研究从"货物贸易是要素流动的完美替代"逐渐转变为它的镜像问题"要素流动是货物贸易的完美替代"。很多经济学家在要素价格均等化定理的分析框架内，通过放松模型的假定前提来证实"要素流动是货物贸易的完美替代"命题的成立。

同样，在要素价格均等化定理的分析框架内，Mundell（1957）在进行模型分析时只允许资本可以自由流动，证实了随着要素价格的均等化，货物贸易是要素流动的完美替代。如果对货物贸易进行限制，则要素流动增多[③]。虽然是延续要素禀赋论的分析框架，但要素禀赋论分析的前提是要素的不可流动性，Mundell 的巨大贡献是首次在 H－O 框架

[①] Havlik P., Pindyuk O., Stöllinger R., Trade in Goods and Services between the EU and the BRICs. Verein "Wiener Inst. für Internat. Wirtschaftsvergleiche" (WIIW), 2009.

[②] Karam F., Zaki C., "Trade volume and Economic Growth in the MENA Region: Goods or services?", *Economic Modelling*, 2015, (45), pp. 22 – 37.

[③] Robert A., Mundell, "International Trade and Factor Mobility", *The American Economic Review*, 1957, 47 (3), pp. 321 – 335.

内将要素流动性纳入分析。但是由于他的结论仍旧是在新古典经济学的严格假定之下,因此在对实践的解释方面存在一定的局限性。

要素的流动性使得服务贸易成为可能,同时必然地增大了贸易保护的成本。在 Mundell 替代理论的基础上,Nadel 将关税和税收两个因素加入来拓展货物贸易和要素流动理论的替代性内涵。对进口商品征税,客观上提高了进口商品的价格,反映在资本租金上就是流动要素资本重置的租金相对下降,这样对服务贸易的发展构成一种激励。虽然从最终结果来看,货物贸易和要素流动的替代性关系并未改变,但是加入关税和税收后,贸易模式较之前有所改变,进行贸易的两国进出口的商品有所改变[1](Ernest Nadel,1971)。

经济学家 Frank 指出 Mundell(1957)理论中的一个局限性为:在假设前提中只允许一种要素可以自由流动[2]。所以在模型分析过程中,Frank 将要素流动的内涵扩大了,但是在分析要素所有者的流动时,他忽略了均衡取得的特殊性。为了一般化均衡结果,Krauss 在模型中进一步扩大可流动的要素范围,对比分析资本流动和人力移动的情况,无论资本或者人力要素流入或者流出,Mundell 的理论主张"货物贸易和要素流动是可替代的"仍旧在一般情况中存在[3]。

当然,也有经济学家对 Mundell 的替代性理论提出质疑。随着 Samuelson(1948)在国际上提出要素价格均等化理论[4],之后国际上很多经济学家对要素价格均等化做出解释,但是他们理论成立的基础都是假定货物可以在国与国之间贸易,而要素在国与国之间则不可自由流动。虽然 Inada、Ken-Ichi(1971)研究的还是国际货物价格和要素价格的均等化问题,但是他大胆假设在国际贸易中存在不可贸易的商品,而且他将要素和货物价格均等化中的要素与货物由一般模型中的两种货物、

---

[1] Ernest Nadel, "International Trade and Capital Mobility", *The American Economic Review*, 1971, 61 (3), Part 1, pp. 368 – 379.

[2] Frank Flatters, "Commodity Price Equilization: A Note on Factor Mobility and Trade", *The American Economic Review*, 1972, 62 (3), pp. 473 – 476.

[3] Melvyn B., Krauss, "Commodity Trade and Factor Mobility", *The American Economic Review*, 1974, 64 (4), pp. 797 – 801.

[4] Paul A., Samuelson, "International Trade and the Equalization of Factor Prices", *Economic Journal*, 1948 (58), pp. 163 – 184.

两种要素扩展为 n 种货物、n 种贸易，从更一般的角度去探讨要素价格均等化定理①。建立在该理论假定"国际贸易中存在不可贸易的商品，要素可以自由流动"基础之上，Carlos 讨论了多限制条件的国际要素价格和货物价格均等化问题，除去对贸易的商品和要素的规定，假设前提中还对技术水平做了限制，主要探讨的则是可以进行国际贸易的货物和可自由流动的要素的数量应该怎样才能达到要素和货物的价格均等化，Carlos 证实了 Mundell 货物贸易和要素流动完美替代的论断过于武断，只是可贸易或自由流动的货物和要素数量组合中的一种②。

虽然存在质疑，但是 Mundell 的替代性理论仍旧影响了后来研究"货物贸易和服务贸易关系"的经济学家。Melvin（1989）沿用 H – O 方法，限制存在一种不可贸易的商品，那么如果要素服务贸易和商品贸易同时存在，关税和配额的实施将会在不产生福利下降的情况下减少货物贸易额③。Melvin 发现在服务贸易上存在顺差的国家必然存在货物贸易方面的逆差，服务出口国在货物贸易上出现逆差，这反映了服务部门的比较优势。Melvin 已经证实了货物贸易和要素贸易同时存在的情况下，将关税要素考虑进来，服务贸易和货物贸易替代关系的存在性。但是施加关税不仅会对贸易数量产生影响，还应考虑关税对产品质量的影响，如果关税的施加使得贸易中充斥了很多低价低质的商品，则构成倾销；如果关税的施加使得贸易中商品质量提高，则有助于福利的改进。但是若在衡量贸易市场的贸易时，只考虑贸易额而忽视对产品质量的界定，则所谓"贸易量"大增的国家很可能采取反倾销措施，这样不仅不利于生产力的进步，情况严重时还可能导致两国交恶，贸易往来断绝④。

如果进一步放松 Mundell 模型中部门间资本流动的假定，货物贸易

---

① Inada, Ken – Ichi., "The Production Coefficient Matrix and the Stolper – Samuelson Condition", *Econometrica*, 1971 (39), pp. 219 – 239.

② Carlos Alfredo Rordiguez, "International Factor Mobility, Nontraded Goods, and The International Equalization of Prices of Goods and Factors", *Econometrica*, 1975, 43 (1).

③ J. R. Melvin, "Trade in Producer Services: A Heckscher – Ohlin Approach", *Journal of Politics*, 1989.

④ Slobodan Djajic, Henryk Kierzkowski, "Goods, Services and Trade", *Economica*, 1989, 56 (221), pp. 83 – 95.

和要素流动之间的替代关系则取决于要素密集度的假定。若进口竞争部门密集使用可以在国际上自由流动的要素——资本要素，则货物贸易和要素流动之间是替代关系。如果出口部门密集使用可以在国际上自由流动的要素——资本要素，则对货物贸易和要素流动中任意一种贸易进行限制，不仅不会提高另外一种贸易的贸易量，还会抑制另外一种贸易的发生[1]（Peter Neary，1995）。再进一步，如果将要素禀赋理论与垄断竞争理论结合起来，在规模经济下探索规模经济、要素市场、货物贸易和服务贸易之间的一般均衡，这种情况下商品的比较优势不仅取决于相对资本密集度，更取决于服务的数量和技术水平，货物贸易和服务则是明显的替代关系[2]（Chales van Marrewijk，Joachim Stibora，Albert de Vaal，Jean – Marie Viaene，1996）。

也有将异质性企业理论加入来讨论货物贸易和服务贸易的关系的。相比较而言，出口企业规模更大，生产率更高，工人工资也更高，企业也更偏于资本密集型和技术密集型。出口企业随着一国国际贸易参与度的上升，受益也最多[3]（Bernard，Jensen，Redding，Schott，2007）。相较于只出口商品的公司，出口服务而不出口商品的公司规模虽然较小，但是生产率更高，技术密集度更高，工资水平也更高，更可能成为外国控股或者跨国公司的一部分，所以市场存活率也更高些[4]。

二 互补关系

货物贸易和服务贸易存在互补关系，是指一种贸易的发生会促使另外一种贸易的发生，表现在数量上就是一种贸易的发生促进了另外一种贸易的贸易额的增加；表现在收益上就是一种贸易的发展促进另外一种贸易生产力的进步，贸易竞争环境发生改变等。

---

[1] Peter Neary J., "Factor mobility and International Trade", *The Canadian Journal of Economics*, 1995 (28).

[2] Marrewijk, Charles Van, J. Stibora, and A. D. Vaal, "Services Tradability, Trade Liberalization and Foreign Direct Investment", *Economica*, Vol. 63, No. 252, 1996, pp. 611 – 631.

[3] Andrew B., Bernard J., Bradford Jensen, Stephen J., Redding, Peter K. Schott, *Firms in International Trade*, NBER working paper in http：//www.nber.org/papers/w13054, 2007.

[4] Breinlich H., Criscuolo C., "International Trade in Services: A Portrait of Importers and Exporters", *Journal of International Economics*, 2011, 84 (2), pp. 188—206.

Mundell 虽然证实了最终产品贸易和要素流动的替代性，但是由于模型的严格前提假定，必然导致模型结果在实际生活中的不适应性。若将 H-O 模型中技术相同和消费者偏好无差异两个假定放松，同样的模型分析却得到最终产品贸易与要素流动互补的结果。当然，技术差异并不必然导致货物贸易与要素流动的互补，这种互补性存在的前提条件是贸易过程中，初始的资本外流产生了对进口的超额需求及可贸易商品的过度供给[①]（Purvis，1972）。

随着国际贸易理论的发展，经济学中出现一些新的经济现象，比如产业内贸易的增多及要素禀赋相似的国家间贸易的增多，这使得经济学家在假定国际贸易不是由于要素禀赋差异而展开的前提下来分析新形势下的国际贸易问题。在要素比例模型中，要素贸易和货物贸易是相互替代的，而如果脱离了要素禀赋论的分析框架，那么要素贸易和货物贸易是互补的。Markusen 认为这个结果存在的假定前提是不考虑全球技术差异，而且进行贸易的国家间只存在细微的技术差异。在 Markusen 的研究基础上，Svensson（1982）假定要素的所有者不能跨国流动，只能待在本国，要素所有者通过雇佣外国要素获得收入并在自己国家消费，这种假定前提下，针对货物贸易和服务贸易的关系的研究认为：货物贸易和要素贸易是替代性或者互补性取决于贸易和非贸易的要素是合作的还是非合作的[②]。总之，对于要素禀赋差异和要素技术差异所引起的贸易，只要贸易的要素和非贸易的要素是合作的，那么货物贸易和要素贸易就是相互替代的；而在要素技术差异所引起的国际贸易的情况中，货物贸易和要素贸易的关系还取决于对可贸易要素的需求弹性[③]。

1985 年，Markusen 进一步将技术变量差异引入 H-O 模型来解释由于国际技术差异所导致的货物贸易和要素流动间的关系，结果显示，在两个前提条件下货物贸易和服务贸易相互替代，这两个前提条件为：贸易的要素和非贸易的要素是合作的，而且对要素贸易的需求是非弹性

[①] Douglas Purvis D., "Technology, Trade and Factor Mobility", *The Economic Journal*, 1972, 82 (327), pp. 991-999.

[②] Lars Svensson E. O., Factor Trade and Goods Trade. NBER Working Paper, 1982.

[③] James R. Markusen, Lars Svensson E. O., "Trade in Goods and Factors with International Differences in Technology", *International Economic Review*, 1985, 26 (1), pp. 175-192.

的。这就进一步证实了 Svensson 的理论。但是由于 Markusen、Svensson 的研究都假定国际贸易是由外生变量决定的,所以在这种假设前提下得出的结论存在一定的局限性。

Burgess 指出小国服务贸易自由化受益与否取决于贸易的服务要素与其他已经征税的要素是互补的还是替代的。如果服务要素的注入使得本国经济需要更多的特定货物,则服务贸易自由化隐含潜在收益,这种情况下服务贸易自由化将使劳动力转移到货物部门,增加货物贸易部门的就业量,并增加货物贸易额。服务贸易与货物贸易是互补关系。而当服务要素的注入使得本国经济对货物的需求减少,服务贸易的自由化使得服务贸易自由化将货物部门的劳动力吸引至服务要素部门,减少服务部门的就业,服务贸易和货物贸易则是替代的,这种情况下服务贸易自由化隐含开放成本[1]。

与 Markusen、Svensson 对技术变量的假定相同,Robinson、Zhiwang、Martin(2002)在此基础上将贸易保护引入 CGE 模型,假定技术转移只是单一由发达国家流向发展中国家,这种情况下的模型分析显示:服务部门的贸易自由化不仅直接影响世界服务的生产和贸易,同时对经济的其他部门产生重要的影响。货物贸易和服务贸易是相互替代的还是互补的,主要取决于服务部门和其他部门的前后联系。从前向联系上来说,虽然服务贸易只占服务部门的一小部分,但是服务贸易部门受到很大的贸易限制。如果服务贸易自由化,发展中国家可以向发达国家出口服务获取收受益,发达国家则由于获得进入发展中国家制造业市场的权限而获得潜在收益,这样看来货物贸易和服务贸易是替代的。从后向联系上来说,随着贸易壁垒的减少,服务的生产和出口扩张,需要很多其他产品作为中间投入,客观上增加了其他产品的需求。这种情况下服务贸易自由化后服务贸易和货物贸易是互补的[2]。

在服务贸易和货物贸易是互补的情形中,可以将服务贸易中的服务看成中间商品。而如果将"服务作为中间投入品"建立贸易模型,服

---

[1] David F. Burgess, "Is Trade Liberalizition in the Service Sector in the National Interest?", *Oxford Economic Papers*, 1995, 47 (1), pp. 60–78.

[2] Robinson S., Wang Z., W. Martin, "Capturing the Implications of Services Trade Liberalization", *Economic System Research*, 2002, 14 (1), pp. 3–33.

务贸易自由化的分析结果比货物贸易自由化收益更高，因为服务贸易自由化不仅可以降低贸易的最终产品的生产成本，改进经济发展的基础结构，还可以促进货物贸易发展，实现服务贸易国的帕累托最优，提高服务贸易国的福利水平（Burgess，1990）。Aaditya、Rathindran、Subramanian（2006）在 Burgess 研究的基础上将世界上主要服务出口国都考虑在内来探讨服务贸易自由化对贸易和经济增长的影响。虽然得出和 Burgess 一样的结论，服务贸易自由化不仅能提高服务出口国的福利水平，而且能促进货物贸易的发展。但是 Aaditya 认为这主要是由于要素自由流动所导致的规模收益的结果[1]。Francois（2005）则进一步证实：服务部门集中度越高，货物贸易量越低；服务贸易越开放，货物贸易总量越高[2]。

也有学者将分工理论与国际贸易理论结合起来，如果将分工理论与货物贸易和服务贸易结合起来考虑贸易自由化收益，由于管制和限制阻碍了国家服务贸易，使得服务的成本可能更大，服务贸易的自由化可以同时刺激货物和服务生产的分工和专业化，进而从更长远的角度去促进国际贸易，提高贸易利得[3]。随着服务贸易的自由化，服务外包成为除外国直接投资之外的服务贸易的主要形式，如果将"服务外包"作为服务贸易的主体，服务贸易自由化将同时刺激货物贸易和服务贸易，导致全球贸易的多样性[4]。

将静态的服务贸易自由化的收益动态化，结果与静态中贸易自由化中货物贸易和服务贸易的关系也存在不同。静态中货物贸易和服务贸易自由化的效果是一样的；而从动态的角度来说，相较于货物贸易，开展服务贸易存在的外部效应，通过技术外溢可以促进技术的创新与变革，

---

[1] Mattoo A., Rathindran R., Subramanian A., "Measuring Services Trade Liberalization and Its Impact on Economic Growth: An Illustration", *Journal of Economic Integration*, Vol. 21, No. 1, 2006, pp. 64 – 98.

[2] Joseph Francois F., Services, Scale, and the Division of Labor. Oxford Economic Papers, New Series, 1990, 42 (4), pp. 715 – 729. Market Structure in Services and Market Access in Goods, NBER Working Paper.

[3] Alan V. Deardoff, "International Provision of Trade Services, Trade and Fragmentation", *Review of International Economics*, 2001, 9 (2), pp. 233 – 248.

[4] Nordås Hidegunn Kyvik, "Trade in Goods and Services: Two Sides of the Same Coin?", *Economic Modelling*, Vol. 27, No. 2, 2010, pp. 495 – 506.

提高服务产品的产量和质量，促进生产率的提高，并扩大产品的差异性，从而促进货物贸易的技术化发展（Mattoo、Rathindran、Subramanian，2001）。

随着研究的深入，经济学家在探讨货物贸易和服务贸易的关系时，将进口的服务分为在可贸易的商品部门密集使用的服务和在不可贸易的商品部门密集使用的服务。通过对 1992—2000 年美国 30 个贸易伙伴的面板数据使用工具变量法进行估计，实证结果显示货物贸易和服务贸易是替代关系还是互补关系主要取决于密集使用进口服务的部门属性。如果是可贸易的商品部门密集使用进口服务，此时服务贸易促进货物贸易的发展；若是不可贸易的商品部门密集使用进口服务，则服务贸易对货物贸易产生替代作用。

三 非相关关系

货物贸易和服务贸易非相关是指货物贸易的发展和服务贸易的发展互相不影响，没有任何的关联性。对这方面的研究相对很少，Hoekman（1989）研究认为，货物贸易和服务贸易存在三种关系：互补、替代及非相关关系[1]。这种对服务贸易的分类法中，第三种关系包括的服务部门主要有银行业、房地产业、电信业、信息技术业和旅游业。而 Hoekman 对于货物贸易和服务贸易关系的认识来自加拿大政府 1982 年的一份报告，这份报告中将包含服务的货物作为一个单独的分类，但是并没有区分货物这一分类中所涉及的服务[2]。

事实上，这种非相关关系中所指的货物贸易和服务贸易是一种特殊的贸易，主要是公共产品和公共服务的贸易。公共产品，是与私人产品相对立的一种具有特定性质的产品。公共服务主要涉及集体服务和公共服务。集体服务是指一种服务的生产过程可以同时满足多个经济体消费并从中受益，比如说交通运输服务、教育服务等，当然这种服务有时可能由于消费者群体的过度拥挤使得每个人的福利受到扭曲；略微不同于

---

[1] Hoekman B. M., Stern R. M., "Evolving Patterns of Trade and Investment in Services: Conference on Research in Income and Wealth", Michu Depte Ressie, 1989.

[2] Stern, Robert M., and Bernard Hoekman, "Conceptual Issues Relating to Services in the International Economy", *Pacific Focus*, Vol. 3, 2008, p. 5 – 23.

集体服务，公共服务是由政府作为提供者即"生产者"，而不需要消费者参与的一种服务贸易，这种服务的主要目的是防止经济体中的个人或整个经济体受到盗窃、火灾或恐怖袭击等的侵害，无论经济体中的个体有没有意识到或者经济体中的个体需不需要这种服务，事实上经济体中的个体每天都在消费这种服务[①]。萨缪尔森在《经济学》一书中阐释公共产品的概念时，举的例子包含基础设施、环境保护、国防和国家安全、教育和科研、交通设施等，可见其在分析公共产品的过程中并未对公共产品和公共服务做出严格区分。

公共产品的本质特征是"集体消费性"，经济体中单个经济体对产品的消费所产生的效用并不随着消费同一产品的经济体数量的增加而有所减少[②]，这主要说明的是公共产品的非竞争性。公共产品的另一个重要特点是非排他性，这主要体现在针对公共产品的消费，任何人无法阻止集体中的任一个体的消费[③]。而且公共产品存在外部性。所谓外部性，是指那些生产或消费对其他团体强征了不可补偿的成本或给予了无须补偿的收益的情形，外部性分为正外部性和负外部性。一个经济主体的经济活动导致其他经济主体获得额外的经济利益，而受益者无须付出成本，当这种经济利益是积极的收益外溢，称为正外部性；当这种经济利益是消极的额外成本，称为负外部性[④]。公共产品通常具有正外部性。

正是由于公共产品的"非竞争性"和"非排他性"及正外部性的存在，对公共产品的消费存在严重的"搭便车"现象，导致市场对公共产品的配置通常是无效率的，因此公共产品一般由政府来提供。除去资源的配置，政府还出于其他的原因提供公共产品，比如出于国防安全等原因。

所以公共产品和公共服务的贸易直接由政府外生决定了，两者之间

[①] Hill T. P., "On Goods and Services. Review of Income and Wealth", *Series* 23（4），1977.

[②] Paul A. Samuelson, "The Pure Theory of Public Expenditure", *The Review of Economics and Statistics*, 1954, 36（4），p. 387.

[③] Mancur Olson, *Logic of Collective Action: Public Goods and the Theory of Groups*. Cambridge: Harvard University Press, 1965, p. 14.

[④] 曼昆：《经济学原理》，生活·读书·新知三联书店、北京大学出版社 1999 年版。

并没有什么直接的关联，简言之，这种情况下货物贸易和服务贸易是无关的。

四 协调发展关系

货物贸易和服务贸易要实现协调发展，简单从数量来说就是要实现货物贸易和服务贸易的一致性发展，尽量避免顺差逆差过大；从货物贸易和服务贸易互动机制上来说就是利用服务贸易提高货物贸易的技术含量并降低货物贸易的成本；利用货物贸易为服务贸易创造市场，进一步促进服务贸易的发展，二者相互促进，协调发展。

直接从贸易互动的角度看对外贸易的均衡发展问题，则货物贸易和服务贸易协调发展的理论其实是对货物贸易和服务贸易"互补性"关系的补充说明。可以说"货物贸易和服务贸易协调发展"是"货物贸易和服务贸易互补性关系"的扩展，更深层次地从两者互动的角度来考虑货物贸易和服务贸易之间的关系及一国的对外贸易，完善发展了货物贸易和服务贸易关系的理论。

Jones 和 Kierzkowski（1990）是首先对货物贸易和服务贸易协调发展做出解释的经济学家。通过将区位理论和服务链理论与货物贸易和服务贸易的发展联系起来，在阐释服务链和生产国际化的关系过程中，解释了货物贸易和服务贸易的互动协调发展机制，并从理论上证实了货物贸易和服务贸易协调发展的可实施性。从区位理论和服务链理论来看，由于全球经济一体化，生产性服务贸易的服务链就可以通过跨国公司由世界上的不同国家提供，积极有效的生产性服务链带动了服务贸易的飞速发展。而反过来，由于金融、交通运输以及电信等服务业生产技术的创新提升，加快了全球跨国公司的发展，使得服务贸易国在促进生产的分散化过程中，最大化地发挥自身的比较优势，降低了生产性服务链的成本，从而以跨国公司或产业内贸易的形式促进货物贸易的发展[1]。

通过分工，各国专业生产自己具有最大比较优势的产品，整个世界

---

[1] Jones R., Kierzkowski H., The Role of Services in Production and International Trade: A Theoretical Framework, in *The Political Economy of International Trade*, Basil Blackwell Inc., 1990, pp. 31–48.

经济具有更高效的生产率,服务贸易对货物贸易的促进正是从分工的角度展开。由于国际要素价格差异和技术差异的存在,国际分工存在巨大激励,服务贸易自由化减少了贸易的距离限制、消除了固定成本、缩短了贸易国间的经济距离、减少了贸易摩擦,节约了时间成本、管理成本及"red tape cost",还同时提高了生产者剩余和消费者剩余,这使得服务贸易自由化不仅能刺激货物贸易和服务贸易生产的专业化,还可以从更长远的角度增加国际贸易并提高贸易收益[1]。

当从双边贸易的角度来考虑经济体之间货物贸易和服务贸易的协调发展的关系的时候,双边服务贸易和双边货物贸易表现出良好的互动性。双边货物贸易对双边服务贸易的解释度为1,对等地,双边服务贸易增加10%引起双边货物贸易增加4.6%[2](Carolina Lennon,2009)。

我国有很多学者对"货物贸易和服务贸易协调发展"关系做出解释。夏晴[3](2004)是首个对"对外贸易协调发展"做出研究的学者。在分析了中国货物贸易顺差和服务贸易逆差的现状后,夏晴从货物贸易的可持续发展和服务贸易的后发优势两方面探讨了对外贸易协调发展的必要性,并简要分析了货物贸易和服务贸易协同发展的可行性:货物出口对服务出口有显著的拉动作用,而服务贸易能促进货物贸易的发展。最后从服务贸易和对外贸易的整体角度指出我国要实现货物贸易和服务贸易的协同发展的思路。曲凤杰[4](2006)则从更宏观的角度分析了制约服务贸易发展的国内国际因素,并指出我国对外贸易存在一个严重的问题:货物贸易和服务贸易脱节,联动效应不明显。在认识到服务业对于经济发展,服务贸易对于对外贸易发展的重要作用后,他认为优化对外贸易结构,促进货物贸易与服务贸易协调发展应当一步步推进,首先大力发展服务贸易;其次通过服务贸易促进货物贸易的转型升级。陈

---

[1] Deardorff A. V.,"International Provision of Trade Services, Trade, and Fragmentation", *Review of International Economics*,2001,9(2),pp.233-248.

[2] lennon C., Trade in Services and Trade in Goods: Differences and Complementarities. Working Paper in NBER,2009.

[3] 夏晴:《论货物贸易与服务贸易的协同发展》,《国际贸易问题》2004年第8期。

[4] 曲凤杰:《优化结构与协调发展——发展服务贸易与转变我国外贸增长方式的战略措施》,《国际贸易》2006年第1期。

华、姜晓华[1]（2008）着重从发展水平这一方面描述了货物贸易与服务贸易不协调发展的现状，进而提出政策建议。从这篇文章可以看到国内学者对于货物贸易和服务贸易不协调发展的建议大都是围绕着大力发展服务贸易而展开，但是事实上，我国的货物贸易的发展也存在很多问题，货物贸易和服务贸易的协调发展并不仅仅是发展好了服务贸易，同时服务贸易结构优化了，对外贸易就能自动协调发展了。

同样研究货物贸易和服务贸易二者之间的关系，庄丽娟、陈翠兰[2]（2009）提出一种新的观点，认为二者之间的这种动态关系取决于经济发展所处的阶段。她们认为经济阶段可以分为工业化初级阶段、工业化中级阶段和工业化高级阶段。在工业化初级阶段，货物贸易顺差而服务贸易逆差，货物贸易对服务贸易的替代比较明显；在工业化中级阶段，服务贸易开始发展，货物贸易和服务贸易的协调发展处于萌芽阶段；在工业化高级阶段，服务贸易顺差而货物贸易可能出现逆差。要正确认识我国所处的经济阶段，才能针对货物贸易和服务贸易的关系做出正确的决策，更好地促进对外贸易协调可持续发展。陆锦周、汪小勤[3]（2009）的研究更具体、更微观，将货物贸易和服务贸易不协调发展具体细化为三个方面的表现，将以前学者对于不均衡增长的表现由发展水平扩展到发展速度两个方面，具体使用增长速度、贸易结构和趋同性三个指标。用服务贸易增长速度减去货物贸易增长速度来衡量对外贸易增长速度，用服务贸易额与货物贸易额之比来度量贸易结构，趋同性的考察使用了人均贸易额和贸易比值两个指标。其中贸易结构和贸易比值都使用了加权和不加权两种方法，加权所采用的方法是用贸易额比产业产值，具体来说，对数据所做的处理是将服务贸易额除去第三产业产值，而将货物贸易额除去第一产业与第二产业产值之和。使用大量数据，将全部国家分为发达国家与发展中国家，实证分析的结果显示，虽然货物

---

[1] 陈华、姜晓华：《基于和谐的货物贸易与服务贸易协调发展研究》，《国际服务贸易评论》，2008年第2辑。

[2] 庄丽娟、陈翠兰：《我国服务贸易与货物贸易的动态相关性研究——基于脉冲响应函数方法的实证分析》，《国际贸易问题》2009年第2期。

[3] 陆锦周、汪小勤：《全球服务贸易与货物贸易发展的协调性分析》，《国际贸易问题》2009年第3期。

贸易和服务贸易的协调发展是可能的，但是实际上，一些区域对外贸易的不协调在加剧。

由于货物贸易与服务贸易协调发展的文献大都是采用理论分析的角度，少有定量测度，逯宇铎、戴美虹[①]（2013）创造性地使用物理学中的"钟摆原理"来分析二者的协调性，采用灰色聚类评估方法，通过服务贸易额与货物贸易额的比值，分别测度了中国2006—2011年对外贸易失衡的程度，实证分析的结果显示，出口流向中，货物贸易和服务贸易失衡现象较严重，比例高达75.32%；进口流向中，失衡程度仅为13.49%。值得说明的是，在这篇文章中，首次提出一个概念，即货物贸易和服贸易协调发展概念，作者认为货物贸易和服务贸易之间是一个动态演进的变化过程，但是这个发展的过程存在一个内部稳态点，这个内部稳态点即为货物贸易与服务贸易协调发展的平衡点。但遗憾的是，作者并未就这个平衡点做出具体说明，只是泛泛而谈。而张艳、于立新、孟翡[②]（2015）使用贸易双顺差省份——浙江作为研究对象，认为民营经济主导的贸易模式和发展迅速的货物贸易是发展服务贸易、促进对外贸易协调发展的一种模式。但是该研究仅仅以货物贸易和服务贸易的双顺差作为对外贸易协调发展的表现，同时实证分析验证的是货物贸易、经济发展水平、外商直接投资和私人投资联合对服务贸易的影响，仍然只是从促进服务贸易的角度来论证对外贸易的协调发展。

第三节　促进货物贸易与服务贸易协调发展的政策探讨

一　加深自由化程度，特别是服务贸易自由化的发展

经济危机时期，货物贸易额大幅下降，而服务贸易中只有运输、相关金融服务、旅游服务业出现萎缩，类似商务服务、专业化服务、技术

[①] 逯宇铎、戴美虹：《中国服务贸易与货物贸易发展是否有失协调？——基于中国与28—30个国家经济体的比较研究》，《国际服务贸易评论》2013年第7辑。

[②] 张艳、于立新、孟翡：《促进我国服务贸易与货物贸易协调发展的路径研究——基于浙江省经验的实证分析》，《财贸经济》2015年第1期。

性服务贸易额不仅没有下降,还在增长。中国、巴西、非洲等国家和地区专业化出口货物、运输服务及旅游服务,印度则专业化出口外包、信息技术服务,这使得印度在金融危机中的损失程度小于前几个国家和地区。这说明了服务贸易弹性好,政策上提示要进一步加深贸易自由化,尤其是服务贸易的自由化,并加强本国服务贸易的发展,调整货物贸易和服务贸易发展比例,使国家对外贸易的抗危机能力更强[1]。专门出口服务的国家可以利用服务贸易来抵抗国际经济中的短期或长期的经济冲击;而以货物贸易为主的贸易国则应当货物贸易和服务贸易并重来规避国际贸易风险,增强对外国经济的抵抗力[2]。

进一步来说,服务贸易自由化对发展中国家和发达国家有不同的政策启示。发展中国家认为发达国家是通过服务贸易自由化来消除潜在的货物贸易壁垒,但即使发达国家已经具有服务上的比较优势,服务贸易自由化及随之而来的更专业化的劳动分工收益却是发达国家与发展中国家共享的,而且这种服务贸易收益会进一步刺激货物贸易的发展。发展中国家不应只计较当前情况下货物贸易收益与服务贸易损失之间的差距,而是应积极加入规则的制定中,防止发达国家制定更多符合它们的出口政策,而非基于更平等、更合适原则而订立一般性原则[3]。事实上服务贸易自由化中,贸易壁垒最高的国家受益最多[4]。若发达国家想在发展中国家金融服务等方面取得更大进入权,则必须在本国农业、纺织业等符合发展中国家利益的部门的反贸易保护中做得更多[5]。

二 国家:营造良好环境,进一步促进对外贸易发展

一方面,由于服务的进出口会产生不同的效果,因此如果政策实施

---

[1] Borchert I., Mattoo A., "The Crisis-resilience of Services Trade", *The Service Industries Journal*, 2010, 30 (13), pp. 2115–2136.

[2] Ariu A., "Services Versus Goods Trade: Are They the Same?", Working Paper in NBER, 2012.

[3] Bhagwati, Jagdish N, "Trade in Services and Multilateral Trade Negotiations", *The World Bank Economic Review*, No. 14, 1987, p. 549–569.

[4] Verikios G., Zhang X., "Liberalising Trade in Financial Services: Global and Regional Economic Effects", *Journal of Economic Integration*, 2003, pp. 307–335.

[5] Harms P., Mattoo A., Schuknecht L., "Explaining Liberalization Commitments in Financial Services Trade", *Review of World Economics*, 2003, 139 (1), pp. 82–113.

的首要目标是刺激出口，那么实证分析的结果显示服务贸易自由化完全有合理的理由；另一方面，在其他国家还未开放之前就开放某些特定服务业是很合理的。而且在刺激出口方面，较之于金融服务，商务服务贸易自由化收益更高[1]。虽然货物贸易和服务贸易的主体除国家外，还包括参与贸易的企业与跨国公司，但是制定贸易政策的主体是国家和政府。

由于贸易是一个逐渐的两步走的过程，第一步首先需要大力发展本国相关产业；第二步才是本国贸易的国际化[2]（Reid，Ann，1985）。所以说要实现贸易的终极进程——贸易的协调发展，首先应该努力做好本国制造业和服务业的发展，重点是对政府管制进行改革，打破本国货物业和服务业方面的垄断，实现贸易政策的转变，增强对外贸易的国际竞争力[3]（Sapir，1988）。

对于国家和政府来说，服务贸易自由化代表着一种可能的边际调整，使全球货物贸易和服务贸易失衡状况在得到改善的同时，不会造成美元的贬值。这意味着如果国家或政府相信制造业自由化和服务贸易的自由化会造成国家对外贸易的不对称发展，那么对于存在货物贸易赤字的国家，即在货物贸易方面进口大于出口的国家，比如美国、德国等国家，可能提出并实施"重返制造业"的计划[4]。而且在实现贸易自由化、促进对外贸易的发展方面，政府扮演着更加重要的角色，除去制定政策消除贸易壁垒外，在贸易伙伴之间实施更友好的贸易政策，比如在双方交易结束时改善供应链关键环节的基础设施建筑，放松贸易特别是

---

[1] Cebula R., Mazumdar J., Nairreichert U., "US Trade and Access to Trade Facilitating Services in Partner Countries: An Empirical Analysis", *Journal of Electronic Imaging*, 2011, 26 (3), pp. 411 – 432.

[2] Reid, Ann, Trade in Telecommunications Services: The Current Institutional Framework and the Potential for Change. Committee for Information, Computer and Communications Policy, ICCP (85) 12, OECD, Paris, 1985.

[3] Andre Sapir, International Trade in Telecommunications Services. NBER Working Paper, 1988.

[4] Barattieri A., "Comparative Advantage, Service Trade, and Global Imbalances", *Journal of International Economics*, 2014, 92 (1), pp. 1 – 13.

服务贸易监管等，都会进一步促进对外贸易的发展①。

三 贸易部门：差异化开放政策

由于服务贸易含有约 168 个部门，分为四种不同的贸易模式，因此在服务贸易自由化协商谈判过程中，针对不同的服务部门要有不同的条款规定，而且不同的服务贸易模式会对国家产生不同的福利效果②。文化（信息）、信任与合同执行度、网络普及率、居民受教育水平、劳动管制等对服务贸易的影响大于货物贸易，但是科技的发展使得距离远近对服务贸易的限制越来越小。

几乎对所有的国家来讲，较之于货物部门等其他部门，服务部门受到更多的政府管制，通常认为由于服务的特性，这种管制更有助于达到最佳经济效率或实现其他宏观目标。政府出于保护消费者的目的对本国服务市场实行管制，这不仅影响本国服务提供商，还会辐射到外国服务提供商，影响其商业存在建立权的取得或者享受国民待遇③。正因为服务贸易受到更多的约束和限制，这也使得服务贸易自由化的收益远远大于货物贸易。但是如果忽视服务部门的市场结构，在边际部门是不完全竞争的状况下采取降低关税、提高市场准入所获得的收益可能存在高估现象④。降低进入门槛和外商提供服务的成本等，这些降低贸易壁垒的管制改革都将刺激投资，扩大产出，同时提高就业。而在减小经济增长的波动性、降低失业率、减少政府债务避免财政赤字等方面，服务贸易的自由化是关键⑤。

GATS 定义了服务贸易壁垒的两种形式：市场进入和国民待遇，这两种形式中市场进入限制了所有公司商业存在的建立和随后的市场操

---

① Lennon, Carolina, Daniel Mirza, and Giuseppe Nicoletti, "Complementarity of Inputs across Countries in Services Trade", *Annals of economics and statistics*, 2009, pp. 161–182.

② Marrewijk C. V., Vaal A. D., "Services Tradability, Trade Liberalization, and Foreign Direct Investment", *Economica*, 1996, 63 (252), pp. 611–631.

③ Sapir, Andre, "International Trade in Telecommunications Services." ULB Institutional Repository, 1988, p. 231–246.

④ Francois, Joseph, and I. Wooton, "Market Structure in Services and Market Access in Goods", Cepr Discussion Papers, 2005.

⑤ Karam F., Zaki C., "Trade Volume and Economic Growth in the MENA Region: Goods or Services?", *Economic Modelling*, 2015, 45 (C), pp. 22–37.

作，而国民待遇则限制了外国企业商业存在的建立和随后的市场操作。对于金融服务贸易来说，歧视性的国民待遇比市场准入对其影响更大。而服务贸易壁垒越大的地区，服务贸易自由化收益越高，可能的政策启示是对于金融服务部门的开放来说，重点应从市场准入转向国民待遇[1]。

不同于货物贸易，电信服务贸易自由化的收益可以在不同规模的国家之间近乎平均分配，这使得小国在服务贸易自由化中相对于大国收益更多。电信服务的外部性也决定了不同于货物贸易的最优关税理论，在电信服务贸易领域的不合作可能招致更极端的贸易报复。作为促进服务贸易发生的基石，要促进电信行业的发展就要打破本国服务和设备领域的垄断而非制定新的国际规则，这是促进服务贸易、增强国家竞争力的关键[2]。

而对于海运部门来说，虽然单边政策可以消除一定程度上的贸易限制，但是必须要同时利用 GATS 来实现双边贸易自由化的承诺。大国和小国的同一部门贸易自由化进程也是不一致的，大国可以直接实行竞争性政策来打破国内垄断问题，而小国在实施政策过程中必须要同时借助外部的力量才能达到预期政策效果。政策启示是，要实现部门贸易自由化，打破本国相关行业的行业垄断的效果优于实施特定的贸易自由化政策[3]。

考虑不同的市场结构情况，政策模拟效果显示，市场细分的政策效果优于市场一体化下的政策效果，而在交通成本很低的情况下，自由开放的市场政策效果差于固定数量的企业的效果[4]。要促进货物贸易和服务贸易的协调发展，充分发挥服务贸易对货物贸易的结构优化作用，就

---

[1] Verikios G., Zhang X. G., "Liberalising Trade in Financial Services: Global and Regional Economic Effects", *Journal of Economic Integration*, 2003, 18 (2), pp. 307 – 335.

[2] Bhattarai K., Whalley J., "The Division and Size of Gains from Liberalization in Service Networks", *Review of International Economics*, 1998, 14 (3), pp. 348 – 361.

[3] Fink C., Mattoo A., Neagu I. C., "Trade in International Maritime Services: How Much does Policy Matter?", *The World Bank Economic Review*, 2002, 16 (1), pp. 81 – 108.

[4] Markusen, James R, and A. J. Venables, "Trade Policy with Increasing Returns and Imperfect Competition: Contradictory Results from Competing Assumptions", *Journal of International Economics*, Vol. 24, No. 3, 1992, pp. 299 – 316.

要扩大生产性服务贸易部门的技术投资,以将规模递增效应发挥到最大;同时积极促进服务贸易的基础服务部门与基础设施部门的协调外溢作用,最重要的是要充分利用货物贸易的巨大市场为新兴服务贸易提供市场,同时利用新兴服务贸易促进货物贸易的转型发展,正确引导新兴服务贸易的发展[1]。

总之,服务出口国通常都存在货物贸易逆差。这种货物贸易逆差不应当被看作对外贸易存在的问题,而是一国服务部门具有比较优势的体现。对资本密集型出口部门进行税收补贴的效果和对其征收优惠关税的效果是相同的,而对出口商进行补贴和对进口商进行补贴最终效果是一样的,但这两种情况都会降低贸易利得,同时恶化贸易条件。因此关税减免可能增加货物贸易额,但是不会产生福利变化[2]。

第四节 结论与评析

目前全球贸易的不平衡在加剧,经济发展中贸易的不平衡性进一步促进了经济学家从理论上去探讨贸易的不平衡,及贸易中货物贸易和服务贸易的关系,以求找出货物贸易与服务贸易协调发展的路径,制定适宜的贸易政策来确保货物贸易和服务贸易互相促进,均衡发展。

第一,目前贸易发展的不平衡性主要表现在贸易总量差额、发达经济体和发展中经济体贸易规模差额、主要贸易国贸易差额三个方面。从理论上来看,对于货物贸易与服务贸易关系的研究基本形成四种结论:货物贸易和服务贸易是"替代关系";货物贸易和服务贸易是"互补关系";货物贸易和服务贸易是"非相关关系";货物贸易和服务贸易是"协调发展关系"。由于公共产品的属性,公共产品和公共服务这两种贸易之间是"非相关关系",除此之外的货物贸易和服务贸易之间都可能存在"替代关系"和"互补关系",而这种"替代关系"和"互补关系"可能取决于进口服务的部门属性,也可能取决于可贸易的要素

---

[1] 裘莹、于立新:《"互联网+"新业态促进中国服务贸易与货物贸易协调发展研究——基于浙江省的经验》,《宏观经济研究》2015 年第 12 期。

[2] Melvin, James R, "Trade in Producer Services: A Heckscher - Ohlin Approach", *Journal of Political Economy*, Vol. 97, No. 5, 1989, pp. 1180 – 1196.

和不可贸易的要素之间是否是合作关系。随着贸易可持续的发展，货物贸易和服务贸易的"协调发展"成为发展的主要方向，这种"协调发展"的关系是建立在两者"互补关系"基础上更高层次的结构优化和高度化。

第二，已有研究主要针对的是"替代关系"和"互补关系"，对于"非相关关系"和"协调发展关系"的研究相对较少。现存对于"货物贸易和服务贸易的协调发展"问题最大的一个局限是：未有学者对此做出明确定义，多数学者仅仅从对外贸易的发展水平、发展速度做出说明。因此形成了两个明显的误区：一是有些学者认为将货物贸易和服务贸易的"双顺差"作为对外贸易协调发展的表现很合理；二是认为只要发展了服务贸易就自然能促进货物贸易和服务贸易的协调发展。但是长期的对外贸易顺差会造成外汇顺差，造成本国货币发行量过多，容易造成通货膨胀，而且国家的对外贸易目标通常都是追求国际收支相对平衡，而非单一的服务贸易顺差。此外，使用不一致的货物贸易与服务贸易统计数据进行分析，可能造成模型拟合效果的误差。

第三，本章研究认为货物贸易和服务贸易的协调发展是指在货物贸易与服务贸易互相促进的基础上，达成一国贸易结构上的优化和高度化。具体而言，"货物贸易和服务贸易的协调发展"是建立在"货物贸易和服务贸易互补发展"基础之上的结构优化，既实现横向的互相促进，又达到纵向的结构优化。为此，政府一方面要营造良好的环境，进一步促进对外贸易发展；另一方面要推动服务贸易自由化，并针对不同的服务贸易采取差异化开放策略。

未来应从以下几个方面开展研究：（1）对于货物贸易和服务贸易协调度的定义与度量；（2）从微观数据的角度去探讨货物贸易和服务贸易的关系；（3）区域贸易协定等对货物贸易和服务贸易关系演进的作用等。

参考文献

[1] Mattoo, Aaditya, R. Rathindran, and A. Subramanian, "Measuring Services Trade Liberalization and Its Impact on Economic Growth: An

Illustration", *Journal of Economic Integration*, Vol. 21, No. 1, 2006, pp. 64 – 98.

[2] Ariu, Andrea. "Services Versus Goods Trade: Are they the Same?", *Cepr Discussion Papers*, 2012.

[3] Deardorff, Alan V. "International Provision of Trade Services, Trade, and Fragmentation", *Review of International Economics*, Vol. 9, No. 2, 2010, pp. 233 – 248.

[4] Andre Sapir, "International Trade in Telecommunications Services", *NBER Working Paper*, 1998.

[5] Andrew B. Bernard J. Bradford Jensen Stephen J. Redding Peter K. Schott, "Firms in International Trade", *NBER Working Paper* in http://www.nber.org/papers/w13054, 2007.

[6] Barattieri, and Alessandro. "Comparative Advantage, Service Trade, and Global Imbalances", *Journal of International Economics*, Vol. 9, No. 2, 2014, pp. 1 – 13.

[7] Hoekman, Bernard M., and R. M. Stern, "Evolving Patterns of Trade and Investment in Services : Conference on Research in Income and Wealth", *Michu Depte Ressie*, 1989.

[8] Bhagwati, Jagdish N., "Trade in Services and Multilateral Trade Negotiations", *The World Bank Economic Review*, No. 14, 1987, pp. 549 – 569.

[9] Bhagwati, Jagdish N., "Why are Services Cheaper in the Poor Countries?", *The Economic Journal* 94, 1984, pp. 279 – 286.

[10] Bhattarai, Keshab, and J. Whalley, "The Division and Size of Gains from Liberalization of Service Networks", *Social Science Electronic Publishing*, Vol. 14, No. 3, 1998, pp. 348 – 361.

[11] Borchert, Ingo, and A. Mattoo, "The Crisis – Resilience of Services trade", *The Service Industries Journal*, Vol. 30, No. 13, 2010, pp. 2115 – 2136.

[12] Breinlich, Holger, and C. Criscuolo, "International Trade in Services: A Portrait of Importers and Exporters", *Journal of International*

Economics, Vol. 84, No. 2, 2011, pp. 1 – 206.

[13] C. lennon, "Trade in Services and Trade in Goods: Differences and Complementarities", *Working Paper in NBER*, 2009.

[14] Rodriguez, Carlos Alfredo, "International Factor Mobility, Nontraded Goods, and the International Equalization of Prices of Goods and Factors", *Econometrica*, Vol. 43, No. 1, 1975, pp. 115 – 124.

[15] Cebula, Richard J., and U. Nairreichert, "US Trade and Access to Trade Facilitating Services in Partner Countries: An Empirical Analysis", *Journal of Economic Integration*, Vol. 26, No. 3, 2011, pp. 411 – 432.

[16] Vanmarrewijk, C., et al, "Producer Services, Comparative Advantage, and International Trade Patterns", *Journal of International Economics*, Vol. 42, 1997, pp. 195 – 220.

[17] Burgess, David F., "Is Trade Liberalization in the Service Sector in the National Interest?", *Oxford Economic Papers*, Vol. 276, No. 3, 1995, pp. 517 – 532.

[18] Deardorff, Alan V., Comparative advantage and international trade and investment in services. Comparative Advantage, Growth, And The Gains From Trade And Globalization: A Festschrift in Honor of Alan V Deardorff, 2015.

[19] Deardorff, Alan V., "International Provision of Trade Services, Trade, and Fragmentation", *Review of International Economics*, No. 9, 2001, pp. 233 – 248.

[20] Purvis, Douglas D., "Technology, Trade and Factor Mobility", *Economic Journal*, Vol. 82, No. 327, 1972, pp. 991 – 999.

[21] Nadel, Ernest, "International Trade and Capital Mobility." *The American Economic Review*, Vol. 61, No. 3, 1971, pp. 368 – 379.

[22] Mattoo, Aaditya, C. Fink, and C. Neagu, "Trade in International Maritime Services: How Much Does Policy Matter?", *Social Science Electronic Publishing*, Vol. 16, No. 1, 2002, pp. 81 – 108.

[23] Francois, Joseph, and I. Wooton, "Market Structure in Services and

Market Access in Goods", *Cepr Discussion Papers*, 2005.

[24] Flatters, Frank, "Commodity Price Equilization: A Note on Factor Mobility and Trade", *American Economic Review*, Vol. 62, No. 3, 1972, pp. 473 – 476.

[25] Harms, Philipp, L. Schuknecht, and A. Mattoo, "Explaining Liberalization Commitments in Financial Services Trade", *Review of World Economics*, Vol. 139, No. 1, 2003, pp. 82 – 113.

[26] Havlik, Peter, Olga Pindyuk, and Roman Stollinger, "Trade in Goods and Services between the EU and the BRICs", *WIIW Research Reports*, 2009.

[27] Nordås Hildegunn Kyvik, "Trade in Goods and Services: Two Sides of the Same Coin?", *Economic Modelling*, Vol. 27, No. 2, 2010, pp. 495 – 506.

[28] Hill, T. P., "On Goods and Services", *Review of Income and Wealth*, Vol. 23, No. 4, 1977, pp. 315 – 338.

[29] Inada, Ken Ichi, "The Production Coefficient Matrix and the Stolper – Samuelson Condition", *Econometrica*, Vol. 39. No. 2, 1971, pp. 219 – 239.

[30] Neary, J. Peter, "Factor Mobility and International Trade", *Canadian Journal of Economics*, 1995, pp. 4 – 23.

[31] Melvin, James R., "Trade in Producer Services: A Heckscher – Ohlin Approach", *Journal of Political Economy*, Vol. 97, No. 5, 1989, pp. 1180 – 1196.

[32] Francois, Joseph F., "Producer Services, Scale, and the Division of Labor", *Oxford Economic Papers*, Vol. 42, No. 4, 1990, pp. 715 – 729.

[33] Markusen, James R., "Trade in Producer Services and Other Specialized Intermediate Inputs." *American Economic Review* 79, 1989, pp. 85 – 95.

[34] Svensson, Markusen Lars E. O., "Trade in Goods and Factors with International Differences in Technology", *International Economic Re-*

view, Vol. 26, No. 1, 1985, pp. 175 – 192.

[35] Karam, Fida, and C. Zaki, "Trade Volume and Economic Growth in the MENA Region: Goods or Services?", *Economic Modelling*, Vol. 45, 2015, pp. 22 – 37.

[36] Svensson, Lars E. O., "Factor Trade and Goods Trade." *Journal of International Economics*, Vol. 16, No. 3, 1984, pp. 365 – 378.

[37] Lennon, Carolina, Daniel Mirza, and Giuseppe Nicoletti, "Complementarity of Inputs across Countries in Services Trade", *Annals of Economics and Statistics*, 2009, pp. 161 – 182.

[38] Li, Chunding, J. Whalley, and Y. Chen, "Foreign Affiliate Sales and the Measurement of Trade in Both Goods and Services", *China Economic Review*, 2015: S1043951X15000036.

[39] Mancur Olson, *Logic of Collective Action: Public Goods and the Theory of Groups*, Cambridge: Harvard University Press, 1965, p. 14.

[40] Marrewijk, Charles Van, J. Stibora, and A. D. Vaal, "Services Tradability, Trade Liberalization and Foreign Direct Investment", *Economica*, Vol. 63, No. 252, 1996, pp. 611 – 631.

[41] Mattoo, Aaditya, and R. Rathindran, "Measuring Services Trade Liberalization and Its Impact on Economic Growth: An Illustration", *Journal of Economic Integration*, No. 21, 1999, pp. 64 – 98.

[42] Krauss, Melvyn B., "Commodity Trade and Factor Mobility", *The American Economic Review*, Vol. 64, No. 4, 1974, pp. 797 – 801.

[43] Samuelson, and A. Paul, "The Pure Theory of Public Expenditure", *The Review of Economics and Statistics*, Vol. 36, No. 4, 1954, pp. 387 – 389.

[44] Samuelson, Paul A., "International Trade and the Equalization of Factor Prices", *Economic Journal*, Vol. 58, No. 230, 1948, pp. 163 – 184.

[45] R. Jones, and H. Kierzkowski, "The Role of Services in Production and International Trade: A Theoretical Framework", in *Political Economy of International Trade*, Basil Blackwell Inc, 1990, pp. 31 – 48.

[46] Reid, Ann, "Trade in Telecommunications Services: The Current In-

stitutional Framework and the Potential for Change. Committee for Information", Computer and Communications Policy ICCP, OECD, Paris, 1985.

[47] Markusen, James R., and A. J. Venables, "Trade Policy with Increasing Returns and Imperfect Competition: Contradictory Results from Competing Assumptions", *Journal of International Economics*, Vol. 24, No. 3, 1992, pp. 299 – 316.

[48] Robert A. Mundell, "International Trade and Factor Mobiliy", *The American Economic Review*, Vol. 47, No. 3, 1957, pp. 321 – 335.

[49] Lipsey, Robert E., "Measuring International Trade in Services", *National Bureau of Economic Research*, 2006, pp. 27 – 70.

[50] Stern, Robert M., and Bernard Hoekman, "Conceptual Issues Relating to Services in the International Economy", *Pacific Focus*, Vol. 3, 2008, pp. 5 – 23.

[51] Robinson, Sherman, Z. Wang, and W. Martin, "Capturing the Implications of Services Trade Liberalization", *Economic Systems Research*, Vol. 14, No. 1, 2002, pp. 3 – 33.

[52] Sampson, Gary P., and R. H. Snape, "Identifying the Issues in Trade in Services", *World Economy*, Vol. 8, No. 2, 2010, pp. 171 – 182.

[53] Sapir, Andre, "International Trade in Telecommunications Services", *ULB Institutional Repository*, 1988, pp. 231 – 246.

[54] Djajic, Slobodan, and Henryk Kierzkowski, "Goods, Services and Trade", *Economica*, Vol. 56, No. 221, 1989, pp. 83 – 95.

[55] Verikios, George, and Xiao Guang Zhang, "Liberalising Trade in Financial Services: Global and Regional Economic Effects", *Journal of Economic Integration*, Vol. 18, No. 2, 2003, pp. 307 – 335.

[56] 陆锦周、汪小勤：《全球服务贸易与货物贸易发展的协调性分析》，《国际贸易问题》2009年第3期。

[57] 曼昆：《经济学原理》，生活·读书·新知三联书店、北京大学出版社1999年版。

[58] 裘莹、于立新:《"互联网+"新业态促进中国服务贸易与货物贸易协调发展研究——基于浙江省的经验》,《宏观经济研究》2015年第12期。

[59] 曲凤杰:《优化结构与协调发展——发展服务贸易与转变我国外贸增长方式的战略措施》,《国际贸易》2006年第1期。

[60] 夏晴:《论货物贸易与服务贸易的协同发展》,《国际贸易问题》2004年第8期。

[61] 张艳、于立新、孟翡:《促进我国服务贸易与货物贸易协调发展的路径研究——基于浙江省经验的实证分析》,《财贸经济》2015年第1期。

[62] 庄丽娟、陈翠兰:《我国服务贸易与货物贸易的动态相关性研究——基于脉冲响应函数方法的实证分析》,《国际贸易问题》2009年第2期。

第八章　国际服务外包与服务贸易

随着经济全球化的深入与国际产业结构的加快调整，世界服务贸易经历了长足发展，通信、计算机和软件服务、信息咨询服务、金融、会计、研发等新兴和现代服务业增长势头良好，逐渐成为当今世界主要国家服务业发展的重点领域。同时，伴随着跨国公司的战略调整，以及新一轮信息技术浪潮与大数据时代的到来，服务外包已经逐渐成为服务贸易的重要形式，并不断优化升级，向价值链中高端延伸。此外，在全球价值链战略理念的推动下，越来越多的跨国公司重新调整其全球战略布局，更加注重分工与合作，其发展服务外包的目的也不再仅仅局限于降低生产成本，而是更加侧重服务外包业务价值的提升，这就给服务外包业务模式创新提出新的要求，服务外包理论也面临着崭新的课题。

第一节　国际服务外包发展现状

世界贸易组织公布的数据显示，2017年全球贸易增长态势良好，无论是贸易量还是贸易值，其增长率均创下近6年之最。同时，作为国际服务贸易的重要组成部分，服务外包也得到较快发展。从信息服务集团（ISG）发布的相关统计数据来看，2017年全球外包市场总体增长率达到15%，较上年翻了一番。其中，云服务市场增长率高达36%，传统外包市场增长约3%。

从全球服务外包市场区域分布看，主要的发包国仍然集中在美国、西欧、日本等发达国家经济体，上述三大服务外包市场的发包总量占全球的95%左右；而主要接包国的市场竞争十分激烈，其中既包括加拿大、爱尔兰等发达国家，也包括中国、印度、俄罗斯、菲律宾等发展中国家。2017年，美洲市场增速最快，达到23%的整体增速；其次是亚太市场，整体增速达到19%；欧洲、中东及非洲市场增长率约3%。

尽管全球服务外包始终保持着较高的平均增速，但近年来，受全球经济诸多不确定因素的影响，特别是特朗普接任美国总统以后，美国政府的经济贸易政策、货币政策都发生了重大调整，贸易保护主义等逆全球化思潮有所抬头，国际贸易争端频发，制造业和服务外包回流的现象不断涌现，引发区域地缘政治不稳定的各种因素增加，制约全球服务外包增长的负面影响加大，国际传统服务外包市场受到一定冲击，传统服务外包业务增速趋于放缓。

但经济全球化是大势所趋，并未发生根本性改变。在新时期，创新驱动、智能转型、资源重整、数字经济等要素重新定义了经济与产业发展的模式与方向，服务外包也面临着新的机遇与挑战。随着新一轮信息技术革命和产业变革的推进与深入、全球价值链重构步伐的加快，国际分工格局将发生重大调整，跨境价值链、供应链和产业链加速整合，全球生产要素快速流动，市场产业融合程度更加深入，这都预示着服务外包将在全球市场资源配置中发挥出更为重要的作用。

与此同时，随着全球服务外包业务规模的扩大，新的服务外包领域也在逐渐形成，特别是伴随着信息网络技术的发展，以及云计算、大数据、移动互联、物联网、人工智能、互联网+等新概念和新题材的涌现，云服务等新兴服务外包市场的占比不断增加，并保持着高速增长态势，已经成为全球服务外包的新的增长极，推动着全球服务外包的良好发展。总体来看，国际服务外包也呈现出新的发展特点。

首先，服务外包不再一味追求低成本，而是更加注重业务价值的提升，如通过外包提高生产效率、缓解资金压力、规避和降低运营风险等。其次，科技及模式创新，在推动国际服务外包需求结构变革的同时，通过新一代信息技术与传统产业的融合发展，或将有助于国际服务外包迎来新一轮的增长，并提高服务效率。再次，随着发展中国家服务业及服务贸易发展步伐的加快，诸如菲律宾、泰国、马来西亚等东南亚国家低成本优势服务外包产业的加速成长，围绕服务外包接包市场的竞争也愈加激烈。最后，国际服务外包企业竞争梯队将保持不变，仍以欧美及印度领军企业为第一梯队，但传统科技企业与互联网企业将会通过跨界融合的不断渗透，打破现有格局，有望发展成为服务外包的竞争主力。

综上所述，国际服务外包业务将迎来新一轮的战略调整与转型，国际服务外包产业发展方式将有所转变，业务模式将迎来创新，而如何与新一代信息技术深度结合，对服务外包需求精准定位，有效满足多样化需求，实现国际服务外包业务的平稳增长，则成为未来重要的研究课题。

第二节 国际服务外包与服务贸易发展：理论探讨

一 服务外包的理论基础

（一）服务外包的经济学机理综述

1. 基于交易费用理论

作为现代产权理论的基础，交易费用理论最早由著名经济学家科斯提出，他认为，市场和企业是两种资源配置机制且二者可以相互替代，由于存在诸多影响交易费用的因素，所以为了节省交易费用，企业可以替代市场，采取不同的组织方式和组织结构来开展生产经营，以最终节约交易费用和成本。

具体来看，影响交易费用的关键因素大体包括：有限理性、机会主义和不确定性等，上述因素在一定程度上会大幅提高市场的交易费用，鉴于此，为了减少交易费用，企业被作为一种更具效率的交易组织模式对市场机制的功能进行了替代。用交易费用理论来解释外包行为，即是指将某一交易活动的市场成本与其内部交易成本作比较，若市场机制下达成交易的费用远大于企业通过内部运作达成交易的费用，那么该交易活动就应该优先在企业内部完成，反之则应采取外包方式在企业外部完成。

2. 基于比较优势理论

根据比较优势理论，贸易或者交易的基础取决于生产技术的相对差别而非绝对差别，即对所有产品而言，两国之间生产技术的差距并不相同,若一国将其所拥有的生产要素集中投入生产具有比较优势的产品,并将其出口,而进口具有比较劣势的产品,那么贸易的双方都会从交易中获利。用比较优势理论解释外包活动则可表述为,如果企业在产品或服务的某一生产环节上并不具备比较优势,那么就应将这一环节外包给其他生产效率更高的企业,这样将在很大程度上降低该企业的生产成本,提高生产效率。Lacity 和 Hirschheim(1994)指出,大部分的企业会在外包决策中考虑,对处在比较劣势的生产环节进行外包是否会实现成本的节约。Ang 和 Straub(1998)在研究中同样发现,生产成本对企业是否采取外包方式的行为决策具有更为显著的影响,跨国服务外包的程度与通过跨国服务外包支付的生产成本的比较优势的大小呈正相关关系。

3. 基于竞争力理论

竞争力理论的提出,最初是用来集中解释公司的绩效差异问题。通过将公司所掌控的全部资源与竞争力作为分析对象,从众多竞争优势资源中寻求核心竞争力。核心竞争力是公司保有竞争优势的基础,具有独特性、难以模仿性与不可替代性等特征,这一概念于 1990 年由 Prahalad 和 Hamel 首次提出,用来表示公司核心战略资源及其竞争力的组合。他们将核心竞争力定义为一种协调和整合能力,同时具备三大特征:一是借助核心竞争力,公司可较为容易地进入多种市场;二是它们对顾客从最终产品中获得的利益有重大贡献;三是它们产生于开发独特、价值大和难以模仿的资源。对于外包来说,竞争力理论在很大程度上影响了外包决策。

根据竞争力理论,属于公司核心竞争力的优势资源业务原则上不会被外包,以免这些关键技术或者经验面临泄露的风险,而其他不重要的业务环节将被外包,以获得更高的收益。Dierickx 和 Cool(1989)补充说明,诸如公司信誉、客户忠诚度及公司所需专业人才等非贸易资产,需要在公司内部实现积累,才能使得公司的竞争优势持续保有。此后,Di Romualdo 和 Gurbaxani(1998)试图平衡供给方和顾客之间的风险与收益,认为公司必须将它们的 IT 合同与战略方向联系起来。Quinn 和 Hilmer(1994)则认为公司为了提升其核心竞争力,就应将其优质资源集中起来,从战略层面对包括 IT 技术在内的其他业务进行外包,也就是说，如果 IT 业务不属于公司的核心竞争力，在公司战略上相对不那么重要，也不需要依赖某种特殊技能，那么就可以外包出去。Steensma 和 Corley（2001）从另一个角度提出建议，他们认为，若信息技术服务有利于公司获取持续的竞争优势，那么，公司就应实施内部化战略，自己开展信息技术业务活动，而不是外包。

近些年来，可以看到服务外包的动因在逐渐发生变化，较之降低成本，公司更加注重的是如何提高经营效益和整体市场竞争力，服务外包特别是 IT 外包已经成为企业用来补充经营所需的知识、技术和技能，并缩小其与市场竞争对手差距的战略工具。在这一背景下，查尔斯·巴富乐等（2000）提出，在公司的经营活动有所改进但仍逊色于其他市场竞争者；价值链需要调整以便及时满足不断变化的客户需求；由于新技术的出现或者传统技术的更新换代使得企业的核心竞争力过时；新兴市场的涌现导致技术和客户需求的新变化等情况下，公司对其核心部分业务外包是十分有意义的。

总而言之，服务外包是公司提升市场竞争力的关键手段，能否确保获取所需信息技术服务等战略资源（这些资源作为核心资源，是公司不具备或难以保持竞争优势的），是影响企业外包决策的最重要因素。公司期望借助服务外包来优化资源与竞争力结构，并使其实现收益的最大化。

（二）服务外包的管理学理论综述

从管理学角度出发，也可以对服务外包的产生与动因进行解释，大体上包括供应链管理理论、资源基础理论和核心能力理论。

1. 供应链管理理论

自波特的竞争战略理论提出以来，一批学者试图从竞争战略的角度来分析外包、战略联盟与供应链管理的机理。Christopher（1992）指出，企业竞争优势不再由单个企业的竞争优势来决定，而是从整个供应链的竞争优势来获取。Jacques H. Trienekens（2001）则从价值链的角度对跨企业之间供应链管理的必要性进行了探讨，并强调了整个供应链价值增值对企业竞争优势的重要性。供应链管理思想体现了企业从内部管理向外部管理的转变，强调了跨企业的集成管理，而服务外包正成为供应链管理的重要工具之一。供应链管理要求在供应链上实现资源的最优配置，将不具备优势的业务交付于更加具备成本、技术和规模优势的供应商，从而提升企业整体运营效率，而这正是服务外包的动因基础，也体现了服务外包这一管理方式的本质。

2. 资源基础理论

资源管理理论认为企业的竞争优势取决于其所能获取的关键资源，而这些关键资源既包括企业内部拥有资源，也包括从外部获取的资源，即通过外包的方式寻求外部可利用的资源，以提升企业的竞争优势。资源基础理论将企业看作有形资源和无形资源的独特组合，而企业是大量的有关联的特殊资源的转换活动，企业的战略任务就是将那些稀有的、不可完全替代的并能够为企业创造潜在价值的独特资源进行合理配置，实现其最大化优势，进而谋求收益的最大化。当企业自己难以合理配置这类资源时，就需要从企业外部谋求，而外包则是最佳途径之一。作为战略管理学的一个分支，资源基础理论从另一角度为外包决策提供了理论依据，代替交易成本理论和组织要素理论来有效解释外包活动的产生。Poppo 和 Zenger（1998）以企业知识为研究对象，分析了其作为一种重要战略资源对外包的影响。他们认为，如果企业可以通过内部运行实现对价值含量高的知识产品的创造，那么就不会采取外包决策，而是进行内部生产；反之，则会开展外包业务。John Fahy（2002）通过资源基础理论对外包进行了研究，考察了战略联盟的战略意义、外包竞争优势的持续性及外包战略决策的制定等问题。

3. 核心能力理论

企业的核心能力又被称为企业的核心竞争力，是企业市场竞争力的核心体现，本质上是企业独特的、不可被模仿替代的、并能够创造价值的知识和资源。从与外包的关系看，企业会将优势资源集中在具备核心能力的产品或服务的生产环节上，而将非核心业务外包给其他企业进行生产，以期降低成本，提高产品或服务质量，维护并巩固核心竞争优势。Quinn（2005）指出，企业应将其不具有核心优势的业务进行外包，从而集中优势资源投资在具备核心能力的业务上。将非核心业务外包可以使得企业提高管理效率，加大对优势资源的投入与配置，提升企业的核心竞争力。Mcivor（2000）也指出，企业应将非核心业务外包，而专注于核心能力的开发，甚至即使属于企业的核心业务，但不具备竞争优势，那么，也应该采取外包策略。不过，也要看到，该理论的缺陷在于难以界定核心能力与非核心能力的界限，并且该界限也不是一成不变的。

总之，管理学理论在一定程度上解释了外包的动因，并为外包决策提供了理论依据。供应链管理理论、资源基础理论和核心能力理论强调了有形资源和无形资源的重要性，特别是，无论是企业内部资源抑或外部资源对于企业而言都非常重要，只要这些资源能够体现企业的核心竞争优势，那么企业对业务环节实施外包策略是十分必要的。通过将内外部资源都纳入考虑的范畴，对外包决策的解释则更加全面有效。

（三）基于社会学理论

除了从经济学理论和管理学理论角度分析服务外包外，从社会学理论的角度对服务外包开展研究也相对普遍，而其核心理论为社会交换理论。

社会交换理论是一种以人类学、经济学、心理学、冲突社会学为理论源泉发展起来的社会学理论，该理论对服务外包的研究基于双方互信、协作、承诺以及合作等关系，来探求企业与外部机构或组织建立密切关系的成因，从而更好地实现企业的运营目标。Grover、Cheong 和 Teng（1996）认为，合作伙伴关系决定了外包决策或活动的可行性，合作伙伴关系越是良好，那么外包决策或活动就越可能成功。Lee 和 Kim（1999）在对信息系统外包的研究中发现，实证检验证明合作质量与外包成功与否呈较为显著的正相关性。他们指出，若合作关系建立在承诺与信任基础上，则有利于企业在外包过程中实现收益最大化。Kern 和 Willcocks（2002）通过理论与实证研究分析了 IT 外包关系的特征，指出交换或交易在外包关系中十分重要，而外包中的核心交换则需要通过契约的形式来完成。

可见，在国际服务外包基础理论研究方面，学界多从经济学、管理学和社会学三大层面出发，论述了服务外包产生的动因及理论适用性。

二　承接国际服务外包的主要影响因素

对于中国、印度、爱尔兰等主要服务外包业务接包国来说，充分了解承接国际服务外包业务的主要影响要素十分重要，而针对这一问题的国内外研究文献相对较多，基本上以上文中提及的服务外包理论作为依据，并且从多种角度开展分析。

（一）从服务外包业务发包国角度出发来研究其境内企业选择外包政策的动因及影响因素

企业选择服务外包策略，最初目的是降低生产成本，提高生产效率，即为最终业务实现提供一个低成本、高效率的生产环境，而将非核心业务从生产安排中剥离出去。因此，早期研究更加注重劳动力工资水平、基础设施条件、产业规模等因素对服务外包的影响。但随着服务外包成为服务贸易的重要模式之一，成本已不再是发包方唯一关注的焦点，服务外包质量也成为发包方企业重点考量的因素。具体来看，Lacity 和 Willcocks（1996）综合分析了影响企业对外发包的主要因素，并将其归纳为四类：一是出于财务方面的考虑，即降低生产或运营成本，完善成本控制等；二是业务原因，即将优势资源集中在企业核心竞争力的发展上，将非核心业务外包给具备优势的外部企业；三是技术原因，即从技术溢出效应中获益或获得技术人才等；四是政治原因，证明效率和新资源的正当性等。Grossman（2005）构建了包括两个国家与两个行业在内的一般均衡模型，从寻求最低成本的角度分析发包商在选择承包商时所要考虑的因素，通过验证他认为生产率、工业规模、合同完备性、工资水平是发达国家实施跨国服务外包所必须考虑的关键因素，同时他也指出低廉的劳动力成本不是吸引服务外包的唯一要素，如果承接国拥有良好基础设施、丰富的人力资源及高效的法律政策环境等，即使工资水平相对较高，也能继续吸引服务外包业务。Espino – Rodriguez 和 Victor（2005）则着重考察了服务质量及改善、核心活动专注度、相关成本等因素，探求酒店行业信息系统外包的决策依据及其对组织绩效的影响，得出的结论是：能否创造更多的资源价值与市场交易费用的多寡共同决定了外包决策选择，而领域的绩效对外包决策没有影响。

（二）通过研究服务外包面临的外部环境来探求服务外包的影响因素

从国外研究来看，Yeats（2001）通过分析外在环境探索服务外包的影响因素，他认为贸易壁垒、劳动力成本、运输基础设施及运输成本、政府政策软环境、语言相似性等都是发达国家向发展中国家发包考虑的重要因素。Grossman 和 Helpman（2002）认为一个国家的市场规模、基础设施条件和知识技术因素是该国能否成功吸引服务外包业务的主要影响因素，市场规模越大，基础设施越完善、人力资源素质越高，行业发展越成熟，越容易吸引服务外包业务。从国内研究来看，李艳芝（2007）认为市场规模、劳动力成本、基础设施建筑规模、科技投入、人力资本存量及贸易开放程度是服务外包区域选择的主要影响因素，并在实证分析中证实除科技投入外的其他因素均通过检验并且显著。卢峰（2007）对影响一国服务外包产业竞争力的环境因素做了归纳总结，大体上分为三类：一是服务外包发展所依赖的包括基础电信设施在内的基础设施环境；二是人力资源环境，包括服务外包发展所需技术、管理、语言等人力资源的储备及工资水平条件；三是整体政策环境。鄂丽丽（2008）同样将影响服务外包的环境因素分为三大类：一是外生环境因素，包括政府政策、国家安全与风险、基础设施条件等；二是催化因素，包括地理距离、时区差异、文化相似度、人才储备及语言环境；三是商业环境因素，包括知识产权保护和信息安全保障制度完备性、成本优势、服务提供商的技能等。

（三）从发包商和承包商双方之间的合同与合作关系来研究其对服务外包的影响

学术界通过研究服务外包合同所反映的供需双方之间的关系，来解释影响服务外包的主要因素，该研究主要基于社会交换理论，认为信任、合作、交流等合作关系的基础与服务外包合同能否达成息息相关。Lacity 和 Willcocks（1998）分析了合同中对外包活动产生影响的诸多因素，他们发现在报价环节中，较之仅邀请来自外部的报价，对公司内部与外部报价同时展开邀请，可能会获取更低的预期成本，而合同期限与成本节约之间存在负相关关系，详尽的一次性合同最可能达成成本节约的目的。Lin 和 Sun（2002）基于社会交换理论，认为合同双方的依赖程度、能力、冲突、信任、承诺、共同价值及外包合作关系满意度等因素对信息系统外包有重要影响。Spencer（2005）研究发现，基于国际服务贸易、产业组织及合约等理论可以较好地解释发达国家向印度或中国发包的动因，同时，他也提出专业化投资、不完全合同及寻找和匹配等因素是开展国际外包的主要决定性因素。

(四)国外众多机构在构建的评价标准中所提及的服务外包影响因素

通过分析和总结影响服务外包的诸多因素,众多国外机构也构建了相关评价体系。全球管理咨询公司科尔尼认为财务成本、人力资源和商业环境等是影响服务外包的重要因素,并基于此构建了2007年全球服务地点指数,对各个国家进行了排名。Gartner公司制定了一个包括五项关键因素在内的评价体系,提出政府部门的支持、基础设施条件、劳动力的素质、创建新业务的成本及文化相容性等对服务外包业务有较大影响。全球人力资源管理咨询公司Hewitt认为人才、基础设施、外部运营环境、产业效应和配套机制是制约服务外包业务的关键因素,并基于上述因素开发出了"五要素评估模型",对承包地进行了分析。纽约业务外包研究所对企业开展外包动机进行调查后发现,节约成本是企业采取外包决策的最重要原因,被调查全部样本中有64%的企业由于经费问题而实施外包。另外,改善业务生产效率、利用企业外部先进的生产能力或工艺,以及集中企业资源实施其他项目等都是其采取外包决策的重要考量条件。

(五)从不同的服务外包职能来分析影响因素

服务外包的职能分类较多,从大类来看,ITO、BPO和KPO的业务实施所要考虑的因素不尽相同。因此,服务外包决策选择需要根据实际经营战略及业务模式来应对不同的影响因素。从共享中心来看,由于劳动力成本在服务外包总支出费用中占比较高,故发包企业一般会将降低成本、语言技能和熟练劳动力获得的难易程度作为重要考虑因素。从呼叫中心来看,除劳动力成本、基础设施、交通、培训费等成本外,地理距离、语言、文化相似度等心理距离对外包决策的影响意义也十分重大,特别是语言技能和文化亲和性等因素的重要性尤为突出,如智利、墨西哥成为主要服务来自欧美的西班牙语客户的呼叫中心,毛里求斯、塞内加尔、摩洛哥为法语客户市场提供呼叫中心服务,德语客户市场呼叫中心设在捷克和匈牙利,印度、爱尔兰、菲律宾承接英语客户市场的呼叫中心服务,中国设立服务日本客户的呼叫中心等,同时,呼叫中心也会在语言、服务市场文化习惯等方面加强员工培训,以提升服务质量。从IT服务看,稳定完备且富有竞争力的电信基础设施、技术院校数量及软件产业集群等因素,是发包方所看重的主要因素,上述因素反映了 IT 市场的增长能力,而市场增长则是跨国发包企业建立 IT 服务项目的首要考虑因素。从总部服务看,低成本因素已经不再作为主要考虑因素,接近客户、市场增长潜力、高质量生活水平、便捷的交通基础设施、完善的技术通信设施、熟练劳动力的获取、配套商业及制度环境成为其考虑的关键因素。综上所述,不同的服务外包职能对项目承接国的环境要求有所不同,除成本因素外,软硬营商环境能否满足不同发包方的千差万别的高质量需求,正逐渐成为能否成功吸引大量外包业务的关键所在。

三 服务外包的风险

学术界对服务外包风险的研究主要集中在三大部分:一是服务外包风险的概念与内涵;二是服务外包风险识别;三是服务外包风险管控。

(一)服务外包风险概念与内涵

服务外包风险并未形成统一的概念,但理论界的研究倾向于偏重或将发生的损失。如美国国防部在早期开展软件项目风险管理时,将风险定义为两部分,一部分是无法达到预期效果的概率,另一部分是效果无法实现所导致的负面影响。而 Aubert 等(1998)将外包风险定义为"预期损失",即外包效果无法实现所造成的损失与效果无法达成的概率之乘积。采用 Boehm(1991)的关系式为:$RE = P(UO) \times L(UO)$。其中,RE 代表外包风险的大小;$P(UO)$ 是指外包效果无法实现事件发生的概率;$L(UO)$ 表示外包效果无法实现所造成的损失。

从服务外包风险的特点来看,由于服务外包的特殊性与多样性,使得其与制造业外包风险有着很大的区别。仅从目前国内外学界研究较多的 IT 服务外包来看,其行业特点包括提供服务或产品的特殊性,IT 服务外包业务进程中沟通的必要性,内外部环境对服务外包业务实施效果的重要性,发包方对项目进展监控的弱及时性等。因此,软件服务外包对应的风险复杂程度相对较高,风险种类相对较多,风险的可控性差,一旦不能及时防范和规避服务外包进程中发生的风险,或将导致整个项目的失败,给企业效益带来较大的负面影响。

(二) 服务外包风险识别

服务外包的风险识别是开展风险控制的前提，也是加强风险管理的基础。上文已提及的服务外包的风险种类较多，既包括服务外包模式选取不适引发的风险，也包括服务外包项目运行中发生的风险。将众多风险进行归纳总结，可分为战略决策风险、财务风险、信息安全与技术风险、项目运营风险和外部环境风险五大类。

1. 战略决策风险

战略决策风险来自三个方面，第一方面是战略风险，指的是发包方决策失误或者承接方选择不慎所造成的风险。Earl（1996）认为过度依赖软件服务外包可能使得发包方企业缺乏组织学习的积极性，并进一步导致丧失创新能力等风险。同样，Aron 等（2005）指出业务流程外包进程中将产生来自发包方和承接方的机会主义行为，或者由于外包丧失掌握关键技术的核心团队导致业务缩小，而发包方将面临窃取知识产权、服务资源配置不足及依赖失衡等战略风险。Shi（2007）通过研究指出业务流程外包中，发包方在短期内会面临软件或业务知识丧失的风险，在长期内面临营运依赖、战略资产或其控制权的丧失、程序锁定、创新动力不足等柔性战略丧失的风险。Herath 和 Kishore（2009）对离岸外包中的发包方面临的风险进行了研究，得出的结论是发包方存在核心业务和竞争力丧失的风险。第二方面来自业务不确定性风险，是指发包方和承接方之间由于未形成密切的合作关系而使得承接方面临项目可能性不确定等风险。Earl（1996）、聂规划和张亮（2002）、Bahli 和 Rivard、张云川和蔡淑琴（2005）均指出 IT 外包中存在不确定性风险。第三方面来自机会主义风险，即由于发包方与承接方之间的信息不对称所造成的道德风险和逆向选择等。Gefen 等（2008）指出，软件开发外包中存在违约风险和后合约风险；Herath 和 Kishore（2009）认为，离岸外包中存在承接方故意提供低质量服务的风险。

2. 财务风险

财务风险包括成本风险、资金风险和汇率风险。从成本风险看，一方面可能是发包方要为获取的服务承担更高的费用；另一方面也可能是由于前期成本预算控制不合理，而导致承接方完成项目需要支出的成本超出预算。Shi（2007）在研究业务流程外包风险中，指出高运行成本是发包方所要面临的一种短期风险。Herath 和 Kishore（2009）、Zhao 和 Watanabe（2010）也分别从服务外包发包方和承接方关系的角度开展研究，提出了他们或将面临成本超支的风险。从资金风险看，发包方可能缺乏支撑外包业务的资金，或者承接方在项目运行中出现资金短缺的风险。Dasgupta 和 Mohanty（2009）认为由于软件服务外包中存在价格异常波动等市场风险，因此可能在一定程度上进一步引发资金短缺的风险。徐姝等（2004）、左显兰和沈时仁（2011）均在研究中指出在服务外包中承接方存在财务风险。从汇率风险看，离岸外包中因汇率波动会使得实际价格与合同价格有较大偏差，故将会给发包方和承接方带来一定的财务风险。如 Kliem（1999）认为外汇交易波动将引发软件服务外包的财务风险，又如 Aron 等（2005）所指出的，在业务流程外包中存在汇率风险。

3. 信息安全与技术风险

信息安全与技术风险包括知识产权风险、信息数据安全风险、技术风险等。知识产权保护制度完备程度、信息数据安全水平及技术能力与创新是发包方是否实施服务外包的重要决策依据，也是在项目实施过程中出现可能性较大的风险。其中，服务外包成果的归属及使用过程中存在知识产权风险，如 Herath 和 Kishore（2009）指出，离岸外包中存在为其他目的偷盗或使用专用信息的风险。同时，服务外包项目开发及成果传输时存在信息数据丢失或被盗窃的风险，如 Shi（2007）提出业务流程外包中存在信息数据泄露的风险，而 Zhao 和 Watanabe（2010）也指出在软件服务外包中存在信息数据安全性风险。至于技术风险，主要是指技术过时或者与发包方所使用的技术不兼容所引发的风险。在服务外包项目实施过程中，承接方技术更新不及时使得相对落后的技术难以满足发包方的实际需求，进而可能会引发项目失败的后果，Kliem（1999）认为由于通信基础设施不完备，项目的复杂性，方案、标准和工具的选择不当，以及与发包方实际需求沟通不畅等原因，均可能引发技术风险。Bahli 和 Rivard（2005）探讨了软件外包中 IT 运作的专业化程度与外包需求不匹配的风险，Gefen（2008）则针对 IT 开发外包中因技术不成熟所导致的风险展开分析。同时，Wendell、Herath 和 Kishore（2009）也都证实服务外包项目中存在技术风险。

4. 项目运营风险

项目运营风险包括需求风险、缺乏沟通风险、合规风险和人员流动风险等。风险存在于服务外包项目的全过程，包括项目前期与实施阶段。从服务外包前期项目风险看，由于承接方与发包方缺乏有效沟通，致使双方在实际需求的理解上存在偏差，要么实际需求表达不清晰，要么承接方对需求理解错误，同时，也存在发包方对需求预期过高的风险。Earl（1996）、Kliem、Willcocks 等（1999）、Aron（2005）、Herath 和 Kishore（2009）都对服务外包过程中由于沟通不畅或缺乏有效沟通机制所导致的风险进行了研究。至于合规风险，一方面体现在合同的不完备上，即由于双方在合同签订和管理上经验不足，导致合约内容不完整，服务条款不明确，进而影响服务外包项目的实施效果，如 Willcocks（1999）、Wendell 等（2009）指出合同不完备或者不完整是服务外包中面临的一项风险。另一方面指的是服务外包完成质量与进度没有按照合同规定内容实现，或者合同双方发生信任危机，出现合同履约不能的风险。可见，合规风险既存在于项目开展之前，也存在于项目实施过程中。Aron（2005）、Shi（2007）、Herath 和 Kishore（2009）研究中发现，承接方可能会提供质量较低的服务，导致运行困难，甚至达不到合同规定的标准，同时 Earl（1996）、Quelin、Duhamel（2003）、Shi（2007）、Gefen 等（2008）对服务外包质量低下，难以按照合同规定完成项目的原因进行了分析，主要归咎于对项目困难估计不足，项目开发经验不足，缺乏专业技术、专业知识及所需人才等方面。此外，合同双方存在信任危机，项目实施过程中核心技术人员流动和知识转移，也都会给服务外包合同的顺利履行带来较大风险。

5. 外部环境风险

外部环境风险包括国家主权或政治风险、政府管制风险、市场环境风险、文化风险等。其中，国家主权或政治风险指的是战争、政变、革命等政治社会变动或相关法律环境变化等社会动荡因素对服务外包产业带来的风险。政府管制风险是指发包方和承接方国家政府采取的相关管制措施，导致服务外包项目开展困难的风险。Kliem（1999）和 Wendell（2009）等对服务外包中的政府管制风险进行了研究，指出进出口限制、政府监管、价格管制、税收控制及相关法律变动等都会给服务外包项目顺利开展带来影响。而市场环境风险则来自服务外包市场竞争机制不完善、服务业市场相关法规不完备等因素。至于文化风险，则是由服务外包合同双方在文化上的差异而或将发生的风险。在不同文化背景下，客户需求存在较大差异，离岸外包和跨国服务转移可能会因为文化习惯上的不理解或沟通不到位，而影响项目进度甚至导致项目失败。

（三）服务外包风险管控

在充分了解服务外包风险类别，即完成风险识别后，最关键的一步就是做好风险评估和控制。其中，服务外包风险评估是服务外包风险管控的第二步，通过建立数学模型，将风险度量指标量化，来列出风险大小。而最后一步就是实施相应风险控制，根据风险主要类别和大小，采取对应的措施，以达到风险规避效果，或者降低服务外包企业的风险损失程度。

从目前国内外对服务外包风险测度的研究现状看，Willcocks（1999）将文献中有关风险的类别进行了归纳总结，并构建了风险分析框架，对风险进行评估。Kern（2002）在对应用服务外包进行研究时，也提出了风险评估及监控的框架。Wullenweber 和 Weitzel（2007）通过建立 BPO 风险模型，考察了 126 家德国银行的数据，并对其财务和执行风险进行评估后发现，业务流程的规范化与标准化程度越高，所对应的风险越小。Wullenweber、Jahner 和 Krcmar（2008）对 335 家企业的业务流程外包数据进行定量分析后发现，通过关系因素可以缓解风险，可以将操作的、履行的方法和财务驱动分离，同时建议在风险和利益度量方面，需建立相对完整和具体的契约关系机制。

在风险控制研究方面，国外多基于交易成本理论和委托代理理论，并从中探寻相应的风险控制策略。如 Demougin 和 Fluet（2001）认为综合应用激励与监督机制可以有效缓解委托代理关系中的道德风险问题。Aubert 等（1996，1998，2001）依托委托代理理论，研究了 IT 服务外包风险管理问题，并提出相应的风险控制措施。Bahli（2003）则进一步完善了 Aubert 的研究模型，提出了双供应商等 7 种风险缓解机制。Bryson 和 Ngwenyama（2006）则认为企业可通过签订激励型契约来有效防范或降低 IT 外包中的风险。国内学者在国外研究基础上，也逐渐将交易成本理论和委托代理理论引入到服务外包风险的研究中，如张海峰、李华（2008），赵成柏（2010）等。此外，Hancox 和 Hackney（2000）等将交易成本理论、委托代理理论、核心能力理论、伙伴关系理论等理论综合在一起，试图建立外包统一理论框架和决策综合分析模型，并应用到外包风险分析中。在具体举措方面的研究主要从合同机制、关系治理、利益关联、过程控制、引入第三方专业机构、完善技术支持及其他措施等角度出发，来探索不同的风险控制方法。

上文通过对服务外包风险相关文献的回顾，可以发现国内外学者进行了大量的实证分析和案例研究，早期主要集中于服务外包风险的类型与识别上，但随着国际服务外包的快速发展，服务外包风险度量与控制相关文献数量也不断增多。从其理论基础上看，主要基于传统交易成本理论和委托代理理论展开分析研讨，产生了一些研究方法和理论框架模型，也提出了一些风险控制建议。但同时也要看到，由于服务外包模式多样，不同的模式面临的风险也相对不同，目前并未形成比较系统的服务外包风险管理框架，而风险控制建议多为定性分析，相对宽泛，理论指导性不足，现实可操作性差。并且，在风险控制措施和效果的量化研究方面也比较薄弱，研究方法也不够全面。鉴于此，未来有关服务外包风险管理方面的研究需要在理论和定量分析等方面有所突破，要将不同阶段的风险因素进行细致划分，并据此提出细化的风险管理举措。

第三节　国际服务外包的效应及影响

国内外学术界多从经济学角度出发去研究服务外包的效应，重点分析服务外包在生产率、经济增长、技术进步、劳动力需求、报酬及就业等方面的影响。同时，由于参与服务外包的主体涉及承包方与发包方，国内外学者也会从承包方和发包方的不同角度去探讨服务外包的效应。

一　国际服务外包对生产率的影响

从服务外包的基础理论及影响因素分析中可以看到，在微观层面，发包方企业实施服务外包决策的主要动机之一就是提高整体生产效率，提升产品的市场竞争力。而在产业层面，服务外包与制造业及服务业生产率提升之间的关系也逐渐引起政府与学界的重视。鉴于此，服务外包是否可以真正增加产出，提高企业或者产业生产率水平，已成为学术界探讨服务外包效应的一个重要视角。

(一) *产业层面：国际服务外包对制造业和服务业生产率的影响*

早在20世纪60年代，Baumol（1967）就对制造业中的服务外包业务进行了研究，来探讨服务业增长的驱动因素。他认为，正是因为制造业将其生产中效率相对低下的服务环节外包出去，集中优势资源提高其核心市场竞争力，才最终实现提升制造业整体生产效率的效果，但这也导致服务业和制造业生产率差异化的扩大，也即所谓的服务业的"鲍莫尔病"。针对"鲍莫尔病"，学术界展开了激烈的探讨，并得出不一致的结论，支持方认为通过外包无效率的服务活动，的确会提升制造业的整体生产效率，如Fixler和Siggel（1999）考察了美国1959—1990年间45个服务部门和450个制造业部门的行业数据，通过构建制造业企业的服务外包决策模型，来实证检验服务外包是否加大制造业与服务业生产率之间的差距。研究中他们发现，服务外包和制造业部门的生产率增长呈显著的正相关性，而对服务业部门生产率的影响并不明显。Ten Raa和Wolff（2001）利用美国投入产出表和Wassily Leontief的分析框架，研究了1987—1996年的美国制造业相关数据后发现，这段时间美国制造业得以快速恢复的重要原因与制造业采取的外包决策有重大关联。他们认为，是服务外包引致的生产方式变革，而非技术进步，提高了劳动生产率整体水平。

反对方则认为鲍莫尔的观点高估了制造业服务外包对生产率的积极效应，而且并不是所有的服务部门都会发生"鲍莫尔病"。Siegel和Griliches（1991）利用20世纪80年代期间的制造业数据，来系统分析制造业购买中间服务投入与制造业全要素生产率的关系，他们认为因传统的全要素生产率测算方法并没有将中间服务购买和原材料进口考虑在内，故测算结果要高于实际生产率。同时，数据分析表明服务购买占总产出的比例并未增加。虽然最后的实证结论显示中间服务购买与全要素生产率有显著正相关关系，但由于存在生产率高估和服务购买比例基本保持不变等情况，所以服务外包对制造业全要素生产率的促进作用极其微弱。Wölfl（2003，2005）则认为，将信息技术服务这类部门进行外包，是极有利于服务业整体生产率提升的。

此外，有些学者在研究中发现，在短期内和长期内开展服务外包业务，对生产率的影响也各不相同。Fixler 和 Siggel（1999）认为，短期内受服务外包的影响会导致服务业生产率的降低，但从长期来看，受市场竞争与需求趋于稳定的影响，服务业生产率最终会有所提高。H. Egger 和 P. Egger（2001）考察了 20 世纪 90 年代欧盟制造业的行业数据，对制造业中的服务环节外包与欧盟制造业中低技术工人生产率之间的关系进行了研究，发现由于欧盟产品市场和劳动力市场的不完全性，生产要素流动与产出结构调整均受到一定程度的限制，短期内外包业务对工人生产率的影响较小，但在长期内影响效应会增强。薛莲（2014）认为，短期内生产率的负面效应与长期内生产率的正面效应可以用短期刚性来解释，特别是可以适用于存在刚性特征的劳动力市场，假如将生产转移到海外，对于给定的就业水平，劳动生产率必须下降。

上述研究没有对离岸外包和在岸外包进行区分，只是利用行业数据就整体服务外包对制造业和服务业的影响展开分析。Amiti 和 Wei（2004，2009）则将离岸外包和在岸外包进行了区分，重点研究离岸服务外包对生产率的影响。他们利用 1992—2000 年美国制造业行业数据进行 GMM 估计，发现离岸服务外包对制造业生产率提升有着比较大的贡献，并且与全要素生产率有显著的正相关关系。Miroudot 等（2009）对 1995—2005 年 11 个 OECD 国家包括制造业和服务业在内的 29 个行业的中间商品投入和服务贸易流量进行了估算，虽然在实证检验中没有将中间商品投入和服务投入进行区分，但得出的结论是中间投入进口比例的增加的确会提升生产率水平。Falk（2012）利用 14 个 OECD 国家的制造业行业数据来研究国际外包对生产率的影响，他按照高中低收入水平将 14 个国家进行了区分，来探讨三种收入水平国家受国际服务外包影响的差异。结果表明，国际原材料外包对低收入国家全要素生产率的提升影响不明显，反之，国际服务外包则显著促进了全要素生产率的提升。

相比较之下，国内研究多从承接国的角度出发，研究服务外包业务对承接国生产率的关系。经过文献梳理可以发现，由于受数据获取困难等因素制约，国内学者的研究多采用服务外包行业数据，运用投入产出表测算行业外包水平，同时更加倾向于对国际服务外包即离岸服务外包对行业生产率的影响，对在岸外包的考虑较少。

（二）微观层面：国际服务外包对企业生产率的影响

研究服务外包对生产率的影响以国家和产业数据为主，从微观企业角度探讨二者关系的文献相对较少，而最早采用企业数据对此展开分析的始于21世纪初。从最早的研究者来看，Görzig 和 Stephan（2002）采用1992—2000年43000家德国制造企业面板数据进行实证检验，探讨外包与企业生产率或绩效的关系。他们采纳三种测算外包的方法，将其分为原材料外包、分包合同和服务外包，并构建了两个模型，即长期模型和短期模型。经过估算后他们发现，在长期内，无论是哪种外包方法都会有效促进企业的生产率和效益，但是在短期内却有所差别，其中，原材料外包对企业效益提升的作用比较显著，分包与服务外包反而会降低企业的绩效，他们认为这与服务外包与分包过度超过最优水平有关。不过由于企业的专属特性对企业绩效差异有极大影响，故该解释并不能完全让人信服。Girma 和 Görg（2004）利用英国1982—1992年包括化工、机械、电子三个行业在内的企业数据，通过构建外包决策模型，研究服务外包对上述企业全要素生产率和劳动生产率的影响。实证检验后他们发现，服务外包对三个行业内企业生产率的影响存在差异，其中，服务外包对化工与机械类相关企业生产率水平的提升，有着较为明显的促进作用，并且对化工类企业生产率的影响更为强烈；但对电子类企业生产率的影响则为不显著的负效应。同时他们还发现，较之国内企业，外资企业的服务外包水平更高，且服务外包对其企业生产率的提升作用更明显。

上述研究也没有区分在岸服务外包和离岸服务外包，而 Görg 和 Hanley（2003）则研究了离岸服务外包对企业劳动生产率的影响。他们考察了1990—1995年爱尔兰电子产业涵盖12个子部门的600多家包括诸如软件生产、软件发展、通信技术及IT服务等企业的数据，分析离岸服务外包与中间物质投入外包对劳动生产率的影响。实证检验结果显示，无论是离岸服务外包还是离岸制造外包，对电子类企业生产率的提升效应并不明显，但对电子行业涉及企业进一步划分后发现，离岸服务外包与电子行业下游企业的劳动生产率有着显著的正相关关系，而离岸制造外包的效应依旧不明显。利用相同的数据样本，Görg 和 Hanley

(2005)进一步研究了离岸服务外包对电子行业类企业全要素生产率的影响，他们发现在不对服务外包和制造外包做区分的情况下，统一考察离岸外包对全要素生产率的影响，结果则是显著的正效应；当做出区分时，制造外包要比服务外包对全要素生产率的提升作用更为明显。Görg 和 Hanley 只是考察电子行业类企业，结论也具有一定局限性。在此基础上，Görg、Hanley 和 strobl（2008）考察了爱尔兰的整体制造业，并将这些企业按所有权构成及是否出口进行了划分，重点分析服务外包对企业劳动生产率和全要素生产率的影响。结果发现服务外包比制造外包对企业生产率的影响更为显著，特别是对出口类企业生产率的提升作用更大，同时，他们还发现拥有较高生产率的企业更倾向于实施外包决策。

此外，Criscuolo 和 Leaver（2005）利用英国 2000—2003 年的近 4 万家企业数据进行实证研究，分析离岸服务外包对企业全要素生产率的影响，他们发现，离岸服务外包对企业的生产率有显著正效应，但将上述所有企业按照制造业和服务业进行划分后，结果则显示离岸服务外包只对服务业企业生产率有显著正效应。同时，他们也按照所有权性质和参与国际市场竞争强度对所有企业进行了划分，得出的结论是，离岸服务外包对国内企业或者有出口的企业生产率提升有着显著的正相关关系，但对外资企业和专门从事出口的企业的生产率影响较小，他们将产生上述结论的原因归结为规模报酬递减。

二 国际服务外包对经济发展的影响

国际服务外包对经济发展的影响主要表现在两大方面，一是国际服务外包对一国经济增长的影响，二是国际服务外包对一国（主要是承接国）技术进步的影响。

（一）国际服务外包对经济增长的影响

对于发包国和承接国而言，国际服务外包对其经济增长的效应是不同的。从国内外相关文献研究情况看，多数从政治经济学的角度去考察和分析问题，而且存在的争议也相对较多。总体上，国际服务外包引发的国际分工模式变革，能够促使各国充分发挥自身的比较优势，积极参与国际市场竞争，扩大贸易规模，优化贸易结构，增加参与国的福利。

1. 国际服务外包对发包国经济增长的影响

大体上，发包国多属于发达国家或地区，通过将非核心业务外包到成本偏低、生产效率相对较高的国家，可以降低发包国的生产成本，提升其产品的国际竞争力。正如世界贸易组织的观点所述，尽管离岸服务外包对发包国的影响是复杂的、不确定的，但从实践结果来看总体上却是正面的。Mann（2003）考察了美国IT外包的数据，通过实证研究后发现，由于服务外包有利于降低成本和价格，故其的确对美国经济的增长有一定的积极作用，他从估测中得出的结论是，如果1995—2002年IT业务没有进行外包，那么，美国GDP年均增长率将降低0.3%。同时，美国信息技术协会的研究报告也支持了Mann的观点，认为美国2003年GDP规模的增加得益于IT业务的外包。张婕（2008）认为，发包国通过国际服务外包可以巩固其在技术和知识积累方面的领先优势，极大地提升国家竞争优势，增加国民财富，同时有利于扩大贸易规模，增进贸易出口，最终实现经济繁荣。而一些学者研究了服务外包引发的收入分配变化后，认为服务外包对发包国的影响是机遇与威胁并存。此外，Samuelson（2004）从反全球化的角度分析服务外包对经济增长和收入分配的影响，他认为服务外包在推动世界经济增长中可能会发挥应有的作用，但对北方国家的福利效应仍难以确定。

2. 国际服务外包对承接国经济增长的影响

通常情况下，国内外学术界会将发展中国家作为国际服务外包的主要承接方，研究国际服务外包对发展中国家经济增长的影响，以及发展中国家吸引国际服务外包业务的影响因素。国外主流观点认为，对于承接国而言，承接国际服务外包业务无疑是一个良好的发展机遇，通过资本效应、技术效应和就业效应等，促进承接国的经济增长。国内相关研究也证实了这一观点，来有为（2005）研究了软件外包与印度经济增长的关系，认为由于印度积极承接欧美国家的软件外包，从而在很大程度上拉动了印度经济的增长。刘庆林和廉凯（2006）也分析了承接服务业外包与印度产业结构的关系，他们认为从传统产业结构理论来看，承接服务外包有利于印度产业结构的优化升级，但在横向产业结构理论框架下，促进产业结构升级的作用却并不显著。一些学者还对承接服务外包对承接国经济增长带来的负面效应进行了研究，如杨丹辉等

(2007)认为,服务外包承接国相对发包国而言,处在被动的地位,而从事单一的外包业务可能会给承接国带来技术锁定的风险,使得其过度依赖发达国家的业务分解和项目管理,不利于经济的长期可持续增长。Marjit 和 Mukherjee(2008)就国际服务外包使印度企业利润减少的现象进行了理论分析,他们认为并没有明确证据表明国际服务外包会使得单个企业利润减少,但服务外包规模的急剧扩大的确会减少一个国家或地区的利润。

(二)国际服务外包对技术进步的影响

国际服务外包对承接国技术进步的影响更加显著,因此国内外学者多针对服务外包对承接国的技术效应展开研究。作为技术和知识密集型产业,服务外包不仅能给承接国带来大量的工作岗位和业务收入,更重要的是能够通过技术溢出来提升其技术水平,推进科技创新。

从国外的研究情况看,MacDougall(1960)在对跨国公司开展 FDI 的福利效应进行分析时,首次将技术溢出效应作为 FDI 的一个重要现象加以研究。自此,学术界开始围绕跨国公司的对外投资行为能否给东道国带来技术溢出效应这一问题进行深入研究。Dossani(2005)通过研究发现,广大发展中国家在承接制造业外包过程中,会逐渐实现制造业外包的业务升级,从简单代工向产品设计研发环节延伸,基于制造业外包升级路线,他给出了软件外包的升级步骤为:从 OEM 到 ODM 再到 ORM,即由最初的国际代工向设计和研发等价值链高端环节提升。Ngo Van Long(2005)认为出于降低生产成本的考虑,发包方可能会将研发、设计等产业价值链高端环节业务发包给成本低廉的国家,同时,为了能够满足发包方的实际需求,发包方会对承接业务的劳动力进行技术指导,而承接方会加大对劳动力培训力度,这样就有可能使得东道国获得技术外溢的收益。Alon 等(2007)从发包方角度出发考察了国际服务外包的利弊,认为跨国公司将服务业务外包给中国将获得较多政策支持,同时也会给服务外包双方带来技术创新。Görg 和 Hanley(2008)利用爱尔兰承接服务外包数据来检验外包、利润和技术创新三者之间的关系后发现,较之在岸服务外包,国际服务外包在技术创新方面的作用更为显著。

从国内研究看,近些年随着中国承接国际服务外包业务规模的扩大，以及国内产业结构升级的迫切需求，国内学者也更加关注承接服务外包所引发的技术溢出效应。喻美辞（2008）从理论研究的角度出发，构建了一个开放型经济增长模型，分析国际服务外包对承接国技术进步的影响，从研究结论看，承接国际服务外包而产生的技术溢出，有利于承接国的技术进步和经济增长。同时，在开放经济条件下，人力资本规模与技术进步率及经济增长率呈正相关关系，而只有服务外包业务双方技术差距在一个适度范围内，才可能通过承接服务外包产生技术外溢效应。刘绍坚（2008）通过对中国24个承接软件外包的企业高管进行问卷调查后发现，承接国际服务外包可以产生技术溢出效应，提升本土软件研发能力，而从实现技术外溢的多种途径看，跨国公司的示范效应最为有效。王晓红（2008）利用中国境内80家承接服务外包的设计公司数据做实证分析后发现，承接国际服务外包确实能产生技术溢出效应，并且表现在公司规模扩大、学习和自主创新能力增强、产业链向高端延伸等方面。崔萍（2010）的研究也证实了承接服务外包有利于提高企业的技术创新投入与技术创新产出，并且外包企业规模和政府补贴在其中发挥较大作用。

当然，有学者也认为虽然服务外包会给企业带来技术溢出效应收益及更多的学习机会，但其对企业技术能力提升的影响并无定论，如Gray和Meister（2004）经过研究认为业务外包为企业雇员提供了学习知识的渠道，但对整个组织的系统评价及其学习能力的改进没有明显影响。而田毕飞（2006）则认为承接服务外包可能会产生"技术锁定"，特别是这种"锁定"效应在发展中国家接包方中更为突出，并不利于承接国的技术进步。

三　国际服务外包对就业的影响

有关服务外包与就业关系的研究比较多，分析视角也相对广泛，有从发包方角度出发，研究服务外包对发包方就业、薪酬水平和劳动力需求结构的影响；也有从承接方角度出发，研究服务外包对承接国就业的影响。

（一）国际服务外包对发包方就业的影响

从传统理论研究上看，发包国采取国际服务外包策略，就是将技术含量低的工作转移到成本相对较低的国家或地区，这势必对发包国低技术含量岗位造成冲击。国际服务外包对发包国就业的影响存在争议，一种观点认为，从短期看，国际服务外包可能会使得发包国某些行业出现较高失业率，但从长期看对总体就业率影响并不大。如 Agrawal 和 Farrell（2003）等的研究认为，由于服务外包行业的限定性，IT、金融、商务流程等领域更倾向于外包，但对于餐饮、旅游等要求面对面的行业而言，采取外包的可能性并不大，故服务外包对总就业率的影响也相对有限。而 Garner 等研究机构认为美国外包到国外的服务岗位占总就业的比重很小，从长期看并不会降低美国的就业率，反而，劳动力因为转岗或将寻求到更好的发展机遇，提升了生活质量。Amiti 和 Wei（2004）通过美国相关数据进行实证分析后发现，服务外包导致的就业岗位减少有可能被本部门创造的新的就业岗位弥补，从而极大削弱了服务外包对就业的负面效应。Bhagwati 等（2004）认为，国际服务外包虽然减少了低技术含量的工作岗位，但却增加了对高技术劳动力的需求，短期内的确会给就业和工资薪酬造成一定的消极影响，但从长期看，失业的劳动者会通过再培训进入报酬更高的行业。Mann（2004）对美国的信息技术产业进行了研究，他认为信息技术服务外包业务的增加会增加整个部门的收益，有利于提高行业的整体就业水平，故国际服务外包并未削弱外包部门的就业状况。

另一种观点认为，服务外包会对发包国就业率产生较大负面影响，导致失业率的上升，故建议发包国要慎重考虑是否采取服务外包决策。从 20 世纪 80 年代以来，发达国家低端劳动力的相对就业和相对工资水平呈较为显著的下降态势，故有论调认为，究其主要原因在于通过离岸外包将低端的劳动密集型生产环节大规模转向发展中国家，进而对发包国的低端劳动力市场造成较大冲击。美国的一项研究表明，其潜在转移到发展中国家的服务外包岗位超过一千万个，而金融领域是就业机会转移的重点行业。Forrester Research Inc. 也曾经预测美国会因服务外包导致本国就业机会大幅减少。这也是近年来，美国离岸服务外包回流的一个重要原因。而不少学者认为服务外包导致发包国失业现象更加严重。Bosworth（2004）认为美国经济的快速增长并未获得相应增加的就业岗位，主要原因就在于美国将大量 IT 业务外包到其他发展中国家。Clott

(2004)分析了国际服务外包的利弊得失,他认为虽然国际服务外包会降低企业生产成本,提升企业核心竞争力,为消费者提供更好的服务产品,但却会使得美国等发包国丧失较多工作机会,并对企业组织结构调整产生重大影响。而 Duggal（2007）的研究也在一定程度上支持了近年来美国一些议员的观点,认为离岸外包将使美国的中产阶层丧失工作机会。

（二）国际服务外包对承接方就业的影响

从实践上看,发展中国家承接国际服务外包的一个重要动因就是增加本国的就业岗位,缓解就业压力。而目前国内外理论研究多从发达国家即发包方的角度出发,去考察服务外包对其就业的影响,而从承接国视角出发的研究相对较少。Dossani（2005）研究了印度承接国际服务外包所带来的经济增长和价值增值效应后发现,承接国就业岗位的增加是离岸服务外包的早期影响之一。Görg 和 Hanley（2005）研究了国际服务外包对爱尔兰电子行业生产率和就业的影响,指出服务外包可以提高劳动生产率,扩大生产规模,进而会增加就业岗位需求,即国际服务外包有利于行业就业率的提高。近年来,国内学者对该问题也有涉及,但研究成果并不多。如卢锋、王晓红（2007）的研究强调了我国承接服务外包中具有人力资本优势,但未对服务外包劳动力需求进行论证。李伟庆、汪斌（2009）研究了中国服务外包、生产率和就业的关系,得出的结论是服务外包对就业有不显著的正效应。陈银娥、魏君英（2010）在实证研究结论中指出,承接离岸服务外包对就业结构和工资水平存在更为显著的正效应。总体上,国内对服务外包就业效应的研究尚处在起步阶段,在相关理论依据、劳动力需求结构矛盾、就业效应的主要途径和机制以及人才储备等方面需要进一步的探索。

第四节　促进国际服务外包发展的政策走向

从国际服务外包的基础理论中我们可以看到,对发包方而言,进行服务外包的最初目的是降低成本、提高生产效率,以提升产业或企业的核心竞争力;而对于接包方而言,其直接目的则是获取更多的服务报酬、缓解就业压力,并且能够在业务承包中实现技术进步等。一般情况下，发包方多为发达国家或地区，其市场化和开放程度比较成熟，在外包政策实施上并未做过多干预，而是认为外包策略选择属于企业的自发行为，企业有权决定国际服务外包的区域和目的地。因此，对于接包方，研究海外发包企业的服务外包策略选择影响因素更为重要。

通过对国内外相关理论的梳理，我们已经对国际服务外包参与双方的动机有了相对全面的了解，同时，也针对国际服务外包效应及影响的诸多观点进行了阐述，虽然有些结论在国际学术界存有争议，但从实践活动中可以清楚看到，国际服务外包确实可以使发包方和承接方的企业从中获利，并在整体上推动国际产业结构和贸易结构升级及世界经济的增长。特别是对于类似中国、印度、菲律宾等主要承接服务外包业务的发展中国家，基于上述理论观点所产生的政策含义对缓解就业压力、制造业和服务业产业升级、培育新的经济增长点、贸易结构调整等方面的问题具有较强的现实意义。鉴于此，较之发包方，各主要接包国对国际服务外包业务的态度更为积极。并且，随着国际服务外包规模的持续扩大，越来越多的发展中国家和地区意识到国际服务外包巨大的发展潜力及对其经济发展的积极效应，因此，为了获得更多的市场份额而加大相关政策扶持力度。同时，发展中国家承接服务外包业务，不仅仅是为了从新的国际分工模式与扩大的服务贸易规模中获益，更重要的是期望通过承接国际服务外包业务，提升其服务业核心竞争力，并最终在全球价值链重构中占得一席之地。

与此同时，研究中也对影响国际服务外包的关键要素做了系统整理，这为发展中国家制定服务外包促进政策指明了方向。从发包方需求的角度看，他们需要承接方有相对完备的基础设施、低廉高效的人力资源积累及良好的政策环境等。从整体上看，主要承接国为了提升其国际接包能力，会倾向于服务外包产业培育，甚至将其上升为国家战略发展重点领域，不仅会加大在电信、能源、交通等方面的基础设施建筑投入，而且会更加注重国际服务外包人才培养与引进，通过教育强化来提升人力资源综合素质。当然，承接国也会营造良好的宏观政策环境，如加强知识产权保护等法律体系建筑，在市场自由化、简化审批程序、财税激励、信贷优惠等方面给予更多的政策支持等。从分部门看，由于共享中心、呼叫中心、IT服务及总部服务等外包业务的影响因素各不相同，这就需要政府政策与企业战略在制定时，要根据实际业务来操作，以满足发包方的真实需求，为其提供更加优质的服务。另外，对于服务外包业务风险的研究，也为接包国政府和企业的风险识别及管控举措制定提供了相应思路。

此外，从理论研究上看，由于发达国家认为外包服务业务会给其传统产业的就业带来负面影响，引发金融、软件与信息技术等服务领域岗位的大量流失，加大其就业压力，故与发展中国家相对积极的政策相比，它们的政策特点是更加注重服务外包的市场规范与监管。特别是随着国际服务外包业务范围的扩大，银行、金融、证券、保险等涉及经济稳定与国家产业安全的外包业务引起了各主要发包国政府与监管机构的重视与关注。鉴于此，上述政府相继出台了一系列金融服务外包监管政策，来保障发包国的经济安全与稳定运行。

第五节　结论与评析

随着全球价值链分工逐步转向专业化和精细化，全球服务外包市场的规模也在不断扩大，越来越多的国家、地区和企业参与到全球服务外包网络之中。尽管降低生产成本是企业是否采取外包决策的一个重要考量指标，但随着国际市场竞争的加剧，越来越多的企业已经意识到，外包除了降低成本外，还可以在很大程度上提高企业的生产效率及核心竞争力。于是，包含更多技术和知识的外包业务形态开始涌现，推动服务外包朝着高端化、现代化方向发展。

第一，国际服务外包作为一种相对新型的国际分工与贸易方式，相应的理论研究尚处在探索之中，并未形成国际统一的理论体系。本研究在对国内外相关主流文献进行梳理后发现，研究的重点主要集中在国际服务外包基础理论、影响因素、风险识别与管控、效应与影响分析等方面。首先，在基础理论研究方面，学者们大体上从经济学、管理学和社会学三个角度出发，探求服务业外包理论的适用性，通过大量梳理国内外文献资料也可以发现，上文所述的各种理论都能在一定程度上合理地解释外包的发生及动因，特别是为解释服务外包决策提供理论支持。随着服务业外包的发展与其理论研究的不断深入，学者们也不再仅仅从单一角度介入,而是逐渐将三种视角相结合,通过多角度来考察服务外包,如从国际贸易和跨国公司管理角度对有关补偿贸易及技术、资金、人员和生产能力跨地区转移进行解释,从市场营销和企业财务管理的角度对企业外包行为加以分析等。进而也就增强了对服务外包的解释力,同时为全球范围内服务外包现象提供了一个更为完善的理论解释框架。

第二,在国际服务外包影响因素方面,研究角度不同,得出的要素需求也各不相同。但整体上,完备的基础设施、丰富的人力资源储备和良好的政策环境是保障国际服务外包业务顺利承接的三大关键要素。另外,服务外包产业聚集与规模经济效应也是发包方进行决策的关键依据,这些都为承接国提供了切实的政策思路,对政策制定与执行有着重大的现实意义。而针对服务外包风险的研究,无论对发包方抑或承接方而言,都是十分重要的。国际服务外包的风险无法消除,同时对业务双方的影响是相互的,因此,通过风险识别,对不同类型的风险进行测度衡量,并制定相应的控制措施,才能最大限度降低服务外包业务风险引发的损失,确保业务的顺利完成。当然,由于国际服务外包风险的多样性,现有的管控措施研究在操作性上还存在缺陷,且在定量研究方面有待进一步的加强。

第三,有关国际服务外包效应影响的研究争议长期存在,从实践中看,对发展中国家经济发展、扩大就业及技术进步等方面的正面影响更为明显,也正因为如此,发展中国家表现出尤为积极的态度,相关产业促进与扶持政策层出不穷。相比较下,出于就业挤压和经济安全等方面的考虑,发达国家更侧重于服务外包市场规范与监管。但无论如何,国际服务外包在促进国际产业结构与贸易结构升级、推动世界经济增长方面的作用是毋庸置疑的。

综上所述,目前的国际服务外包理论能够在一定程度上对服务外包动因、影响因素、风险因子及效应做出解释,并给予一定的政策支持。但随着以云计算、移动互联网、大数据、物联网、人工智能等为代表的新一轮信息技术革命的来临,国际服务外包将在业态和模式创新方面有较大突破。而对于这些新事物、新概念的出现,国际服务外包理论发展相对滞后,如何在未来加强国际服务外包理论的预见性及政策指导性,将成为国内外学术界研究探讨的重点。

参考文献

[1] Agrawal V., Farrell D., "Who Wins in Offshoring", *The McKinsey Quarterly*, No. 4, 2003, pp. 37 – 41.

[2] Alon I., Herbert T. and Munoz J., "Outsourcing to China: Opportunities, Threats, and Strategic Fit", *Zagreb International Review of Economics and Business*, Vol. 10, No. 1, 2007, pp. 33 – 66.

[3] Amiti M. and Wei S. J., "Fear of Service Outsourcing: is it Justified?", *Social Science Electronic Publishing*, Vol. 20, No. 20, 2004, pp. 308 – 347.

[4] Amiti M. and Wei S. J., "Service Offshoring and Productivity: Evidence from the US", *The World Economy*, Vol. 32, No. 2, 2009, pp. 203 – 220.

[5] Ang S. and Detmar W. Straub, "Production and Transaction Economies and IS Outsourcing: A Study of the U. S. Banking Industry", *MIS Quarterly*, Vol. 22, No. 4, 1998, pp. 535 – 552.

[6] Aron R., Clemons E. K., Reddi S, "Just Right Outsourcing: Understanding and Managing Risk", *Journal of Management Information Systems*, Vol. 22, No. 2, 2005, pp. 37 – 55.

[7] Atkinson R. D. and McKay Andrew S., "Digital Prosperity: Understanding the Economic Benefits of the Information Technology Revolution", *Research Technology Management*, Vol. 51, No. 2, 2008, p. 64.

[8] Aubert, B. A., Rivard S., Partry M., "Development of Measures to assess Dimensions of IS Operation Transactions", *International Journal of Management Science*, Vol. 24, No. 6, 1996, pp. 661 – 680.

[9] Aubert, B. A., Patry, M., Rivard, S., "Assessing the Risk of IT Outsourcing", *HICSS*, 1998, pp. 685 – 692.

[10] Aubert, B. A., Patry, M., Rivard, S., "A Tale of Two Outsourcing Contracts", *Wirtschaftsinformatik*, Vol. 45, No. 2, 2003, pp. 181 – 190.

[11] Aubert, B. A., Patry, M., Rivard, S., "IT Outsourcing Risk Management at British Petroleum", *HICSS*, 2001, p. 10.

[12] Baden – Fuller C., Targett D., Hunt B., "Outsourcing to Outmaneuver: Outsourcing Re – defines Competitive Strategy and Structure", *European Management Journal*, Vol. 18, No. 3, 2000, pp. 285 – 295.

[13] Bahli B., Rivard S., "A Validation of Measures Associated with the Risk Factors in Technology Outsourcing", *HICSS*, 2003, p. 10.

[14] Bahli B., Rivard S., "Validating Measures of Information Technology outsourcing Risk Factors", *Omega*, Vol. 33, No. 2, 2005, pp. 175 – 187.

[15] Bernd Görzig, Andreas Stephan, "Outsourcing and Firm – level Performance", *DJW Discussion Paper*, 2002.

[16] Bhagwati J., Panagariya A., Srinivasan T., "The Muddles over Outsourcing", *International Trade*, Vol. 18, No. 4, 2004, pp. 93 – 114.

[17] Boehm, B. W., "Software Risk Management: Principles and Practices", *IEEE Software*, Vol. 8, No. 1, 1991, pp. 32 – 41.

[18] Bosworth B., "Challenges to the U. S. Economy: Economic Imbalances in a Growing Economy", Prepared for the Research Conference of the Tokyo Club Foundation for Global Studies, 2004.

[19] Christopher, M., *Logistics and Supply Chain Management*, London: Pitman Publishing, 1992.

[20] Clott C. B., "Perspectives on Global Outsourcing and the Changing Nature of Work", *Business & Society Review*, Vol. 109, No. 2, 2004, pp. 153 – 170.

[21] Criscuolo C., Leaver M., "Offshore Outsourcing and Productivity", *OECD Working Papers*, 2005.

[22] Dasgupta J., Mohanty R. P., "Towards Evaluating the Risks of Software Services Outsourcing Industry", *Journal of Management*, Vol. 6, No. 9, 2009, pp. 29 – 48.

[23] Demougin D., Fluet C., "Ranking of Information Systems in Agency

Models: An Integral Condition", *Economic Theory*, Vol. 17, No. 2, 2001, pp. 489 – 496.

[24] Dennis J. Fixler, Donald Siegel, "Outsourcing and Productivity Growth in Services", *Structural Change & Economic Dynamics*, Vol. 10, No. 2, 1999, pp. 177 – 194.

[25] Di Romualdo A., Gurbaxani V., "Strategic Intent for IT Outsourcing", *Sloan Management Review*, Vol. 39, No. 4, 1998, pp. 67 – 80.

[26] Dierickx, I., and Cool, K., "Asset Stock Accumulation and Sustainability of Competitive Advantage", *Management Science*, Vol. 35, No. 12, 1989, pp. 1504 – 1511.

[27] Dossani R., Panagariya A., "Globalization and the Offshoring of Services: The Case of India", *Brookings Trade Forum*, No. 1, 2005, pp. 241 – 267.

[28] Duggal S. M., Simkonis C., "Offshore Outsourcing: New Spin or Same Old Business?", *Informing Science & Information Technology*, No. 4, 2007, pp. 251 – 260.

[29] Earl, M. J., "The Risks of Outsourcing IT", *Sloan Management Review*, Vol. 37, No. 3, 1996, pp. 26 – 32.

[30] Egger H., Egger P., "Cross – Border Sourcing and Outward Processing in EU Manufacturing", *North American Journal of Economics & Finance*, Vol. 12, No. 3, 2001, pp. 243 – 256.

[31] Falk M., Wolfmayr Y., "Services and Materials Outsourcing to Low – Wage Countries and Employment: Empirical evidence from EU countries", *Structural Change & Economic Dynamics*, Vol. 19, No. 1, 2008, pp. 38 – 52.

[32] Falk M., "International Outsourcing and Productivity Growth", *Review of Economics & Institutions*, Vol. 3, No. 1, 2012, pp. 349 – 354.

[33] Gefen D., Wyss S., Lichtenstein Y., "Business Familiarity as Risk Mitigation in Software Development Outsourcing Contracts", *MIS Quarterly*, Vol. 32, No. 3, 2008, pp. 531 – 551.

[34] Girma S., Görg H., "Outsourcing, Foreign Ownership, and Produc-

tivity: Evidence from UK Establishment – level Data", *Review of International Economics*, Vol. 12, No. 5, 2004, pp. 817 – 832.

[35] Girma S., Görg H., Hanley A., "R&D and Exporting: A Comparison of British and Irish Firms", *Review of World Economics*, Vol. 144, No. 4, 2008, pp. 750 – 773.

[36] Girma S., Görg H., Pisu M., "Exporting, Linkages and Productivity Spillovers from Foreign Direct Investment", *Canadian Journal of Economics*, Vol. 41, No. 1, 2008, pp. 320 – 340.

[37] Gray P. H., Meister D. B., "Knowledge Sourcing Effectiveness", *Management Science*, Vol. 50, No. 6, 2004, pp. 821 – 834.

[38] Grossman, G. M. and Helpman, E., "Integration versus Outsourcing in Industry Equilibrium", *Quarterly Journal of Economics*, Vol. 117, No. 1, 2002, pp. 85 – 120.

[39] Grossman, G. M. and Helpman, E., "Outsourcing in a Global Economy", *Review of Economic Studies*, Vol. 72, No. 1, 2005, pp. 135 – 159.

[40] Grover, V., Cheong, M. J. and Teng, J., "The Effect of Service Quality and Partnership on the Outsourcing of Information Systems Functions", *Journal of Management Information Systems*, Vol. 12, No. 4, 1996, pp. 89 – 116.

[41] Görg H., Hanley A., "Outsourcing Helps Improve Your Firm's Performance", *Journal of Financial Transformation*, No. 8, 2003, pp. 113 – 118.

[42] Görg H., Hanley A., "International Outsourcing and Productivity: Evidence from the Irish Electronics Industry", *North American Journal of Economics & Finance*, Vol. 16, No. 2, 2005, pp. 255 – 269.

[43] Görg H., Hanley A., "Labor Demand Effects of International Outsourcing: Evidence from Plant – Level Data", *International Review of Economics & Finance*, Vol. 14, No. 3, 2005, pp. 365 – 376.

[44] Görg H., Hanley A., Strobl E., "Productivity Effects of International Outsourcing: Evidence from Plant – Level Data", *Canadian Journal of*

Economics, Vol. 41, No. 2, 2008, pp. 670 – 688.

[45] Görg H. , Hanley A. , Ott I. , "Outsourcing Foreign Services and the Internet: Evidence from Firm Level Data", *Economic & Social Review*, Vol. 46, No. 3, 2015, pp. 367 – 387.

[46] Hammer M. , Champy J. , *Review of Reengineering the Corporation: A Manifesto for Business Revolution*, New York: Harper Collins Publishers, 1993.

[47] John Fahy, "A Resource – Based Analysis of Sustainable Competitive Advantage in a Global Environment", *International Business Review*, Vol. 11, No. 1, 2002, pp. 57 – 77.

[48] Kern T. , Willcocks L. , "Exploring Relationships in Information Technology Outsourcing: the Interaction Approach", *European Journal of Information Systems*, Vol. 11, No. 1, 2002, pp. 3 – 19.

[49] Kevin Steensma H. , Kevin G. Corley, "Organizational Context as a Moderator of Theories on Firm Boundaries for Technology Sourcing", *Academy of Management Journal*, Vol. 44, No. 2, 2001, pp. 271 – 291.

[50] Kim Wullenweber, Stefanie Jahner, Helmut Krcmar, "Relational Risk Mitigation: The Relationship Approach to Mitigating Risks? In Business Process Outsourcing", *HICSS*, 2008, pp. 371.

[51] Klein B. , Crawford R. , Alchian A. , "Vertical Integration, Appropriable Rents, and the Competitive Contracting Process", *The Journal of Law & Economics*, Vol. 21, No. 2, 1978, pp. 297 – 326.

[52] Kliem R. L. , "Managing the Risks of Outsourcing Agreements", *Information Systems Management*, Vol. 16, No. 3, 1999, pp. 91 – 93.

[53] Lacity M. C. , Hirschheim R. , "Realizing Outsourcing Expectations", *Information Systems Management*, Vol. 11, No. 4, 1994, p. 7.

[54] Lacity M. C. , Willcocks L. P. , "The Value of Selective IT Sourcing", *Sloan Management Review*, Vol. 37, No. 3, 1996, pp. 13 – 25.

[55] Lacity M. C. , Willcocks L. P. , "An Empirical Investigation of Information Technology Sourcing Practices: Lessons from Experience", *MIS*

Quarterly, Vol. 22, No. 3, 1998, pp. 363 – 408.

[56] Laura Poppo, Todd Zenger, "Testing Alternative Theories of the Firm: Transaction Cost, Knowledge – Based, and Measurement Explanations for Make – or – Buy Decisions in Information Services", *Strategic Management Journal*, Vol. 19, No. 9, 1998, pp. 853 – 877.

[57] Lawrence Loh, N. Venkatraman," Determinants of Information Technology Outsourcing: A Cross – Sectional Analysis", *Journal of Management Information Systems*, Vol. 9, No. 1, 1992, pp. 7 – 24.

[58] Lee J. N., Kim Y. G., "Effect of Partnership Quality on IS Outsourcing success: Conceptual framework and empirical validation", *Journal of Management Information Systems*, Vol. 15, No. 5, 1999, pp. 29 – 61.

[59] MacDougall G. D. A., "The Benefits and Costs of Private Investment from Abroad: a Theoretical Approach", *Economic Record*, Vol. 36, No. 73, 1960, pp. 13 – 35.

[60] Mann C. L., "Globalization of IT Services and White Collar Jobs: The Next Wave of Productivity Growth", *Policy Brief*, Number PB03 – 11, 2003.

[61] Marjit S., Mukherjee A., "Profit Reducing International Outsourcing", *The Journal of International Trade & Economic Development*, Vol. 17, No. 1, 2008, pp. 21 – 35.

[62] Martin Hancox, Ray Hackney, "IT Outsourcing: Frameworks for Conceptualizing Practice and Perception", *Information Systems Journal*, Vol. 10, No. 3, 2000, pp. 217 – 238.

[63] Miroudot S., Lanz R., Ragoussis A., "Trade in Intermediate Goods and Services", *OECD Working Papers*, 2009.

[64] Ngo Van Long, "Outsourcing and Technology Spillovers", *International Review of Economics & Finance*, Vol. 14, No. 3, 2005, pp. 297 – 304.

[65] Oliver E. Williamson, "Transaction – Cost Economics: The Governance of Contractual Relations", *Journal of Law and Economics*,

Vol. 22, No. 2, 1979, pp. 233 – 261.

[66] Osei – Bryson K. M. and Ngwenyama O. K., "Managing Risks in Information Systems Outsourcing: An Approach to Analyzing Outsourcing risks and Structuring Incentive Contracts", *European Journal of Operational Research*, Vol. 174, No. 1, 2006, pp. 245 – 264.

[67] Ould M. A., *Business Processes: Modeling and Analysis for Reengineering*, New York: Wiley Publishers, 1995.

[68] Quelin, B. and Duhamel, F., "Bringing Together Strategic Outsourcing and Corporate Strategy: Outsourcing Motives and Risks", *European Management Journal*, Vol. 21, No. 5, 2003, pp. 647 – 661.

[69] Quinn, J. B., Hilmer, F. G., "Strategic Outsourcing", *Sloan Management Review*, No. 40, 1994, pp. 43 – 55.

[70] Quinn, J. B., "The Intelligent Enterprise: A New Paradigm", *Academy of Management Executive*, Vol. 19, No. 4, 2005, pp. 109 – 121.

[71] Ronan McIvor, "A Practical Framework for Understanding the Outsourcing Process", *Supply Chain Management*, Vol. 5, No. 1, 2000, pp. 22 – 36.

[72] Samuelson P. A., "Where Ricardo and Mill Rebut and Confirm Arguments of Mainstream Economists Supporting Globalization", *Journal of Economic Perspectives*, Vol. 18, No. 3, 2004, pp. 135 – 146.

[73] Shi Y., "Today's Solution and Tomorrow's Problem: The business Process Outsourcing Risk Management Puzzle", *California Management Review*, Vol. 49, No. 3, 2007, pp. 27 – 44.

[74] Siegel Donald, Griliches Zvi, "Purchased Services, Outsourcing, Computers, and Productivity in Manufacturing", *NBER Working Papers*, 1991.

[75] Spencer Barbara J., "International Outsourcing and Incomplete Contracts", *Canadian Journal of Economics*, Vol. 38, No. 4, 2005, pp. 1107 – 1135.

[76] Tejaswini Herath, Rajiv Kishore, "Offshore Outsourcing: Risks, Challenges, and Potential Solutions", *Information Systems Management*,

Vol. 26, No. 4, 2009, pp. 312 – 326.

[77] Thijs ten Raa, Edward N. Wolff, "Outsourcing of Services and the Productivity Recovery in U. S. Manufacturing in the 1980s and 1990s", *Journal of Productivity Analysis*, Vol. 16, No. 2, 2001, pp. 149 – 165.

[78] Tim Weitzel, Kim Wullenweber, "An Empirical Exploration of How Process Standardization Reduces Outsourcing Risks", *HICSS*, 2007, pp. 240.

[79] Tomás F. Espino – rodríguez, Víctor Padrón Robaina, "The Management Perception of the Strategic Outsourcing of Services: An Empirical examination in the Notel Sector", *Service Industries Journal*, Vol. 25, No. 25, 2005, pp. 689 – 708.

[80] Trienekens, J. & Beulens, Adrie, "Views on inter – Enterprise Relationships", *Production Planning and Control*, Vol. 12, No. 5, 2001, pp. 466 – 477.

[81] Yeats, Alexander J., "Just How Big is Global Production Sharing?" In Arndt, S. W. and Kierzkowski, H., Eds., *Fragmentation: New Production Patterns in the World Economy*, Oxford: Oxford University Press, 2001, pp. 108 – 143.

[82] Wendell O. Jones, "Outsourcing: The Enduring Mistakes", *Journal of Applied Business and Economics*, Vol. 10, No. 1, 2009, pp. 1 – 14.

[83] Willcocks L. P., Lacity M., Kern T., "Risk Mitigation in IT Outsourcing Strategy Revisited: Longitudinal Case Research at LISA", *Journal of Strategic Information Systems*, Vol. 8, No. 3, 1999, pp. 285 – 314.

[84] William J. Baumol, "Macroeconomics of Unbalanced Growth: The Anatomy of Urban Crisis", *American Economic Review*, Vol. 57, No. 3, 1967, pp. 415 – 426.

[85] Wölfl. A., "Productivity Growth in Service Industries: An Assessment of Recent Patterns and the Role of Measurement", *OECD Working Papers*, 2003.

[86] Wölfl. A., "The Service Economy in OECD Countries", *OECD Working Papers*, 2005.

[87] Zhao W., Watanabe C., "Risk Management in Software Outsourcing – A Portfolio Analysis of India's Case Based on Software Export Market Constitution", *Journal of Services Research*, Vol. 10, No. 1, 2010, pp. 143 – 155.

[88] 陈银娥、魏君英：《国际服务外包对中国就业结构的影响分析——基于1997—2007年时间序列数据的计量检验》，《中国人口科学》2010年第2期。

[89] 崔萍：《承接服务外包对企业技术创新的影响——基于我国IT行业上市公司面板数据的实证研究》，《国际经贸探索》2010年第8期。

[90] 鄂丽丽：《离岸服务外包的区位竞争因素研究》，博士学位论文，南开大学，2008年。

[91] 拉胡·森、M.沙伊杜·伊斯兰：《全球外包浪潮中的东南亚：趋势、机遇与挑战》，《东南亚纵横》2005年第4期。

[92] 来有为：《中印软件外包业竞争力的对比分析》，国务院研究中心发展报告，2005年。

[93] 李伟庆、汪斌：《服务外包、生产率与就业——基于中国工业行业数据的实证研究》，《浙江树人大学学报》2009年第9期。

[94] 李艳芝：《离岸服务外包区位影响因素实证分析与对策》，博士学位论文，对外经贸大学，2007年。

[95] 刘绍坚：《承接国际软件外包的技术外溢效应研究》，《经济研究》2008年第5期。

[96] 刘庆林、廉凯：《服务业外包对印度产业结构影响的分析》，《亚太经济》2006年第6期。

[97] 卢峰：《我国承接国际服务外包问题研究》，《经济研究》2007年第9期。

[98] 芦文娟、傅文利：《国际城市服务外包理论及其发展比较研究》，《国外社会科学》2009年第4期。

[99] 聂规划、张亮：《企业信息技术外包的风险与防范》，《科技进步

与对策》2002年第4期。

[100] 彭醒、张婷：《服务外包发展的动因、趋势和中国的对策分析》，《法商论丛》2008年第1卷。

[101] 田毕飞：《跨国公司对华服务外包研究》，博士学位论文，武汉大学，2006年。

[102] 杨丹辉、贾伟：《全球服务外包发展的影响与我国的对策》，国际服务贸易论坛，2007年。

[103] 喻美辞：《国际贸易、技术进步对相对工资差距的影响——基于我国制造业数据的实证分析》，《国际贸易问题》2008年第4期。

[104] 王立明、刘丽文：《外包的起源、发展及研究现状综述》，《企业管理》2007年第3期。

[105] 王晓红：《新一轮服务业离岸外包的理论分析》，《财贸经济》2007年第9期。

[106] 王晓红：《中国承接国际设计服务外包的技术外溢效应研究——基于中国80家设计公司承接国际服务外包的实证分析》，《财贸经济》2008年第8期。

[107] 吴国新、高长春：《金融服务外包研究综述》，《国际商务研究》2009年第5期。

[108] 薛莲：《服务外包：制度环境与生产率效应研究》，博士学位论文，浙江大学，2014年。

[109] 徐姝、胡明铭、李自如：《风险矩阵方法在业务外包风险评估中的运用》，《管理现代化》2004年第2期。

[110] 张婕：《国际服务外包的机理、效应研究》，博士学位论文，中国海洋大学，2008年。

[111] 章嘉林、浦美：《美国关于外包的争论及对中国的影响》，《社会观察》2004年第9期。

[112] 张海峰、李华：《委托代理关系下IT外包的激励机制研究》，《科技管理研究》2008年第4期。

[113] 张云川、蔡淑琴：《离岸外包与中国软件产业发展的思考》，《科技进步与对策》2005年第3期。

[114] 赵成柏：《地区生产服务业发展差异的空间计量分析》，《商业研

究》2010年第4期。

［115］詹晓宁、邢厚媛：《服务外包：发展趋势与承接战略》，《国际经济合作》2005年第4期。

［116］左显兰、沈时仁：《服务外包的风险及防范》，《浙江经济》2011年第11期。

第九章　金融开放与服务贸易

作为现代服务产业的重要组成部分和国家经济的命脉部门，金融业的开放是全球经济自由化的一道重要的关口。WTO《服务贸易总协定》以及随后的一些协议的签署从多边框架的角度建立起了有关金融开放的若干原则，但有关金融开放对于相关贸易发展的具体影响，乃至金融开放对于一国金融稳定所带来的可能冲击仍是一个充满争议与交锋的话题。

第一节　服务贸易规则下的金融开放要求

一　GATS框架下的金融开放要求

1993年12月，在经历了8年的漫长谈判后，WTO乌拉圭回合谈判宣告结束并正式缔结《服务贸易总协定》（General Agreement for Trade of Service，GATS）及其他一些重要文件。在此框架下，相关的服务业开放进程被进一步推动，并达成了一系列有关的开放协议，如《有关GATS金融服务承诺的谅解协议》（1995）以及《全球金融服务贸易协定》（1997）等，对于推动世界范围内的金融开放做出了更为明确的规定。根据GATS金融服务附录的定义，所谓的金融服务主要指由参加服务贸易谈判方的国家和地区内部的服务供应商所提供的全部金融性服务，涵盖了信贷、结算、保险、资产管理、金融咨询以及证券与外汇交易等六大类共计16项，几乎完整覆盖了目前金融范畴内的各项业务领域。

(一) 基本准则

作为 WTO 框架的组成部分，GATS 首先也遵循了 WTO 有关贸易与投资自由化的一些基本原则。概括而言，这些原则主要包括如下方面。

1. 市场准入

所谓"市场准入"，主要指境外的服务提供商顺利进入相关国家内部市场的可能性。对此，GATS 中的第 16 条明确规定了市场准入的下限，即每一个成员方对于具体的金融服务部门市场准入的承诺不得低于承诺表所规定的条件和限制；同时做出市场准入承诺的部门也必须对如下一些限制性措施做出明确的规定，包括（1）对于服务提供商数量的限制；（2）对服务交易或资产规模的限制；（3）对于服务经营与产出总量的限制；（4）对于服务企业雇员总数的限制；（5）对于服务提供商经营方式的限制；（6）对于境外资本比例的限制。在成员方承诺对金融部门进行开放但却没有在承诺表的市场准入项下对上述限制条件进行明确规定的情况下，该国将不得在今后的实践中采取类似的限制性措施。这一规定使得各国相关法规在透明度和可预见性方面得到了极大的强化。此外，在《有关 GATS 金融服务承诺的谅解协议》（以下简称《金融服务谅解协议》）中还提出了对市场准入现状的约束性条件，即相关国家在针对境外金融机构的市场准入方面不得施加超过目前水平的限制性措施，以此防止成员国在金融市场开放政策方面出现反复和倒退。

2. 国民待遇

国民待遇原则主要指在一个国家或地区内部的非居民应当享有与居民同等的待遇，即属于相关国家管辖范围内的所有居民和非居民适用相同的国内法规与政策。尽管国民待遇原则一直被视为一条传统的自由贸易原则，但长期以来却并没有被相关的法规或协议所明确。而在 GATS 中，国民待遇原则被正式作为具体承诺的内容，明确要求相关成员方按照各自承诺表所规定的范围和条件给予其他相关国家的服务提供者以国民待遇。

进一步就金融部门这一具体领域来看，相关的《金融服务谅解协议》还在基本的国民待遇原则基础之上进一步规定了其他两项与国民待遇有关的义务：一是相关国家应允许在其境内所设立的境外金融机构使用东道国公共机构所运营的支付与清算系统，并可以获得正常业务中可能涉及的官方基金与再融资的便利，如允诺境外银行可以从东道国中央银行获得再贷款以及进行票据的再贴现等；二是当境外的金融服务机构进入相关国家境内的自律性机构、证券与期货交易市场、清算机构以及各类协会时，相关的东道国应当给予这些境外金融机构以平等的国民待遇，保证在其境内的外国机构可以享有本国金融机构所拥有的各类直接或间接金融服务特权。

此外，与以往的国际协议不同，GATS在区分境内外服务提供者的过程中摒弃了以往的"国籍"标准，而代之以"境外投资者"和"投资"的概念。其中前者主要体现了对商业存在的控制权，而后者则侧重于体现其对相关商业存在的拥有权。根据这一释义，在相关国家境内享受国民待遇的境外金融机构不仅可以是具有东道国国籍的子公司与合资机构，也可以是分支行、代表处等不具有东道国国籍，但却被境外自然人或法人等所"拥有"或"控制"的商业存在。

3. 最惠国待遇

最惠国待遇和国民待遇是非歧视性原则的两个基本支柱，二者互相补充，共同构成了多边贸易框架的基础。但就内涵而论，最惠国待遇原则与国民待遇原则之间仍存在一定的差异——国民待遇主要强调了境外经营主体与本国经营主体之间的比较，仅涉及本国对内措施的统一适用性问题；最惠国待遇则更多的着眼于不同母国的境外投资者之间的比较，因而涉及东道国对内与对外两方面措施的适用性问题。在最惠国待遇方面，GATS明确规定，每一个成员方应当无条件地给予其他任何成员方的服务提供商以不低于该成员方给予其他国家服务提供商的待遇，即确保来自不同母国的商业存在享有同等的待遇和权利。基于这一原则，金融领域当中所涉及的最惠国待遇实际上也涵盖了三个层次：首先，东道国需要将其所做出的有关金融服务承诺平等地适用于所有缔约方；其次，对于尚未作出具体承诺的领域，东道国应当将其在金融服务方面赋予其他成员方的优惠待遇与豁免权无条件地赋予其他所有缔约方；最后，东道国还应当将其在金融服务领域赋予其他非缔约国的待遇平等地应用于所有缔约方。

4. 透明度原则

充分理解与服务贸易相关的法律法规和政策措施是境外服务提供商

能够在东道国市场进行顺利经营的重要前提,而透明度原则是确保此类事项的基础性规则。此外,由于透明的法律法规与政策措施还有助于帮助东道国发现现存的政策性障碍进而促进服务领域向自由化的迈进,对于未来进一步推动服务贸易领域的自由化谈判也具有重大的意义。鉴于此,GATS将透明度原则列为缔约方所必须遵守的一项普遍义务:根据GATS的第2条规定,每一个缔约方都应当及时公布可能对服务贸易产生影响的各类国内法律法规、行政命令、规则与商业管理以及其所签订或参与的国际协定;缔约方在制定或修改可能会影响其具体承诺的服务贸易领域发展的法规与政策时,应当及时或至少每年向WTO服务贸易理事会进行通报;同时,每一个缔约方也需要建立必要的政策咨询机构,以及时解答其他缔约方所提出的各类信息披露要求。

5. 相互承认与共同标准

解决国内法律法规的差异,实现成员方在国内法规方面的相互承认与协调一致是实现更高层次自由服务贸易的关键所在。在此方面,尽管GATS尚未将"相互承认"作为一项多边义务纳入规定,但已经允许各缔约方之间通过必要的协商、协议或者自动给予的方式对服务供应商在各自国家和地区所获得的学历、许可以及资格证书等予以互认。在金融服务领域,这种相互承认的主要内容则是各国的风险防范措施。

此外,作为相互承认的基础,共同标准的建立与推行也是GATS所面临的一个关键性的问题。在此方面,尽管GATS没有明确指定最低的共同标准,但也在不同场合强调了共同性国际标准的重要性,如承认"基于多边同意"的标准,以及各缔约方应当与相关的政府间或非政府间国际组织合作,建立并采纳"有关服务贸易实践和职业"的共同国际标准。落实到金融服务领域,这种共同标准原则主要体现在风险防范措施方面,其中典型的例证来自巴塞尔委员会的《银行有效监管核心原则》对于金融机构市场准入、所有权转让、破产清算以及资本充足率等方面的最低标准规定。

(二) 金融领域的"审慎例外"原则

作为现代经济的支柱和关系国民经济稳定与安全的命脉部门,尽管在服务自由化的背景下,金融业的开放和发展程度在相关国家的共同推动下得到了迅速的提升,并试图以开放的金融领域为更广阔范围内的贸易与投资开放提供相应的支持,但鉴于金融领域开放所蕴含的不稳定风险及对国民经济所产生的"牵一发而动全身"的重要影响,如果一味强调金融的自由化而忽视其中的风险防范,则很可能使自由化的益处被随之而来的风险抵消。因此,GATS 谈判中各国政府普遍对金融服务的开放与自由化持谨慎态度,并主张在金融服务开放方面拥有采取审慎措施的充分自由。在这样的背景下,GATS 以及其关于金融服务贸易的附件中进一步纳入了审慎例外这一重要原则。从一般性的原则来看,GATS 序言规定了缔约方可以为实现国内的政策目标而对境内的服务提供商制定和实施新的限制性规定;而 GATS 第 12 条则进一步规定当缔约方发生国际收支严重失衡、对外财政已经陷入严重困难或面临此类威胁的情况下,可以对其已承担特定义务的服务贸易采取必要的限制性措施。此外,针对金融领域的特殊性,GATS 对金融行业的审慎例外原则应用做出了更为具体的规定,如《金融服务贸易附件》第 2 条曾规定:"无论本协定其他条款如何规定,不得阻止成员出于审慎原因而采取必要的措施,包括为保护投资人、存款人、保单持有人或金融服务提供者对其负有信托责任的人而采取的措施以及为保证金融体系完整和稳定而采取的措施。"这种审慎例外原则实际上赋予了缔约方出于保护金融体系的安全和稳定、保障存款者和投资者权益的考虑而采取必要的违背 GATS 所规定的承诺和义务的权力。

尽管 GATS 及附件对审慎例外做出了相应规定,但其对这一重要概念及范围既没有采取抽象概括的方式定义,也没有采取清单列举方式定义,因此对于审慎监管措施是否恰当的评判目前也主要依据《金融服务附件》的相应表述来进行解读和推断。根据杨茜(2008)的总结,目前金融领域审慎例外原则的应用在法理层面上主要可归结为如下一些判断标准。

1. 目的正当标准

目的正当标准主要指缔约方在实施审慎例外的时候必须出于审慎性的目的,即防范金融风险、保证国内金融体系的稳健和安全以及保护存款人、投资人等有正当理由的、"非变相逃避承诺和义务"的目的(李谷硕、刘天姿,2007)。基于这一原则,所谓的"审慎的目的"实际上可以分为保护消费者和维护金融体系稳定两大类别。同时,目的正当性标准也表明，在 WTO 框架内评判监管措施是否适当的主要标准主要在于其目的性而非客观效果，即一项限制性举措是否适当，应主要看其是否出自审慎监管的需要而非看其是否对 GATS 下的承诺和义务造成了损害（韩龙，2003）。

2. 自主认定标准

所谓的自主认定标准主要指对于某项措施是否符合审慎监管的要求，应该由采取措施的缔约方根据自身的法律规定和现实情况进行认定。之所以做出如此规定，其原因主要来自金融监管的复杂性。一方面，各国的金融市场结构和发展水平存在明显的不平衡特征，难以用统一的标准来要求；另一方面，金融创新的活跃也使得金融监管应当具备随机应变的能力。对此，马来西亚代表曾经在金融服务贸易委员会会议上提出，马来西亚在金融危机中的经验教训表明，当一国需要采取规制措施却受限于条约的规定而无法实行，可能会引发很大的负面作用。因此，缔约方认定审慎监管的自主权必须得到充分的尊重与保护，这样才能使其对金融风险做出及时的处理与应对。

3. 透明度标准

作为 GATS 的基本原则之一，透明度原则也必须在"审慎例外"条款中得到充分的体现。这种体现的具体含义在于，尽管"审慎例外"措施可以不受承诺义务的限制而载入承诺表，但相关的规定必须予以公开，即实施审慎监管措施的缔约方需要公开其所有可能影响金融服务贸易的举措。这种透明度标准项审慎例外原则的延伸主要体现为如下三方面要求：一方面，针对已经采取或正在实施的审慎监管法规，缔约方应当立即予以公布；另一方面，针对新设立的审慎措施，需要每年向服务贸易理事会进行公开；此外，缔约方还应当设立必要的咨询部门，以便其他缔约方获取或查询对其有影响的审慎监管法规与措施。

4. 司法审查标准

虽然 GATS 在制定并适用金融审慎措施方面赋予了缔约方相当大的自主权，但这并不意味着对其政策的制定与实施不施加任何的限制。根据 GATS 规定，当其他缔约方就某一国所采取的审慎措施提出异议时，可以通过争端解决程序来评判相关的审慎措施是否违背了相关的规则。尽管这一规定尚缺乏官方的解释，但成员方在采取和实施审慎措施时至少应秉承诚信义务是确定无疑的（刘笋、吴永辉，2004）。

5. 照顾发展中国家标准

对于发展中国家在服务贸易自由化过程中的特殊需要，GATS 第 19 条明确声明自由化的进程应当与各国的发展水平相适配，并给予发展中国家以适当的灵活性，其中也包括了"审慎例外"的标准（李胜兰、郑远远，2002）。因此在实践中，对于发展中国家"审慎例外"合法性的判断标准应当区别于发达国家，对发展中国家的审慎措施提出异议时也需要充分考虑发展中国家对监管灵活性的特殊需要，对发展中国家采取的审慎措施给予更多的包容性和宽松性，以此实现金融服务贸易领域的公平。

二 金融开放的一些具体实践

理论上来看，金融开放实际上涉及了狭义上的金融服务贸易开放与广义上的金融自由化。Dobson（2007）认为，金融服务贸易自由化通常要求消除歧视性规定，即对国内外金融服务提供者在市场准入和商业存在方面做出定性与定量的规定；而 Kireyev（2002）则从更广泛的视角将金融开放视为一个由经常账户自由化、资本账户自由化、审慎原则及其他国际标准与国内规制交织而成的复杂体系，因此，金融开放不仅仅意味着金融服务贸易本身的自由化，同时也是建立一个多元化、有效且富于竞争力的金融部门的关键环节（Tamirisa 等，2000）。

然而就现实情况而言，尽管 GATS 及相关协定基本上反映了服务贸易的特殊要求，其对于金融领域开放的一些相关规定和原则有助于推动金融服务贸易自由化进程乃至一国总体的贸易与投资开放程度，但由于金融业开放本身的巨大影响和敏感性，以及 GATS 及其附属协议等在金融开放方面过于原则而有欠具体的表述，世界各国在金融开放方面大多保持了谨慎的态度。Mattoo（2000）的研究发现，尽管参加协议的国家数目异常可观，但许多国家承诺的自由化程度却是有限的，每个国家的承诺结果是其在单方利益与未来多部门谈判中通过议价获得的利益之间的权衡。同时，尽管 GATS 秉承了 WTO 框架下向自由化方向发展的总体目标，但服务业开放的趋势却并不十分明朗。Qian Ying（2003）比较了 1995 年中期协议各成员的承诺和 1997 年最终 GATS 谈判结果中成员的承诺程度,发现仅有 15 个成员在新的承诺中做出了改善,但对银行部门的承诺,所有成员在 1997 年的平均承诺水平均比中期协议有所降低[①]。同时,除了在金融领域开放承诺方面表现出了审慎的态度,相当一部分国家的开放承诺在执行过程中也被打了一定的折扣,有研究表明,大多数国家金融服务部门的实际开放程度和 GATS 框架下的承诺并不一致(Sorsa,1997)。

虽然在总体上各成员国在服务业开放承诺以及具体执行方面通常表现得较为保守,但从具体国家来看,不同类型的国家在对待服务业开放的问题方面也存在一定的差异。就现有研究而论,一个令人多少有些感到诧异的现象在于,越是拥有良好金融基础的国家在金融业的开放问题上表现得往往越谨慎。Sorsa(1997)通过比较成员国的发展程度与其承诺的类型及程度之间的关系,发现承诺水平与成员国的经济发展水平呈现弱相关的关系,很多拥有良好金融市场的国家只愿意开放很少的部分,而金融服务部门欠发达的地区则愿意多开放,亚洲的国家尤其如此。这一结果也得到了 Ying Qian(2003)的肯定,并由此认为 GATS 通过商业存在模式引入竞争是失效的,较发达的成员也许是出于保护国内已有机构利益的目的,希望从商业存在模式中撤销的承诺相对较多。此外,Moshirian(2004)的研究也发现在银行领域,东欧一些国家做出的承诺最多,拉丁美洲国家次之,而在保险业领域,东欧和拉丁美洲也是做出承诺最多的地区。

这一现象的根源可能来自发达国家与发展中国家开放承诺本身特质的差异。Gillespie(2000)通过研究发现,发达国家承诺的项目要比发展中国家更为复杂,相对于发达国家而言,发展中国家在金融开放的过程中似乎更多地强调执照的要求和公司的法规,或者要求外国公司在本国开展业务时需要在当地设立子公司或分支机构,以便于进行审查、监管和控制。同时 Gillespie(2000)也指出,发展中国家对于服务贸易中的"商业存在",即传统意义上的外商投资模式也表现出不同的态度。有证据表明,在一些市场准入承诺当中,许多欠发达国家只允许外国公

---

① 在其看来,出现这一现象的原因可能在于非洲成员承诺水平大幅降低导致了整体水平的下降。

司入股市场中已经存在的参与者,却不允许以新建的方式同当地企业进行竞争。同时出于对不受限制的资本流动所带来的冲击的担忧,欠发达国家通常也不愿在跨境竞争方面做出承诺。这表明在发展中国家眼中,《金融服务谅解协议》的作用只是使外国资本注入国内机构,而不是增加竞争。

为什么各国之间市场准入承诺会存在如此的差异?对于这一问题,Harms、Mattoo和Schukecht(2003)用三个因素分析了背后的原因。首先,由于自由化程度的提升会提高国内工人的获利,因此金融自由化的承诺会与该国金融服务部门的发展程度及国内工会力量存在正相关的关系;其次,一个国家对未来跨部门的让步和许可承诺会导致现在的贸易保护政策的制定;最后,由于政府做出的自由化的决定会影响经济环境,因此对于宏观经济的稳定性和审慎监管质量的考虑也会影响该国金融自由化承诺的水平。此外,也有学者从妨碍金融服务交易的市场壁垒角度对此问题进行了相应的分析,如Undell(2001)对欧洲的金融服务贸易壁垒做了分析,指出金融服务壁垒的存在是导致跨境金融服务机构难以统一、妨碍市场一体化发展的重要原因。这些壁垒涵盖了一切妨碍在他国设立和经营金融机构的因素,包括远距离管理与监督、语言、文化、货币、制度及监管的不同,以及对外国竞争者的限制,而Mattoo等(2000b)则进一步指出,配额、经济需要测试及资格执照的要求与专业团体的内部规章也是构成此类壁垒的重要形式。这些壁垒的存在会在相当程度上左右一国实际的金融开放程度。

第二节 金融开放、金融稳定与服务贸易发展:理论探讨

作为现代服务业的重要组成部分和国民经济的支柱,金融业的开放不仅是金融服务贸易发展的先决条件,同时也可以为其他部门服务贸易的开展提供更为有力的支撑。同时,作为一类较为敏感和风险更高的行业,服务业的开放又往往与一国的经济稳定甚至经济安全息息相关,由此使得金融开放成为现代国家发展经济过程中的一把"双刃剑"。

一 金融开放对服务贸易的促进作用

理论上而言，金融开放对于服务贸易发展的促进作用主要体现在如下方面。

（一）贸易支持

一个开放高效的金融体系不仅是国际贸易得以顺畅进行的必要条件，同时也是支撑国际贸易不断扩大发展的关键性因素。总体而言，金融开放对于国际贸易的支持和促进作用可以从促进商品与资本跨国流动、改善贸易结构、分散风险及消除信息不对称性等方面得到具体的体现。

1. 促进商品与资本跨境流动

资本账户管制程度和对资本跨境流动的限制程度常常是体现一国金融开放水平的重要标志。而对于国际贸易而言，其开展过程通常无法离开诸如国际结算、国际汇兑、贸易融资等金融活动的辅助，因此高水平的国际贸易势必要求一个满足资本跨境流动要求的开放性金融环境。而伴随着贸易自由化所带来的产品跨境流动的提升，对于资本要素跨境流动的要求也会与日俱增。离开了资本要素流动的配合，大规模的商品流动常常会对国内的物价水平乃至国际收支平衡产生一定的负面冲击。即便是在有限的资本跨境流动机制下，贸易自由化程度的提高也可能会造成国内商品价格的大幅下降以及经常项目赤字的增加。进一步从服务贸易的角度来看，由于其生产方式与产品本身的特殊性，其贸易行为对于金融开放的要求显然要高于普通的货物贸易，就此而言，金融开放乃至由此带来的服务贸易自由化显然可以极大地推动包括银行、信托和保险等与国际贸易密切相关的金融机构的跨境与离岸业务的发展，使金融机构能够以更为便捷的方式为从事国际贸易活动的企业提供包括信息咨询、市场调研、前景预测、资金融通以及跨境结算等在内的多层次全方位的金融服务，并由此极大地推动了世界贸易的发展。

此外，从现代国际经济分工与贸易格局来看，由于跨国公司在国际范围内的产业链布局，母公司与子公司，子公司与子公司，乃至跨国公司与其外包供应商之间通过大量的垂直化与水平化分工形成广泛意义上的专业化生产，由此塑造的区域内乃至全球范围内一体化的国际生产体系使得跨国公司体系内部的原材料、中间产品、产成品以及与之相关的劳务等方面的跨境交换日趋广泛，成为当今国际贸易中的一个越来越重要的组成部分。就此而言，跨国公司的快速发展与扩张已经成为推动当代国际贸易发展的重要原因之一。特别是对于服务贸易而言，由于服务产品本身生产与消费不可分离的特性，以跨境投资为代表的商业存在也是构成服务贸易的基本形态之一，其对于服务贸易发展的作用也变得更为关键。在这种情况下，作为跨国公司生产区位决策的重要考量因素，金融开放及资本跨境流动的障碍和壁垒本身将会对贸易活动，特别是服务贸易的发展产生巨大的影响，国际贸易和跨国公司行为所带来的 FDI 的发展也将对跨国资本流动和金融开放水平提出新的要求（Giavazzi 和 Tabellini，2004）。就此而言，金融领域开放程度的扩大不仅可以进一步破除跨国公司全球化生产和经营过程中所面临的各类壁垒和障碍，特别是针对跨境资金配置方面的障碍，而且能够为跨国公司的国际化生产与经营活动提供更为丰富的金融服务和更为广泛的金融保障，从而极大地促进了跨国公司生产与投资活动全球化程度的深化，以及由此衍生的国际贸易规模和水平的提高。

事实上，金融开放对于贸易活动的促进作用也得到了国内外相当部分经验证据的支持，比如 Aizenman（2006）利用 Granger 因果检验的方法证实了金融开放与贸易开放之间存在的双向影响，其中金融开放对贸易开放的影响更为显著；如 Aizenman 和 Noy（2004）指出，金融开放可以通过提升垂直 FDI 的规模来扩大贸易开放的规模；而我国一些学者针对中国的研究也得到了类似的结论，如沈能（2006）证实了金融发展与国际贸易存在着一定的长期均衡关系，我国的金融规模与国际贸易规模之间存在着显著的正向因果关联；曲建忠、张战梅（2008）利用 1991—2005 年的数据所进行的研究也表明金融发展在我国国际贸易的发展过程中起到了显著的积极作用。

2. 改善贸易结构

除了可以为商品与资本跨境流动提供直接的支持之外，金融开放及由此带来的相关国家金融行业的发展也会通过影响该国的比较优势而改变相关国家的贸易结构。Kletzer 和 Bardhan（1987）较早地意识到一个国家的金融制度可以成为该国参与国际贸易过程中的一种潜在优势。通过在传统的要素禀赋理论框架下纳入金融因素，他们证实了具有发达信贷市场的国家一般会集中在具有较高外部融资依赖性的产业领域从事专业化生产，而那些信贷市场限制程度较高的国家则会倾向于从事那些外部融资依赖性较低的产业。在此基础上，Rajan 和 Zingales（2003）进一步提出了基于金融发展的比较优势理论，在该理论看来，那些对外部融资具有较高依赖性的产业在金融市场高度发达的国家中会具有更高的成长率。Beck（2002）的研究则将相关研究引入规模经济领域，指出如果一国具有相对完备的金融体系，则可以在具有高度规模经济特征的部门中建立起比较优势和出口优势。通过对一份涵盖了 56 个国家 36 个产业的样本进行实证研究，Beck 证实了金融发展水平较高的国家通常会在那些更依赖外部融资的制成品行业中具有更高的出口份额和贸易顺差，且国家之间存在着贸易结构的多样化特征。近年来，国内的一些学者也开始对中国的金融发展水平与国际贸易的规模及结构之间的关系进行系统性的研究，如陈建国、杨涛（2005）曾经对我国在 1992—1999 年 22 个行业的面板数据进行实证分析，证实了我国的出口结构升级与相应的金融支持之间所存在的正向关联；另一些研究则进一步从实证的角度揭示了金融发展促进贸易结构提升的内在机制，其中一些研究认为金融发展带来的技术进步是引发出口结构变化的根本动因，如孙兆斌（2004）通过对我国出口商品结构特征的分析以及其与金融发展之间关系的考察，指出金融发展可以通过促进资本的积累与技术的进步为我国比较优势的结构性变动提供较好的物质保障和技术支持，从而推动了出口商品结构的优化；齐俊妍（2005）也认为金融体系完善的国家可以更为有效地实现资本向投资的转化并促进技术的进步，从而通过增加资本技术自给性产品在出口中的比重来实现出口结构的改善。与之相比，另一些研究者则将这种关联归因于金融发展带来的比较优势变化，如胡岩（2003）基于对我国银行、股市与出口商品结构的考察认为，在虑及金融部门发展水平差异的情况下，可以观察到金融发展水平的提升与资本密集型产业出口之间的正向关联，进而认为金融发展程度的提高可以促进贸易结构的升级；朱彤、郝宏杰等（2007）认为金融发展主要通过提升外部融资的支持程度来提升那些对外部融资具有较强依赖性行业的比较优势；林玲和李江冰（2009）则指出金融发展可以通过改善资本密集型和技术密集型产品的出口比较优势来实现贸易结构的升级；此外，李斌，李国强（2008）也从规模、结构和效率三方面证实了金融发展对于出口贸易结构优化的推动作用。

就此而论，金融开放及由此带来的产品创新与效率提升显然可以通过改善一国的资本配置、缓解融资瓶颈、提升金融支持能力来促进该国贸易结构的整体提升。特别是对于发展中国家而言，金融开放所带来的境外金融机构的引入可能是其国内羸弱的金融体系的一个有力的补充，对于该国建立在资本密集型产品和规模经济领域的比较优势，促进贸易规模提升和贸易结构转型升级会起到相当重要的作用。

3. 分散风险

在贸易自由化的过程中，因贸易规模与范围扩大而产生的价格与产出波动会使得一国的贸易品部门面临更大的不确定性（Traca，2005）。而针对这一情况，金融发展所带来的金融市场的完善以及金融服务种类与深度的增加无疑可以为从事贸易活动的部门提供更为有效的风险分散和化解机制。通过多元化的资产组合，贸易部门的资本要素拥有者可以有效地规避单一性收入来源所引发的风险，并由此带动贸易规模和范围的增加。这一情况也为很多的经验研究所证实，比如 Ghosh 和 Wolf（1997）基于美国数据所进行的实证检验就证明了完善的金融市场可以有效地实现贸易风险的分散；Cole（1988）则通过一个一般均衡框架下的模型比较了不同的金融市场结构在面临产出冲击时对于贸易风险所产生的不同化解作用以及对产出和贸易产生的具体影响，从结果来看，那些能够提供更加完善的风险分散机制的金融市场显然更能够促进贸易规模的扩大；Feeney 和 Hillman（2004）也通过构建理论模型证明，金融活动在促进风险分散方面的作用使得金融活动与贸易规模之间呈现出显著的正相关关系；Svaleryd 和 Vlachos（2002）则从需求角度解释了贸易与金融之间的关联机制，并强调了化解贸易风险的要求在金融发展方面的作用，在其看来，贸易的开放必然会伴随着竞争与冲击等各类风险的产生，并由此衍生了企业对于金融创新活动的需求，推动了金融市场不断推出新的风险分散工具。

4. 消除信息不对称性

在现实生活中，制约企业获取外部融资的一个重要的障碍就是横亘于借贷双方之间的信息壁垒。信息的不对称性会使得债权人难以真正了解债务人的真实动机并对其进行有效的监控。很多有关公司治理和委托—代理问题的文献曾经就此展开过系统性的论述。其中，融资顺序理论和自由现金流理论分别从资本结构和企业控制权的角度分析了降低信息不对称性在企业获取融资过程中的关键性作用，而金融体系存在的意义则是可以凭借其所具有的信息优势对整个投融资过程提供有效的监督和管理，从而化解相应的信息壁垒。Boyd 和 Prescott（1986）曾指出，作为债务人所拥有的私人信息，投资项目的潜在收益实际上很难为债权人所获取，或者在获得该信息的过程中需要支付高昂的成本，而金融机构的出现则可以降低相关信息获得的成本，二者之间存在着一定的内生关系；Stiglitz（1985）则认为，以银行体系为代表的金融部门有助于通过对贷款活动的监控来克服借款者凭借私人信息而产生的道德风险问题，从而促进借贷双方建立长期的关联。在国际贸易活动中，商品和要素的跨境流动通常会涉及较之国内交易更为严重的信息不对称问题，诸如融资者的信誉、东道国经济形势与宏观政策的变动乃至国家政治风险等都会对贸易部门的融资活动产生阻碍并制约贸易规模的进一步提升。在这种情况下，如果存在发达的金融体系，则可以凭借其所拥有的信息优势（如各类信用评级机构、一体化的金融网络以及国际政策协调机制等）来最大限度地化解信息不对称对贸易活动的制约作用。

（二）竞争与效率提升

由金融开放带来的效率乃至金融领域国际竞争力的提升显然也是金融开放促进金融及其他服务贸易发展的另一个重要途径，而从根本来看，外部竞争力量的引入及本国金融领域原有垄断格局的破除则是这种效率促进效应得以发挥的内在机制。

1. 垄断与金融体系的低效率

金融体系的低效率是许多国家，特别是发展中国家金融业发展过程中所面临的突出问题之一。低效率的金融体系不仅会极大地削弱微观经济系统的活力，甚至会由此成为宏观经济发展的羁绊。尽管导致金融体系效率低下的原因来自多个方面，但由体制性因素与管制因素所导致的竞争环境缺失显然是其中较为关键的因素。总体而言，竞争的缺乏对于金融体系效率的抑制作用主要体现在如下一些方面。

(1) 创新动力缺失。

对于相关领域经营权与特许权的控制会在金融行业中塑造出垄断性的市场结构。这种垄断性的市场特征不仅会产生出巨额的垄断利润，而且也会扭曲相关金融企业的市场价值。在严格的市场准入壁垒保护下，金融机构盈利多寡将不再源自经营管理水平、技术能力与市场竞争力，而是更多的来自金融机构在相关金融领域所拥有的垄断性经营权。这一方面会极大地弱化金融机构通过改善管理能力、提升服务质量、推动技术进步和创新活动的动力，整体上削弱金融企业的技术能力和竞争力，另一方面会激发金融机构产生强烈的"寻租行为"，诱使其将更多的精力放在经营特许权的谋求方面，甚至会激发金融机构借助腐败、贿赂乃至政治影响等非规范化的手段来获得垄断经营权背后所隐含的制度租金。这不仅会严重地降低金融体系的效率，甚至会进一步引发金融领域中的道德风险，恶化商业银行的资产质量与商业信誉，严重时更是可能触发社会对金融机构的不信任，引发系统性的金融危机。

(2) 范围经济难以实现。

金融行业大多具有非常明显的范围经济特性。即在金融机构可以进行多领域的混合经营时，其可以通过对原有领域客户信息和网点设施等生产要素的共享来有效地节省进入新的业务领域时所面临的成本。然而这种范围经济效果的实现需要破除行业之间的准入壁垒，相对而言，目前垄断性的金融体系大多源自政府部门设定的体制性准入障碍或行业管制门槛，这种垄断格局会使得金融市场呈现出过度专门化和高度市场分割的状态，即每一个专业的金融机构都被明确限定了所从事的具体业务领域，由此使得金融机构在"跨界"经营方面面临过高的障碍，进而无法实现生产要素资源的有效共享和明显的范围经济效果，金融机构也由此丧失了提升效率的一个重要的契机。

(3) 行政干预与资源错配。

由行政性的准入限制所引发的金融行业垄断也会在很大程度上引发政府对金融领域的介入和控制，而这种行政过度干预的金融体制也会因引发资源的错配，进而在很大程度上削弱金融体系的内在效率。

首先，在以行政主导为特征的金融体制下，政府部门对于金融活动的过度插手与干预会造成金融机构在金融资源配置上难以具有独立性。

为了确保相关的金融资源被"正确"地运用于政府部门所希望的重点行业和重点企业，政府通常会凭借权力优势对金融资源的配置实施强制性的倾斜标准或直接实施指令性的配给。在这种情况下，失去资源分配自主权的金融机构不仅不能根据自身的经营状况和市场状况对相关项目的盈利能力和风险控制等问题进行科学的评估并遴选出优质的投资目标，而且无法确保金融资源被配置到经济效益最高或经济利润最大的领域。在很多具有潜在高收益的经济部门难以获得有效的金融资源供给的情况下，大量的金融资源却被配置到众多陷于低效率乃至亏损境地的企业当中并可能沦为金融系统的呆账和坏账，金融资源利用效率的低下也由此可见一斑。

其次，在行政主导下的金融体制中，政府往往会指挥金融机构向一些与政府存在关联的企业（如国企或者与政府官员存在利益瓜葛的私人企业）提供海量的低成本资金，这种背离市场价格的金融资源也很容易激发相关企业的"投资饥渴症"和低风险意识的出现。一方面，这些低成本的资金会养成相关企业对于外部融资、特别是贷款资金的过度依赖，导致企业的融资方式与融资渠道的单一化倾向；另一方面，这种金融配置模式背后所蕴含的公开或隐性的行政担保及金融机构对债务人监督控制机制的弱化也会刺激企业不断增加经营过程中的杠杆率而忽略了其中所蕴含的风险，进而形成了高投入、高风险和低效益为特征的投融资格局，严重影响了金融市场乃至整个宏观经济体系的安全与稳定。

2. 金融开放、竞争与效率提升

很多相关研究曾指出，金融业的开放及境外金融机构的引入可以帮助东道国提升国内金融机构乃至整体金融市场的效率，而这种效率的提升主要源自外资金融机构进入引发的竞争与技术溢出效应。Levine（1996）的研究认为，外资金融机构的进入至少可以通过如下三方面的机制来提升发展中国家金融体系的效率：首先，外资金融机构的进入会凭借其在金融产品和金融服务方面的优势给当地的金融部门带来一定的竞争压力，迫使其通过改善经营、开拓业务领域和提升技术水平等来提升其整体的竞争能力。其次，外资金融机构的进入还可以对东道国国内的金融部门产生示范作用，有助于其通过学习和模仿吸收国外金融机构的先进技术和运营经验。最后,外资金融机构在金融风险评估和金融资产定价方面的成熟系统与做法也有助于弥补东道国金融企业的技术短板,提升东道国金融市场的配置水平。Berber(2000)的研究证实,在新兴市场国家当中,外资金融机构要比国内的金融机构具有更高的成本效率,因此这些境外金融机构的入驻实际上会促进这些新型发展中国家金融系统的效率提升。Goldberg(2007)也认为,外资银行的进入可以通过促进银行市场的竞争并激励银行使用更为先进的技术、帮助和促进东道国完善银行的运行机制和相关的制度与法律框架,以及增加东道国利用国际资本的机会等方面来改善国内金融市场的服务质量,提升东道国商业银行的整体效率。

从 Kono 等(1999)以及 Harris 和 Pigott(1997)所做的总结来看,金融开放提升金融体系效率的途径大体上可以概括为竞争、技术溢出、管理能力增强、跨国风险分担以及增强政策透明度等。此外,也有一些学者从其他角度对这一问题进行了论述与解读,如 Gorton 和 Winton(1998)曾运用福利经济学的理论解释了转轨经济国家银行系统改革与开放对当地商业银行效率的促进机制;Kaas(2004)则通过一个基于信贷市场的空间竞争模型论证了外资银行对当地银行效率所产生的积极作用;Lehner 和 Schnitzer(2008)所构建的 Salop 模型从理论上对外资银行进入所引发的竞争与技术溢出效应对本土银行绩效的影响进行了阐述。而从我国的相关研究来看,白叙雅、李焱(2002)从我国商业银行对外开放的视角入手分析了外资进入对国内商业银行产生的影响,并认为外资银行的引入可以通过竞争压力的注入来打破我国商业银行垄断性的市场结构所带来的低效率均衡,并重塑一个基于良性竞争的银行体系,由此实现银行整体经营效率的提升;叶欣、冯宗宪(2003)认为外资银行可以借由资源配置效应、市场竞争效应、技术示范效应、金融稳定效应和金融国际化效应等途径来实现东道国银行体系的效率提升并增进金融稳定;云凌志、曹雯(2007)也从理论上证实了国有银行引进外部战略投资者的持股比例与相应银行的政策性负担存在反向关联,因此这种境外战略投资者的引入实际上有助于降低因行政干预而带来的国有银行战略负担并促使其效率水平的提升。

从实证角度来看,金融开放对于一国金融机构效率提升的作用也得到了相关实证研究的支持。国内学者胡祖六（2003）认为，正是因为英国金融服务贸易的开放，使得英国得以成功地引入美国和欧洲的众多金融机构入驻，进而促成英国本土低效率的金融机构被这些优质境外金融机构所兼并，由此提升了英国金融体系的整体效率并巩固了伦敦作为国际金融中心的地位。此外，如 Claessens S. 和 Glaessner T. （1998）对亚洲金融服务国际化的案例研究，Barajas A.、Steiner R. 和 Salazar N. （1999）对哥伦比亚金融业中的外国投资的案例研究，Denizer C. （1997）对"土耳其金融自由化和新准入对金融市场结构和竞争的影响"的案例研究，等等，都基本上说明了证明金融业开放度与东道国金融市场效率正相关这个观点。而一些以银行业为代表的专业角度的研究也都得到了一些较为正面的结论，比如 Terrell （1986）、Naaborg 等（2003）、Hasan 和 Marton （2003）针对匈牙利等东欧转轨经济国家银行的研究以及 Jonathan Hao （2001）针对韩国银行的研究都证实了银行内部境外投资者持股比例与银行的经营效率之间存在明显的正向关联；Bhattaeharya 等 （1997）、Bonaccorsidi Patti 和 Hardy （2001）及 Maria 和 Ashoka （2004）分别针对印度、巴基斯坦以及拉丁美洲等发展中国家商业银行的实证检验均证实这些国家和地区中的外资银行要具有显著高于本土商业银行的效率水平。除了对商业银行的经营效率产生直接影响之外，一些研究也指出了外资银行影响东道国银行绩效的其他一些可能的途径，如 Clarke 等（2003）通过对 38 个发展中国家和转轨经济国家的 4000 余份借款人资料的分析发现，外资银行的进驻会使东道国商业银行的市场配置更为活跃和更富效率；Mathieson 和 Roldos （2001） 对于新兴市场经济国家的实证研究结果则表明外资银行可以借由增进竞争和技术溢出效应的发挥来直接或间接地促进东道国商业银行的经营效率提升。Yildirim 和 Philippatos （2007） 与 Lensink （2008）对于乌克兰等转轨经济国家的研究也同样发现外资银行具有较之本土商业银行更高的效率水平。此外，Haas 和 Lelyveld （2006）对于中东欧转轨经济国家的实证研究也表明这些国家的外资银行进入与相关国家的信贷稳定性之间存在一定的正向相关性，由此意味着外资银行的进入可以通过稳定东道国的信贷来提升东道国银行体系的安全性；而我国学者李斌、涂红（2006）基于发展中国家样本的研究也表明外资银行的进入可以激发这些国家银行的竞争水平，进而通过经营成本的降低增进银行体系的效率。

很多针对我国的实证性研究同样认同金融开放对于商业银行绩效改善的促进作用，如 Berger 和 Hansan（1998）的研究就证实了外资银行的进入可以抵消行政控制对银行效率的负面影响，提升我国银行的整体效率；肖荣华和鲁丹（2006）认为外资银行的进入不仅没有对国内的商业银行造成明显的负面冲击，反而通过显著的溢出和示范效果促进了本土银行的效率提升；此外，黄宪、熊福平（2005）、陈奉先、涂万春（2008）、刘亚等（2009）及毛捷等（2009）也分别从不同的视角证实了外资银行的进入或者潜在性的进入可能会显著提升国内银行业的竞争程度并带来银行收益率的提高；何蛟等（2010）则运用随机前沿模型评价了我国商业银行的绩效，并证实境外战略投资者的引入可以显著地提高银行的成本效率与利润效率；袁方、冷牧（2011）针对1997—2008年的相关数据研究证实了外资银行的进入至少没有对我国商业银行的效率产生明显的负面冲击。此外，一些学者也从银行业的风险防范和金融安全的角度研究了外资银行进入所带来的影响，比如叶欣、冯宗宪（2004）、陆磊（2004）、胡祖六（2005）等均认为外资银行的进入尚未对我国的金融安全形成明显的负面影响，甚至可以在一定程度上提升我国商业银行的抗风险能力；而许长新、张桂霞（2007）、黄黎燕（2010）及乔桂明、黄黎燕（2011）也曾分别借助BSSI方法及数据包络分析方法证实了外资参股对国内银行的经营稳定性会产生显著性的积极作用。

总体而言，金融开放，特别是由此带来的金融服务贸易壁垒的破除与竞争机制的引入可以从如下方面有效地提升一国的金融效率与竞争力，以此促进服务贸易乃至整体的经济发展。

首先，金融服务贸易的开放以及由此带来的国际金融竞争机制的引入可以有效地打破国内金融体系的垄断性市场格局并破除目前国内金融市场存在的领域分割障碍，重塑基于良性竞争的市场化金融体系。这种竞争性的金融体系不仅有助于消除金融领域的行政性垄断和管制所产生的制度租金，减轻甚至消除寻租行为对银行行为所带来的扭曲以及对金融市场运行秩序带来的干扰，而且在金融市场外部准入开放的条件下，来自国外同业的竞争压力将极大地消除国内金融企业原有的垄断利润空间,从而迫使国内原本处于垄断地位的金融服务提供商立足于技术进步来不断提升服务质量,加强创新活动,实现整体效率的提升。

其次,以金融服务贸易自由化为代表的金融开放也会使得相关国家改革原有的金融体制,在市场准入、定价机制上更趋市场化,进而可以在一定程度上约束和限制行政力量对金融活动的过度干预,提升金融机构经营活动的自主权和独立性,使其能够真正根据市场化的原则选择具有更高利润空间和更小风险的信贷对象,确保有限的金融资源能够真正流入具有更高效率的地区、行业和微观经济个体,进而通过降低资源的错配程度来提升金融资源的利用效率以及银行的经营效率。

再次,在金融服务贸易开放的大背景下,优质外资金融机构的进入无疑会将其规范化和现代化的经营理念与管理体制、灵活高效的运营方式、先进的技术能力和新型的金融产品、高质量的服务模式和高素质的人力资本带入东道国的金融市场,进而为东道国的金融机构提供了近距离观察、模仿和学习的良好机遇并促进积极的技术溢出效应的发挥。由此带来的东道国金融机构在产品、服务和管理方面的创新能力的增强也必将对东道国金融体系的效率产生显著的积极影响。

最后,金融服务贸易的开放也可以破除国内金融市场和国际金融市场之间的分割壁垒,促进国内与国际金融市场的有效融合。这不仅可以倒逼国内金融体制遵循国际金融市场的相关规范,加快国内金融体制改革的步伐,而且可以有效地扩充整个经济社会的融资渠道、方式和规模,使得国内的消费者、企业与金融机构能够顺利接入国际金融市场进行资产配置和投融资活动,实现更为有效的资金配置并通过更丰富的资产组合实现对金融风险的规避,降低封闭情况下国内经济负面冲击所带来的不利影响,从总体上提升国内金融体系和宏观经济运行的效率和稳定性。

此外,从宏观角度来看,金融开放除了可以增强微观金融个体的效率和竞争力之外,也会带来金融市场整体效率水平的提升:一方面,伴随着金融行业市场准入规制的放松,金融领域的市场竞争必将呈现不断加剧的态势。为了应对日趋激烈的竞争,金融机构必须不断地提升服务的质量和效率,并不断锤炼自身的创新能力,由此带来的金融工具、金融业态以及金融产品的增加不仅可以有效地降低金融活动的交易成本、对冲各类不确定性带来的金融风险，而且能够更充分地反映不同投资主体的偏好，并有针对性地引导资金的流动，提升整体金融资源配置效率；另一方面，金融开放也可以有效降低行政力量对金融活动的干预，使金融市场运行朝向有利于实现"强有效市场"均衡的方向演化。

二　金融开放与金融稳定

尽管金融开放可以在一定程度上提升相关国家金融产业的效率与竞争力，并且可以为贸易与投资的进一步开放提供必要的支持，但金融开放及随之而来的资本跨境流动障碍的消除也可能会对一国原有的金融环境和经济环境形成巨大的冲击，甚至威胁到该国的金融稳定和经济安全。尽管理论上而言，金融开放也可能通过促进监管体制的完善和国内金融机构效率的提升来增强金融系统的稳定性，但对于很多新兴的发展中国家而言，其孱弱的金融体制及金融机构相对低下的竞争能力极有可能使其在开放本国金融领域的过程中面临巨大的金融动荡甚至金融危机的考验，这种高昂的成本甚至会远超出其从金融开放过程中所获得的利益，而这其实也正是很多国家在金融开放方面踟蹰不前的根本原因。因此，在明晰了金融开放对于服务贸易的支撑和促进作用的基础上，进一步深入剖析这种开放对金融稳定的影响及由此带来的利益和风险，也就成为我们充分认识金融开放本身的利弊并合理制定金融开放战略的重要前提。

究其本质，金融开放对于一国金融稳定的负面影响主要源自资本跨境流动障碍的消除，以及由此带来的资本流动冲击和宏观经济政策操作空间的萎缩。

（一）资本流动冲击

金融领域的开放之所以会对金融系统的稳定性产生冲击，其根本的原因在于金融活动的自由化会在相当程度上破除资本要素跨国流动的壁垒，并由此加速资本的跨境自由流动，因此相关国家在金融开放的过程中要承受较封闭状态下更大规模的资本冲击。当一国的金融体系无法有效地平抑和消化这种巨量的资本波动时，便极有可能引发系统性风险的堆积甚至造成金融体系的崩溃。特别是对于发展中国家而言，这种资本流动冲击所带来的负面影响可能尤为显著。具体来看，由金融开放所引发的资本流动冲击至少可以从如下方面对一国的金融稳定构成威胁。

1. 资本流入与资金堆积

对于很多新兴发展中国家而言，由于其本身相对于发达国家所体现出的资本要素的稀缺性，其资本回报率会明显地高于资本相对丰裕的发达经济体，同时很多新兴经济体在经济起步阶段所表现出的高增长率也使得该国的资本在中长期内表现出巨大的升值潜力。这种双重回报率的差异显然会对资本流动产生重要的导向，并使得发达国家的资本在金融开放和资本跨境流动障碍消除的条件下向这些新兴经济体汇集，并由此导致这些新兴发展中国家内部资金的堆积。

应当承认，外部资金的注入可以在相当程度上缓解发展中国家资本不足的困境，甚至成为很多发展中国家经济崛起的有效助力。然而如果这种资本流入的规模过于庞大，或者发展中国家本身的经济基础、技术能力乃至金融体系过于羸弱，以至于无法有效地消化和吸收由金融开放带来的巨量资本流入，则极有可能使得这些国家陷入"虚不受补"的尴尬境地，甚至有可能因此造成系统性金融风险的积聚。

（1）银行系统：信贷波动、信贷膨胀与银行风险。

很多发展中国家，特别是亚洲的一些新兴市场经济体并不具备发达的国内资本市场，因此银行在很多情况下扮演了主导型的金融中介的角色。在这一背景下，很多来自境外的资本，无论最初以何种形式呈现，最终都会以各种直接或间接的方式流入东道国当地的银行体系当中。尤为重要的是，银行业的开放本身也是金融开放和金融服务贸易自由化的核心领域之一，因此在金融开放条件下，外资银行的进入本身也是东道国金融体系发生改变的重要方面。这种资金与外部金融机构的进入极有可能对东道国当地的信贷规模与稳定性产生影响，并由此引发相应的银行风险。

境外商业银行的进入是金融开放的重要方面之一，而在有外资银行参与的情况下，东道国银行业自身的信贷规模稳定性也就成为另一个关系到东道国银行体系安全和金融稳定的问题。对于此问题，尽管一些基于国际银行多元化的地理分布特征的研究认为，虽然国际银行的跨区域分布有利于其自身风险的化解和稳定性的增强，但从东道国角度来看，这种开放及伴随而来的境外银行进驻则可能会引起东道国金融市场信贷波动的增加。然而也有相当一部分学者对此持有更为乐观的看法，如Alicia和Navia（2004）认为外资银行的进入有助于增进信贷活动的稳定性，其原因可以概括为如下方面：首先，外资银行不仅可以凭借更为先进的风险管理程序、更具透明性的决策程序来缓解自身面临的信息不对称与激励扭曲问题，而且可以通过东道国市场的竞争与模仿效应将这些优势溢出到东道国银行；其次，对于身处东道国的外资银行分支机构而言，其信贷活动会同时受到东道国与母国的监管与调控；再次，这些新兴市场国家金融市场不完善，银行的经营活动经常会受到行政干预、社会关系以及行贿和欺诈等负面因素的影响，相比之下，外资银行出于维持其国际声誉的考虑却较少受制于上述因素，因此更有利于维持金融市场的稳定；最后，外资银行相对于东道国银行更高的资本充足率也在很大程度上提升了其抵御风险的能力，即便遭遇东道国经济衰退的冲击也不会因资金的问题而减少市场上的信贷供给；此外，国际金融机构在发展中国家所设立的分支部门可以在有资金需求的情况下向总部求助，而对于这些跨国银行而言，其总部往往要比东道国国内的金融机构具有更为多元化的国际化资产组合，其收益受特定国家经济冲击的影响较轻，同时也更易于在全球金融市场中获得融资，因此具有重组的能力为其海外分支机构提供必要的资金支持。

尽管从理论上而言，银行系统的开放和外资银行的注入可能对于平抑一国的信贷波动产生一定的积极效果，但一个不容忽视的重要问题在于，对于很多新兴发展中国家而言，高成长预期和高回报率的存在会使其在金融开放条件下获得大量的外部资本注入，而在银行居于国内金融体系主导地位的情况下，相当部分资金会进入银行领域，这无疑会导致银行体系的可贷资金大规模增加。比如据国际清算银行的统计，在亚洲金融危机爆发前的1980—1995年，亚洲新兴经济体的银行对私人部门的信贷规模占当地GDP的比重几乎全都上升了一倍以上，甚至有个别的国家（如印度尼西亚）的扩张幅度高达6倍之巨。而导致这一现象背后的主要原因正是外国资本的大量流入。在银行系统中的可贷资金规模急剧增加的背景下，信贷规模的盲目扩张势必会导致一部分的资金流入一些利润不高或信用等级欠佳的借款者手中，由此造成了银行系统资产质量的整体下滑并带来信用风险的累积。尤为重要的是，在实体经济部门难以产生足够的信贷需求或提供足够的盈利能力以充分消化这些扩张的信贷额度的情况下，信贷扩张往往会进一步向少数部门或领域集中，比如在 1996 年，泰国的商业银行曾经将近 30% 的贷款投向当地的房地产领域。而一旦这些集中了大量信贷资金的行业遭遇逆转性的冲击，就有可能引起大面积的不良贷款与呆坏账，甚至由此触发整个银行体系的危机。

（2）资本市场：虚拟化与泡沫。

除了因信贷膨胀导致银行体系的信用风险积累之外，过量的资本注入也会在相当程度上加剧资本市场的虚拟化和泡沫化，并形成更为广泛的金融风险积聚。

在金融开放和资本跨境流动阻碍消除的背景之下，巨量的国际资金会受超高的资本升值预期和资本回报率的吸引而蜂拥至新兴发展中国家，比如据国际货币基金组织统计，在亚洲金融危机爆发前夕的 1994—1996 年，曾有 45% 以上的全球私人资本流入到亚洲国家。仅 1996 年一年，流入亚洲国家的私人资本总额即高达 1022 亿美元。巨量的资金流入除了渗透到相关国家的银行系统当中，同时也通过各种渠道来收购东道国包括不动产和有价证券等在内的各类资产，由此在相当程度上推动资产价格的过度膨胀。

资产价格的迅速攀升无疑会进一步强化资产升值的预期，而这种超高的升值预期显然是任何一种实体经济的回报率都无法企及的。特别是对于绝大多数新兴发展中国家而言，由于技术力量的羸弱和创新能力的匮乏，实际上并不具有长期条件下持续扩张生产能力和盈利能力的基础，由此进一步扩大了实体经济的回报率与虚拟资产投资回报率之间的差距。在这种回报差异的市场引导之下，更多的资金会向少数证券市场和房地产市场等高风险领域集中，并推动这些市场的价格与规模的急剧扩张，在导致经济脱实就虚的同时也加剧了资产价格泡沫的堆积。如在金融危机之前的泰国，其大部分外债和外国直接投资的 1/3 被用于房地产投资，而在房地产业的上升阶段，韩国与东盟四国的房地产价格以年均 20% 以上的速度增长，远超欧美等国年均 10% 的增速。此外，在金融服务贸易自由化的推动下，由于各国金融市场之间的阻隔被消除，国际金融创新得到了极大的发展，新型的金融产品与金融工具不断涌现，在促进国际金融活动发展的同时也为国际金融投机活动提供了充足的空间与工具，进一步加剧了金融活动与实体经济发展之间的背离，经济的虚拟化程度与金融泡沫规模也出现了迅速的扩张。

过度扩张的虚拟经济和迅速膨胀的金融泡沫会在相当程度上加剧经济与金融体系的脆弱性。在大部分资金逃离实体产业而涌向虚拟经济领域时，整个社会创造价值和财富的能力已经瘫痪，而资产价格的上涨与泡沫的维系也变成了依赖新的外部资金注入的"庞氏游戏"。一旦内外部环境的些许改变引起资产升值预期的逆转，则泡沫将不可避免地破灭，整个金融系统乃至总体的宏观经济也将由此陷入深层次的危机之中。美国经济学家乔纳森·特南鲍姆在《世界经济与金融秩序的全面大危机：金融艾滋病》一文中详细剖析了这种虚拟经济与资产泡沫破灭的必然性。在其看来，货币资产转换为实物商品的信念是一切金融体系的信誉与稳定性的基础，一旦这一基础被动摇，那么整个金融体系也将随之土崩瓦解。对于那些建立在不断萎缩的实体经济基础上的金融体系而言，要使这种具有"倒金字塔"形格局的泡沫免遭破裂的厄运，就需要不断地通过吸食最底层的物质生产和财富来实现顶层泡沫的不断扩张。在庞大的债务压力与虚拟资本的不断吸取与侵蚀之下，实体经济的发展会陷入日渐萎缩和停顿的境地，并最终被消耗殆尽而无力维持庞大的金融泡沫，此时"倒金字塔"式的金融体系崩溃将不可避免地发生。

2. 短期资本冲击与风险扩散

广义上的金融开放不仅包括传统意义上银行、保险等金融行业对外资的市场准入，同时包含证券、股票等资本市场的开放要求，即允许境外资本自由投资于国内的各类资本市场。因此，在更高层次上的金融开放条件下，势必会出现境外资金大规模流入国内证券股票市场的局面。尽管从理论上来看，这种境外证券资本的大规模流入对于促进国内资本市场的发育和完善、开拓新的国内融资渠道、降低融资成本、减少对间接融资和国际贷款的过度依赖等方面起到一定程度的积极效果，但由于此类资金大都属于短期投资，并具有极高的流动性，其大规模的进出极易对一国金融体系形成强烈的外部冲击，甚至由此动摇国内金融体系的稳定性。

从现实角度来看，这种由金融市场开放带来的短期资本流动冲击对于发展中国家金融稳定的影响主要体现在如下几个方面。

首先，发展中国家的金融市场的发育通常并不完善，很多相关的制度法规也并不健全。特别是在国内资金匮乏、急于吸纳境外资金的动机驱使之下，很多发展中国家往往会在有意或无意情况下放松对外资流入的监管。这种放任外资自由进入的格局极易导致外资流入结构方面的失衡，即出于套利动机的短期投机资本在全部流入的外资中占有更高的比例。这些短期资本通常具有极高的流动性，并且对环境因素的变化极其敏感，往往会因为有利的投资机会而大规模蜂拥而至，而在经济出现风吹草动之时疯狂出逃。这种短期之内境外资本的大进大出极易造成国内资本市场的动荡，加剧其波动性和内在风险，甚至在极端情况下成为引爆金融危机的导火线。

其次，发展中国家的金融证券市场规模通常相对狭小，在金融市场完全开放和对境外资本投资不加任何限制的情况下，投资中外国资本所占的比例往往会相对较高，此时境外资本的流入与流出对相关国家资本市场的冲击也将变得尤为强烈。

最后，对于发展中国家特别是新兴市场经济体而言，其金融领域通常存在着严重的信息不对称与激励扭曲问题。在缺乏有效的市场信息的情况下，投资者对市场的认知与判断将会极不稳定，并且无法与经济的基本面实现良好的对接。尤为严重的是，这些被大量歪曲与扭曲的信息也极易触发投资者间的羊群效应，致使境外资本在流动过程中常常呈现迅疾的大进大出。在金融自由化与资本账户开放的情况下，这些突发的大规模资金的流入与撤出将变得毫无障碍，由此会对相关国家的流动资金、金融市场乃至整体金融体系的稳定与安全形成剧烈的冲击。

以证券投资活动为代表的短期跨境资金的流入与退出，不仅会对东道国，特别是金融体系原本脆弱不堪的发展中国家境内资本市场造成巨大的冲击并加剧整体金融系统的不稳定性，还会借由全球金融市场一体化程度的不断加深而加剧相关金融失衡的扩散与传递效应。在各国之间经济与金融联系日趋紧密、金融市场逐渐融合的情况下，无论是跨境资本流动的增加还是信息传播渠道与速度的扩展，乃至局部地区发生的金融动荡与恐慌都极易在区域间乃至全球范围内迅速地传播和扩散，甚至演化为全球性的金融危机。特别是对于一些新兴市场经济体而言，贸然开放金融领域将会导致其暴露于全球金融冲击之下，任何角落，包括发达国家金融市场与经济活动的稍微波动都可能引发这些国家金融市场的剧烈波动与震荡，进而加剧整体金融体系的不稳定性。

（二）宏观经济政策空间的丧失

从开放条件下的宏观经济理论来看，金融开放与资本自由流动所产生的一个引申的影响就是一个国家宏观经济政策空间的丧失，这也会导致相关国家失去主动平抑外部冲击与经济波动的能力，客观上也会加剧经济与金融的动荡与风险。

1. 宏观经济政策的"不可能三角"

金融开放与自由化的趋势加速了各国金融市场的融合与资本账户开放的步伐，并由此促进了资本要素的跨境自由流动。然而根据开放宏观经济理论，在一国实现完全意义上的资本账户开放和资本要素的跨境自由流动时，该国也将同时面临货币政策的独立性、国际收支平衡和维持汇率稳定三种宏观政策目标之间的取舍。这就是美国著名经济学家罗伯特·蒙代尔和J.马库斯·弗莱明在20世纪60年代所提出的"不可能三角"理论的核心内容。

在该理论看来，任何一个国家的政府最多只能在完全意义上的资本自由流动、独立货币政策和固定汇率这三项宏观经济目标中选择两项来加以实现。比如，在追求完全的资本自由流动的情况下，如果一个国家要保持其货币政策的独立性，则势必要放弃固定汇率制度以及相应的稳定汇率的政策目标，并选择自由浮动的汇率制度；而如果要维护汇率的稳定或保持固定的汇率制度，则只能放弃货币政策的独立性。而如果选择维护货币政策的有效性和独立性，则只能在维持汇率稳定和保证资本的完全自由流动两个目标之间进行取舍。图9-1的模型列示了这种政策选择的结果，其中三角形的三条边分别代表独立货币政策、资本自由流动与固定汇率三类不同的政策工具，政策工具可以通过两两组合实现一定的政策结果，由三角形的顶点表示。而其中的关键之处在于，三类政策目标显然无法同时得以实现。

之所以会产生这样的政策困局，原因在于：当一国政府或货币管理机构想要维持汇率稳定，则必须对资本项目实施严格的管制，否则因货币政策引起的利率变化将会引发国际资本的流入或流出，最终完全抵消货币政策的作用。这也同时证明了在保证资本自由流动和汇率稳定的前提下，货币政策必将丧失应有的独立性。同理可知，如果政府或货币当局试图在保证资本自由流动的前提下保持货币政策的独立性和有效性，则势必放弃汇率的稳定，否则在资本自由流动的前提下，相关货币政策变动引起的利率变化所诱发的国际资本流动也势必会改变本国货币的汇率水平。

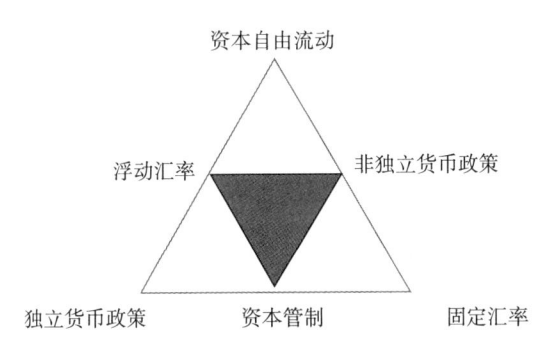

图 9-1　宏观经济政策的"不可能三角"

资料来源：根据 Mundell（1963）及 Fleming（1962）绘制。

"不可能三角"模型有力地解释了金融自由化条件下货币政策的独立性与汇率稳定性目标之间所存在的不可调和的冲突。特别是在金融开放程度不断深化、资本跨境流动日益频繁的情况下，同时维持货币政策的独立性和汇率稳定性的努力也将变得愈发困难。从历史来看，无论是 1992—1993 年的欧洲货币危机还是 1994 年的墨西哥比索危机，乃至 1997 年引爆东亚金融危机的泰国货币危机都为这种政策目标的冲突与协调的困难性提供了鲜活的注脚。1999 年年初，美国著名经济学家保罗·克鲁格曼在一篇探讨亚洲金融危机的论文中也给出了一个类似的三角形，并称之为"永恒三角"（The Eternal Triangle）。在其看来，自布雷顿森林体系解体以来，世界范围内所有国家或地区的金融发展模式都可以从该三角形所构建的框架中得到说明：在 A 模式下，国家将会选择追求货币政策的独立性和资本的自由流动，并对汇率采取放任的态度，典型的国家为当前的欧美发达国家以及若干金融危机发生前的亚洲国家；B 模式下国家将会以汇率稳定和资本自由流动为政策目标，并由此放弃了主动性的货币政策，典型国家和地区为实行货币局制度的中国香港、部分拉丁美洲国家和欧元区国家；C 模式下国家将更侧重于货币政策的独立性和汇率的稳定，但必须为此保持资本账户的管制与封闭，其中典型的代表为中国。不同的模式并不存在优劣之别，但需要和本国的经济金融发展程度实现有效的适配。在克鲁格曼看来，尽管东亚的一些国家和美国同样采取 A 模式的政策目标体系，但美国因为自身金融体系的健全和完善而避免了金融危机的发生，东亚的部分国家在金融体系并不完善的情况下贸然采取了放任资本流动的过度开放措施则是引发金融危机的关键所在。而对于中国这样金融市场并不完善的国家而言，保持资本项目一定程度的封闭可能是一种更为恰当的选择。

2. 汇率波动与国际收支

根据"不可能三角"理论，如果一国在金融开放和资本自由流动的情况下仍然试图掌握货币政策的自主权，那么势必要放弃稳定的汇率，转而采取自由浮动的汇率制度。在商品和资本自由流动的冲击之下，该国将面临频繁和剧烈的汇率波动，并使得经济面临较大的汇率风险。尤为重要的是，在资本可自由流动的情况下，这种频繁波动的汇率本身就是一个充满套利与投机机会的领域，会导致资本在汇率升值和贬值预期的驱使之下频繁地进入和退出一国金融市场，这无疑会进一步加大该国资产价格的不稳定性和波动幅度，使得金融体系中蕴含的风险进一步加剧，甚至有可能成为刺破相关国家资产价格泡沫、引发系统性金融危机和货币危机的导火索。

相对而言，如果一国不愿意在金融开放和掌握货币政策自主权的情况下放弃对汇率的干预，以期避免由此带来的汇率风险和资本流动冲击所引发的金融系统的不稳定性，则可能无法有效地实现内外部经济的平衡，特别是国际收支的平衡，而这种不平衡程度的积累和加剧最终也可能成为引发金融危机和金融系统崩塌的重要根源。

本质而言，金融领域的开放和自由化措施对发达国家与发展中国家所产生的影响可能并不对等，并在带来发达国家国际收支改善的同时造成发展中国家国际收支的恶化。对于那些金融体系发展相对滞后、金融机构国际竞争力不足、国际化水平偏低的发展中国家而言，势必在国际金融服务贸易中处于不利的境地；相反，发达国家则完全可以凭借其完善的金融体系、丰富的国际化经营经验以及更高的技术能力与创新能力而在金融服务领域树立起强大的比较优势。在这种情况下，一旦金融服务贸易实现自由化和充分的开放，不仅会导致广大发展中国家金融服务贸易的进口规模大幅增加，同时会使这些国家本土的金融机构直面外资金融机构的竞争，甚至导致国内大量效率低下和技术能力不足的金融机构退出市场，国内的金融市场为外资金融机构所占有，从而进一步强化了发展中国家在金融服务贸易中的不利地位。尤为重要的是，对于很多发展中国家的金融企业与金融机构而言，要在技术能力与管理能力先天不足的情况下提升自身的竞争力，重塑在金融领域的比较优势和竞争力，可能需要相当长的时间进行学习和积累，而在金融开放的条件下，这些发展中国家的金融企业可能根本无法获得有效的学习与成长时间，这也意味着对大多数发展中国家而言，因金融开放和金融服务贸易自由化所带来的贸易逆差及在金融业竞争力方面同发达国家之间的差距可能会随着时间的推移不断地积累和加剧。

尽管金融服务贸易的自由化容易导致发展中国家因缺乏金融领域竞争力而出现经常项目失衡的压力，但在资本可自由流动的情况下，如果一国能够维持良好的经济发展前景与市场预期，仍然可以通过吸引境外资本的流入来实现资本账户的盈余并以此弥补因服务贸易开放带来的经常项目逆差。然而需要指出的是，如果资本账户的开放使得相关国家出现了过量的资本注入甚至引发了如前文所述的资本堆积，也同样会对发展中国家的国际收支状况形成额外的压力：一方面，过量的外资注入会导致东道国境内的资金供给变得相对宽松，由此带来的低利率和信贷的扩张可能会引发东道国的需求超过潜在的供给能力而出现经济过热的风险。因需求过度引发的进口增加也会进一步加剧发展中国家的经常项目逆差。另一方面，过量的国际资本流入所引起的外汇供给过剩和本币需求加剧在货币当局维持汇率的政策干预之下会演变成以外汇占款为核心的基础货币扩张和本币供应量的飙升，由此带来的国内产品与服务价格的上升会大幅度削弱该国产品出口的国际竞争力，也会给其经常项目和国际收支平衡带来更大的压力。在东亚金融危机爆发之前的很多东南亚国家和地区的状况便是此类现象的有力佐证。

尤为重要的是，金融服务贸易的开放和金融自由化程度的增强不仅会导致国际收支不平衡的加剧，甚至会导致相关国家在国际收支调节方面丧失主动权。尽管从理论上来看，在金融开放的条件下，各国可以更方便地从国际金融市场上获得融资来帮助其实现国际收支的平衡，由此扩大了相关国家调节国际收支平衡的手段与渠道，但这种调节可能仍只局限于短期内的改善，而长期看来，对于相关国家经常项目失衡的调节还需要落实到本国政策措施以及经济项目的自身平衡方面。金融开放与国际金融市场的迅速发展虽然为相关国家通过国际市场融资来弥补国际收支失衡提供了可能性，但也由此增大了这些国家对于外部融资的依赖性。这种因金融开放和对外部融资的依赖所引发的对长期国际收支失衡的漠视与放任会引起潜在金融风险与不稳定性的积聚，甚至在积累到一定程度后对于一国的国际收支体系和金融系统产生严重的破坏性冲击：一方面，国际资本，特别是短期国际资本流动稳定性极差，并具有典型的顺周期特征。在东道国经济发展前景和预期较好时，东道国一般会较为容易地从国际市场上融入大量的资金，但对于经济发展形势良好的发展中东道国而言，其对于资金的需求可能不会十分迫切；而一旦该国出现了经济形势或者市场预期的逆转，则不仅会面临国内资本恐慌性的撤离与外逃，而且很难从国际资本市场上获得足够的融资支持来帮助其渡过难关，不仅国际收支的失衡状况会进一步恶化，甚至会因为国内经济流动性的丧失导致经济社会陷入动荡与危机，进一步破坏国际收支均衡的长期基础。另一方面，在一国政府可以顺利地从国际金融市场上融入所需的资金来应对其所面临的国际收支失衡问题时，失去了国际收支失衡所带来的紧迫性压力的政府通常不会具有足够的动力推进相关领域的改革，而使其错过实现国内政策调整的最佳时期，甚至彻底丧失了从根本上解决国际收支失衡问题的可能性，进而任由债务矛盾的长期积累并最终引发全面的国际收支危机乃至金融体系的危机。事实上，无论是20世纪80年代爆发的拉美债务危机还是90年代爆发的东南亚与俄罗斯金融危机，乃至近年来所出现的欧洲国家主权债务危机无一不是这种因过度依赖外部融资而导致自身国际收支乃至金融系统崩溃的现实例证。

3. 货币政策的独立性

如果相关国家试图在金融开放的环境下继续维持汇率的稳定和国际

收支的平衡，则不可避免地要放弃货币政策的自主性和独立性，这可能会使得这些国家在宏观经济政策的选择方面变得更为捉襟见肘，甚至使其无法主动地应对因周期性因素和外部冲击引发的国内经济波动，进而导致该国在经济和金融系统稳定性方面面临着更为严峻的威胁。

具体而言，金融开放对各国宏观调控能力的削弱主要体现在以下几个方面：

首先，从蒙代尔及克鲁格曼等提出的"不可能三角"来看，由金融开放所引发的资本自由流动会对该国货币政策的自由度产生一定的制约，并通过影响货币政策的实施效率来对该国的货币政策制定形成干扰。在极端情况下甚至会导致该国丧失货币政策制定的自主权。

其次，金融领域的自由化与开放也日益加深了各国经济金融活动与金融市场之间的联系，并极大地增强了全球经济金融发展的整体性。在这样的背景下，任何一个国家的货币政策乃至相关的金融政策都已经不再是一个仅涉及自身主权范围的内部问题，而越发成为涉及全球经济与金融秩序的复杂体系的一部分。在这个体系当中，任何一个参与其中的国家，其货币政策与金融政策都将对全球其他地区产生牵一发而动全身的影响，同时也势必受到越来越复杂的外部因素制约，由此导致其宏观政策的自主性与独立性面临极大的约束。货币政策的"溢出与溢入"效应在某种程度上正是这种国家之间政策干扰的具体体现。在这种效应下，国内的货币政策操作的具体效果会因为国际资本的跨境自由流动以及国外货币政策的干扰与波及而无法达到预期的效果，甚至会偏离初始的政策目标。比如，当一个国家的货币管理部门试图通过扩张性的货币政策增加国内的流动性时，相关的政策操作必将带来国内利率水平的下降并由此扩大国内外金融市场上的利率差异，由此带来的货币资金外流及国内流动性的抽离会使扩张货币供应量的初衷沦为空谈。泰国和日本的情况便是典型例证：1997年泰国金融危机爆发前夕，为了遏制不断增长的虚拟经济泡沫，泰国采取了提高利率的政策，但在未施加资本流动限制的情况下，相关措施反而进一步刺激了外资的流入并导致了流动性的进一步扩张；而日本在其经济泡沫被刺破之后，也曾出于刺激国内投资、提振经济增长的考虑采取了低利率的政策，但却由此导致大批日本居民和企业将资金转移至欧美国家，最终也未能顺利实现其宽松货币政策的初衷。

再次，金融开放与相关服务贸易领域的自由化也会进一步削弱各国政府和货币当局对金融市场的调控和干预能力。金融市场的开放、金融服务贸易自由化的发展以及由此带来的资本管制的放松尽管能够极大地促进国际金融交易的发展，但也由此造成了投机性交易的迅速增加，引发金融市场交易规模的急速膨胀。这种庞大的国际金融交易规模不仅大幅增加了国际金融体系内在的脆弱性和不稳定性，而且对有关于此的监管与调控产生了"尾大不掉"的影响——面临如此规模庞大且自由度极高的国际金融，特别是离岸金融市场交易活动，任何一个国家的政府或货币当局事实上都无法取得体量上的对等地位并单独实现对其的干预与调节，甚至多国货币部门的联合干预也难以取得预期的效果。

最后，金融服务贸易的开放与发展也为国际金融活动的参与者提供了更多用以规避相关国家货币政策监管与控制的工具与渠道，进一步削弱了这些国家货币政策的实施效率；而在金融贸易自由化的情况下，货币与资本国际流动程度的加剧也会使一国货币当局难以精确地把握国内货币与金融规模的总量信息，进而为其精准制定货币政策制造了更多的障碍。此外，由金融服务贸易开放所带来的金融创新增强了各类金融产品之间的可替代性，对于货币当局而言，其监管难度也会大幅上升，所有这一切都会导致相关国家货币政策的回旋余地被进一步压缩，并进而影响货币政策的独立性与效果。

（三）过度竞争与效率损失

尽管因金融开放及由此带来的金融行业贸易与外资准入的加强会在一定程度上增加东道国金融市场和金融机构的效率与竞争力，甚至由此提升东道国金融体系整体的抗风险能力和稳定性，但作为一把"双刃剑"，金融开放带来的竞争加剧如果超出东道国金融体系自身的承受能力，则也有可能对东道国金融机构的效率产生负面影响，甚至演变成为金融系统不稳定性的诱因。

一些学者首先从理论层面出发论证了这种金融开放与本地银行效率损失之间的关系。在这些研究看来，金融开放带来的外资准入似乎并不必然带来东道国相关金融机构的效率提升。比如，由于发达国家的国内银行在技术能力与管理能力方面与外资银行之间的差距并不明显，因此在这些国家当中，外资银行的进入自然也不大可能会通过补充效应引发这些国家银行业的绩效改善。Stiglitz（1993）曾指出，由于外资银行的进入会带来国内银行、企业和政府潜在成本的增加，国内银行体系的效率提升会因此面临一定的压力，同时由于直面具有良好商誉和技术能力的国际性商业银行的竞争，国内本土的商业银行业势必要负担更多的成本支出，国内商业银行的整体绩效甚至会因为外资银行的进入而出现下滑；Glass 和 Saggi（2002）基于技术溢出理论的基本框架认为，外资银行对国内金融体系的技术溢出程度在很大程度上取决于东道国当地银行自身的学习能力与消化吸收能力，因此这种技术的溢出并不是外资银行进入所能够带来的必然结果；Gabriella（2001）进一步发展了 Becker 的游说模型，论证了外资银行的进入会通过抑制竞争而导致国内银行的效率降低，并据此认为在经济转轨过程中，单纯性的外资银行引进对于银行业整体效率的提升作用可能会十分有限；此外，Berger（2001，2009）和 Clarke（2003）认为，外资和银行本身所具有的竞争力优势会使其在选择客户方面居于明显的有利地位，并通过"掐尖效应"将盈利性强、财务状况良好的客户纳入旗下，由此给本地的商业银行的盈利能力、资产质量与流动性带来显著的负面冲击。

上述的理论分析表明，如果东道国的金融体系发育不健全，不具有足以逼迫外资金融机构进行技术转移的竞争压力和吸收能力，或者在国内相关制度安排方面存在压抑国内企业动力和活力的体制性桎梏，外资金融机构进入带来的竞争压力将无法有效地带动东道国金融机构的效率提升，甚至可能进一步恶化国内机构的效率与生存空间。而这种情况在发展中国家应当是更为常见的。事实上，有关于此的研究也确实得到了很多来自发展中国家，特别是拉美国家与转轨经济国家的证实，比如 Clarke 等（1999）、Barajas 等（2000）、Zajc（2002）与 Janek Uiboupin（2005）分别针对阿根廷、哥伦比亚以及中东欧转型经济体的研究，都曾发现外资银行进入引发当地银行绩效滑坡的现象。而从引发此类负面效应的原因来看，Sachs 等（1995）、Dobson 和 Jacquet（1998）、Reinhart（1999）和 Claessens 等（1998，2001，2004），等等的研究，均将其归因于外资银行进入带来的国内银行业恶性竞争及由此引发的国内银行生存空间的压缩。Aghion（1999）则进一步指出，在很多国内金融体系并不完善的发展中国家,外资银行的进入会凭借其良好的商誉和优质高效的服务而成功地将东道国市场中最具获利潜力和风险最低的客户揽入怀中,而将那些盈利能力欠缺、风险高企的劣质客户留给本土的金融机构,由此势必造成东道国本土银行绩效的下滑;Kim 和 Lee(2004)针对韩国的研究以及 Lensink 和 Hermes(2004)、Uiboupin(2005)针对韩国以及中东欧转轨经济体的研究均证实了这种"掐尖效应"的存在。

与国外的研究相比,针对国内的研究也同样不乏此类否定性的经验证据。如郭妍、张立光(2005),史建平(2006),孙兆斌、方先明(2007),王劲松、张克勇(2008)和朱盈盈等(2010)的研究都发现,外资银行的进入会引发国内银行的绩效滑坡,或者至少没有能够对我国银行的绩效产生明显的积极作用;谢升峰、李慧珍(2011)以我国 15 家最具代表性的商业银行为样本,运用 DEA 方法对其进行效率的测算和实证检验,结果证实外资的进入会造成国内银行纯技术效率的下滑。而在银行内部层面,李晓峰等(2006)和王锦丹、刘桂荣(2010)针对外资银行参股国内商业银行的情况进行了分析,结果表明外资银行的持股不仅未能带来国内银行的绩效提升,反而在短期内会引发国内银行流动性和资产质量的显著恶化以及非利息收入和资产收益率的降低;吴玉立(2009)将外资银行的持股份额作为解释因素纳入相关的实证检验,考察了外资银行对于国内商业银行的盈利水平与资产质量等方面产生的影响,结果也同样显示境外金融机构的进入对于国内商业银行的绩效会呈现先降后升的"U"形特征。从其背后的理论原因来看,占硕(2005)曾指出,国内银行通过让渡部分股权的方式来引进战略投资者,其主要初衷在于通过股权的分散化实现银行治理结构的改善,并实现银行经营效率的根本性提升,然而这种通过外部战略投资者的引入所建立起来的股权结构却具有内在的不稳定性——一旦控制权租金能够达到足以补偿控股风险时,战略投资者会产生重回股权集中模式的动机,并由此带来银行实际控制权的旁落以及绩效的损失。

与上述针对综合绩效的研究相比,另外一些针对不同绩效层面的研究结论则更具复杂性。其中焦建东(2008)曾利用面板协整模型检验了外资银行的进入与我国 14 家主要商业银行绩效之间的关联,结果表明，虽然外资银行的进入会提升银行的盈利能力，但对于安全性和收入效率却不会产生长期的稳定影响；谢升峰、李慧珍（2009）的研究则发现，外资银行的进入不仅未能显著促进我国银行业净利息收入的增加，甚至会在一定程度上降低银行业的非利息收入，进而对银行总体的盈利能力也会产生一定的负面作用；闫庆悦、王彬（2010）从盈利能力、经营费用、稳健性和流动性四个方面剖析了我国加入WTO后外资银行的进入对我国银行所产生的影响，结果表明外资银行的进入促进了盈利水平的提升，但增加了成本费用负担，同时对稳健性和流动性未能带来显著性的影响。而对于银行内部的外资参股情况而言，伍志文、沈中华（2009）在对比了外资银行对国内银行的参股情况后认为，外资银行的参股对目标银行绩效的影响与母国以及东道国所处的发展阶段存在密切的关联，只有发达国家外资银行的持股行为会对国内银行产生显著的正向影响；李松峰、乔桂明（2010）通过对交通银行、华夏银行和深圳发展银行的研究发现，外资参股对于不同方面的绩效所产生的影响存在较大差异，外资的持股可以刺激银行的收益率出现迅速的增长，但对其风险控制能力的影响并不显著，而在银行资金运用与管理效率方面，外资参股在不同银行之中的表现不一。

（四）经济安全与金融安全

广义上的经济安全，主要指一个国家在其经济发展过程中所拥有的抵御国内外不确定性冲击、保证经济主权以及确保国民经济实现持续、快速、健康、稳定发展的能力。由于金融领域往往是经济中最具波动性和不确定性的部门，同时作为国民经济的命脉行业，对于经济活动的各方面均会产生不可估量的影响，因此金融安全作为金融体系稳定与健康的重要体现，无疑是经济安全范畴中的一个重要组成部分。由于金融活动涉及广泛，不仅仅涵盖了国内的流动性、金融机构信用、市场运行与波动等诸多环节，而且在开放经济条件下，因跨境的商品和要素流动所衍生的国际收支与资本流动也都从属于广义的金融安全的范畴。而由于开放本身所带来的不确定性及风险播散可能性的增加，与涉外经济活动相关的国际金融活动往往在金融安全当中处于重点地位并引起很多学者的关注和讨论。

汪叔夜、黄金老等（2005）曾从较为狭义的范畴讨论了外资银行进入对国内经济安全产生的影响，在其看来，外资银行的入驻可能会在银行控制权丧失，银行股权转让定价，国内银行市场占有率和利润率，货币政策有效性，国内银行消化吸收和自主创新，金融业发展地区失衡及金融霸权和金融安全七个方面对国内经济产生一定的冲击。而除此之外，金融自由化及金融服务贸易的开放至少还可以对一国的金融安全和经济安全产生如下几个方面的冲击和影响。

首先，金融自由化带来了全球经济和金融一体化的深入发展，并加强了各国经济和金融活动的内在关联与相互影响。在开放条件下，不仅一国经济活动对于外部金融市场的依赖变得更加严重，本国的经济与金融遭受外部冲击的可能性也在传染、扩散与放大效应的加持下出现显著上升。在这一背景下，任何一个参与其中的国家或个体，无论其经济与金融实力强大与否，制度体系健全和完善与否，实际上都无法完全屏蔽世界范围内其他地区所产生的经济与金融波动的冲击。1982年爆发于拉美地区的债务危机使全球1000家大银行遭受毁灭性打击；1997年，作为一个东南亚小型经济体的泰国所发生的货币危机引发了蔓延整个东亚地区的金融风暴；2007年爆发于美国的次贷危机更是因为美国在全球经济中的庞大体量与巨大影响而演变成为国际金融风暴。因此，在金融业开放的情况下，来自外部的冲击实际上已经成为严重威胁一国经济安全与金融稳定的重要因素。

其次，金融业的开放和金融服务贸易的自由化为国际游资冲击相关国家的经济与金融稳定创造了更为有利的条件。国际游资大多数为投资期限在6个月以下的短期资本，并通常以简洁投资的形式注入相关国家境内的资本市场，特别是证券、期货、衍生品交易和短期信贷等短期投机性市场。金融服务贸易自由化和伴随而来的资本跨境流动壁垒的消失在很大程度上消弭了制约国际游资跨境流动和套利的体制性限制，从而为其迅速的扩张与恣意的投机活动提供了有利的环境条件。而相对于这些来去迅捷并可以凭杠杆效果瞬间聚集和操控巨额资本的国际游资而言，世界各国，特别是一些中小型的发展中国家无论在外汇储备规模还是金融工具的掌控方面都无法与之抗衡，因此无力对其施加必要的控制和监管。在这种情况下，任何一个国家政策的微小失误都可能在极短的时间内被国际游资所捕捉并通过羊群效应被无限放大，由此带来的巨额资金的流入流出往往会对本国的经济与金融体系产生具有极大破坏力的打击。

再次,如前所述,金融领域的开放也会导致相关国家的经济政策,特别是货币政策的独立性被削弱,进而严重威胁其经济与金融的主权。经济与金融的自主权和独立决策权是国家主权的重要组成部分,也是关系国家经济安全的重要方面。但金融开放的本质实际上会要求相关的国家在经济主权方面做出一定的让渡和放弃,比如融入全球金融开放体系的基本标志之一是加入世界贸易组织并接受《服务贸易总协定》及其他各类金融服务贸易协议、原则和条款,这首先需要容许外国金融机构在本国建立相关的服务机构并确保其享有与本土金融机构以及其他国家金融机构平等的权利,并取消资本跨境流动的限制,甚至取消外国资本在投资项目中的持股比例限制等。而所有这些实际上意味着缔约国在经济主权和金融主权方面做出一定的让步。而当一国的经济与金融发展陷入危机或困境时,如果需要从其他国家或者国际组织获得一定的援助,则往往会面临更为严苛的条件和更为大幅度的经济主权让渡。典型如1997年年底,当韩国出于应对金融危机的冲击的目的而向国际货币基金组织提出贷款550亿美元的请求时,就不得不接受国际货币基金组织为其制定的极为严苛的条件,包括将1998年的经济增速控制于3%以内,通货膨胀率控制在5%以内,经常项目赤字占GDP的比重控制在1%以内,允许外国金融机构在韩国设立子公司,提前完成进口国家多元化制度的废除,提高与石油有关的消费税与交通税率等。这些条件无疑严重侵害了韩国的经济主权,甚至使其在很大程度上丧失了自主选择经济金融体制与开放金融城的权利。而当一个国家无法独立自主地选择和确定其经济金融体制并制定相关的决策时,这些国家实际上也就失去了在危机发生时进行自救的工具和手段,经济安全的维护也将无从谈起。

此外,在开放条件下,特别是在大数据技术广泛应用并深刻改变金融业乃至整个国民经济未来业态模式的今天,金融资源、金融市场特别是金融信息数据的掌握和控制也是关系到一个国家经济安全的重要内容。而对于金融领域发展相对滞后、信息技术和数字技术能力欠缺的发展中国家而言,金融市场的开放与自由化无疑会将本国的金融产业与金融机构直接暴露于激烈的国际竞争之下，在整体竞争力无法与发达国家金融机构相抗衡的情况下，本国金融机构的操纵与控制权也将极有可能为发达国家的金融机构所攫取，从而导致在事实上沦为发达国家的附庸。同时，伴随着金融开放，外资金融机构也可以凭借其技术领域的优势通过投资活动获取东道国海量的消费者数据资源，并通过对大数据的分析获得国内的机密信息与情报资源，从而进一步威胁国家的经济安全。因此，对于全球多数发展中国家而言，如何在推动金融开放与服务贸易自由化的过程中有效保护国内金融市场与金融产业，维护对国内金融资源、数据和市场的有效控制应当成为需要引起高度警惕的问题。

最后，金融服务贸易的开放与自由化发展也极大地激发了国际金融领域的创新活动，而这种过度的创新实际上加大了对金融活动进行监管的难度，并使得全球金融体系变得更加脆弱。在金融服务贸易自由化的背景下，横亘于各国金融市场之间的阻隔的消失会加剧银行业之间的国际竞争，并由此导致银行传统业务盈利水平的萎缩，在这种情况下，通过金融创新推出新的金融产品、金融工具乃至新的金融业态成为各家银行追求新的利润增长点、在激烈的国际竞争中占据主动性的必然选择。然而，金融创新的迅速发展虽然有助于提升国际金融市场整体的资源配置效率并为不同动机下的投融资活动提供更为丰富的便利性，但同时也为投机活动创造了更为宽松的环境。金融创新工具，特别是一些新型衍生工具的过度使用及由此带来的国际金融市场中大量投机行为必然会带来整个国际金融市场波动性的增加，并为相关的监管活动带来更多的障碍，由此导致金融体系的脆弱性增强，进而给一国乃至国际经济安全带来威胁。

三　经验证据

如前所述，与传统的产品市场开放不同，金融领域的开放尽管在理论上可以提升一国资源配置的效率以及金融机构的竞争力，但同时也对相关国家的金融稳定构成严重的威胁。而这也正是很多国家在金融开放问题上持谨慎态度的根本原因所在。那么，金融开放与一国的金融稳定，乃至金融危机的爆发之间是否真的存在内在的因果联系？有关这一问题也一直是研究者们所关注的焦点。

(一) 正面证据

很多研究表明，金融领域的开放与自由化程度的提高有助于提高金融体系的稳定性，如 Kono 和 Schuknecht（1999）曾通过一份包含 27 个新型市场经济体的样本的研究证实了金融服务贸易的发展有助于扩大金融工具的应用范围并减轻外资金融机构在东道国经营的限制性壁垒，进而降低资本流动过程中的扭曲度和波动性，提升金融体系的内在稳定程度。基于这一结论，Kono 将金融开放视为提升资本流动质量和提升金融系统稳定的最基本的市场手段，即便是在那些金融体系脆弱、不适宜在短期内完全开放的发展中国家，也仍然存在一些适宜先行开放的金融服务贸易领域，如商业存在的开放通常仅要求放松资本流入而并没有资本流出的要求，这种单向的开放不仅不会触发资本流动的波动性，反而会有助于维护金融体系的稳定。

还有一些学者基于金融服务贸易多边协调体制的视角对金融开放与金融稳定之间的关系进行了探讨。在这些研究者看来，金融服务贸易的开放承诺无疑可以提升各国相关政策和制度的稳定性与透明度，进而对该国的金融稳定产生间接的促进作用。Kydland 和 Prescott（1977）的研究证实，明晰且稳定的规则会有利于经济主体的决策并使得企业能够从中获益，而在相关规则欠清晰时，经济将更易受到不确定因素的影响并更容易诱发金融危机；Mishkin（2001）认为金融自由化程度的增加会提升政策的透明度以及会计信息的可信度，由此不仅可以降低逆向选择和道德风险等信息不对称问题，而且有助于缓解金融市场上的流动性问题。Dixit（1992）曾指出，高水平的承诺有助于直接减少经济整体的不确定性，从而有助于投资活动的顺利开展，而在 WTO 框架下所达成的金融服务开放承诺因具有法律意义上的约束力，因此可以被视为一国可信赖并有法律规范的金融机制，并可以成为一国严肃对待境外投资者的信号（Tamirisa 等，2000）；Kireyev（2002a，2002b）也认为 WTO 框架下的金融服务协议可以为金融服务贸易的自由化提供可靠且透明的规则，其中 GATS 所规定的自由化措施可以保证外资以平等的身份进入东道国金融市场并开展公平的竞争，而这种基于平等待遇的竞争也正是健康与稳定的金融体系不可缺少的要素。Kaminsky（2003）对 1973—1999 年 28 个国家的金融自由化历程进行了比较研究，并发现尽管在理论上来看金融领域的一体化会通过增强国际资本流动的波动性而引起国内金融市场不稳定性的增强,但在长期条件下,这些股票市场的周期性波动并未因金融开放而出现加剧的态势,甚至其周期性波动反而较金融开放之前有所减弱。而从短期来看,金融的自由化的确有提升相关国家爆发金融危机的概率,但这种短期的效应却会因国家的发展水平不同而存在差异——新兴市场经济国家通常会在金融开放之后不久开始频繁爆发金融危机,但相对而言,发达国家的金融市场在开放后更多地出现了金融市场的繁荣而非衰退,由此表明,即便是在短期内,金融的开放也可能会带来一定的好处。此外,Kaminsky 进一步跟踪研究了金融开放对发展中国家金融制度改革的影响,发现大多数国家的金融体制改革肇始于该国部分开放其金融市场后的若干年内,由此认为金融开放活动可能会对相关领域的改革起到一定的倒逼作用,而伴随这种金融制度的改进,因金融开放而引发的市场波动也将逐渐平息,并最终提升金融体系的稳定性。

(二) 负面证据

与上述支持金融开放增强了金融体系不稳定性与风险发生概率的观点不同,也有很多的研究证实了金融开放与金融危机之间所存在的正相关关系,即金融开放可能是导致金融不稳定性加剧甚至引爆金融危机的根源。Demirgue - Kunt 和 Detragiaehe(1997,1998)曾利用多元 logit 模型针对 1980—1995 年 53 个发达国家和发展中国家的面板数据进行检验,以确定金融开放的国家是否有更大的概率爆发银行危机,以及相关制度因素在其中所起的作用。研究结果证实,实施金融自由化的国家确实更易于爆发银行危机,而且银行体系的脆弱性并非金融开放措施的即时反应,而是存在一定的滞后性[1]。而在这其中,相关国家的制度则起到了关键性的作用——当一个国家存在法律不健全、官僚主义和腐败盛行及有效的契约执行机制缺乏的情况下,金融开放对银行危机爆发概率的提升作用尤为显著;反之,金融开放对于银行危机爆发的概率不会产生太多的影响。Rossi(1999)、Mehrez 和 Kaufmann(2000)的研究也取得了类似的结论,而在 Wyplosz(2001)看来,虽然金融开放并非引

---

[1] Mehrez 和 Reinhart(2000)证实这种滞后性一般为 3—5 年。

爆金融危机的充分条件，但那些在金融开放前就已存在的法律与制度缺陷会在金融开放的条件下被进一步放大，因此，如果一个国家尚不能建立起确保金融体系有效运作的制度环境，即便其保持了良好的宏观经济状况，在金融开放的推进问题上也必须秉持谨慎的态度。

同样的证据也出现在了有关金融开放承诺的研究当中。如 Valckx（2004）曾对爆发金融危机的国家与未爆发金融危机的国家的金融服务开放承诺水平进行了对比，发现在那些爆发过金融危机的国家中，银行、证券及金融信息服务领域的开放承诺都要比那些没有发生危机的国家更高，由此也表明一个国家发生金融危机的概率可能与该国过高的开放承诺有关。而通过进一步的实证检验，Valckx（2004）还发现了不同的金融服务贸易提供方式会对东道国金融危机爆发概率产生差异性的影响：首先，跨国支付开放承诺高于商业存在开放承诺的国家会具有更大的银行危机爆发概率；其原因可能在于商业存在形式的金融服务贸易有助于降低资本跨境流动的扭曲程度，而跨国支付开放通常会与短期跨国借贷存在一定的关联，并会增加资本流动的波动性，进而增加银行币危机爆发的可能性，这也与 Kono 和 Schukneeht（2000）的研究结论相吻合；其次，如果一国的保险服务开放承诺高于其他金融服务的开放承诺，则该国也会具有更大的银行危机爆发概率。

(三) 银行业开放与银行稳定性

银行业开放是金融开放的重要组成部分，同时商业银行的跨境业务也是金融服务贸易的关键领域之一。由于在绝大多数国家中，银行业都居于金融体系的核心地位，其稳定与否也是决定一国金融系统是否健康稳定的关键所在。因此在有关金融开放与金融稳定的研究当中，除了从宏观意义上关注金融体系整体的开放与自由化程度和金融稳定之间的关系之外，相当一部分的研究也从专业化的角度对银行业的开放与银行系统的稳定性进行了探讨。

考虑到信贷规模的波动是影响银行业乃至金融系统稳定性的首要因素，很多人从信贷波动的角度研究外资银行的进入对东道国银行系统稳定性的影响。从目前的研究结果来看，大部分的研究均认为外资银行的进入会降低或者至少没有增加东道国银行业的信贷波动程度，如 Crystal 等（2002）针对拉美国家的研究表明，即便是在经济衰退时，外资银行在东道国的信贷投放也要明显高于本地的竞争对手；Goldberg、Dages 和 Kinney（2000）通过对 1994—1995 年金融危机期间墨西哥与阿根廷商业银行的考察后发现，外资银行在金融危机期间同样表现出较国内银行更高的贷款增长率，而且在信贷投放方面具有更小的波动性；这一结论也同样得到了 Peek 和 Rosengren（2000）针对巴西、阿根廷和墨西哥的实证研究的支持。Martinez 等（2002）的研究也表明，即便是在外资银行的信贷增长率高企的情况下，其跨境信贷与本地信贷总体的波动性仍然要小于东道国国内银行的信贷波动，而在金融危机期间，外资银行在东道国的信贷甚至没有出现明显收缩，从而起到了维持东道国信贷市场稳定的作用；De Haas 和 van Lelyveld（2006）通过对 1993—2000 年中东欧国家的外资银行与本土银行在经济周期不同阶段表现的对比研究，发现在危机期间，这些国家的国内商业银行一般会紧缩信贷规模，而外资银行的跨国信贷规模虽然也在缩减，但却会为其在当地子行的信贷增长弥补，因此其信贷投放活动的稳定性也要明显高于国内的商业银行。

另一些研究则试图从外资银行在竞争力与资产配置方面的优势来深入探讨其增进东道国金融系统稳定背后的原因。Buch 等（2003）扩展了 Allen 和 Gale（2000）的模型，并从流动性的角度证实，由于各个地区对流动性存在差异性的要求，银行间的跨国借贷有助于分散冲击的风险，因此金融一体化有助于减少银行流动性危机。Demigurc – Kunt 等（1998a）从清偿力的角度证实，尽管外资银行的进入会导致新兴市场国家内部的银行利润空间减少，但是还远远未能触及危及银行系统稳定性的程度；相反，正是由于外资银行的进入将部分经营业绩欠佳、脆弱性更高的银行（主要是一些低效率的国有商业银行）挤出了市场，外资银行的进入实际上还提升了东道国银行系统的稳定性；此外，由于外资银行本身雄厚的资本实力与良好的商誉，危机期间的东道国常常会乐于将资金从本土银行转入外资银行手中，尽管这会引起一些本土中小银行的破产和退出，但也有效地杜绝了资本向境外的逃离，因此外资银行的准入实际上对当地银行系统起到了重要的稳定作用。Ramon 和 Agustin（2005）则从事后的角度分析认为，在东道国陷入银行危机之后，外资银行的进入可以帮助东道国实现银行系统的资本重组，并由此为银行信贷的复苏奠定基础；Goldberg 等（2000）以及 Rosegren 等（1999）则指出外资银行可以通过在危机期间提供避风港来减少资本外逃，并在危机期间和危机过后继续贷款来对陷入危机的银行补充资本，从而起到了稳定东道国银行系统的作用。

然而与上述积极的结论不同，另一些研究则倾向于认为银行开放可能会增加东道国银行体系的脆弱性和银行危机的风险，比如 Demirguc-Kunt 和 Deragiache（1998）曾基于众多发达国家和发展中国家的数据考察了金融开放与相关国家金融系统脆弱性之间的关联，结果表明金融自由化程度的提升会增加相关国家爆发银行危机的概率；Barahas 等（2000）对金融开放后哥伦比亚的外资银行与本土商业银行的绩效进行了对比，结果也发现外资银行的进入会因为触发恶性的竞争而使得本土银行的贷款质量出现下滑，从而导致整个金融体系风险的增加。

除了从东道国自身的角度探讨外资银行进入与金融稳定之间的关系之外，另一些研究也从开放的国际金融环境入手，探讨了金融危机在国家之间的传播及由此给相关国家金融系统带来的冲击。Peek 和 Rosengren（1997）曾发现，在日本股票市场陷于崩溃境地时，日本商业银行在美国的分支机构的信贷规模出现了大幅度的萎缩，由此意味着来自国外的不利冲击会通过外资银行向东道国传递；这一结论也与 Kaminsky 和 Reinhart（2000）针对亚洲金融危机期间日本商业银行在东南亚国家信贷规模波动的研究结论基本吻合。与之相反，De Haas 和 Lelyveld（2003）针对中东欧国家银行的研究却发现，这些外资银行在母国陷入经济衰退时，却会增加在东道国的信贷投放，这意味着当银行在母国的信贷收益因经济负面冲击而出现下降时，为了维持总体的资本回报水平，这些银行会相应地提升东道国在其信贷资源配置中的比例，因此并不会将母国的不利冲击传播到东道国。Martinez 等（2002）研究发现，外部冲击和金融风险的传播实际上并无确定性的结论，比如对日本和加拿大的银行会产生明显的财富效应，即母国经济的负面冲击会被这些银行传播到东道国；但对欧洲和美国银行而言，其替代效应可能更为明显，即母国经济在遭受负面冲击时，这些银行会出于资本逐利的动机而增加在东道国市场上的信贷投放，进而不会将母国的经济动荡向东道国转移。这些看似矛盾的结论表明，母国的经济周期与银行信贷规模之间的关系可能会因不同的国家和不同的银行而存在一定的差异。对于这些复杂的研究结论，Kaminsky 和 Reinhart（2000）进一步揭示了金融危机在国家之间进行传播的两个先决条件：一是外资银行在东道国的市场占有率必须要达到相当的程度，否则因危机导致的资本跨境流动规模将会十分有限，不足以引起危机在母国和东道国之间播散；二是潜在危机输入国的信贷资金来源必须高度集中在那些受到危机冲击的跨国银行。然而在 Alicia 和 Navia（2004）看来，这两个条件在现实中通常难以同时被满足，比如中东欧国家的外资银行主要来自德国、比利时和意大利，但德国和比利时等国的跨国银行在中东欧国家的信贷却只占其境外总体信贷规模的 3%—6%，因此难以满足第二个条件，这也恰恰是金融危机未能在中东欧国家之间广泛传播的原因所在。

第三节　金融开放的政策与次序选择

由于金融业在一国经济稳定与发展中往往发挥着基础性的关键作用，以及金融开放对于金融稳定的影响，一般研究大都认为相关国家，特别是金融体系并不健全的发展中国家在金融开放方面应当秉持更为谨慎的原则，通过综合性的配套措施减少金融开放对于本国金融体系所产生的不利影响，并且在开放本国金融市场的过程中采取循序渐进的稳健方式逐步加以推进。

一　金融开放的配套改革

很多现有研究均证实，金融开放对本国金融体系稳定性所带来的不利影响大都与开放国家国内经济与金融体系自身的不健全存在密切的关系。因此要实现金融领域的有效开放，并将这种开放带来的负面效应降到最低，首先需要对国内的经济金融体制进行充分的改革与调整。Dobson 和 Jaquet（2000）在分析了巴西、阿根廷和智利等国的金融改革进程之后指出，东道国国内改革对于成功地实行金融自由化具有重要的影响。根据 Dobson（2007）的总结，这些改革措施主要包括撤销政府管制，如国有银行的私有化与市场化；部门之间的业务活动转移，如银行部门提供保险服务；以及提高国内金融机构的质量，增加市场效率，等等。同时，Dobson 也提及这种改革需要保持的"政策一致性"（Policy Coherence），即贸易政策的改革、国内金融改革与资本账户的开放是三个互相补充和协调发展的活动。其中贸易政策的改革主要为国际货币基金组织及世界银行等机构出于加强国内金融系统的动机而进行的国际项目所强调（Key，2004），这种贸易政策改革解决了外国金融服务商的跨境交付和市场准入问题，从而必然要求开放某种形式的资本流动；同时，国内金融体系和贸易政策的改革原则上又可以作为推动资本账户自由化的先导力量；而一个健全和多元的金融系统则应当能够缓解国际资本流动带来的动荡。

金融开放的核心在于放松政府的监管。Chen 等（2005）研究认为，有效率的金融服务部门和放松管制的金融市场会有利于全球金融的一体化，但 Chang 等（1999）也指出，自由化不等同于放松管制，相反，它有利于制定政策并鼓励金融服务部门规则制定的现代化。从现实来看，一个好的自由化政策安排至少应当能够带动国内金融市场的透明度，并使得金融部门在技术、管理、信息和监管等各个层面都得到相应的提升，同时使国内法规与国际的法规保持相应的一致性。同时，自由化的金融开放政策也应当注意与具体的的贸易模式和国情相结合，如 Tamirisa 等（2000）就举例说明金融服务部门商业存在模式下的自由化应当注意外国进入者的策略与文化。

二　金融开放的次序选择

除了有关国内金融体制的配套改革之外，另一些研究也指出对于发展中国家而言，金融开放与自由化与其他领域的开放应当遵从一定的次序。Wahba 和 Mahmoud（1998）提出金融开放一般是先从东道国国内实业部门开始，然后是贸易自由化，最后才是金融自由化。

国内学者郭根龙和冯宗宪（2004）根据有限的金融服务贸易市场开放次序案例经验，结合相关理论总结了金融服务贸易市场开放的一般逻辑。

第一，金融服务贸易市场的对外开放，特别是商业存在方式的对外开放必须辅之以强化的金融监管。这是保证外国金融服务提供者在东道国市场上良好运行，保证高度竞争下东道国金融体系稳定的必要条件。

上面两个不成功的案例都是审慎监管强化改革滞后所致,而另外两个成功的案例则都得益于金融监管的强化。

由商业存在方式对外开放所导致的跨国银行业最大风险,是由于跨国银行总部或其他国家分行的经营失误导致的东道国分行困境并引起东道国金融市场的震荡问题。典型的例子如巴林银行和国际商业信贷银行的倒闭案件等。这说明,即使信誉较好的跨国银行也不一定永远稳健经营。在金融服务贸易自由化下,不仅要加强国内的金融监管,还需通过与相关国家和国际组织间的监管合作,共同防范金融风险。

第二,对银行不良资产问题的解决应先于或平行于金融业的对外开放活动,以避免脆弱的国内金融企业承受不良资产问题和外部竞争压力的双重困扰。银行不良资产的解决可通过注入新资本(财政注入、引进外资或公开发行上市)、剥落到资产管理公司、与强健的国内外金融企业的合并等方式进行。当考虑外资在解决不良资产问题中的积极作用时,应与金融业的对外开放战略相吻合。

第三,利率自由化和信用限额的自由化也应优先或平行于金融业的对外开放,以保证以价格机制为核心的良好竞争环境的形成。与此同时,也应逐步引入一些金融衍生工具,以满足利率自由化后风险管理的需要。

第四,资本账户的全面自由化应滞后于金融服务市场的对外开放,并时刻保留对资本流动一定程度的控制权。一般认为,资本的自由流动是造成发展中国家金融危机的重要因素,过快地开放资本账户将使国家的经济安全受到巨大威胁。因而,资本账户的自由化一定要滞后于金融服务市场的对外开放。即使开放了资本账户,当国家发生重大的国际收支危机和金融稳定问题时,出于谨慎和对国家利益、国民利益的考虑,政府也应适时地实施资本流动的管制。由于过境交付方式的金融服务贸易自由化必须伴随着资本账户自由化,而商业存在金融服务贸易市场的开放只需相应的外国直接投资进入,并不需要完全的资本账户自由化,因而,与商业存在的方式相比,过境交付方式的金融服务贸易市场应滞后于开放。

第五,金融服务市场的对外开放应滞后于国内实际部门的自由化。上述葡萄牙改革的成功即得益于此。如果实际部门的改革滞后,那么,信贷资金可能流向本来不盈利，但由于实际部门价格扭曲而表面盈利的部门，造成资源配置的无效。另外，国内实际部门的问题加上金融服务市场开放导致的风险可能加重本国金融业的负担和压力。

第六，金融服务市场的对外开放除了需考虑以上相关改革活动的次序外，还必须选择适当的开放时机，以保证对开放所造成的短期冲击有良好的缓冲条件。一般认为，政局稳定和国内宏观经济环境运行良好之时才是金融服务市场合适的对外开放时机。

需要说明的是，这个次序只是一个粗略的划分，具体的选择还应根据本国实际情况而定。由于商业存在金融服务贸易市场开放的竞争效应和技术转移效应明显，因而，机械地强调开放的条件和次序，可能使金融体系的强化机会丧失（Tamirisa et al.，2000）。许多学者认为，韩国金融危机的发生与此有关。

第四节 结论与评析

本章当中，我们立足于全球金融开放的现状，对金融开放在服务贸易中所起到的基础性作用及金融开放对一国经济可能产生的冲击进行了理论上的分析与归纳，并对有关金融开放政策和次序选择方面的研究进行了相应的梳理。总体而言，我们可以对本章内容做如下简要评述和总结：

首先，就目前全球金融开放的现状来看，作为现代经济中的基础性部门和服务业中的重要产业类别，金融开放在近年来开始受到越来越多的关注。在 WTO 框架下所缔结的《服务贸易总协定》（GATS）首次从多边角度奠定了一国金融开放的基本框架，并从市场准入、国民待遇、最惠国待遇、透明度原则及相互承认和共同标准等方面对缔约方的金融开放要求进行了规定，但考虑到金融体系在一国经济稳定和经济安全中的重要作用，以及虑及金融开放对于相关国家和地区，特别是金融体系欠发达国家和地区可能带来的潜在风险和冲击，GATS 及其与金融服务贸易相关的附件中同时也规定了审慎监管例外这一重要原则，明确了成员方为了实现国内政策目标，有权对其境内的服务提供制定和实施新的限制规定，甚至允许成员方在发生严重国际收支失衡和对外财政困难严重的情况下，对其已承担特定义务的服务贸易采取或维持各种限制措施。这种法理意义上的灵活性规定虽然出于维护成员国金融体系稳定、减少金融风险传播和扩散的目的，但在实际操作中却使得 GATS 中有关金融开放规定的强制性大大降低，而对于所谓的"审慎监管措施"的解读也并无严格统一的标准，由此使得相关国家在执行有关金融开放要求的过程中具有了更大的主观色彩。事实上，从目前的开放现状来看，世界各国在金融开放方面大多保持了相对谨慎的态度，对于金融开放承诺的具体执行方面也更为保守。现有研究表明，国内利益集团之间在金融开放问题上的利益冲突，以及对于宏观经济稳定的担忧，可能是导致相关国家在金融开放问题上裹足不前的原因之一。同时，相关国家金融体系的发达程度也是左右一国对待金融开放态度的根源所在，但一个令人意外的情况在于，金融开放的意愿似乎与国家金融部门发达程度呈现一定的负相关关系，很多拥有良好金融市场的国家事实上并不具有很强的金融开放意愿，反而是一些金融部门欠发达的地区往往会在金融开放方面做出更多的承诺。尽管这在一定程度上根源于发达国家保护自身金融机构利益的考虑，但发达国家在金融开放问题上的审慎态度仍值得发展中国家在自身的金融开放问题上进行深入的反思。

其次，从金融开放对于服务贸易所起到的支持和促进作用来看，一个开放高效的金融体系不仅是国际贸易得以顺畅进行的必要条件，同时也是支撑国际贸易不断发展壮大的关键因素。总体而论，金融开放可以通过为国际贸易提供基础性的国际结算、汇兑及融资等活动为商品和资本跨境流动提供必要的辅助；同时，由金融开放带来的相关国家要素禀赋结构和贸易结构的变化也会对一国的出口结构和专业化程度产生相应的影响；此外，金融开放还可以在分散贸易风险及消除信息不对称性方面对国际贸易产生相应的促进作用。尤为重要的是，由于很多国家，特别是发展中国家和转轨经济国家当中金融体系普遍处于缺乏有效竞争的市场环境，垄断所带来的金融体系的低效率是这些国家所面临的一个普遍性的问题，而作为引入竞争因素的重要机制，合理规模的金融开放显然可以通过竞争和技术溢出效应带来相关国家金融市场环境的改善和效率的提升，而这种效率和竞争力的提升对于相关国家金融体系的稳定与发展可能是更为基础性的因素。

最后，尽管金融开放作为服务业中的重要产业类别和国际贸易的重要支撑，在国际贸易特别是服务贸易的发展过程中起到了关键性的作用，但不可否认的是，金融开放及随之而来的资本跨境流动障碍的消除也可能会对一国原有的金融环境和金融体系形成巨大的冲击，甚至动摇该国的金融稳定并引起相关的金融风险的散播，而这也正是很多国家在对待金融开放问题上犹豫观望的原因所在。具体而言，金融开放对于一国金融稳定可能产生的负面影响，主要根源于资本跨境流动障碍的消除所带来的资本流动冲击和宏观政策操作空间的萎缩。其中，前者主要表现为金融管制撤销之后境内外利差推动资本内流而引起相关国家特别是高成长中的新兴经济体资产规模的超常膨胀和资产价格泡沫堆积风险；而后者则主要根源于"不可能三角"下中央银行原有的多目标政策管理体系自身的冲突，即难以在金融开放和资本自由流动条件下同时保有汇率决定和货币政策的自主权，这种宏观经济政策空间的丧失也会导致相关国家失去主动平抑外部冲击与经济波动的能力，客观上也会加剧经济与金融的动荡与风险。此外，尽管金融开放所带来的金融业市场准入门槛的降低会在理论上增强东道国金融市场和金融机构的效率与竞争力，但如果不能很好地把握其中的尺度，则过度的竞争也极有可能在压缩国内金融产业生存空间的基础上激化金融产业的恶性竞争和短视行为，从而对东道国金融机构的效率产生负面影响，甚至诱发金融动荡。

综上所述，金融开放实际上如同一把"双刃剑"，在激发国内金融产业活力，提升金融领域的效率，进而促进国际贸易特别是服务贸易发展的同时，也可能会对一国的金融稳定和金融安全带来不小的威胁。因此，有关金融开放的现实问题实际上并不在于是否应该开放，而是在于应该如何把握开放的方式和尺度，以适合的方式在尽可能规避金融开放的不利影响条件下实现金融开放促进贸易和金融发展的目标。而这就要求我们在金融开放的政策与策略选择上进行更为深入和审慎的思考。从现有研究结果来看，金融开放取得何种效果的关键或许不在金融开放本身，而在于深层次的经济和金融领域的配套改革，包括金融产业本身的市场化进程、扭曲性因素的消除，以及金融体系自身效率水平和技术水平的提升等；同时，金融开放也需要相关的贸易政策改革和国内金融改革加以配合，以贸易政策作为推动资本账户自由化的先导，并以健全和多元化的金融系统来缓解国际资本流动带来的动荡。而在具体的金融开放次序上，也应当立足于优先解决监管体系的构建、不良资产的化解以及利率自由化的改革，并注意保持一定的管制水平。一个合理的自由化政策安排不仅仅是降低准入门槛，也不等同于管制的放松，而是要通过带动金融市场透明度和市场化程度的提升，使金融部门在技术、管理、信息和监管等各方面得到协调发展，进而保证金融开放能够在健康稳定的环境中得以稳步推进。

参考文献

[1] Aghion B. A., "Development Banking", *Journal of Development Economics*, Vol. 58, No. 1, 1999.

[2] Aizenman, J., "Financial Opening and Development: Evidence and Policy Controversies", *American Economic Review*, Vol. 94, No. 2, 2004.

[3] Aizenman, J. and I. Noy, "Endogenous Financial and Trade Openness: Efficiency and Political Economy Considerations", *NBER Working Paper*, No. 10496, 2004.

[4] Alicia, G. H. and D. Navia, "Foreign Banks and Financial Stability in the New Europe", In D. Masciandaro eds. *Financial Intermediation in the New Europe: Banks, Markets and Regulation in EU Accession Countries*, Edward Elgar Publishing Inc, 2004, pp. 208–224.

[5] Allen, F. and D. Gale, "Financial Contagion", *Journal of Political Economy*, Vol. 108, No. 1, 2000.

[6] Barajas, A., R., Steiner and N. Salazar. "Foreign Investment in Colombia's Financial Sector", *IMF Working Paper*, No. WP/99/15, 1999.

[7] Barajas A., R. Steiner and N. Salazar, *Foreign Investment in Colombia's Financial Sector*, Boston: Kluwer Academic Press, 2000.

[8] Barajas, A., R. Steiner and N. Salazar, "The Impact of Liberalization and Foreign Investment in Colombia's Financial Sector", *Journal of Development Economics*, Vol. 63, No. 1, 2000.

[9] Beck, T., "Financial Development and International Trade: Is There a

Link?", *Journal of International Economics*, Vol. 57, No. 1, 2002.

[10] Berger, A. N., I. F. Klapper and G. F. Udell., "The Ability of Banks to Lend to Informationally Opaque Small Business", *Journal of Banking and Finance*, Vol. 25, No. 12, 2001.

[11] Berger, A. N., I. Hasan and M. M. Zhou, "Bank Ownership and Efficiency in China: What Will Happen in the World's Largest Nation?", *Journal of Banking and Finance*, Vol. 33, No. 1, 2009.

[12] Bhattaeharya. A and L. S. Dvell, "The Impact of Liberalization on the Productive Efficiency of Indian Commercial Banks", *European Journal of Operational Research*, Vol. 98, No. 2, 1997.

[13] Bonaccorsi di Patti, E. and D. Hardy, "Bank Reform and Bank Efficiency in Pakistan", *IMF Working Paper*, Vol. 1/138, 2001.

[14] Boyd, J. H. and E. C. Prescott, "Financial Intermediary – Coalitions", *Journal of Economic Theory*, Vol. 38, No. 2, 1986.

[15] Buch, C. M., J. Kleinert and P. Zajc, "Foreign Bank Ownership: A Bonus or Threat for Financial Stability", In *Securing Financial Stability: Problems and Prospects for New EU Members*, SUERF Studies 2003/4.

[16] Chang, P, G. Karsenty, A. Mattoo and J. Richtering, "GATS, the Modes of Supply and Statistics on Trade in Services", *Journal of World Trade*, Vol. 33, No. 3, 1999.

[17] Chen, Z. D. H. Li and F. Moshirian, "China's Financial Services Industry: The Intra Industry Effects of Privatization of the Bank", *Journal of Banking and Finance*, Vol. 29, No. 8 – 9, 2005.

[18] Claessens, S. and T. Glaessner, "Internationalization of Financial Services in Asia", *World Bank Working Paper*, No. 1911, 1998.

[19] Claessens S., A. Demirguc – Kunt and H. Huizinga, "The Role of Foreign Banks in Domestic Banking Systems", *World Bank Working Paper*, No. 1918, 1998.

[20] Claessens S., A. Demirguc – Kunt and H. Huizinga., "How does Foreign Presence Affect Domestic Banking Markets", *Journal of Bank-*

ing and Finance, Vol. 25, No. 5, 2001.
[21] Claessens, S. and L. Laeven, "Financial Development, Property Rights and Growth", *CEPR Discussion Paper*, No. 3295, 2002.
[22] Claessens S. and L. Laeven, "What Drives Bank Competition? Some International Evidence", *Journal of Money, Credit and Banking*, Vol. 36, No. 3, 2004.
[23] Clarke G. and R. Cull, "Bank Privatization in Argentina: A Model of Political Constraints and Differential Outcomes", *World Bank Working Paper*, No. 2633, 1999.
[24] Clarke, G., R. Cull, M. S. M. Peria and S. M. Sanchez, "Foreign Bank Entry: Experience, Implications for Developing Economies and Agenda for Further Research", *The World Bank Research Observer*, Vol. 18, 2003.
[25] Crystal, J., G. Dages and L. S. Goldberg, "Has Foreign Bank Entry Led to Sounder banks in Latin America?", *Current Issues in Economics and Finance*, Vol. 8, No. 1, 2002.
[26] Deardorff, A. V., "International Provision of trade Service, Trade, and Fragmentation", *World Bank Policy Research Working Paper*, No. 2548, 2001.
[27] De Hass, R. and I. Van Lelyveld, "Foreign Banks and Credit Stability in Central and Eastern Europe: A Panel Data Analysis", *Journal of Banking and Finance*, Vol. 30, No. 7, 2006.
[28] Demirgue – Kunt, A. and E. Detragiache, "The Determinant of Banking Crises: Evidence from Developing and Developed Countries", *IMF Working Paper*, No. 97/106, 1997.
[29] Demirguc – Kunt, A. and E. Detragiache, "Financial Liberalization and Financial Fragility", *World Bank Working Paper*, No. 1917, 1998.
[30] Demigurc – Kunt, A., R. Levine and H. G. Min, "Opening to foreign Bank: Issues of Stability, Efficiency and Growth", Proceedings of the Bank of Korea Conference on the Implications of Globalization of World

Economic Financial Markets, 1998.

[31] Denizer, C., "The Effects of Financial Liberalization and New Bank Entry on Market Structure and Competition in Turkey", *World Bank Working Paper*, 1997.

[32] Dixit, A., "Investment and Hysteresis", *Journal of Economic Perspectives*, Vol. 6, No. 1, 1992.

[33] Dobson, W. and P. Jacquet., *Financial Services Liberalization in the WTO*, Washington D. C. : Institute for Internationa Economics, 1998.

[34] Dobson, W. "Finances Services and International Trade Agreements: The Development Dimension", In *A handbook of International Trade in Services*, 2007, pp. 289 – 334.

[35] Feeney J. and A. Hillman, "Trade Liberalization through Asset Markets", *Journal of International Economics*, Vol. 64, No. 1, 2004.

[36] Gabriella C., "Incentive – Based Lending Capacity, Competition and Regulation in Banking", *Journal of Financial Intermediation*, Vol. 10, No. 1, 2001.

[37] Giavazzi, F. and G. Tabellini, "Economic and Political Liberalizations", *NBER Working Paper*, No. 10657, 2004.

[38] Ghosh, A. and H. Wolf, "Geographical and Sectoral Shocks in the U. S. Business Cycle", *NBER Working Paper*, No. 6180, 1997.

[39] Gillespie, J., "Financial Services Liberalization in the WTO", *WTO Working Paper*, 2000.

[40] Glass, A. and K. Saggi, "Intellectual Property Rights and Foreign Direct Investment", *Journal of International Economics*, Vol. 56, No1, 2002.

[41] Goldberg, L., B. G. Dages and D. Kinney, "Foreign and Domestic Bank Participation in Emerging Markets: Lessons from Mexico and Argentina", *Economic Policy Review*, Vol. 6, No. 3, 2000.

[42] Goldberg, L. S., "Financial Sector FDI and Host Countries: New and Old Lessons", *Economic Policy Review*, Vol. 8, No. 3, 2007.

[43] Gorton, G. and Winton, "Bank Liquidity Provision and Capital Regu-

lation in Transition Economy", in Meyendorff A. and A. Thakor ed. *William Davidson Institute Conference Volume on Financial Dectors in Transition*, Cambridge M. A. : MIT Press, 1998.

[44] Harms, P. , A. Mattoo and L. Schuknecht, "Explaining Liberalization Commitments in Financial Services Trade", *World Bank Policy Research Working Paper*, No. 2999, 2003.

[45] Hasan I. and K. Marton, "Development and Efficiency of the Banking Sector in a Transitional Economy: Hungarian Experience", *Journal of Banking and Finance*, Vol. 27, No. 12, 2003.

[46] Haas R. and I. Lelyveld, "Foreign Banks and Credit Stability in Central and Eastern Europe: A Panel Data Analysis", *Journal of Banking & Finance*, Vol. 30, No. 7, 2006.

[47] Harris, S. and C. Pigott, "Regulatory Reform in Financial Services Industry: Where Have We Been? Where Are We Going?", *The OECD Report on regulatory Reform*, Vol. 1, 1997.

[48] Janek U. , "Short – Term Effects of Foreign Bank Entry on Bank Performance in Selected CEE Countries", *Bank of Estonia Working Papers*, No. 2005 – 4, 2005,

[49] Jonathan Hao, William Curt Hunter and Won Keun Yang, "Deregulation and Efficiency the Case of Private Korean Banks", *Journal of Economics and Business*, Vol. 53, No. 2 – 3, 2001.

[50] Kaminsky, G. and C. Reinhart, "On Crises, Contagion and Confusion", *Journal of International Economics*, Vo. 51, No. 1, 2000.

[51] Kaminsky, G. and S. L. Schmuckler, "Short – Run Pain, Long – Run Gain: The Effect of Financial Liberalization", *IMF Working Paper*, No. WP/03/34, 2003,

[52] Kass, L. , "Financial Market Integration and Loan Competition: When is Entry Deregulation Socially Beneficial?", *European Central Bank Working Paper*, No. 403, 2004.

[53] Key, S. , *The Doha Round and Financial Services Negotiations*, Washington D. C. : American Enterprise Institute, 2004.

[54] Kim, H. and B. Y. Lee, "The Effects of Foreign Bank Entry on the Performance of Private Domestic Banks", *Bank of Korea Working Paper*, 2004.

[55] Kireyev, A., "Liberalization of Trade in Financial Services and Financial Sector Stability (Analytical Approach)", *IMF Working Paper*, No. WP/02/138, 2002a.

[56] Kireyev, A., "Liberalization of Trade in Financial Services and Financial Sector Stability (Empirical Approach)", *IMF Working Paper*, No. WP/02/139, 2002b.

[57] Kletzer, K. and P. Bardhan, "Gredit Markets and Patterns of International Trade", *Journal of Development Economics*, Vol. 27, No. 1 - 2, 1987.

[58] Kono, M. and L. Schuknecht, "Financial Services Trade, Capital Flows and Financial Stability", *WTO Staff Working Paper*, No. ERAD98 - 12, 1999.

[59] Kono, M. and L. Schuknecht, "How Does Financial Services Trade affect capital Flows and Financial Stability?", In Claessens, S. and M. Jansen eds, *The Internationalization of Financial Services - Issues and Lessons for Developing Countries*, London: Kluwer Law International, 2000, pp. 139 - 175.

[60] Kydland, F. and E. C. Prescott, "Rules Rather Than Discretion: The Inconsistency of Optimal Plans", *Journal of Political Economy*, Vol. 85, No. 3, 1977.

[61] Lehner, M. and M. Schnitzer, "Entry of Foreign Banks and Their Impact on Host Countries", *Journal of Comparative Economics*, Vol. 36, No. 3, 2008.

[62] Lensink, R. and N. Hermes, "The Short - term Effects of Foreign Bank Entry on Domestic Bank Behaviour: Does Economic Development Matter?", *Journal of Banking and Finance*, Vol. 28, No. 3, 2004.

[63] Lensink, R., A. Meestersand I. Naaborg, "Bank Efficiency and For-

eign Ownership: Do Good Institutions Matter?", *Journal of Banking and Finance*, Vol. 32, No. 5, 2008.

[64] Levine R., "Financial Development and Economic Growth: Views and Agenda", *Policy Research Working Paper Series*, No. 1678, 1996.

[65] Levine, R. and S. Zevros, "Stock Markets, Banks and Economic growth", *American Economic Review*, Vol. 88, No. 3, 1998.

[66] Li, D. H., F. Moshirian and A. Sim, "The Determinants of Intra-Industry Trade in Insurance Services", *The Journal of Risk and Insurance*, Vol. 70, No. 2, 2003.

[67] Martinez P. M. S., A. Powell and I. Vladkova, "Banking on foreigners: the Behavior of International Bank Lending to Latin America: 1985-2000", *Word Bank Working Paper*, No. 2893, 2002.

[68] Mathieson D. J. and J. Roldos, "The Role of Foreign Banks in Emerging Markets", World Bank, IMF, and Brookings Institution 3rd Annual Financial Markets and Development Conference, 2001.

[69] Mattoo, A., "Financial Services and the WTO: Liberalization Commitments of the Developing and Transition Economies", *The World Economy*, Vol. 23, No. 3, 2000.

[70] Mattoo, A., "Developing Countries in the New Round of GATS Negotiations: Towards a Pro-Active Role", *The World Economy*, Vol. 23, No. 4, 2000.

[71] Maria Soledad Martinez Peria and Ashoka Mody, "How Foreign Participation and Market Concentration Impact Bank Spreads: Evidence from Latin America", *Journal of Money, Credit, and Banking*, Vol. 36, No. 3, 2004.

[72] Mehrez, G. and D. Kaufmann, "Transparency, Liberalization and Banking Crises", *World Bank Working Paper*, 2000.

[73] Mishkin, F., "Financial Policies and the Prevention of Financial Crises in emerging Market Countries", *NBER Working Paper*, No. 8087, 2001.

[74] Moshirian, F., "Financial Services: Global Perspectives", *Journal of*

Banking and Finance, Vol. 28, No. 2, 2004.

[75] Moshirian, F., D. H. Li and A. Sim, "Intra – Industry Trade in Financial Services", *Journal of International Money and Finance*, Vol. 24, No. 7, 2005.

[76] Naaborg I., B. Scholtens, J. de Haan, H. Bol, and R. de Haas, *How Important Are Foreign Banks in the Financial Development of European Transition Countries*, CESifo: Munchen, 2003.

[77] Peek, J. and S. E. Rosengren, "Collateral Damage: Effects of the Japanese Bank Crisis on Real Activity in United States", *American Economic Review*, Vol. 87, No. 4, 1997.

[78] Peek, J. and S. E. Rosengren, "Implications of the Globalization of the Banking Sector: The Latin American Experience", *New England Economic Review*, Vol. 10, No. 1, 2000.

[79] Qian Ying, "Financial services Liberalization and GATS: Analysis of the Commitments under the General Agreement on Trade in Services (GATS) at the World Trade Organization", The 2nd Annual Conference of PECC Finance Forum, 2003.

[80] Rajan, R. G. and L. Zingale, "The Great Reversals: the Politics of Fnancial Development in the Twentieth Century", *Journal of Financial Economics*. Vol. 69, No. 1, 2003.

[81] Ramon, M. and V. Agustin, "Increased Role of Foreign Bank Entry in Emerging Markets, BIS Papers Chapters", In Bank for International Settlements ed. *Globalization and monetary Policy in Emerging Markets*, Bank for International Settlements, 2005, pp. 9 – 16.

[82] Reinhart C. M., "Some Parallels Between Currency and Banking Crises: A Comment", *MPRA Paper*, No. 13197, 1999.

[83] Rosegren, S. E., J. Peek and F. Kasirug, "The Poor Performance of Foreign Bank Subsidiaries: Were the Problems Acquired or Created?", *Journal of Banking & Finance*, Vol. 23, No. 2 – 4, 1999.

[84] Rossi, A., "Financial Fragility and Economic Performance in Developing Countries: Do Capital Controls, Prudential Regulation and Super-

vision Matter?", *IMF Working Paper*, No. WP/99/66, 1999.

[85] Sachs J., A. Tornell and A. Velasco, "The Collapse of the Mexican Peso: What Have We Learned?", *NBER Working Paper*, No. 5142, 1995.

[86] Sorsa, P., "The GATS Agreement on Financial Services: A Modest Start to Multilateral Liberalization", *IMF Working Paper*, No. WP/97/55, 1997.

[87] Stiglitz, J. E., "Credit Markets and the Control of Capital", *Journal of Money, Credit and Banking*, Vol. 17, No. 2, 1985.

[88] Stiglitz J. E., "The Role of the State in Financial Market", *World Bank Annual Conference on Development Economics*, 1993, pp. 19–52.

[89] Svalery, H. and J. Vlachos, "Markets for Risk and Openness to Trade: How are they Related?", *Journal of International Economics*, Vol. 57, No. 2, 2002.

[90] Tamirisa, N, P. Sorsa, G. Bannister, B. McDonald and J. Wieczorek, "Trade Policy in Financial Services", *IMF Working Paper*, No. 00/31, 2000.

[91] Terrel H. S., "The Role of Foreign Banks in Domestic Banking Markets", In H. Cheng, ed, *Financial Policy and Reform in Pacific - Rim Countries*, Lexington: Lexington Books, 1986.

[92] Traca, D., "Globalization, Wage Volatility and Welfare of Workers", *Review of International Economics*, Vol. 13, No. 2, 2005.

[93] Uiboupin J., "Short - term Effects of Foreign Bank Entry on Bank Performance in Selected CEE Countries", *Bank of Estonia Working Papers*, No. 4, 2005.

[94] Undell, G. F., A. N. Berger and R. D. Young, "Efficiency Barriers to Consolidation of the European Financial Services Industry", *European Financial Management*, Vol. 7, No. 1, 2001.

[95] Valckx, N., "WTO Financial Services Commitments: Determinants and Impact on Financial Stability", *International Review of Financial Analysis*, Vol. 13, No. 4, 2004.

[96] Wahba, J. and M. Mahmoud, "Liberalizing Trade in Financial Services: The Urugua Round and the Arab Countries", *World Development*, Vol. 26, No. 7, 1998.

[97] Wyplosz, C., "How Risky is Financial Liberalization in Developing Countries?", *CEPR Discussion Papers*, No. 2724, 2001.

[98] Yildirim, H. S. and G. C. Philippatos, "Efficiency of Banks: Recent Evidence from the Transition Economies of Europe 1993 – 2000", *European Journal of Finance*, Vol. 13, No. 2, 2007.

[99] Zajc P., "The Effect of Foreign Bank Entry on Domestic Banks in Central and Eastern Europe", *Paper for SUERF Colloquium*, 2002.

[100] 白叙雅、李焱：《外资银行进入有利于打破我国银行业的低效率均衡》，《首都经济》2002年第1期。

[101] 陈奉先、涂万春：《外资银行进入对东道国银行业效率的影响——东欧国家的经验与中国的实践》，《世界经济研究》2008年第1期。

[102] 陈建国、杨涛：《中国对外贸易的金融促进效应分析》，《财贸经济》2005年第1期。

[103] 郭根龙、冯宗宪：《金融服务贸易市场开放次序的经验及一般逻辑》，《经济与管理研究》2004年第3期。

[104] 郭妍、张立光：《外资银行进入对我国银行业影响效应的实证研究》，《经济科学》2005年第2期。

[105] 韩龙：《论GATS金融附件中的"审慎例外"》，《中南大学学报》（社会科学版）2003年第3期。

[106] 何蛟、傅强、潘璐：《引入外资战略投资者对我国商业银行效率的影响》，《中国管理科学》2010年第5期。

[107] 胡岩：《金融发展与中国经济发展中的比较优势变迁》，《国际贸易问题》2003年第6期。

[108] 胡祖六：《国有银行改革需要引进国际战略投资吗》，《经济观察报》2005年第4期。

[109] 黄黎燕：《外资参股对我国银行业稳定性的实证分析》，《经济师》2010年第5期。

[110] 黄宪、熊福平：《外资银行在中国发展的经营动机和经营策略分析》，《金融研究》2005 年第 2 期。

[111] 焦建东：《我国银行业效率与外资银行进入程度关系研究——基于面板单位根、面板协整方法》，《山西财经大学学报》2008 年第 7 期。

[112] 李斌、涂红：《外资银行进入对发展中国家银行体系效率影响的经验检验》，《上海金融》2006 年第 7 期。

[113] 李谷硕、刘天姿：《从 WTO 看〈外资银行管理条例〉的审慎监管原则》，《法制与社会》2007 年第 5 期。

[114] 李胜兰、郑远远：《WTO 审慎例外与中国金融监管制度创新》，《现代国际关系》2002 年第 11 期。

[115] 李松峰、乔桂明：《外资参股对中国商业银行经营效率影响的实证研究》，《苏州大学学报》2010 年第 6 期。

[116] 李晓峰、王维、严佳佳：《外资银行进入对我国银行效率影响的实证分析》，《财经科学》2006 年第 8 期。

[117] 林玲、李江冰：《金融发展、比较优势与出口结构》，《生产力研究》2009 年第 13 期。

[118] 刘笋、吴永辉：《GATS 框架下的审慎监管制度》，《现代法学》2004 年第 2 期。

[119] 刘亚、杨大强、张曙东：《开放经济条件下外资银行对我国商业银行效率影响研究》，《财贸经济》2009 年第 8 期。

[120] 陆磊：《银行改革的关键在于控制权界定》，《金融问题参考》2004 年第 2 期。

[121] 毛捷、李冠一、金雪军：《外资潜在进入的竞争效应分析：来自中国银行业对外开放的经验证据》，《世界经济》2009 年第 7 期。

[122] 齐俊妍：《金融发展与贸易结构——基于 H-O 模型的扩展分析》，《国际贸易问题》2005 年第 7 期。

[123] 乔桂明、黄黎燕：《我国商业银行外资参股效应再研究——基于 DEA 模型的银行稳定性分析》，《财经研究》2011 年第 7 期。

[124] 乔纳森·特南鲍姆、汪利娜：《世界金融与经济秩序的全面大危

机：金融艾滋病》,《经济学动态》1995年第11期。
[125] 曲建忠、张战梅:《我国金融发展与国际贸易的关系——基于1991—2005年数据的实证研究》,《国际贸易问题》2008年第1期。
[126] 沈能:《金融发展与国际贸易的动态演进分析——基于中国的经验数据》,《世界经济研究》2006年第6期。
[127] 史建平:《国有商业银行改革应慎重引进外国战略投资者》,《财经科学》2006年第1期。
[128] 孙兆斌:《金融发展与出口商品结构优化》,《国际贸易问题》2004年第9期。
[129] 孙兆斌、方先明:《外资银行进入能促进中国银行业效率的提高吗》,《当代财经》2007年第10期。
[130] 王锦丹、刘桂荣:《基于外资参股中国银行业情况下银行经营效率的实证研究》,《经济研究导刊》2010年第4期。
[131] 王劲松、张克勇:《外资银行的进入对我国银行业绩效影响的实证分析》,《兰州大学学报》2008年第7期。
[132] 汪叔夜、黄金老:《当前在华外资银行的业务发展竞争战略分析》,《国际金融研究》2005年第2期。
[133] 吴玉立:《境外投资者对中国银行业影响的实证分析》,《经济评论》2009年第1期。
[134] 伍志文、沈中华:《外资银行股权进入和银行绩效的联动效应——基于面板数据的分析》,《财经研究》2009年第1期。
[135] 肖荣华、鲁丹:《外资银行进入对上海银行业的影响研究——基于市场结构的分析与实证》,《金融研究》2006年第11期。
[136] 谢升峰、李慧珍:《外资银行进入对国内银行业盈利能力的影响——基于面板数据的实证分析》,《经济学动态》2009年第11期。
[137] 许长新、张桂霞:《国际资本流动对我国银行体系稳定性影响的实证研究》,《亚太经济》2007年第1期。
[138] 闫庆悦、王彬:《外资银行进入对我国银行绩效的影响——基于面板数据的实证分析》,《山东大学学报》2010年第3期。

［139］杨茜：《论 GATS 的审慎例外及对我国金融监管的启示》，《西部法学评论》2008 年第 5 期。

［140］叶欣、冯宗宪：《外资银行进入对本国银行体系稳定性影响的实证研究》，《经济科学》2003 年第 2 期。

［141］叶欣、冯宗宪：《外资银行进入对本国银行体系稳定性的影响》，《世界经济》2004 年第 1 期。

［142］袁方、冷牧：《外资银行进入对我国商业银行经营效率影响的实证分析》，《云南财经大学学报》2011 年第 3 期。

［143］云凌志、曹雯：《国有股权重、政策性负担与绩效——国有银行战略引资方案探析》，《当代经济科学》2007 年第 7 期。

［144］占硕：《我国银行业引进战略投资者风险研究——控制权租金引发的股权转移和效率损失》，《财经研究》2005 年第 1 期。

［145］朱彤、郝宏杰：《中国金融发展与对外贸易比较优势关系的经验分析———种外部融资支持的视角》，《南开经济研究》2007 年第 3 期。

［146］朱盈盈、李平、曾勇等：《引资、引智与引制：中资银行引进境外战略投资者的实证研究》，《中国软科学》2010 年第 8 期。

第十章 国际直接投资与服务贸易

作为服务贸易的重要载体和形式,服务业的国际直接投资已经在目前的全球直接投资中居于主导性的地位。与传统贸易方式不同,服务业本身所具有的无形性、生产与消费之间的不可分性特征决定了国际直接投资与服务贸易之间可能更多地呈现出互补性的关联,甚至可能通过对东道国服务业技术与竞争力的溢出带动东道国服务贸易乃至服务产业的总体发展;而投资与贸易活动向服务业的倾斜也在很大程度上促成了国际投资规则与政策的变化。

第一节 服务业国际投资发展现状

作为一种生产要素的跨国流动现象和生产行为全球化的主要载体,国际直接投资是现代全球经济活动的一个重要组成部分。第二次世界大战结束后,特别是20世纪70年代以来,伴随着全球经济活动的恢复和全球范围内经济联系与生产分工的日益深化,国际直接投资活动开始呈现迅猛发展的态势。自1980年到金融危机前的2007年,全球内流国际直接投资(FDI)流量从543.99亿美元上升到18717.02亿美元的历史峰值,年均增长率高达14%;同时期的国际直接投资存量也从7011.60亿美元上升到171259亿美元。即便在2008年之后,受国际金融危机的冲击,FDI流量规模开始呈现下滑态势,但随即出现回升,并在近年来呈现阶段性上涨态势。2014年,全球FDI流量达到1.92万亿美元,为危机后历史高点;但在此后受发达国家引领的全球化以及国际生产组织形式变化等影响,全球外资流动规模再次回落,到2017年,全球FDI

流量规模约为 1.43 万亿美元，较上年下滑了 23%，存量规模约为 3152.43 万亿美元，较上年增长了近 14%（见图 10-1）。

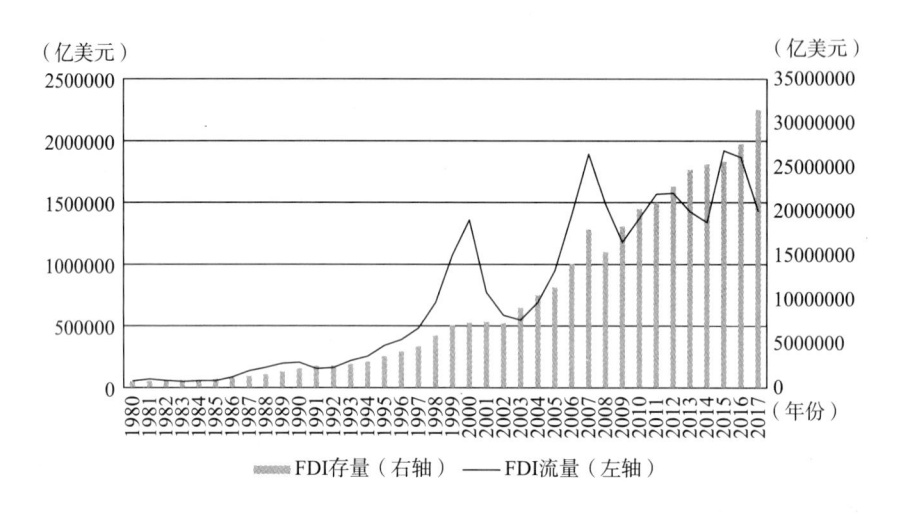

图 10-1 全球 FDI（内流）存量与流量变化

资料来源：UNCTAD 数据库。

服务业的国际直接投资是全球国际直接投资中的重要力量，自 21 世纪以来，服务业的外商直接投资开始在全球资本流动当中占据愈加重要的地位。在 1990 年，服务业全球国际直接投资存量仅占全部外资存量的 49%，但到 2001 年，服务业的全球国际直接投资存量已经占到全部外资存量的 58%；而在近年的发展中，服务业在国际投资中比重不断扩张的趋势仍然在延续。特别是自 2008 年国际金融危机以来，随着全球经济形势的恶化和跨国公司的战略收缩，全球跨境资本流动，特别是制造业的跨境投资开始呈现出明显的下滑态势，在这样的形势下，服务业的跨国投资实际上成为支撑全球跨境资本流动的基础性支柱。根据联合国贸发会议（UNCTAD）统计，在有据可查的最新一年（2015 年）数据中，服务业的国际直接投资占到全球外国直接投资存量的 62.5%，相当于制造业所占比重（27.45%）的 2.3 倍（见图 10-2）。同时从地区分布来看，服务业直接投资的优势地位在发达国家和发展中国家当中都较为明显，而在这其中，发展中国家特别是亚太地区国家则成为近年来服务业 FDI 流入的主要目的地。2010—2012 年，亚太地区流入的服务业外商直接投资存量从 8000 亿美元跃升到 3.5 万亿美元，占发展中国家服务业内流 FDI 增量的近 80%。

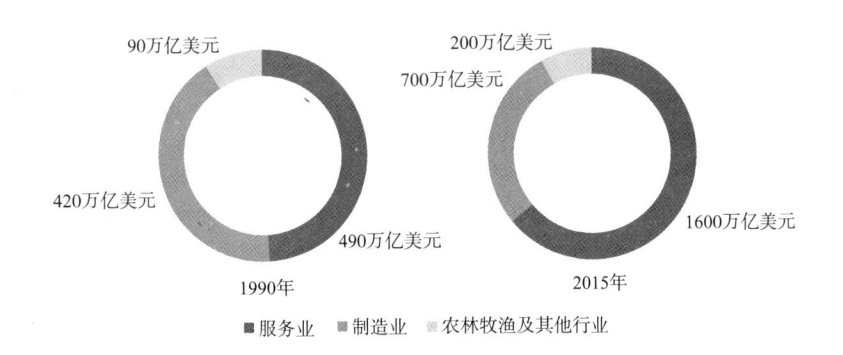

```
           90万亿美元                      200万亿美元
                                 700万亿美元


  420万亿美元

                490万亿美元                    1600万亿美元
         1990年                          2015年
           ■ 服务业   ■ 制造业   ■ 农林牧渔及其他行业
```

图 10 – 2 1990 年与 2015 年按经济部门分类的全球内流 FDI 存量分布
资料来源：UNCTAD：《世界投资报告 2017》。

服务业投资在全球国际直接投资中占据了绝对的主导地位，其主要原因之一来自全球经济结构的基础性特征。由于服务业的增加值占到全球增加值的 70% 以上，所以作为全球经济第一大门类，服务业所涵盖的外商直接投资自然也会在全球外商投资当中处于优势地位。而考虑到目前外商直接投资中的服务业占比尚低于全球经济总体的服务业占比，因此原则上可见，在未来，服务业外商直接投资在全球外商投资中的比例可能会有进一步上升的空间。

除了世界经济结构的长期性趋势，服务业外商直接投资总额和比重在近年来持续上升的背后可能也存在着其他更为重要的推动因素。根据 UNCTAD《世界投资报告 2015》的总结，这些因素可能包括东道国服务部门自由化程度提高，使服务更易于交易的信息和通信技术发展；全球价值链兴起推动制造业方面的服务国际化，等等。

与服务业的国际直接投资迅速发展相对应，全球服务贸易在近年来也都到了迅速的发展。在过去的三十余年里，特别是进入 21 世纪以来，全球服务贸易以高于全球 GDP 和货物贸易的速度增长，贸易规模持续扩大。按照传统的《国际收支手册（第五版）》（*Balance of Payments*

Manual 5，BPM5）的分类标准，1980—2013 年，全球服务贸易出口总额从 23763.15 亿美元上升到 233162.88 亿美元，增长了 8.81 倍；进口总额则从 23906.24 亿美元增长到 226061.59 亿美元，增长了 8.46 倍；同时，服务贸易出口和进口占 GDP 的比重也由最初的不足 20% 上升到了如今的 30% 以上（见图 10-3）。而按照最新的《国际收支手册（第六版）》（BPM6）的分类标准，从 2005 年到 2017 年，全球服务贸易规模已经翻了一番，截至 2017 年，服务贸易出口规模接近 5.2 万亿美元，进出口总额超过 10 万亿美元。

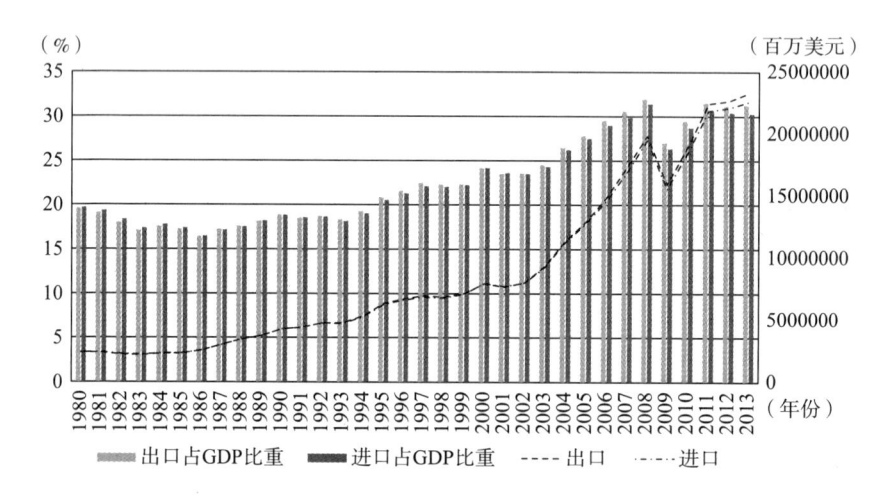

图 10-3　1980—2013 年全球服务贸易规模及占 GDP 的比重

资料来源：UNCTAD 数据库。

从传统理论来看，贸易与投资都是实现国际分工的有效手段，但作为商品流动和要素流动的代表，二者之间可能呈现出相互补充或者相互替代的关系，其具体的联系则取决于商品与资本流动过程中各自所面临的交易成本与壁垒情况，乃至商品提供者自身的效率与竞争力情况。然而具体到服务业层面，国际投资与国际贸易之间的关系则因为服务产品的特殊属性而变得更加令人玩味。一方面，由于服务产品的无形性和不可储存性等特征，其产品呈现出生产和消费的不可分离性，进而使得在服务贸易的过程中必须以要素的流动代替产品的转移，由此使得以国际投资为代表的"商业存在"成为国际服务贸易的一种基础提供方式。

据 WTO 估计，目前通过外国投资实现的服务贸易大约是跨境提供的 1.5 倍。另一方面，在现代信息技术和通信、交通技术飞速发展的情况下，服务的跨境提供成本也出现了大幅的降低，甚至使一些原本属于不可贸易范畴的服务产品具备了现实的可交易性，一些服务产业甚至借助新兴的数据技术和互联网技术实现了"零交易成本"。在这种情况下，提供服务产品的跨国服务企业也可以摆脱服务产品生产与消费不可分离的桎梏，进而选择生产成本更低的第三国作为服务产品提供的基地，其对母国和东道国服务贸易可能也同时产生相应的贸易转移效应，对一国的服务业进出口规模产生更为复杂的影响。全球服务贸易提供方式构成见表 10-1。

表 10-1　　　　　　　　全球服务贸易提供方式构成

提供方式	构成
跨境贸易	36%
境外消费	10%—15%
商业存在	50%
自然人移动	1%—2%

资料来源：引自 WTO "International Trade Statistics 2005"，p. 8。

第二节　国际直接投资与服务贸易发展：理论探讨

作为国际经济活动的两种重要表现形式，以要素流动为代表的国际直接投资（FDI）与以商品流动为代表的国际贸易之间一直存在着密切的联系。尽管传统的国际直接投资以及国际贸易的理论探讨主要集中在制造业，但这一相对成熟的理论框架显然也可以为我们进一步理解国际直接投资与服务贸易之间的关系提供一定的参考和借鉴。有鉴于此，我们在本章将从传统的国际直接投资贸易效应理论框架出发，结合相关理论的发展以及服务业投资与服务贸易的特殊性对服务业国际直接投资与服务贸易之间的关系进行相应的梳理与讨论。

一 国际直接投资的贸易效应

总体而论，国际直接投资与国际贸易之间的关系在理论上一直存在着不同的解读，而正是这些差异性的观点实际上囊括了国际投资低于国际贸易所产生的各类不同的影响。概括而言，国际直接投资所产生的贸易效应大致可概括为贸易替代效应和贸易互补（创造）效应。

（一）贸易替代效应

国际投资的贸易替代效应主要揭示了国际的资本流动对传统国际贸易的替代，即认为国际直接投资引起的生产区位转移和本地化生产可以在一定程度上替代传统的产品进出口，从而减小国际贸易的规模。

一般认为，国际投资的贸易替代论发端于蒙代尔的贸易与投资替代模型。在传统的 H-O 国际贸易模型框架之下，Mundell（1957）放弃了商品在国际自由流动的假设，并认为在存在贸易壁垒的情况下，如果直接投资厂商可以遵循一定的轨迹（Rybczynski 线）开展对外直接投资活动，那么这种对外直接投资就能够以最佳的效率或最低的要素转换成本实现对出口贸易的完全替代。这一理论揭示了在国家之间存在交易成本或者贸易壁垒的情况下，以国际直接投资为代表的要素流动能够成为产品贸易的有效补充，并使得世界总体的产出水平以及各国的消费水平达到开放条件下的最优状态；同时，该理论也意味着国际直接投资对国际贸易活动具有替代性：水平型国际直接投资可以在保持进口国（东道国）消费总量不变的情况下，以本地的生产和销售替代原有的产品进口，因此 FDI 规模的扩大会相应地缩小两国之间的贸易规模。此外，Buckley 和 Casson（1981）从成本角度出发，认为海外生产相对于国内生产具有更高的固定成本和较低的可变成本，这种差异会导致投资与贸易之间存在一定的替代性可能。

蒙代尔的国际直接投资贸易替代论实际上隐含了一种思想，即国际贸易与国际投资都可以作为开放条件下国际化经营方式的选择。但受传统的分析框架所限，其理论未能进行更为深入的探讨，因此也无法回答国际直接投资在何种情况下才会对贸易形成替代这一问题。继蒙代尔之后，一些学者开始试图将国际贸易与国际投资纳入统一的分析框架，共同作为企业国际化经营战略的选择加以思考，并得到了有关国际贸易与国际投资之间替代关系更为丰富的结论。这方面的先驱可以追溯到Vernon（1966）提出的产品生命周期理论。在其看来，无论是国际直接投资还是对外贸易，都是企业在产品不同阶段下所进行的策略性选择。该理论将产品的生命周期划分为初创期、成长期、成熟期、标准化期和退出期五个阶段，企业的优势以及适宜采用的经营战略在各个时期并不相同。在产品的初创期，由于新产品价格弹性较低，创新企业可以凭借对新技术或者新工艺的垄断在国内获得高昂的垄断利润，因此这一时期的生产将会集中在初创国国内进行，并主要通过出口来满足与该国经济发展水平接近的发达国家的少量海外需求，企业尚无在海外直接投资的动机；而在成长与成熟期，伴随着产品出口量的增加，一些进口该产品的国家也会开始对产品进行学习和仿制，同时为了保护新成长的幼稚产业，这些原本的进口国开始奉行进口替代战略并为产品的进口设置壁垒，由此制约了出口国企业对这些国家的出口能力，此时出口国的企业将会形成到这些国家投资并通过本地化生产降低成本和规避贸易壁垒的动机，由此导致投资活动对贸易活动的替代。

发端于Melitz（2003）等的新—新贸易理论则从微观角度更为深入地解读了国际贸易与国际投资之间的替代关系以及其背后的因素。其中，Helpman、Melitz和Yeaple（2004）丰富和发展了最初的新—新贸易理论框架，将贸易和投资作为异质性企业国际化经营战略的共同选择，并成功地回答了投资在何种情况下会替代贸易这一重要问题。在其看来，企业究竟是选择出口形式还是投资形式供应外部市场，是企业根据其生产率预先决定的：最具效率的企业会倾向于以对外直接投资的方式进入国际市场，而中等效率的企业则会倾向于以出口贸易的方式进入国际市场，效率最低的企业则会选择留在国内。

总体而言，国际直接投资的贸易替代理论侧重于将投资与贸易共同作为企业国际化经营战略的组成部分，进而使得二者可以被纳入统一的理论框架并进行严谨的理论探讨。但同时，受到相关假设条件的限制，该理论的解释范围也较为有限，一般认为，该理论对可贸易品直接投资行为所产生的贸易效应具有一定的解释力，但对于以服务业为代表的非贸易品，以及目前国际经济中更为普遍的，以产业链分工为基础的垂直一体化投资行为所产生的贸易效应则不具有很好的适用性。因此，其对国际直接投资所产生的贸易效应的认识也是相对狭隘的。

（二）贸易互补（创造）效应

针对贸易替代理论所存在的狭隘性和缺陷，一些学者进一步从不同角度探究了国际直接投资与国际贸易之间的联系，并形成了国际直接投资的贸易互补（创造）理论。该理论表明，国际直接投资不仅可以作为替代国际贸易的经营方式存在，同时可以作为国际贸易活动的必要条件而引致相关的贸易活动的增加，甚至可能会通过改变东道国国内的禀赋条件以及协调生产在全球范围内的布局创造出新的国际贸易需求。在这种情况下，随着国际直接投资的增加，国际贸易的规模和范围也会相应地扩大。

贸易互补（创造）理论最早可追溯至日本著名经济学家小岛清（Kojima）。20世纪六七十年代，小岛清从日本的对外直接投资现实情况出发，结合经典的国际贸易理论提出了基于比较优势原则的"雁阵模式"理论，将国际直接投资与国际贸易统一置于各国的比较优势分析框架之下。在其看来，对外直接投资主要发生在母国已经或者即将处在比较劣势的产业当中，并由此使得相关产业的生产从母国向东道国转移。这种由产业国际分工转移引发的国际直接投资会带动原材料以及产成品的进出口活动，因此带来贸易规模的扩大。同时在小岛清看来，国际直接投资不仅表现为资本要素的跨境流动，而且涵盖了资本、技术、管理以及人力资本等各种综合要素在内的整体性转移。随着发达国家对边际产业的对外投资，欠发达的东道国可以借此吸收更先进的生产函数，并凸显本国的比较优势，在扩大本国具有比较优势产品的生产和出口的同时，也引起东道国对投资母国产品需求量的增加。

另外一些学者则基于蒙代尔贸易与投资替代模型的框架，通过放松其中的部分假设来探寻国际投资所产生的不同贸易效应。如Markuson（1983）通过对蒙代尔替代模型中有关"国家间仅有要素比例不同，其他条件完全相同"的严格假定条件，在假设两国具有相同的禀赋条件和需求偏好结构，但要素价格存在差异的情况下证实了由两国技术差异导致的要素流动会引发两国比较优势差异的扩大，以及两国密集使用的符合各自禀赋优势的要素比例的上升，从而扩大了两国具有比较优势的产品的生产和出口。在这种情况下，商品贸易和要素流动就会呈现出一种相互促进的互补关系。

随着新贸易理论的产生和发展,由规模经济和不完全竞争所带来的贸易,特别是产业内贸易开始进入研究者的视野。一些学者也由此突破了以完全竞争为基础的传统分析框架,试图从规模经济视角下对国际直接投资与国际贸易间的关系进行新的解读,如 Helpman(1984)以及 Helpman 和 Krugman(1985)的分析曾结合国际直接投资的内部化理论和新贸易理论的若干思想,指出当存在要素禀赋不对称和规模经济特征时,因为跨国公司所特有的专门性资产,如专利、商标或管理制度等很难通过外部市场进行交易,由此会衍生出大量基于公司内部的交易和中间产品的需求并引起母国出口贸易的增加,从而使得国际直接投资具有一定的贸易创造特征。

此外,一些国内外的学者也从其他的视角出发,对国际直接投资的贸易创造效应提供了不同的理论解释。如 Bhagwati(1987)等人提出的"补偿投资理论"从政治经济学的角度对该问题进行了分析,并指出除了要素价格差异等纯粹意义上的经济因素,在存在贸易保护等贸易壁垒的情况下,各个利益集团之间的相互博弈也会引起贸易和投资之间的关系呈现不同的结果。而我国学者冼国明(2003)则从出口竞争力的角度,认为外国直接投资企业可以通过直接影响和间接影响促进东道国企业出口能力的提升,其中直接影响表现在大多数出口导向型外国子公司在发展中国家的出口贸易中占有相当大的份额,而间接影响则表现为东道国企业对外资企业的技术模仿以及外资企业对员工培训而产生的技术外溢。这种对出口竞争力乃至出口规模的促进作用实际上也是国际直接投资所产生的贸易促进效应的一个重要表现。

（三）不确定论与 FDI 贸易效应的影响因素

国际直接投资究竟会替代国际贸易还是会创造国际贸易？在现有理论层面的争论中我们似乎并不能得到一个确定性的结论。而事实上,由于现有针对国际直接投资贸易效应的分析往往只局限于某一种特殊情形或者某个局部领域,我们很难凭借一些单一性的理论对国际直接投资的贸易效应作出一个全面的判断。随着研究的深入,一些学者逐渐认识到,贸易替代和贸易创造可能是国际直接投资所具有的贸易效应的两个方面,而之所以这种效应在不同的国家会形成不同的表现,则源自各国的禀赋条件、政策环境，乃至企业的经营策略等。因此，国际直接投资本身的贸易效应应当是不确定的，而探寻其背后的影响因素可能更为关键。

Markuson（1983）基于蒙代尔替代效应模型框架而建立的非要素比例模型，不仅从技术角度为投资所产生的贸易创造效应提供了一个理论解释，同时也暗含了国际投资贸易效应的不确定性。为此 Markuson 和 Svensson（1985）曾通过对一系列要素比例模型的分析指出：商品贸易和要素流动之间既可能是互补关系，也可能是替代关系。同时，Markuson 等在其分析中也进一步从贸易要素和非贸易要素特性的角度对这两种效应形成的背后原因进行了探讨。通常情况下，如果贸易要素和非贸易要素是"合作"的，并且对贸易要素的需求没有弹性，则商品贸易和要素流动是替代关系；反之，二者则表现为互补关系。而除了技术差异，诸如垄断、外部性、生产性税负以及要素价格扭曲等扭曲性因素也是促使两国资本流动和商品贸易具有互补性的因素。

美国经济学家 Patrie（1994）则从跨国公司对外直接投资的动机角度分析了不同类型的国际投资所产生的不同贸易效应。在其看来，国际直接投资分为市场导向型、生产导向型和贸易促进型三种形式，其中市场导向型的国际投资会替代国际贸易，而生产导向型和贸易促进型的投资活动则会促进投资国与东道国之间的国际贸易。

综上所述，作为国际经济活动的两种重要的表现形式，国际直接投资与国际贸易之间的关系可能同时具有替代和创造的双重效应，并会随着国家之间的禀赋结构、贸易基础、要素流动性乃至产业发展状况、竞争力以及政策与制度安排等因素的差异而呈现出不同。在当今世界，随着商品和要素流动开放程度的不断扩大以及国际分工程度的不断深化，国际投资与国际贸易被更为广泛地作为跨国公司实现其全球生产布局和资源配置调整的工具，由此使得二者之间的关系突破了以往单纯意义上的相互替代，而更多地表现出了互补和创造性的特征。

二 国际直接投资与服务贸易

尽管作为一类特殊的贸易形式，服务贸易与传统意义上的货物贸易在发生条件、实现方式和影响因素等方面都存在着显著不同，并导致基于货物贸易的国际投资与国际贸易理论在很多情况下不再适用,但借助传统分析所提供的国际直接投资与国际贸易关系的理论框架并结合服务贸易的特点进行相应的取舍与调整,我们仍然可以从特定的角度对国际直接投资与服务贸易所产生的影响进行有针对性的分析。

(一)服务贸易的特殊性

在借助传统的国际投资贸易效应框架对服务贸易进行分析与探讨之前,一个首先需要明确的问题即服务贸易本身具有特殊性。由于目前大多数涉及国际投资与国际贸易的理论分析均聚焦于传统的制造业和货物贸易领域,只有明确了服务贸易与货物贸易的差别所在,我们才能对相关理论是否在服务贸易的分析中具有同样的适用性做出相应的判断,并结合服务贸易的特点对其进行必要的调整,从而对国际直接投资在服务贸易领域所产生的影响形成更为完整和准确的理解。

相对于传统意义上"可贸易"的货物贸易而言,因服务活动本身的无形性、生产与消费之间的不可分性以及产出的不可贮存性,服务的提供者和服务的消费者必须面对面地进行交易,因此在相当长的一段时期内,服务活动一直被研究领域视作"不可贸易品"(Bhagwati,1984)。然而随着科技的发展与社会的进步,一些新的技术,特别是以互联网为基础的信息技术的出现与发展突破了导致服务活动不可贸易的技术壁垒,使得服务贸易变得与货物贸易一样,具有了现实的可行性。一方面,信息技术的发展使得信息的保存和贮藏成为可能,由此导致一些传统意义上因产品的不可贮存性及导致生产消费不可分性所造成的"不可贸易"的服务产品(如咨询、教育与财务管理等)可以实现一定意义上的生产与消费的分离,从而使这些服务活动具有可贸易的基础;另一方面,互联网技术和通信技术的发展也令生产者与消费者之间面对面地交流和进行交易活动变得更为便利,对于很多生产与消费环节不可分割的服务活动而言,也同样突破了其不可贸易的技术障碍。

因此,科学技术的发展实际上使服务活动发生了分化,并形成了两个与货物贸易均存在较大差别的产出类别:一类是传统意义上产出与消费行为仍不可分割的不可贸易的服务产品,这类服务产品主要以部分消费服务项目(如餐饮等)为代表,区别于可贸易的货物,其极高的运输成本与交易成本使得这类产品仍不具备通过国际贸易进行交换的可行性；另一类则是因信息技术和互联网技术发展而导致产出和消费可以分离，或可以借助现代技术实现远距离提供和消费的服务产品，这类服务产品主要以一些生产性服务项目（如咨询、金融服务等）为代表。尽管与传统货物一样，这类服务产品的产出与消费分离的特性使其具有同样的可贸易特质，但其与可贸易的货物之间也存在一个明显的差别，即现代技术的应用使得相关产品从生产者到消费者之间的提供几乎不会产生任何的运输成本和交易成本，因此可以将其视为一种可以实现"零交易成本"的特殊贸易品。

服务活动在交易成本方面的两种极端表现使其在贸易的实现方式方面同传统的货物贸易有着很大的差别。根据《服务贸易总协定》的定义，服务贸易有跨境提供、境外消费、商业存在以及自然人移动四种基本形式，即相对于货物贸易而言，服务活动中的生产与消费的不可分性使得相关生产要素或者消费者的移动代替了货物的移动而成为服务贸易的主要表现形式。而在这其中，作为要素跨国移动的国际直接投资活动无疑也在服务贸易发展过程中发挥了比其在货物贸易领域更为重要的基础性作用。

（二）FDI 与服务贸易：总量效应

总量规模的改变是国际直接投资对服务贸易产生的直接影响。根据国际投资与国际贸易关系的相关理论分析框架，这种由国际直接投资引发的服务贸易总量变化可以分为替代效应与创造（互补）效应两类，而进一步从投资的母国与东道国来看，其具体的效应又存在着进一步细分的可能。

1. FDI 与服务贸易创造

由于服务产品本身的特殊性，在国际直接投资所产生的贸易效应中，贸易创造效应占据了主导地位。因此，我们也首先对国际直接投资所产生的服务贸易创造效应以及其背后的机制进行相应的分析。

（1）FDI 与东道国服务贸易创造

在传统的制造业当中，相当一部分的外资流入是具有成本导向性质的，特别是对于很多发展中东道国而言，跨国公司在当地开展投资活动的直接目的就是充分利用当地廉价的自然资源和生产要素，进而将东道国纳入其全球化的价值链体系，成为面向全球的生产和加工基地。在这种情况下，外资的流入会产生相当的贸易创造效应，而且这种贸易创造可以在进口端与出口端同时得到体现，即跨国公司在东道国当地进行投资和生产的过程中会不断从母国或其他海外生产基地进口相关的原材料、零部件以及中间产品，并将其生产的最终产品以出口的形式销往其他地区。因此，这种成本导向性质的外资注入会引起进口和出口的同时增加。

在服务贸易领域，国际直接投资的流入也同样会产生类似的贸易创造效应，而且其在贸易创造中的基础性作用甚至要大于传统的货物贸易。而这种贸易创造效应可以体现在进出口两方面，特别是进口方面最为明显。

①进口创造。

进口创造效应是国际直接投资对东道国服务贸易规模所产生的最为明显的影响。具体而言，这种由境外投资所引发的服务贸易的进口创造机制可概括如下。

首先，很多服务类产品因其不可储存、不可运输以及生产和消费过程的不可分性而具有极高的交易成本，进而使得这种服务类产品无法如传统的货物那样通过直接的进出口进行国际交换，因此在没有要素流动的情况下，本国的居民只能享受本国服务企业所提供的服务产品，而无出现任何的服务贸易的可能。然而在存在国际投资的情况下，资本要素的流动以及由此带来的人员要素的流动使得服务产品的跨境提供成为可能。根据前文所引用《服务贸易总协定》中的定义，服务业的跨国企业显然可以通过跨境提供和商业存在的形式为东道国的消费者和企业提供相应的服务产品，并由此构成服务贸易的重要表现形式。

其次，除了直接作为服务贸易的依托与存在形式带动东道国服务进口，国际直接投资的存在还可能通过产业关联效应进一步引致相关的服务进口。广义而言，这种可产生服务进口引致效应的境外资本不仅局限于服务业跨国企业的直接投资，而且包含更多来自制造业和其他行业的直接投资。这些跨国公司经营活动所引发的对上下游服务产品的需求也会产生一定的服务贸易进口需求。典型的如出口导向型 FDI 可以通过促进货物出口增加对运输、保险、银行、仓储等服务出口的拉动作用；而对于那些以制造业为主的跨国公司，在其海外经营活动中，出于生产和管理的需要而对来自母国（或其他国家）的研发及管理服务的采购也是这种产业关联所引致的服务贸易进口的重要表现。

最后，从更为广义的视角来看，如果境外直接投资的流入能够显著地提升东道国的经济发展水平和收入水平，也可以引发东道国的企业和消费者对相关服务产品，特别是发达国家服务企业所提供的高品质服务产品的需求，进而使得东道国服务进口的规模随着国际直接投资的增加而扩大。

②出口创造。

尽管国际投资可以在服务贸易进口创造方面发挥重要乃至基础性的作用，但与传统的货物贸易相比，其在服务出口方面所能带来的创造效应可能相对有限。这种现象背后的原因可能在于，与很多成本导向性的制造业 FDI 不同，服务业的直接投资在相关产品不可运输、存储以及生产消费同时性的特殊限制下，具有典型的市场导向型特征，因此很多服务业跨国企业，特别是"不可贸易"的服务业提供者基本遵循着"当地生产—当地销售"的交易模式，在东道国生产后难以将相关的服务再次出口到第三国或者返销到母国。

然而随着信息技术和网络技术的发展，很多服务行业存在的传统交易障碍陆续被突破，服务的可贸易性得到极大的增强，甚至很多服务产品可以借助现代技术实现"零交易成本"。这使得这些"可贸易"的服务产业往往可以突破运输成本所造成的产业布局限制，而更倾向于通过国际投资向具有比较优势的地区集中，并以此作为其生产经营的基地并向全世界提供相关的服务产品。在这方面，印度通过吸引外资来带动服务外包业务发展，向全世界提供研发、会计、咨询以及客服中心等生产性服务，就是借助国际直接投资促进服务贸易出口最为典型和最为成功的案例。

进一步而言，FDI 的存在除了可以直接带动部分产业的服务贸易出口，还可以通过一定的技术溢出效应激发国内相关服务企业的学习和模仿动机，并通过建立相关的产业关联来提升东道国服务企业的技术能力，由此从根本上提升国内服务业的国际竞争力，促进服务出口规模的进一步增长。

（2）FDI 与母国服务贸易创造。

除了对投资东道国服务贸易的规模会产生较为明显的影响，国际直接投资活动对投资母国的服务贸易规模也会产生相应的影响。

①进口创造。

相对由国际直接投资带来的出口创造，FDI 对母国服务贸易进口的创造效应主要集中在一些具备"可贸易"特质的服务领域。在这些领域中，信息技术和网络技术的支持使得相关的服务提供企业可以在世界任何角落以近乎为零的运输成本向需求方提供相应的服务产品，成本优势也由此成为这些企业在生产区位选择过程中关注的首要因素。在这种情况下，一些原本在母国境内进行生产并为母国国内消费者提供服务产品的国内服务企业会倾向于以国际直接投资的方式将提供服务的基地选择在更具成本优势和区位优势的地区，并以服务贸易的方式向母国以及其他国家的消费者提供相应的服务产品。这会导致原本在母国国内进行的服务生产与消费活动演变为母国以服务贸易进口的方式满足国内消费者的服务需求，本质上可以视为服务业国际直接投资引发了服务进口创造效应。

②出口创造。

由国际直接投资引致母国服务产品输出是 FDI 对母国服务贸易影响的主要方面。而这种影响背后的机制可概括如下。

首先，如前所述，对于很多不具备可贸易特性的服务业产品而言，国际直接投资是承载母国服务出口的基本载体，也是服务贸易出口的主要表现形式之一。尽管因现有统计口径的差异，这些在东道国投资并为东道国提供相关服务产品的企业很多未能明确计入母国服务出口的范畴，但服务业的对外投资活动行为通常伴随着服务人员的跨国流动，因此又属于服务贸易的范畴，所以服务贸易和服务业的投资常常表现出相辅相成、相互促进的互补关系。根据服务贸易的基本定义，这些通过人员跨境提供和商业存在方式为东道国提供服务产品的服务业跨国企业显然也是母国服务出口的核心组成部分。

其次，服务业的国际直接投资，特别是与生产服务相关的投资活动通常会具有一定的封闭性，即从事生产服务的跨国公司基本上只服务于外资工业企业（通常是与其来自同一母国的企业），而甚少向东道国本土的企业提供服务。究其原因，主要在于服务产品本身的无形性特征和生产与消费同时发生的特性使得服务产品的购买方无法在购买之前准确获知服务的质量情况，在这种情况下，外资企业对来自同一国家或地区的服务供应商往往会表现出天然的信任感并具有较少的文化交流障碍，由此也导致了外资生产服务企业不得不追随本土的制造业投资活动来开展相应的业务活动，由此使得服务业的出口与对外投资活动之间建立起密切的联系。

最后，由于生产者服务大部分属于技术密集度较高的产品，但服务产品的无形性特征却使其质量难以在使用前被购买者，特别是新的客户所认知，这种信息方面的障碍也会增加服务提供过程中的逆向选择问题：在拥有私人信息的情况下，生产服务的提供者有可能出于节约成本的考虑压缩服务提供的质量，而在预计到这一问题并且无法准确获知服务产品质量的情况下宁愿购买当地企业提供的低质量服务，由此会使得外资服务企业在东道国面临的需求出现萎缩。Horst 和 Marc（2007）通过一个信息经济学模型证明了服务业跨国公司所面临的这种信息障碍可以通过信号传递来得以解决，而这个信号就是与跨国公司来自同一母国的下游投资者的购买行为。由于这些企业更有可能识别和认可来自同一国家服务企业的产品质量，因此会在东道国形成一定的示范效应，增加东道国本土企业购买外资服务企业服务产品的可能。

此外，很多跨国公司在东道国本土开展经营活动的过程中，通常伴随着母国向东道国的人员流动。这些在异国工作与生活的人员在日常生活中也往往会出于消费习惯乃至文化契合等原因而更多地选择来自母国的相关个人消费服务，这种对于母国服务产品的依赖也使得母国一些服务机构会跟随相关的跨国公司投资活动而来到东道国，为这些跨国企业的经营活动以及相关人员的海外生活提供必要的服务支持，从而成为FDI 引致的母国服务出口的另一个重要方面。

2. FDI 与贸易替代

要素流动可以代替货物流动实现同样的生产和消费格局，这是经典的国际贸易理论分析所得到的重要结论，也意味着国际直接投资的存在可能在一定程度上对贸易造成相应的替代。然而，这种分析所依赖的基础更多源自"可贸易"的货物产品，而对于具有较强"不可贸易"特性的服务产品而言，这种替代效应的表现可能远不如理论中展现的那样显著。

国际直接投资的贸易替代效应的解释可以通过两个不同的角度来进行。其中，较为契合贸易替代理论思想本源的理解在于，当货物因为贸易壁垒和高交易成本的存在而无法进行充分的跨境流动时，通过要素的流动来代替货物的流动会取得与自由贸易情形下基本一致的生产分工与消费格局，亦即在结果层面上，货物流动与资本流动具有一定的等价性。就这一视角来看，一些不具备可贸易特性的服务产品显然可以通过国际直接投资的存在实现其在"可贸易"情形下的生产规模。但在现实层面上，这种要素流动对服务产品流动的"替代"实际上仅仅替代了那些原本就无法发生的贸易，甚至如前文所述，这些服务业FDI的流动所提供的商业存在本身就是服务贸易的一种基本形式，因此在某种程度上，我们也可以将其归结为国际直接投资对服务贸易的创造。

而对于国际直接投资贸易替代效应的另一种更符合直观感觉的解释则在于，对于那些可贸易的产品，企业可以在国际贸易和国际投资之间进行选择，即究竟通过投资还是贸易的方式进入国际市场。而其中解释背后所依赖的前提条件则在于，企业生产的产品本身必须是可贸易的，对于那些不具备可贸易特性的服务产品而言，实际上也不存在企业在投资与贸易两种形式之间进行选择和相互替代的问题。而对于那些具备可贸易特性的服务产品而言，似乎可以借用传统的货物贸易分析框架对其进行分析和解读，因此在货物贸易中所存在的投资对贸易的替代现象也可以在此类服务产品身上找到端倪。对于此类产品而言，理论上服务企业可以通过对外投资活动将提供服务的地点由母国转向东道国，从而导致在账面意义上实现了国际投资对服务品贸易的替代。然而考虑到服务贸易本身的特殊性，这种国际投资引起的生产区位转移实际上仅仅是将提供服务的商业存在形式由母国转移到了东道国，并未改变服务跨境提供的本质，因此，我们也很难将这种形式从严格意义上视为国际投资对服务贸易的替代。

因此，从严格意义上来看，国际直接投资对服务贸易的替代效应可能只存在于如下两种情形当中。

（1）内部化替代外包。

在现有的国际生产与分工体系当中，内部一体化和外包是跨国公司构建全球价值链体系的两种较为基本的方式。其中，内部一体化主要通过将上下游的生产纳入跨国公司股权控制的范畴而实现对价值链的控制，其主要优点在于可以规避信息不对称带来的高外部交易成本，而缺点在于会导致企业边界的过度扩张从而增加企业管理的成本与难度。相比之下，外包则倾向于在缩小企业边界的情况下，更多地通过非股权控制的契约安排整合产业链的上下游体系，其优点在于可以有效地节约企业的管理与运营成本，减少不必要的投资并提升企业效率，但却面临着外部交易所存在的信息不对称问题。

对于服务业而言，如果该产业也是跨国公司生产价值链体系当中的一部分，则跨国公司也可以在内部化与外包二者之间进行选择。如果跨国公司选择将其生产环节中的服务业部分（如仓储、物流、企业管理服务等）以契约化的方式进行外包，并在东道国选择外包对象，则会在东道国的服务企业与跨国公司之间形成一定的服务贸易流动；而如果跨国公司选择以内部化的方式将这些产业链中的服务环节纳入自身股权控制范围，则由此带来的新建或并购投资则会使原有的服务贸易被内部化的经营所代替，从而令该笔国际直接投资产生一定的贸易替代效应。

（2）技术溢出东道国竞争力提升。

国际直接投资对服务贸易产生替代的另一类情形相对更为间接，即服务业的FDI流动所产生的技术溢出效应可能会引起东道国同类服务企业竞争能力的提升。一般而言，由发达国家流向发展中国家的直接投资会蕴含更高的技术含量，因此使得东道国的企业和消费者会更倾向于选择质量与技术含量更高的跨国公司所提供的服务产品，并由此产生了一定的服务贸易；而随着跨国公司在东道国投资与经营活动的深入，国内服务企业可以通过学习、模仿乃至人员流动等途径获得相应的技术溢出效果，由此实现自身服务产品的质量和技术等方面的提升，这可能会吸引部分国内企业和消费者转而选择从国内服务提供商处购买相关的服务，并减少对跨国公司服务产品的需求，由此形成了国际直接投资在间接意义上对服务贸易的替代。

进一步而言，不仅发达国家对发展中国家的服务业投资会通过技术溢出产生一定的贸易替代效果，发展中国家对发达国家的投资所形成的反向技术溢出效应的存在也会使得发展中国家国内的服务企业通过对外投资的方式实现技术能力与竞争力的提升，增加国内消费者对其产品的需求，进而减少这些消费者对于发达国家服务产品的需求，这也是 FDI 技术溢出所产生的间接服务贸易替代效应的一个重要表现。

（三）FDI 与服务贸易：技术溢出与竞争力效应

除了可以直接对服务贸易的规模产生影响，国际直接投资的存在对服务贸易所产生的另一类影响主要体现在间接的技术溢出以及由此引起的服务业竞争力提升方面。在开放条件下，企业的市场份额将直接取决于企业的技术水平和竞争能力，因此国际直接投资所产生的技术溢出效应可能会对东道国服务产业的技术能力和竞争力产生一定的影响，由此提升东道国服务产业的市场份额并促进其服务出口的增长。有鉴于此，这里我们也有必要对 FDI 在服务产业中所产生的技术溢出效应进行稍加深入的探讨。

FDI 的技术溢出效应一直是研究者们所关注的热点问题。所谓 FDI 的技术溢出效应，是指跨国公司在直接投资过程中因其经营行为和伴随投资行为而发生的要素与技术转移所引发的东道国企业技术能力的提升。Kokko（1994）曾将这种技术溢出效应总结为四种基本的途径，即通过市场竞争来激励东道国企业充分利用现有的技术潜力提升产品的质量；迫使东道国企业通过增加技术创新投入来进行技术革新和提升技术水平；通过产业关联将相关技术转移至上游或下游的企业；通过劳动力流动机制使其所雇佣或培训的管理人员与技术人员扩散至东道国本土企业。一般认为，如果东道国具有足够的技术吸收能力并确保相关的技术扩散机制得以有效运作，则跨国公司的进入必将对东道国自身的技术进步产生不可忽视的影响。正是基于这一考虑，外资的引进也被视作欠发达国家弥补自身技术劣势的重要途径（UNCTAD，1996）。

有关 FDI 技术溢出的讨论原本多集中在制造业领域，但这一分析框架同样可以适用于服务业分析。但考虑到服务业在市场管制、商品与要素流动，以及生产过程中的要素密集度等方面的特殊性，这种技术溢出效应在服务业中的表现也会存在一定的特点。概括而言，国际直接投资的进入对于东道国服务业所产生的技术溢出效应可概括如下：

1. 竞争效应

因跨国公司进入而改变东道国相关产业的市场结构，打破东道国原有企业的垄断地位，进而激发其追求技术进步的动机，这一效应便是国际直接投资带来的竞争效应，也是 FDI 技术溢出的第一种重要机制。

市场垄断力量的存在是制约企业技术进步的重要因素。在一个相对垄断的市场环境中，垄断者依靠其市场统治地位所获得的垄断利润，往往会使其不愿从事具有较高风险和成本的技术开发与投资。在这种情况下，如果能够有一个具有更高技术优势的外来企业进入，则所引发的竞争压力将会使得原来处于垄断地位的企业产生改进技术、提高竞争能力的冲动，这种效应也被形象地称为"鲶鱼效应"。然而，竞争效应作为一把"双刃剑"，也存在着另一种可能，即如果进入东道国市场的跨国企业技术力量过于强大，或者东道国市场原本处于较为激烈的竞争格局，则这种国际资本的进入有可能会带来市场的恶性竞争，碾压东道国企业的市场份额和生存空间，由此造成的盈利能力的下降可能会导致国内企业无力承担巨额的研发创新成本，反而影响到国内企业的技术进步效果。

因此，东道国国内企业的技术基础以及本身市场竞争程度的强弱可能是正向的竞争效应能否得到有效发挥的关键所在。也正是由于这一原因，在市场竞争较为充分的制造业当中，跨国公司的进入是否产生了积极的竞争与技术溢出效应，一直存在争议。然而相对于制造行业，服务业因其产品的特殊性，其市场往往具有一定的垄断性特征。一方面，服务业产品的不可贸易性和消费与生产的同时性在很大程度上限制了外来产品进入的可能，使得该产业天然具有一定的地域垄断特性，即产品主要由区内的服务企业所提供；另一方面，一些服务业，如电信、物流等通常需要前期巨大的固定资产投资，并由此具有相当的自然垄断特性。此外，因为服务业也是在开放过程中相对敏感的部门，由于政策法规方面的约束与限制，很多服务业如金融等在市场准入方面也无法达到制造业的开放程度，这些原因均会使得东道国国内很多服务产业在封闭经济的情况下长期处于没有竞争的市场中，并导致其服务质量往往比较低劣而价格却不断攀升。

在这种情况下，可以预见的一个结果是，服务业跨国公司的进入不仅可以打破这种"死水一潭"的垄断格局，而且所重塑的市场竞争机制会使相关资源得到更为有效的配置。尤为重要的是，如果服务业跨国公司的进入能够促成技术溢出正反馈机制的形成,则会极大地加速东道国的技术进步进程。Wang 和 Blomstrom(1992)构建了一个基于跨国公司子公司和东道国本土企业博弈的模型框架,并借此论证了跨国公司与本土企业之间技术溢出的正反馈机制,即双方都可以通过投资决策来影响到技术溢出的水平——跨国公司对于新技术投资的增加会带来溢出效应的增强;本地企业对于学习与吸收投资的增加则会强化其吸收技术溢出能力,而这又会反过来迫使跨国公司为维护产品市场竞争力和技术优势进一步强化对新技术的开发,并引起新一轮技术溢出。由此形成的技术正反馈激发也会成为推动东道国国内企业技术进步的一条重要途径。

2. 学习与模仿

学习与模仿也是 FDI 技术效应得以产生的另一个重要的渠道。所谓学习与模仿,是指跨国公司在投资过程中,其产品以及企业的管理等方面的知识会为东道国企业所了解并仿效,从而使得东道国企业可以通过对跨国公司近距离的模仿与学习,低成本地改进自身产品与企业管理,实现技术能力与企业效率的提升。

这种学习与模仿效应也同样适用于服务业的国际投资分析。服务业跨国公司全球化扩张的过程也是其全球化学习的过程(Ekeledo 和 Sivakumar,1998,2004)。当投资国的技术实力相对于东道国存在一定的领先优势时,相应的学习和模仿活动也会伴随着服务业投资活动在东道国的开展而自然发生。对于很多发展中国家而言,跨国公司在产品设计、经营理念,乃至企业组织方式与管理模式方面都具有全方位的优势并可据此获得更高的市场回报。这会促使东道国本地企业在相关的外资企业进入后对其进行近距离观察和学习,并通过不断的模仿与适应性的改进提升自身的生产效率,这便是引发跨国公司技术溢出的学习与模仿效应的机制。

被世界各国的相关行业所模仿的国际零售业无疑是这种学习与模仿效应方面的典型例证。在相关的模仿过程中,零售业跨国巨头不仅传播了自身的组织管理模式、市场营销手段以及客户管理方面的经验,而且将自身的经营理念与企业文化传播乃至本土的消费文化传播到了世界各地并在东道国塑造了潜在的技术创新需求,最终使整个行业的经营模式实现了不断的更新并强化了长足发展的能力;而东道国的本土企业与消费者在经历了新的服务模式与服务模式的洗礼并实现了观念的转变后也开始主动接受、积极模仿甚至通过使用性的改进推动二次创新，最终获得了软性技术溢出效应的积极效果。

3. 要素流动

与竞争、学习和模仿效应的间接性相比，要素特别是人力资本在跨国企业与东道国企业之间的流动则是引发技术溢出效应的一条更为直接的途径。在跨国公司进行直接投资的过程中，往往会出于经营管理的需要或者本土化经营的要求雇佣相当数量的国内劳动者，并对其进行有针对性的培养与训练，使其具备与跨国企业经营状况相适应的知识能力和技术能力。而这些接受跨国公司培训，掌握了现代生产技术或者管理经验的劳动者，以及更高层次的人力资本随着劳动力流动机制进入国内企业后，也会将其所学习的知识与技能应用到国内企业的生产与经营活动当中，并由此提升东道国企业的技术水平。

从现实来看，要素流动，特别是人力资本流动所带来的技术溢出显然是最为有效和直接的，但这一机制的发挥显然也需要一定的先决条件：首先，技术溢出机制得以发挥作用的行业必须具有一定的劳动密集型特征，相对而言，资本密集度过高的行业对劳动力的需求较为有限，因此可能无法产生足够的劳动力雇佣规模，且出于保持跨国公司掌控核心技术的目的，其中很多高层次管理和技术人员也主要来自母国派遣，这种对当地劳动力和人力资本的低水平需求显然无法产生足够的劳动力流动与技术溢出效应；其次，要保证技术溢出机制的顺畅发挥，还需要跨国公司为其所雇佣的本土从业人员提供必要的机会，以使其能够接触或参与那些具有较高技术含量的生产活动；反之，如果仅仅是在跨国企业的产业链体系中从事最基本的初级劳动，则也无法获得较国内企业更为先进的技术能力并将其传播到国内企业当中。

在这方面，服务行业可能具有比制造业更为优越的条件。一方面，人力资本在服务业的发展中占据关键地位。无论是传统的服务行业还是现代服务行业，其发展都对人力资本的数量与质量积累具有很高的要求——传统的劳动密集型服务部门的质量和生产率会有赖于其拥有的人力资本数量与质量；而现代知识技术密集型服务产业则更加需要依靠高层次的技术人才与高端人力资本来塑造其竞争优势。另一方面，由于服务业的人力资本要素尚无法被资本要素有效替代，因此其人力资源优势不能完全物化到现有的技术设备当中，因此在跨国公司的投资与海外经营过程中，跨国企业的所有权优势必须借助人力资本的转移才能够传递到其在东道国的子公司当中。

正是上述两方面原因的存在，使得服务业的跨国公司进入东道国后往往都十分重视人力资源的开发。由于自然人移动在目前的国际经济活动会受到较多的限制，跨国公司在东道国所需要的人力资本不大可能完全依靠母国的转移，而作为服务企业，人力资本又决定了其在相关市场上能否提供优质的产品并具有足够的竞争力。因此，为了维持其在东道国市场上的竞争力优势，特别是在人力资本方面的优势，服务业的跨国公司也必然会更加重视对东道国本地人力资源的吸引和培训并以此构建在东道国当地的人力资本体系。跨国公司可以凭借着自身所拥有的雄厚实力与优厚的待遇来吸纳东道国本地的高端人才，同时还会向那些被纳入自身人才体系的本地雇员提供大量的培训并以此保持长期稳定的雇佣关系。除此之外，很多跨国公司甚至还会着眼于对潜在高素质员工的挖掘，如很多跨国企业在我国各大著名高校设立奖学金并为学生的社会实践与创新活动提供资助，以此建立在潜在就业人群中的良好形象并发现潜在的优秀人才。尽管此类行为有可能导致东道国高素质人才从本土企业流失，由此对技术溢出效应的发挥产生一定的阻碍甚至引起逆向技术扩散的现象，但长远来看，跨国公司的本地化人才战略无疑会进一步刺激东道国人力资本市场的发育与完善，并推动东道国国内企业建立起相应的人力资本投资与管理机制。而且，一旦这些在跨国公司内部取得相关经验或经受良好培训的员工离开跨国公司进入本土企业或开展自主创业的时候，其在跨国公司内部的学习经历与工作中积累的经验与技能也势必会带来明显的积极效果。

4. 产业关联

FDI 技术溢出的竞争效应、学习与模仿效应以及人员流动效应作为一种在行业内部所产生的水平性效应更多地体现为一种"被动"色彩，即并非出自于跨国公司自身的意愿。相反，由于这种溢出活动会提升东道国企业的竞争力，削弱跨国公司自身的优势，因此跨国公司在其投资活动中往往会加强对技术乃至人员的控制，防范其外流或者被国内竞争者所轻易模仿，进而在相当程度上限制了技术溢出效应的产生。与之相对，跨国公司与东道国上下游企业所建立的产业关联会实现跨国公司与东道国企业之间的利益相容，并由此使得技术转移与溢出具有更多的"主动"意味，因此也成为跨国公司技术溢出积极效应得以发挥的重要方面。

所谓的产业关联效应，主要是指一个产业的生产活动或技术能力等方面的变化通过产业链的前向或者后向关联对产业链条上的其他生产部门与企业所产生的直接或者间接的影响。前向关联主要是指跨国公司与东道国本土的中间产品、生产要素与服务供应商之间所形成的产业关联，其直接表现是跨国公司及其子公司从东道国的其他产业部门进行采购并成为这些东道国企业的需求方；而后向关联则主要指跨国公司向东道国企业提供原料、中间产品、设备与服务而形成的产业关联，其直接表现是跨国公司及其子公司作为东道国相关企业的供货方。在存在产业关联的情况下，跨国公司为了获得符合自身要求的中间产品或原材料，或为了扩大自身产品的市场销售，往往会主动向与其存在前向或后向关联的国内企业提供技术转移，如生产工艺、诀窍以及相关的人员培训等。这种主动性的技术转移显然可以帮助东道国国内企业更好地获取来自跨国公司的先进技术。

对于服务业而言，这种产业关联效应也同样是跨国公司技术溢出的重要渠道。一方面，服务业的跨国公司为了获得合乎其要求的生产要素，如生产设备等，往往会主动向上游的国内供货企业提供相关的技术信息，帮助其实现产品质量和技术能力的提升。很多相关的实证研究都表明，出于降低交易成本的考虑，跨国企业大都热衷于在当地培养供应商，并愿意承担"鼓励和资助那些具有预期成本竞争优势的当地供应商的创始成本"（Lim and Pang，1982），由此产生明显的前向溢出效应。另一方面，作为东道国相关产业链条上的合作伙伴，服务业跨国公司也可能凭借其自身的技术与管理方面的优势向位居其产业链下游的企业提供较本地供应企业更为优质高效的服务，进而提升这些后向关联企业的整体效益。此外，一些服务业跨国公司也可能出于业务发展与市场开拓的考虑，将提供相关的技术帮助与技术支持作为与出售的服务产品相捆绑的内容，以此来争取东道国的潜在客户资源，客观上也造成了跨国公司对于东道国企业的技术转移。

5. 制度变迁

传统意义上的 FDI 技术溢出效应仅仅涉及竞争、模仿、要素流动与产业关联等狭义的技术层面。然而在制度因素对产业发展和技术进步的影响越来越为人所重视的情况下，FDI 流入对于东道国制度环境的影响也由此成为跨国公司技术溢出效应的一个重要的方面。这种影响也可以从东道国企业组织制度、东道国经济制度与国际制度三个层面得到体现。

（1）对东道国企业组织制度的影响。

从经典的跨国公司直接投资理论来看，拥有垄断优势是企业得以克服海外经营的高成本并能够从事海外直接投资活动的先决条件。而在服务行业当中，品牌与商业模式是很多服务业跨国企业垄断优势的主要来源。由于这种优势的存在，大量的服务行业，包括餐饮、零售乃至商务服务和娱乐行业都选择了特许经营作为其跨国投资的企业转移模式。在这种经营模式之下，跨国公司往往会出于保持垄断优势的需要而将其整体的组织制度复制到东道国国内，甚至在服务业跨国公司兼并当地企业的同时，将其管理模式与组织模式一并复制到目标企业当中。这种企业组织制度的转移同技术扩散一样，也会对国内企业产生相应的示范效应，并激发东道国企业的学习与模仿，进而使得东道国服务企业的企业组织制度逐渐接近国际先进水平。

（2）对东道国经济制度的影响。

除了企业制度之外，跨国公司的直接投资活动对于东道国的宏观经济制度也会产生一定的影响。总体而言，跨国公司的投资活动会通过扩大该国的开放程度而衍生对于制度变迁的需求，而东道国吸引境外资本促进本国经济发展的动机也会使其在制度构建方面迎合跨国公司的相关要求，进而诱发东道国的制度变迁。自 1985 年以来，世界范围内的很多国家都开始逐步放松服务领域的外资准入限制，其中甚至包含了很多一直对外资进入保持严格限制的敏感性行业。这些国家试图通过引导国际资本注入本国境内存在国家垄断或私人垄断的行业来破除既有的垄断格局，并通过市场结构的重塑与调整来激发这些行业的活力与效率的提升。与此同时，在有关的政府管理理论和产业理论研究的推动下，很多国家，特别是发达国家也开始在原本为国家严格控制的金融、电信以及交通等领域开展了大规模的制度革新，甚至因此带动了部分发展中国家改革服务业管理制度的步伐。而这种因 FDI 进入而逐渐放宽的管制显然可以带动服务产业自身的活力并促进其加速发展，因此也可以视为服务业跨国公司对东道国产生的广义上的技术溢出效应。

(3) 对国际制度的影响。

服务业国际直接投资的迅猛发展不仅会诱发东道国的制度变迁，同时也在客观上推动了与服务贸易及服务业投资相关的国际制度的变迁。在全球经济服务化的背景下，发达国家存在加快服务业贸易与投资步伐的紧迫要求，并凭借自身在国际组织和国际关系中的主导地位将服务贸易与投资的自由化列为国际多边贸易机构努力实现的目标。自 1994 年以来，先后有多项与服务贸易及投资自由化相关的国际协定，包括《服务贸易总协定》《全球金融服务贸易协议》《基础电信协议》《信息技术产品协议》等得到了签署和发布，这些国际多边协议为世界范围内的服务贸易与投资自由化创造了良好的制度基础。而与此同时，世界各大区域经济一体化组织也在着手推进本区域的服务贸易与投资自由化进程，如《北美自由贸易协定》《欧盟服务贸易协议》《APEC 关于服务贸易发展的安排与措施》《内地与香港建立更紧密经贸关系的安排》等也都在促进服务贸易与投资的过程中发挥了重要作用。伴随着这种制度上的创新为全球服务产业总体的发展创造了更为广阔的市场环境，服务业发展的活力也会得到相应的激发。

(四) FDI 与服务贸易：一些经验证据

尽管有关国际投资与服务贸易之间关系的理论阐述仍较为匮乏，但大量的研究借助于传统的贸易与投资关系框架对资本流动与服务贸易之间的关系进行了多方面的实证检验，并得到了颇为丰富的结论。

1. FDI 与服务贸易总量关系

一些针对 FDI 与服务贸易关联效应的实证研究集中在 FDI 流动与服务贸易总量规模之间关系的讨论方面，而从现有实证研究来看，绝大部分针对国外样本的研究都证实了 FDI 对于服务贸易，特别是东道国服务进口的促进作用。其中，Hejazi 和 Safarian (2001) 对美国服务业领域的外商投资与其服务贸易规模之间的关系进行了检验，结果证实了服务业的外商直接投资可以有效地促进服务贸易进出口规模的提升；Lipsey 等（1984）的研究也表明，服务业的跨国公司会倾向于从母国进口资本品和相关服务，由此引起服务贸易规模的扩大；而 Markusen 等（1985）则发现服务业的外资流入可以直接促进服务的出口；而 Rutherford 等（1999）的研究进一步指出国际直接投资是进行服务贸易交换的最优方式。Markusen、Rutherfofd 和 David Tarr（2000）对服务业的外资与国内市场专业化的问题进行了重点剖析，并认为由于服务产品本身不可贸易的特性，对服务进行交易也具有较高的交易成本，在这种情况下，国际直接投资就成为进行服务贸易的最优途径，而且能够对东道国的服务贸易结构产生间接性的影响。Alexis、Hardin 和 Leanne Holmes（1997）通过对澳大利亚服务贸易自由化情况的研究发现，国际直接投资是服务贸易的重要载体，通过直接投资在东道国建立商业存在是许多服务传输的重要形式。Grunfeld 和 Moxnes（2003）利用引力模型对 OECD 国家的样本数据进行考察后发现，对于同一投资来源国而言，服务业的对外投资活动与服务业的总出口规模之间存在一定的互补联系。Wong、Tang 和 Fausten（2009）针对马来西亚和新加坡的外资流入与服务业进出口规模所进行的实证检验证实，新加坡的外资流入与其服务贸易进口总量之间存在双向的因果联系，但与服务贸易出口之间的因果联系却并不明显。Feng（2009）基于印度服务业的相关数据通过构建向量自回归模型考察了外资流入对服务出口的影响，结果表明外资的流入与服务出口之间存在长期的协整关系。此外，彭斯达、潘黎（2006）针对美国在 1970—2003 年的样本数据的实证检验表明，美国整体的对外投资活动对于服务贸易产生了比较明显的促进作用，但服务业的对外投资对服务贸易的影响却并不显著，在其看来，这一结果可能源自各国对于服务业的限制措施所造成的扭曲。

而在一些针对具体行业的研究当中，这一结论也得到了相当程度的证实。鉴于金融服务贸易在服务贸易当中居于关键地位，绝大多数专业化视角的研究都选择了金融行业作为研究对象。其中，Moshirian、Li 和 Sim（2005）对于金融行业的实证研究表明，国际直接投资与金融服务贸易之间会呈现互补而非替代关系；而 Moshirian（2004）的研究也指出，国际直接投资是发达国家在金融服务贸易领域所拥有的竞争优势的主要源泉之一，并可以借此扩大发达国家与发展中国家之间的金融服务贸易联系。Li（2003）针对保险行业的研究也发现外资的流入对于金融服务的生产与贸易行为有重要的影响，并使得二者之间呈现出明显的互补关系。姚战琪（2006）对于金融服务业的外资与金融服务贸易之间的关系所进行的实证研究证实了二者之间存在显著的正相关关系；方慧、李建萍（2008）的研究也显示金融服务业的外商投资与我国金融服务贸易的总量规模以及进口、出口规模之间呈现正相关关系，但对我国而言，金融产业的外资进入对于金融服务进口的影响明显超出其对于出口的影响，因此外资的进入会导致我国金融服务贸易逆差规模的扩大。

相对而言，针对我国 FDI 流入与服务贸易规模之间关系的研究也得到了一些更为具体的结论。与国外研究一样，很多研究也支持了 FDI 与服务贸易之间存在的正向关联，比如韩一波（2005）的研究证实了 FDI 是我国服务贸易进出口变化的格兰杰原因；王诏怡和刘艳（2011）则认为服务业外资流入与服务贸易出口之间存在双向的因果关联，而与服务贸易进口之间仅存在单向的因果关系。黄海燕（2011）认为与货物贸易类似，FDI 和服务贸易之间同时存在着互补和替代关系，但互补关系可能更为明显；舒燕、林龙新（2013）基于扩展的引力模型，对中国与 19 个 OECD 国家和地区之间的双边服务贸易与投资数据进行考察，证实伙伴国对中国的直接投资在一定程度上促进了服务贸易的发展，且投资对服务进口引致效应大于对服务出口的创造效应。

另一些研究则在进一步区分进口与出口的情况下进行了更为具体的考察。其中大部分的研究认为 FDI 的流入对于我国服务贸易的进口产生了较强的促进作用，如袁永娜（2007）指出，无论是从存量角度还是流量角度来看，外资的流入对我国服务业出口的影响均不显著，但却会显著促进我国服务贸易的进口。这一结论也得到了盘和林、马建平和陈琦（2011）的研究结果的支持。徐卫章（2010）对我国服务业在 1997—2007 年的贸易额与外商投资额进行格兰杰因果检验，结果表明我国服务贸易出口与服务业吸收外资之间不存在因果关联，但服务业的外资流入可以显著地带来服务贸易的进口增加。刘东升、王春艳（2015）选择 2003—2012 年服务业面板数据分析服务贸易与 FDI 之间的关系，证实 FDI 与进口贸易之间存在显著正向关系。相对而言，也有一些研究支持了 FDI 对服务贸易出口的促进作用，如查贵勇和顾诚（2006）证实了我国的外资流入可以显著地拉动服务贸易的出口，但具体效应在不同的行业之间会存在一定的差异；孟静（2008）也证实了服务业 FDI 是服务贸易出口变化的原因；徐松等（2009）通过对我国服务业外资与服务贸易之间的关系进行研究后发现，外资流入是引起服务贸易出口变动的原因，并据此提出通过优化利用外资来提升我国服务贸易竞争力的相关政策建议。此外，还有一些研究表明外资流入对服务贸易出口的影响蕴含着更为复杂的机制，比如王恕立和胡宗彪（2010）的研究证实，我国的服务贸易出口与服务业的外资流入及货物贸易出口之间存在一定的长期稳定关联，且服务业的外资流入对于我国服务贸易出口的短期影响要大于其对货物贸易出口的影响；王迪（2009）的实证检验认为我国服务业的外资流入确实可以引发服务贸易出口的增加，但与制造业的外资流入不同，这种作用更多的是一种间接性效应，而且存在一定的滞后性。

尽管大部分的研究对于外资与服务贸易之间的关联持较为积极的态度，但也有少量的研究提供了相反的证据，认为外资的流入对我国服务贸易的发展并未带来明显的促进作用。比如董苑玫（2007）曾在对我国服务贸易和服务业发展情况进行系统性分析的基础上证实，我国服务贸易的发展在很大程度上依赖于商品贸易，而服务业领域所吸收的外资对其所产生的促进作用十分有限；朱宝玲（2010）指出，由于我国服务贸易领域的出口竞争力仍然十分低下，因此离岸服务外包以及伴随而来的外资流入对服务业出口的贡献并不突出。王春艳、程健（2013）根据我国 1997—2011 年时间序列数据构建协整检验模型，也证实服务业的外资流入与服务贸易进口之间存在长期替代关系。

2. FDI 与服务贸易竞争力

有关 FDI 对服务贸易影响的另一类研究集中在 FDI 流入所产生的技术溢出效应和对服务贸易竞争力的影响方面。

对于服务业的国际直接投资所产生的技术溢出效应，国外学者较早地进行了研究并取得了较为丰富的结论。概况而言，尽管有少量的研究，如 Alfrao（2003）、Nadia 和 Merih（2011）的实证检验认为，服务业的外资流入对东道国不会产生明显的技术溢出效果，特别是对制造业的生产率甚至会带来负面的影响，但大部分的研究对于服务业领域的外资技术溢出效应持积极的态度。Stare（2001）对斯洛文尼亚的实证分析认为商务服务业外资流入所带来的最大益处就是对当地企业所产生的技术溢出效果，作为知识与技能的载体，国际直接投资对于东道国商务服务业的生产率会产生间接的促进作用并可以改善东道国商务服务企业所提供的服务产品的质量和种类。Kolstad 和 Villanger（2008）的研究发现，即便在服务贸易无法顺利进行的情况下，服务业的外资流入同样会对东道国的生产率产生一定的促进效果。Nadia（2011）曾分别对服务业的外资流入与制造业的外资流入所产生的效应进行了对比分析，结果表明服务业的外资流入会显著促进服务业的技术提升。Francois（1990，1996）以及 Francois 和 Woerz（2008）也曾对服务业外资流入产生的技术溢出效应进行了测度，结果证实服务业的外资流入有助于东道国的下游厂商获得更为优质的中间服务产品，进而带来其生产效率的提升。Banga 和 Goldar（2004）对印度服务业在 20 世纪 90 年代的外资流入所产生的技术溢出效果进行了考察，结果表明服务领域的外资开放会对本国工业产出水平的增长与效率提升产生明显的拉动效果。Fernandes（2008）通过对东欧转轨经济体服务产业绩效的研究证实，通信和金融等基础部门的外资流入会引发这些国家相关部门生产效率的提升。而除了可以直接带来服务业技术进步与效率提升，还有一些研究从产业关联的角度对服务业外资流入对制造业生产率的影响进行了考察，比如 Fernandes 和 Paunov（2008）曾针对智利 1992—2004 年的企业调查数据研究了生产者服务业的外资流入对制造业所产生的影响，结果表明服务业的外资流入对制造业的全要素生产率产生了明显的正面作用，并可以解释智利制造业全要素生产率 7% 的增幅。进一步的研究还证实，服务业的外资流入不仅有助于激发制造业的创新活动而且可以为后进企业提供追赶行业领导者的机会。而生产者服务业外资准入壁垒的放松会导致那些以生产者服务业为中间投入品的制造业部门的生产率提升。

　　国内学者针对我国的外资流入在服务业领域所产生的溢出效应也进行了相应的研究，并得到了较为积极的结论，如黄玉霞、徐松（2008）

曾对 FDI 影响服务业的五个传导机制进行了检验，发现技术效应、资本效应和就业效应作用较明显，而制度效应和贸易效应并不显著；方慧（2009）利用 1991—2006 年中国服务业的外资数据考察了服务业的外资开放所带来的技术溢出效应，结果证实了外资技术溢出的存在。但同时，也有学者指出这种技术溢出效应的发挥有赖于一定的先决条件，如王云凤等（2013）利用 1982—2010 年的年度数据分析了我国 FDI 服务业比较优势和服务贸易竞争力之间的短期和长期格兰杰因果关系，研究表明，尽管外资的流入在短期内可以提升服务业的比较优势，但从长期来看却会对其产生负效应；刘艳（2012）追踪了 4 个可能影响服务业外资技术溢出效应的主要因素，并认为法制水平、劳动力市场化程度、服务业的发展水平和人力资本水平会对服务业外资的技术溢出效应的发挥产生显著的影响。

除了总体性的研究，也有许多研究针对具体的服务行业研究了外资进入对其效率的影响，如 Deardorff（2001）针对交通运输、金融和保险的研究认为，服务业的竞争优势源自成本的降低，而成本的降低则根源于服务业开放所引起的竞争强化。相对而言，更多的此类研究集中在以银行业为代表的金融行业当中，如 Bhattaeharya 等（1997）、Bonaccorsi-di Patti 和 Hardy（2001）、Maria 和 Ashoka（2004）分别针对印度、巴基斯坦和拉丁美洲银行业的考察发现外资银行效率明显高于国内商业银行的证据，而 Lensink（2008）、Yildirim 和 Philippatos（2007）针对乌克兰以及其他一些转型经济国家的研究也得到了类似的结论。除了对商业银行的绩效产生直接性的影响，外资银行的进入还可以通过其他渠道对东道国行业银行的绩效产生间接性的影响，比如 Clarke 等（2003）曾通过对 38 个发展中国家和转轨国家的 4000 个借款人资料的考察发现，外资银行的进入会增强商业银行的市场配置效率；Mathieson 和 Roldos（2001）针对新兴市场经济体的研究也证实了外资银行的进入可以借由竞争与技术溢出效应促进东道国商业银行经营效率的提升；我国学者李斌、涂红（2006）基于发展中国家样板研究也表明，外资银行的进入可以强化这些国家银行业的竞争，带来经营成本的降低和银行体系效率的提升。

我国的一些实证研究同样支持了外资的进入对我国银行业效率的提

升作用,如 Berger 等(2009)证实了外资银行进入对我国国内银行效率提升的促进作用;肖荣华和鲁丹(2006)认为外资银行的进入不仅没有对国内的商业银行带来明显的冲击,反而在银行市场上产生了显著的技术溢出与示范效应。此外,诸如黄宪等(2005)、刘亚等(2009)、毛捷等(2009)以及陈奉先、涂万春(2008)也分别基于不同视角,研究证实了外资银行准入程度的提升可以显著地激发国内商业银行的市场竞争程度并由此提升银行的绩效。袁方、冷牧(2011)针对1997—2008年的相关数据所进行的研究排除了外资银行引发我国商业银行经营绩效下降的可能;何蛟等(2010)曾基于随机前沿效率方法对我国商业银行的绩效进行评估,并证实银行引入境外战略投资者的行为可以带来银行成本效率与利润效率的显著改善。此外,一些学者如叶欣、冯宗宪(2004)、陆磊(2004)、胡祖六(2005)等也从银行业的风险防范和金融安全角度证实了外资银行的进入不会对我国的金融安全产生明显的负面冲击,甚至可以在一定程度上增强商业银行的风险抗击能力;而许长新、张桂霞(2007)、黄黎燕(2010)以及乔桂明、黄黎燕(2011)基于 BSSI 方法及 DEA 方法证实了外资银行对国内商业银行的参股可以显著地增强国内银行的经营稳定性。

然而也有一些研究指出,外资的进入可能并不必然带来东道国相关金融机构的效率提升。例如,由于发达国家的国内银行与外资银行之间的技术差距并不明显,外资银行的进入可能并不会对这些国家的银行业产生明显的技术溢出效果。Glass 和 Saggi(2002)曾借助技术外溢的分析框架指出,外资银行的技术溢出并不是外资银行进入所必然产生的结果,而是更主要的取决于本土银行的学习能力和吸收能力;Stiglitz(1993)也认为外资银行的进入会带来国内的银行、企业乃至政府潜在成本的增加,进而限制了国内银行体系的效率改进,而国内银行在和具有强大竞争优势的国际银行的竞争时也会承担更高的成本和负担,甚至有可能会造成国内商业银行的绩效下滑。Gabriella(2001)则进一步利用 Becker 的游说模型分析了外资银行对国内银行所产生的影响,并认为外资银行的进入会因为对东道国银行市场的垄断而造成市场上整体效率的降低,其对于东道国本土银行效率的提升作用会变得十分有限。而 Berger(2001,2009)以及 Clarke(2002)则认为外资银行的进入会因其本身所具有的竞争优势而产生明显的"掐尖效应",将优质的客户吸纳到自己的业务体系中,而将劣质客户遗留给本土的商业银行,由此给本土商业银行的盈利性、流动性乃至安全性构成潜在威胁。

上述的理论分析表明,如果东道国的金融体系发育不健全,不具有足以逼迫外资金融机构进行技术转移的竞争压力和吸收这些技术转移的吸收能力,或者在国内相关制度安排方面存在压抑国内企业动力和活力的体制性桎梏,则外资金融机构进入带来的竞争压力将无法有效地带动东道国金融机构的效率提升,甚至可能进一步降低国内机构的效率与生存空间。而这种情况在发展中国家应当更为常见。事实上,也确实得到了很多来自发展中国家,特别是拉美国家与转轨经济国家的证实,比如Clarke 等(1999)、Barajas 等(1999)和 Zajc(2002)、Uiboupin(2005)对于阿根廷、哥伦比亚以及中东欧转轨经济国家的研究都曾发现外资和银行的进入导致本地商业银行出现绩效滑坡的现象。而从引发该现象的具体原因来看,Claessens 等(1998,2001,2004)、Sachs 等(1995)、Dobson 和 Jacquet(1998)以及 Reinhart(1999)都将这种负面效应归咎于外资银行进入所带来的银行业竞争加剧和国内银行生存空间的恶化;而 Aghion(1999)、Kim 和 Lee(2004)、Lensink 和 Hermes(2004)以及 Uiboupin(2005)等理论和实证方面的研究则认为这种负面效应更多的源自外资银行因自身竞争优势而产生的"掐尖效应"。

同样,针对国内的研究也有类似的负面经验证据存在,比如郭妍、张立光(2005),王劲松、张克勇(2008),史建平(2006),朱盈盈等(2010)和孙兆斌、方先明(2007)的研究都曾发现外资银行的进入不能对国内商业银行的经营绩效产生明显的促进作用;谢升峰、李慧珍(2009)则通过运用 DEA 方法对我国 15 家代表性银行的效率进行分析,证实了外资银行的进入会造成国内银行的纯技术效率的下滑;李晓峰等(2006)和王锦丹、刘桂荣(2010)则从银行内部角度分析了外资参股对目标银行绩效的影响,表明外资银行的入股在短期内甚至会造成被参股银行流动性的降低、资产质量的下降,以及非利息收入和资产收益率的萎缩。

第三节　国际投资规则与服务贸易政策

尽管国际直接投资是服务贸易发展的重要载体,同时也会对服务贸易产生有力的创造效应,但与传统的制造业不同,服务业中的很多领域,如金融、通信、交通等往往涉及一个国家的政治与经济安全,而诸如医疗与教育等行业又同社会民生存在密不可分的联系,由此注定了世界各国在服务业的外资开放方面通常持有异常审慎的态度。近年来,随着世界经济开放程度的不断扩大以及世界经济格局的改变,开放的领域正在逐渐从传统的制造业向服务业转变,由此也催生了有关服务业国际直接投资规则与政策出现了重大调整。

一　国际直接投资规则的发展

总体而言,与服务业相关的国际直接投资规则的发展可以被视为新形势下国际直接投资规则变化的一个组成部分,因此简要的了解国际直接投资规则的发展与演进脉络有助于我们更为深刻的把握服务业投资规则的调整与变革。

(一)双边投资规则的发展

国际投资规则是在各国自身所指定的外资政策基础上,通过国际谈判所达成的一系列各国义务遵守的旨在保护和促进国际投资活动,促进资本自由流动的基本原则与协议。伴随着世界经济的不断开放以及国际资本流动的日渐频繁,国际投资规则也随之发生相应的演变。其中,以两国为基础的双边投资规则因其易于协调双方的利益诉求而便于达成,迄今为止仍在国际投资规则体系中占据主导地位。

双边投资规则最早脱胎于第二次世界大战之后各国所签署的友好通商航海条约,但因其不是专门性的国际直接投资条约,无法有针对性地指导和约束母国、东道国以及投资者之间的关系。随着战后资本跨国流动规模的扩大,一些国家开始探索通过双边谈判缔结正式的双边投资条约(BIT),并以此为基础形成了双边投资规则。随着国际直接投资形势的发展,双边投资规则的演进大体上可以分为三个阶段。

1. 欧式 BIT：第一代国际直接投资规则

20 世纪 80 年代之前，基于各国特别是欧洲一些国家所缔结的大量双边投资条约所形成的国际直接投资规则属于第一代国际直接投资规则，也被称为"欧式 BIT"。从东道国情况来看，这一时期很多国家刚刚实现民族独立，异常注重民族经济的发展及对经济和政治主权的维护。其中，外资管辖权正是关系到一国经济主权的重要内容。因此，作为拟引进外资的东道国而言，在相关的协议谈判中大都坚持保持对外资企业的绝对管理权与控制权；而从母国的角度来看，战后很多发达国家在降低成本和扩张市场的动机驱使下产生了强烈的对外扩张需求，而发展中国家廉价的生产要素则成为吸引这些国际资本的重要诱因，但由于发展中国家刚刚独立，政局常常不稳，且在民族独立情绪的带动下，外国资产被征收与国有化的风险较高，因此本国资本在发展中国家的安全与法律保护也就成为作为资本输出母国的发达国家最为关心的问题。

基于上述背景，以欧式 BIT 为代表的第一代国际投资规则侧重于对外资的规制与保护，而并不刻意追求资本流动的自由化。其基本特点为：

首先，对境外资本实施正面清单与准入后的国民待遇模式. 即充分考虑东道国经济主权的诉求，通过保留东道国对外资准入领域的自由酌处权来赋予东道国更多的外资管辖权。国民待遇和最惠国待遇的实施仅可发生在投资准入和设立之后的阶段，而在外资进入东道国市场后，其经营活动也必须接受东道国的监管并遵循东道国颁布的各种措施与规则。

其次，投资规则的指定目标主要是限制东道国对境外资本所可能实施的征收、国有化以及禁止资本金和利润自由转移等政策壁垒，以此突出对外资的保护，防范可能发生的政治风险。

最后，在争端解决方面将国家与国家间的争端解决机制纳入其中。相关的机制仅涉及缔约国之间就投资协议所产生的纠纷而不涉及投资者与缔约国之间的争议。一旦东道国与投资者之间发生争议，一般规定由东道国处理。这一安排充分尊重了东道国司法与行政主权，也为东道国在解决相关争议方面保留了更多的权利。

综上可知，以欧式 BIT 为代表的第一代国际投资规则协调了当时作为母国的发达国家与作为东道国的发展中国家的利益诉求，有效地协调了二者之间的关系，因此也在国际上得到了普遍的认可和广泛运用。

2. 美式 BIT：第二代国际直接投资规则

自 20 世纪 80 年代以来，伴随着投资活动全球化程度的提升以及发展中国家政治与经济局势的稳定，发达国家对外投资的需求变得越发强烈，而发展中国家也出于发展经济的需要对外资采取了更多的保护、鼓励和促进的措施。在此背景下，围绕着美国与诸多国家所签订的双边国际直接投资协定形成了第二代国际直接投资规则，也被称为"美式 BIT"。

与第一代国际直接投资规则相比，以美式 BIT 为代表的第二代国际投资规则不仅强调高水平的投资保护，更开始强调投资的自由化程度。其基本特点为：

首先，美式 BIT 将上一阶段欧式 BIT 中有关外资国民待遇和最惠国待遇的原则从投资准入和设立后的阶段延伸到准入与设计前的阶段，因此进一步弱化了东道国对外资的管辖权。同时，相关规则对于投资的定义也进一步放宽，最大可能地促进投资的自由化。

其次，除了继承了第一代投资规则中的保护性措施，第二代投资规则进一步提升了对外资的保护强度，如解除对外资企业资本金和盈利汇出的限制，禁止不涉及公共利益的征收，以及对外资的征收活动给予充分、及时和有效的补偿。同时，相关的规则也进一步要求东道国政府撤销对外资银行各种义务履行的要求。

最后，在纠纷解决机制方面，第二代国际投资规则更加注重程序法规则，将投资争议划分为缔约国与缔约国之间的争端以及投资者与国家间的争端两类。针对这两类争端，第二代国际直接投资规则在保留第一代投资规则中国家与国家间争端解决机制的基础上增加投资者与国家间的争端解决机制，允许投资者根据条约所规定的情形在不求助于东道国本地法院救济的情况下直接选择国际仲裁。

第二代投资协定实际上体现了国际直接投资发展的一些新的变化和特征。一方面，与战后相比，很多发展中国家已经实现了政局的稳定，发展经济开始成为这些国家新的奋斗目标，因此其对境外资本的态度也开始由最初的抵触和防范逐渐转向主动接纳甚至吸引，这在很大程度上促使其主动让渡了部分的外资管辖权;另一方面,随着国际直接投资的发展和流动范围日趋扩大,发达国家不仅仍然是资本输出的主导者,而且自身也是吸纳国际直接投资的主要东道国,这使其在设定相关的国际投资规则时表现出了一定的矛盾心态:对于经济与产业发展落后于自身水平的发展中国家强调投资的自由化,但对于经济与产业发展水平与自身水平相当的国家,在放开投资管制方面又顾虑重重,这种双重的开放标准也成为制约双边投资协定,乃至在此基础上衍生出多边投资协定的主要障碍。

3. 雏形阶段的第三代国际直接投资规则

2008年国际金融危机严重冲击了发达国家的经济,造成其在全球经济中的地位出现了显著的下滑,而新兴发展中国家的经济却继续维持较快的增长速度。在国际资本流动方面,发展中国家开始成为重要的资本输入国和资本输出国。根据联合国贸发会议(UNCTAD)的数据显示,2012年发展中国家吸收外资的总量达到7030亿美元,首次超过了发达国家并占据全球外国直接投资流量的50%以上;同时2008—2012年,发展中国家的对外投资占全球直接投资总额的比重也从16.6%上升到接近1/3,开始成为重要的资本输出国。在这样的背景下,发达国家和发展中国家之间围绕国际投资新规则制定的矛盾也愈发强烈,发展中国家和新兴经济体开始寻求更多参与和制定全球经济贸易规则的公平权利,而发达国家则试图通过各类可能的手段继续维持其规则制定者的地位,力推包括竞争中立、政府采购、环境标准以及知识产权等新要求在内的新一代投资规则。正是在这样的角逐当中,第三代国际直接投资规则的雏形开始日渐显现。

尽管目前新一阶段的国际直接投资规则仍在谈判和制定当中,远未达到被广为接受的成熟程度,但从已签订的部分条约当中仍可窥见端倪。

首先,第三代国际投资规则继承了第二代投资规则对于高标准的投资自由化的要求,在延续了宽泛的投资定义的基础上进一步推进"准入前国民待遇+负面清单"的开放模式。在这一方面,不仅美国继续坚持其一贯的高标准准入前国民待遇,欧盟国家也开始逐步放弃原先秉持的欧式BIT并向美式BIT规则靠拢。在2009年《里斯本条约》生效之后，拥有了对外缔结投资条约权利的欧盟在投资规则方面开始由此前以投资保护为主向投资保护和自由化并重的方向转变。2012 年美国与欧盟共同签署《关于国际投资共同原则的声明》，明确要求各国政府大幅放宽对外国投资者的市场准入，并给予境外投资者以不低于本国和第三国的准入前与准入后待遇。

其次，吸取了第二代投资规则下东道国外资管理权力遭受削弱的教训，第三代国际投资规则开始尝试在外资企业权益保护和东道国外资管理权维护之间寻求更完美的平衡，在继承第二代投资规则的征收与补偿条款，继续强调对外资保护的同时强化东道国基于公共利益而保持的对外资的管辖权。根据联合国贸发会议发布的《世界投资报告 2012》显示，东道国的监管权作为制定外国投资政策的核心原则得以落实，并提出"为了公共利益及尽量减少潜在负面影响，每个国家都有权建立外国投资准入条件，并确定外国投资的运行条件"。在这一原则下，很多国家都将有关环境保护、国家安全例外以及维护金融稳定的审慎性监管措施纳入国际协定中，由此进一步扩大了对外资并购的监管与审查空间。

再次，由于第二代投资规则中引入的投资者与国家争端解决机制存在明显缺陷，比如仲裁庭在国际投资协定关键条款解读过程中存在的泛化和矛盾现象，以及东道国外资管辖权所受到的约束等，很多发达国家已经在实践中放弃或限制该机制的使用。其中美国与加拿大等国均对 BIT 范本进行了修正，对国际仲裁庭的解释范围施加了一定的限制以维护外资管制的必要空间。而欧盟也明确表示不愿在国际投资协定中纳入投资者与国家争端解决机制，即便引入也要限制其使用范围。

最后，针对金融危机后发展中国家跨国公司加快海外投资布局，特别是中国资本输出的迅速扩大，以国有企业为主题的海外投资扩张开始引起发达国家的警觉。自 2011 年以来，美国开始在其主导的多边、双边与区域贸易投资自由化谈判中力推竞争中立原则，要求国有企业必须与私营企业享受同样的政策待遇并在市场上开展公平性的竞争。为此，美国在 2012 年的 BIT 范本修订中专门增加了对"被授权政府职权的国有企业及其他人"的解释以及针对国家主导型经济体的限制条款，树立了国际投资规则中的竞争中立原则。

此外，相对于前两代国际投资规则而言，第三代的国际投资规则所涉及的议题也更为广泛，不仅纳入外资准入、投资者待遇、义务履行要求、资金汇兑自由化、征用与补偿以及争端解决机制等传统议题，而且涵盖了诸如环境政策、劳工标准、透明度、投资者义务、企业社会责任、知识产权、竞争政策、公共治理以及国有企业等一系列新的议题。

综合来看，金融危机所导致的发达国家的衰落与发展中国家的崛起使得双方在国际直接投资规则的诉求方面发生了微妙的变化：一方面，发展中国家在国际投资领域的地位提升使其开始从以往的国际投资规则接收者逐渐向新一代投资规则的参与和制定者转变；另一方面，这种发达国家与发展中国家地位的转换使得发达国家开始改变以往对于投资自由化的单方面强调，转而开始重视东道国权利的维护，并通过各种例外条款赋予东道国更多的外资管制权，由此使得投资者与东道国之间在权利和义务方面达到平衡。在此基础上，发达国家力推高标准的第三代国际投资规则，并试图借助竞争中立和透明度等领域的高要求对崛起的发展中国家进行遏制，继续维持其在世界经济以及规则制定方面的主导地位。

（二）多边投资规则的发展

第二次世界大战之后，在全球经济重建以及跨国公司投资活动不断发展的背景下，在诞生了一系列双边投资协定的基础上，一些国家也开始试图建立一种多边联系体制，并由此衍生出一系列有关国际投资规则的多边公约，包括《解决国家与他国国民间争端公约》、《多边投资担保机构公约》、《与贸易有关的投资措施协议》（简称 TRIMs）、《服务贸易总协定》（简称 GATS）及《与贸易有关的知识产权协议》（TRIPs）。然而相对于双边投资协定，多边投资规则的建立往往面临着更为复杂的利益纠葛和谈判障碍，各主权国家之间的利益协调也变得更加困难，因此多边投资规则在建立方面一直步履维艰，所达成的一些有限的条约或协定也仅限于某一具体领域，而缺乏全球性的、全面系统的投资规则。

进入 20 世纪 90 年代之后，随着美国经济强势地位以及其在对外投资方面主导力量的确立，其开始逐渐推行更具自由化特征的双边投资协定，并试图在一定区域范围内将其向多边化方向推广。1992 年由美国、加拿大和墨西哥共同签署《北美自由贸易协定》，其中的投资规则就脱胎于美国BIT的范本，继承了美式BIT对于投资自由化与投资保护并重及引入投资者与国家争端解决机制等基本特征，可以看作美式双边投资规则向区域化多边投资规则的一个重要拓展。

在此基础上，以美国为代表的发达国家并不满足仅在双边层面或局部区域层面来推广其投资规则，同时也希望能够将其推广到全球层面，制定一个符合其要求的综合性多边投资协定，其中一个重要的尝试是20世纪90年代中后期由经济合作与发展组织（OECD）发起的综合性多边投资协定谈判（简称MAI）。然而谈判过程中发达国家与发展中国家之间存在着先天性的利益分歧——对于发达国家而言，作为MAI谈判的发起方，其设立多边国际投资协定的主要出发点是为了进一步维护其作为资本输出国本身的利益并为本国的海外投资主体提供必要的支持和保护，因此在谈判中强调对东道国外资管制权，包括对外资的准入、审查、引导和管理等权利的削弱和限制，而这显然并不符合发展中国家的现实利益，并超出了其当前的经济发展阶段和承受能力，因此也遭到了发展中国家的强烈抵制。此外，尽管发达国家在对发展中国家市场开放秉持一致性的态度，但在涉及自身的市场开放时，发达国家之间也存在着较大分歧。这两方面的矛盾最终使MAI谈判无疾而终，仅产生了一个继承了美式BIT与《北美自由贸易协定》投资规则的多边投资协定草案。

金融危机爆发之后，遭受沉重打击的发达国家在国际经济中的地位开始出现下滑，受到危机冲击影响，全球经济在低迷中徘徊不前，由此导致了国际贸易和投资保护主义重新抬头并不断升温。在这一背景下，发达国家与发展中国家，以及发达国家之间的利益矛盾更加难于调和，多边贸易体制和多边投资规则的谈判也因此陷入僵局。为了应对这种全球经济自由化退潮的冲击，带动本国经济走出泥潭，以美国为代表的发达国家开始放弃建立一个全球统一的多边投资框架的努力，转而以推进区域内部的经济一体化为突破口寻求建立区域性的多边投资框架。2012年年底，"欧洲经济货币联盟路线图"的达成意味着欧洲更紧密的一体化制度建筑取得进展；美国则致力于"跨太平洋伙伴关系协议"（TPP）与"跨大西洋贸易与投资伙伴协议"（TTIP）；而在亚洲，中日韩自由贸易区谈判以及涵盖16国的区域全面经济伙伴关系（RCEP）

谈判也已于 2013 年拉开帷幕并取得相应的进展。在可预见的未来，这种区域性的多边贸易与投资协定可能会因其在成员选择方面的灵活性以及成员方之间利益的可协调性而成为多边贸易投资规则的主要表现形式。

二 与服务贸易相关的投资规则演进

与服务贸易相关的投资规则基本上属于广义的国际投资规则中的一个组成部分。但在第一代以及第二代国际投资规则建立时期，由于技术能力以及相关国家对外资态度等方面的限制，国际资本流动基本上集中于制造业，服务业领域的国际资本流动规模一直相对较低。然而随着科技力量的突破，服务贸易开始成为可能，并出现了迅速发展的态势，同时一些国家为发挥自身的产业优势以及顺应自身经济结构转型调整的需要，也希望能够在服务业开放方面寻求进一步的突破，由此使得与服务业相关的国际投资规则在新一代国际投资规则当中占据越来越重要的地位。

（一）WTO 框架：从 GATS 到 TiSA

全球首个与服务贸易有关的多边协定是 WTO 框架下乌拉圭回合谈判所达成的《服务贸易总协定》（GATS）。该协议于 1995 年 1 月正式生效，而根据其 GATS 第 19 条的授权，WTO 的服务贸易谈判从 2000 年 1 月正式开始，并于 2001 年 11 月纳入多哈发展议程（DDA），其主要议题涉及紧急保障措施、国内法规、政府采购及补贴等。然而，由于多边体制下世界各国，特别是发达国家与发展中国家之间存在着巨大而难以弥合的利益鸿沟，在有关服务贸易概念的界定、服务贸易自由化的范围、程度，以及具体的利益分配等方面均存在着严重的分歧，GATS 框架下的谈判从一开始便举步维艰；同时，服务贸易总协定涵盖了包括四种贸易提供方式以及"市场准入"和"国民待遇"两个谈判维度，也相应地增加了谈判的复杂程度；此外多哈回合谈判方式上所采取的"一揽子"承诺方式，即将服务贸易与农业、非农产品市场开放、发展及贸易规则等九大议题合并谈判，要么"全盘接受"，要么"全部拒绝"，无疑也进一步增大了协议达成的难度。因此 GATS 设定的议程在规定时间内均没能如期完成。

自国际金融危机爆发以来，受全球经济低迷和贸易总量萎缩的影响，服务贸易开始渐趋成为世界各国改善国际收支平衡和提升国际分工地位的重要手段。对于发达国家而言，服务业在其经济中所占的地位更加重要，比如美国服务业部门的产出占国民经济产出的75%并创造了80%以上的私人部门就业机会；澳大利亚经济总量中服务业占70%，并贡献了80%的就业机会和17%的出口总额；加拿大服务业也在其经济中占据了重要的地位，其服务业占国民经济中的比重达到70%以上，并创造了4/5的就业岗位。在这种背景下，陷入泥潭的GATS多边谈判显然无法继续肩负推动服务贸易自由化的重任。为了突破GATS多边谈判的困境，推动服务贸易进一步自由化以助力于本国优势产业的资本输出，由美国、欧盟主导的"服务业挚友"（Really Good Friends of Services，简称RGF）所倡导，并基于部分成员国的诸边谈判《国际服务贸易协定》（Trade in Services，Agreement，简称TiSA）应运而生。该协定的主要目标是在成员国国内建立符合新世纪贸易格局的市场准入、贸易和监管规则及争端解决机制，并为国内外的投资者及国有和私人部门创造公平和"竞争中性"的经营环境。

TiSA谈判在很大程度上援引和继承了GATS的核心规范，比如沿用了GATS对于服务贸易四种提供方式，即跨境交付、境外消费、商业存在与自然人移动，同时援引了GATS范畴的市场准入、国民待遇和例外条款等核心规范。同时，TiSA谈判也在一些方面对于GATS框架进行了相应的改进与拓展。根据美国政府主要主张，TiSA谈判所包含的问题主要分为四个不同层面。

1. 市场准入与国民待遇

该部分议题主要解决成员国对于服务部门所实施的管制程度，也是GATS以来服务贸易投资规则所涉及的核心议题之一。在这方面，TiSA适应新一代投资规则的基本原则，尝试引入和推行"负面清单"机制。但考虑服务业开放的敏感性与特殊性，TiSA也采取了较GATS更灵活的做法，实施了一种所谓的"混合清单"模式，即在市场准入环节应用"正面清单"，而在国民待遇原则的落实上则采取"负面清单"方式，以此增加相关政策的灵活性和可控性。这种模式有助于在推行更高水平的投资自由化的同时兼顾东道国监管的要求，以此吸引新兴国家和发展中国家。此外，TiSA 也纳入了 GATS 中的大部分规则，并强化了 GATS 中有所欠缺的规则和纪律，诸如建议政府部门向独立的企业购买服务，在不涉及国家核心利益的情况下不能完全排除政府采购；重新设定资格认证与许可，排除在此过程中潜在的歧视性现象；限制政府出台的对于外资企业的强制性要求，如合资要求或外资股比限制等；加强国内监管等。

2. 国有企业

国有企业是 TiSA 明确考虑的"21 世纪的新问题"之一。在该部分内容当中，TiSA 提出针对国有企业的"竞争中性"要求，包括国有企业经营透明化和商业化经营、公开国有企业获得的补贴及获得的公开采购项目等，其主要目的在于限制相关国家国有企业在政府扶持下所获得的超出市场力量的隐性优势。然而就该规则的适用领域究竟是统筹性使用还是只针对部分部门专门采用，美国和欧盟等国仍存在一定分歧。

3. 跨境数据流动

在信息技术革命和大数据技术浪潮的推动下，确保数据的跨境流动对美国多数技术公司和服务性公司具有异常关键的意义。而数据流动程度的增强也会进一步扩大数字和电子方式的跨境服务交易。有鉴于此，TiSA 将具体的跨境数据流动准则纳入框架，用以保证跨境服务贸易中的数据获取与使用不会受到不合理的限制。然而在数据获取与流动日益频繁的情况下如何确保个人的隐私乃至国家的信息安全仍需经过深入系统的探讨。

4. 未来服务

由于服务贸易的发展与科技的进步存在着密切依存关系，当前框架下看似不可行的服务交易也可能会在未来随着技术的创新和发展具备可行性。因此为了增强 TiSA 的延展性和包容性，TiSA 也包含了谈判如何解决当前不存在但随着技术的创新和发展可能形成的服务，并确认哪些部门可以或者应该被列入开放的行列。

总体而言，TiSA 可以看作是在原有的 GATS 多边框架下服务贸易与投资规则发展遇阻之后，发达国家在推动服务贸易和投资自由化方面所进行的新一轮努力。该规则继承了 GATS 框架下的一些核心理念与规范，同时也结合发达国家的自身利益及服务贸易发展的新态势做了相应的发展与调整。但与 GATS 相比，TiSA 从原有的涵盖所有 WTO 成员方在内的多边规则变成了一个仅包含部分国家在内的诸边规则，尽管有助于突破多边体制的障碍，有利于推进相关谈判尽快达成，但距离广义所期望的多边投资规则的达成仍存在相当大的差距，甚至可能会对多边体制的构建形成负面影响；同时，该谈判由美欧发达国家发起并主导，更多的考虑到了发达国家的利益，而忽视了发展中国家的诉求，也并不符合 WTO 秉承的包容性原则，因此，TiSA 的发展前景仍有待于进一步的观察。

（二）WTO 之外：TPP 与 TTIP

考虑到在现有 WTO 框架下达成统一的多边投资协议所面临的巨大难度，以美国为代表的发达国家除了在 WTO 框架下推行 TiSA 这一服务贸易相关的诸边投资规则，也在局部区域层面进行相关的努力，试图在其主导的区域性投资规则当中纳入和体现有关服务业投资的相关规范，以形成一个超越现有 WTO 框架的小型区域性投资与贸易一体化组织。其中，两个比较典型和重要的尝试便是"跨太平洋伙伴关系协定"（Trans-Pacific Partnership Agreement，简称 TPP）和"跨大西洋投资与贸易伙伴关系协定"（Transatlantic Trade and Investment Partnership，简称 TTIP）。

TPP 最早于 2005 年 5 月由文莱、智利、新西兰和新加坡四国协议发起，并定名为"跨太平洋战略经济伙伴关系协定"，其最初设立的主要目标是以关税减免为核心建立自由贸易区，成员方之间彼此承诺在货物贸易、服务贸易、知识产权以及投资等领域相互提供优惠性待遇并加强合作。美国曾在 2008 年宣布加入该协议，并于 2009 年 11 月正式提出扩大该协议的相关计划，试图借助 TPP 的框架来主导 TPP 谈判并落实自己的贸易议题，该协议正式更名为"跨太平洋伙伴关系协议"，并从此进入发展壮大阶段。扩大后的 TPP 以建筑全面和综合的、反映新时期水平的贸易协定，解决监管一致性、供应链、数字贸易、国有企业及中小企业作用等跨领域问题为主要目标。尽管协议的草稿文本不公开，但谈判成员方公布了一个有关的协议框架，该框架沿用美国以往达成的自由贸易协议模板，使用完全的负面清单模式并体现了如跨境服务单独分开，对市场准入和国民待遇的承诺等基本内容。在亚太地区推行

TPP 的同时，美国也正在同欧盟开展贸易和投资领域的谈判，但由于欧美国家之间经济体量与谈判能力接近，TTIP 谈判具有更大的难度。初期，TTIP 主要囊括了解决双边贸易壁垒的条款，包括跨境数据流动、数据隐私以及金融监管的协调。

总体来看，TPP 与 TTIP 实际上是美欧日等国以市场自由化为名，推动双向互惠的高规格经营投资保障条件，试图突破以往自由贸易协定集中于降低商品关税、促进服务贸易的局限，将相关的规则由原有的市场准入推广到涵盖安全标准、技术贸易壁垒、动植物卫生检疫、竞争政策、知识产权、政府采购、争端解决，以及有关劳工和环境保护的规定，其标准之高和覆盖领域之广远超一般的自贸区协议，由此也被称为"立足于下一代"的贸易新体制。借助这一新型全球贸易规则，美欧等发达国家可以打造以高度自由化和多重标准为堡垒的市场准入屏障，屏蔽新兴发展中国家在贸易与投资中的影响。然而，受全球经济与贸易规模持续萎缩的影响，近年来全球经贸发展呈现出一种明显的"去全球化"趋势，各国的经贸政策也变得更趋保守并试图通过重建贸易保护和投资保护壁垒来首先维护本国企业和经济发展的需要，并试图以此来推动本国的再工业化进程并纠正此前经济的过度虚拟化和空心化倾向，在这种情况下，以欧美为代表的发达国家新一届政府纷纷抛弃了原有力推全球市场开放的立场，转而通过重新开展双边谈判来重塑相互间的经贸关系与投资贸易格局。以高度自由化为特征的 TPP 与 TTIP 谈判也由此被美国新政府所抛弃，其发展前景目前仍不明朗。

第四节 结论与评析

本章当中我们主要结合国际直接投资与服务贸易的发展现状以及服务产业自身的基本特点，在梳理和总结有关国际资本流动和国际贸易关系的理论框架基础上，对国际直接投资与服务贸易二者之间的关系进行了相应的探讨，并结合国际投资规则的变化和现状对于服务业直接投资相关政策的发展和演变趋势进行了概括。综合本章的内容，我们可以对有关国际直接投资和服务贸易发展的相关问题做如下总结性评述。

首先，从现实的发展情况来看，国际直接投资作为一种生产要素跨国流动的现实载体，在目前的经济全球化和国际分工体系的塑造过程中发挥了基础性的作用，而进入 21 世纪以来，来自服务业的直接投资在全球跨境投资中的比重开始出现迅速增长，甚至在 2008 年国际金融危机之后，全球制造业国际投资显著下滑的背景下成为支撑全球国际直接投资成长的重要支柱。从某种程度而言，全球服务业直接投资的这种迅速发展实际上凸显了全球经济结构和分工格局逐渐从传统的制造业向服务业延伸与发展的新趋势，而从引发这种趋势的原因来看，除了全球经济本身结构调整的内生动力，新一轮投资与贸易自由化浪潮带动的服务业开放程度扩大以及科技和信息技术革命引起的服务业交易成本的大幅降低无疑是两个最基础的推动力量。此外，跨国公司以价值链为基础的全球产业布局和更为细化的产业内分工也使传统制造业当中的服务性环节从原始的制造产业内部逐渐独立，由此成为推动国际服务贸易发展的重要现实诱因。但从现实情况来看，尽管服务业的国际投资得到了迅速发展，但相对于服务产业在全球增加值当中的庞大比重而言仍明显偏低，因此，服务业国际直接投资的规模和开放程度在未来似乎仍具有较大的成长空间。

其次，就国际直接投资与服务贸易二者之间的关系而言，可能要比传统上的认识更为复杂。从有关国际投资与国际贸易关系的经典论述来看，贸易与投资之间大体上存在着替代与互补两种不同的效应。就替代效应来看，一般认为投资活动所引发的要素流动可以在一定程度上代替商品的流动而实现同样的均衡结果，因此投资和贸易都可以作为企业国际化战略的现实选择并导致了二者之间存在一定的相互替代性；而从互补效应来看，国际直接投资不仅可以作为替代国际贸易的经营方式存在，而且可以通过改变东道国禀赋条件及通过全球性生产布局调整引致贸易活动的增加，从而使国际投资具有一定的贸易创造效果。

然而，对于贸易与投资之间的替代性与互补性这一经典分析框架是否能够适用于服务业的分析这一问题，理论研究界尚存在着较大的争议。而在我们看来，传统的分析框架对我们理解服务贸易与服务业直接投资之间的关联固然可以起到一定借鉴作用，但服务业自身所具有的一些不同于制造业和传统贸易品的特征也使我们不能简单地将传统的分析框架"嫁接"在服务业分析当中，而要深入分析服务贸易与服务业投资之间的关系，就必须要结合服务业自身的特点来进行。从现实来看，服务产业区别于传统制造产业的一个最主要特征在于服务业生产与消费行为之间的不可分性以及服务产品本身的不可贮存性，这使得相当一部分服务产品实际上属于"不可贸易品"范畴，面临极高的交易成本。与此同时，现代科技的发展和信息技术的使用使服务业的产品提供方式与传统相比发生了巨大的变革，传统上很多不可贸易的服务产品具备了现实交易的可行性。在这种情况下，服务产品极有可能呈现出两个不同的极端：一种在传统意义上产出和消费行为仍不可分割的产品，其交易仍面临着极高的交易成本；另一种在信息技术推动之下出现的新兴产业，往往会在新技术的帮助下可以实现"零交易成本"。两类不同产品在交易成本上的极端表现也使其在服务贸易提供方式上呈现出极大的差别，进而使国际直接投资在其中发挥了不同作用。简而言之，对于交易成本极高的不可贸易品而言，要素跨国移动的国际直接投资活动作为该类服务产业贸易实现的重要方式，对服务贸易的实现和发展起到了基础性促进作用；而对于交易成本极低的新兴服务产业而言，开放条件下服务的提供者无疑可以自由地通过资本流动选择更为有利的生产区位作为服务产品的提供基地，进而对资本流出国与流入国的服务贸易总量和结构都会产生更为复杂的影响。

以上仅仅是从服务产业与制造产业之间的交易成本差异角度对服务业贸易与投资之间关系进行的简要剖析，事实上有关服务业贸易与投资间关系与作用机制的研究，目前仍处于起步阶段，存在很多的问题有待进一步研究与挖掘：其一，除了前文提到的交易成本差异，消费者偏好的差异在服务业中通常也会具有较制造业更为强烈的表现，而这种消费者偏好差异，甚或尚未发现的服务业区别于制造业的其他特征是否也是影响服务业投资与贸易间关系的重要因素？不同类型的服务业之间是否因为其特征的巨大差异而导致各类产业之间服务于投资之间的关系存在根本性的差异？其二，结合新—新贸易理论的研究思路，企业的异质性（包括但不限于技术能力和生产率的差异、所有制结构、组织形态等）又是否会成为左右企业在投资与贸易方面选择的关键点？其三，对于那些因新技术的采用而具有"零交易成本"的服务产业而言，资本的流动及贸易的格局将更有可能决定相关国家的区位特征，而根据现代空间经济理论，这种区位特征当中，除传统意义上的禀赋条件和制度因素，因产业关联而产生的集聚效应可能占据了更为重要的地位，因此要将投资与贸易纳入统一的分析框架下，系统考察国际投资与贸易布局以及二者之间的关系，也需要结合空间经济学的若干思想，将产业关联与集聚因素纳入分析当中。此外，尽管在前文的简要分析当中，由于服务产品交易成本的特殊性，我们可能预期服务业的投资对服务贸易的促进作用会得到更为明显的体现，但考虑到跨国公司投资过程中内部化与外包的方式选择，以及跨国公司投资对东道国相关产业起到的溢出效应，服务业的直接投资似乎也可能对相关国家的服务贸易产生一定的替代效应，而这种替代效应背后的机制与传统意义上的解读已经存在着根本性的差异，而更多地与跨国企业经营与组织生产布局的方式，以及产业分工由传统产品层面的横向分工向产业链层面的纵向分工转变相关联，其具体的机制和效应也有待于更深入的探讨。

最后，对于服务业投资与贸易的现实发展而言，消除服务业贸易与投资壁垒，扩大服务业开放程度，深化服务业的国际分工格局显然是下一阶段国际经济开放的趋势。从国际贸易与投资规则的动态发展历程来看，目前国际投资规则正在从第二代投资规则向第三代投资规则演变，其基本特征是在寻求外资权益保护和东道国外资管理权力平衡的基础上进一步放松资本准入的限制，寻求以准入前国民待遇加负面清单的模式实现市场开放。而在以 WTO 为代表的多边投资与贸易谈判频频受阻而难以取得进展的情况下，双边投资与贸易协定以及以此为基础构建的区域性贸易与投资一体化格局也将成为下一阶段全球经济开放的主要突破口。而在欧美等国主导的新一轮贸易与投资谈判当中，对于开放的定义已经不仅仅局限于普通意义上的关税减免和市场准入，而是涵盖了包括统一境内企业的国民待遇、统一安全标准和技术标准、知识产权、劳工待遇和环境保护等广泛内容在内一系列新的条款与规定。对很多发展中国家，特别是我国这样处于向市场经济转型阶段的国家而言，在很多问题上尚无法满足新贸易与投资规则的要求，特别是在有关国有企业的隐性待遇与政府补贴、劳动者权益维护、知识产权保护以及环境保护等方面，均无法达到与发达国家的同等标准，这也使得发展中国家在新一轮贸易与投资体制的构建中难以获得足够的话语权，甚至成为其在全球经济开放新格局中发挥影响的巨大阻碍。而在未来的发展过程中，如何增进自身的经济实力，并通过彻底的市场化改革营建公平、公正、公开和透明的营商环境，消除政策性的扭曲和资源错配，显然也是包括中国在内的广大发展中国家应对发达国家掀起的贸易与投资新规则浪潮，顺应国际经济开放新形势要求并在其中发挥更大影响力的一条必经之路。

参考文献

［1］ Aghion B. A., "Development Banking", *Journal of Development Economics*, Vol. 58, No. 1, 1999.

［2］ Alexis Hardin and Leanne Holmes, *Service Trade and Foreign Direct Investment*. Ganberra: Australian Government Publisher Service, 1997.

［3］ Banga, R. and B. Goldar, "Conribution of Services to Output Growth and Productivity in Indian Mannufacturing: Pre and Post Reforms", *Indian Council for Research on International Economic Relations Working Paper*, No. 139, 2004.

［4］ Barajas A., R. Steiner and N. Salazar, *Foreign Investment in Colombia's Financial Sector*, Boston: Kluwer Academic Press, 2000.

［5］ Berger, A. N., I. Hasan and M. M. Zhou, "Bank Ownership and Efficiency in China: What Will Happen in the World's Largest Nation?", *Journal of Banking and Finance*, Vol. 33, No. 1, 2009.

［6］ Berger, A. N., I. F. Klapper and G. F. Udell, "The Ability of Banks to Lend to Informationally Opaque Small Business", *Journal of Banking and Finance*, Vol. 25, No. 12, 2001.

［7］ Bhattaeharya. A and L. S. Dvell, "The Impact of Liberalization on the Productive Efficiency of Indian Commercial Banks", *European Journal of Operational Research*, Vol. 98, No. 2, 1997.

［8］ Bonaccorsi di Patti, E. and D. Hardy, "Bank Reform and Bank Efficiency in Pakistan", *IMF Working Paper*, Vol. 1/138, 2001.

［9］ Fernandes, A. M., "Structure and Performance of the Service Sector in Transition Economies", *Economics in Transition*, Vol. 17, No. 3, 2009.

[10] Fernades, A. M. and C. Paunov, "Service FDI and Manufacturing Productivity Growth: There is a Link", *World Bank Working Paper*, 4, 2008.

[11] Bhagwati, J. N, R. A. Brecher, E. Dinopoulos and T. N. Srinivasan, "Quid Pro Quo Foreign Investment and Welfare: A Political Ecnomomy Theoretical Model", *Journal of Development Economics*, Vol. 27, No. 1 − 2, 1987.

[12] Buckley, P. J. and M. Casson, "The Optimal Timing of a Foreign Direct Investment", *The Economic Journal*, Vol. 361, No. 91, 1981.

[13] Claessens, S. and T. Glaessner, "Internationalization of Financial Services in Asia", *World Bank Working Paper*, No. 1911, 1998.

[14] Claessens S., A. Demirguc − Kunt and H. Huizinga, "How does Foreign Presence Affect Domestic Banking Markets", *Journal of Banking and Finance*, Vol. 25, No. 5, 2001.

[15] Claessens S. and L. Laeven, "What Drives Bank Competition? Some International Evidence", *Journal of Money, Credit and Banking*, Vol. 36, No. 3, 2004.

[16] Clarke G. and R. Cull, "Bank Privatization in Argentina: A Model of Political Constraints and Differential Outcomes", *World Bank Working Paper*, No. 2633, 1999.

[17] Clarke, G., R. Cull, M. S. M. Peria and S. M. Sanchez, "Foreign Bank Entry: Experience, Implications for Developing Economies and Agenda for Further Research", *The World Bank Research Observer*, Vol. 18, 2003.

[18] Deardorff, A. V., "Fragmentation in Simple Trade Models", *North American Journal of Economics and Finance*, Vol. 12, No. 2, 2001.

[19] Dobson, W. and P. Jacquet, *Financial Services Liberalization in the WTO*, Washington D. C.: Institute for International Economics, 1998.

[20] Ekeledo, I. and K. Sivakumar, "Foreign Market Entry Mode Choice of Service Firms: a Contingency Perspective", *Journal of the Academy of Marketing Science*, Vol. 26, No. 4, 1998.

[21] Ekeledo, I. and K. Sivakumar, "The Impact of E‑Commerce on Entry‑mode Strategies of Service Firms: A Conceptual Framework and Research Propositions", *Journal of International Marketing*, Vol. 12, No. 4, 2004.

[22] Feng Y., "FDI in India and Its Economic Effects on Service Industry", *International Journal of Trade and Global Markets*, Vol. 2, No. 2, 2009.

[23] Fernandes, A. M. and C. Paunov, "Foreign Direct Investment in Services and Manufacturing Productivity Growth: Evidence for Chile", *World Bank Research Working Paper*, No. 4730, 2008.

[24] Francois, J. F., "Producer Services, Scale and The Division of Labor", *Oxford Economic Papers*, Vol. 42, No. 4, 1990.

[25] Francois, J. F. and K. Reinhart, "The Role of Services in the Structure of Production and Trade: Stylized Facts from a Cross‑Country Analysis", *Asia‑Pacific Economic Review*, Vol. 2, No. 1, 1996.

[26] Francois, J. F. and J. Woerz, "Producer Services, Manufacturing Linkages and Trade", *Journal of Industry Competition and Trade*, Vol. 8, No. 3‑4, 2008.

[27] Gabriella C., "Incentive‑Based Lending Capacity, Competition and Regulation in Banking", *Journal of Financial Intermediation*, Vol. 10, No. 1, 2001.

[28] Glass, A. and K. Saggi, "Intellectual Property Rights and Foreign Direct Investment", *Journal of International Economics*, Vol. 56, No1, 2002.

[29] Golub S., "Openness to Foreign Direct Investment in Services: An International Comparative Analysis", *The World Economy*, Vol. 32, No. 8, 2009.

[30] Grunfeld, L. and A. Moxnes, "The Intagible Globalisation: Explaining Patterns of International Trade in Service", *Norwegian Institute of International Affairs Paper*, No. 657, 2003.

[31] Hejazi, W. and A. E. Safarian, "The Complementarity between U. S.

Foreign Direct Investment Stock and Trade", *Atlantic Economic Journal*, Vol. 29, No. 4, 2001.

[32] Helpman, E. "A Simple Theory of International Trade with Multinational Corporations", *Journal of Political Economy*, Vol. 92, No. 3, 1984.

[33] Helpman, E. and P. Krugman, *Market Structure and Foreign Trade: Increasing Returns, Imperfect Competition and the International Economy*, Cambridge: MIT Press, 1985.

[34] Helpman, E., M. Melitz and S. Yeaple, "Export versus FDI", *American Economic Review*, Vol. 94, No. 1, 2004.

[35] Horst, R, and Marc von der Ruhr, "Foreign Direct Investment in Producer Services: Theory and Empirical Evidence Applied", *Economics Quarterly*, Vol. 53, No. 3, 2007.

[36] Kass, L., "Financial Market Integration and Loan Competition: When is Entry Deregulation Socially Beneficial?", *European Central Bank Working Paper*, No. 403, 2004.

[37] Kim, H. and B - Y Lee, "The Effects of Foreign Bank Entry on the Performance of Private Domestic Banks", *Bank of Korea Working Paper*, 2004.

[38] Kokko A., "Technology, Market Characteristics and Spillovers", *Journal of Development Economics*, Vol. 43, No. 2, 1994.

[39] Kolstad, I. and E. Villanger, "Foreign Direct Investment in the Caribbean", *Development Policy Review*, Vol. 26, No. 1, 2008.

[40] Lensink, R. and N. Hermes, "The Short - Term Effects of Foreign Bank Entry on Domestic Bank Behaviour: Does Economic Development Matter?", *Journal of Banking and Finance*, Vol. 28, No. 3, 2004.

[41] Lensink, R., A. Meestersand I. Naaborg, "Bank Efficiency and Foreign Ownership: Do Good Institutions Matter?", *Journal of Banking and Finance*, Vol. 32, No. 5, 2008.

[42] Li, D. F., Moshirian and A. Sim, "The Determinants of Intra - Industry - Trade in Insurance Services", *Journal of Risk and Insurance*,

Vol. 70, No. 2, 2003.

[43] Lim L. Y. C. and Pang Eng Fong, "Vertical Linkages and Multinational Enterprises in Developing Countries", *World Development*, Vol. 10, No. 7, 1982.

[44] Lipsey, R. E. and M. Y. Weiss, "Foreign Production and Exports of Individual Firms", *Review of Economics and Statistics*, Vol. 66, No. 2, 1984.

[45] Maria Soledad Martinez Peria and Ashoka Mody, "How Foreign Participation and Market Concentration Impact Bank Spreads: Evidence from Latin America", *Journal of Money, Credit, and Banking*, Vol. 36, No. 3, 2004.

[46] Markuson, "Factor Movements and Commodity Trade as Complements", *Journal of International Economics*, Vol. 14, No. 3 – 4, 1983.

[47] Markusen, J. R. and L. E. O. Svensson, "Trade in Goods and Factors with International Differences in Technology", *International Economic Review*, Vol. 26, No. 1, 1985.

[48] Markusen, J. R., F. Thomas, Rutherford and David Tarr, *Foreign Direct Investmen in Services and the Domestic Market for Experise*, Cambridge: National Bureau of Economic Research, 2000.

[49] Mathieson D. J. and J. Roldos. "The Role of Foreign Banks in Emerging Markets", World Bank, IMF, and Brookings Institution 3rd Annual Financial Markets and Development Conference, 2001.

[50] Melitz, M. J., "The Impact of Trade on Intra – Industry Reallocations and Aggregate Industry Productivity", *Econometrica*, Vol. 71, No. 6, 2003.

[51] Moshirian, F., "Financial services: Global perspectives", *Journal of Banking & Finance*, Vol. 28, No. 2, 2004.

[52] Moshirian, F., D. Li and A. Sim., "Intra – Industry Trade in Financial Services", *Journal of Money and Finance*, Vol. 25, No. 7, 2005.

[53] Moshirian, F., "Financial Services in an Increasingly Integrated Glob-

al Financial Market", *Journal of Banking and Finance*, Vol. 32, No. 11, 2008.

[54] Mundell, R. A., "International Trade and Factor Mobility", *American Economic Review*, Vol. 3, No. 47, 1957.

[55] Nadia, D. and U. Merih, "Does the Worldwide Shift of FDI from Manufacturing to Services Accelerate Economic Growth?", *Journal of International Money and Finance*, Vol. 30, No. 3, 2011.

[56] Reinhart C. M., "Some Parallels Between Currency and Banking Crises: A Comment", *MPRA Paper*, No. 13197, 1999.

[57] Rutherford, T. F., D. Tarr and J. R. Markusen, "Foreigndirect Investment in Services and the Domestic Market for Expertise", *World Bank Research Working Papers*, 1999.

[58] Sachs J., A. Tornell and A. Velasco, "The Collapse of the Mexican Peso: What Have We Learned?", *NBER Working Paper*, No. 5142, 1995.

[59] Stare, M., "Advancing The Development of Producer Services in Slovennia with Foreign Direct Investment", *The Service Industries Journal*, Vol. 21, No. 1, 2001.

[60] Stiglitz J. E., "The Role of the State in Financial Market", In *the World Bank Annual Conference on Development Economics*, 1993, pp. 19 – 52.

[61] Uiboupin J., "Short – Term Effects of Foreign Bank Entry on Bank Performance in Selected CEE Countries", *Bank of Estonia Working Papers*, No. 4, 2005.

[62] Vernon, R., "International Investment and International Trade", *Quarterly Journal of Economics*, Vol. 80, No. 2, 1966.

[63] Wang, J. and M. Blomstrom., "Foreign Investment and Technology Transfer: A Simple Model", *European Economic Review*, Vol. 36, No. 1, 1992.

[64] Wong K. N., Tang T. C., Fausten D. K., "Foreign Direct Investment and Services Trade: Evidence from Malaysia and Singapore",

Global Economic Review, Vol. 38, No. 3, 2009.

［65］Yildirim, H. S. and G. C. Philippatos, "Efficiency of Banks: Recent Evidence from the Transition Economies of Europe 1993 – 2000", *European Journal of Finance*, Vol. 13, No. 2, 2007.

［66］Zajc P., "The Effect of Foreign Bank Entry on Domestic Banks in Central and Eastern Europe", *Paper for SUERF Colloquium*, 2002.

［67］UNCTAD：《1995年世界投资报告》，对外贸易教育出版社1996年版。

［68］陈奉先、涂万春：《外资银行进入对东道国银行业效率的影响——东欧国家的经验与中国的实践》，《世界经济研究》2008年第1期。

［69］方慧：《服务贸易技术溢出的实证研究：基于中国1991—2006年数据》，《世界经济研究》2009年第3期。

［70］方慧、李建萍：《FDI对中国金融服务贸易的影响研究》，《山东财政学院学报》2008年第2期。

［71］郭妍、张立光：《外资银行进入对我国银行业影响效应的实证研究》，《经济科学》2005年第2期。

［72］韩一波：《FDI与我国服务贸易发展的实证分析》，《重庆工商大学学报》（西部论坛）2005年第15期。

［73］何蛟、傅强、潘璐：《引入外资战略投资者对我国商业银行效率的影响》，《中国管理科学》2010年第5期。

［74］胡祖六：《国有银行改革需要引进国际战略投资吗》，《经济观察报》2005年第4期。

［75］黄黎燕：《外资参股对我国银行业稳定性的实证分析》，《经济师》2010年第5期。

［76］黄宪、熊福平：《外资银行在中国发展的经营动机和经营策略分析》，《金融研究》2005年第2期。

［77］黄玉霞、徐松：《FDI影响中国服务业发展的实证研究》，《兰州商学院学报》2008年第13期。

［78］李晓峰、王维、严佳佳：《外资银行进入对我国银行效率影响的实证分析》，《财经科学》2006年第8期。

[79] 刘东升、王春燕:《进口贸易与 FDI:服务业的实证研究》,《国际商务》2015 年第 1 期。

[80] 刘亚、杨大强、张曙东:《开放经济条件下外资银行对我国商业银行效率影响研究》,《财贸经济》2009 年第 8 期。

[81] 刘艳:《服务业 FDI 技术溢出效应的影响因素分析:基于中国 16 省市面板数据的实证研究》,《上海交通大学学报》(哲学社会科学版)2012 年第 3 期。

[82] 陆磊:《银行改革的关键在于控制权界定》,《金融问题参考》2004 年第 2 期。

[83] 毛捷、李冠一、金雪军:《外资潜在进入的竞争效应分析:来自中国银行业对外开放的经验证据》,《世界经济》2009 年第 7 期。

[84] 孟静:《中国 FDI 流入与服务出口贸易的实证研究》,《首都经济贸易大学学报》2008 年第 5 期。

[85] 盘和林、马建平、陈琦:《FDI 对中国服务贸易影响的实证研究》,《统计与决策》2011 年第 23 期。

[86] 彭斯达、潘黎:《对外直接投资与美国服务贸易的发展》,《国际贸易问题》2006 年第 3 期。

[87] 乔桂明、黄黎燕:《我国商业银行外资参股效应再研究——基于 DEA 模型的银行稳定性分析》,《财经研究》2011 年第 7 期。

[88] 史建平:《国有商业银行改革应慎重引进外国战略投资者》,《财经科学》2006 年第 1 期。

[89] 舒燕、林龙新:《外商直接投资对中国双边服务贸易流量的影响研究——基于服务贸易引力模型的实证研究》,《经济经纬》2013 年第 4 期。

[90] 孙兆斌、方先明:《外资银行进入能促进中国银行业效率的提高吗》,《当代财经》2007 年第 10 期。

[91] 小岛清:《对外贸易论》,南开大学出版社 1987 年版。

[92] 肖荣华、鲁丹:《外资银行进入对上海银行业的影响研究——基于市场结构的分析与实证》,《金融研究》2006 年第 11 期。

[93] 谢升峰、李慧珍:《外资银行进入对我国银行业效率的影响——基于数据包络分析(DEA)的实证研究》,《经济管理》2011 年

第 4 期。

[94] 许长新、张桂霞：《国际资本流动对我国银行体系稳定性影响的实证研究》，《亚太经济》2007 年第 1 期。

[95] 徐松、戴翔、郑岚：《中国服务业 FDI 与服务贸易的关系实证分析》，《生产力研究》2009 年第 5 期。

[96] 徐卫章：《FDI 对中国服务贸易影响的实证分析》，《黑龙江对外经贸》2010 年第 4 期。

[97] 姚战琪：《金融部门 FDI 和金融服务贸易的理论与实证分析》，《财贸经济》2006 年第 10 期。

[98] 叶欣、冯宗宪：《外资银行进入对本国银行体系稳定性的影响》，《世界经济》2004 年第 1 期。

[99] 袁方、冷牧：《外资银行进入对我国商业银行经营效率影响的实证分析》，《云南财经大学学报》2011 年第 3 期。

[100] 袁永娜：《外商直接投资与中国服务贸易关系的实证分析》，《世界经济研究》2007 年第 9 期。

[101] 王迪：《FDI 对我国服务贸易增长影响的实证分析》，《商场现代化》2009 年第 5 期。

[102] 王春艳、程健：《中国服务业 FDI 与服务贸易进口的替代关系》，《技术经济》2013 年第 10 期。

[103] 王锦丹、刘桂荣：《基于外资参股中国银行业情况下银行经营效率的实证研究》，《经济研究导刊》2010 年第 4 期。

[104] 王劲松、张克勇：《外资银行的进入对我国银行业绩效影响的实证分析》，《兰州大学学报》2008 年第 7 期。

[105] 王恕立、胡宗彪：《服务业 FDI 流入与东道国服务贸易出口——基于中国数据的经验研究》，《国际贸易问题》2010 年第 11 期。

[106] 王云凤、黄玉佩、李慧：《吸引外资、服务贸易出口与我国服务贸易竞争力》，《财经科学》2013 年第 9 期。

[107] 王诏怡、刘艳：《我国服务业 FDI 与服务贸易关系的实证研究：1985—2008》，《工业技术经济》2011 年第 8 期。

[108] 吴玉立：《境外投资者对中国银行业影响的实证分析》，《经济评论》2009 年第 1 期。

［109］查贵勇、顾诚:《中国服务业 FDI 与服务贸易发展关系实证分析》,《上海金融学院学报》2006 年第 4 期。

［110］朱盈盈、李平、曾勇等:《引资、引智与引制:中资银行引进境外战略投资者的实证研究》,《中国软科学》2010 年第 8 期。

第十一章 自然人移动与服务贸易

进入 21 世纪以来，双边、区域以及多边国际服务贸易谈判不断展开，尤其以 TiSA 为代表的新一轮服务贸易谈判，有超越 GATS 并在全球服务贸易实施进一步自由化的显著趋势，其中，自然人移动自由化问题日益凸显，各国对此问题的关注度不断提升。大部分发达国家面临着由于人口下降和老龄化造成的劳工严重短缺现象，而发展中国家的劳动力具有丰富、廉价的特点，各国逐步意识到，自然人移动自由化一方面有助于本国经济和贸易的发展；另一方面有助于缓解本国就业压力。发达国家和发展中国家均逐渐认识到，促进劳动力流动自由化是一个双赢的问题。在发达国家与发展中国家对自然人移动具有基本共识的背景下，国际服务贸易谈判和劳动力自由流动有了进一步推进的动力和基础。

本章首先探讨了自然人移动自由化的现状；其次对自然人移动自由化程度进行了评估，使用服务贸易限制指数（Services Trade Restrictiveness Index，STRI）对发达国家和发展中国家进行了对比分析；再次基于理论基础探讨了自然人移动的经济影响效应；最后分析了自然人移动自由化壁垒及其各国立法规制的新发展。

第一节 自然人移动自由化的现状

一 GATS 框架下自然人移动自由化的承诺现状

乌拉圭回合谈判时，多数会员考虑到保护本国劳动力市场、移民政策等复杂因素，而对开放外国服务提供者入境持保守消极态度，这在承诺表中表露无遗。根据各国在 GATS 框架下对模式四的承诺以及实施情况，可以看出自然人移动自由化具有以下几个显著特点。

（一）多以水平承诺为主，表述方式统一，但用语缺乏明确统一的定义

根据 WTO 的统计，WTO 共计 147 个会员中有 108 个会员就模式四进行水平承诺，其余 39 个会员中，有完全未做任何承诺的，也有仅在特定服务项目中进行承诺的。[①] 对多数所采用的水平承诺，表述方式统一，均以不予承诺（unbound）为原则，再以若干例外承诺作为补充。但是，目前模式四中的承诺，诸多标准和名词的内涵模糊不清，其中，争议最多的当数服务提供者的定义和类别[②]。在承诺表中，少有对此作出精确的定义，导致承诺表的适用完全依照各国政府相关机构的解释而定。此外，承诺表中记载的其他标准和要求，例如经济需求测试、劳工市场测试等，也少有会员在承诺表中清楚列出相关标准。用语上的模糊不清，在一定程度上减损了会员国承诺的可预测性和透明性，同时也成为会员国以及学术界评估他国自由化程度的重要障碍。[③]

（二）与服务贸易其他三种模式相比较，模式四承诺自由化程度偏低

在四种服务提供模式中，开放程度最低的是模式四，WTO 多数会员国均未对蓝领服务提供者开放模式四，对特定人员在满足一定限制条件下准许入境。

在 GATS 框架下，从各会员模式四的承诺情况来看，自然人移动的自由化程度较低，与发展中国家的预期仍存在相当大的差距，承诺的内容乏善可陈，同时充斥着各种管制措施。这些措施中，除了承诺表中已列明的限制，签证、工作证等与移民及劳工相关的法律以及认证许可规

---

① WTO, World Trade Report: Exploring the Linkage between the Domestic Policy Environment and International Trade, 2004 (54).

② Rupa Chanda, Movement of Natural Persons and Trade in Services: Liberalizing Temporary Movement of Labour under the GATS. 33 (Indian Council for Research on International Economic Relations Working Paper No. 51, 1999).

③ L. Alan Winters 等, Negotiating the Liberalization of the Temporary Movement of Natural Person. 32 (Discussion Paper in Econ. 87, Univ. of Sussex, UK, 2002).

定，成为外国服务提供者入境的主要障碍。从表 11-1 中可以看出，以专业服务中法律、会计服务为例，会员国就自然人移动做出全面开放承诺的比例均仅为 2%，而在国民待遇的承诺中，二者分别为 2% 和 4%。甚至，在建筑与工程设计服务贸易项下的四个分项服务类别中，没有会员国针对自然人移动进行全面开放承诺。可见，相较于其他三种模式，模式四的开放程度仍较为保守。

表 11-1　　　　服务贸易项目与服务提供方式的承诺比例① 　　　　单位:%

市场准入	模式一			模式二			模式三			模式四		
	F	P	N	F	P	N	F	P	N	F	P	N
法律服务	18	67	16	24	67	9	4	87	9	2	91	7
会计服务	29	41	30	41	45	14	9	89	2	2	86	13
建筑设计服务	52	26	22	68	20	12	24	72	4	0	92	8
工程设计服务	50	28	22	55	28	17	24	72	3	0	85	5
综合工程服务	59	22	19	66	22	13	31	59	9	0	94	6
城市规划与景观设计服务	45	36	18	52	36	12	24	73	3	0	97	3
国民待遇	模式一			模式二			模式三			模式四		
	F	P	N	F	P	N	F	P	N	F	P	N
法律服务	22	60	18	31	58	11	16	76	9	2	91	7
会计服务	34	36	30	50	36	14	32	64	4	4	80	16
建筑设计服务	52	30	18	64	22	14	56	38	6	8	80	12
工程设计服务	45	31	24	60	21	19	52	43	5	9	79	12
综合工程服务	63	19	19	72	13	16	72	13	16	9	78	13
城市规划与景观设计服务	52	30	18	61	24	15	58	33	9	9	85	6

注：①承诺表中记载开放程度的方式：F = Full commitment，即完全承诺，即对开放不予限制；P = Partial commitment，即部分承诺，即承诺表中市场开放与国民待遇栏中注明有所限制；N = No commitment，即不予承诺（Unbound）。②表中数据经过四舍五入处理。

资料来源：WTO Secretariat, S/C/W/73.4, December 1998。

---

① 服务贸易按提供方式分为四种形式：模式一是跨境支付；模式二是境外消费；模式三是商业存在；模式四是自然人移动。WTO 确定的服务部门分类清单包括了 12 个服务部门，约 150 个下属部门（分项）。表中所列项目分别为法律服务、会计服务以及建筑与工程设计服务项下的四个分项：建筑设计服务（Architectural services）、工程设计服务（Engineering services）、综合工程服务（Integrated engineering services）、城市规划与景观设计服务（Urban planning and landscape architectural services）。

（三）承诺集中在白领阶层以及与模式三相关的人员

虽然 GATS 涵盖所有技术层次的服务提供者，但是白领阶层的服务提供者是各会员国目前承诺的主要开放对象。因为白领阶层的服务提供者会在技术、知识与工作经验等方面产生溢出效应，从而大幅提升本国服务业的管理和技术水平。如表 11-2 所示，约有 93% 的承诺集中在白领服务提供者的企业内部调动人员（intra-corporate transferees）、负责人（executives）、经理人（managers）、专家（specialists）以及商业访客（business visitors），仅仅有 7% 为合同服务提供者或者其他。

表 11-2　　水平承诺中自然人的类型与承诺数目统计表　　单位：项；%

类型		承诺数目	承诺总数	承诺数百分比
企业内部调动人员	负责人	56	168	42
	经理人	55		
	专家	56		
	其他	1		
	负责人	24	110	28
	经理人	42		
	专家	44		
商务访客	有商业据点	41	93	23
	销售谈判	52		
合同服务提供者		12	12	3
其他		17	17	4
合计		400	400	100

注：表中数据经过四舍五入处理。

资料来源：Antonia Carzaniga, GATS, Mode 4 and Pattern of Commitments, in Joint WTO-World Bank Symposium on Movement of Natural Persons under the GATS, 2002。

自然人移动承诺的主要特点是不断向高技术层级人员集中，表 11-2 中同时显示出会员国的模式四承诺与模式三息息相关。在 400 项承诺中，与模式三商业存在相关的，共有 168 项。此外，企业内部调动人员以及为设立模式三进行洽谈的商务访客，一共有 41 项。两者共计 209 项，已超过模式四承诺总数比例的一半。

二 自然人移动自由化的谈判进展

(一) GATS 框架下自然人移动自由化谈判进展

有关自然人移动自由化的多边谈判，最早可追溯到《关税与贸易总协定》(GATT)，在第六轮东京回合谈判中，自然人移动成为议题之一。自此，该议题成为发展中国家和发达国家争议的焦点问题。二者之间的博弈集中在以自然人移动方式提供服务的适用范围上。发达国家反对就"自然人移动"做出宽泛解释，而力主将自然人移动与商业存在结合起来，并强调自然人移动主要是跨国公司内部人员调动，这类人员被限制在高级管理人员、经理和专业技术人员范围内。以印度为首的发展中国家针锋相对，反对发达国家将自然人移动从属于商业存在，并要求将中低技能的自然人纳入跨境移动的范围内。[①]

由于乌拉圭回合谈判未能在自然人移动自由化方面取得实质进展，最终的具体承诺仅限于两类：公司内部人员的调任和商业访问者。直到1994年，马拉喀什部长级会议首次宣布成立自然人移动谈判组。正式成立该工作组后在 WTO 中负责协调监督有关自然人移动的谈判。但谈判尚未取得显著成果。2001年 WTO 多哈回合正式启动，自然人移动自由化谈判也随之步入一个崭新的阶段。在 WTO 框架下，服务贸易市场准入谈判方式是以"要价—出价"的方式进行的。但是，WTO 框架的自然人移动自由化谈判也异常艰苦。有部分成员方积极提交了出价，也有成员方针对出价提出改进建议，但是也有部分成员方未提出任何出价，主要集中在发展中国家。但是从整体上来看，根据出价和改进出价的内容，可知成员方提出的减让水平并不同，成员方提高开放水平的意愿并不高，处于保守状态，甚至一些成员方仅就目前的开放现状进行描述，出价的开放水平甚至低于当前现状。虽然实质性的谈判进展甚微，但是 WTO 框架下各成员方的谈判积极性有所提高，大部分成员方有意愿针对自然人移动自由化提出议案和建议。尽管提案中存在发展中国家和发达国家分歧较大、难以调和的困境，但是也在一定范围内，例如在

[①] 徐桂民、袁伦渠、林玭玳:《自然人移动自由化的博弈》,《东岳论丛》2009年第10期。

提高透明度、减少经济需求劳动力市场测试以及统一相关名称和术语等问题上,达成了普遍共识。

由于自然人移动自由化谈判一度陷入停滞不前的状态,欧盟等发达国家成员于 2005 年 7 月开始积极主张以"补充谈判"的方式来推动服务贸易市场准入的谈判,给发展中国家成员开放服务市场施加更大的压力。"补充谈判"的方式主要以"诸边要价"展开,即一组成员可向其他若干成员提出集体要价,并共同通过谈判来考虑有关要价。谈判方式调整后,成员们纷纷针对金融、电信、能源、建筑、法律等部门提出 20 份诸边要价,提出方主要集中在欧美等发达国家成员内部。值得注意的是,包括中国在内的发展中国家成员也在自身关心的模式四等方面提出了诸边要价。

2006 年 3 月和 5 月,WTO 成员就上述诸边要价分部门进行了两轮诸边谈判。每一部门的谈判基本上由要价和被要价的所有成员集体参加。诸边谈判在交换技术信息和立场方面发挥了较大作用,为服务贸易市场准入谈判创造了新的势头。但由于发展中国家成员和发达国家成员在服务贸易发展方面确实存在巨大的客观差距,同时美、欧、日、加等主要要价方在服务领域又各有难以开放的敏感服务部门,且它们对发展中国家成员有潜在优势和现实出口利益的模式和部门开放明显缺乏政治诚意,尤其是自然人移动改进出价的质量不高,导致诸边谈判新机制尚未从实质上起到促进作用。无论谈判通过何种形式,服务贸易谈判的进展最终只能体现在成员提交的新改进出价当中。[①] 但是由于多哈谈判的中止,改进出价的方案也被无限期推迟。

(二) 复边框架下的自然人移动自由化谈判进展

为摆脱服务贸易谈判在 WTO 多哈回合下陷入僵局停滞不前的困境,在美国及澳大利亚的积极倡议下,服务贸易"真正好友"(Real Good Friends of Services, RGF)集团于 2012 年应运而生。经过一年的协商讨论,RGF 于 2013 年开启以复边(plurilateral)方式展开的"服务

---

① 中国商务部网站:《WTO 服务贸易谈判与中国》,http://www.bofcom.gov.cn/bofcom/432932729206603776/20130105/343578.html。

贸易协定"（TiSA①）谈判。

与 GATS 相比较，TiSA 具有以下三个显著特点：第一，协定文本以 GATS 核心规范为基础，同时纳入新内容对现有文本进行改进。对于服务的基本概念、范围、分类、服务提供模式等核心规范基本沿袭了 GATS 的内容。这些核心规则已为各成员方所熟知，直接援引可节约谈判时间，加快谈判进程。更值得注意的是，TiSA 针对 GATS 中一些需要完善和实施的规则做出修正。例如，在减让表样式的采用上，TiSA 与 GATS 有明显区别，TiSA 使用混合列表（Hybrid List）。肯定式列表用于市场准入部分，否定式列表用于国民待遇部分。混合列表可以增加其实际操作的灵活性和可控性。② 第二，TiSA 致力于建立更高水准的自由化，诸多新条款已被纳入谈判议题，例如竞争中立③（Competitive Neutrality）、冻结条款④（Standstill Clause）、棘轮条款⑤（Ratchet Clause）等相关法律规定。当前在 GATS 文本和附属的各成员减让表中并无相关内容。尤其是冻结条款和棘轮条款，二者使得各成员谈判必须以当前本国服务贸易自由化实际水平为起点，而非在 GATS 框架下做出的承诺水平。甚至，如果成员在 TiSA 完成市场准入谈判后，又自主进一步提高了自由化水平，那么 TiSA 减让表将自动修正，自主的自由化措施将自动被纳入减让表中而不得退回。可见，高标准、严要求的规则促使成员不断提高开放水平，从而有力推动更深程度服务贸易自由化的实现。第三，谈判方式更为封闭、包容性不足、未来协定形态具有不确定性。TiSA 在早期的磋商过程中是以秘密、非官方的途径展开的，协

---

① 目前共有 24 个 WTO 会员参与 TiSA 谈判，包括美国、欧盟、澳大利亚、瑞士、列支敦士登、挪威、新西兰、加拿大、日本、韩国、中国香港、墨西哥、智利、巴基斯坦、哥伦比亚、中国、以色列、土耳其、哥斯达黎加、秘鲁、巴拿马、冰岛、巴拉圭、乌拉圭（乌拉圭于 2015 年 2 月加入），其服务贸易进口及出口合计占全球总值的 70% 以上。

② 李伍荣、冯源：《〈国际服务贸易协定〉与〈服务贸易总协定〉的比较分析》，《财贸经济》2013 年第 12 期。

③ 竞争中立是指通过一整套涉及债务、税收、定价权等方面中立的措施，限制各国政府对国有企业的支持，保证国有企业和私营企业公平竞争，例如，要求国有企业通过商业化运作、申明所获补贴、公开采购等方式达到透明化经营，以确保竞争中立。

④ 冻结条款是指政府将承诺不会实施新的限制或就现有限制附加提高贸易障碍的措施。它主要对现有的开放水平进行了约束。

⑤ 棘轮条款是指当一个国家通过各种方式实现服务贸易自由化之后，以此为基础不得倒退，使其具有永久效力，并纳入贸易协定中而受其约束。

议框架文本不公开,这种极为不透明的"秘密会议"一直以来备受争议。目前,TiSA 以诸边方式实施谈判,但不属于 WTO 框架下的复边服务贸易谈判,未来 TiSA 协定形态如何演变,尚无定论。

欧盟极力主张 TiSA 以实现多边化(Multilateralization)为目标,对此,美国却有不同观点,坚持 TiSA 诸边谈判的成果不应扩大惠及谈判成员以外的国家以防止金砖国家"搭便车"而从中获利。但仍不能排除 TiSA 协定多边化发展,即未来若有足够多 WTO 会员加入,TiSA 可成为 WTO 协定的一部分。

TiSA 谈判强调全面覆盖四种服务贸易提供方式,在自然人移动自由化议题方面,由于谈判过程十分机密,谈判文件内容难以公开获得。自 TiSA 谈判开始,仅有一份关于该议题的谈判文件于 2015 年 6 月 3 日通过"维基解密"流出。[①] 根据文本内容,该附件规范了自然人的类别,即企业内部调动人员、商业访客以及与商业存在模式下相关联的合约服务提供者及独立专家。同时,附件中列出一份非穷尽式清单,明确了允许自然人入境以及短期停留的服务业,包括会计、建筑、工程、都市规划、医疗、牙科、计算机硬件咨询、软件执行、资料处理、研究与发展、广告、市场研究、管理顾问、技术鉴定、设备维修、营造、安装、污水处理、卫生、旅馆、餐馆、旅行社、观光、体育及娱乐服务 24 项。此外,谈判文件也提出建议,要求各谈判成员提高签证的透明度,减轻模式四自然人入境许可的成本与减少行政审批程序。

除此之外,附件文本中还分别标出各谈判成员针对各条款的建议和主张,可以推断出,24 个谈判成员对自然人移动(即模式四)议题仍有相当大的意见分歧。由于自然人移动的服务提供方式涉及敏感的移民政策和劳工政策,因此,自然人移动的贸易方式一直备受限制,其贸易限制指数远高于跨境交付和商业存在两种提供方式。针对谈判中的多数焦点问题,美国因国内移民政策而持续持保留态度[②];至于欧盟,则特

[①] Trade in Services Agreement(TiSA)Annex on Movement of Natural Persons(February 2015). WikiLeaks release:June 3, 2015. https://wikileaks.org/TiSA/natural-persons/TiSA%20Annex%20on%20Movement%20of%20Natural%20Persons.pdf.

[②] 李伍荣、冯源:《〈国际服务贸易协定〉与〈服务贸易总协定〉的比较分析》,《财贸经济》2013 年第 12 期。

别反对多项与放宽个人短期跨境移动之行政及费用相关的规定。

(三) 区域经济一体化框架下的自然人移动自由化谈判进展

无论是多边还是复边的自由贸易谈判,由于其涉及的谈判成员较多,以及各成员地区经济发展水平的不平衡,容易出现政治经济利益对立和冲突等矛盾,实践证明,GATS 框架下的自然人移动的多边谈判难以取得实质性进展,TiSA 诸边贸易协定谈判较 GATS 相对容易,谈判方可自愿选择参与或者退出,但要达成广泛认可的高标准贸易协定同样面临困难。[1] 相比较而言,在区域经济一体化框架下的自由贸易谈判要更为有成效,由于谈判各方在共同的利益驱使下,同时存在文化上的趋同、地域交通以及外交上的便利,在自然人移动方面,能够发挥各自优势,推动不同服务领域的互补,从而实现合作共赢。

纵观世界区域经济一体化的发展进程,其经历了一个数量上从少到多、自由化程度从低到高的发展过程。世界上区域经济一体化较为成功的典范是欧盟、北美自由贸易区以及东盟,这三个区域经济一体化协定均体现了自然人移动自由化的发展趋势。

欧盟是最早成立、影响力最大、自由化程度最高的区域经济一体化组织,它基本消除了欧盟内部各国劳动力自由移动的障碍。在市场准入方面,《欧盟条约》第 18 条赋予每个欧盟公民在任何成员方领土内自由移动和居住的权利,除少数例外,包括劳动者进入其他成员方就业、定居,在工作条件和就业等方面享有自主开业和自由提供服务的国民待遇。[2]

欧盟于 2004 年再次扩大后,老成员对 8 个新成员的劳动力流动问题作出了不同的选择安排。一些国家采用了过渡期,以确保本国劳动力市场免受因新成员的加入所引发的大量移民所带来的冲击。例如,北欧国家,德国、法国、奥地利、比荷卢经济联盟三成员国以及希腊都针对新成员国(马耳他和塞浦路斯除外)劳动力的流入规定了不同期限的

---

[1] 徐桂民、袁伦渠、林玳玳:《自然人移动自由化的博弈》,《东岳论丛》2009 年第 10 月。

[2] 吴文芳:《上海自贸试验区的人员自由流动管理制度》,《法学》2014 年第 3 期。

过渡性措施。① 总体而言，欧盟通过一系列条约和欧洲议会的指令，例如《欧洲共同体条约》《申根协定》等，促使欧盟成为成员国之间国民跨国流动自由化程度最高的区域性组织。

另一个自然人移动自由化程度较高的区域经济一体化组织是北美自由贸易区，其特点主要体现在建立了诸多的便利自然人移动的互惠措施。这些措施使得审批手续更为简单、审批周期缩短，移动人员在劳动国居住期间更长、相互承认职业许可证和证书等。关于自然人移动的相关规定，主要体现在《北美自由贸易协定》第16章。该章规定了"商人临时入境"的便利条款。在市场准入方面，其规定仅限于投资者、公司内部调任者、商务访问者和专业人员四类高技术人员，并依次做出界定。值得注意的是，这四类人员不仅限于服务行业，还包括农业与制造业相关人员。该协定的便利性体现在：这四类人员可以排除适用劳动力证明或劳动力市场测试。②

《东盟服务贸易框架协定》（Asean Framework Agreement on in Services，AFAS）是第一个由发展中国家组成的区域性经济一体化协定。AFAS早在1995年缔结，其特点是重点突出，但自由化程度提高效果不显著。其在框架安排上沿袭了GATS体例，但将12个服务部门中的7个作为优先自由化的部门，分别为航空运输、商务服务、建筑服务、金融服务、海运、电信和旅游业。③ 此后，成员国又于2007年签订了《物流服务部门一体化协议》。该协定将物流视为服务业发展的优先领域。但在自然人移动方面，AFAS下的承诺水平与GATS相比较，仅为有限提高：自然人移动的市场准入方面，东盟成员对区域内155个服务部门中的43个做出了承诺④。

2007年，东盟各成员国又在新加坡共同签署了《东盟经济共同体蓝图宣言》，决定建立一个更高水平的一体化经济体制——东盟经济共同体（AEC）。按照构建进程，AEC于2015年年底成立，其不采用欧

---

① Natalie Shimmel, "Freedom of Movement and the May 2004 Expansion of the European Union", *Berkeley Journal of International Law*, 2006, pp. 776 – 778.
② 吴文芳：《上海自贸试验区的人员自由流动管理制度》，《法学》2014年第3期。
③ 同上。
④ 同上。

盟的完全共同市场模式，因此不会在近期内实现单一关税、成员国公民的自由移动以及单一货币等政策。在自然人移动方面，AEC 将继续延续 2012 年签署的《东盟自然人移动协议》（*ASEAN Agreement on the Movement of Natural Persons*，MNP）措施，将扩大人员移动的服务部门类别以及延长暂时居留时间作为主要任务。MNP 主要概述了自然人临时入境或居留的程序，并将自然人移动的准入范围限定在商业访客、企业内部调动人员和合同服务提供者三类，且限于这三类项目下的技术人员、专家以及负责人的暂时移动。[①] 在推动自由化便利措施方面，东盟成员国从 2005 年至 2009 年共达成七项《相互承认协定》（MRA），准许工程、护理、建筑、测量、医疗、牙医以及会计等服务业专业人员，在一个成员国取得特定认可及专业资格证明证书后，可在其他东盟成员国家执业。但是，与认证有关的程序和标准，仍由各个成员国自行约定。MRA 在程序上免除了自然人移动的障碍，这代表了未来国际区域经济一体化谈判中服务业专业人员自由移动的发展趋势。

综上所述，东盟在自然人移动方面的自由化措施旨在加强专业技术人员在成员国间的移动。与欧盟、北美自贸区相比，其自由化程度偏低。东盟成员多为发展中国家，经济基础差、成员国市场机制尚不健全、文化多元，同时缺乏区域内的轴心国作为主导。因此，在贸易合作程度上缺乏动力和凝聚力，致使自由化进程相对缓慢，尤其是各国之间的要素移动壁垒较高，尤其是其一体化的发展并没有降低自然移动的壁垒水平，致使东盟内部成员国之间的自然人移动仍有较多障碍。

（四）双边自由贸易协定框架下自然人移动自由化谈判进展

近些年来，双边贸易协定飞快发展，其与区域贸易协定成为区域以及国家间的政治与贸易合作以及经济发展的重要平台。在自然人移动方面，双边贸易协定更关注自然人移动的类型，除了 WTO 与区域贸易协定中最常见的类型外，FTA 更具有灵活性，实践中，一些非典型的自然人移动开放类型被纳入双边贸易谈判中。

在日本与瑞士的 FTA（2009 年 9 月 1 日生效）中，瑞士额外增加"安装与保养人员"（installers and maintainers）这一自然人移动的类型，

---

① http：//agreement.asean.org/media/download/20140117162554.pdf.

不过这种类型的自然人必须是合格的专业人士，以收费或契约约定为基础，同时契约双方皆须为企业者；日本额外开放瑞士国民以"投资人"（investor）身份暂时入境的自然人移动类型，但该来自瑞士的自然人必须在日本境内从事商业投资或管理行为。

在欧盟所洽签的 FTA 中，多包含"学士毕业实习生"（graduate trainees）这种自然人移动类型。以欧韩 FTA（2011 年 7 月 1 日生效）为例，学士毕业实习生指受雇于一方缔约国法人一年以上、具备大学学历的自然人，并以职业发展或接受商业技能训练为目的，短暂调派至他方缔约国据点工作。该他方缔约国要求提交停留期间实习生的训练计划书，用以说明停留期间的工作与实习生学历具有相关性。

在中国—澳大利亚 FTA（2015 年 6 月 17 日签署）中，澳方给予中国特色职业人员的入境配额为每年 1800 人，主要涉及中医、汉语老教师、中餐厨师和武术教练等服务领域，这些人员首次在澳可以最长停留 4 年，到期后可申请续展。此外，中澳 FTA 还特别设定了便利机制，主要针对中国对澳投资项目下工程和技术人员的入境投资活动。

总体而言，有关自然人移动的国际规范，多边框架和诸边框架下的谈判，由于成员方众多，且发达国家与发展中国家利益诉求各异，形成统一、高水平、严标准的贸易协定难度较大。相比较而言，区域性贸易协定和双边贸易协定的发展表明：二者弥补了 GATS 下自然人移动制度的诸多不足，更具灵活性和可操作性，使得成员方之间能够享受到更多的互惠措施，促使自然人移动自由化程度提高。

第二节　自然人移动自由化程度评估

对于自然人移动自由化程度评估，本书主要采用 STRI，其主要原因：第一，该指数于 2014 年 5 月由经合组织发布，是目前测量各国各个服务行业开放度情况的最新指数；服务贸易限制指数值介于 0 和 1 之间，0 表示完全开放，1 表示完全不开放。简言之，服务业得分数值越高者，代表限制越大；反之，数值越低，则开放程度越高。经合组织建立了一个服务贸易限制指数监管数据库，该数据库包含 40 个经合组织成员国以及巴西、中国、印度、印度尼西亚、俄罗斯和南非的监管信息[1]，这些信息即 STRI 计算依据。服务贸易限制指数数据库根据最惠国原则对各项措施进行记录，包括八大类别 18 小项服务业的贸易限制指标，不考虑优惠贸易协定。航空和公路运输仅涵盖商业机构（包括人员流动）。第二，服务贸易限制指数法使用的数据丰富多样，除依据各国减让表以外还特别针对各国当前的贸易限制措施进行准确评估，因此估测服务贸易壁垒的真实程度也较高。第三，服务贸易限制指数法考虑了不同服务部门主要服务提供形式的差异，计算各服务部门的综合限制指数时，体现了跨境交付、境外消费、商业存在、自然人移动四种形式限制指数的权重差异。第四，该指标被广泛应用，用以协助确认和判断各国所实施的政策措施、法律法规是否对服务贸易自由化形成障碍，同时该项指标也被政府和企业用以评估各国服务业的开放程度，以及作为各国政府进行国内结构改革和作出相关决策的重要依据。

一 STRI 之评分指标与次评分项目

在 OECD 所发布的 STRI 评分指标中，对于每项服务业的评估均有五项评分指标，不论是哪项服务业，除了代号数字不同外，五项评分指标均相同，其分别为：（1）对所有权及其他市场准入的限制；（2）对自然人移动的限制；（3）其他歧视性措施及国际标准；（4）对竞争的限制及国家所有权；（5）监管透明度及行政要求。

第一项：对所有权及其他市场准入的限制。本项指标的次评分项目，主要锁定于评估每一项服务业的开放与相关法规，是否设有外资持股限制、是否有公司设立种类要求、对董事及高阶经理人是否有国籍与居住要求、公司设立是否需经过经济需求测试、公司设立是否有数量限制等。

---

[1] OECD 所发布的国家，主要包括美国、加拿大、日本、韩国、澳大利亚、中国、墨西哥、智利、印度尼西亚等 40 国（地区）；而 18 项服务业为：（1）会计服务；（2）空运服务；（3）建筑服务；（4）广播服务；（5）商业银行服务；（6）计算机服务；（7）电影服务；（8）邮政服务；（9）分销服务；（10）工程设计服务；（11）保险服务；（12）法律服务；（13）海运服务；（14）电影服务；（15）铁路货物运输；（16）路上货物运输服务；（17）录音服务；（18）电信服务。

第二项：对自然人移动的限制。本项指标的次评分项目，主要评估每一项服务业对自然人服务提供者的移动是否有配额限制（包括企业内部调动人员、合同服务提供者以及专家）、是否需经过劳动市场测试、各种自然人服务提供者可在境内停留的期限、对于执照的取得是否有国籍或居住地要求限制、对于专业人士是否有强制加入工会的要求等。

第三项：其他歧视性措施及国际标准。本项指标的次评分项目则包括外国人是否未受到相同的税收优惠待遇，外国人是否受到公共采购限制，对于法律、法规和相关标准的制定是否需采用国际标准，是否禁止使用外国公司名称或使用外国公司名称有条件限制等。

第四项：对竞争的限制及国家所有权。本项指标的次评分项目主要包括为受影响的外国服务提供者提供国内申诉救济程序、广告是否遭受禁止或限制，是否只有具有国内执照的专业人士才可进行广告营销服务等。

第五项：监管透明度及行政要求。本项指标主要涉及对国内法规及行政程序等事项的评估。次评分项目包括在法规生效前，是否与公众进行沟通，利益相关人包括外国服务提供者是否均可参与公众评论程序、完成签证程序所需时间、完成公司注册登记行政程序所需的时间与成本以及完成公司注册登记所需的几项行政程序。

二 以 STRI 量化各国家自然人移动的限制程度

1. 金砖国家的自然人移动限制指数评估

从表 11-3 可知，中国与其他金砖国家相比较，总体来看，自然人移动限制指数偏低，STRI 平均值为 0.067，自然人移动自由化程度明显高于其他金砖四国。巴西自然人移动 STRI 平均值为 0.087。其他三个金砖国家，印度、俄罗斯以及南非的 STRI 平均值均超过了 0.1。从分部门的自然人移动限制指数来看，中国在航空运输、商业银行、计算机、分销、保险等领域的自然人移动限制指数均在金砖国家中最低。在快递、法律领域，中国的自然人移动限制指数均高于巴西、印度和俄罗斯。在"金砖五国"中，南非的自然人移动自由化程度最低，其 STRI 指数在表中的 15 个服务部门中除了铁路货物运输稍低于印度外，其他部门的指数值均最高。

表 11-3　　　　　金砖国家自然人移动限制指数评估

部门＼国家	中国	巴西	印度	俄罗斯	南非
会计	0.159	0.143	0.318	0.207	0.223
航空运输	0.013	0.026	0.026	0.038	0.047
建筑设计	0.126	0.180	0.251	0.216	0.234
商业银行	0.019	0.038	0.038	0.056	0.069
计算机	0.062	0.123	0.123	0.185	0.226
建筑	0.052	0.103	0.077	0.116	0.142
快递	0.077	0.060	0.060	0.065	0.083
分销	0.019	0.032	0.032	0.048	0.059
工程	0.128	0.164	0.110	0.183	0.256
保险	0.016	0.035	0.043	0.047	0.047
法律	0.229	0.190	0.286	0.229	0.438
海上运输	0.038	0.076	0.076	0.114	0.140
铁路货物运输	0.024	0.048	0.105	0.073	0.089
公路货物运输	0.032	0.063	0.063	0.095	0.116
电信	0.012	0.024	0.024	0.035	0.043
平均值	0.067	0.087	0.109	0.114	0.147

资料来源：OECD Services Trade Restrictiveness Index 数据库，http://sim.oecd.org/default.ashx。

2. 世界主要发达国家自然人移动限制指数评估

与上述五个主要发展中国家相比较，发达国家对自然人移动的限制程度相对降低。从整体来看，如表 11-4 所示，加拿大和澳大利亚对自然人移动的限制程度更低，STRI 指数的平均值分别为 0.030 和 0.039，而美国、德国、英国、日本和韩国的 STRI 指数平均值均超过了 0.040。尤其英国的自然人移动 STRI 的平均值较高，达到了 0.063，该值与中国的自然人移动 STRI 平均值仅相差了 0.004。

从各个国家的具体情况来看，各部门对自然人移动自由化的限制程度各有不同。例如,美国对建筑设计、工程和法律部门的自然人移动限制明显高于其他部门。

整体来看,发达国家对于建筑设计、法律部门的自然人移动限制较多。澳大利亚和加拿大对建筑设计部门的自然人移动限制明显高于其他部门的限制。德国则对会计、法律部门的自然人移动限制程度较高。在英国,除了会计和法律,计算机部门的自然人移动也受到较严格的限制。日本尤其对法律、建筑设计、工程部门的自然人移动限制较多。韩国在法律部门的自然人移动STRI数值最高,达到0.210。

表 11-4　　主要发达国家自然人移动限制指数评估

国家 部门	澳大利亚	美国	加拿大	德国	英国	日本	韩国
会计	0.064	0.095	0.048	0.111	0.127	0.095	0.095
航空运输	0.013	0.009	0.009	0.009	0.021	0.026	0.013
建筑设计	0.108	0.126	0.072	0.090	0.090	0.108	0.126
商业银行	0.019	0.013	0.013	0.013	0.031	0.038	0.019
计算机	0.062	0.082	0.041	0.041	0.103	0.062	0.062
建筑	0.039	0.09	0.052	0.039	0.065	0.052	0.039
快递	0.022	0.039	0.033	0.014	0.036	0.043	0.039
分销	0.016	0.011	0.014	0.011	0.027	0.032	0.016
工程	0.055	0.164	0.055	0.091	0.091	0.110	0.055
保险	0.020	0.012	0.02	0.008	0.027	0.035	0.016
法律	0.057	0.095	0.019	0.133	0.152	0.133	0.210
海上运输	0.038	0.051	0.025	0.025	0.064	0.076	0.038
铁路货物运输	0.024	0.024	0.016	0.016	0.040	0.048	0.024
公路货物运输	0.032	0.032	0.021	0.021	0.053	0.063	0.032
电信	0.012	0.016	0.008	0.008	0.020	0.012	0.012
平均	0.039	0.057	0.030	0.042	0.063	0.062	0.053

资料来源:OECD Services Trade Restrictiveness Index 数据库,http://sim.oecd.org/default.ashx。

第三节 自然人移动的经济影响效应：理论探讨

一 服务贸易框架下"自然人移动"的范畴

自然人移动作为国际服务贸易中的焦点问题之一，引起了经济学和法学界的学者们广泛的关注。但是，"自然人移动"这一词语，无论是在国际服务贸易的法律规则角度进行的法学分析还是从劳动力市场供给与需求角度进行的劳动经济学分析，有关这一概念的范畴都是存在争议的，甚至有些学者将"国际劳动力流动""国际劳务合作"等概念与"自然人移动"相互替换使用。其实，这些概念之间存在本质上的差别，或者并列关系，或者交叉关系，或者包含关系。

（一）GATS 框架下"自然人移动"定义及其解释

在 GATS 框架下国际劳动力流动以"自然人移动"（Movement of Nature Persons）代替，它是四种服务提供模式之一，通常又称为"自然人呈现"或"模式四"。GATS 中涉及自然人移动的内容主要有以下几方面。

首先，GATS 第一条第二项（d）款是解释自然人移动的首要条款，该条款规定：一成员方的服务提供者在任何其他成员方的领土内以自然人身份提供服务。服务提供者与服务地点应分属于两个不同的 WTO 成员方，服务提供者包括自然人和法人。

其次，《GATS 协定下提供服务的自然人移动附件》是 GATS 下有关自然人移动的一项特别条款，主要规定了自然人移动的适用范围、国内监管及自由化谈判等内容。自然人移动附件（Annex on Movement of Natural Persons Supplying Services under the Agreement）第 1 项规定了适用范围。

目前 WTO 秘书处及学者通常认为，"作为一成员方的服务提供者的自然人"，一般指"自我雇佣"（self-employed）即以自己的名义在他国提供服务，例如会计、律师等专业服务人员。这不包括被他国雇佣服务提供者雇佣的自然人。因此通常认为，受雇于东道国公司的外国人在当地提供服务不被纳入自然人移动的范畴。其主要理由在于：第一，

GATS 第一条第二项（d）款在文字上将"一成员"（a member）及"任何其他成员"（any other member）并列，由此可知 GATS 在起草时有意排除外国人受雇于地主国企业的适用。第二，自然人移动附件第 2 项规定：本协定不适用于以下两种情形：一是对寻求进入一成员方就业市场的自然人具有影响的措施；二是有关公民资格、居住或永久性就业的措施。因此，GATS 框架下的自然人移动明确排除适用外国人直接受雇于东道国公司的情形。

对于上述说法，有众多学者提出不同看法，并积极主张将东道国企业雇佣外国人的类型纳入 WTO 规范，以进一步推动贸易自由化，然而，由于涉及各国劳动市场、移民政策等层面，该主张并不被多数 WTO 会员国接受。但实际上，一些 WTO 成员方的具体承诺已经开放了东道国企业短期雇佣外国人的服务贸易方式。尤其是许多国家对在本国领土内的外商投资企业的高级雇员的拘留问题均作出承诺。因此，从实践的角度出发，对自然人移动是否涵盖受雇于东道国的外国人提供的服务，仍难以定论。

另外，GATS 关于自然人移动的定义还体现在临时性服务上，无论是公司内部调任职员、独立专家、合同服务提供者（contractual service suppliers），还是商务访客，其所提供的临时性服务一般为不超过一年。[①] 也就是说，GATS 下的自然人移动是属于国际劳动力的暂时流动，而非长期或者永久性流动。

按照国际服务贸易的发展脉络，WTO - GATS 是世界上唯一的多边服务贸易框架，致力于推进"服务自由化"和"促进发展中国家服务贸易增长和发展"。根据 GATS 的定义，WTO 成员之间的自然人移动属于服务贸易的范畴，而且还针对"自然人"及其移动的期限有明确的界定。但是，当前越来越多的国家在双边以及区域协定中针对服务贸易领域的自然人移动条款已经超越 GATS 相关条款规定，自由化范围和程度呈现扩大趋势，尤其国际化人才自由流动的问题一直是争论的热点。

（二）国际劳动力流动

国际劳动力流动是指劳动力在国家或地区与国家或地区之间的移

---

① Measuring Trade in Services, A Training Module Produced by WTO / OMC, https://www.wto.org/english/res_ e/statis_ e/services_ training_ module_ e.pdf.

动，它一般涉及劳动力国籍或者身份的改变，这种改变如果是永久性的，则被称为国际移民，如果是临时性的，则被称为临时的劳动力移动。从历史发展进程来看，国际劳动力流动的出现要早于国际服务贸易，早在第二次世界大战期间，移民就已成为国际劳务合作的主要方式。20 世纪 70 年代以来，世界各主要劳动力输入国均对外国劳动力采取了种种限制措施，导致国际劳动力流动受阻，但同时国际服务贸易迅速发展起来，自然人移动在国际服务贸易及其谈判中的地位越来越显著。

国际劳动力流动中的人员移动与自然人移动有本质上的区别：第一，前者属于单向流动，由劳动力流出国流入劳动力的输入国，而自然人移动是双向流动。第二，自然人移动不涉及人员雇佣身份的改变，服务提供者是以本国劳动者的身份为外国居民或者企业提供服务的。国际劳动力流动，则涉及雇佣身份的改变，一般指已被国外公司雇佣的。

（三）国际劳务贸易

国际劳务贸易是指国与国之间非实物形式的各种劳务服务的有偿提供与接受。按照世界银行的分类，国际劳务贸易可以分为两大类，一类是要素性劳务，涉及生产性劳动，即从事物质生产活动；另一类是非要素性劳务，属于服务性劳动，劳动者不进入直接物质生产过程，而是在非物质生产领域提供劳动与服务。按照提供劳务的地点划分，国际劳务贸易可分为境内提供和境外提供两种。国际劳务贸易与自然人移动是包含与被包含的关系，自然人移动是一种境外劳务贸易，且只属于在境外他国从事服务性劳动，而非生产性劳动的国际劳务贸易的一种方式。[①]

（四）国际劳务合作

国际劳务合作是指一国的自然人或法人通过某种形式向另一国的自然人、法人或政府机构提供劳务以获取经济利益的一种国际经济合作方式。实践中，国际劳务合作主要有两种方式：一类是单纯派出劳务人员为聘请方服务。这种形式输出方除提供劳务外，不投入任何费用，不承担任何风险。另一类是通过承包对方工程项目的形式向聘请方提供劳务，输出方要对工程的部分费用和工程负责，承担风险。国际劳务合作

---

① 根据中文百科在线查询。

是国际服务贸易自然人移动的重要组成部分。① 在当前服务贸易迅速发展、区域经济合作不断深化的背景下，国际劳务市场需求旺盛，中国拓展对外国际劳务合作业务仍有很大的市场空间。

二 自然人移动自由化的经济效益估算

从目前相关自然人移动自由化收益的研究文献来看，大多数学者的观点认为，相对较小程度的自然人移动也能够产生明显的经济收益。学者 Hamilton 和 Whalley（1984）指出，假设劳动力可以在国家间充分自由流动，世界各国间将达到一个平衡的工资状态，全球收入的增加将超过150%。学者 Klein 和 Ventura 以欧盟为研究对象，发现若欧盟消除劳动力壁垒，欧盟整体的长期产出将增加8%；若研究范围扩大至 OECD，则发现 OECD 与非 OECD 国家之间在消除自然人移动壁垒后，全球总产出（GWP）长期将会增加94%—172%。Walmsley 和 Winters（2005）将发达国家作为研究对象来分析自然人移动自由化收益问题，研究结果表明，在发达国家增加相当于其总劳动力数量3%的技术性和非技术性暂时性劳动力流动配额的假设前提下，每年将能够为全球增加超过1500亿美元的福利；研究更进一步指出，从福利收益方面来看，发达国家在非技术性劳动力方面提供更多配额带来的收益将比在技术劳动力方面更多，究其原因，主要是由于技术性劳动力供给增加所取得的收益仅集中在少数几个服务部门，而非技术性劳动力供给的增加能够促进农业、制造业和一些服务业等多数部门的发展。可见，这些研究结果均表明了自然人移动自由化程度对经济效益的影响较为显著。② 目前，自然人跨国移动的壁垒较高，严重阻碍了劳动力在全球范围内的优化配置。

三 推进自然人移动自由化方式的效益估算

目前，各国间自然人移动的主要障碍一方面存在于类似 GATS 框架下的模式四上"水平承诺"的匮乏；另一方面主要的障碍是政府的各

---

① 根据互动百科在线查询。
② 刘伟丽、蒙英华：《自然人暂时流动与服务贸易自由化》，《财经问题研究》2009年第1期。

种控制，如签证发放、语言测试、公民身份证明、经济需求测试、劳动力市场测试等。Eric Ng 和 John Whalley 专门就签证以及工作许可的发放对自然人移动自由化程度的影响作出深入研究，结果显示，世界范围内处理签证申请的年度费用约为 880 亿美元，约占全球 GDP 的 0.3%。可见，推进自然人移动自由化的主要方式即是降低自然人移动中各国政府设置的主要壁垒。

对此，L. Alan Winters 从根本上指出了自然人移动自由化的核心：推进自然人移动自由化最敏感的问题是确保临时性的问题。没有有关临时性移动的保证很难说服各国政府认同模式四不会损害领土完整、劳动法或者当地就业市场。他以经济需求测试（ENT）为例，认为 ENT 从本质上说，类似进口限额。进口限额是在以进口替代旧产品的制度下产生的。这些测试旨在通过在任何由国内供给的行业中排除进口，从而支持国内供应商，这会大大降低效率，因为国内高成本、低质量的商品得到了保护。

第四节　自然人移动自由化壁垒与各国规制的新发展

20 世纪 90 年代以后，随着信息与通信科技的发展，许多国家开始实施新自由主义式全球化改革，以及跨国企业依全球市场生态而布局的劳动策略。然而，相较于资本在全球层次的流动，劳动力的全球流动性则小很多，因为劳动市场具有显著的地域特性，劳动市场并不是纯粹的经济市场，它被嵌入各个社会与地方、政府的劳动和社会政策中，以及经济增长（或衰退）和社会体系中（Peck[1]，1994；Tickell 和 Peck[2]，1995）；尤其当企业企图将劳动市场弹性化，并将劳动条件与劳动合同个人化时，国家角色必须适当地介入以创造就业，提供教育培训、基本

---

[1] 1994 Regulating Labour: The Social Regulation and Reproduction of Local Labour – Markets. In Ash Amin and Nigel Thrift (eds.), *Globalization, Institutions, and Regional Development in Europe*, New York: Oxford University Press, pp. 147 – 176.

[2] Peck, Jamie and Adam Tickell, "Social Regulation after Fordism: Regulation Theory, Neo – liberalism and the Global – Local Nexus", *Economy and Society*, 1995, 24 (3), pp. 357 – 386.

社会保障。在服务贸易自由化进程不断推进的背景下，这些关于移民、劳工就业、文化认同以及社会安全等敏感问题的国家管制措施对外国服务提供者的流动形成壁垒。这些壁垒大多来自东道国，也有的来自原籍国；与货物贸易不同，服务贸易有关自然人移动壁垒往往涉及国内法规和相关政策。随着各国对于自然人移动立法的不断完善，一些传统的壁垒手段变得更为灵活，对本国劳动市场的保护发挥着更为有效的调节作用。

一　自然人移动自由化壁垒分类及具体措施

服务贸易壁垒具有透明度低和不确定性的特征，较难定性和识别，尤其针对自然人移动的各种壁垒措施，学者们有不同的分类。Chanda[①]将自然人移动壁垒分为四个方面：服务提供者入境及停留的相关行政措施、经济需求测试、服务提供者资格认定许可、其他壁垒。Ganguly[②]系统分析了美国服务贸易中的自然人移动壁垒，在两个层面列举出各种壁垒措施：一般性壁垒包括行政管理、数量配额、时间限制以及歧视性待遇、职业资格认证等；特定领域的壁垒，包括会计、审计、法律、建筑、健康服务、工程设计等相关的服务部门，对外国服务提供者存在不公正的准入障碍。王铁山、冯宗宪[③]将自然人移动壁垒归纳为四类：一是市场准入壁垒，东道国对入境的外国服务提供者在教育、培训和资历等方面规定了严格的准入条件，这是一种最为常见的准入壁垒；二是签证制度壁垒，具体而言包括签证配额、签证的歧视性待遇、冗长的签证程序等；三是歧视性待遇壁垒，东道国对外国服务提供者实施有别于本国国民的歧视性待遇措施，包括双重征税、限制居留期限等；四是政府行政管理壁垒，针对法律法规中涉及的术语的解释，行政管理部门解释的随意性空间较大。

[①] Rupa Chanda, Movement and Presence of Natural Persons and Development Countries: Issues and Proposals for the GATS Negotiations 18, South Center working paper 19, May 2004.

[②] Ganguly Debjani, Barriers to Movement of Natural Persons: A Study of Federal, State and Sector‐specific Restrictions to Mode 4 in the United Stateds of America, 2005, 14-23.

[③] 王铁山、冯宗宪:《服务贸易中的自然人流动壁垒：发展中国家的视角》,《国际贸易》2008 年第 1 期。

实践中，自然人壁垒最主要的类型，有市场准入壁垒以及国民待遇壁垒两大类。

（一）市场准入壁垒

1. 预先雇佣要求（pre-employment）：主要是针对企业内部调动人员的限制性规定。一般而言，许多东道国均要求欲调动的人员必须在本国同一企业至少工作一年以上，才准许其调动入境工作。[①] 根据 WTO 的统计，在承诺表中设此种限制的会员多达 123 个，属市场准入壁垒措施数量之最，其中与企业内部调动人员相关的壁垒措施数量最多（见表 11-5）。

表 11-5　　市场准入壁垒与服务提供者类别承诺数量统计　　　单位：个

限制措施 \ 人员类别	企业内部调动人员 负责人	经理	专家	商务访客	合同服务提供者
预先雇佣	39	37	40	6	0
数量限制	20	20	25	4	0
经济需求测试	5	20	24	0	0
最低工资	15	15	15	0	1
技术转移	8	9	13	0	0

注：表中仅以水平承诺记载项目为限。

资料来源：WTO, World Trade Report: Exploring the Linkage between the Domestic Policy Environment and International Trade (2004)。

2. 数量及配额限制（numerical limits）：东道国仅以"固定数额"[②]的抽象概念来限制外国服务提供者的入境，而不表明具体数量。具体实施方式中，各国有差异。有些国家以"一定数额"[③] 代替，例如规定每个企业仅能雇佣 4 位外国服务提供者；但是，多数会员则以"一定比例"[④] 作为限制，即外国服务提供者不得超过每一个企业所雇员工总数

[①] 如南非的承诺 GATS/SC/78。
[②] 如瑞士的承诺 GAT/SC/83。
[③] 如哥斯达黎加的承诺 GAT/SC/83。
[④] 如埃及的承诺 GAT/SC/30。

的某一比例，该比例由 10% 至 50% 不等。

当前，多数国家对于签证及工作证的核发，设有配额限制。例如，美国针对模式四关系密切的 H－1B（专业人员）签证数量进行限制，但对企业内部人员调动的 L－1 签证没有设定年度配额。

3. 最低工资限制（minimum wage）：支付给外国服务提供者的工资，必须合乎国内最低工资要求、工资平等（wage parity）、工作条件（condition of work）、工时（working hours）及社会安全（social security）等规范。以美国为例，雇主负有向主管机关查询一般工资行情的义务，且给付外国工作者的工资至少应为该标准的 95%。对此，有学者认为该项措施的最终目的是为外国服务提供者创造公平的竞争环境；[1] 能保证所准入的服务提供者为国内短缺人才，而非仅为节约人力成本而引进低廉外国劳动力。[2] 对此，有学者提出反对意见，认为该规定实质上成为外国工作者在程序上取得签证以及工作证的附加任务，更严重减损了以劳动密集服务为出口的发展中国家的成本优势。[3]

4. 入境时间的限制：签证与工作证的效力均有期限。一般而言，按照外国服务提供者的职位、技术程度高低等，来授予不同的期限，从三个月到五年不等。

5. 经济需求测试（Economic Needs Test，ENTs）：指将国家经济发展、外国劳工犯罪率、工资结构、国际收支平衡等因素，作为评估是否准许外国服务提供者入境的标准。按照 GATS 第十六条第二项（a）(b)（c)（d）款的规定，经济需求测试是会员国所采取的限制数量的方式之一，其本质与服务提供者提供服务的能力及所提供服务的品质均无关。[4]

6. 专业资格认证：各国基于对消费者保护、确保服务品质、公共利益维护等因素的考量，对服务提供者的工作经验、资格证书等认

---

[1] Asshit & Vaibhav Panrikh, Mode 4 and the Sofeware Services Sector: An Indian View, in Moving People to Deliver Services 163, 168（Aaditya Mattoo& Antonia Carzaniga eds. 2003）.

[2] Rupa Chanda, Movement and Presence of Natural Persons and Development Countries: Issues and Proposals for the GATS Negotiations 18, South Center Working Paper 19, May 2004.

[3] Ralph H., Folsom, International Trade and Investment in a Nutshell 432（2000）.

[4] WTO, Secretatiat Economic Needs Tests, WTO Doc. S/CSS/W/118（30 Nov 2001）.

定，常设有一定的限制。在服务项目中，专业服务项目的资格认证限制尤为明显。为便于管理，东道国政府等相关行政机构大多要求服务提供者应在参加当地专业考试合格后，进行注册登记，方可入职。

7. 其他限制：除上述限制措施外，在取得市场准入的签证程序上也存在很多障碍。例如，签证程序烦琐、签证时间不确定、签证费用过高等问题，直接影响了自然人移动提供跨国服务的积极性。此外，有些国家还专门提出特别的限制措施，例如，在拉丁美洲以及非洲国家，常要求外国服务提供者对其国内的相关领域的员工提供技术培训，以便达到"技术转移"（technology transfer）。此外，还有的对服务提供者的国籍以及住所提出要求，例如在法律服务领域，许多国家要求仅具有本国人身份或者于当地设有住所的人员才可代表客户出庭或签署法律文件。

（二）国民待遇壁垒

国民待遇壁垒主要是指那些对外国服务提供者实行有别于本国国民的歧视性待遇。具体而言，主要涉及六种措施：（1）补贴限制，即限制对外国服务提供者进行直接补贴、利息补贴或者低利率贷款等；（2）购买不动产限制，即禁止外国服务提供者购买不动产；（3）纳税歧视，即针对外国服务提供者规定了比本国服务提供者更高的税率；（4）移动限制，即禁止跨国公司的员工在集团企业内任意移动，以防止外国服务提供者入境后从事与原申请不同的服务；（5）外汇限制，即限制外国服务提供者将其营业所得汇出的数目；（6）融资限制，即东道国针对外国服务提供者在本国资本市场取得融资进行禁止或者管制。

从表 11-6 可以看出，补贴限制措施承诺数量最多，在自然人移动的所有类别中均有涉及，但主要针对商务访客；购买限制不动产措施针对企业内部调动人员和商务访客较多；其他几项限制措施主要针对的是企业内部调动人员。可见，企业内部调动人员在东道国提供服务期间不得不面临一些歧视性的待遇。

表11-6　　　　歧视性措施服务提供者类别承诺数量统计　　　　单位：个

限制措施\人员类别	企业内部调动人员 负责人	经理	专家	商务访客	合同服务提供者	其他
补贴限制	25	26	26	39	1	2
购买不动产限制	10	11	10	10	1	5
纳税歧视	4	6	7	0	0	1
移动限制	2	2	2	0	0	0
外汇限制	1	1	1	0	0	0
融资限制	0	0	0	0	0	1

注：表中仅以水平承诺记载项目为限。

资料来源：WTO, World Trade Report: Exploring the Linkage between the Domestic Policy Environment and International Trade (2004)。

二　各国立法规制自然人移动的新趋势

自然人移动壁垒并非由自由贸易协定的签订来加以规定和实施，它是建立在一系列国际和国内公开立法基础上的。在国际上，GATS赋予各成员方较大的自由裁量权，通过国内立法的形式对自然人移动进行管辖和规制。在国际规则转化为国内立法的过程中，各国对自然人移动的管制和规范也在不断地变化。

(一) 传统壁垒手段的实施与适用更趋于灵活

自然人移动的三大传统壁垒是经济需求测试、签证制度、执业资格认证，在自然人种类、服务行业上各国立法一般采取普遍适用原则，以有效发挥其屏障作用。但从近些年各国的立法和司法实践来看，这三大管制手段的适用范围趋于灵活，适用范围更具有针对性。当前，许多发达国家急需某些服务领域的高技术专业人员，为更加便捷地引进此类稀缺劳动力，特别免除针对这些服务行业的劳动力市场测试。例如，美国、法国、德国等免除了IT行业的劳动力市场测试；丹麦、爱尔兰对医疗卫生行业进行了免除；英国和法国则对企业的独家代理人进行了免除；瑞士对执行经理，加拿大对以商业目的入境、停留不超过9个月的特定种类的自然人也进行了免除。同时，经济需求测试仍严格执行于东道国不需要的劳动力领域。同样，在简化签证手续方面，一些国家区别对待有需要和不需要的入境人员。对于本国需要的人才，则简化签证手续，提高签证核发的效力，且这一措施能惠及该类人才的家属。对于不需要的人才，除了严格限制签证外，还禁止家属的入境。例如，德国和瑞士禁止向只拥有短期居住许可的外国人的家庭成员签发以团聚为目的的签证。美国、加拿大和澳大利亚均规定，仅拥有工作签证的劳动者的家庭成员可获得入境陪伴签证。在这三大壁垒中，各国对于执业资格认证的开放是最为谨慎的。一些近期开放的贸易协定多具有区域特征，例如，东盟成员国签署的《相互资格承认》仅限于7个领域；相比较而言，澳大利亚和新西兰实现了最为开放的互认体系，仅排除适用医疗行业。

（二）对于低技术劳动力的自然人移动的限制略有放松

发达国家长期受到出生率低、人口老龄化程度高的社会问题影响，国内劳动力紧缺，在一些生活服务业领域急需低技术劳动力，例如酒店服务员、卡车司机、家政服务人员等。对此，大部分发达国家逐步放宽对一些领域的低技术劳动力准入限制。这种调整非常灵活，随时根据国内劳动市场就业情况实施；且开放是短期的，确保在满足国内劳动力市场需求的同时，合理有效规范这些劳动力在工作签证到期后及时回国。外国工人短期流动计划的实施，为发达国家本国缓解了一些服务领域的劳动力市场需求，也减少了非法移民的管制成本，同时照顾到了发展中国家输出低技术劳动力的强烈诉求。[1] 这种模式为 GATS 谈判提供了有益的参考。

东道国针对高技术劳动力和低技术劳动力的自然人移动给予差别待遇，前者享有较高的权利保障，后者相对较低，且这种差距有扩大趋势。技术水平成为劳务输入国是否准许劳动者携带家庭成员一同入境的主要依据之一。此外，这种差别还体现在征税、缴纳社会保险费用等方面。甚至有些国家会将外国低技术劳动者排除在社会保障体制之外，亚洲国家尤为突出。这种按技术划分的做法极大地损害了低技术劳动者的合法权益。

---

[1] Philip Martin, Managing Labor Migration: Temporary Worker Programs for the 21st Century, International Symposium on International Migration and Development, UN/POP/MIG/SYMP/2006/07. http：//www.un.org/esa/population/migration/turin/Symposium_ Turin_ files/P07_ Martin.pdf.

第五节 结论与评析

本章着眼于服务贸易模式四的自然人移动自由化问题，对自然人移动的现状、自然人移动自由化程度的评估以及自然人移动的经济影响效应进行了理论上的分析与归纳，同时对自然人移动自由化壁垒及其各国立法规制的新发展进行了归纳与梳理。

第一，从自然人移动的现状来看，在双边以及复边自由贸易谈判框架下的自然人移动承诺以及实施情况要优于 GATS 框架下的承诺。因为多边框架和诸边框架下的谈判成员方众多，且发达国家与发展中国家利益诉求各异，因此，形成统一的、高水平、严标准的贸易协定难度较大。相比较，区域性贸易协定和双边贸易协定的自然人移动制度更具灵活性和可操作性，使得成员方之间能够享受到更多的互惠措施，促使自然人移动自由化程度提高。

第二，从自然人移动自由化程度评估结果来看，金砖国家自然人移动限制指数普遍高于发达国家。在金砖五国中，南非自然人移动自由化程度最低，中国自然人移动自由化程度最高，突出表现在航空运输、商业银行、计算机、分销、保险等领域，但是，快递、法律等领域的自然人移动自由化程度相对低于其他金砖国家。

第三，从目前相关自然人移动自由化收益的研究文献来看，大多数学者的观点认为，自然人移动自由化程度即使相对较低也能够产生明显的经济收益；再按照劳动力类型以及移动流向来分进行估算，结果显示有关技术性和专业性劳动力从发达国家到发展中国家流动能够对发展中国家产生技术溢出效应。

第四，从自然人移动自由化壁垒及其各国立法规制的新发展来看，关于移民、劳工就业、文化认同以及社会安全等敏感问题的国家管制正逐渐成为主要的自然人移动壁垒措施，且这些壁垒大多来自东道国，也有小部分来自原籍国。从发展趋势来看，各国对自然人移动管制和规范也是在不断的变化中，传统壁垒手段的实施与适用更趋于灵活，对于低技术劳动力的自然人移动的限制略有放松。

参考文献

[1] Acosta Arcarazo, D. and Geddes, A., "Transnational Diffusion or Different Models? Regional Approaches to Migration Governance in the European Union and MERCOSUR", *European Journal of Migration and Law*, Vol. 16, pp. 19 – 44, 2014.

[2] Agunias, Dovelyn Rannveig, "What we Know about Regulating the Recruitment of Migrant Workers", *Policy Brief*, No. 6, Migration Policy Institute, 2013.

[3] Andersen, T., Sorensen, A., "Product Market Integration, Wages and Inequality", Centre for Economic Policy Research, Discussion Paper No. 4963, London, 2005.

[4] Asshit & Vaibhav Panrikh, Mode 4 and the Sofeware Services Sector: An Indian View, in *Moving People to Deliver Services*, Aaditya Mattoo & Antonia Carzaniga eds., 2003, pp. 163, 168.

[5] ASEAN – ANU Migration Research Team, Movement of Workers in ASEAN: Health Care and IT Sectors, REPSF Project No. 04/007, 2005.

[6] Bednarz, J., Kramer, R. G., Labour Migration to the United States, in *Migration for Employment: Bilateral Agreements at a Crossroads*, OECD, Paris, 2004.

[7] Bobeva, D., Garson, J. P., Overview of Bilateral Agreements and Other Forms of Labour Recruitment, Migration for Employment: Bilateral Agreements at a Crossroads, OCED, Paris, 2004.

[8] Broude, T., The WTO/GATS Mode 4, International Labour Migration Regimes and Global Justice, Research Paper No. 7 – 07, 2007, The Hebrew University of Jerusalem, Faculty of Law. Available at: http://papers.ssrn.com/sol3/papers.cfm? abstract_ id = 987315.

[9] Chanda, R., "Movement of natural persons and the GATS", *World Economy*, Vol. 24, No. 5, pp. 631 – 654, 2001.

[10] Chia, S. Y., Free Flow of Skilled Labour in the AEC, in Urata, S. and

M. Okabe (eds.), *Toward a Competitive ASEAN Single Market: Sectoral Analysis*, ERIA Research Project Report 2010 - 03, pp. 205 - 279. Jakarta: ERIA.

[11] Condon B. , McBride, J. B. , "Do You Know the Way to San Jose? Resolving the Problem of Illegal Mexican Migration to the United States", *Georgetown Immigration Law Journal*, 251, 2003.

[12] Dawson, L. R. , "Labour Mobility and the WTO: The Limits of GATS Mode 4", *International Migration*, No. 51, pp. 1 - 23, 2012.

[13] Deacon, B. , De Lombaerde, P. , Macovei, M. C. and Schröder, S. , "Globalization and the Emerging Regional Governance of Labour Rights", *International Journal of Manpower*, Vol. 32, No. 3, 2011, pp. 334 - 365.

[14] Hamilton, C. , and J. Whalley, "Efficiency and Distributional Implications of Global Restrictions on Labour Mobility: Calculations and Policy Implications", *Journal of Development Economics*, No. 14, pp. 61 - 75, 1984.

[15] Hoekman, B. , "Assessing the General Agreement on Trade in Services", *World Bank Discussion Paper*, No. 307, Washington DC: World Bank, 1995.

[16] Huelser S. and Heal A. , Moving Freely? Labour Mobility in ASEAN, ARTNet Policy Brief: UN ESCAP, 2014.

[17] Iregui, A. M. , "Efficiency Gains from the Elimination of Global Restrictions on Labour Mobility", World Institute for Development Economics Research Discussion Paper, United Nations University, 2003.

[18] Ishikawa, Jota, Yoshimasa Komoriya, "Trade Costs, Wage Rates, Technologies, and Reverse Imports", *Canadian Journal of Economics*, Vol. 42, pp. 615 - 638, 2009.

[19] Jones, Ronald W. and Henryk Kierzkowski, "International Fragmentation and the New Economic Geography", *North American Journal of Economics and Finance*, Vol. 16, pp. 1 - 10, 2005.

[20] Kneebone, S. , The Governance of Labor Migration in Southeast Asia,

Global Governance, No. 16, pp. 383 – 396, 2010.

[21] Lacob Koch – Weser, "Should China Join the WTO's Services Agreement?", *USCC Economic Issue Brief*, No. 11, 2014.

[22] Martin, Philip L., "GATS, Migration, and Labour Standards", Discussion Paper 165, International Institute for Labour Studies, Geneva, 2006.

[23] Miroudot, S., J. Sauvage, and B. Shepherd, "Measuring the Cost of International Trade in Services", *World Trade Review*, Vol. 12, No. 4, pp. 719 – 735, 2013.

[24] Mohamed Hedi BCHIR, "The Effect of Mode 4 Liberalization on Illegal Immigration", African Trade Policy Centre, Work in Progress, No. 55, 2007.

[25] Moïsé, E. and F. Le Bris, "Trade Costs: What Have We Learned? A Synthesis Report", *OECD Trade Policy Paper*, No. 150, 2013.

[26] Mukherji A., and T. M. Goya, "Examining Mode 4 Commitments in India and the EU", Working Paper No. 393, Indian Institute of Management, Bangalore, 2013.

[27] Neumayer, Eric, "On the Detrimental Impact of Visa Restrictions on Bilateral Trade and Foreign Direct Investment", *Applied Geography*, Vol. 31, pp. 901 – 907, 2011.

[28] Nordås, H. K., & Kox, H., "Quantifying regulatory barriers to services trade", *OECD Trade Policy Paper*, No. 85, 2009. http://dx.doi.org/10.1787/5kgkcjqsm6kd – en.

[29] Oldenski, Lindsay, "Export Versus FDI and the Communication of Complex Information", *Journal of International Economics*, Vol. 87, pp. 312 – 322, 2012.

[30] Peck, Jamie and Adam Tickell, "Social Regulation after Fordism: Regulation Theory, Neo – liberalism and the Global – Local Nexus", *Economy and Society*, Vol. 24, No. 3, pp. 357 – 386, 1995.

[31] Panizzon, Marion, "GATS Mode 4 and Migration Agreements", Dialogue on Globalization, Occasional Papers No. 47, Friedrich – Ebert –

Stiftung, Geneva, January 2010.

[32] Rauch, James E., "Business and Social Networks in International Trade", *Journal of Economic Literature*, Vol. 12, No. 1, pp. 1177 – 1203, 2001.

[33] Rupa Chanda, "Movement of Natural Persons and Trade in Services: Liberalizing Temporary Movement of Labour under the GATS", Indian Council for Research on International Economic Relations Working Paper No. 51, 1999.

[34] Rupa Chanda, "Movement and Presence of Natural Persons and Development Countries: Issues and Proposals for the GATS Negotiations 18", *South Center working paper* 19, 2004.

[35] Santestevan, A. M., "Free Movement Regimes in South America: The Experience of the MERCOSUR and the Andean Community", in R. Cholewinsky, R. Perruchoud and E. McDonald (eds), *International Migration Law: Developing Paradigms and Key Challenges*, The Hague: IOM – TCM Asser Press, 2007, pp. 363 – 386.

[36] Shepherd, B., and G. Pasadilla, "Services as a New Engine of Growth for ASEAN, the People's Republic of China and India", *ADBI Working Paper Series*, No. 349, 2012.

[37] Tereso S. Tullao, Jr and Michael Angelo A. Cortez, "Enhancing the Movement of Natural Person in ASEAN Region: Opportunities and Constraints", *Asia – Pacific Research and Training Network on Trade Working Paper Series*, No. 23, 2006.

[38] Walmsley, T., Winters, L. A., Parsons, C., and Ahmed, S. A., "Quantifying the International Bilateral Movements of Migrants", Paper presented at the 8th Annual Conference on Global Economic, Lùbeck, Germany, 2005.

[39] Walmsley, T. and Winters, L. A. "Relaxing the Restrictions on the Temporary Movement of Natural Persons: A Simulation Analysis", *CEPR Discussion Paper*, No. 3719, 2002.

[40] Winters, A., Walmsley, T., Wang, ZK., Grynberg, R., "Negotiating

the Liberalization of the Temporary Movement of Natural Persons", *The World Economy*, Vol. 26, No. 8, 2006, pp. 1137 - 1161.

[41] Zaki, C., "An Empirical Assessment of the Trade Facilitation Initiative: Econometric Evidence and Global Economic Effects", *World Trade Review*, Vol. 13, No. 1, pp. 103 - 130, 2014.

[42] ILO, "Protecting the rights of Migrant Workers: A Shared Responsibility", International Labour Office, Geneva, 2009.

[43] WTO, "USTR Receives Comments on Proposed International Services Agreement", *World Trade Report*, No. 8, 2013.

[44] WTO, "Exploring the Linkage between the Domestic Policy Environment and International Trade", *World Trade Report*, No. 54, 2004.

[45] 陈怡、王洪亮、姜德波:《贸易自由化、劳动要素流动与贫困》,《国际贸易问题》2013年第4期。

[46] 戴翔、郑岚:《自然人移动对双边贸易的影响——以美国为例》,《世界经济研究》2008年第2期。

[47] 范黎红:《区域性服务贸易规则与多边规则之关系》,《国际贸易问题》2002年第10期。

[48] 李琴:《分析GATS下有关自然人流动的具体承诺的改进》,《时代法学》2005年第3期。

[49] 李先波、谢文斌:《东盟自然人流动制度探析》,《时代法学》2008年第1期。

[50] 李先波:《自然人流动规制的晚近发展及其对中国的启示》,《法学研究》2010年第1期。

[51] 刘伟丽、蒙英华:《自然人暂时流动与服务贸易自由化》,《财经问题研究》2009年第1期。

[52] 王芳:《对我国服务贸易法律规制的思考》,《国际贸易问题》2008年第1期。

[53] 魏德才:《〈中新自由贸易协定〉中自然人移动条款的法学评析》,《法制与社会》2008年第28期。

[54] 徐桂民、袁伦渠、林玳玳:《自然人移动自由化的博弈》,《东岳论丛》2009年第10期。

[55] 余官胜:《贸易增长、劳动力市场刚性与产业间劳动力转移——基于面板数据门槛效应模型的实证研究》,《经济评论》2012年第1期。

[56] 杨云母:《新时期中国劳务输出的发展与变革》,经济科学出版社2006年版。

[57] 张汉林、孙娜:《论服务贸易法律总协定国内规制与我国服务贸易法规的完善》,《国际贸易》2006年第7期。

[58] 张先锋、卢丹、陈琦:《劳动力市场灵活性与贸易自由化——基于中国2000—2010年制造业面板数据的经验研究》,《经济评论》2013年第6期。

[59] 周念利、张静:《RTAs框架下自然人移动规则的"GATS+"特征及对中国的启示》,《亚太经济》2013年第4期。

第十二章　国际服务贸易竞争力

当前，全球服务贸易正在迅速发展扩张，与全球商品贸易的创纪录增长保持一致，甚至增速更高，服务贸易量在过去十年中增长了一倍以上。越来越多的国家逐步意识到一国服务贸易竞争力对经济增长具有重要的推动作用。

第一节　国际服务贸易竞争力现状

服务贸易在国际贸易中所占的比重不断上升，日益影响着各国经济的发展，已是国际贸易的重要组成部分。因此可以说，服务贸易国际竞争力已经成为一个国家国际竞争力的重要部分。从国际服务贸易发展状况来看，其带有明显的区域结构特征和产业类别结构特征。因此，本节着重从地理结构与产业结构两方面分析国际服务贸易竞争力的发展现状。

一　国际服务贸易竞争力：地理结构分析

WTO发布的《国际贸易统计2017》最新报告显示，WTO将国际服务贸易的统计分成四大类：与货物相关的服务、运输服务、旅游服务、其他商务服务。其中，其他商务服务又细分为八类，分别为建筑服务、保险与养老金服务、金融服务、知识产权使用费、电信计算机和信息服务、文化休闲服务、视听服务、其他商务服务。

服务贸易出口额是评估一国国际服务贸易竞争力的核心指标。从目前各种评价指标方法来看，国际市场占有率、显性比较优势指数以及贸易竞争力指数应用较为广泛。其中，国际市场占有率是服务贸易国际竞争力分析的有力工具，总体上能直观反映出计算对象的比较优势状态。一国或一地区的服务贸易国际市场占有率比值越高，表示该国或地区的服务贸易所具有的国际竞争力越强，反之越弱。因此，下文主要依靠一国或者一地区的服务贸易出口额占世界服务贸易出口总额的指标来直接分析出研究对象的国际竞争力情况。

世界服务贸易出口总额 2016 年达到 48080 亿美元，其中与货物相关的服务贸易出口额占 3.5%、运输服务贸易出口额占 17.7%、旅游服务贸易出口额占 25.1%、其他商务服务贸易出口额占 53.7%（见表12-1）。可以看出，世界服务贸易的发展趋势是与货物相关的服务以及运输服务出口占总出口的比例在不断下降，而其他商务服务出口占总出口比重在不断上升。

表 12-1　　　　　　　　世界服务贸易各类别出口情况

单位：十亿美元,%

	出口总额	占比				
	2016 年	2005 年	2010 年	2014 年	2015 年	2016 年
世界服务贸易	4808	100	100	100	100	100
与货物相关的服务	166	3.3	3.6	3.3	3.2	3.5
运输服务	853	22.4	21.5	19.2	18.4	17.7
旅游服务	1205	26.5	25	25.6	25.9	25.1
其他商务服务	2584	47.9	49.9	51.9	52.5	53.7

注：因四舍五入，百分比合计可能不等于 100%，总额可能不等于分项之和。下同。
资料来源：World Trade Organization International Trade Statistics 2017。

从各地区的服务贸易发展状况来看，总体而言，欧洲服务贸易国际竞争力较强。在与货物相关的服务贸易、其他商务服务贸易两大类别中，欧洲服务贸易出口额占世界服务贸易总出口额的比重超过一半，2016 年分别为 51.3% 和 52.2%（见表 12-2、表 12-5）；在运输以及旅游服务贸易两大类别中，欧洲服务贸易出口额占世界服务贸易总出口额的比重也远远超出其他地区，2016 年分别为 46.2% 和 35.2%（见表12-3、表 12-4）。

表 12-2　　　与货物相关的服务贸易：世界各地区出口情况

单位：十亿美元，%

地区	出口总额	占比	
	2016 年	2010 年	2016 年
世界	166	100	100
北美洲	28	11.5	11.6
中南美洲	4	2.1	2.1
欧洲	83	51.9	51.3
独联体	5	4.9	5.1
非洲	2	1.8	1.8
中东	1	0.2	0.2
亚洲	43	27.6	27.8

资料来源：World Trade Organization International Trade Statistics 2017。

表 12-3　　　运输服务贸易：世界各地区出口情况　单位：十亿美元，%

地区	出口总额	占比	
	2016 年	2010 年	2016 年
世界	853	100	100
北美洲	98	10.3	11.5
中南美洲	26	3.0	3.0
欧洲	393	48.4	46.2
独联体	35	3.9	4.1
非洲	26	2.9	3.1
中东	49	2.8	5.8
亚洲	225	28.7	26.3

资料来源：World Trade Organization International Trade Statistics 2017。

相比较而言，其他各地区的各类服务贸易出口竞争力明显低于欧洲，但亚洲服务贸易竞争力明显增强，尤其在与货物相关的服务贸易类别中，2016 年出口额占世界服务贸易总出口额的比重达到 27.8%，高于第三名的北美洲 16.2 个百分点（见表 12-2）；旅游服务贸易出口的比重仅低于欧洲 5.3 个百分点，达到 29.9%（见表 12-4）；其他商务服务贸易的比重 2016 年比 2010 年提高了 2.3 个百分点,达到 22.8%(见表 12-5),在运输服务贸易这一类别中,其国际市场占有率有所下降,从 2010 年的 28.7% 下降到 2016 年的 26.3%(见表 12-3)。此外,北美洲的服务贸易竞争力也具有相对优势,2016 年四大类别服务贸易的国际市场占有率分别达到:与货物相关的服务贸易为 11.6%、运输服务贸易为 11.5%、旅游服务贸易为 20.3%、其他商务服务贸易为 18.0%。

表 12-4　　　　旅游服务贸易:世界各地区出口情况　单位:十亿美元,%

地区	出口总额	占比	
	2016 年	2010 年	2016 年
世界	1205	100	100
北美洲	245	17.2	20.3
中南美洲	60	4.5	5.0
欧洲	424	40.9	35.2
独联体	19	1.8	1.6
非洲	35	4.5	2.9
中东	63	4.9	5.2
亚洲	360	—	29.9

资料来源:World Trade Organization International Trade Statistics 2017。

表 12-5　　　　其他商务服务贸易:世界各地区出口情况

单位:十亿美元,%

地区	出口总额	占比	
	2016 年	2010 年	2016 年
世界	2584	100	100
北美洲	466	19.2	18.0
中南美洲	54	2.4	2.1
欧洲	1349	53.5	52.2
独联体	33	1.5	1.3
非洲	27	1.1	1.0
中东	66	1.8	2.6
亚洲	588	20.5	22.8

资料来源:World Trade Organization International Trade Statistics 2017。

各地区比较而言，独联体、中东和非洲地区的服务贸易国际市场占有率较低，显示出这三个地区的服务贸易国际竞争力较弱。

二　国际服务贸易竞争力：产业类别结构分析

国际服务贸易竞争力在整体上具有显著的区域结构特点，但从类别结构来看，各产业的区域特点非常鲜明，各国的服务贸易竞争力在不同的产业中也具有显著差异。

（一）与货物相关的服务贸易国际竞争力现状

如表12-6所示，与货物相关的服务贸易类别中，具有较强国际竞争力的国家和地区是欧盟、美国和中国大陆，2016年其国际市场占有率分别达到45.5%、16%、14.3%。第二层级的国家和地区有新加坡、瑞士、俄罗斯和中国台湾等。可见，与货物相关的服务贸易国际竞争力较强的国家和地区也拥有较强的工业化基础。

表12-6　与货物相关的服务贸易：主要国家和地区出口排名

单位：十亿美元,%

国家和地区	出口总额	占比	
	2016年	2010年	2016年
欧盟	75.6	46.7	45.5
美国	26.5	10.6	16.0
中国大陆	23.7	18.3	14.3
新加坡	7.0	4.6	4.2
瑞士	5.0	2.7	3.0
俄罗斯	3.2	3.0	1.9
中国台湾	2.9	—	1.7
韩国	2.8	1.7	1.7
马来西亚	2.5	2.0	1.5
摩洛哥	1.6	1.6	1.0
缅甸	1.6	1.0	1.0
洪都拉斯	1.6	0.8	0.9
乌克兰	1.3	1.3	0.8
日本	1.3	0.5	0.8
挪威	0.8	0.5	0.5
前15名总计	157.5	—	94.9

资料来源：World Trade Organization International Trade Statistics 2017。

（二）运输服务贸易国际竞争力现状

如表12-7所示，在运输服务贸易类别中，欧美国家具有显著的国际竞争力，2016年欧盟和美国的国际市场占有率分别达到41.0%、9.9%，远远高于位于第三名的新加坡（5.7%）。其次，中日韩三国在国际运输服务贸易中也占有一席之地，2016年中国大陆、日本、中国香港的市场占有率分别达到4.0%、3.7%、3.3%，韩国的运输服务贸易竞争力紧随其后，国际市场占有率在2016年达到3.1%。值得注意的是，俄罗斯、印度、土耳其的运输服务贸易国际市场占有率在稳步提升，土耳其的比重在2016年较2010年有显著提高，提高了0.4个百分点。

表12-7　　　　运输服务贸易：主要国家和地区出口排名

单位：十亿美元，%

国家和地区	出口总额	占比	
	2016年	2010年	2016年
欧盟	349.3	43.4	41.0
美国	84.6	8.7	9.9
新加坡	48.4	4.7	5.7
中国大陆	33.9	4.1	4.0
日本	31.7	5.1	3.7
中国香港	28	3.6	3.3
韩国	26.4	4.7	3.1
阿联酋	25.5	—	3.0
俄罗斯	17.0	1.8	2.0
挪威	15.4	2.2	1.8
印度	15.2	1.6	1.8
土耳其	13.0	1.1	1.5
加拿大	12.3	1.5	1.4
瑞士	11.6	1.3	1.4
中国台湾	8.9	1.2	1.0
前15名总计	721.2	—	84.6

资料来源：World Trade Organization International Trade Statistics 2017。

（三）旅游服务贸易国际竞争力现状

如表 12-8 所示，在旅游服务贸易类别中，欧美国家具有显著的国际竞争力，2016 年欧盟和美国的国际市场占有率分别达到 31.2%、17.2%，远远高于其他国家和地区。其次，亚洲地区的旅游服务贸易也较具有竞争力，尤其是泰国、中国大陆和中国香港、日本在国际运输服务贸易中也占有一席之地，2016 年中国大陆旅游服务贸易出口的国际市场占有率为 3.7%；中国澳门的旅游服务贸易出口的国际市场占有率为 2.5%，较 2010 年上升了 0.2 个百分点。中国香港服务贸易出口的国际市场占有率在 2016 年达到了 2.7%，较之 2010 年显著提升了 0.4 个百分点。此外，从 2016 年主要国家和地区旅游服务贸易出口排名情况来看，前 15 名的国家和地区亚洲就占据了 8 个，除了中国大陆、中国香港、中国澳门和泰国外，新加坡、日本、韩国、印度旅游业颇具吸引力和国际竞争力。

表 12-8　　　　旅游服务贸易：主要国家和地区出口排名

单位：十亿美元,%

国家和地区	出口总额 2016 年	占比 2010 年	占比 2016 年
欧盟	375.8	36.2	31.2
美国	206.8	14.4	17.2
泰国	49.9	2.1	4.1
中国大陆	44.4	—	3.7
澳大利亚	33.0	3.0	2.7
中国香港	32.7	2.3	2.7
日本	30.8	1.4	2.6
中国澳门	30.0	2.3	2.5
印度	22.4	1.5	1.9
墨西哥	19.6	1.3	1.6
阿联酋	19.5	—	1.6
土耳其	18.7	2.4	1.6
新加坡	18.4	1.5	1.5
加拿大	18.2	1.7	1.5
韩国	17.2	1.1	1.4
前 15 名总计	937.6	—	77.8

资料来源：World Trade Organization International Trade Statistics 2017。

(四) 建筑服务贸易国际竞争力现状

如表 12-9 所示,在建筑服务贸易类别中,除了欧盟作为一个整体,其 2015 年的出口国际市场占有率（37.4%）最高外,中国是最具国际竞争力的国家,2016 年的建筑服务贸易出口额为 126.81 亿美元,2015 年出口额为 166.72 亿美元,其出口国际市场占有率达到 20.2%,2016 年的出口额出现大幅缩减。其次是韩国,2015 年其出口国际市场占有率达到 14.8%。日本紧随其后,2015 年的国际市场占有率达到 13%,2016 年其出口总额也较 2015 年有所缩减,达到 93.79 亿美元。相比较而言,在 2015 年世界建筑服务贸易出口国际市场占有率的排名中,除了欧盟、中日韩外,其他国家的占比均低于 5%,俄罗斯为 4.4%、美国为 3.1%。

表 12-9　　建筑服务贸易主要国家和地区出口排名

单位:百万美元,%

国家和地区	出口总额 2015 年	出口总额 2016 年	占比 2015 年
欧盟	30939	29534	37.4
中国	16672	12681	20.2
韩国	12234	10953	14.8
日本	10724	9379	13.0
俄罗斯	3664	3557	4.4
美国	2526	2053	3.1
阿联酋	2451	2505	3.0
印度	1483	2078	1.8
马来西亚	1019	1062	1.2
白俄罗斯	996	1031	1.2
前 10 名总计	82708	74835	100.0

资料来源:World Trade Organization International Trade Statistics 2017。

(五) 保险与养老金服务贸易国际竞争力现状

如表 12-10 所示,在保险与养老金服务贸易类别中,欧美国家具有显著的国际竞争力,2015 年欧盟和美国的国际市场占有率分别达到

58%、16.2%，远远高于其他国家和地区，总占比已接近80%。相比较而言，瑞士在2015年世界保险与养老金服务贸易出口国际市场占有率的排名中列第三名，但国际市场占有率仅为6.3%，新加坡和中国大陆位居其后，2015年国际市场占有率分别为5.8%、4.7%。发展中国家中，墨西哥和印度在保险与养老金服务贸易中也具有相对优势，其服务贸易出口国际市场占有率在2015年分别达到3.0%和1.9%，超过了加拿大和日本。

表12-10　　　　　保险与养老金服务贸易：主要
　　　　　　　　　国家和地区出口排名　　　单位：百万美元，%

国家和地区	出口总额 2015年	出口总额 2016年	占比 2015年
欧盟	61451	63897	58.0
美国	17142	17742	16.2
瑞士	6713	7743	6.3
新加坡	6093	6387	5.8
中国大陆	4990	4066	4.7
墨西哥	3171	2880	3.0
印度	1985	2145	1.9
日本	1579	1702	1.5
加拿大	1454	1405	1.4
中国香港	1308	1392	1.2
前10名总计	105886	109360	100.0

资料来源：World Trade Organization International Trade Statistics 2017。

（六）金融服务贸易国际竞争力现状

如表12-11所示，从金融服务贸易出口的国际市场占有率来看，欧盟和美国具有明显优势，比重分别达到53.6%和24.7%，远超过其他国家和地区的比重。其次，新加坡、瑞士和中国香港的金融服务贸易也具有一定竞争力，其国际市场占有率分别达到5.1%、5.0%和4.6%。从2015年世界金融服务贸易出口国际市场占有率的排名情况来看，印度的金融服务贸易具有一定的出口竞争力，其国际市场占有率为1.3%。

表12-11　金融服务贸易：主要国家和地区出口排名

单位：百万美元，%

国家和地区	出口总额 2015年	出口总额 2016年	占比 2015年
欧盟	221944	212183	53.6
美国	102461	96752	24.7
新加坡	21061	18872	5.1
瑞士	20698	19924	5.0
中国香港	19179	18121	4.6
日本	10288	11646	2.5
加拿大	8034	8084	1.9
印度	5344	5083	1.3
澳大利亚	2829	2731	0.7
中国台湾	2422	2608	0.6
前10名总计	414260	396004	100.0

资料来源：World Trade Organization International Trade Statistics 2017。

（七）知识产权使用费服务贸易国际竞争力现状

如表12-12所示，美国在知识产权使用费的服务贸易中具有绝对优势地位，2015年其该项服务贸易出口的国际市场占有率达到41.0%，占到世界知识产权使用服务费贸易出口总额的近一半。欧盟的知识产权使用费服务贸易国际竞争力仅次于美国，其该项服务贸易出口的国际市场占有率达到35.1%，日本位居第三，国际市场占有率达到12.0%，这三个国家和地区的总占比已经达到88.1%，可见，这三个国家或地区的技术创新以及以专利技术为代表的知识产权保护都处于国际领先地位。此外，瑞士在知识产权使用服务出口贸易中也具有一定的国际竞争力，2015年其国际市场占有率达到5.3%。中国大陆虽进入了前十名的国家和地区中，列居第十位，但是比重仅为0.4%。

表12-12　　知识产权使用费：主要国家和地区出口排名

单位：百万美元,%

国家和地区	出口总额		占比
	2015年	2016年	2015年
美国	124664	122226	41.0
欧盟	106762	108120	35.1
日本	36477	39013	12.0
瑞士	16178	17539	5.3
韩国	6199	6622	2.0
新加坡	5180	5340	1.7
加拿大	4329	4468	1.4
阿联酋	1688	1715	0.6
中国台湾	1190	1235	0.4
中国大陆	1081	1172	0.4
前10名总计	303748	307451	100.0

资料来源：World Trade Organization International Trade Statistics 2017。

（八）电信服务贸易国际竞争力现状

如表12-13所示，从电信服务贸易出口的国际市场占有率来看，欧盟具有明显优势，比重超过一半，2015年达到63.5%，其次是美国，比重达到18.1%，远超过其他国家和地区。值得注意的是，科威特的电信服务贸易颇具国际竞争力，2015年出口额国际市场占有率达到3.9%，居世界第三位。居第四位和第五位的国家和地区分别是印度和中国香港，市场占有率分别达到3.0%和2.6%。相比较而言，中国内地的电信服务贸易竞争力较弱，出口额的国际市场占有率尚未进入世界前10名。

表12-13　　电信服务贸易：主要国家和地区出口排名

单位：百万美元,%

国家和地区	出口总额		占比
	2015年	2016年	2015年
欧盟	44230	—	63.5
美国	12645	12968	18.1

续表

国家或者地区	出口总额 2015 年	出口总额 2016 年	占比 2015 年
科威特	2708	2553	3.9
印度	2088	2315	3.0
中国香港	1828	—	2.6
加拿大	1561	1609	2.2
俄罗斯	1418	1179	2.0
阿联酋	1144	1171	1.6
以色列	1068	1247	1.5
日本	1001	1275	1.4
前 10 名总计	69690	—	100.0

资料来源：World Trade Organization International Trade Statistics 2017。

(九) 计算机服务贸易国际竞争力现状

如表 12-14 所示，从计算机服务贸易出口的国际市场占有率来看，欧盟具有明显优势，2015 年比重高达 67.8%，其次是印度，比重达到 17.8%，远超过其他国家和地区，具有绝对的竞争优势。美国虽然列居第三名，但其计算机服务出口额的国际市场占有率仅为 5.4%，明显低于印度。除了传统的计算机服务强国外，以色列、阿联酋等国在计算机服务贸易领域具有一定的国际竞争力，也成为本国经济贸易的主要特色。例如，以色列较重视软件与其他产业的结合和渗透，并善于借助跨国公司的网络拓展国际市场，是世界上唯一同时与欧盟和北美两大市场签署"自由贸易协定"的国家，在从低端到高端的全球外包市场中占有一席之地。而中国若想跻身于世界级的服务外包中心，印度、以色列、菲律宾的经济发展阶段与中国更为接近，其发展经验与发展思路值得我们借鉴。

表 12-14　　计算机服务贸易：主要国家和地区出口排名

单位：百万美元,%

国家和地区	出口总额 2015 年	出口总额 2016 年	占比 2015 年
欧盟	201353	—	67.8

续表

国家或者地区	出口总额		占比
	2015 年	2016 年	2015 年
印度	52761	52680	17.8
美国	15951	17251	5.4
以色列	8362	10612	2.8
阿联酋	4357	4466	1.5
加拿大	4289	4420	1.4
菲律宾	3163	5174	1.1
俄罗斯	2455	2664	0.8
韩国	2341	2345	0.8
日本	2088	2318	0.7
前 10 名总计	297120	—	100.0

资料来源：World Trade Organization International Trade Statistics 2017。

第二节 服务贸易竞争力：理论探讨

一 服务贸易竞争力及相关概念的界定

（一）对服务贸易概念的界定与统计

对于服务贸易的概念，由 Stern 和 Hoekman 在 1987 年提出，他们将国际服务贸易简单定义为"一国因非本国居民为换取其服务而获得收入"，同时将服务贸易做出细化分类，此定义的优点是它不以提供服务的位置为条件。最为权威和被广泛接受的定义是由《服务贸易总协定》（GATS）做出的，该定义基于生产者和服务的消费者的物理位置。根据 GATS，服务贸易被定义为提供服务，并分为四种模式：跨境提供、境外消费、商业存在和自然人移动。GATS 的定义可以在一定程度上与 Stern 和 Hoekman（1987）提出的各种服务分类相匹配。因此，在 GATS 模式 1 下可以考虑分离服务的交易，在 GATS 模式 3 和模式 4 中，需要定位的服务，作为 GATS 模式 2 的提供商定位服务，以及可能作为 GATS 模式 3 和模式 4 的自由服务。

但是从统计的角度来看，GATS 的定义并不一定总是与国际货币基金组织《国际收支手册》第五版（BPM5）中规定的服务贸易统计定义相匹配（如图 12-15）。后者认为服务贸易是居民与非经济体居民之间的交易。同时，GATS 与国际收支（BOP）数据之间的不匹配是十分显著的，因为 BOP 数据通常用于大多数实证分析，这导致对数据和结果的研究分析以及解释出现不一致性甚至矛盾等问题。

表 12-15　　BPM5 与 GATS 针对服务分类的对比

	GATT	BPM5
1	商务服务	其他商务服务
		专利与许可证使用费
		计算机信息服务
2	通信服务	通信服务
3	建筑以及相关工程服务	建筑服务
4	分销服务	
5	教育服务	
6	环境服务	
7	金融服务	金融服务
		保险服务
8	健康相关与社会服务	
9	旅游以及相关服务	旅游服务
10	娱乐、文化和体育服务	个人、文化和体育服务
11	运输服务	运输服务
12	其他服务	
		政府服务

注：作者自行整理。虽然二者某些类别的分类似乎相似，但它们的实际构成则有不同。此表格中类别出现顺序仅仅是说明性的，并不是为了对应。

事实上，正如 Cave[①]（2002）所指出的那样，BPM5 将占 GATS 模式 1 和模式 2 下的大部分交易，在模式 4 下也占很大比例，但在模式 3

---

① Cave, W., Measuring International Trade in Services and new Demands on the Family of Classifications, Paper Prepared for the IAOS, London, August 27-29, 2002.

下仅占一部分。覆盖模式3，在统计上需要覆盖外国控制企业的数据。同时，他还认为，为了完全覆盖模式4，应该考虑到作为服务公司雇员在国外移居的个人的非永久性数据。同时，《国际服务贸统计手册》(*The Manual on Statistics of International Trade in Services*①)（2001）中也明确提出，应该通过外国子公司提供的服务的价值（外国服务贸易，FATS）来扩展传统的BPM5服务贸易定义。并同时建议应使用扩展的国际收支服务（EBOPS）分类来记录居民与非居民之间服务贸易的支付数据。Karsenty②通过使用BOP（模式3，FATS除外）对每种供应模式的重要性进行了粗略估计，明确得出以下结论：未充分考虑模式3交易意味着当前国际收支统计数据中的国际服务贸易记录严重不足。

（二）服务贸易竞争力

对于服务贸易竞争力的理解，首先我们要对竞争力的概念有一个清晰的了解。竞争力的概念十分广泛，并且包含几个方面：竞争力的范围（更广泛和更狭窄的概念）、竞争力领域（经济、政治、社会等竞争力概念）、竞争力的"位置"（内部、区域或国际的概念，即全球竞争力）和管理竞争力（国际协议、政府政策、公司战略等）。虽然关于竞争力的定义尚未达成共识，多年来该问题一直是许多理论和实证研究的主题。这为不同的定义留出了空间，许多研究对竞争力在宏观、中观或微观层面上进行了定义，而有些研究则尝试整合这三个层次。

经济合作与发展组织（OECD）将竞争力定义为"……公司，行业，地区，国家或超国家地区在面对国际竞争时能够可持续地产生相对较高的要素收入和要素就业水平的能力。"③ 在将竞争力定义为可持续环境中的产出增长和高就业率时，欧盟采用了类似的概念。除了国际组织的官方定义外，一些学者另辟蹊径，针对竞争力提出框架性的解释。

---

① Manual on Statistics of International Trade in Services (1999 and 2001), Draft 5, November 1999, and Final Draft 6, September 2001, Available at http://www.oecd.org/pdf/M00017000/M00017039.pdf, Released by the European Commission, IMF, OECD, UNCTAD and WTO.

② Karsenty, G., Trends in Services Trade under GATS Recent Developments, presentation prepared for the Symposium on Assessment of Trade in Services, WTO, 14 – 15 March 2002.

③ Hatzichronoglou, T. h., Globalization and Competitiveness: Relevant Indicators, STI Working Papers 1996/5, OECD.

例如学者 Trabold[①]（1995）将竞争力定义为四种能力的加强：在国际上销售（商品和服务）的能力；吸引资源的能力，特别是外国直接投资（FDI）；通过结构变革和升级适应不断变化的外部条件的能力；最后是盈利的能力，可以通过 GDP 及其增长来衡量。与 OECD 的定义相比，该框架性的解释显得更加切实可行，但这一定义显然忽略了对就业因素的考量。但是，该定义仍具有吸引力，因为它强调了竞争力的独特：外部市场（销售能力），可以反映出竞争力的外向性；前进的方向（调整能力和获得/成长的能力）；最后是国内市场的条件（吸引能力），这为竞争提供了基础。

在众多定义中，由 Michael Porter[②] 提供的国际竞争力定义最具影响力。波特关于竞争力概念的提出成为国际贸易理论的一次独特革命，因此被称为"新范式"，国际贸易思想的发展以及国际竞争力理论的发展长期受到这一概念的影响。

理论基础上对竞争力的任何分析都受到以个体、企业以及地区或者国家为单位的实体在特点领域（竞争力）的范围限定，其目标是生存并提高其与竞争对手相比的市场地位。在所有特定层面的分析中，无论是行业、地区还是国家，分析不同领域的竞争力可能会导致不同的界定竞争力的数据以及指标的运用。在本部分的分析中，我们需要将竞争力限定在服务贸易领域，因此我们需要关注服务贸易领域的规模、结构、经济贡献度等数据和指标。同时，我们会关注服务贸易的投入与产出。产出指标着眼于一国服务贸易在出口市场上的表现，这可以通过比较优势或市场份额及其随时间的演变来衡量。投入指标侧重于决定竞争力的潜在因素，涉及成本和价格竞争力（以单位劳动力成本，出口单位价值衡量）及产出绩效（按劳动力和全要素生产率衡量）。

二 传统理论对服务贸易的适用性

（一）比较优势理论和竞争优势理论对服务贸易的适用性

与比较优势有关的理论显然是建立在货物贸易的基础上的。而这些

[①] Narula, R. and K. Wakelin, Technological competitiveness, FDI and trade, MERIT Working Paper Series No. 95-20.

[②] Michael. Porter *The Competitive Advantage of Nations*. Palgrave. 1998.

理论是否适用于服务贸易,一直备受争论。根据2008年版的《国民账户体系》,服务一词的定义为(2008 SNA,第6.17段):服务是生产活动的结果,它改变了消费单位的条件,或促进了产品或金融资产的交换。这些类型的服务可分别被描述为变化促成服务(change – effecting service)和增值服务(margin service)。货物一词的定义为(2008 SNA,第6.15段):货物指对它有某种需求并能够确定其所有权的有形生产成果,这种所有权可以通过市场交易从一个机构单位转移给另一个机构单位。[1] 因此,服务与商品之间的这些概念和物理差异使得比较优势理论在是否应用于服务贸易这一问题上产生争议。与比较优势相关的理论基于商品基础而非服务基础。换句话说,这些理论解释了商品贸易比较优势的理论背景。

但是,Porter M.[2](1990)在其著作"国家的竞争优势"中解释说,服务的竞争优势也取决于制造业的同样力量。可见,产品的竞争力离不开服务。同样,Hindley 和 Smith[3](1984)以及 Deardorff[4](1985)都证实比较优势理论可以应用于服务贸易。此外,服务贸易研究先驱学者 Sazanami 和 Urata[5](1990)创建了一种计量经济模型,用来强调服务贸易的比较优势的重要性。该模型还验证了比较优势理论在服务贸易中的应用。根据这些经验证据和结果,可以得出结论,比较优势与服务贸易之间的适用困境已经在理论和物理基础上得到了解决。

此后,学者们开始创建了有许多比较优势的实证指标。Balance 等(1987)总结了可用的经验测量方法:出口比率、进口比率、净贸易比率、生产与消费比率、实际净贸易与预期产量之比以及净贸易占贸易总

---

[1] 2008年版《国民账户体系》,见 https://unstats.un.org/unsd/nationalaccount/docs/SNA2008ChineseWC.pdf

[2] Porter, M. (1990), *The Competitive Advantage of Nations*, New York, NY: Macmillan.

[3] Hindley B., Smith A., Comparative advantage and trade in services, The World International Trade Center (JTC), 2012, "Trade in Services Statistics Data base". [Online: cited on 25th 30th, March 2012]. Available from URL: http://www.intracen.org/tradesupport/trade – statistics/.

[4] Deardorff A. V., Comparative advantage and international trade and investment in services, In: Trade and investment in services: Canada/US perspectives, (ed. R. M. Stern), Ontario Economic Council, Toronto 1985. Economy, 711984, pp. 369 – 390.

[5] Sazanami, Y. and S. Urata, Trade in Services: Theory, Current Situation and Issues Touyoukeizaishinpousya, 1990.

额的比率等。Yoon 等①（2006）分析了中国、日本和韩国在服务业的比较优势。评估三国服务业比较优势的一种方法是利用 IMF（国际货币基金组织）的 BOP（国际收支）等国际服务贸易统计数据来计算 TSI（贸易专业化指数）和 RCA（显示比较优势），记录国际贸易的进出口情况、各部门服务贸易情况。Bobrica 和 Miclaus②（2007）调查了欧盟 25 国，主要确定了罗马尼亚和保加利亚在 EU－2S 服务市场上的竞争地位。该论文基于一个包含四个指数聚合的多层次模型，其中之一是显示比较优势（RCA），用于衡量国际竞争力。Worz③（2008）使用 RCA 指数分析了奥地利在欧盟内部的竞争地位。Burange④ 等（2009）研究了印度的服务及其构成，揭示了各个服务部门的比较优势，并比较印度在自由化前后的增长。结果表明，改革后的服务出口导致印度所有服务部门的显著增长。Amador 和 Cabral⑤（2009）使用 RCA 研究了葡萄牙服务出口的相对专业化问题，并得出葡萄牙具有明确和持续的旅游服务的优势，其通信服务也具有很高竞争力。

可以看出，关于服务贸易竞争力的实证研究多出现在 2005 年以后，主要原因有二：一是 2000 年后学者们基于 Porter 理论，开始对各国竞争力的兴趣不断提升。二是，学者们纷纷采纳 IM、BPM 的统计分类，在 2000 年以后服务贸易数据已公开用于开展此类研究，且这些数据的主要来源可以通过 BPM 分类的形式获得，且这些实证研究中的大多数利用显示比较优势（RCA）指数来检验服务贸易的竞争力。

---

① Yoon, C. I and Kim, K., "Comparative advantage of the Services and manufacturing industries of a Korea, China and Japan and Implication of its FTA Policy", 2006, http: //facu Ity. wash ington. edu/karyiu/c onfer/seou 106/papers/yoon－ki m. pdf.

② Borica, A. and Miclaus, P. G., "A Multilevel Comparative Assessment Approach to International Services Trade Competitiveness: The Case of Romania and Bulgaria", International Journal of Human and Social Sciences, 2007.

③ Worz J., "Austria's Competitiveness in Trade in Service", FIW Research Reports NO. 003, 2008.

④ Burange, L. G., Chaddha, SJ., and Kapoor, P., India's Trade in Services. Working Paper UDE 31/3/2009, Department of Economics, University of Economics, 2009.

⑤ Joao, A. and Cabral, S., "Portuguese International Trade in Services", *Economic Bulletin*, Banco de Portugal, 2009.

（二）服务贸易自由化与竞争力

当前的经济全球化浪潮引起了各国之间和各国内部对国家竞争力发展和提升的广泛兴趣。全球化自由贸易和国家竞争力是经济政策辩论中的热门话题。在全球化不断推进的大背景下，贸易开放和自由化是促进经济增长、创造就业和增加国家福利的核心基础（Dowrick[①]，2004；Singh[②]，2015）。然而，贸易开放与自由化本身并不能当然带来上述这些成效，而是由该国家在国际贸易方面的竞争力决定的，其被视为该国能将进入全球市场并创造价值的潜力转化能够为国内企业、国民增加福利的能力。这种转变的成功取决于：（1）国家的经济政策和手段；（2）体制透明度和对公共机构的依赖；（3）政策的制定对竞争力的影响程度（世界经济论坛，2015）。

竞争力与贸易自由化之间关系的根源是什么？遵循新古典经济学的态度，国际贸易以比较优势为基础，原则上，这种优势决定了贸易国家在生产和出口专业化的过程中产生的积极影响。这种态度逐渐取代了在重商主义时期盛行的"零和"理论。新古典主义通过消除各种市场结构，劳动力流动限制，技术进步的可能性以及消费者需求的差异，对竞争力和国际贸易进行了简化分析。凯恩斯经济学认为贸易开放是竞争和出口收入增强的先决条件。

第三节 服务贸易竞争力评价方法

评估服务贸易竞争力的方法多以指标为基础，竞争力评价指标是评估服务贸易竞争力的最常用方法，能够直接反映服务贸易竞争力强弱程度。一般而言，常用的服务贸易竞争力评价指标包括国际出口市场占有率（Market Shares，MS）、出口相似度（Exports Similarity，ES）、贸易专业化指数（Trade Specialization Coefficient，TSC）、对外开放度（Degree of Openness，DO）、显性比较优势指数（Revealed Comparative Advan-

---

[①] Dowrick, S., Trade Openness and Growth: Who Benefits? *Oxford Review of Economic Policy*, 2004, 20 (1), 38–56.

[②] Singh, T., Trade Openness and Economic Growth in Canada: An Evidence from Time-Series Tests. *Global Economy Journal*, 2015, 15 (3).

tage，RCA)、拉菲指数（Lafay Index)、Michaely 指数（Michaely Index)等。

一　国际出口市场占有率

国际出口市场占有率，也称国际市场份额，又称出口市场份额（Export Market Share) 是指一个国家某些产品的出口总额占世界出口总额的比例。人们普遍认为，一个国家某种产品的出口市场份额与这种产品的世界出口竞争力密切相关，因此，国际市场份额可以反映出一个国家某种产品的竞争力或竞争地位。

其计算公式为：

$$MS_{ij} = \frac{X_{ij}}{X_{wj}}$$

其中，MS_{ij}表示i国家j产品的国际出口市场占有率指数；X_{ij}表示i国家j产品的出口总额；X_{wj}表示世界j产品的出口总额。MS_{ij}值越高，表示该产品所处的产业国际竞争力就越强，反之越弱。

对此，一些经济学家提出了更详细的国际市场份额定义，即如果MS比值＞20%，则表明该国的此类产品具有强大的出口竞争力；如果10%≤MS＜20%，则表明该国的此类产品具有较强的出口竞争力；如果5%＜MS＜10%，表明该国的此类产品出口竞争力；如果MS＜5%或更低，则表明该国的此类产品出口竞争力非常弱。

二　贸易专业化指数

贸易专业化指数又称"比较优势指数"或"净出口指数"。该指数反映了某个行业的净出口占一个国家行业进出口总额的比例，被用作分析一个国家某个行业竞争力的工具。计算的公式如下：

$$N_{ij} = \frac{X_{ij} - M_{ij}}{X_{ij} + M_{ij}}$$

其中，N_{ij}为比较优势指数，X_{ij}为i国家第i种商品的出口额，M_{ij}为i国家第j种商品的进口额。该指数取值范围为[-1, 1]，值越大，表明该国的出口竞争力越强；值越小，表示该国出口竞争力越弱；0意着竞争力接近平均水平。

三 Michaely 指数

Michaely[①] 指数具有广泛的应用。该指数可以用于衡量贸易模式之间的相似程度，例如比较一个国家的进出口模式，两国或一组国家的出口（进口）模式等（Pablo Coto - Millán[②]，2004）。它也被用来衡量一个部门的国际贸易专业化程度（Keld Laursen[③]，1998）。同时，也是衡量一个国家出口结构动态的很好的指标。然而，它表明了变化的强度，而不是它的方向（Halilbašić[④]，2012）。计算公式如下：

$$MI = X_{ij} / \sum X_i - M_{ij} / \sum M_i$$

其中，X_{ij}、M_{ij} 分别为 i 国 j 商品的出口额和进口额，$\sum X_i$，$\sum M_i$ 分别为 i 国的出口总额和进口总额。MI 的变动幅度为 $[-1, 1]$，正数表示具有比较优势，负数表示比较劣势。

四 显性比较优势指数

显性比较优势指数，是衡量比较优势水平实证研究中的一种工具，由 Balassa 于 1965 年创建，可用于测算部分国家贸易比较优势。RCA 指数将一个部门出口在一个国家的总出口中所占的份额与该部门所有国家在世界出口总额中的平均出口份额进行比较。比率越高，从零到无穷大，该国在该部门的竞争力越强。计算公式如下：

---

① Michaely, Michael. 1962. *Concentration in International Trade*. Amsterdam：North - Holland.

② Coto - Millán, Pablo. ed. 2004. *Essays on Microeconomics and Industrial Organisation*. Germany：Physica - Verlag Heidelberg.

③ Laursen, Keld. 1998. "Revealed Comparative Advantage and the Alternatives as Measures of International Specialisation". Danish Research Unit for Industrial Dynamics. Working Paper. No. 98 - 30, 1 - 24.

④ Halilbašić, Muamer. 2012. "Trade Advantages and Specialization Dynamics of SEE Countries". 6th International Conference of the School of Economics and Business：Beyond the Economic Crisis：Lessons Learned and Challenges Ahead. Sarajevo, Bosnia and Herzegovina 12 - 13 October 2012, Sarajevo：Ekonomski fakultet u Sarajevu.

$$RCA_{ij} = \frac{X_{ij} / \sum_{i=1}^{m} X_{ij}}{\sum_{i=1}^{n} X_{ij} / \sum_{i=1}^{m} \sum_{j=1}^{n} X_{ij}}$$

其中，j 代表国家，总共有 n（$j=1—n$）个国家；i 代表行业，每个国家中有 m（$i=1—m$）种商品或服务。

虽然 RCA 有助于研究一个国家在特定产品中是否具有比较优势，但它有一定的局限性（Hillman[1]，1980；；Deardorff[2]，1994；Hoen 和 Oosterhaven[3]，2006）。大多数研究仅应用 RCA 指数来确定一个国家对不同商品的比较优势的相对排序，尽管一般来说它仍然存在相对顺序的问题（Yeats[4]，1985）。对此，许多学者在 RCA 的基础上，开发了一些 RCA 的调整指数，以克服 RCA 的弱点，其中包括对称显示比较优势（Symmetrical Revealed Comparative Advantage，简称 SRCA）（Laursen[5]，1998）、加权显示比较优势（Weighted Revealed Comparative Advantage，简称 WRA）（Proudman 和 Redding[6]，1998）等。尽管这些指数完善了 RCA 指数，但这些指数中没有一个可以通用于比较空间（产品或地区）和时间。此后，Yu[7] 等（2009）在 RCA 指数的基础上构建出标准化显性比较优势指数（Normalized Revealed Comparative Advantage，NRCA）。NRCA 指数可以表明不同产品、国家和时间跨度的比较优势，并推断出

---

[1] Hillman, A. L., Observation on the Relation between Revealed Comparative Advantage and Comparative Advantage as Indicated by PreTrade Relatives Price. *Weltwirtschaflitches Archi*, 1980, 116, 315 – 321.

[2] Deardorff, A. V., Exploring The Limits Of Comparative Advantage. *Weltwirtschaftliches Archiv*, 1994, 130, 1 – 19.

[3] Hoen, A. R. dan Oosterhaven, J., On The Measurement Of Comparative Advantage. *The Annals of Regional Science*, 2006, 40, 677 – 691.

[4] Yeats, A. J., On The Appropriate Interpretation Of The Revealed Comparative Advantage Index: Implications Of A Methodology Based On Industry Sector Analysis. *Weltwirtschaftliches Archiv*, 1985, 121, 61 – 73.

[5] Laursen, K., Revealed Comparative Advantage And The Alternatives As Measures Of International Specialisation. DRUID Working Paper, 1998, 98 – 30.

[6] Proudman, J. dan Redding, S., Openness And Growth. The Bank of England, United Kingdom, 1998.

[7] Yu, R., Cai, J., dan Leung, P., The Normalized Revealed Comparative Advantage Index. *The Annalysis of Regional Science*, 2009, 43 (1), 267 – 282.

一个国家的贸易模式，从而能够识别出哪些类型的产品在市场和特定时间内具有良好的发展潜力。

第四节　各国提升服务贸易竞争力的政策：以美国、印度为例

服务贸易竞争力的高低已经成为衡量一国综合国力的一项重要指标。考察国际上其他国家政府发展服务贸易方面的政策措施，对我国服务贸易政策选择和制定具有重要的借鉴意义。

一　美国在发展服务贸易方面的政策措施

美国在很大程度上依赖服务业来促进经济增长和就业，从数据来看，服务占美国国内生产总值（GDP）的78%和美国私营部门全职就业的82%。2016年美国服务出口额达7524亿美元。无论是金融服务、数字服务、娱乐服务、教育服务还是其他众多行业，强大而充满活力的服务业无疑对整个美国经济的未来竞争力起到至关重要的作用。

除了整体服务就业之外，"可交易"服务部门（即产出可以在国际上进行交易的部门）的工人在质量上与非贸易服务或制造业的工人也不同。其中许多工人的教育水平较高，收入也明显较高。因此，随着服务出口新机遇的增长，开放新的服务贸易市场成为美国贸易政策的优先考虑因素，因为美国在这些服务领域具有重要的可比性优势。从美国整体的服务贸易政策来看，服务贸易政策并非孤立存在，而是融入整个贸易政策和产业政策中。

第一，十分重视服务业生产率的提高，强调将服务与制造融合，将服务嵌入全球供应链和产业链中，提升美国贸易竞争力。服务业生产率是决定当今全球经济综合（包括美国制造商）竞争力的关键因素。全球供应和价值链的广泛拓展使得美国制造商和服务提供商更加相互依赖，尤其是协调成本的下降致使生产阶段的分化越来越细，并在地理和组织上更加分散，这些趋势要求在制造阶段更多地使用通信和运输服务。当前，高效利用服务是制造商提高产品价值、加强客户关系以及将产品与竞争对手区分开来的重要战略手段。美国的经济和贸易政策制定

者越来越强调制造业和服务业的融合发展，并制定包容性的框架来应对美国竞争力提升面临的挑战。

第二，善于利用贸易谈判和国际协议来解决服务贸易壁垒问题。不可否认，各国服务提供商均面临着无数的国际贸易壁垒，阻碍了服务贸易的扩展，以及服务贸易增长带来的经济增长和发展。对此，美国积极展开贸易协定谈判以降低这些障碍，以服务业市场准入和贸易自由化规则为核心谈判内容。在服务贸易领域谈判中，目前正在讨论的贸易协定包括：与加拿大和墨西哥重新谈判北美自由贸易协定（NAFTA）、美韩自由贸易协定（KORUS）、"服务贸易协定"（TiSA）以及与其他合作伙伴的潜在的和更新的双边自由贸易协定。

第三，积极推进数字贸易，强调跨境数据自由化流动。近年来，美国尤其强调服务提供商的跨境数据流动，对国有企业的不公平竞争以及数据本地化要求等不同问题上面临着新的贸易壁垒。2016年年底，信息技术与创新基金会（Information Technology and Innovation Foundation）发布了一份报告，特别指出美国重新获得全球工业市场份额和就业机会的最佳途径是通过"智能"制造业的发展而实现的，但"智能"制造业发展的必要条件是各国能够达成确保跨境数据自由流动的国际协议。因此，特朗普政府十分重视数据服务协议的国际协定谈判。新的多边数据服务协议将强化技术和程序方法对于存储和传输数据的重要性，而不是实际存储数据的地理位置。

二 印度在发展服务贸易方面的政策措施

作为典型的发展中国家，印度有所侧重地发展具有相对比较竞争优势以及具有潜在竞争优势的产业。同时，印度政府实施与产业政策相配套的税收、金融信贷等扶持政策来推进服务贸易优势产业的国际竞争力。印度人口众多，尤其在计算机专业化技能人才方面，更是具有绝对的低人工成本的优势，加上英语作为官方应用语言，这使得印度的服务业外包在全球具有较强的比较优势。

印度在发展服务贸易产业方面的最大亮点是计算机软件服务贸易。从第一节国际服务贸易竞争力现状的分析可以看出，印度的计算机软件服务贸易在全球具有较强的竞争力。这主要得益于印度政府对计算机软件服务贸易的政策支持。

第一，印度政府高度重视高等教育，尤其在教育经费投入、本科以及研究生培养方面十分重视，堪称教育大国。

第二，印度实施了切实可行的计算机软件服务产业政策。印度早在20世纪80年代始，制定了一系列具有前瞻性的信息科技发展政策以及法律法规。例如，1986年制定了《计算机软件出口软件发展和培训的政策》，同时推出放宽进出口许可证发放、降低软件和硬件进口关税、为进口软件和硬件提供外汇等一系列优惠政策。这些举措提高了印度软件企业生产和开发软件的能力，显著提高了印度软件服务出口的竞争力，使印度在不到10年的时间里，迅速成为全球软件外包生产的中心。

第三，印度十分重视知识产权保护。知识产权保护对计算机软件服务市场的发展起到了至关重要的保障作用。印度在1994年颁布了《知识产权法》，该法以严厉性著称，它明确规定了严重侵犯知识产权的违禁者将被处以监禁和高额罚款。这种严格执法、严厉打击侵犯知识产权的做法，有效地保护了知识产权，推动了计算机软件服务的快速发展。

第四，印度以建筑软件园区为抓手，实施一系列优惠政策。20世纪90年代初，印度在班加罗尔建立了第一个计算机软件技术园区，并以众多优惠政策吸引产业发展。自此，马德拉斯、海得拉巴等众多软件产业集群建立，与班加罗尔成为印度南部著名的计算机软件业"金三角"——世界十大硅谷之一。

第五，印度以国家化战略推动计算机软件服务。据印度全国软件与服务公司联合会（NASSCOM）的统计数据，印度2/3的软件服务贸易收入来自并服务于美国市场，可以说印度计算机软件服务贸易的发展主要依托国际市场的需求，尤其是美国市场。随着海外市场多元化的发展，印度软件出口已覆盖了上百个国家，亚洲各国也是印度的主要出口市场。

第五节　结论与评析

本章从服务贸易竞争力的国际格局和现状、服务贸易竞争力的相关理论研究、服务贸易竞争力的评价方法、提升服务贸易竞争力的国际经验等五个部分进行了深入分析和详细阐述。

第一，在服务贸易竞争力的世界格局中，欧洲服务贸易国际竞争力较强，尤其体现在与货物相关的服务贸易、其他商业服务贸易两大类别中。相比较，其他各地区的各类服务贸易出口竞争力明显低于欧洲，但亚洲在与货物相关的服务贸易类别中竞争力明显增强；北美洲的服务贸易竞争力也具有相对优势；独联体、中东和非洲地区的服务贸易国际市场占有率较低，服务贸易国际竞争力较弱。

第二，在理论研究部分，服务贸易竞争力离不开针对两个核心问题的探讨：一是比较优势理论和竞争优势理论对服务贸易的适用性问题；二是服务贸易自由化理论与竞争力关系的问题。同时，更要将比较优势理论、竞争优势理论和服务贸易自由化理论三者结合起来进行研究。

第三，在服务贸易竞争力评价方法中，应用最为广泛、且最成熟的是指标分析法，其中涉及四个指数：分别为国际出口市场占有率、贸易专业化指数、Michaely指数和显性比较优势指数。其中，国际出口市场占有率和贸易专业化指数应用较为广泛。

第四，在分析国际服务贸易竞争力各国实践经验中，我们发现美国推动服务贸易发展的主要政策措施体现在：一是重视服务业生产率的提高，强调将服务与制造融合，将服务嵌入全球供应链和产业链中，提升美国贸易竞争力。二是善于利用贸易谈判和国际协议来解决服务贸易壁垒问题。三是积极推进数字贸易，强调跨境数据自由化流动。相比较，印度发展服务贸易的举措与西方发达国家存在很大不同。印度通过税收、信贷等配套产业政策侧重支持那些具有比较优势或者潜在竞争力的行业发展服务贸易，提高其国际竞争力。

参考文献

[1] Porter, Michael. *The Competitive Advantage of Nations*. Palgrave, 1998.

[2] Porter, M., *The Competitive Advantage of Nations*, New York, NY: Macmillan, 1990.

[3] Joao, A. and Cabral, S., *Portuguese International Trade in Services*, *Economic Bulletin*, Banco de Portugal, 2009.

[4] Michaely, Michael. , *Concentration in International Trade*, Amsterdam: North – Holland, 1962.

[5] Cave, W. , "Measuring international Trade in Services and New Demands on the Family of Classifications", Paper Prepared for the IAOS, London, August 27 – 29 2002.

[6] "Manual on Statistics of International Trade in Services (1999 and 2001)", Draft 5, November 1999, and Final Draft 6, September 2001, available at http: //www. oecd. org/pdf/M00017000/M00017039. pdf, released by the European Commission, IMF, OECD, UNCTAD and WTO.

[7] Karsenty, G. , "Trends in Services Trade under GATS Recent Developments", Presentation Prepared for the Symposium on Assessment of Trade in Services, WTO, 14 – 15 March 2002.

[8] Hatzichronoglou, Th. , "Globalization and Competitiveness: Relevant Indicators", STI Working Papers, 1996/5, OECD.

[9] Narula, R. and K. Wakelin, "Technological competitiveness, FDI and trade", MERIT Working Paper Series No. 95 – 20, 1995.

[10] Hindley B. , Smith A. , "Comparative Advantage and Trade in Services", The World International Trade Center (JTC), 2012, "Trade in Services Statistics Data Base". [Online: cited on 25th 30th, March 2012]. Available from URL: http: //www. intracen. org/tradesupport/trade – statistics/.

[11] Deardorff A. V. , "Comparative Advantage and International Trade and Investment in Services", Trade and Investment in Services: Canada/US perspectives, (ed. R. M. Stern), Ontario Economic Council, Toronto 1985. Economy, 711984, pp. 369 – 390.

[12] Yoon, C. I and Kim, K. , "Comparative advantage of the Services and manufacturing industries of a Korea, China and Japan and Implication of its FTA Policy", 2006. http: //facuity. washington. edu/karyiu/confer/seou 106/papers/yoon – ki m. pdf.

[13] Worz J. , "Austria's Competitiveness in Trade in Service", *FIW Re-*

search Reports, NO. 3, 2008.

[14] Dowrick, S.. "Trade Openness and Growth: Who Benefits?", *Oxford Review of Economic Policy*, Vol. 20, No. 1, pp. 38 – 56, 2004.

[15] Singh, T., "Trade Openness and Economic Growth in Canada: An Evidence from Time – Series Tests", *Global Economy Journal*, Vol. 15, No. 3, 2015.

[16] Coto – Millán, "Essays on Microeconomics and Industrial Organisation", Germany: Physica – Verlag Heidelberg, Pablo. ed., 2004.

[17] Laursen, Keld, "Revealed Comparative Advantage and the Alternatives as Measures of International Specialisation", Danish Research Unit for Industrial Dynamics. Working Paper. No. 98 – 30, pp. 1 – 24, 1998.

[18] Halilbašić, Muamer, "Trade Advantages and Specialization Dynamics of SEE Countries", 6th International Conference of the School of Economics and Business: Beyond the Economic Crisis: Lessons Learned and Challenges Ahead. Sarajevo, Bosnia and Herzegovina 12 – 13 October 2012, Sarajevo: Ekonomski fakultet u Sarajevu.

[19] Hillman, A. L.. "Observation on the Relation between Revealed Comparative Advantage and Comparative Advantage as Indicated by Pre-Trade Relatives Price", *Weltwirtschaflitches Archiv*, 116, pp. 315 – 321, 1980.

[20] Deardorff, A. V., "Exploring The Limits Of Comparative Advantage", *Weltwirtschaftliches Archiv*, No. 130, pp. 1 – 19, 1994.

[21] Hoen, A. R. dan Oosterhaven, J., "On The Measurement Of Comparative Advantage", *The Annals of Regional Science*, No. 40, pp. 677 – 691, 2006.

[22] Yeats, A. J., "On The Appropriate Interpretation Of The Revealed Comparative Advantage Index: Implications Of A Methodology Based On Industry Sector Analysis", *Weltwirtschaftliches Archiv*, No. 121, pp. 61 – 73, 1985.

[23] Laursen, K.. "Revealed Comparative Advantage and The Alternatives

As Measures Of International Specialisation", DRUID Working Paper, 98-30, 1998.

[24] Yu, R., Cai, J., dan Leung, P., "The Normalized Revealed Comparative Advantage Index", *The Analysis of Regional Science*, Vol. 43, No. 1, pp. 267-282, 2009.

[25] 陈宪:《国际服务贸易》,立信会计出版社 2008 年版。

[26] 程大中:《服务业就业与服务贸易出口:关于中国和美国的对比分析》,《世界经济》2000 年第 11 期。

[27] 程大中:《中国服务贸易显性比较优势与"入世"承诺减让的实证研究》,《管理世界》2003 年第 7 期。

[28] 迈克尔·波特:《国家竞争优势》,华夏出版社 2002 年版。

[29] 戴维·B、约菲、本杰明·戈梅斯等:《国际贸易与竞争——战略与管理案例及要点》,东北财经大学出版社 2000 年版。

[30] 金碚:《中国工业国际竞争力——理论、方法与实证分析》,经济管理出版社 1997 年版。

[31] 金碚:《竞争力经济学》,广东经济出版社 2003 年版。

[32] 刘东升:《国际服务贸易》,中国金融出版社 2005 年版。

[33] 黄繁华:《中国经济开放度及其国际比较研究》,《国际贸易问题》2001 年第 1 期。

[34] 薛荣久、刘东升:《国际贸易竞争学》,对外贸易大学出版社 2005 年版。

[35] 盛斌:《中国加入 WTO 服务贸易自由化的评估与分析》,《世界经济》2002 年第 8 期。

[36] 鲁茉莉、余华川:《从比较优势角度论服务贸易自由化与我国经济安全》,《世界经济》2004 年第 2 期。

[37] 王小平:《中国服务贸易的特征与竞争力分析》,《财贸经济》2004 年第 8 期。

[38] 李晓钟、张小蒂:《我国对外服务贸易国际竞争力分析》,《福建论坛》(人文社会科学版) 2004 年第 7 期。

[39] 蔡茂森、谭荣:《我国服务贸易竞争力分析》,《国际贸易问题》2005 年第 2 期。

[40] 韩军：《人力资本要素与国际服务贸易比较优势的发挥》，《国际经贸探索》2001 年第 3 期。

[41] 周杰、李梅娟：《我国服务贸易现状及对策分析》，《山东大学学报》2005 年第 3 期。

[42] 谢康、马晓威、黄林军：《发展中国家服务价格低的原因分析》，《世界经济研究》2005 年第 4 期。

[43] 李怀政：《中国服务贸易结构与竞争力的国际比较研究》，《商业经济与管理》2002 年第 12 期。

[44] 李怀政：《我国服务贸易国际竞争力现状及国家竞争优势战略》，《国际贸易问题》2003 年第 2 期。

[45] 聂泳祥：《服务贸易理论基础：比较优势与竞争优势理论的解释力及实证检验》，《首都经贸大学学报》2003 年第 2 期。

[46] 夏晴：《论我国服务贸易的比较优势与竞争优势》，《国际贸易问题》2003 年第 9 期。

[47] 沈明其：《服务贸易开放的国际比较及我国的对策》，《中国软科学》2004 年第 7 期。

[48] 刘重力、胡昭玲：《21 世纪中国外贸发展战略》，中国财政经济出版社 2005 年版。

[49] 潘文卿、张伟：《我国工业产品外贸优势变化及入世后的战略选择》，《中国工业经济》2001 年第 6 期。

[50] 孙俊：《跨国公司与服务贸易比较优势》，《国际贸易问题》2002 年第 9 期。

[51] 孙立行：《探讨"后危机时代"中国的服务贸易发展策略》，《世界经济研究》2011 年第 6 期。

[52] 陈宪：《服务业就业与服务贸易出口——关于中国与美国的对比分析》，《世界经济》2000 年第 11 期。

[53] 殷凤、陈宪：《国际服务贸易影响因素与我国服务贸易国际竞争力研究》，《国际贸易问题》2009 年第 2 期。

[54] 杨圣明：《国际服务贸易：新世纪中国面临的议题》，《财贸经济》1999 年第 3 期。

[55] 杨圣明：《服务贸易：中国与世界》，民主与建设出版社 1999

年版。

[56] 郑吉昌:《服务贸易自由化下中国服务业的发展》,《商业研究》2002年第9期。

[57] 郑吉昌:《服务贸易自由化及中国服务贸易市场准入初探》,《金华职业技术学院学报》2004年第1期。

[58] 张燕、王刚义:《人力资本与中国服务贸易的比较优势》,《生产力研究》2005年第4期。

第十三章　服务业国内监管和服务贸易自由化

随着经济发展和技术进步，服务贸易发展迅速，许多公共服务的私人提供和竞争性趋势使得诸多之前被认为是"不可贸易"的服务可以在国际范围内实现交换。在经济发展的历史中，自由贸易和贸易保护主义总是交替并存，各国根据本国的经济、政治地位确定采取何种贸易政策，服务贸易也不例外。无论是为了扩大顺差还是为了保护国内工业，各国都会有一定程度的服务贸易壁垒。相比货物贸易壁垒，服务贸易壁垒更加隐蔽、微妙和难以量化。由于服务的无形性和国际服务贸易与要素流动的不可分割性，服务贸易保护政策更多采用非关税措施。管理国际服务贸易的政策与有关服务业和要素跨国流动的政策结合在一起，甚至国内的政策法规也成为限制国际服务贸易自由化的障碍。许多形式的国内监管政策实际上阻碍了国际服务贸易自由化，成为服务贸易壁垒。本章探讨服务业国内监管政策和服务贸易自由化的关系。

第一节　国内监管和服务贸易自由化现状和问题

GATS第六条（国内法规）规定了多边框架下的国内监管，在自由化发展的进程中，这一规则对服务市场中国内监管纪律发挥了重要作用，而随着服务贸易的飞速发展，服务贸易市场自由化程度的提高，对国内监管提出了更高的要求和挑战。近年来发起的TiSA谈判、TTIP谈判，以及TPP协议中，有关服务的监管问题都是其中的重要组成部分。

一 多边框架下国内监管存在的问题

在 GATS 框架下，多边贸易规则的目的是保证市场准入，而不是直接提升经济效益或社会福利，因此在多边层面上可能达成的结果是有限的。

（一）多边监管规则的缺失

一国不能以自己认为的恰当方式来对服务部门实施监管。在 GATS 体系中，或者其他多边框架下，就国内监管问题达成一致是最好的选择，因为多边框架可以保证所有国家在谈判中均占有一席之地，且可以为当前存在的最严重问题寻找最佳的解决办法。然而，一方面，WTO 所有多边谈判的结果，尤其是多哈回合的失败，说明在多边框架下很难真正达成一致，也很难得到各国都满意的结果。通常情况下，多边规则是各国妥协的结果，也是各国为实现利益最大化的底线的产物。另一方面，各国要想从服务贸易中获益，就需要遵守这些规则，而这些规则势必会影响到其国内监管规则。当前 GATS 存在的问题是：服务部门之间差异巨大，而 GATS 只是建立了一定程度的一般规则，因此，这一规则一定是模糊的，其约束程度和针对性相对较低。

目前，对国内监管的规定是 GATS 最薄弱的规定之一，这对国际服务贸易造成了显著的影响。因为若要在不损害国家主权且无不当限制监管自由的情况下，在此领域建立有效的多边规则非常困难。

（二）国内监管透明度的缺乏

GATS 第六条规定"在已做出具体承诺的部门，每个成员应确保所有普遍适用的影响服务贸易的措施，以合理、客观和公正的方式予以实施"。这一条款事实上是对国内监管措施透明度的要求，使得监管措施的提出、执行以及管理都更加透明，服务提供者可以获得国内监管措施相关法律法规的信息以及执行程序等。但该条款本质上是一个粗糙的临时条款，只是对国内监管透明度问题做出一般承诺。

透明度问题主要包括公布和告知监管措施以及具体细则等。事实上，当前许多国家采用正面清单方式，意味着所要公布的内容本身具有模糊性，这使得透明度问题更加复杂和难以解决。

虽然某些区域服务贸易协定引入了比 GATS 更加严格的透明度安

排,比如北美自由贸易协定要求成员国详细披露国内服务业壁垒的完整信息,包括涉及的法律章节和对措施的详细描述等;南美洲共同市场引进冻结条款,即现有的服务业相关的法律条款和措施只能减少而不能增加。但这些措施存在于区域服务协定覆盖的成员国之间,而无法涵盖其他 WTO 成员。

国内监管透明度的缺乏,意味着服务贸易双方信息不对称,会形成隐形贸易保护,增加服务贸易成本,同时也使得贸易趋势更加难以预测。

二 监管壁垒和服务贸易自由化发展现状及问题

在对服务贸易的学术研究中,如何量化一直是难以解决的问题。OECD 将服务贸易分成 18 个部门,并通过将监管措施量化来衡量各国的监管壁垒,形成服务贸易限制指数(Services Trade Restrictiveness Index,STRI)。在 STRI 的构成中,包括所有部门的五类政策措施:市场准入限制、自然人移动限制、其他歧视措施、竞争壁垒以及监管透明度(见表 13-1)。OECD 根据各个行业的特性将所有的政策措施赋予不同的权重,然后计算 STRI。其数据库中包含 40 个国家和地区,其中 OECD 成员 34 个,还有"金砖五国"以及印度尼西亚。

表 13-1　　各部门各类政策措施的专家赋予权重

部门	市场准入限制	自然人移动限制	其他歧视措施	竞争壁垒	监管透明度
广播	39.67	12.00	17.33	17.67	13.33
电影	27.24	21.84	19.24	13.44	18.24
音像	12.00	17.00	23.00	27.00	21.00
建筑	21.97	16.87	22.07	18.57	20.53
快递	27.20	12.20	19.20	21.00	20.40
计算机	17.44	20.84	17.73	20.23	23.76
分销	30.11	10.28	17.67	21.94	20.00
商业银行	26.27	12.13	18.67	20.83	22.10
保险	31.00	13.80	16.00	19.13	20.07
会计	24.97	22.26	15.72	17.11	19.93

续表

部门	市场准入限制	自然人移动限制	其他歧视措施	竞争壁垒	监管透明度
建筑设计	18.61	25.62	17.11	16.49	22.17
工程设计	19.47	26.58	15.58	15.55	22.82
法律	22.28	29.76	15.90	14.41	17.66
电信	24.89	13.07	15.44	26.31	20.29
空运	24.50	14.00	23.75	20.00	17.75
海运	35.00	25.00	12.50	14.50	13.00
铁路	24.89	13.07	15.44	26.31	20.29
公路	35.00	15.00	25.00	20.00	5.00

资料来源：OECD 数据库。

根据上述权重，对各个国家和地区各部门的政策打分，从而得到综合的 STRI。图 13-1 显示了 OECD 数据库 40 个国家和地区各个部门 STRI 的分布，从图中可以看出，在会计和铁路部门，STRI 最大，为 1，也就是说仍有国家在这两个部门中是完全封闭的。此外，快递、广播、保险、电影、法律等部门的 STRI 差距较大，差距最小的行业是计算机，即在 OECD 数据库 40 个国家和地区中，计算机是开放度最高的服务业。

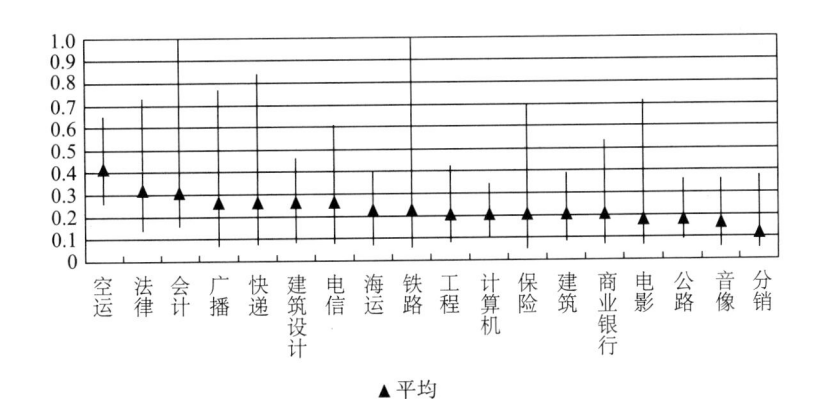

图 13-1 分部门 STRI

资料来源：OECD。

三 异质性国内监管和服务贸易自由化发展现状和问题

国内监管包括两个方面：监管强度和监管异质性。而造成服务贸易壁垒的主要是国内监管的异质性问题，即国家或地区之间监管制度、监管水平以及监管实施方法等的不同，且监管相关的固定成本是沉没的市场准入成本，尤其是对某一特定的出口市场，因此服务提供者必须决定是否"投资"此类固定成本。在这个意义上，国家间的双边政策异质性形成了服务贸易壁垒[1]，影响服务贸易自由化的发展。

（一）自然壁垒对国内监管和服务贸易自由化的影响

自然壁垒主要包括地理因素、语言、文化、风俗习惯等。这些因素在一定程度上对国内监管和服务贸易自由化造成了影响。

对于服务业来说，大部分服务的生产和消费是同时在同一地域发生的，因此地理因素对服务贸易的影响远高于对货物贸易的影响。政府对服务的监管一般都发生在国境之内，对服务贸易的四种模式[2]的监管中，监管者反对跨境服务贸易的自由化，因为在外国管辖范围内更难以控制服务的发展。监管者更倾向于要求建立商业存在，这可以保证他们更好地控制其活动。而自然人移动更是许多国家严格限制的。研究发现，严格的国内监管会放大地理距离上的弱势，导致该国就会较少吸收服务直接投资。

语言是传递信息的重要手段，而服务贸易信息比货物贸易更加密集，所以语言在服务贸易中形成的壁垒比在货物贸易中更高。语言的差异也会造成对监管信息的误读，从而形成不必要的壁垒。

（二）异质性国内监管形成制度壁垒

在监管的过程中，许多"监管负担"并非来自监管者的行为，而是来自监管相关参与各方的互动中，比如国内监管标准制定部门和执法部门之间的矛盾、检查者和监管者之间的矛盾，以及监管者和被监管者

---

[1] Kox & Lejour, Regulatory Heterogeneity as Obstacle for International Services Trade. CPB Discussion Paper No. 49, September, 2005.

[2] 即跨境交付（模式一）、境外消费（模式二）、商业存在（模式三）、自然人移动（模式四）。

之间的矛盾。

在两国或地区之间，由于语言、文化、制度等不同，会使得上述矛盾放大，也就是说，监管会造成行政上的负担，形成制度壁垒。

（三）异质性国内监管形成服务贸易准入壁垒

市场准入和国民待遇问题是服务贸易自由化的两大基础问题。但在实际操作中，服务贸易的市场准入和国民待遇的边界较为模糊，根据 WTO 的规定，市场准入主要是指其承诺表中承诺开放的部门，除非明确规定，不得以数量或经济需求方式限制服务提供者数量、交易总额、业务总量、雇佣人数、外国持股和投资总额等，不得限制实体的法律类型。国民待遇主要是指其承诺表的部门中，未特别说明的情况下给予外国服务提供者的待遇不得低于本国服务提供者的待遇。

服务贸易市场准入壁垒除了上述诸如国籍要求、实体类型要求、外资持股要求、数量要求等，还包括企业开业许可证及相关授权的要求、服务提供人员的额外专业资质要求（即不承认服务提供者母国的资质认证）、来源国的物质投入、供应商和人员方面的壁垒（比如需要寻找新的本地供应商）、社会保险要求、税收要求等。

OECD 发展出一套衡量监管造成 FDI 壁垒的指标，其中包括股权限制、审查和批准、关键外国人员流动以及其他有关准入的限制等。本章选取 10 个在服务贸易领域具有代表性的 OECD 成员和"金砖五国" 1997 年和 2015 年的数据，考察监管壁垒对服务 FDI 造成的影响。

在表 13-2 和表 13-3 中，选取了服务贸易具有较强竞争力的国家澳大利亚、加拿大、法国、德国、日本、英国、美国；FDI 监管限制指标（Regulatory Restrictiveness Index，RRI）较低的 OECD 成员——卢森堡和荷兰，以及亚洲国家韩国。

从服务业整体 RRI 来看，卢森堡是 RRI 最低的国家，从 1997 年到 2015 年，一直保持 0.007，是 OECD 甚至全世界最低的国家。荷兰从 1997 年的略高于 0.01 到 2015 年低于 0.01。德国、法国、英国、美国的 RRI 一直低于 0.1，且除美国之外，其他三国均有小幅降低，其中英

表 13-2　　　　　　　OECD 直接投资监管限制指标（1）

	澳大利亚		加拿大		法国		德国		日本		韩国	
	1997年	2015年	1997年	2015年	1997年	2015年	1997年	2015年	1997年	2015年	1997年	2015年
第三产业	0.332	0.178	0.352	0.197	0.053	0.033	0.034	0.022	0.130	0.077	0.617	0.141
配送	0.200	0.075	0.110	0.100	0	0	0	0	0.001	0.001	0.300	0
批发	0.200	0.075	0.110	0.100	0	0	0	0	0.001	0.001	0.250	0
零售	0.200	0.075	0.110	0.100	0	0	0	0	0.001	0.001	0.350	0
交通	0.325	0.260	0.807	0.267	0.150	0.150	0.292	0.200	0.275	0.275	0.717	0.508
陆路	0.200	0.075	0.710	0.100	0	0	0	0	0.025	0.025	0.250	0
海运	0.250	0.250	1.000	0.100	0.225	0.225	0.275	0.275	0.150	0.150	1.000	0.975
空运	0.525	0.455	0.710	0.600	0.225	0.225	0.600	0.325	0.650	0.650	0.900	0.550
酒店和餐馆	0.200	0.075	0.110	0.100	0	0	0	0	0	0	0.250	0
媒体	0.763	0.200	0.710	0.710	0.048	0.048	0.025	0.025	0.263	0.200	1.000	0.563
广播和电视	0.525	0.200	0.710	0.710	0.045	0.045	0.050	0.050	0.525	0.400	1.000	0.750
其他媒体	1.000	0.200	0.710	0.710	0.050	0.050	0	0	0	0	1.000	0.375
通信	0.400	0.400	0.675	0.565	0.225	0	0	0	0.565	0.265	0.825	0.325
固定通信	0.400	0.400	0.675	0.565	0.225	0	0	0	0.605	0.505	0.825	0.325
移动通信	0.400	0.400	0.675	0.565	0.225	0	0	0	0.525	0.025	0.825	0.325
金融服务	0.283	0.133	0.410	0.073	0.054	0.054	0.020	0.005	0.075	0	0.717	0.050
银行业	0.300	0.200	0.610	0.110	0.045	0.045	0.011	0.011	0.100	0	0.500	0
保险业	0.250	0.125	0.260	0.010	0.068	0.068	0	0	0	0	0.850	0
其他金融服务	0.300	0.075	0.360	0.100	0.050	0.050	0.050	0.005	0.125	0	0.800	0.150
商务服务	0.203	0.078	0.110	0.100	0.003	0.003	0	0	0	0	0.250	0
法律	0.200	0.075	0.110	0.100	0.010	0.010	0	0	0	0	0.250	0
会计和审计	0.210	0.085	0.110	0.100	0	0	0	0	0	0	0.250	0
建筑	0.200	0.075	0.110	0.100	0	0	0	0	0	0	0.250	0
工程	0.200	0.075	0.110	0.100	0	0	0	0	0	0	0.250	0
房地产投资	0.513	0.400	0.01	0.010	0	0	0	0	0.100	0.100	1.000	0
总 FDI 指标	0.266	0.140	0.267	0.166	0.055	0.045	0.030	0.023	0.079	0.052	0.532	0.135

表 13-3　　　　　　　　OECD 直接投资监管限制指标（2）

	卢森堡		荷兰		英国		美国		OECD 平均	
	1997年	2015年	1997年	2015年	1997年	2015年	1997年	2015年	1997年	2015年
第三产业	0.007	0.007	0.017	0.008	0.089	0.050	0.094	0.094	0.167	0.085
配送	0	0	0	0	0.023	0.023	0	0	0.054	0.022
批发	0	0	0	0	0.023	0.023	0	0	0.050	0.019
零售	0	0	0	0	0.023	0.023	0	0	0.058	0.024
交通	0.075	0.075	0.183	0.083	0.223	0.114	0.550	0.550	0.362	0.218
陆路	0	0	0	0	0.023	0.023	0	0	0.130	0.039
海运	0	0	0.050	0.023	0.073	0.073	1.000	1.000	0.370	0.262
空运	0.225	0.225	0.500	0.225	0.573	0.248	0.650	0.650	0.587	0.352
酒店和餐馆	0	0	0	0	0.023	0.023	0	0	0.051	0.020
媒体	0	0	0	0	0.248	0.248	0.250	0.250	0.243	0.163
广播和电视	0	0	0	0	0.473	0.473	0.500	0.500	0.305	0.234
其他媒体	0	0	0	0	0.023	0.023	0	0	0.181	0.093
通信	0	0	0	0	0.103	0.023	0.110	0.110	0.184	0.088
固定通信	0	0	0	0	0.103	0.023	0.020	0.020	0.190	0.095
移动通信	0	0	0	0	0.103	0.023	0.200	0.200	0.178	0.082
金融服务	0.002	0.002	0.002	0.002	0.106	0.024	0.042	0.042	0.138	0.035
银行业	0	0	0	0	0.123	0.023	0.100	0.100	0.162	0.040
保险业	0	0	0	0	0.068	0.023	0	0	0.126	0.023
其他金融服务	0.005	0.005	0.005	0.005	0.127	0.027	0.025	0.025	0.125	0.042
商务服务	0	0	0	0	0.023	0.023	0	0	0.109	0.067
法律	0	0	0	0	0.023	0.023	0	0	0.170	0.117
会计和审计	0	0	0	0	0.023	0.023	0	0	0.129	0.099
建筑	0	0	0	0	0.023	0.023	0	0	0.070	0.026
工程	0	0	0	0	0.023	0.023	0	0	0.070	0.026
房地产投资	0	0	0	0	0	0	0	0	0.255	0.164
总 FDI 指标	0.004	0.004	0.020	0.015	0.081	0.061	0.089	0.089	0.127	0.068

资料来源：OECD。

国从 0.089 降到 0.050。澳大利亚和加拿大 1997 年的 RRI 均超过 0.3，到 2015 年降至 0.2 左右。韩国则是发达国家中 RRI 相对很高的国家，1997 年为 0.617，但其在过去 30 年中进步很大，到 2015 年已降至 0.141。

从部门来看，海运和空运、广播和电视、金融服务中的银行业和其他金融服务的 RRI 相对较高。海运中，只有卢森堡的 RRI 为 0，美国 1997 年到 2015 年海运 RRI 一直为 1。广播和电视以及银行业只有卢森堡和荷兰的 RRI 为 0，日本的银行业在 2015 年也降为 0。

从表 13-4 中可以看出，金砖国家的 RRI 普遍高于 OECD 国家水平，除了 1997 年的南非服务 FDI 的 RRI 低于 OECD 平均水平外，其他国家均高于 OECD 平均水平。尤其是中国，1997 年的 RRI 为 0.736，是 OECD 测量的国家中 RRI 最高的国家，其次是印度。经过了约 30 年之后，原本 RRI 较低的巴西和南非均有所降低，但幅度不大。印度是所有金砖国家中降幅最大的国家，超过了 0.3，从 0.638 降至 0.325。俄罗斯从 0.4 降至 0.255。RRI 最高的中国从 0.736 降至 0.445，仍然是该数据库中 RRI 最高的国家。

表 13-4　OECD 直接投资监管限制指标（3）——金砖国家

	巴西		中国		印度		俄罗斯		南非	
	1997 年	2015 年	1997 年	2015 年	1997 年	2015 年	1997 年	2015 年	1997 年	2015 年
第三产业	0.182	0.118	0.736	0.445	0.638	0.325	0.400	0.255	0.146	0.101
配送	0.025	0.025	0.750	0.205	0.600	0.234	0.200	0.050	0.060	0.010
批发	0.025	0.025	0.750	0.190	0.200	0	0.200	0.050	0.060	0.010
零售	0.025	0.025	0.750	0.220	1.000	0.468	0.200	0.050	0.060	0.010
交通	0.275	0.275	0.795	0.554	0.450	0.158	0.392	0.350	0.243	0.193
陆路	0.275	0.275	0.750	0.325	0.200	0	0.200	0.350	0.060	0.010
海运	0.025	0.025	0.885	0.683	0	0	0.200	0.050	0.110	0.060
空运	0.525	0.525	0.750	0.655	0.950	0.475	0.775	0.650	0.560	0.510
酒店和餐馆	0.025	0.025	0.350	0.150	0.350	0	0.250	0.100	0.160	0.110
媒体	1.000	0.550	1.000	1.000	1.000	0.310	0.300	0.350	0.348	0.298

续表

	巴西 1997年	巴西 2015年	中国 1997年	中国 2015年	印度 1997年	印度 2015年	俄罗斯 1997年	俄罗斯 2015年	南非 1997年	南非 2015年
广播和电视	1.000	0.425	1.000	1.000	1.000	0.270	0.300	0.550	0.635	0.585
其他媒体	1.000	0.675	1.000	1.000	1.000	0.350	0.300	0.150	0.060	0.010
通信	0.275	0.025	1.000	0.750	0.700	0.175	0.325	0.100	0.060	0.010
固定通信	0.025	0.025	1.000	0.750	0.700	0.175	0.450	0.150	0.060	0.010
移动通信	0.525	0.025	1.000	0.750	0.700	0.175	0.200	0.050	0.060	0.010
金融服务	0.108	0.108	0.792	0.510	0.552	0.301	0.658	0.432	0.102	0.052
银行业	0.150	0.150	0.625	0.500	0.700	0.413	0.775	0.500	0.060	0.010
保险业	0.125	0.125	1.000	0.625	0.700	0.450	1.000	0.695	0.110	0.060
其他金融服务	0.050	0.050	0.750	0.405	0.255	0.040	0.200	0.100	0.135	0.085
商务服务	0.025	0.025	0.575	0.325	0.663	0.563	0.325	0.175	0.310	0.260
法律	0.025	0.025	0.750	0.750	1.000	1.000	0.700	0.550	0.560	0.510
会计和审计	0.025	0.025	0.500	0.250	1.000	1.000	0.200	0.050	0.560	0.510
建筑	0.025	0.025	0.500	0.150	0.200	0	0.200	0.050	0.060	0.010
工程	0.025	0.025	0.550	0.150	0.450	0.250	0.200	0.050	0.060	0.010
房地产投资	0.025	0.025	0.500	0.180	1.000	1.000	0.433	0.333	0.060	0.060
总FDI指标	0.121	0.101	0.626	0.386	0.484	0.237	0.338	0.181	0.103	0.055

资料来源：OECD。

此外，金砖国家在空运服务领域整体限制较高，全部超过0.5。过去30年中，开放幅度较大的国家和行业有：巴西的媒体和移动通信；中国的陆路、交通、保险业和建筑；印度的交通、媒体和通信；俄罗斯的通信服务；南非各个行业1997年相对较为开放，到2015年各部门均有更高程度的开放，但并没有非常大的开放空间。

到2015年，在空运、媒体、金融服务、法律、会计和审计等部门，金砖国家FDI的RRI仍然较高，说明在这些部门中，金砖国家的准入壁垒仍然很高。

(四) 异质性国内监管形成服务贸易竞争壁垒

一国服务市场开放后,外国经营者的进入增加了竞争压力,导致利润率、费用和贷款利率的降低,但服务贸易的自由化会引起更多的贸易,促使新的服务贸易提供者加入,本国和外国企业总数增加,在这种情况下,不会影响竞争。然而,市场准入壁垒形成了企业进入市场的固定成本,准入壁垒同市场规模的相关性越高,越少企业在进入之后可以收支相抵。因此,在面对明显的进入壁垒时,只有最具生产力的企业可以进入外国市场,从而形成竞争壁垒[①]。竞争壁垒又会反过来影响所有的国内外服务提供者,从而造成福利损失。比如在金融服务领域,除审慎监管和宏观经济政策之外,要求借贷给某些特定部门或个体,或者在优惠利率的基础上强制借贷等国内监管措施都会影响经营条件和竞争。

在瑞士和欧盟,对服务提供的监管造成了对营商的限制,形成了进入壁垒并减少了竞争,从而形成更贵的服务。

第二节 国内监管和服务贸易自由化:理论探讨

服务部门的监管旨在修正市场失灵,如信息不对称、道德风险,以及由于规模经济导致的市场力量不均衡。当此类监管成功修正市场失灵时,可以降低进入壁垒、提高福利。此外,当监管在贸易伙伴间协调存在,或互相认可时,会促进服务市场的一体化。然而,并不是所有的监管措施都能成功修正市场失灵,且遵守监管需要成本,同时,出于保护本国经济、产业的考虑,许多服务贸易监管形成了服务贸易壁垒,成为服务贸易自由化的阻碍。而监管强度和监管异质性是影响市场准入、服务总量、商务服务和金融服务流量的最主要因素。

一 多边框架下国内监管和服务贸易自由化

在过去的十几年中,多边服务贸易规则发展缓慢,而双边和区域贸

[①] Kox & Nordas, Services Trade and Domestic Regulation. MPRA Paper No. 2116, posted 9, March 2007.

易协定数目增长迅速,即使许多学者[1]认为区域自由化是走向多边服务贸易自由化的垫脚石,但不可忽视的问题是,在这些协定中,大国的利益往往战胜小国的利益,使得服务贸易自由化发展失衡。然而,在多边框架下,即使较大的经济体仍然占据主导地位,但小国可以联合起来,寻求话语权,实现其诉求。因此,要解决国内监管问题,进一步实现服务贸易自由化,仍需在多边框架下做出更大努力。

(一)发展多边监管规则

自 GATS 签署以来,多边框架下的服务贸易自由化进展缓慢。Dee 和 Hanslow(2000)的研究结果表明,当涉及消除某一种壁垒(市场准入、国民待遇、商业存在或其他服务提供模式)时,很难从部分服务贸易自由化中找到帕累托改进,因此通过谈判以逐步减少所有类型的壁垒是更好的自由化策略。然而,在传统的贸易谈判中,主要依赖"要求与回应"的互惠式让步,服务贸易领域中这种谈判范式激发的动力更少,而额外的技术、经济和政治摩擦也让服务贸易谈判更加复杂[2]。

在 GATS 框架下对国内监管纪律的改进,哪怕只是加强透明度或者监管程序的简化,都可以减少服务贸易进入壁垒,如果将这些改进变成可以实施的国际标准,其收益将会更加广泛。而国内监管的基础以及贸易效应对所有的服务部门几乎是相似的,在多边框架下形成较为统一的透明度要求和监管程序也较为可行,因此在 GATS 框架下建立国内监管的水平纪律规则是可能的。

当然,这需要通过国内的交叉游说、减少国有服务提供者的数量,以及服务自由化谈判等方式,形成服务贸易自由化过程中的政治约束[3],从而在多边框架下建立并发展更合理的国内监管规则。

(二)提升国内监管透明度

加强对透明度原则的实施,可以促进良好的治理和有效的规则的实现,制定新的规则必须先对潜在的成本和收益尤其是执行成本进行审慎的测度。

---

[1] Hallet & Braga(1994);Hamanaka(2009);陈秀莲(2011);等等。
[2] Matoo(2005);Adlung(2009)。
[3] Fung & Siu,"Political Economy of Service Trade Liberalization and the Doha Round", *Pacific Economic Review*,13(1),2008.

1. 提高透明度的收益

从多边层面上来说，GATS 的目标是促进服务贸易自由化，而非消除监管。事实上，为了实现服务贸易自由化，实现各国国内的经济和社会目标，一定的监管是必要的，但这些监管措施必须以更加透明、有效的方式设计和执行，才能达到目的。

服务贸易的无形性等复杂特征决定了无论是对服务的跨国提供还是商业存在的跨国建立，监管的透明度是决定相关决策公开度的一个重要因素，可以防止不必要的服务贸易壁垒的设立，以公开的程序促进更好的、更有效的监管。

监管的透明度指的是监管政策制定的动态过程，监管规则的提出、讨论、咨询、制定、执行等一系列程序的公开公正。包括：（1）信息披露，使信息具有可利用性、可获得性以及可比较性；（2）公众参与决策，公开、广泛、有影响力；（3）可预测，使得审议、申诉、执行等程序都具有可预测性；（4）反对腐败和贿赂[1]。

对于所有参与方来说，提高透明度有以下好处：第一，对政策制定者来说，透明的国内监管可以增进公众对政府和监管者的信任，有利于消除对政策目标的误解，且可以推动经济效率的提高。第二，对企业，尤其是外国参与者来说，可以了解到更多的信息，包括市场上可能会遇到的各种情况和限制，更加准确地预估投资的成本和收益，可以采取与监管规则相一致的措施、适应监管可能出现的变化。第三，对监管者来说，避免了利益集团的游说和被监管者的干扰，可以保证其监管工作的独立自主。

从经济的角度考虑，透明度的收益包括：第一，降低搜寻成本。调查外国市场、外国政府及其实际上的监管措施都耗时耗力，增加国内监管的透明度可以减少这些成本。第二，加强制度建设。国内监管措施透明度的提高会改善政府治理、提高政府效率并减少腐败。第三，改善贸易关系。透明度可以促进贸易双方的协调合作，加强国家之间的贸易联系。

---

[1] Lejarraga, Multilateralising Regionalism: Strengthening Transparency Disciplines in Trade, OECD Trade Policy Papers No. 152, 2013.

2. 提高透明度的方法

多边层面，GATS 要求成员方在法规及附属措施生效前要予以公布。且成员方有义务通知申请人在合理时期内做出决策并提供有关申请情况的信息。当前，许多透明度问题并非需要重新建立新准则的问题，而是对现有 GATS 框架下义务的有效履行问题。也就是说，对现有透明度义务更好的遵守和履行是提高透明度的基础和首要任务。其次，可以考虑对监管规则进行事前协商和事后评议等新的规定。

国家层面，在承诺新的透明度义务之前，要衡量该措施所造成的行政负担和提高透明度产生的利益之间的关系，在缓解行政负担的同时注意保证国内经济、社会和管理的效率以及贸易收益。可以提高透明度的方法包括：监管措施发布的事前协商、咨询、执行程序的透明以及事后评议；详细公布申请人所需要的相关信息、标准、日期以及所需材料等；公平、公正、可供质询的申诉和审查机制等。

二　监管壁垒和服务贸易自由化

贸易自由化是指降低贸易可变成本或移除同商品贸易中的配额有类似作用的贸易壁垒的政策[1]。在服务贸易中，自由化是福利增加的主要潜在来源。WTO 指出服务贸易自由化的好处是：促进经济繁荣；增强发展中国家出口商与生产者的竞争优势；使消费者从价优质高的服务中获益；加快创新的速度；增加服务贸易的透明度和可预测性；促进技术转让[2]。同时，GATS 表明："成员国为了达到一国的政策目标，有权对其领土内服务业的供给进行管制，以及实施新的规则，若考虑到不同国家服务业规则发展水平存在不均衡，发展中国家更需要使用这一权利。"也就是说，服务贸易自由化并不意味着将服务私有化或消除监管，服务贸易开放并不意味着向外国服务提供者开放所有的服务领域。GATS 的本意是尊重一国政策制定的自主权和基于经济发展战略的保护措施，但国内监管所造成的壁垒已引起各国尤其是发达国家的重视。

---

[1] Kox & Nordas. Services Trade and Domestic Regulation. MPRA Paper No. 2116, posted 9. March 2007.

[2] WTO, GATS – Facts and Fiction.

(一) 国内监管的定义和分类

OECD 对监管的定义集中在具有代表权的政府设定的针对公民和企业的一系列规则，包括：标准，即阐述要达到的目标；信息收集，如报告和检查等；行为修正，即约束行为[①]等。

王衡等（2012）认为 WTO 国内规制分成两个部分，一是程序规则，如透明度原则等，从程序方面保障公平；二是实体规则，如资质要求、许可要求、技术标准等。各项协议如 GATS、《会计服务业国内规制准则》等都是实体规则的体现。

徐元国（2005）将政府对产业的规制的分类引入政府对服务规制的分类中，分为两类：一类是经济性管制，即政府通过进入与退出壁垒、数量、价格等对服务提供进行的强制性约束；另一类是社会性管制，即以保障劳动者和消费者的健康、卫生、安全以及环境保护等目的，对服务质量和服务活动进行限制。他指出，第一，从生产性的角度来说，当前许多国家政府服务贸易规制是经济性管制，突出表现形式是行业规制，即针对具体行业制定相关的进入法律、行政障碍、许可范围等。这些规制有的是由于市场失灵或者为了满足某些经济的或非经济的目标，但有些规制只是为了保护本国企业，属于贸易壁垒的范畴。第二，从服务性的角度来说，政府则多进行社会性管制，其表现形式是一般规则，即其制定的规制政策适用于所有服务业，如企业成立时的行政程序等，从而使得企业付出一定的固定成本，并在某种程度上减轻或消除信息不对称，从而维护消费者利益。

Erik van der Marel 和 Shepherd（2011）认为监管措施对跨境服务贸易造成了显著的壁垒，包括运输、通信、商务服务、保险和娱乐等。然而，对金融服务、分销和建筑的影响较小。进入壁垒和行为监管在部门间的影响是不同的，某些特殊措施，如许可证要求、经济需求测试、营商形式限制以及广告限制等亦如此。

Conway 等（2005）将产品市场监管分成五类：竞争壁垒、开业的管理壁垒、监管和管理的不透明、贸易和投资的显性壁垒、国家控制。

---

① OECD, Regulatory Policy in Perspective: A Reader's Companion to the OECD Regulatory Outlook 2015, OECD Publishing, Paris, 2015.

（二）监管壁垒和服务贸易自由化

大量研究表明，许多服务监管措施形成了服务贸易的监管壁垒，从而阻碍了服务贸易自由化的发展。

许多学者在 OECD 数据库的基础上对国内监管和服务贸易进行量化的实证分析，但在这个过程中，通常需要解决四个困难，即与实体货物相比，服务贸易数据质量较低；精确的妨碍服务贸易的国内监管数量措施并不存在；国内监管可能受到服务贸易的影响，从而被认为是外生变量；若没有正确控制无法观察的国家异质性，跨国研究很可能产生假的结果。

因此，在进行实证研究的过程中，通常集中在服务贸易总量，尽可能精确地测量跨境服务贸易；尽可能多地使用 OECD 的总制造市场监管指数（PMR），因其覆盖了大量的形成服务贸易壁垒的国内监管，所以可以使得被视为外生变量的可能性降到很低；对 OECD 监管指数使用面板统计技术，部分控制不可观察的国家异质性。

在此基础上，学者进行了大量的研究，根据不同的样本，得到不同的实证结果，如 Schwellnus（2007）的结论认为，服务贸易和国内监管负相关。对于依赖专业化的出口国家，服务贸易对国内监管的弹性在 -1.2 到 -2.3 之间。OECD 的 PMR 指数降低 10%，将会使服务贸易增加 12%—23%。Borchert 等（2012）将研究范围扩大到 103 个国家（包括 24 个 OECD 国家和 79 个发展中国家），发现某些增速很快的亚洲国家和富含石油的海湾地区国家有着对服务贸易最严格的政策，而一些最贫穷国家却比较开放。从部门来看，专业服务和运输服务在发达国家和地区及发展中国家和地区都是保护力度最大的，而零售、电信甚至金融都相对更加开放。不同的贸易政策对于投资流动和服务准入都至关重要，尤其是外资收购的限制、许可证歧视、资金回流限制以及法律援助的缺乏等都有非常明显且巨大的负面效应，其结果表明，同开放的政策体制相比，相对封闭的经济体在 7 年的时间内减少对外投资预期值为 22 亿美元。仅就服务市场准入来说，以外资银行的设立为例，若仅设置运行限制而非限制商业存在，信贷总额占国内生产总值将会平均增加 3.3 个百分点。Barone 和 Cingano（2008）对 OECD 国家的实证分析也证明，较低的服务监管可以转化成更快的增值、生产率以及下游服务密集型产业的出口增加。

Crozet（2011）等使用了更加微观的方法，根据法国企业出口专业服务到 OECD 国家的数据，分析国内监管对贸易利润的关系，研究国内监管对出口意愿和出口量的影响。其结果表明，出口市场的国内监管对服务贸易影响显著，减少了出口意愿和出口量。监管增加 10% 减少服务出口量超过 7%，出口意愿减少 2.8%。他们认为国内监管的确具有歧视性。

Bouvatier（2014）对金融服务做了部门研究，其结论认为跨境金融服务出口不依赖于银行资本要求的跨国异质性，而受私人监控的不同的负面影响。监管机构权力的异质性对金融服务出口的负面影响并没有明确结论。但是，在金融服务市场融合方面，有限的 GATS 承诺、对外国服务提供者的歧视、资本控制等都是重要因素。私人监控的异质性影响不大。也就是说，银行监管的跨国异质性并不影响金融服务提供者公平竞争的环境。由巴塞尔银行监管委员会（BCBS）倡导的"软"国际法制安排引起各国完成巴塞尔协议的进度不同，但从国际层面来看，其结果也是有限的。因此，各国可以为客户量身定制资本要求及其银行业监管，而不会妨碍跨国金融服务贸易。只有在私人监控行为方面的异质性是对贸易有害的。这一结论暗含的政策含义是，WTO 不应该将不正式的、不具有严格约束性质的国际金融监管标准作为促进公平贸易的壁垒。追求更高的 GATS 承诺和更低的资本控制似乎更适合显著提升金融服务市场的国际融合。

然而，Koedijk 等（1996）的早期研究却表明在监管和经济表现之间有明显的负相关关系。去监管化努力包含一些再监管，但是经济越是透明、目标和时间限制越是明确，去监管化就越是有可能成功。

学者使用监管强度指标衡量国内监管规则对贸易的影响。一国的监管壁垒越高，则监管强度越大。然而，监管强度只描述了国内监管造成的服务贸易壁垒的一个方面。假设两国有相同的监管强度，并不等于两国有相似的监管体系，相反两国监管体系可能完全不同。即使在欧盟，许多国家的监管体系也大不相同。因此，就需要发展出监管的异质性指标来更加准确地衡量服务贸易监管壁垒。

三 异质性国内监管和服务贸易自由化

不仅是国内外的监管水平，国家间对服务市场监管的差别也非常重要。研究发现，不同国家之间的政策异质性对双边服务贸易有消极影响，且监管异质性的程度和双边服务贸易的水平反向相关。研究表明，若将OECD分歧最多的国家监管异质性减少到OECD对子国家的平均水平，OECD国家的总服务出口增加2.5%；对有最相似监管的对子国家进行全面一致化，将提高全部OECD出口30%；在OECD国家实行全面一致化，总服务出口将会增加60%[①]。也就是说，消除国内监管的异质性有利于服务贸易自由化的发展。

（一）自然壁垒和服务贸易自由化

无论对哪个部门进行监管，除了政府行为之外，都面临两个影响监管的因素：时间一致性和信息不对称问题。地理距离、国家发展水平，以及其他文化和历史联系都会影响自然人移动。这些因素越接近，自然人移动越频繁和便利。

（二）制度壁垒和服务贸易自由化

制度壁垒是由国内监管自身的特性决定的。一国国内的监管发生在不同的部门之间，不同国家的监管更是受到政治体制、经济环境以及文化等因素的影响，这些不同都放大了国内监管的缺陷，形成制度壁垒。

（1）监督缺陷，即对服务业和服务贸易的监管可能会缺乏一致性和可预测性。由于服务贸易的特殊性，大部分国家对服务业和服务贸易的监管并没有统一的监管主体，因此，不同的监管部门之间会产生不一致，甚至相对立的监管要求。而某些监管部门由于包括法律、财政和人力资本等的缺乏，其监管行为会被束缚，甚至导致某些监管措施缺乏可执行性。当前，随着国际监管改革的推进，对监管的要求越来越向以管理为基础和以绩效为基础转变，这对于监管者能否建立恰当的监管机制提出更大的挑战。而在集中体制的国家中，随着服务业中私人部门的兴起以及经济过渡中对监管体制的要求，集中监管的缺点也被进一步

[①] Kox & Nordas, Services Trade and Domestic Regulation. MPRA Paper No. 2116, posted 9, March 2007.

放大。

（2）参与缺陷，即监管过程的包容性问题。第一，服务业和服务贸易监管"自上而下"的特性并未很好地考虑相关方。许多监管措施强调"营商成本"值得商榷，因为"营商成本"似乎将"营商利益"和"经济利益"混为一谈。事实上，监管应该更多地强调设计和创造良好的监管措施，更多地注重相关方的利益。第二，当前许多国家引入对监管措施的"咨询"步骤，"咨询"步骤能很好地处理"咨询常客"提出的意见以及和他们的关系，但对于新加入的或"非标准的"咨询参与者来说，这一步骤进行得并不顺畅。更进一步，如何处理咨询过程中不同专家的不同意见也有待考量。第三，那些涉及监管活动的第三方，比如法院、税务等部门在整个监管过程中的参与程度仍有待提高。

（3）激励缺陷，即当前的许多监管措施对个人激励缺乏考虑。第一，当前服务业和服务贸易的监管中，监管者和被监管者之间的信息不对称，互动不足。被监管者对监管措施的遵守往往只是简单地规避风险和填空式地完成任务，而并未真正解决市场上存在的问题，这降低了被监管者的责任感和"所有"感。第二，这一缺陷造成了消费者按规定进行某些行为，从而降低了发现市场行为的机会。也就是说，监管导致了不必要的机会成本。

（4）适应性缺陷，即监管缺乏多样性。许多监管措施较为死板，灵活性不足。而许多监管者在执行监管措施的过程中采取规避风险的态度，墨守成规，而并未灵活运用自己的专业判断。当某些和现存标准的监管执行程序相悖的问题出现时，并未得到足够重视。对监管措施可能出现的意料之外的结果，也并未给予足够重视。

为了解决上述制度性缺陷，减少执行成本，尤其是由于营商行为造成的执行成本，学者们发展出一套鼓励自我遵守（self-compliance）且避免高成本形式主义程序的方法，也就是所谓的"回应式监管"（Responsive Regulation），该监管规则的执行主要是"基于风险的监管"，也就是说，监管行为应该以影响和概率为基础，允许系统性的监管行为，反过来会减少不具有系统性风险的商业的监管负担。2005 年，英国根据"汉普顿审议"（Hampton Review）将这种"基于风险的监管"

定为强制性的监管程序。英国审计局发展了标准成本模型（The Standard Cost Model），在不改变监管的实际目标的情况下测度监管造成的行政负担。

监管的制度设计应该保证"可信的承诺"，即，制度设计应该最大限度上对"政策逆转"（policy reversal）免疫。可信的承诺应该保护服务提供者在政策出现变化时最小化损失。一方面，可信的承诺要求稳定性和异质性；另一方面，又要求灵活性和可调整性，而这两方面的要求通常是相矛盾的。

同时，制度设计也要考虑减少信息不对称，即被监管者和监管者之间的信息不对称，也就是透明度和义务问题，若监管者拥有信息较多，则会导致被监管者只能被动遵守监管规则且不可预见监管规则的变化；若被监管者拥有信息较多，则可能出现躲避监管义务或钻规则漏洞的行为。

根据当前WTO成员关于GATS第六条第四款监管自由纪律的谈判，发展中国家处在平衡市场准入利益和监管服务提供者的权力的两难境地。对于许多国家，尤其是发展中国家来说，从服务贸易自由化中得到的出口相关收益并非占据其期望收益的最大份额，其国内市场日益增加的竞争力和效率才是最主要的，而正是通过消除国内监管的制度壁垒，才能获得更强的竞争力和效率[①]。因此，监管是必要的发展工具，监管要求保证了国内消费者得到最优质的服务。然而，在WTO体制中的最惠国待遇下，同样的工具也成为发展中国家服务提供者无法克服的市场准入壁垒（Karmakar，2007）。

（三）准入壁垒和服务贸易自由化

1. 异质性国内监管造成服务贸易成本增加

从服务贸易成本的角度来看，监管措施更多地影响固定成本而非可变成本。监管随着市场的不同而不同，意味着遵守某一出口市场的固定成本实际上是市场进入的沉没成本。不同国家之间的政策异质性对双边服务贸易有消极影响（见图13-2）。

---

① Nielson & Taglioni, Services Trade Liberalisation: Identifying Opportunities and Gains, OECD Trade Policy Papers No.1, 2004.

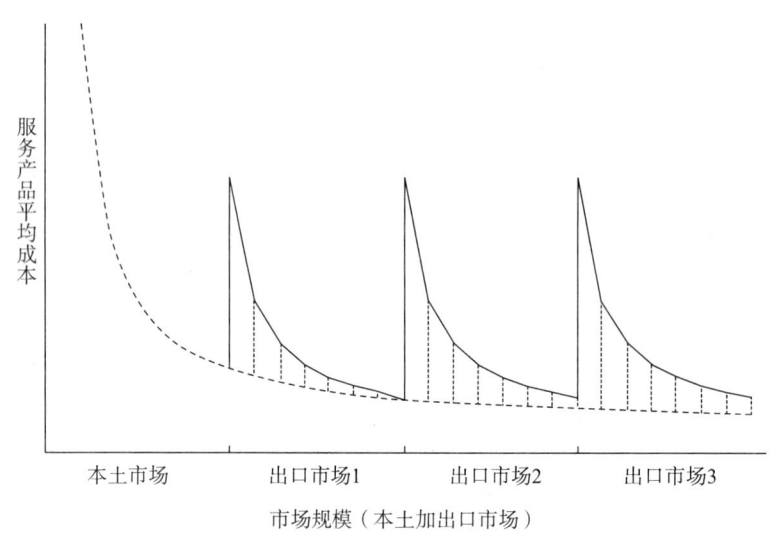

图中纵轴:服务产品平均成本;横轴:市场规模(本土加出口市场),标记有本土市场、出口市场1、出口市场2、出口市场3。图例:-----互相承认下的平均成本 ——存在监管异质性的每个出口市场平均成本

图 13-2 监管异质性的成本效应

资料来源:Kox & Nordas, Services Trade and Domestic regulation. MPRA Paper No. 2116, posted 9, March 2007。

在 GATS 第六条第四款中提到的资质要求和程序、许可证要求和程序,以及技术标准等均涉及企业进入某一市场的前期成本。这种市场准入的成本在发展中国家服务提供者进入发达国家市场时表现得尤为明显,发达国家额外的专业资格和许可证、本地住宅要求、缺乏对学位的承认等,以及许多发展中国家基础设施的缺乏、糟糕的政府治理、无效的制度等都是进入国际服务市场的壁垒,为发展中国家服务提供者的市场准入增加了成本,使其交易成本会显著高于同其交易的发达国家。

2. 准入壁垒和服务贸易自由化

在货物贸易中,一国一般不愿意签署允许劳动力或资本跨境自由移动的协议,而更愿意只允许显性要素流动自由化,并根据国内政治和经济需求保留监管要素流动的权利。但在服务贸易中,劳动力和资本是主要的生产要素,这种对主要生产要素的限制形成了更大的壁垒。货物贸易中,监管一般针对最终产品,鉴于服务的特殊性,对服务的监管主要针对服务的生产程序、提供者的资质等更为复杂的问题。这反映了服务贸易中国内监管起着更为重要的作用[1]。

各国大量不同的资质要求对服务贸易的发展产生很大影响。根据GATS第六条第四款相关的监管限制的指标,在专业服务中,资质要求是最广泛的。以法律服务为例,在大多数国家,法律服务是由个人或小企业提供的,只有极少数国家的法律服务是由大公司提供的。然而,随着自然人和资本流动、货物和服务贸易的增加,国际法律咨询服务业逐渐兴起,尤其是商业法律服务,如公司重组、私有化、跨境收购和兼并、知识产权、竞争法等领域的服务。这要求律师对于营商的监管环境有非常透彻的了解。但不同国家有不同的法律体系,对于从业资质的严格要求等使得许多外国法律服务提供者只能作为咨询者的身份提供服务。由此可见,除非解决专业人士的许可和资质要求,否则模式四的市场准入承诺只是一纸空文。因此,为了消除许可证和资质要求等壁垒,服务贸易谈判中市场开放承诺方面应该包含消除阻碍贸易或不必要的监管措施。

从服务提供模式来看,监管的异质性影响服务提供者对服务提供模式的选择,即使通信技术的进步使得跨境交易变得越来越方便,商业存在仍然是大部分服务部门更加偏爱的服务贸易模式。语言和文化相近、营商和监管环境相似程度越高的国家,越倾向于使用模式三。而监管的异质性也对模式三影响较大。Nordas 和 Kox(2009)的分析表明,若所有国家协调一致或互相承认其他国家的监管,通过商业存在的总服务贸易额将会增加13%—30%,各国有所不同。消除明确的贸易和投资壁垒并不足以吸引外商投资,而消除国内监管异质性的监管改革将会吸引更多的外国服务提供者的进入。

异质性的监管不仅会减少外商投资,也会导致对外投资的降低,本地服务提供者会由于本国严格的监管而更难以进入外国市场。允许外国提供者采取模式三的方式提供服务,可以同其他国家更好地协调国内监管,在一定程度上消除监管的异质性,因此大部分部门的贸易自由化只

---

[1] Copeland, "Benefits and Costs of Trade and Investment Liberalization in Services: Implications from Trade Theory", *Trade Policy Research*, 2002: 107-218.

有当允许商业存在时才产生有意义的市场准入。

必须认识到,消除所有服务贸易模式中的监管壁垒才能达到最佳效果,比如,即使在其他三种模式方面完全放开,但仍然严格限制自然人移动,也不会吸收大量的服务贸易和投资。

在企业规模方面,监管壁垒会限制中小企业参与国际贸易,其对中小企业的影响远远大于对大型跨国公司的影响。小国比大国更容易受自身和贸易伙伴的管制影响,同大的贸易伙伴在监管方面达成一致可以减少小国国内企业的贸易成本,前提是达成此类一致的成本不会抵消其所得(Kox等,2007)。

然而,进入壁垒和行为监管在部门间的影响是不同的,对运输、通信、商务服务、保险和娱乐等行业影响较大,而对金融服务、分销和建筑的影响较小。某些特殊措施,如许可证要求、经济需求测试、营商形式限制以及广告限制等亦如此[1]。

进入壁垒限制了进入某一市场的厂商数量,壁垒程度高低与进入厂商数量成反比。面对进入成本时,以减少各种各样贸易成本为目的的贸易自由化可以引致更多贸易,但随着企业平均规模的扩大,也会引起全球市场集中化。在面对相当数量的进入壁垒时,贸易自由化将仅允许最具生产力的中小企业进入外国市场(Kox等,2007),从而形成竞争壁垒。

(四)竞争壁垒和服务贸易自由化

若服务贸易双方监管具有异质性,有不同的市场结构,那么,本地和外国服务呈现不对称状态,此时,若外国市场进入本地市场且产生了竞争,本国服务企业很有可能失去顾客从而消亡,但也可能由于竞争而产生更加强劲的竞争力。当某一服务提供者具有较大的市场力量(比如垄断)时,降低成本的改革并不会将福利传导至消费者,反而会形成生产者的高租金。比如较大规模的外国服务提供者在东道国进行直接投资,即可有效运用其市场力量,从而影响市场结构和竞争。OECD(2014)数据显示,在企业层面,对本地企业利润率的分析说明,STRI

---

[1] Erik van der Marel & Shepherd, Services Trade, Regulation, and Regional Integration: Evidence from Sectoral Data. MPRA Paper No. 34343, posted 27. October 2011 (2): 53 UTC.

每高 10 个基准点，对应的利润率高 2.5%，而在保护措施更多的国家中，外国企业利润率低 2.5%，即更高的 STRI 对应更低的竞争。

Konan 和 Assche（2007）以突尼斯电信业为例，假设服务部门得到自由化且为某一单个外国服务提供商提供许可证。如果监管可以加强国内和外国公司的竞争，那么电信市场结构会变成古诺模式。若监管较弱，那么国内和国外企业可以形成卡特尔。他们分析了突尼斯电信自由化的福利影响，发现如果监管保证竞争，突尼斯福利可以提高 1.7%。然而，如果形成了卡特尔，突尼斯福利会降低 0.15%。

也就是说，如果外国监管体制比国内体制有效，本国服务部门的贸易自由化是明显提高福利的，加上贸易的标准收益，当具有更有效监管制度的外国服务提供者占据部分国内市场时，在降低损失方面获益。反之亦然。因此一国应该同那些拥有同本国一样好或更好的监管体制的国家签订双边协议（如互相承认协议）。

早在 2000 年，Mattoo 就指出，在下一轮的服务贸易谈判中，发展中国家需要改变策略，成功的国内服务贸易自由化要求更加强调引入竞争而非所有权的改变，通过加强竞争政策，可以有效降低进入壁垒。竞争政策需要考虑到对市场准入条件和外国生产者便利的影响以及对消费者的影响，因此，服务贸易的市场开放承诺需要配套相关的促进竞争的国内监管措施。

在服务贸易自由化的过程中，政府会调整甚至改变国内规则以适应国际规则，新的规则通常适用于所有服务企业，而不仅仅是本国企业或者签订服务贸易协议国家的企业。因为在进行国内监管时，对于不同的企业进行歧视性监管几乎不可行。因此，对于政府和私人部门有很强的"双赢"特征。政府可以在不减少财政收入的前提下，采取监管改革并减少对外资服务企业的歧视，从而加强经济效率。国内企业可以从较低的监管成本和较大的市场中获益，国外服务提供者可以从更广泛的出口机会中获益（Hufbauer 等，2012）。

TiSA 谈判中提到，当垄断提供者占据服务部门时，服务贸易诸边协议条款应该保证其在市场准入中同私人服务提供者公平竞争。涉及电信、健康、公共事业等对外国竞争者限制较严的部门时，更应该考虑到竞争问题。

（五）消除异质性监管的收益

目前，消除国家之间服务贸易监管异质性的范例是欧盟。随着欧盟经济一体化的推进，各国对服务市场监管的不同妨碍了欧洲内部的服务贸易。欧洲的服务市场被监管壁垒分成许多碎片。服务指令通过减少这些壁垒融合各国服务市场。Kox、Lejour 和 Montizaan（2005）构建了制造业市场监管的双边异质性指标，并将其应用到 OECD 的监管数据库中，显示监管的异质性影响了欧盟的双边服务贸易和双边直接投资，发现服务指令将使得欧盟的商务服务贸易增加 30%—60%，服务的外国直接投资存量增加 20%—35%。

随后，Kox 和 Lejour（2007）对服务指令的经济效应再一次进行检验，结果显示双边服务贸易和外国直接投资将会明显增长，且欧洲平均 GDP 和消费会增加 0.5%—1%。对成员国的影响也会因为其服务市场壁垒以及专业化的不同而不同。

Bena 等（2011）从产业出发，分析了欧洲委员会控制下的公共事业、交通和电信服务的自由化以及监管协调这一过程是否以及如何影响欧洲网络公司的生产率。根据不同国家和产业不同时期和不同程度的自由化，发现在网络产业中，自由化所带来的平均企业层面的生产率收益增加为平均企业生产率收益增加的 38%。

四 适度监管和服务贸易自由化

当前全球监管实践中一个最关键的挑战就是如何界定并保证"适度监管"，对适度监管的考量也成为制定监管政策要考虑的重要因素，而这一过程也往往以更好的控制和一致性为特征。一方面，对谨慎和去集中化的需求，监管良好的国内市场可以提高在外国市场上的本土服务提供者的竞争力；另一方面，太少的监管会导致对市场的忽视，不仅限制外国供应商进入市场，更会限制本国供应商进入外国市场，即过度监管会破坏基础的市场关系并可能会产生反作用。在拥有良好竞争传统的部门，并不需要监管。但是，在某些扭曲的市场，需要监管来改正这些扭曲，比如，通过征税将垄断者的利益从生产者转向消费者。正确的监管可以更好更快地解决市场扭曲问题，并将干预带来的副作用最小化。

(一) 监管和壁垒的区分

某些发达国家在要求别的国家，尤其是发展中国家和新兴市场国家服务市场对外开放时，指责这些国家服务贸易壁垒太高，从而造成市场准入程度低。但对于如何衡量某种监管措施是否成为服务贸易壁垒，学术界并没有统一的说法。

为此，Dee（2005）提出三种区分服务贸易规则和服务贸易壁垒的方法。

第一，先验地决定哪些政策措施的设计是为了满足合法的政治或社会政治目标，从而在一开始就将其排除在壁垒分析之外。如在航空运输中为了保证旅客安全的技术限制等政策措施。

第二，将规则视为连续的，审查当前的管制是"太少"还是"太多"。在规则和履行之间非线性关系的基础上，判断在某一点，管制的程度对经济表现是否有负面影响。如港口服务，领航费和牵引费可以减少成本，但最终，太多的强制性港口服务会增加成本。

第三，为了避免偏见，将所有管制措施纳入分析中，从而判断它们是否对经济效率的某些措施产生不利影响。即使某些管制措施是为了满足某些社会或经济目标，了解这些措施的偶然经济成本也是必要的，从而可以发掘是否有更好的途径来实现既定目标。

所有这些方法都是不完整的，理想状态是，数量模型不仅可以测度服务部门规则对经济的影响，如价格或成本，也可以测度对社会、环境或安全等方面的影响，从而可以直接衡量经济效率或其他目标，而创建可以衡量一切的模型框架是非常难的，目前的框架主要集中于经济影响。

(二) 适度监管

从制度壁垒的角度考虑，适度监管往往包含下列含义：（1）所有的监管措施几乎都有副作用和替代效果，但适度监管可以减少监管措施不利的和意料之外的影响；（2）减少不一致性、不可预测性以及非专业性，获得更多信息、对不同监管措施的成本—收益判断更加专业；（3）将监管视为必须谨慎使用的"撒手锏"，通过去监管化和监管替代措施减少监管负担；（4）适度监管应该可以促进信息和专业知识交流频率。

从消费者的角度，保证监管规则在保护消费者的同时不成为外国提供者的障碍。在消费者保护和市场准入之间的平衡应该考虑个案，即建立监管机制以保证外国提供者不会在保护消费者的幌子下被排除在外[①]。

为提高监管能力，OECD（2015）提出在监管过程中应该注意以下几点。

（1）从问题而非解决措施出发。问题导向的方法可以集中在影响监管行为的某一类型挑战上，比如监管者如何更新知识、如何影响行为、如何评估监管的成本和收益以降低交易成本，以及如何解决不同类型的风险等。通过对特定类型的问题的集中思考，也有利于招募某一方面的人才。

（2）主题式同行评审。在进行监管评审时，可以集中于特定类型的监管挑战，而非总体解决办法。比如集中于监管机构如何发展对"新兴风险"的理解以及将其运用到日常行为之中。

（3）引入不同的监管经验。许多监管培训往往集中在某一特定问题，如监管政策、能源监管、金融监管等。然而，不同的监管者往往面临统一类型的监管挑战，可以将不同部门以及不同层次的监管者集合起来，进行非正式的、"不记名"的公开讨论，以分享监管经验。

（4）对监管结构和工具的更加一般化评审。对经济性的和非经济性的监管措施进行综合评审。

第三节　国内监管和服务贸易自由化政策走向

监管改革和国际监管合作，包括对最佳实践和基准规则的不断探寻，将会消除意外的服务贸易和投资监管壁垒。在 GATS 框架下持续进行有关监管原则的法律协定谈判将会有助于在全球范围内消除监管壁垒。TiSA 明确表示，谈判以及将来达成的协定解决当前阻止一国服务提供者在另一国经营的歧视措施，但不以其他方式影响各国监管其服务

---

① Hufbauer G. C., Jensen J. B., Stephenson S., Assisted by Julia Muir and Martin Vieiro. Framework for the International Services Agreement, PIIE Policy Brief 12 - 10.

市场的能力。因此 TiSA 不改变所有提供者必须满足的其他规则，无论是国外的还是国内的，如保护人民健康和安全、环境、为某类特殊服务设置最低资格标准以及保护人们工作的权利等。且在 TiSA 中，棘轮条款①只适用于"国民待遇"承诺，如公平对待外国和本土提供者，不适用于"市场准入"承诺，即决定外国提供者可以在多大程度上经营，如是否有垄断。任何国家都可以决定在特殊服务中不适用棘轮条款。

一 监管改革和服务贸易自由化

对国内监管进行改革，主要目的是实现服务贸易自由化程度的提高。因此监管改革必须考虑到所有相关利益和成本，以市场运行为基础进行政策制定；本着透明、公开的原则，允许公民以及利益相关者的参与；评估现有监管措施的影响并进行改革，以达到监管措施简单化、负担最小化以及利益最大化的目的。

（一）监管改革的定义和原因

Kox 和 Nordas（2007）对监管改革的定义是：降低进入外国市场的固定成本的政策。他们认为改善市场失灵的监管对贸易有着积极的影响，在创造竞争性服务贸易市场方面，服务贸易自由化和监管改革是互补的。

Mattoo（2005）认为服务贸易中充斥着冗余的监管规则和进入限制。许多国家利用 GATS，通过做出具有法律效力的市场准入承诺来创造更加安全的贸易环境。维持当前的开放水平的更广泛承诺或在未来增加准入将会增加改革的可信度。国内监管的多边规则能帮助提升并稳固国内监管改革，即使这些规则的设计主要是为了防止外国提供者市场准入的侵蚀。基础通信领域促进竞争的纪律的发展可以扩展到其他基础服务领域，如运输（终端和基础设施）以及能源服务（分配网络）。会计服务的"必然测试"可以应用到其他领域（如医生在某一个管辖区内被认为是合格的，在其他地区则不需要再训练等）。在国家竞争法律管

---

① 所谓棘轮条款，是投资中的概念，指的是如果以前的投资者收到的免费股票足以把他的每股平均成本摊低到新投资者支付的价格，他的反稀释权利被叫作"棘轮"。棘轮是一种强有力的反稀释工具，无论以后的投资者购买多少股份，以前的投资者都会获得额外的免费股票。

辖之外的反竞争实践在如海运、空运以及通信服务等领域至关重要。需要加强的多边规则来保证执行力较低的小国从自由化中获得的收益不被国际卡特尔窃夺。对于最惠国待遇规则的明确的偏离在海运、视听服务、空运服务等领域最重要，这些被排除在 GATS 关键纪律之外。通过发展保证非歧视性的额度分配并保持互相承认协议的 GATS 开放度，可以防止明确的歧视性做法。

正如 Baldwin（2011）指出的那样，21 世纪的区域主义已经不像 20 世纪那样主要针对最惠市场准入了，而是关于支撑贸易—投资—服务联系在一起的主要规则。这意味着 21 世纪的区域主义是由不同的政治经济力量促成的，主要的谈判将会是"外国工厂的国内改革"，而不是"市场准入的交换"。21 世纪的区域主义将会主要集中在规则上而非关税上。这也将成为全球贸易治理中 WTO 中心性特征的严重威胁，主要是威胁到 WTO 作为规则制定者而不是关税减免者的地位。

针对固定成本的贸易自由化可以提高出口部门的生产率并在全球范围内增加市场集中度。然而，一国提供者（国内＋国外）的总数可能会增加，除非进入壁垒较高或国家较大。贸易自由化的全球市场集中效应可以由监管改革，如国内监管一致性或互相承认缓解。一致性可以增加服务提供者的多样性。研究表明消费者福利随产品多样化的增加而增加，下游企业的生产力随着中间投入范围的增加而增加，包括服务。总之，恰当的监管改革可以改善福利和生产力。

（二）监管改革的动力和原则

当前，无论是国家层面还是国际层面，对监管改革的讨论都从对工具和策略的讨论转移到制度建筑上面，即监管体制治理问题。

杨圣明（1999）认为管制制度改革的驱动力主要来自以下四个方面：第一，为扩大基础服务行业的竞争，开展技术革新；第二，新产品和服务的开发不适合当前的管制条款；第三，有了管制经济学的新观点，这些新观点有利于有效管制的制定；第四，生产和市场的全球化使得各国管制的成本不同。他提出服务贸易管制制度改革的原则应该包括：（1）法律和管制的透明度。第一，与经济法律和规定有关的每个人都应该知道在他们从事经济活动之前颁布了哪些法规；第二，所有市场参与者必须掌握法规知识，否则，市场的结果将出人意料。（2）行政法和行政管制的正当程序。第一，就影响他们的管制规章的应用，能够向政府咨询并得到解释；第二，能够遵照可适用的行政法和司法规定，对管制决定提起诉讼；第三，能够定期获得有关管制决定的变动信息。(3) 可预测性。(4) 非歧视性。(5) 可观的和基于成效的标准。(6) 实现管制负担最小化。(7) 管制目标的透明度。(8) 市场机制的运用。(9) 实现管制范围最小化。

许多经济学家坚信区域主义可以促进国内改革，因为区域主义可以促进贸易，贸易的发展推动国内改革，部分实证结果证明并非如此。但是，欧盟的区域协议确实大大促进了国内改革，其中，欧洲法院的执行机制起了很大作用，而这一机制也并非欧盟独创，欧盟的成功主要是因为国内监管者有权力采取措施消除非竞争性监管规则。因此，欧盟主要是通过将政治斗争内化成国内利益，来克服自主权缺失的问题，以此在境内敏感部门进行改革。

Mattoo 和 Sauve（2004）指出，在考虑国内监管问题时，应该考虑如何最大限度加强 GATS 的纪律约束，同时又不会不适当地影响或削弱国内监管的自由。

发展中国家可以从监管改革中获益，是因为其可以帮助发展中国家的服务出口商解决外国市场针对它们出口的潜在监管壁垒。OECD（2014）的数量模型显示，在一个拥有平均 STRI 的国家中进行相对温和的服务贸易监管政策改革，涵盖空运、法律、银行业和保险业四个部门，各部门均可以将 STRI 大约减少 5 个基点。且这一改革对出口的影响是对进口的两倍左右。因为监管壁垒主要在国境之内实施，对本地企业也造成成本，且监管壁垒减少国内市场的竞争，监管改革可以增加企业创新和参与竞争的动力。

（三）监管改革实践

在过去的二十年中，OECD 国家一直致力于改善国内监管质量，建立了监管制度，创造如监管影响评估（Regulatory Impact Assessment, RIA）和公共咨询等监管工具。

1. 监管规则立法步骤

根据欧盟和 OECD 等发达经济体的监管改革实践以及仍然存在的问题，在未来的监管改革中，应该注意加强立法质量、增加立法透明度、保证法律和规则的有效执行。

（1）评估并提出监管措施。

在某一监管措施或法律规则出台之前，应该对该措施以及相关替代措施进行监管影响评估（RIA）。应该基于可得到的最优信息，以证据为基础，对所有措施以及"不作为"的可行性、可应用性进行评估，得出其潜在的对经济、环境、公共健康和安全、社会、福利的影响以及相关风险的程度和性质。评估过程应该是透明的、结果导向的，各个相关措施的分析数据和结果都具有可比性，且评估结果应该公之于众。

在影响评估得出最优的结果之后，可以提出该监管措施。

（2）咨询公众。

公布上述提出的监管措施相关细节，邀请利益相关者和公众参与提出意见，并就提议进行影响评估。这一程序可以提供更多更详细的数据，以便将影响评估更好地量化。

在这一阶段，咨询范围应该尽可能开放，通过不同途径寻求广泛的利益相关者的意见，包括雇主代表、工会、学术圈等。需要注意的是：第一，大企业和贸易协会有较多资源游说并影响政策制定者，这会对小企业和新进入者造成影响；第二，若只在贸易协会范围内咨询，当某个提议影响某一特殊部门时，很难找到足够多的专家观点。鉴于这两种情况，应该尽量直接咨询相关产业，并尽可能多地联系中小企业代表。

（3）保证相关法律和规则的有效执行。

在法规生效之前，要充分考虑实际的营商经验，根据企业实际情况适当确定法规生效和截止日期，使得执法部门有足够的时间实行有效执法，考虑企业，尤其是中小企业的需求，使其有足够的时间适应新的法规。最恰当的方法是为所有新的法规建立普通生效日期（CCDs）。

在执行法律和规则时，要提高透明度，在最小的成本下产生最小的负担，并保证执法的准确性。在起草法律时，应该形成一套标准程序，使得企业更好地理解新的法规，降低遵守新法规的难度和成本，提高法律法规执行的效率。

欧盟认为，美国和欧盟的服务部门监管者应该坚守任何跨大西洋协定制定的水平的跨境纪律和监管原则以及最佳实践。诸如监管的透明度、在修改或采用新规则之前向利益相关者咨询、申诉权等原则在欧盟各国中已经是常规操作,这些监管实践应该对应地运用在跨大西洋市场的所有层面。应该帮助限制未来监管分歧的程度,希望解决并克服已有的监管壁垒,包括存在于第三国的壁垒,比如它们给予国有企业的优惠待遇。也就是说,欧盟希望将本国高标准的监管规则推广到全世界范围中去。

2. 案例：英国服务业监管改革实践

作为服务业发展较为成熟的国家,英国服务业监管为欧洲甚至全世界提供了范例。然而,完备的管理体系、复杂的程序和过多的监管造成英国企业运营成本增加、生产周期拉长,妨碍技术创新,影响企业发展。许多新的监管规则出台后,由于术语复杂、指导方案出台不够及时或不够明确,使企业在理解和遵守规则方面出现困难,增加成本。为了减少监管规则带来的时间和经济成本,创造更加公平的竞争环境,在新一轮的服务贸易规则制定中夺得更多的话语权,制定更加有效的监管规则,英国近年来陆续进行了一系列的服务业监管改革。

(1) "一进一出"体系和日落条款。

2011年,英国开始实行"一进一出"(One - In, One - Out)的去监管化体系。即要求各部门遵循以下三个步骤：第一,在新规则出台之前,衡量该规则将会带来的净成本(IN);第二,这一成本必须由独立的监管政策委员会确认;第三,若成本为正,必须找出一个去除监管措施(OUT),以抵消该新规则带来的净成本。该规则出台之后,每隔半年进行审议,成效卓著。2013年1月开始实行"一进两出"计划后,每年节省2.11亿英镑。

2011年秋,政府提出"日落条款"(Sunset Clause),即在新规则提出时,需要注明该规则的有效期,若在有效期满之前未采取更新该规则的措施,则到期作废。

(2) 改革过度的、冗繁的规定,引入公共主题审议,废除过时的法律。

立法方面,引入修正繁复的欧盟规则和指令的主要动议,主要包括欧盟的贸易规则、产假和陪产假的权利、临床试验指令、劳工信息和咨询指令等,促进欧盟立法的整体影响,比如废除破产公司的提前解除破产,所有破产企业将会在一年后自动解除,除非有特殊的限制或者推迟解除，要保证一个清晰的连贯的破产解除程序。

监管方面，消除某些特别监管提议，采取更多的针对小企业的去监管化措施，改革支持小企业的监管规则，给小企业提供更好的营商环境。比如改革公共部门采购，25%的政府合同必须和小企业签订，去除低于10万英镑的中央政府采购的质量问卷。

引入公共主题审议，加强政府同利益相关方的沟通。使得企业可以更多地参与规则制定过程、更好地了解监管措施，以提高企业遵守规则的能力、减少遵守的成本。同时通过咨询各方利益相关者，废除公众认为不再需要的规则。

（3）加强竞争监管，创造更加公平的市场体系。

一个良好的竞争体系应该允许最好的企业进入新的市场，保证最有效率的、具有创新的企业获得良好发展。因此，英国政府建立独立的竞争和市场权力机构，简化并加强竞争工具，赋予监管机构跨市场调查的权力，解决反竞争行为，在调查竞争问题的同时调查公共利益问题，对市场兼并、救济引入法定时间限制。创造一个更强健的反托拉斯体制，使反托拉斯调查更有效地充分发挥公平贸易办公室和竞争委员会的监管参考、申诉和其他功能。

二 国际服务贸易监管合作

在全球化日益加深的时代，任何国家都不可能自给自足，也不可能在经济危机中独善其身。相反，分工的细化和专业化使得任何国家都比以往更加需要国际市场，以实现经济的良性循环。因此，需要各国进行广泛合作，以达到互利共赢的目的。

TiSA明确表示，该谈判以及将来达成的协定将会解决当前阻止一国服务提供者在另一国经营的歧视措施，但不以其他方式影响各国监管其服务市场的能力。也就是说，TiSA会解决"国民待遇"问题，但在涉及保护人民健康和安全、环境，为某类特殊服务设置最低资格标准以及保护人们工作的权利等准入要求方面，不会设立统一的要求，将由各国自主监管。

各国监管的不同是各国政治体系和政府管理目标不同的结果。因此，在进行监管改革的同时，为了消除服务贸易双方的监管异质性，在许多领域需要各国进行有效的监管合作。而监管合作不仅是过程，也是结果。

（一）统一监管标准

Mattoo（2005）认为更深层次的问题是 WTO 成员已经寻找谈判服务的市场准入，而没有充分地考虑 GATS 承诺过度地且不可预测地限制了监管自由，而许多国家的监管体制非常薄弱，不足以应对自由化的市场，因此并未实现成功的自由化的监管合作，尤其在劳动力暂时流动方面。需要进行三个方面的行动：在当前的发展阶段，GATS 必须主要集中在规范那些歧视外国服务和服务提供者的措施，而不是非歧视性措施的政治敏感性和法律上复杂的条款；必须建立可信的辅助机制，以帮助发展中国家实现成功的自由化所需要的监管改善；在需要的时候，WTO 成员劳动力来源国应该对劳动力移动条件做出承诺，以实现具体的条件，如挑选服务提供者、接受并帮助他们回国，以及反对非法移民。

针对不完全竞争设计良好的服务业国内监管可以减少贸易成本，促进贸易发展。而当这一监管规则在国际范围内得到协调甚至成为统一标准时，其获益更大。

监管合作中，不仅在国际层面上各国和地区要相互合作，在国家层面，不同部门也需要进行监管合作，统一监管标准，因为一国的监管机构往往出现下列问题。

第一，监管领域重叠。正如上文中提到的，由于服务贸易的特殊性，对其的监管是由不同部门和不同机构执行的，那么这些机构进行监管时，对某一领域的监管会产生重合，甚至出现规则上的冲突，在执行时就会出现"互相扯皮"或者"三不管"现象。

第二，信息交换问题。不同部门之间或者不同国家之间要进行很好的监管合作，就必须具备有效的信息交换。然而，排除某些保密信息，信息对于不同国家或不同部门的意义也并不相同，某些信息对于某一个国家或部门至关重要，但对另一个国家或部门可有可无。因此，贸易双方或不同部门之间进行信息交换的动力也是不对称的。

第三，在一国之内，不同部门对不同问题的处理方式不同，因此在政策制定过程必然产生分歧，这就损害了政策的一致性，产生了不确定性。

因此，统一监管标准无论是对于国内不同机构，还是对于不同国家来说，对于改善监管、提高服务贸易自由化程度都至关重要。

（二）互相承认

RTA 中设有互相承认条款，主要包含协议双方互相承认专业资质、学历等。在当前的形势下，服务贸易双方达成互相承认较统一监管标准更为简单、可行。

对欧盟的实证研究表明，如果各国更多使用互相承认，欧盟国家在商务服务方面的双边贸易可以增加 30%—60%。

互相承认下，一国企业只要满足母国监管标准就可以在出口国市场营业，减少了出口国市场的固定市场准入成本，可以使更多的中小企业参与到贸易中来，而大企业也可以有更广的范围探索与规模效应相关的收益。对单个服务贸易提供者和专业服务人员来说，互相承认可以减少在外国提供服务，尤其是专业服务的资质再认证程序，服务人员可以更快进入服务市场，降低服务提供成本。

为了达成互相承认协议，服务贸易双方可以通过谈判、对话的方式，也可以通过更加深入的交流，如教育资源的相互交换、服务贸易专业人员的对话、两国互设培训机构等方式促进双方的融合，为互相承认打下基础。

在推进服务领域国际标准方面，发展中国家需要更多地参与，以促进国内监管的协调一致和达成相互承认协定。

（三）监管合作范例

目前，在监管合作方面，美国和欧盟的许多服务部门都已形成对话和合作，它们认为，欧美要想在基于高水平保护的国际规则和标准的发展中扮演领导角色，必须加强双方的监管合作。在可能和适当的地方减少并消除现有措施的双重标准和不一致措施，谈判互相承认安排，或在恰当的评估之后就可能的对等体制达成一致意见。并鼓励监管者评估和使用跨大西洋监管替代措施替代国内导向的监管规则。

1. 欧美监管合作原则

共同合作以保证管制和监管的国际一致同意标准及时和一致完成；在欧盟或美国提出任何新的金融措施之前，若该措施可能明显影响金融服务规则，则要双方共同磋商，以避免新引进规则不适当地影响另一方的司法权；共同检查已存在的规则，以检查其是否对贸易造成了不必要的壁垒；承诺评估其他司法规则是否同成果对等。

2. 具体领域的监管合作

在信息和通信技术（ICT）领域，欧盟和美国已经就 ICT 服务贸易原则达成一致，该原则中许多问题涉及健全的监管治理，包括规则的透明、开放网络和数据、ICT 服务不要求使用当地基础设施、监管机构的独立性等。欧盟和美国将会寻求将这些原则嵌入它们和其他国家的贸易协定中，这说明，在提升欧洲和美国，甚至更广阔的全球经济的增长政策中，监管合作具有重要作用。

欧盟和美国已经在金融市场监管对话（FMRD）下开始金融服务监管讨论，包括衍生品、保险以及其他包括银行处置（Bank Resolution）和审计等方面的规则。后危机时代，最终要升级双方金融监管，就应该升级监管合作机制，不仅要达到高水平国际标准，还要在各地区和国内规则制定上完成这些标准。显然，双方市场结构和法律框架使得监管有差异，早期，在法律程序上保证目标是一致的规则制定，若无法达成一致，则减少不一致性导致的非预期结果。

其他领域如专业服务提供者，如会计和审计、建筑师、工程师和律师，快递、邮政服务以及物流服务部门等，监管规则在欧洲和美国之间造成壁垒，双方希望看到各自部门的监管者在有关实现最佳监管成果方面交换意见，以便实现更好的监管合作。

同时，双方也在探索新的合作机制，如使用规划工具和文件，同外国政府和外部利益相关者合作和协调，鼓励有意义的评论和意见；交换监管信息并使用直观的、图形式的方法实时展示整个监管周期的材料，包括指标或"旗帜"，表明监管措施可能影响国际贸易和投资；考虑潜在的监管融合领域或其他合作活动公布年度通知，邀请公众评论和发表意见；探索其他的咨询机制，比如跨大西洋对话等。

第四节　结论与评析

在探讨国内监管以及服务贸易自由化的众多文献中，学者们对这一问题的理论层面做出了诸多贡献，但在服务贸易发展的过程中，仍然有许多问题值得进一步研究和探讨。

一 理论贡献

在经济理论方面，现有的文献在进行实证研究时，基本可以考虑到规模效益、经济的向前和向后联系，市场准入的改善对竞争和生产力的影响，以及如何通过贸易和投资促进知识的外溢效益，从而培育创新，促进服务市场的扩大和发展这一动态效应。

在 GATS 中，对国内监管的要求只存在于第六条中，因此，对多边框架下现存的国内监管纪律的探讨已经非常清楚。但是，GATS 的国内监管纪律只是一个模糊的、一般性的要求，其缺乏透明度、执行不力等缺点也被多位学者指出。文献对国内监管的讨论较多，内容也比较翔实，对于国内监管的缺陷、监管过程中存在的问题以及监管执行的方面都进行了较为深入的研究。OECD 和欧盟在对服务贸易国内监管的问题上进行了大量理论探讨，OECD 发展了测度服务贸易监管的模型工具，二者在其成员国内就"去监管化"以及"有效监管"问题采取了一系列可行的措施，并就此发展出一套如何提出监管措施、立法、执行的程序。该程序是服务业国内监管理论和实践相结合的成果。

对国内监管和服务贸易自由化问题的研究也取得了较多的成果，大多数的研究认为当前服务贸易领域的国内监管过多，形成了壁垒，影响服务贸易自由化进程。并提出了各种解决办法，如改善监管程序、监管改革、互相承认、统一监管标准等。

二 未来研究方向

随着全球化的日益深入、服务贸易的飞速发展，在国内监管和服务贸易自由化问题上，亟须打破当前存在的大量不恰当的监管壁垒，以实现更高水平的服务贸易自由化，促进服务贸易的进一步发展。

1. 对异质性监管问题的研究

当评估贸易自由化和监管改革时，地理、文化和制度因素都需要考虑。特别应该承认不能假设市场可以完全融合。

在研究两国或地区之间国内监管壁垒问题时，最初使用的指标是监管强度，但当监管强度无法准确描述两国服务贸易监管政策的区别时，学者提出了监管的异质性问题，并发展了监管的异质性指标。

然而，由于服务贸易的特殊性，对服务贸易政策和措施的量化还有待完善，尤其是在衡量两国或地区之间不同的服务贸易政策时，如何将政治、社会、文化等因素纳入对异质性监管问题的研究有待进一步探讨。

2. 对适度监管问题的研究

一国既要发展服务贸易，又要保证本国经济安全、人民健康、环境卫生等问题，又要在恰当的时机保护本国某些服务行业不受外国侵害。因此，必须研究究竟何种程度的国内监管对一国来说是合适的。

在现有的文献当中，并未对适度监管问题作出明确的论述，只是给出了一般性的定义。确实，各国的国情不同，对"适度监管"的需求也有所不同。

从实践上来说，欧盟和 OECD 国家进行的"去监管化"和制定标准化的监管程序是探索适度监管的有效方法，也取得了一定的成果，值得其他国家学习和借鉴。随着经济的发展，"适度监管"问题应该是一个动态的过程，而不是静态的数据和指标的描述，因此，无论是在理论还是在实践层面，适度监管问题都值得不断思索和研究。

3. 对监管合作问题的研究

本书着重讨论了服务业和服务贸易国内监管的异质性形成服务贸易壁垒，从而影响服务贸易自由化的问题。在此基础上，监管合作和融合是去除监管异质性的有效方式。

然而，各国政治体制、经济发展阶段、社会目标等的差异使得监管合作难度加大。即使在当前已经开始监管合作并探索进一步发展的美国和欧盟之间，也在谈判中留有余地，比如在双方金融监管合作中，欧盟指出，监管者仍可以采取必要的措施保护金融稳定，双方的管理者和监督者出于审慎的原因，将会保留采取措施的权利，监管者将仅仅被良好合作的原则限制，且在提议新的措施时，需要考虑规则对另一方的潜在影响，若某一项措施对另一方造成了负面影响，而监管者将其作为最终规则，则需要向另一方解释原因。

如何在不妨害本国国内政治、经济和社会目标的情况下，同其他国家进行更高质量的监管合作，扩大本国和外国服务市场准入，降低由于监管异质性造成的服务贸易壁垒，也是值得进一步研究的问题之一。

参考文献

［1］ Adlung, "Services Liberalization from a WTO/GATS Perspective: in Search of Volunteers", *WTO Staff Working Paper*, No. ERSD – 2009 – 05, 2009.

［2］ Adlung, R. & Molinuevo, M., "Bilateralism in Services Trade: Is there Fire Behind the (BIT –) Smoke?" *WTO Staff Working Paper*, No. ERSD – 2008 – 01, 2008.

［3］ Adlung, R., Morrison, P., Roy, M. & Zhang, W. W., "Fogs in GATS Commitments – Boon or Bane?" *WTO Staff Working Paper*, No. ERSD – 2011 – 04, 2011.

［4］ Adlung, R. & Mamdouh, H., "How to Design Trade Agreements in Services: Top Down or Bottom Up?" *WTO Staff Working Paper*, No. ERSD – 2013 – 08, 2013.

［5］ Ahearn, "Transatlantic Regulatory Cooperation: Background and Analysis", *Congressional Research Service*, August 24, 2009.

［6］ Baldwin, "21st Century Regionalism: Filling the Gap between 21st Century Trade and 20th Century Trade Rules", *CEPR Policy Insight* No. 56. May 2011.

［7］ Baldwin & Black, "Really Responsive Regulation", *The Modern Law Review*, 2008, 71 (1).

［8］ Barone & Cingano, "Service Regulation and Growth: Evidence from OECD Countries", *Banca D' Italia Working Paper* No. 675, June 2008.

［9］ Bena, Ondko & Vourvachaki, "Productivity Gains from Services Liberalization in Europe", *Working Paper Series* 452 (ISSN 1211 – 3298), December 2011.

［10］ Black & Baldwin, "Really Responsive Risk – Based Regulation", *Law & Policy*, Vol. 32, No. 2, April 2010.

［11］ Borchert, I., Gootiiz, B. & Mattoo, "A. Policy Barriers to International Trade in Services", *The World Bank Policy Research Working Paper*, No. 6109, June 2012.

[12] Bouvatier, "Heterogeneous Bank Regulatory Standards and the Cross-border Supply of Financial Services", *Economic Modelling*, 40, 2014: 342 – 354.

[13] Brown, Cloke & Ali, "How We Got Here: The Roads to GATS", *Progress in Development Studies*, Vol. 8, No. 1, 2008.

[14] Conway, Janod & Nicoletti, "Product Market Regulation in OECD Countries: 1998 – 2003", *OECD Economics Department Working Papers*, 419, 2005.

[15] Copeland, "Benefits and Costs of Trade and Investment Liberalization in Services: Implications from Trade Theory", *Trade Policy Research*, 2002: 107 – 218..

[16] Cretegny, *Liberalizing Services in Switzerland and with the European Union*, Lausanne, Switzerland, April 2006.

[17] Crozet, Milet & Mirza, "The Discriminatory Effect of Domestic Regulations on International Services Trade: Evidence from Firm-Level Data", *Working Papers from CEPII Research Center*, 2011.

[18] Deardorff, A. V., "International Provision of Trade Services, Trade, and Fragmentation", Paper Prepared for a World Bank Project, WTO, 2000.

[19] Dee, P., "A Compendium of Barriers to Services Trade", Paper Prepared for the World Bank. Nov. 2005.

[20] Dee & Hanslow, "Multilateral Liberalization of Services Trade", Productivity Commission Staff Research Paper, Ausinfo, Canberra, 2000.

[21] Dee & McNaughton, "Promoting Domestic Reforms through Regionalism", *Crawford School Research Paper* No. 7, 2011.

[22] Delimatsis, "Determining the Necessity of Domestic Regulations in Services—The Best is yet to Come", *The European Journal of International Law*, Vol. 19, No. 2.

[23] Dettmer, "International Service Transactions: Is Time a Trade Barrier

in a Connected World?" *Jena Economic Research Papers*, 2011, 003.

[24] Dettmer, "Trade Effects of the European Union's Service Directive: Contrasting ex ante Estimates with Empirical Evidence", *The World Economy*, 2015, doi: 10.1111/twec.12149.

[25] Erik van der Marel & Shepherd, "Services Trade, Regulation, and Regional Integration: Evidence from Sectoral Data", *MPRA Paper* No. 34343, posted 27. October 2011 02: 53 UTC.

[26] European Commission Memo, *Independent Study Outlines Benefits of EU – US Trade Agreement*, Brussels, March 20, 2012.

[27] European Commission, *Results of the Public Survey on the Trade in Services Agreement*, 2014.

[28] European Services Forum and Coalition of Service Industries Joint Statement: Regulatory Cooperation Component in the Services Sectors to an EU – US Economic Agreement, 12 November 2012.

[29] European Union, A Modular Approach to the Architecture of a Plurilateral Agreement on Services, September 2012.

[30] Fukui & McDaniel, *Services Liberalization and Computable General Equilibrium Modeling: Beyond Tariff Equivalents*, Electronic copy available at: http://ssrn.com/abstract=1538977, January 2010.

[31] Fung & Siu, "Political Economy of Service Trade Liberalization and the Doha Round", *Pacific Economic Review*, 13 (1), 2008.

[32] Geloso Grosso et al., "Services Trade Restrictiveness Index (STRI): Scoring and Weighting Methodology", *OECD Trade Policy Papers*, No. 177, OECD Publishing. 2015.

[33] Hallet & Braga, "The New Regionalism and the Threat of Protectionism", *The World Bank Policy Research Working Paper*, No. 1349, August, 1994.

[34] Hamanaka, "The Building Block versus Stumbling Block Debate of Regionalism: From the Perspective of Service Trade Liberalization in Asia", *Working Paper Series on Regional Economic Integration*, No.

28, May 2009.

[35] HLWG, *TTIP Cooperation on Financial Services Regulation*, 27 January 2014.

[36] Hoekman & Braga, "Protection and Trade in Services: A Survey", *World Bank Policy Research Working Paper*, No. 1747, April 1997.

[37] Hoekman, "Liberalizing Trade in Services: A Survey", *World Bank Policy Research Working Paper*, No. 4030, October 2006.

[38] Hood et al., "Regulation Inside Government: Where New Public Management Meets the Audit Explosion", *Public Money & Management*, Volume 18, Issue 2, 1998.

[39] Hufbauer, G. C., Jensen, J. B. & Stephenson, S., "Assisted by Julia Muir and Martin Vieiro, Framework for the International Services Agreement", *PIIE Policy Brief* 12 – 10, 2012.

[40] Karmakar, "GATS: Domestic Regulations versus Market Access", *WTO Research Series* No. 7, May 2007.

[41] Koedijk, Kremers, David & Röller, "Market Opening, Regulation and Growth in Europe", *Economic Policy*, Vol. 11, No. 23 (Oct., 1996), pp. 443 – 467.

[42] Konan & Assche, "Regulation, Market Structure and Service Trade Liberalization: A CGE Analysis", *Economic Modelling*, Vol. 24, Issue 6, 2007.

[43] Kox & Lejour, "Regulatory Heterogeneity as Obstacle for International Services Trade", *CPB Discussion Paper* No. 49, September, 2005.

[44] Kox & Lejour, "Dynamic Effects of European Services Liberalisation: More to be Gained", *MPRA Paper* No. 3751, Posted 29. June 2007, Online at http://mpra.ub.uni-muenchen.de/3751/.

[45] Kox, Lejour & Montizaan, "The free movement of Services within the EU", *CPB Netherlands Bureau for Economic Policy Analysis* No. 69, October, 2004 (revised September 2005).

[46] Kox & Nordås, "Services Trade and Domestic Regulation", *MPRA Paper*, No. 2116, Posted 9. March 2007.

[47] Latrille & Lee, J., "Services Rules in Regional Trade Agreements—How Diverse and How Creative as Compared to the GATS Multilateral Rules?" *WTO Staff Working Paper*, No. ERSD – 2012 – 19, 2012.

[48] Lejarraga, "Multilateralising Regionalism: Strengthening Transparency Disciplines in Trade", *OECD Trade Policy Papers*, No. 152, 2013.

[49] Love & Lattimore, "International Trade: Free, Fair and Open?", *OECD Insight*, 2009.

[50] Marconini, "Revisiting Regional Trade Agreements and Their Impact on Services Trade", *International Center for Trade and Sustainable Development (ICTSD) Issue Paper*, No. 4, 2009.

[51] Marchetti, J. A. & Roy, M. S., *Opening Markets for Trade in Services: Countries and Sectors in Bilateral and WTO Negotiations*, Cambridge and New York, 2008.

[52] Marchetti, J., Roy, M. & Zoratto, "L. Is there Reciprocity in Preferential Trade Agreements on Services?" *WTO Staff Working Paper* ERSD – 2012 – 16, 12 October 2012.

[53] Mattoo, "Financial Services and the World Trade Organization—Liberalization Commitments of the Developing and Transition Economies", *World Bank Policy Research Working Paper*, No. 2184, 1999.

[54] Mattoo, "Developing Countries in the New Round of GATS Negotiations: Towards a Proactive Role", *World Economy*, Vol. 23, No. 4, pp. 471 – 489, 2000.

[55] Mattoo, "Shaping Future GATS Rules for Trade in Services", *Policy Research Working Paper* 2596, The World Bank Development Research Group Trade, April 2001.

[56] Mattoo, "Services in a Development Round: Three Goals and Three Proposals", *World Bank Policy Research Working Paper*, No. 3718, September 2005.

[57] Mattoo & Sauve, "Domestic Regulation and Trade in Services Looking Ahead", *World Bank Working Paper*, 2004.

[58] Mattoo, Rathindran & Subramanian, "Measuring Services Trade Lib-

eralization and its Impact on Economic Growth – An Illustration", *World Bank Policy Research Working Paper*, No. 2655, August 2001.

[59] McGuire, "Trade in Services – market Access Opportunities and the Benefits of Liberalization for Developing Economies", *UNCTAD Policy Issues in International Trade and Commodities Study Series*, No. 19, 2002.

[60] Mirza & Nicoletti, "What is so special about Trade in Services?" *University of Nottingham Research Paper*, 2004/02.

[61] National Audit Office, *The Administrative Burdens Reduction Programme*, 2008.

[62] Nielson, "Labour Mobility in Regional Trade Agreements", *OECD Working Paper*, 09 – Apr – 2002.

[63] Nielson & Taglioni, "Services Trade Liberalisation: Identifying Opportunities and Gains", *OECD Trade Policy Papers* No. 1, 2004.

[64] Nordas & Kox, "Quantifying Regulatory Barriers to Services Trade". *OECD Trade Policy Papers*, No. 85, 2009.

[65] OECD, Services Trade Restrictiveness Index: Policy Brief, May 2014.

[66] OECD, Regulatory Policy in Perspective: A Reader's Companion to the OECD Regulatory Outlook 2015, Paris, 2015.

[67] Robinson et al., "Capturing the Implications of Services Trade Liberalization", *Economic System Research*, Vol. 14, No. 1, 2002.

[68] Ryo, Dee & Findlay, "Services in Free Trade Agreements", *RIETI Discussion Paper Series* 07 – E – 015, 2007.

[69] Schott, J. J. & Cimino, C., "Crafting a Transatlantic Trade and Investment Partnership: What Can be Done", *PIIE Policy Brief* 13 – 8, 2013.

[70] Schwellnus, "The Effect of Domestic Regulation on Services Trade Revisited", *CEPII Working Paper* No. 2007 – 08 May.

[71] Transatlantic Economic Council, Annexes to the TEC Joint Statement, 29 November 2011.

[72] UK Government, One – in, One – out: Statement of New Regulation.

HM Government. April 2011.

[73] UK Government, Sunsetting Regulations: Guidance. HM Government. Dec. 2011.

[74] UK Government, Stakeholder Consultation on Smart Regulation in the EU: UK Government Response.

[75] UK Government, The Sixth Statement of New Regulation: Better Regulation Executive, Department for Business, Innovation & Skills. Dec. 2013.

[76] UK Government, The Seventh Statement of New Regulation: Better Regulation Executive, Department for Business, Innovation & Skills. Dec. 2013.

[77] US – EC High – Level Regulatory Cooperation Forum, Common Understanding on Regulatory Principles and Best Practices, 2011.

[78] Vastine, "Services Negotiations in the Doha Round: Promise and Reality", *Global Economy Journal*, Vol. 5, Issue 4, 2005.

[79] Wolfl et al. , "Ten Years of Product Market Reform in OECD Countries: Insights from a Revised PMR Indicator", *OECD Economics Department Working Papers*, No. 695, 2009.

[80] 梅特奥、索韦:《国内管制与服务贸易自由化》,中译本,中国财政经济出版社 2004 年版。

[81] 陈秀莲:《中国—东盟服务贸易一体化与服务贸易壁垒的研究》,博士学位论文,西南财经大学,2011 年。

[82] 陈贺菁:《国际服务贸易自由化:理论、路径与收益分配》,厦门大学出版社 2009 年版。

[83] 李国安编:《WTO 服务贸易多边规则》,北京大学出版社 2006 年版。

[84] 金孝柏:《多哈回合服务贸易谈判:成果、挑战与我国的对策》,《国际贸易》2014 年第 7 期。

[85] 沈大勇、金孝柏编:《国际服务贸易:研究文献综述》,人民出版社 2010 年版。

[86] 石静霞:《服务业的国内监管自主权与贸易自由化:制衡与协

调》，《国际商法论丛》2006 年第 10 期。

[87] 屠新泉、莫慧萍：《服务贸易自由化的新选项：TiSA 谈判的现状及与中国的关系》，《国际贸易》2014 年第 4 期。

[88] 王衡、柯杨：《〈服务贸易总协定〉国内规制实体规则缺陷及应对》，《法学》2012 年第 9 期。

[89] 徐元国：《发达国家服务贸易规制的比较分析与启示》，《国际贸易问题》2005 年第 6 期。

[90] 杨圣明编：《服务贸易：中国与世界》，民主与建设出版社 1999 年版。

[91] 张小琳、姚新超：《服务贸易自由化的争议与中国的发展趋势》，《国际经济合作》2013 年第 5 期。

[92] 赵瑾：《WTO 国内规制改革与国际服务贸易自由化发展趋势》，《国际经济合作》2015 年第 11 期。

[93] 周念利：《RTAs 框架下的服务贸易自由化分析与评估》，《世界经济研究》2008 年第 6 期。

第十四章　国际服务贸易自由化的实践及理论渊源

20世纪90年代，服务贸易开始纳入多边国际贸易体系，并逐步向区域和双边服务贸易领域进行拓展。伴随着国际服务贸易的发展，以及国际服务贸易自由化进程的加快，服务贸易在世界经济中所占的比重日益提高，对世界各国经济的贡献也越来越大。同时，国际服务贸易发展，以及服务贸易自由化的发展趋势，一直是国际贸易学术研究领域广泛关注的议题。本章对于国际服务贸易自由化的发展与演变，服务贸易自由化理论渊源以及服务贸易政策的发展与演变，进行了全面的梳理，并进行了一定的探索性研究。

第一节　服务贸易自由化的发展与演变

一　服务贸易自由化的起源与发展

1. 服务贸易自由化概念界定

服务贸易自由化指一国政府在对外贸易中，通过立法和国际协议，对服务和与服务有关的人、资本、信息等在国家间的流动，逐渐减少政府的行政干预，放松对外贸易管制的过程。由此可见，服务贸易自由化不是绝对的自由化，而是指各国通过贸易谈判，减少政府干预，逐渐降低和约束关税，消除相关的贸易壁垒，消除国际贸易中的歧视待遇，降低本国市场准入门槛的过程。服务贸易自由化基于价值规律，充分利用市场机制，允许要素与服务产品在不同国家间自由流动，鼓励市场竞争,促进国际产业分工,在全球范围内实现资源的合理、优化配置,实现帕累托最优,获取最佳的经济效益与社会福利。

2. 服务贸易自由化的起源

20世纪50年代前,世界贸易以货物贸易为主,服务贸易占比不大。为便于开展货物贸易,各国主要在国际运输领域签订了一系列关于服务贸易的多边国际公约或协定,这些公约或协定大多是关于服务贸易的技术性规范。如1929年在华沙订立的《统一国际航空运输某些规则的公约》,1944年在芝加哥订立的《国际民用航空协议》《国际航空运输协定》和《国际航班过境协定》,1951年在日内瓦订立的《国际公路货物运输合同公约》等,这些国际公约与协定为未来的服务贸易自由化奠定了技术规范的基础。

20世纪50年代,欧洲经济合作组织(OEEC)在成员内部推行并完善了《无形贸易自由化法案》;1960年,经济合作与发展组织(OECD)接受了欧洲经济合作组织的《资本移动自由化法案》和《无形贸易自由化法案》,这意味着推动服务贸易自由化的努力由欧洲内部向世界更多发达国家与地区扩展;1972年,OECD提交《高级专家对贸易和有关问题的报告》,这份报告用"服务贸易"概念,取代了之前一直沿用的"无形贸易","服务贸易"这一概念得以首次提出。

3. 美国对于服务贸易自由化发展的推动

第二次世界大战以后,美国服务业迅速发展,自1972年美国出现商品贸易逆差以来,该逆差就一直以服务贸易的顺差部分加以弥补;1981年,美国服务贸易出口超越法国跃居世界首位。美国政府意识到美国国际贸易的重心已经逐渐朝着服务贸易领域转移。面临当时世界许多国家在服务贸易领域设置的重重壁垒,为增加服务贸易出口,实现美国在国际服务贸易与国际投资领域利益的最大化,美国积极倡导消除服务贸易壁垒,是这一时期全球服务贸易自由化的主导者。

对内,美国完善贸易立法,加强与企业合作。1974年通过了《1974贸易法》,首次提出国际贸易也包括服务产品的国际流动,并提出了著名的"301条款";此后还通过了《1979贸易协定法》《1984贸易与关税法》《1988综合与贸易竞争法》,对"301条款"进行了扩展。"301条款"授予美国政府对违反服务贸易自由化原则的国家与地区实施单边制裁的权力。美国以撤销在货物贸易方面的减让等威胁，迫使其他国家与美国在服务贸易自由化方面进行合作；1994年乌拉圭回合后，美国制定了《乌拉圭回合协定法》，扩大了对外国政府"不公平""不合理"的贸易政策的解释。除此之外，美国还制定了广泛的服务业部门性法律法规，包括《国际银行法》《金融服务公平交易法》《航运法》《电讯法案》，等等。美国通过国内立法努力为美国服务业及服务贸易发展创造良好的制度环境。除此之外，美国政府许多部门，包括商务部、财政部、运输部、国家开发署等机构都同私营服务业部门密切合作，为其服务企业提供有关国际市场、外国经贸法规等信息支持，鼓励其国内企业通过商业存在或自然人移动的方式进入外国市场。

在对外经济方面，美国也积极通过多边、区域以及双边谈判促进服务贸易自由化。在多边领域，美国就电讯、金融、运输等美国优势服务业领域展开积极谈判。1982年东京回合，美国代表团依据《1974贸易法》就服务贸易自由化提出了要价，但发展中国家及部分发达国家对此表示反对，这些国家担心在GATT框架下进行服务贸易谈判，会导致GATT原则直接适用于服务贸易，从而导致各国在服务贸易方面的保护成为非法，甚至导致服务贸易领域减让与货物贸易领域减让相联系，最终东京回合服务贸易谈判达成的成果有限。尽管如此，在东京回合谈判期间，美国成立了服务贸易咨询委员会，提供了政府与企业沟通的渠道，并大造国际舆论，组织专家组在内部制定服务贸易自由化总体框架等方面，做了大量的宣传与推进。在区域贸易领域，美国与加拿大、墨西哥展开谈判，并于1988年、1992年先后签订了《美加自由贸易协定》《北美自由贸易协定》，其中《美加自由贸易协定》对"服务贸易"进行了定义，这是世界上首个正式定义"服务贸易"的国际贸易协定。在双边领域，美国利用自身在经济与政治上的优势地位，迫使其他国家对美国开放服务市场。据统计，1975—1988年，美国先后11次动用"301条款"解决服务贸易争端，迫使其他国家对美国开放服务市场。除此之外，美国还利用中国加入世贸组织之机，与中国展开知识产权、市场准入等方面的谈判，谋求中国在服务市场方面对其做出减让。

总体来看，随着服务业逐渐成为美国的支柱产业，美国以更加开放、更加积极的姿态推动服务贸易自由化。而在推动服务贸易自由化方面，基于产业优势，美国主要在知识技术密集型的金融、保险、广告、影视、通信等领域进行服务贸易自由化推动。

4.《服务贸易总协定》的产生

20世纪七八十年代，虽然美国在货物贸易领域的地位逐渐受到欧洲、日本、新兴工业化国家和地区的挑战，但在服务领域却异军突起，1981年美国服务贸易已经开始超越法国成为全球最大的服务贸易出口国。因而，美国迫切希望开放服务业国际市场，改善其国际收支状况。东京回合时，美国就开始积极推动服务贸易全面自由化，但终因各国利益不一致，意见不统一，尤其是遭到了发展中国家强烈反对而不得不暂时搁置。1986年，乌拉圭回合谈判开启时，美国再次提出将服务贸易自由化纳入乌拉圭回合正式谈判议题。

欧洲、日本服务业比较发达，也极为希望全球服务贸易自由化，增加其服务出口，因此也大力支持美国关于服务贸易自由化的主张。对于发展中国家而言，由于自身服务业发展水平低，与美国等发达国家差距较大，难以与发达国家的服务企业竞争，出于保护幼稚产业的目的，发展中国家对服务贸易自由化态度并不积极；而且部分服务业如通信、金融等涉及国家主权与经济安全重大问题，发展中国家对于开放服务市场问题一直持谨慎态度。然而，随着美国对于发展中国家不断施压，尤其是"301条款"的频繁使用，发展中国家也意识到服务贸易自由化是大势所趋，而且发展中国家在劳务出口、建筑等劳动密集型服务领域也具有一定的比较优势，因此发展中国家也希望通过参与服务贸易自由化规则制定过程，为发展中国家在国际服务贸易中争取有利的市场地位。在此背景下，发达国家与发展中国家各方达成妥协，服务贸易谈判正式成为乌拉圭回合三个新议题之一。

1994年，包括中国和美国在内的111个国家正式在《服务贸易总协定》（GATS）上签字，第二次世界大战以来最重要的多边服务贸易谈判成果正式达成。GATS是依据GATT精神、宗旨与基本原则所建立的。GATS的出台标志着服务贸易协定被正式纳入多边贸易体系，服务贸易自由化进入新纪元。GATS明确了服务贸易的范围与定义，并给出了服务贸易的一般义务及规定和特定承诺、渐进自由化、机构条款、例外和保障条款等多项内容。GATS提出了服务贸易五大基本原则：最惠国待遇、透明度原则、市场准入与国民待遇、逐步自由化原则，以及发展中国家更多参与。

GATS 的签订大大推动了服务贸易自由化，在世界范围内首次为服务贸易自由化作出了制度上的安排与保证，在制度上统一了世界服务贸易。而且鉴于发展中国家在服务贸易中的劣势地位，GATS 在市场准入、具体承诺、透明度、技术援助等方面都给予了发展中国家更多的政策倾斜与照顾，提升了发展中国家在服务贸易自由化中的参与度，这是过去 GATT 制定规则时所不曾给予的。此外，GATS 还促使世界各国对待服务贸易自由化的态度由对抗走向交流，同时 GATS 建立了各成员国就服务贸易自由化定期谈判的制度，给各成员国提供了定期磋商与沟通的机会，为未来进一步推进服务贸易自由化提供了可能。

5.《服务贸易总协定》存在的问题

虽然 GATS 将服务贸易自由化进程往前推动了一大步，但它依然是多方妥协的产物，从其几大原则即可看出，GATS 第二条第二款就为最惠国待遇原则提供了例外与豁免，这种豁免是对贸易自由化所倡导的多边无条件最惠国待遇的一种背叛；在国民待遇与市场准入中，GATS 采取了具体部门具体承诺的方式，这一方式导致部分对服务贸易自由化持保守态度的国家继续封闭市场，甚至有可能导致其他国家根据对等原则，封闭本国市场以换取他国的开放，从而产生多米诺骨牌效应；在政府购买中，GATS 将政府采购排除在体系之外，而在很多国家，政府服务采购占有相当大的份额。由此可见，GATS 推动了服务贸易自由化进程，但它仍受各种因素制约，服务贸易并未实现完全的自由化。

尽管 GATS 明确提出"促进发展中国家的发展"，但由于发达国家在谈判中拥有绝对的话语权，因此 GATS 仍侧重于保障发达国家利益，它为发达国家打开发展中国家市场提供了法律依据。例如发达国家与发展中国家的服务业技术水平差距极大，GATS 虽然也提出发展中国家更多参与原则，但却未对发达国家对发展中国家所应作出的承诺进行强制规定，故此也导致该原则成为一纸空文。GATS 所存在的这些问题，也为日后发达国家与发展中国家在服务贸易领域的利益冲突激化埋下了伏笔，成为未来服务贸易自由化谈判的焦点之一。

二 服务贸易自由化的演变

1. 多哈回合谈判陷入僵局

GATS 为服务贸易自由化制定了制度与法律框架，但并未完全消除各国的服务贸易壁垒，也并未从根本上解决发达国家与发展中国家在服务贸易上的利益冲突。根据 GATS 第十九条的规定，各成员方应于协定生效五年时间内定期举行连续多轮会谈，以更好地推进贸易自由化。2001年，多哈发展议程启动，服务贸易成为多哈回合正式议题之一。

多哈回合谈判在服务贸易自由化方面取得了一定的突破。多哈回合前，2001年1月各成员国制定了《服务贸易谈判准则和程序》，为服务贸易谈判确定了基本的框架与原则，使服务贸易自由化谈判规范化、有序化。2001年11月《多哈宣言》即承认了这一成果。多哈谈判还进一步完善了 GATS 的具体内容和基本条款，包括紧急保障措施、政府补贴、政府采购、国内管制等；2003年，通过了《最不发达国家成员在服务贸易谈判中的特别待遇模式》，这一文件就保障最不发达国家在服务贸易自由化进程中的利益问题做出了进一步的呼吁。此外，香港部长会议还明确了诸边谈判可作为多边谈判的补充，各主要国家以诸边方式提出要价，各国对其他成员在服务贸易自由化方面的目标与意愿有了更多的了解，更有利于未来的自由化谈判。

多哈回合取得了一定的成果，但成果不大。由于发达国家与发展中国家经济水平与经济结构的差异，发展中国家更关注货物贸易谈判，而不是服务贸易自由化的问题，发展中国家在新一轮服务贸易自由化谈判中的参与度较低，在多边谈判背景下，导致服务贸易自由化谈判进展缓慢；而且发达国家与发展中国家利益冲突明显，在服务贸易自由化方面分歧较大，发达国家需要发展中国家在电信、金融、信息技术领域做出更大的让步，而发展中国家需要发达国家在自然人移动、跨境支付等方面做出更大的让步，矛盾难以调和，服务贸易谈判陷入困境。原定于2004年年底达成协议的多哈回合谈判采取的是"一揽子"谈判方式，由于欧美印等国家或地区在农业与非农产品市场准入谈判上分歧严重，迟迟难以达成妥协，严重阻碍了多哈回合议程进行，也导致后续议题服务贸易谈判难以按时开展。

多哈回合陷入僵局，既代表着当前世界贸易格局的新变化，也代表着以 WTO 为组织形式的多边贸易体系遭遇了巨大挑战，这些变化也深刻影响着服务贸易谈判。第一，利益调整挑战现有规则。各国经济发展水平不一，利益诉求各有差异，尤其是在服务贸易领域，金融监管、全球价值链、国家主权与安全等各种问题层出不穷。在利益冲突面前，WTO 的组织形式以及既有的贸易规则的权威性都受到巨大挑战。第二，新兴经济体的崛起。以中国、印度、巴西、俄罗斯为代表的新兴经济体迅速崛起，在国际事务中承担了更多的责任与义务，新兴经济体也迫切希望提升话语权，积极参与并领导各项规则制定，以求实现权利与义务相匹配；然而，以美国为代表的老牌"游戏"规则制定者，并不愿意放弃既得利益，导致谈判受阻。第三，区域谈判蓬勃发展。由于各方利益难以达成统一，多边谈判裹足不前，各方都在积极寻求新的解决方案，以双边或诸边代替多边，区域贸易自由化得到了前所未有的快速发展。APEC、CEPA、中国—东盟自贸区等区域经济合作迅速兴起，极大地促进了区域经济发展活力；随后，在 2016 年 2 月达成的 TPP 协议囊括了世界上 12 个国家，经济体量比重占全球 40% 以上。

多哈回合受阻，多边谈判陷入困境，FTAs 与 RTAs 却展现出了蓬勃发展生机。虽然如此，就全球服务贸易一体化而言，在 WTO 框架下的多边贸易谈判仍是最有能力、最有希望消除贸易壁垒，带动全球贸易发展的多边贸易体制。因此，无论是经济发达国家还是发展中国家，都需要共同努力，维护 WTO 多边贸易体制，逐步推进多边贸易体制改革，以建立更公平、合理、规范、有益于世界各国经济健康可持续发展的多边贸易体制。

2. TiSA 的启动与发展

鉴于 GATS 协议历经二十多年的发展，已不适应当今国际服务贸易发展的形势变化，多哈回合谈判又处于停滞状态，服务贸易谈判难以取得实质性进展。基于部分国家在服务贸易自由化方面有共同的重大利益关切，为推动服务贸易自由化，2012 年，包括美国、澳大利亚、欧盟等在内的 16 个 WTO 成员方①组成了"服务业真正好友"(Real Good Friends of Services，RGF)，并试图通过诸边谈判，达成新的国际服务贸易协定（TiSA）。

TiSA 援引了 GATS 核心规范与基本架构，大大加快了 TiSA 的谈判进度，也为未来 TiSA 与 GATS 进行无缝对接提供了可能。相对于 WTO 多边框架，RGF 各成员国经济实力更为接近，利益分歧也更小，目标相对也更为一致。在此条件下，TiSA 有望比 GATS 达成更加自由的服务贸易协定。第一，就减让表而言，GATS 在国民待遇与市场准入方面采用了"肯定列表"形式，TiSA 则采取了"混合列表"形式，在市场准入部分采用肯定列表，国民待遇上采用否定列表，国民待遇否定列表形式的采用更有利于实现服务贸易更高水平的自由化。第二，最惠国待遇方面，TiSA 取消了 GATS 中的例外与豁免，更符合贸易自由化的一般原则。第三，TiSA 引入了冻结、棘轮等条款。各国在 GATS 中所做的承诺往往低于各国在服务领域实际实现的开放程度，这为未来成员方增加贸易壁垒提供了可能，为此 TiSA 通过冻结条款，要求成员方市场开放度不能低于当前实现的开放度，通过棘轮条款，将成员方未来实现的自由化自动纳入减让表，这两个条款保证了成员方在服务贸易自由化道路上只能前进，不能后退。第四，GATS 忽视政府采购问题，而 TiSA 讨论了将政府购买服务纳入议题，以求解决政府采购歧视问题。第五，TiSA 重点讨论了自然人移动问题。自然人移动涉及一国主权、移民、签证等各种问题，在 GATS 中几乎未作承诺；TiSA 通过一系列规定规范自然人移动，使未来成员方之间的人员流动更加自由。

毋庸置疑，TiSA 具有众多的积极意义。作为服务贸易自由化谈判的新尝试，TiSA 将服务贸易自由化又推向了一个新的发展阶段。TiSA 一旦达成，将大幅度降低服务贸易壁垒，促进服务贸易发展，为全球经济增添新的活力。同时，TiSA 的新举措、新规定则有利于倒逼一些国家的国内经济体制改革，通过改变国内的经济法规制度，以适应新的服

---

① 欧盟作为一个整体加入，此后新加坡退出 RGF，又有多国选择加入。截至 2013 年 10 月，共有 23 个国家和地区加入了 TiSA 谈判，包括：澳大利亚、加拿大、智利、哥伦比亚、哥斯达黎加、欧盟、中国香港、冰岛、以色列、日本、列支敦士登、墨西哥、新西兰、挪威、巴基斯坦、巴拿马、巴拉圭、秘鲁、韩国、瑞士、中国台湾、土耳其和美国。

务贸易体系,从而促进国内经济发展。此外,TiSA 协议的包容性以及它与 GATS 的兼容性,使其在未来有可能成为新的全球多边服务贸易协定的范本,实现大范围的服务贸易自由化。

当然,TiSA 也并未达到尽善尽美的程度,其存在的问题也不容忽视,这也是未来推动服务贸易自由化所需着重解决的问题。TiSA 是由欧美发达国家主导并推动的,在谈判中,发展中国家话语权缺失。与 GATS 强调发展中国家参与不同,TiSA 主要目的在于通过为欧美打开国际服务市场,为经济发达国家获取更多贸易利益,因此它也依然难以解决发达国家与发展中国家在服务贸易中的重大利益分歧,而且 TiSA 放弃了"一揽子"谈判方式,使得发展中国家无法通过服务贸易自由化谈判获取发展中国家所关心的经济与社会利益。

3. 双边及区域服务贸易自由化的发展

多边谈判陷入停滞,区域服务贸易自由化却进行得如火如荼。通过双边谈判,谈判各方能更有效地考虑各自的利益冲突,从而更有可能达成妥协,在平等互惠基础上实现自由化协定。截至 2016 年 5 月,已通知 GATT/WTO 且已生效的包含服务贸易的区域贸易安排数量高达 139 项[①],其中于 2012 年后生效的就高达 41 项。由于涉及国家较少,区域服务贸易自由化程度普遍高于多边服务贸易自由化水平,尤其是在电信、金融、自然人移动等敏感部门,区域服务贸易谈判更有可能实现更高的承诺水平。另外,区域贸易自由化除基于 GATS 的"肯定列表"承诺方式外,越来越多的区域贸易协议开始基于"否定列表"进行承诺,这也促进了服务贸易自由化的发展。

尽管区域贸易协定是两国或几个国家之间的贸易协定,但对于最终实现多边贸易自由化仍有着积极作用。一国服务市场开放最难的往往是第一步,通过区域服务贸易自由化协定,一国将其部分服务部门向特定国家打开,再将该承诺向其他国家扩展就会容易很多,尤其是当一国的首个缔约伙伴是拥有大量竞争性服务提供者时更是如此,从这一意义上来说,区域服务贸易协定起到了试验田与缓冲器的作用;另外,经济体之间通过缔结区域贸易协定,可收集大量的服务贸易的政策、法律法规

---

① http://rtais.wto.org/UI/PublicMaintainRTAHome.aspx.

信息，为未来在多边层面上展开服务贸易自由化谈判奠定基础。

纵观服务贸易自由化的演变历程，服务贸易自由化经历了从起源到美国推动，再到多边贸易谈判成果 GATS 的达成，最后到诸边谈判、区域谈判再度兴起的过程。而且可以预见，双边和诸边贸易的自由化，区域贸易自由化的发展，一定会推动未来服务贸易谈判继续朝着更加自由化的方向发展与演进。

服务贸易自由化涉及金融、运输、通信、自然人移动的各种问题，这些问题不仅涉及经济利益，更涉及一国的主权与经济安全，开放难度较大；而且服务贸易涉及不确定性因素多，给发达国家与发展中国家带来的影响不同，制定统一的规则难度较大；另外，现有贸易体制谈判主要由欧美发达国家主导，发展中国家话语权较弱，在利益分配上存在着不平等与歧视。正是发展中国家与发达国家利益分歧严重，导致多边谈判陷入困境。我国作为发展中大国，应正视自己承担的国际责任，在服务贸易多边谈判中为发展中国家争取更多的话语权、更多的权益。

多边谈判陷入困境之时，诸边谈判与双边谈判日益兴起。在继续维护 WTO 多边贸易体制的基础上，我国应积极参与区域与诸边贸易谈判，为我国经济与服务贸易发展增添新的活力，并为未来进行多边贸易谈判积累信息与经验，为未来多边谈判奠定基础。

第二节　服务贸易自由化：理论探讨

一　服务贸易自由化思想与国际分工思想的理论渊源

无论是古典贸易理论、新古典贸易理论，还是当代新兴古典经济学的国际贸易理论，都是从专业化分工的角度阐述贸易自由化，认为贸易自由化有利于国际分工的发展，从而可以降低经济成本、增加国民福利以及提高社会生产率，进而促进一国的经济发展和经济增长。古典国际分工思想，最早是由亚当·斯密阐述，之后由大卫·李嘉图进一步发展完成的。亚当·斯密和大卫·李嘉图的国际分工理论，是解释国际贸易现象和阐述自由贸易利益的最经典的古典理论。亚当·斯密认为实行自由贸易，各个国家可以从国际分工中获得贸易利益。因为在自由贸易中，按照各个国家的生产优势，各个国家都可以通过出口具有成本和价格优势的商品，而进口比其国内产品的成本和价格都低的别国商品。这样，该国既可以通过出口而获得贸易利益，又可以通过进口低于国内制造商生产价格的廉价商品而使国内消费者受益。大卫·李嘉图继承并进一步发展了亚当·斯密的按照生产优势进行国际贸易的国际分工思想。大卫·李嘉图认为，通过自由贸易，在国际分工中，各个国家不仅可以通过生产优势而获得贸易利益，即使是国内所有生产产品的成本和价格都比国外生产者的生产成本和价格高，但是只要生产相对成本比较低的产品，通过国际自由贸易，一国同样可以获得贸易利益。

服务贸易自由化与新古典国际分工思想。20世纪初，新古典经济学家赫克歇尔和俄林进一步发展了古典经济学的国际分工思想和自由贸易理论。将古典贸易理论的国际产业分工思想，发展为国际生产要素分工的思想。赫克歇尔和俄林认为各国之间在生产要素资源禀赋方面的差异，是国际贸易的基础，实际上也应该是国际分工应当遵循的原则。国际上按照生产要素分工的原则，在自由贸易的条件下进行国际贸易，则各国都能够发挥各自的比较优势，从而获得贸易利益。

服务贸易自由化与新兴古典国际分工思想。新自由主义经济学产生的时代背景，与旧自由主义经济学不同。新兴古典经济学代表人物杨小凯，继承和发展了古典和新古典经济学的国际分工思想，认为"古典经济学研究的重点是专业化，分工与生产力的关系"，而"劳动分工有三种，一种是基于比较利益的劳动分工；一种是基于规模经济的劳动分工；一种是基于专业化经济的劳动分工"。[①] 新兴古典经济学认为，劳动分工的演进决定经济发展，交易效率决定分工演进的速度，而自由化政策能够提高交易效率。

从国际贸易发展的历史可以清楚地看出：国际分工经历了从国家间产业的垂直分工发展到国家间产业的水平分工，随后又从产业间的分工发展到产业内部的分工，以及进一步发展到产品内的分工，从国家间生产要素的分工，发展到劳动服务要素的分工。国际分工思想，无论是体现在各国货物贸易或服务贸易生产率比较优势，还是体现在货物贸易或

---

① 杨小凯：《当代经济学与中国经济》，中国社会科学出版社1997年版，第12—13页。

服务贸易生产要素比较优势,或者服务贸易劳动服务要素的分工,其发展与演变的历程,可以说都是源于以古典比较优势专业化分工为基础的理论思想。从国际贸易包括国际服务贸易的宏观视角看,当代国际贸易,包括国际服务贸易,从产业和产品,到生产要素和服务要素,依然存在着不同状态和形式的国际专业化分工。以古典比较优势专业化分工为基础的贸易自由化思想,不仅构成了解释货物贸易自由化的理论基石,而且是服务贸易自由化理论发展与演进的理论基石之一。

二 服务贸易自由化与新自由主义经济思想

经济自由主义诞生于最早进行工业革命的英国,主要是以18世纪70年代亚当·斯密的著作《国富论》为代表的古典自由主义思想。新自由主义经济思想产生于20世纪20—30年代,其主要思想继承并发展了古典自由主义理论。新自由主义思想主张推行经济自由化、企业私有化、运行机制市场化和国际经济全球化。20世纪30—60年代,凯恩斯国家干预主义的宏观经济思想在各国经济政策制定中占主导地位,新自由主义经济思想也随之进入了一个新的探索发展阶段。进入20世纪60—70年代,随着西方工业发达国家出现了增长停滞与高通货膨胀并存的发展危机现象,新自由主义经济学者纷纷把经济滞胀归因于凯恩斯的国家干预,一时间新自由主义经济思想再度迅速兴起,反对国家干预,大力推行经济自由化、企业私有化、运行机制市场化和国际经济全球化,认为只有实行严格的经济自由主义才能够实现资源的有效配置,才能够实现经济发展的最大化增长。

哈耶克是英国知名经济学家和政治哲学家,新自由主义经济思想的主要代表人物。哈耶克指出,自由主义社会理论的核心论题,就是"自生自发秩序"。哈耶克指出,自生自发秩序原理的"建构"是为了"解释整个经济活动的秩序是如何实现的:在这个过程中运用了大量的知识,但这些知识并不是集中在单个人脑之中的知识,而仅仅作为不计其数的不同个人的分立的知识存在"。[①] 在哈耶克看来,市场交易活动

---

① [英]哈耶克:《自由秩序原理》,邓正来译,生活·读书·新知三联书店1997年版,第10页。

中知识的运用和信息的处理所形成的秩序化状态，是不可能由单个主体分立的知识和有限理性所能发明创造的。相反，这种秩序化状态是产生于诸多没有意识到其目的和作用的单个主体的行为。也就是说，最初社会秩序的产生不是来自个人和群体的理性设计，也不可能来自某种超验的力量，而更可能是一种适应性的、自我演化的结果，亦即一种自生自发的社会秩序①。哈耶克认为这种适应性的、自我演化的社会秩序，是一种相对比较理想的社会秩序。相对而言，这种社会秩序有益于人类社会的知识得到更好的开发和利用。

在进一步的论证中，哈耶克认为只有当个人能够自由地运用他们所拥有的知识去实现他们自己的目的的时候，社会进步才会发生。换而言之，是自由引发了社会的进步，或者也可以说自由是自生自发社会秩序存在的必要条件。那么，自由存在的必要条件是什么呢？哈耶克认为一般性规则是自由存在的必要条件。②

哈耶克在他的《致命的自负》一书中，在自生自发社会秩序概念基础上作了新的发展和阐述，进一步研究分析了自由与扩展秩序的关系。哈耶克指出：我们现在可以更加细致地考察另一些已经有所暗示的问题，尤其是贸易的发展问题以及与此相关的专业分工，以找出某些更为深入的关系，这些发展也对扩展秩序的成长大有贡献。在研究结论中，他把是否有利于人类知识得到充分的开发和利用，作为判断一个社会秩序有益与否的重要标准③。哈耶克的自由主义思想，被人们认为是他对于经济学做出的最重要的贡献，他也因此获得1974年诺贝尔经济学奖。

尽管哈耶克的自由主义思想，对于社会学理论以及现代经济学基础理论思想做出了非常重要的贡献，但是无论是哈耶克的自生自发社会秩序，还是哈耶克的社会扩展秩序，都属于一种理想型的社会秩序状态，在现实社会中是难以达到这种社会秩序状态的。因此，可以说，哈耶克的自生自发社会秩序或扩展秩序，是一种经济自由主义乌托邦。虽然如

---

① ［英］哈耶克：《自由秩序原理》，邓正来译，生活·读书·新知三联书店1997年版，第10页。
② 同上书，第26页。
③ ［英］哈耶克：《致命的自负》，中国社会科学出版社2000年版，第11页。

此，当代经济全球化和区域经济一体化的发展，包括服务贸易自由贸易谈判的不断深化与发展也都汲取了哈耶克的自由主义经济思想的精髓，这种经济自由主义思想不仅是当代经济自由主义理论研究与发展的基石，也为当代国际服务贸易理论探索与发展奠定了非常重要的理论基础。国际贸易自由化，包括服务贸易自由化的发展和演进，都是这种新自由主义思想精髓的体现。

三 服务贸易自由化与区域贸易自由化

区域经济一体化是因有些问题在国际贸易自由化条件下无法实现而发展起来的一种双边或诸边区域经济合作的形式，其中包括货物贸易自由化、服务贸易自由化，以及跨国投资，目的是降低流通与投资成本，从而获得更大的收益。第二次世界大战后，科学技术的进步促进了社会生产力的大幅度提高，国家间经济合作发展扩大已经成为世界经济社会化大生产的一种需要。

第二次世界大战初期，随着众多发展中国家摆脱殖民主义的统治，实现了民族解放与独立，以及一大批社会主义国家的建立，原来殖民主义下的国际垂直分工纷纷瓦解。在这一背景下，产生了三大类国际区域经济一体化合作：一种是以美欧日为代表的工业发达国家之间的区域经济一体化分工合作，如经济合作与发展组织、欧洲经济共同体的建立与发展；另一种是以苏联为首的社会主义国家间的区域间经济一体化分工与合作，如经济互助委员会；还有一种是相邻地域的发展中国家间的区域经济一体化分工与合作，如拉美经济一体化、南方共同市场、中非关税与经济同盟等。

世界经济发展进入20世纪80—90年代，以计算机为代表的新一轮电子信息产业的迅速发展，进一步推动世界经济社会化大生产进入了一个新的合作发展阶段。以美国为首的一些工业发达国家经济发展开始进入新经济时代，许多发展中国家，特别是新兴经济体国家的经济也开始从重化工业向后工业化发展阶段发展，区域经济一体化发展出现了新的发展趋势，即区域经济一体化合作与发展不仅仅局限于工业发达国家之间、发展中国家之间的经济一体化分工与合作，以及地理相邻区域国家之间的区域经济一体化合作与发展，而且出现了工业发达国家与发展中国家之间广泛的区域经济一体化合作与发展现象，并且这种区域经济一体化合作不仅涉及货物贸易领域，而且也开始逐步涉及服务贸易领域的合作，TPP、TTiP 和 TiSA，我国倡导的"一带一路"经济发展合作等各种形式的区域经济发展合作，以及经济发展合作谈判协议不断涌现。

在国际经济学领域，研究区域经济一体化现象取得了一系列研究成果，总结出了比较有代表性的区域经济一体化理论，主要包括早期的关税同盟理论和大市场理论。

在关税同盟理论研究中，瓦伊纳（J. Viner）在其《关税同盟问题》一书中提出了"贸易创造效应"和"贸易转移效应"思想。"贸易创造效应"是指由于关税同盟内实行自由贸易后，产品从成本较高的国内生产转往成本较低的成员国生产，成员国的进口量增加，新的贸易得以"创造"。此外，一国由原先从同盟外国家的高价购买转为从结盟成员国的低价购买也属于贸易创造。"贸易转移效应"假定缔结关税同盟前关税同盟国不生产某种商品而采取自由贸易的立场，无关税或关税很低地从世界上生产效率最高、成本最低的国家进口产品；关税同盟建立后，同盟成员国购买产品改为从同盟内生产效率最高的国家进口。如果同盟内生产效率最高的国家不是世界上生产效率最高的国家，则进口成本较同盟成立前增加，消费开支扩大，使同盟国的社会福利水平下降，这就是"贸易转移效应"。关税同盟理论的这两种思想，实际上是阐述了这样一种现象，即关税同盟产生的结果是，实行关税同盟以后，会使区域内同盟国之间的贸易扩大，但是有可能会降低同盟国的社会经济福利水平。虽然关税同盟理论研究的对象主要是货物贸易，但是在当代区域经济一体化合作发展实践中，包括在区域服务贸易领域的合作与发展上，这种区域贸易自由化能够实现"贸易创造效应"和"贸易转移效应"的思想，对于在区域经济一体化中推进服务贸易自由化有着非常大的影响。

区域经济一体化理论研究中，另一个比较有代表性的理论思想是大市场理论。大市场理论的代表人物是西托夫斯基。大市场理论的提出者认为：以前各国之间推行狭隘的、只顾本国利益的贸易保护政策，把市场分割得狭小而又缺乏适度的弹性，这样只能为本国生产厂商提供狭窄的市场，无法实现规模经济和大批量生产的利益。大市场理论的核心是：(1) 通过国内市场向统一的大市场延伸，扩大市场范围获取规模经济利益，从而实现技术利益；(2) 通过市场的扩大，创造激烈的竞争环境，进而达到实现规模经济和技术利益的目的。

与大市场理论研究结论近似的是以克鲁格曼等为代表的新贸易理论思想。鉴于古典贸易理论的比较利益思想不能解释发达国家之间的贸易现象，以克鲁格曼等为代表的新贸易理论研究者，主张用规模经济思想解释现代国际贸易现象。克鲁格曼的研究方式是建立在大量的商品和服务都可以长期连续，并以一种更为廉价的方式生产出来这一前提之上的，这种理念通常都被称作规模经济效益。与此同时，消费者要求获得各种各样的货源，这就使得世界市场的大规模生产取代了地方市场原来的小规模生产。在当代国际贸易的发展中，国际诸边贸易协定、区域经济贸易协定以及双边贸易协定的国际贸易（包括服务贸易）等的实践，都体现出了规模经济效应。

在当代区域经济贸易一体化和自由化发展中，建立在服务贸易总协定基础上，以区域经济一体化为特征的服务贸易自由化谈判与协定的签订，区域内或经济体内的服务贸易合作与发展也已经成为当代国际服务贸易自由化发展的一种趋势。区域经济一体化合作与发展的区域贸易自由化理论思想，也为当代服务贸易自由化的理论发展奠定了理论基石。

四　服务贸易有限自由化与管理贸易思想

在国际贸易发展的过程中，贸易自由化与贸易保护主义一直是国际贸易发展过程中交替出现的两种现象。真正严格的国际贸易自由化，在国际贸易发展现实中从来就没有存在过。从早期的李斯特的幼稚产业保护思想，到新贸易保护主义，贸易保护现象一直活跃在国际贸易领域。在国际经济中，在国际经济处于繁荣发展时期，贸易自由化和经济全球化也会随之快速发展，但是一旦大的经济体，或者是某个经济区域，出现大范围的经济萧条，贸易保护主义就会随之兴起。

20世纪80年代，随着对于国际贸易和经济全球化发展的不断认识，在国际贸易领域出现了一种新的对于国际贸易进行理性有效管理的思想——管理贸易。"管理贸易"这一概念是由美国经济学家瓦尔德曼（R. J. Waldman，1986）在其《管理贸易》一书中最早提出的。管理贸易是指，通过政府间协议、国际协定、国内立法以及民间协商等方式对国际贸易进行管理和协调。管理贸易是第二次世界大战后在贸易自由化不断发展和各种非关税壁垒不断涌现的背景下产生的，在早期也是贸易保护主义的一种形式，它的具体形式有：自愿出口限制安排、有序销售安排、数量限制以及其他各种非关税壁垒限制措施等。早期的管理贸易的目的基本上是保护国内产业。从这一点上说，早期的管理贸易思想基本上是与德国历史学派李斯特的幼稚工业保护思想在精神上是一致的。现今意义上的管理贸易，特别是工业发达国家，已经把管理贸易正式纳入国家严格监管的范畴，而且它不仅仅是为了限制进口，同时还是为了进一步扩大对外出口。

国际学术研究领域对于服务贸易监管问题的研究，主要集中在运用数学模型阐述或论证服务贸易壁垒对于服务贸易自由化的影响。包括：特比尔科克（M. J. Trebilcock）和豪斯（R. Howse, 1995）对于服务贸易壁垒的分类研究；霍克曼（Hoekman, 1995）尝试用 GATS 成员国承诺时间表构造了服务壁垒的频度指标，以试图对服务贸易壁垒进行度量分析；OECD（2014）公布了服务贸易限制指数，用以识别哪些监管措施阻碍了服务贸易自由化的进行，等等。

管理贸易现象，是随着 20 世纪 80—90 年代经济全球化和贸易自由化发展逐渐兴盛起来的。管理贸易，不仅涉及货物贸易领域，更多的是涉及服务贸易领域，而且主要流行于美欧日等工业发达国家，国家政策和法律的介入干预以及具有非关税壁垒手段是管理贸易的主要特征。

从管理贸易的形式似乎可以看出，管理贸易带有李斯特幼稚产业保护和凯恩斯国家干预思想的痕迹，或者说是综合了李斯特幼稚产业保护思想和凯恩斯国家干预思想而形成的现代管理国际贸易的一种新的贸易思想和政策主张。从管理贸易的实践看，管理贸易思想以及依据管理贸易思想出台的一系列政策措施，目前在美欧日等工业发达国家非常盛行，也可以说管理贸易已经成为当代国际贸易发展中的主流思想，使现代国际贸易自由化，成为有限的贸易自由化，这对于货物贸易自由化，特别是对于服务贸易的发展已经产生了非常大的影响。可以说，管理贸易思想，对于未来服务贸易实践和服务贸易理论研究都将产生巨大的影响，也将成为服务贸易自由化理论研究的重要基石之一。

服务贸易自由化理论的四大理论基石,不仅为服务贸易自由化理论研究奠定了坚实的理论基础,而且对于服务贸易自由化发展及其贸易政策的制定,也提供了可供参考的有效理论依据。

第三节 服务贸易自由化政策

服务贸易政策,是指一国对服务部门对外交往活动在宏观方面做出的原则性规定,它基于一国政府在服务贸易交往中的目标,通过法律制度与相关程序规范本国服务贸易。随着服务贸易地位的逐步提升,一国出于经济增长、保护幼稚产业、改善国际收支、维护国家主权与经济安全等各种目的,制定了相应的服务贸易政策,服务贸易政策在对外经济政策中的作用日益凸显。

一 服务贸易自由化政策演变

服务贸易政策受该国服务贸易规模、国际收支状况、政治环境与政策目标的影响,也受国际经济形势、国际社会压力、国际服务贸易自由化发展等多种因素的影响。在不同的历史时期以及不同的国家,服务贸易政策的表现形式及具体内容大不相同。本小节将系统梳理各个时期占世界主流地位的国际服务贸易政策的发展与演变。

第二次世界大战前,世界贸易以货物贸易为主,服务贸易主要依托货物贸易而存在。在此期间,服务贸易规模小、种类单一,国际运输服务以及与贸易侨汇相关的银行服务占服务贸易总额的70%以上。由于服务贸易规模小,服务贸易并未引起世界各国的足够重视,也不是各国制定贸易政策的首要考虑对象,因此第二次世界大战前,各国对服务贸易限制较少,一般采取自由化政策。但由于服务贸易与货物贸易紧密关联,第二次世界大战前货物贸易多采取超保护贸易政策,也在一定程度上限制了服务贸易的发展。

第二次世界大战后至20世纪60年代,世界各国处于战后恢复阶段。西方国家为迅速恢复经济,大量引进高素质服务人员,鼓励技术引进,放宽金融电信服务入境条件。在此期间,电信、金融、计算机软件、知识产权等现代服务贸易产生,服务贸易进入有组织的以商业利益为导向的发展阶段。与此同时，美国出于第二次世界大战后地缘政治考量，对西欧、日本进行大量经济援助，技术、资本也大规模流向西欧、日本，同时美国也取得了大量相应的服务贸易收入。而发展中国家出于国家经济结构以及国家安全角度考虑，对服务贸易态度比较冷淡，特别是对于服务贸易进口，设置了较高的贸易壁垒。总体而言，经济发达国家服务贸易壁垒少，而发展中国家市场开放度较低，限制服务产品进口。

20世纪70年代，世界经济迅速发展，各国服务业比重上升，尤其是经济发达国家，服务业已成为国家的支柱产业。各国普遍意识到服务贸易在本国对外经济交往中的重要作用，服务贸易开始成为各国制定贸易政策考虑的重要因素之一。但是，一方面，由于当时世界经济缺乏统一的多边、诸边或双边服务贸易自由化协定，许多发展中国家出于国家安全、保护幼稚性产业等各种目的，对于国内服务业依然采取保护性措施；另一方面，经济发达国家也由于国内政治压力，以及保护夕阳产业和贸易对等原则，服务贸易作了相应的种种限制。因此，这段时期，各国对服务贸易制定了各种政策，既有鼓励性贸易政策，但更多的是限制性贸易政策，国际服务贸易还处于一个缓慢发展时期。

20世纪70年代后期以来，一方面，美国货物贸易在其对外贸易总额中的比重相对下降，服务贸易比重日益上升，美国开始竭力推动服务贸易自由化，以使其服务贸易产品能够更多更快地进入全球服务贸易市场；另一方面，欧盟和日本在服务贸易方面的比较优势也日益凸显，因而也支持美国所倡导的服务贸易的政策主张。相比较而言，由于发展中国家与发达国家客观上存在利益分歧，因而发展中国家对于经济发达国家所倡导的服务贸易自由化持比较谨慎的态度。尽管经济发达国家力促服务贸易自由化，但由于各国经济发展的不平衡，各国对于不同行业部门的服务贸易政策也不完全一致。发达国家侧重于在金融、运输等知识和资本密集型优势部门采取自由化政策，而在劳务输出等劳动密集型服务部门则相对采取比较保守的贸易政策；与经济发达国家相比，发展中国家更愿意在劳务输出等劳动密集型服务部门积极推进自由化发展，而对于其他知识和资本密集型服务产品部门，则更多采取的是逐步自由化的服务贸易政策。

二 服务贸易自由化政策的影响

1. 微观影响

鼓吹服务贸易自由化的国家与学者,特别强调贸易自由化对于分工的影响。大力宣传贸易自由化扩大了要素市场与产品市场,促进了全球分工,使生产更加专业化,从而有利于提升生产效率。在不存在外部性、完全竞争等各种假设条件下,贸易(包括货物贸易与服务贸易)的绝对自由化可以实现经济有效率,达到帕累托最优,任何的政府干预都会扭曲市场,导致经济无效率。因此政府的作用就是充当"守夜人"的角色,尽量不干预贸易自由化。按照这一说法,世界各国都应采取自由化的贸易政策,降低甚至消除本国市场进入门槛,以求实现经济资源与最终产品在全球的最优配置。除此之外,新贸易理论还从规模经济递增的角度,强调贸易自由化有利于实现规模经济效应,削弱市场的垄断力量,也会带来技术进步与全要素生产率提高等动态效益,这些都有助于一国经济福利的增加。

实际上,在现实中主权国家的存在以及信息不充分、监督成本高昂等各种因素,导致完全自由化贸易政策难以推行。第一,纵使完全竞争、信息充分等前提假设都成立,贸易自由化可实现帕累托最优,但帕累托最优未考虑福利分配问题。水平地看,贸易自由化在不同国家之间,在一国不同的生产部门之间都创造出了获利者与受损者。尽管获利者的剩余可以完全弥补受损者的损失,但这种剩余补偿需要社会创造一种机制进行福利再分配,然而这种机制的运行以及成本是高昂的,以至于无法实施。而且这种机制的存在不可避免地也会造成市场扭曲,导致经济无效率。因此,在贸易自由化中处于劣势的国家或者生产部门就会以一种消极的态度抵制贸易自由化政策。第二,贸易自由化政策包括货物贸易自由化与服务贸易自由化两个方面,在当前货物贸易壁垒仍较高的情况下,过度执行服务贸易自由化政策,可能导致相对价格扭曲,损害经济主体福利。第三,服务贸易可能存在外部性,使得政府必须予以干预以解决市场失灵问题。这种情况主要出现在两个方面:一方面,部分服务贸易,尤其是技术转让、高技术服务部门贸易等具有技术溢出等正外部性,能促进本国服务部门提高生产效率,增加经济福利。对于这类服务贸易,各国往往倾向于采用自由化政策,甚至给予超国民待遇,以进口更多的服务。另一方面,某些服务贸易可能具有负的外部性,此时政府倾向于采取保护性贸易政策。

因此,在全球范围采取服务贸易自由化政策以消除各国的服务贸易壁垒,从而在全球范围内实现要素与产品的自由流动,达到经济有效率状态可能是理想中的一个目标,但解决服务贸易自由化带来的利益分配问题,以及服务贸易中市场失灵问题,可能也是服务贸易政策所需要考虑的问题。

2. 宏观影响

随着服务贸易地位的上升,服务贸易自由化对一国国际收支平衡、长期经济增长等各种宏观经济问题影响日益深刻;相比货物生产部门,服务部门涉及更多敏感性问题,影响着一国的政治、经济、军事实力。这些影响都是服务贸易在宏观层面的外部性影响。因此,从宏观经济、国家安全等角度分析服务贸易自由化政策的影响,也是十分必要的。由于发达国家与发展中国家的发展阶段、经济结构、国家竞争力等差异很大,服务贸易自由化政策带来的影响也极不相同,因此重点分析服务贸易自由化政策给发达国家以及发展中国家带来的不同影响,进而讨论不同国家的政策选择取向也是十分必要的。

(1) 服务贸易自由化政策对经济发达国家的影响。

服务贸易自由化政策对经济发达国家有诸多积极的影响。第一,经济发达国家服务业在全球范围内处于优势地位,服务贸易自由化政策为经济发达国家进入他国市场奠定了政策基础。通过进入他国市场,甚至控制他国市场,服务贸易自由化可为经济发达国家带来更多的政治与经济利益,也能为经济发达国家在与他国的未来交往中带来更多的筹码。第二,经济发达国家服务企业实力雄厚,优质企业、跨国企业众多。服务贸易自由化政策为经济发达国家的跨国企业打开了国际市场,尤其是服务要素的自由化流动,使经济发达国家可在全球范围内使用廉价的要素资源,提升经济发达国家的生产效率。第三,经济发达国家的服务贸易长期处于顺差状态,且其服务业在全球贸易中优势明显。服务贸易自由化有利于改善经济发达国家的国际收支状况,为经济发达国家带来更多的外汇收入,弥补货物贸易出口下降给国际收支方面带来的不利影响。

服务贸易自由化政策对经济发达国家亦有负的外部性。第一，经济发达国家服务部门技术优势明显，但服务贸易不可避免地带来技术溢出等外部影响，这为技术落后国家通过吸收外溢技术以缩小与经济发达国家的技术差距创造了机会。因此服务贸易自由化政策有可能会缩小经济发达国家的技术优势，相对提高竞争对手的实力。第二，服务贸易产生的高新技术、核心技术扩散可能增强其他国家甚至恐怖组织的经济、军事实力，对服务贸易出口国家的国家安全造成威胁。第三，经济发达国家存在着众多夕阳产业，劳动力成本处于劣势。因而，服务贸易自由化可能会导致发展中国家劳动密集型服务部门进入经济发达国家，造成经济发达国家出现失业人口增加的问题。

（2）服务贸易自由化政策对发展中国家的影响。

服务贸易自由化政策，对于发展中国家而言是一把"双刃剑"。一方面，发展中国家产业结构不够完整，部门实力较弱，市场抗冲击能力较差；另一方面，发展中国家又亟须抓住经济全球化的机遇倒逼国内的经济体制改革，加快其经济发展，实现对经济发达国家的赶超，因此服务贸易自由化政策对于发展中国家的影响比起经济发达国家可能更为深远。

服务贸易自由化政策对发展中国家具有积极影响。第一，服务贸易自由化可提升发展中国家的公民福利。服务贸易自由化，可以为发展中国家带来更优质的服务，提高生产效率，又可为发展中国家带来新的、质量良好的、本国不能生产的服务产品，为生产者和消费者提供更多的机会。第二，服务贸易自由化有利于推动发展中国家企业的国际竞争实力的提升。通过增强市场的竞争程度，服务贸易自由化政策将劣质企业淘汰出市场，并推动优质企业扩大规模，升级技术，从而提升发展中国家产业的实力。第三，服务贸易自由化可使发展中国家充分参与全球产业分工，发展其具有比较优势的产业，从而改善发展中国家的国际收支状况，增强其国家实力。第四，服务贸易自由化还可以倒逼发展中国家进行经济体制改革，打破利益集团对改革的阻挠。第五，发展中国家还可以通过服务贸易，充分享受服务贸易自由化带来的技术溢出效应，实现技术的升级换代，提高生产效率。

发展中国家在享受服务贸易带来的正外部性时，也不得不考虑服务贸易自由化带来的可能危及国家安全的负面影响，这也是许多发展中国家不愿意完全开放本国服务业市场的重要原因之一。第一，发展中国家服务产业结构不完善，知识密集型和资本密集型的产业实力不足，过度开放会导致本国这些产业部门遭受沉重打击，从而加深发展中国家对经济发达国家的依赖。第二，部分服务部门，如金融、电信等涉及国家经济与安全命脉，过度开放会导致本国关键部门被经济发达国家所控制，发展中国家会因此丧失经济政策的自主权，也会使得发展中国家的国家安全受到严重挑战。第三，发展中国家，在知识—资本密集型服务部门力量羸弱，绝大多数发展中国家的服务贸易处于逆差状态，过度开放服务业市场，容易导致外汇外流，恶化发展中国家的国际收支状况。第四，发展中国家服务部门单位产出所使用的劳动力远远高于经济发达国家，随着服务业市场的放开，经济发达国家高资本高技术服务部门的进入可能会导致发展中国家许多服务部门产生大量过剩劳动力，增加失业人口，而且服务贸易自由化对发展中国家就业造成的负面影响，可能会远远大于经济发达国家。第五，文化、教育等服务部门涉及国家的意识形态问题，过度开放会威胁一国文化安全与社会稳定。

三 服务贸易自由化的政策选择

服务贸易自由化是结果，服务贸易自由化政策则是工具与手段。当一个国家采取完全的服务贸易自由化政策时，即取消对服务产品与要素的所有限制，不设门槛地允许各国的服务产品与要素在本国市场上自由竞争与流动，服务贸易也就实现了绝对的自由化。但服务贸易有众多外部性，对一个国家的发展、安全既有积极作用，又有消极作用。因此全球没有任何一个国家采取了完全的自由化服务贸易政策，各国都针对本国国情，权衡利弊，有选择性地针对特定部门制定符合本国国情的自由化政策，以求在服务贸易自由化进程中最大限度地趋利避害。

1. 经济发达国家服务贸易自由化的政策选择

经济发达国家服务业发展较为成熟，服务业市场开放程度较高，在全球服务贸易自由化中能够获取更多的贸易利益，因此相对于发展中国家，经济发达国家倾向于采取更加自由化的政策。例如，美国于20世纪90年代就开始施行"国家出口战略"，主张通过政府力量推动美国产品出口，根据《国家出口战略》"商业优先次序"原则，"服务先行策略"就成为美国贸易发展的重要战略。因此经济发达国家采取自由化政策，在全球大造舆论，并通过各种经济政策给其他国家施加压力，迫使其他国家采取自由化政策，开放本国市场。但是服务贸易自由化对经济发达国家的某些行业或者部门也会产生一定的消极影响，经济发达国家在某些特定行业部门也采取了相应的限制性贸易政策，既包括限制出口，也包括限制进口。

针对发展中国家，经济发达国家的贸易政策是以服务换商品，迫使发展中国家开放服务市场。发展中国家则更关注货物贸易，因此经济发达国家要求发展中国家开放其服务市场，以此换取经济发达国家向发展中国家开放商品市场。例如，美国贸易法（301条款）就授权美国政府可以对违反服务贸易自由化原则的国家或地区单方面撤销在货物贸易方面的减让等优惠。

针对同等经济发达国家或地区，经济发达国家则以对等原则，要求互相开放服务业市场。经济发达国家通过多边、诸边等谈判，力争达成妥协，在GATS承诺清单基础上开放更多新兴服务业市场。而以发达国家为谈判主体的TiSA协议谈判，则通过冻结条款与棘轮条款，保证参与谈判的经济发达国家的服务业市场只能更加开放，以期实现更大的服务贸易自由化。

经济发达国家服务自由化政策，主要集中在电信、金融等优势部门。经济发达国家在推动GATS的签订后，又主导了三个部门性协定的签署，分别是《基础电信协议》《信息技术协议》《金融服务贸易协议》。但在涉及本国敏感度比较强，或者不具有优势服务业部门的贸易方面，服务贸易自由化政策对于经济发达国家又具有较强的消极影响。因此，经济发达国家又以维护国家安全与竞争优势等为借口，采取限制性贸易政策。发展中国家在建筑、劳务等服务贸易出口方面具有比较优势，希望通过劳动密集型服务出口以获取更多的贸易利益，经济发达国家则以各种理由限制开放此类市场。在技术贸易、部分高端服务部门出口等方面，经济发达国家担忧出口会导致本国技术优势遭到削弱，或者高技术出口造成的技术外溢导致其国家安全受到威胁，也会出台相应的限制性措施，以限制此类服务产品的出口。

由此可见，经济发达国家从本国产业结构优势以及自身利益出发，在资本—知识密集型服务部门采取自由化政策，并要求其他国家采取自由化政策，以便进入他国市场；而在劳动密集型等非优势服务部门，又采取保护性贸易政策，阻止发展中国家的服务产品出口到经济发达国家。因此，发达国家的服务贸易自由化政策，是选择性很强的自由化政策；发展中国家在与发达国家进行服务贸易自由化谈判时，要时刻注意这一点，争取谈判主动权，牢牢掌握住贸易政策制定的主动权。

2. 发展中国家服务贸易自由化的政策选择

发展中国家既希望获得贸易自由化带来的好处，加快本国的经济发展速度，实现对经济发达国家的经济技术赶超，但又忌惮贸易自由化对本国造成的巨大冲击。因此发展中国家服务市场的开放是渐进式的市场开放。在保证国家安全与经济利益的前提下，分阶段开放服务业市场，即在服务贸易自由化浪潮中，许多发展中国家采取了一种混合型、逐步自由化的服务贸易政策。一般而言，发展中国家开放服务贸易市场可依次采取如下五个步骤。

（1）逐步规范国内市场的政府管制，建立完善的国内市场运行机制。发展中国家政府在服务业市场监管方面存在着政府与市场的关系错位，企业自主决策权受到很大的影响，市场化程度不足。发展服务贸易，推进服务贸易自由化，发展中国家须首先规范对国内服务业市场的干预，厘清政府与市场的关系边界，建立完善的市场运行机制与监管机制，保证市场平稳有序地发展，提升国内企业经营活力与竞争实力；通过不断深化改革，使国内服务市场运行体制、机制与国际市场接轨，为服务贸易自由化做好充分准备。

（2）逐步实现货物贸易自由化。服务贸易是伴随商品贸易而产生的，现代新兴服务业虽保持了相对独立性，但依然离不开商品贸易。因此开放商品市场是开放服务市场的必要条件，商品自由贸易有助于服务产品的自由贸易。此外，服务贸易自由化程度须与商品贸易自由化程度相匹配，过快开放本国服务市场，会导致相对价格扭曲，损害一国经济福利，甚至导致一国的关键服务部门为外国企业所冲击，丧失政策自主权，威胁国家安全。当前，经济发达国家与部分新兴发展中国家已基本实现货物贸易自由化，但大多数发展中国家，尤其是最不发达国家，货物市场依然不够开放。

（3）逐步开放服务产品市场。服务业部门是一国国民经济发展的关键部门，涉及国计民生与国家命脉。将服务产品市场开放安排在货物市场开放后是更加合理稳妥的政策选择。考虑到服务业部门对就业、国际收支、国家安全等的重要影响，要采取分阶段、分步骤开放的方式，优势部门先开放，劣势部门可给予适当的保护。尤其是信息技术、金融服务等涉及国家安全的服务产品部门，可制定先保护再开放的政策，防止关键产品部门被经济发达国家控制，以便增强国家经济发展和国防事业发展的自主权和主动权。

（4）逐步开放服务要素市场，降低市场准入门槛。要素市场的开放意味着资本市场、劳动力市场的开放，资本、劳动力可以自动流入流出该国。一般而言，只有当一个国家经济、政治实力足够强大，法律制度足够规范，市场抗风险能力足够强时，资本、劳动力市场才有可能完全开放，否则资本市场动荡、非法移民、公共福利被占用等各种问题就会层出不穷。发展中国家服务业不够强大，大多停留在前三个阶段，谈论要素市场开放仍显得为时过早；但即使是经济发达国家，要素市场也未完全放开，特别是自然人移动、劳动力市场开放方面，经济发达国家多只愿意开放高端专业人才市场，对一般劳务进口仍保持着较高的壁垒。

（5）服务贸易自由化。服务要素市场的开放意味着服务贸易已基本实现自由化。但自由化所带来的种种外部性，仍需要政府进行适度且合理的干预，以解决市场失灵问题，增进社会福利，保障国家的社会经济与国防安全。

第四节　结论与评析

一　服务贸易自由化的特点

纵观服务贸易自由化的发展与演变，我们发现服务贸易自由化有如下几个特点。

第一，服务贸易自由化进程由经济发达国家主导，发展中国家处于跟随状态。经济发达国家在高技术服务领域具有明显的优势，服务贸易是经济发达国家对外贸易的重要组成部分。早在乌拉圭谈判前期，美国就大力推动服务贸易自由化，并成功策划了关贸总协定，将服务贸易、知识产权等纳入乌拉圭回合的谈判议题；而发展中国家的金融、通信、文化等服务行业大多属于亟须保护的幼稚行业，且部分行业涉及国家经济主权与国家安全，因此发展中国家对于服务业开放一直持相对消极态度。迫于经济发达国家的压力，尤其是美国等经济发达国家将服务业开放与货物贸易自由化捆绑在一起，发展中国家不得不采取一定的服务贸易市场开放换取经济发达国家的货物贸易市场开放。

第二，发展中国家也可以从服务贸易自由化中获得一定的贸易利益。首先，发展中国家在一些劳动密集型服务贸易领域，也具有一定的比较优势。发展中国家劳动力成本低廉，有望通过服务贸易自由化扩大本国劳务输出，以及劳动密集型服务产品的出口。其次，包括中国在内的新兴经济体，经过多年的发展，在部分高新技术服务领域已具备一定的比较优势，亦可在服务贸易自由化进程中获得一定的贸易利益。最后，适度开放服务业市场，有助于发展中国家吸收外资与技术，加强国内服务业的市场竞争，实现国内服务产业升级。因此发展中国家在服务贸易谈判中，并非完全处于被动局面，而是可以通过努力提出要价，为发展中国家的服务贸易发展争取到相应的贸易利益。

第三，当前服务贸易自由化依然处于低水平自由化阶段，服务贸易自由化是一个长期的谈判过程。GATS 是多边贸易谈判的产物，为全球服务贸易自由化做出了基础性的制度性安排。但 GATS 提出了相当多的例外与豁免，且在市场准入等领域采取的是具体部门具体承诺的方式，这表明服务贸易自由化仍处于较低水平阶段。随后的多哈回合中，有关服务贸易的谈判更是进入了一个漫长的讨价还价的过程，一直没有取得实质性的突破进展。在此背景下，一些经济发达国家试图通过双边或区域性合作，以推动服务贸易自由化，但成果有限。且就未来全球服务贸易自由化而言，多边谈判仍然是一种非常有益的选择。

服务贸易自由化的潮流不可逆转，我国作为新兴的发展中大国应正视自己的国际责任，在服务贸易谈判中为发展中国家争取更多的话语权和贸易利益。随着服务贸易谈判逐步由多边转向双边及区域，我国也应积极参与区域与诸边贸易谈判的规则制定，为我国经济与服务贸易的多元化发展增添新的活力，并为未来进行多边贸易谈判积累信息与经验，为未来多边服务贸易谈判奠定基础。

二 服务贸易自由化理论探索

贸易自由化问题，最早由古典经济学家亚当·斯密在《国民财富的性质和原因的研究》中正式提出，而对于服务贸易自由化理论的探索，则是伴随着服务贸易实践的发展而不断发展的。20世纪40年代，英国经济学家科林·克拉克在《经济发展的条件》一书中提出"第三产业经济学尚待编写"这一问题，从此开启了服务经济和服务贸易发展的研究与探索的新领域。20世纪50年代以来，随着世界经济的恢复与重建，第三产业的飞速发展，以及国际贸易基础理论的变革与创新，为服务贸易理论的研究与发展积累了丰富的经验素材。

综观国际贸易研究领域对于服务贸易自由化理论的研究和探索，总体而言是服务贸易自由化理论研究落后于服务贸易自由化实践的发展。尽管国际服务贸易研究领域的一些研究，试图修正传统国际贸易理论以适用于服务贸易的研究，或者另辟蹊径以求创新服务贸易理论，但是到目前为止，服务贸易研究领域还没有建立起独立、系统的服务贸易理论。解释服务贸易自由化的理论，也基本上依然是因循着传统的国际贸易思想和新自由主义经济学思想，或者是从管理贸易的角度，运用数学模型解释论证服务贸易自由化可以发挥比较优势从而获得更大的贸易利益，或者是建立限制指数判别监管对于服务贸易自由化限制的程度。国际贸易研究领域的主流学者认为：服务贸易是国际贸易的一部分，解释国际贸易现象和问题的理论，同样也适用于解释服务贸易现象和问题。

总之，不论是试图修正传统国际贸易理论以适用于服务贸易的研究，或者另辟蹊径创新服务贸易理论，还是因循着传统的国际贸易思想和新自由主义经济学思想解释服务贸易自由化的现象和问题，基本上都是继承了传统的国际贸易思想和新自由主义经济学思想脉络。从而，传统的国际贸易思想和新自由主义经济学思想中的国际分工思想、新自由主义经济思想、经济一体化思想和管理贸易思想，基本上构成了解释服务贸易自由化理论发展与演进的四大理论基石。

三 服务贸易政策的选择

一国的经济发展阶段、产业结构、国际环境与国际经济地位，决定了该国对服务贸易政策的选择。反过来，服务贸易政策又对一国的经济效率、福利分配、经济安全与国家主权等产生深远的影响。因此，世界各国往往会根据本国国情选择不同的服务贸易政策。

经济发达国家倾向于更加自由化的服务贸易政策，但也仅仅局限于电信、金融、运输等本国优势行业。相反，在建筑、劳务等领域，采取的则更多的是管理严格的限制性贸易措施。相对于经济发达国家，发展中国家服务业竞争力不强，对服务业市场开放持相对谨慎态度。在劳动力成本等方面具有比较优势的发展中国家，在劳务输出等服务贸易领域相对积极。此外，发展中国家为吸引外资与技术，往往在技术贸易以及高端服务进口等领域制定了优厚的贸易优惠政策，但经济发达国家却往往出于本国利益的考虑，限制此类服务的出口。

总体来看，经济发达国家是服务贸易自由化的主导者和推动者。一方面，发达国家内部通过诸边以及双边协议，互相开放服务业市场，推动服务贸易自由化；另一方面，发达国家凭借自身的优势地位，采取"以商品换服务""以技术换服务"等方式，诱使发展中国家开放服务业市场，推动全球服务贸易自由化。发展中国家在服务贸易自由化进程中暂时处于劣势地位，为了保证本国的利益，并未完全开放本国服务业市场，往往采取混合型、逐步自由化的服务贸易政策，在有效应对发达国家压力的同时，也为本国服务产业的发展争取了一定的时间与空间。

我国作为新兴经济体，应明确发展中国家的国际定位，继续采取渐进式自由化的服务贸易政策。未来，我国应大力发展高新技术产业，特别是高新技术产业领域里的核心技术和关键零部件生产技术研发与市场化，重点发展与高端制造业相关联的新兴服务业，推动我国高端制造业的发展。同时，我国应当继续大力发展服务业和服务贸易，深化服务贸易体制的改革与开放，拓宽区域服务经济合作的范围，加大与经济发达国家发展服务贸易的力度。此外，我国应继续有步骤、分批次地深化开放服务业市场，扩大服务贸易产品的进口。我国虽然服务业部门齐全，但是发展水平参差不齐,国际远洋运输、国际工程承包、中医药等劳动密集型或特色型行业是我国的服务业优势行业,而在金融、邮电、专业服务等知识密集型行业,我国与经济发达国家还存在较大差距。为此,我国应该在坚持不断推进服务贸易自由化的同时,实施有选择的梯度开放的服务贸易自由化发展战略。

参考文献

[1] Whalley & John, "Assessing the Benefits to Developing Countries of Liberalisation in Services Trade", *World Economy*, No. 27, 2004.

[2] Guillin, A., "Assessment of Tariff Equivalents for Services Considering the zero flows", *World Trade Review*, No, 12, 2013.

[3] Jonathan Crystal, "Bargaining in the Negotiations over Liberalizing Trade in Services: Power, Reciprocity and Learning", *Review of International Political Economy*, Vol. 10, No. 3, 2003.

[4] Raychaudhuri, A., & De, P., "Barriers to Trade in Higher Education Services in the Era of Globalisation", *Economic & Political Weekly*, Vol. 43, No. 35, 2008.

[5] Sherman Robinson, Zhi Wang, & Will Martin, "Capturing the implications of services trade liberalization", *Economic Systems Research*, Vol. 14, No. 1, 2002.

[6] Ceglowski, J., "Does Gravity Matter in a Service Economy?", *Review of World Economics*, Vol. 142, No. 2, 2006.

[7] Harms, P., Mattoo, A., & Schuknecht, L., "Explaining liberalization Commitments in Financial Services Trade", *Review of World Economics*, Vol. 139, No. 1, 2003.

[8] Verikios, G., & Zhang, X. G., "Liberalising Trade in Financial Services: Global and Regional Economic Effects", *Journal of Economic Integration*, Vol. 18, No. 2, 2003.

[9] Brownsilla, K. Stern, R. M., "Measurement and Modeling of the Economic Effects of Trade and Investment Barriers in Services", *Review of International Economics*, Vol. 9, No. 2, 2001.

[10] Mattoo, A., Rathindran, R., & Subramanian, A., "Measuring Services Trade Liberalization and Its Impact on Economic Growth: An Illustration", *Journal of Economic Integration*, Vol. 21, No. 1, 2006.

[11] Steuart, I., & Cassim, R., "Opportunities and Risks of Liberalising trade in Services", *International Centre for Trade & Sustainable Development*, Vol. 14, No. 3, 2005.

[12] Hoekman, B., & Braga, C. A. P., "Protection and Trade in Services: a Survey", *Open Economies Review*, Vol. 8, No. 3, 1997.

[13] Lehner, R. D., "Protectionism, Prestige, and National Security: the Alliance Against Multilateral Trade in International Air Transport", *Duke Law Journal*, Vol. 45, No. 2, 1995.

[14] Bhagwati, J. N., "Trade in Services and the Multilateral Trade Negotiations", *World Bank Economic Review*, Vol. 1, No. 4, 1987.

[15] Spero, J. E., "Trade in Services: Removing Barriers", *Political Science & Politics*, Vol. 16, No. 1, 1983.

[16] Key, S. J., "Trade Liberalization and Prudential Regulation: the International Framework for Financial Services", *International Affairs*, Vol. 75, No. 1, 1999.

[17] Hoekman, B., "Trading Blocks and the Trading System: the Services Dimension", *Journal of Economic Integration*, No. 10, 1995.

[18] ［英］亚当·斯密：《国民财富的性质和原因的研究》，商务印书馆1972年版。

[19] ［英］大卫·李嘉图：《政治经济学及赋税原理》，商务印书馆1976年版。

[20] ［瑞］伯特尔·俄林：《区际贸易与国际贸易》，华夏出版社2008年版。

[21] ［英］弗里德里希·奥古斯特·冯·哈耶克：《自由秩序原理》，生活·读书·新知三联书店1997年版。

[22] ［英］弗里德里希·奥古斯特·冯·哈耶克：《致命的自负》，中国社会科学出版社2000年版。

[23] 沃尔特·古德：《贸易政策术语辞典》，法律出版社 2003 年版。
[24] 杨小凯：《当代经济学与中国经济》，中国社会科学出版社 1997 年版。
[25] 韶泽、婧赟：《国际服务贸易的相关理论》，《财贸经济》1996 年第 11 期。
[26] 杨圣明、刘力：《服务贸易理论的兴起与发展》，《经济学动态》1999 年第 5 期。
[27] 陈宪、程大中：《国际服务贸易中的政府行为》，《国际贸易问题》1999 年第 12 期。
[28] 江小涓：《服务全球化的发展趋势和理论分析》，《经济研究》2008 年第 2 期。
[29] 俞灵燕：《服务贸易壁垒及其影响的量度：国外研究的一个综述》，《世界经济》2005 第 4 期。
[30] 范小新：《服务贸易发展史与自由化研究》，博士学位论文，中国社会科学院研究生院，2002 年。
[31] 王绍媛：《国际服务贸易自由化研究》，东北财经大学出版社 2004 年版。
[32] 何茂春：《国际服务贸易：自由化与规则》，世界知识出版社 2007 年版。
[33] 陈宪、程大中：《国际服务贸易》，立信会计出版社 2008 年版。
[34] 张汉林：《世贸组织与服务贸易自由化及我国的对策》，《国际贸易问题》1998 年第 10 期。
[35] 杨圣明：《国际服务贸易：新世纪中国面临的议题》，《财贸经济》1999 年第 3 期。
[36] 张玉卿主编：《WTO 法律大辞典》，法律出版社 2006 年版。